추천의 글

목회자들에게 성경해석법과 강해설교를 가르치고 나면 좋은 주석을 추천해달라는 부탁을 종종 받곤 한다. 그런 질문을 받으면 마음이 아팠다. 왜냐하면 우리말로 번역된 주석 가운데 선뜻 추천할 만한 것이 떠오르지 않았기 때문이다. 그런데 이번에 디모데를 통해 『존더반 신약주석』이 번역된다는 소식을 듣고 여간 기쁘지 않았다. 이 주석 시리즈야말로 목회자들을 위한 최고의 주석 중 하나가 될 것이기 때문이다.

그동안 여타의 주석들은 매우 학문적이거나 아니면 지나치게 적용에만 치우친 것으로 그 종류가 나뉘어 설교자들은 여러 권의 주석을 한꺼번에 참조해야 했다. 또한 그것을 다시 종합하는 쉽지 않은 과정을 거쳐야 했다. 시간에 쫓기는 목회자에게 이러한 작업은 결코 쉽지 않은 것이다.

『존더반 신약주석』은 성경 각각의 구절을 어느 학문적 주석 못지않게 깊고 정확하게 연구해놓았을 뿐만 아니라, 그 연구 결과를 바탕으로 신학적 진리를 알기 쉽게 추출해놓았다. 책에서는 '석의적 개요'라고 지칭했지만 실제로는 '강해적 개요'에 가깝게 본문의 의미를 잘 강해해놓아 설교자가 곧바로 그 개요를 자신의 설교에 사용할 수 있도록 배려하였다. 거기에 더하여 따로 부문을 할애해 적용까지 충실하게 다루어주었다.

설교자가 반드시 알아야 할 전후 문맥을 잘 연구해놓은 것과 본문의 흐름을 명확하게 알 수 있도록 도표로 본문을 배열해놓은 점 그리고 헬라어에 능숙하지 않아도 충분히 의미를 이해할 수 있도록 배려한 점이 돋보인다. 만일 어느 설교자가 현존하는 우리말 주석 가운데 오직 한 권만 구입해야 한다면 나는 이 주석 시리즈가 될 것이라 확신한다. 신약을 깊고 올바르게 설교하려는 모든 설교자에게 이 시리즈를 추천한다. 설교자라면 반드시 서재에 비치하고 두고두고 보아야 할 주석이다.

박정근 _ 부산 영안침례교회 담임목사

나는 사람들과 나의 서가를 공유하는 것을 마다하지 않는다. 어떤 책이든 좋으니 다 꺼내 읽으라고 초대한다. 그럼에도 주석서만큼은 입장을 허용하지 않는다. 그만큼 설교자에게 주석서는 중요하다. 그럼에도 주석서를 탐구하며 말씀을 바르게 전하기 위해 노력하는 것보다 더욱 중요하게 생각하는 것이 있는데, 그것은 바로 하나님의 마음을 앞서지 않도록 머리가 지식으로 가득 차기 전에 멈추는 것이다. 이번에 한국에 소개되는 『존더반 신약주석』은 이런 염려에서 놓여날 수 있도록 해주었던 매우 탁월한 책이다.

주석서들은 보통 단어 해석이 탁월하거나, 배경 설명을 중점으로 하거나, 다양한 해석에 초점이 맞춰져 있는 등 어느 한쪽에 강점이 있기 마련이다. 때문에 준비하는 입장에서는 한 본문을 놓고도 많은 주석서를 참고해야 한다. 하지만 이 책은 관찰, 해석, 적용 이 세 가지 중 어느 하나도 놓치지 않고 있으며, 특히 적용까지 균형을 잃지 않고 담아놓았다. 무엇보다 찾기 쉽고 깔끔한 편집으로 핵심이 무엇인지 한눈에 파악할 수 있도록 배려했다.

통찰력 있지만 단순한 심령에 주님의 마음이 더 잘 담길 수 있다고 생각하는 이들에게 꼭 필요한 단 한 권의 주석서가 무엇인지 묻는다면, 나는 이 책이라고 생각한다. 최소한, 준비의 시작은 이 책이라고 권하고 싶다.

서정인 _ 한국컴패션 대표

교육가로서, 특히 어린이 사역자로서, 또 말씀을 선포하는 설교자로서 주석을 선정하는 기준은 두 가지다. 이 주석은 본문이 의미하는 바를 충분하고 명확한 그림으로 설명해주는가? 이 주석은 그 진리가 오늘 내 문제에 의미하는 바를 볼 수 있도록 분명하게 비추어주는가?

『존더반 신약주석』은 내가 원하는 내 스타일의 주석이다. 보배를 발견한 나의 가슴이 뛴다. 이 주석이 보배인 이유는 다음과 같다.

첫째, 정확한 그림을 보게 해주기 때문이다. 그 본문이 기록된 역사적 배경, 그 본문이 위치한 맥락과 각 단어의 종속관계 등을 면밀하게 살피는 문법적 분석, 성경이 하나님의 말씀이라는 복음주의 신학의 렌즈를 통해 본문이 독자에게 의미하는 바가 무엇인지를 정확히 드러내준다.

둘째, 큰 그림을 보게 해주기 때문이다. 본문을 통해 성경 저자가 말하려는 중심 사상을 한두 문장으로 좁혀줌으로써 이 본문을 통해 내가 들어야 할 성령의 음성을 정확하게 붙들 수 있도록 도와준다.

셋째, 시각적으로 보여주기 때문이다. 성경은 평평한 지면에 검은 잉크로 인쇄되었기 때문에 거기에 사용된 어구의 높낮이나 의미상의 크기가 잘 구분되어 보이지 않는다. 그러나 이 주석은 그것을 입체적으로 시각화해주고 있다. 각 본문의 '번역' 부분은 헬라어의 문법적 구조에 따라 각 단어나 구가 어떻게 연결되고 종속되는지를 보여주는 멋진 그림이다.

단어나 문장의 위치를 통해 그리고 주동사 문장을 굵은 폰트로 강조함으로써, 한눈에 보아도 저자가 말하려는 중심 의도가 강조되고 있다.

넷째, 어떻게 적용해야 할지를 보여주기 때문이다. 성경을 연구하는 이유는 지적 유희를 위해서가 아니다. 그것은 순종하기 위해서다. 바른 진리를 알아야 하는 이유는 바른 삶을 살기 위해서다. 이 주석은 양쪽 언덕을 확고하게 이어주는 다리처럼 우리가 발견한 진리가 어떻게 우리 삶과 연결되는지까지 친절하게 연결해주고 있다. 더욱이 설교 구성이 서툰 설교자나 교사가 자신의 회중이나 학생들의 필요에 맞게 약간 조정만 하면 한 편의 설교안이나 교안이 될 개요까지 친절하게 제공해주고 있다.

『존더반 신약주석』을 통해 한국교회에 말씀의 능력으로 힘을 얻는 축복이 임하길 기대하며 기도한다.

양승헌 _ 세대로교회 담임목사, 파이디온 공동설립자 및 전(前) 대표, 한국해외선교회(GMF) 이사장

『존더반 신약주석』은 하나님이 본문에서 의도하신 뜻을 정확하게 찾아내 청중에게 전달하기 위해 본문을 진지하게 공부하는 이들에게 진정 복음과 같다. 이 시리즈는 주석이 갖추어야 할 모든 요소를 포함하고 있는 탁월한 석의적 주석이다. 철저한 단어 연구, 문법적 세부 사항, 역사적, 문화적 배경, 전후 문맥, 본문 비평적 문제 등의 연구를 통해 본문의 의미를 정확하게 설명하고 있다. 뿐만 아니라 중요한 해석적 쟁점들을 최고의 복음주의 학자들과 최근의 학문적 연구들을 기초로 하여 균형을 추구하면서 본문이 의도하는 뜻을 찾기 위해 최대한의 노력을 기울인다.

주석의 구조 또한 명료하다. 각 장마다 저자가 사고하는 연결성을 강조하는 전후 문맥으로 시작하여 본문의 전체 흐름을 한눈에 볼 수 있는 도해 그리고 본문의 메인 아이디어(주요 개념), 본문의 사고의 흐름을 볼 수 있는 석의적 개요, 세부적인 본문 설명 그리고 적용에서의 신학으로 장을 마치는 자연스러운 구조로 지루하지 않게 본문의 내용을 따라가게 한다. 특히 각 장의 마지막 부분에서 다루는 '적용에서의 신학'은 현 시대를 살아가는 청중에게 본문의 핵심 메시지를 삶에 실제로 적용할 수 있게 다룸으로써 언제나 적용을 고민해야 하는 설교자들에게 큰 유익이 된다.

『존더반 신약주석』은 하나님의 말씀을 정확하고 올바르게 전하기를 소원하는 성경교사나 설교자가 절대로 놓쳐서는 안 될 귀중한 자산이 될 것이다. 정확하게 해석된 말씀으로 성도를 올바로 세울 때 한국교회가 건강하게 세워질 것을 믿음의 눈으로 바라보며, 모든 설교자에게 탁월한 길잡이가 될 『존더반 신약주석』을 강력하게 추천한다.

이재학 _ 디모데성경연구원 원장

존더반 신약주석

강해로 푸는 요한일·이·삼서

옮긴이 김귀탁 총신대학교 신학과와 신학대학원, 아세아연합신학대학원을 졸업하고 총신대학교 신학대학원에서 조직신학 박사 과정을 공부했다. 역서로는 『청교도 신학의 모든 것』, 『신약 개론』, 『ESV 스터디 바이블』(이상 부흥과개혁사), 『그레고리 빌 요한계시록 주석』, 『조나단 에드워즈 로마서 주석』(이상 복있는사람), 『스펄전 설교노트』, 『스펄전의 전도』(이상 CH북스), 『UBC 출애굽기』(성서유니온선교회) 등이 있다.

ZONDERVAN
Exegetical Commentary on the New Testament **1, 2, and 3 John**

© 2014 by Karen H. Jobes
Originally published in English as *1, 2, and 3 John* (Zondervan Exegetical Commentary on the New Testament)
by Zondervan, Nashville, USA.
All rights reserved.

This Korean translation edition © 2018 by Timothy Publishing House, Inc., Seoul, Republic of Korea
Published by arrangement with Zondervan, a division of HarperCollins Christian Publishing, Inc. through rMaeng2, Seoul, Republic of Korea.

이 한국어판의 저작권은 알맹2 에이전시를 통하여 Zondervan과 독점 계약한 (주)도서출판 디모데에 있습니다.
신 저작권법에 의하여 한국 내에서 보호받는 저작물이므로 무단 전재와 무단 복제를 금합니다.

존더반 ZONDERVAN 신약주석
강해로 푸는 요한일·이·삼서

1쇄 발행 2018년 7월 27일

지은이 캐런 H. 좁스
책임편집 클린턴 E. 아놀드
펴낸이 고종율
옮긴이 김귀탁

펴낸곳 주)도서출판 디모데〈파이디온 선교회 출판 사역 기관〉
등록 2005년 6월 16일 제 319-2005-24호
주소 서울특별시 서초구 서초대로 141-25(방배동, 세일빌딩)
전화 마케팅실 070) 4018-4141
팩스 마케팅실 031) 902-7795
홈페이지 www.timothybook.com

값 45,000원
ISBN 978-89-388-1636-8 04230
ISBN 978-89-388-1578-1 (세트)

ⓒ 주)도서출판 디모데 2018 〈Printed in Korea〉

존더반 ZONDERVAN 신약주석

강해로 푸는
요한일·이·삼서

캐런 H. 좁스 지음

클린턴 E. 아놀드 책임편집 | 김귀탁 옮김

패티 코머(1949-2012)에게 이 책을 바칩니다.
당신이 떠난 세상은 조금 쓸쓸한 곳이 되었습니다.

차례

시리즈 서론 11
저자 서문 15
약어표 17
감사의 말 21
요한 서신 전체 서론 23
참고문헌 35
요한일서 서론................ 39
요한일서 주석................ 45
요한이서와 요한삼서 서론...... 279
요한이서 주석 285
요한삼서 서론 317
요한삼서 주석 321
요한 서신의 신학 381
성구 찾아보기 389

시리즈 서론

복되게도 이 세대에는 탁월한 주석이 많다. 어떤 주석은 전문적인 것으로, 평론가들이 제기한 쟁점들을 잘 다룬다. 또 어떤 주석은 단어 용례에 대한 광범위한 정보를 제공하고, 다양한 해석적 문제들에 대한 거의 모든 견해를 나열한다. 또 어떤 주석은 문화적·역사적 배경 지식을 제공하는 데 초점을 맞춘다. 또한 적용을 위한 많은 통찰들을 끄집어내려는 주석도 있다.

문제는 당신이 주석에서 무엇을 찾고 있는가 하는 것이다. 당신이 다음 중 어느 하나에라도 해당된다면 이 주석 시리즈는 당신을 위한 것이다.

- 헬라어를 배웠으며, 자신이 잘 훈련받은 학자라고 생각하지는 않지만 배운 것을 적용하도록 도와줄 주석을 원한다.
- 주석가가 각 본문의 주된 요점으로 제시하는 간결한 한두 문장짜리 진술이 도움이 된다고 생각한다.
- 교회 생활과 관련이 없는 것처럼 보이는 학문적 문제에 얽히지 않으면서 성경에 나오는 말씀을 해석하는 데 도움을 얻고 싶다.
- 각 본문에서 사고의 흐름에 대한 시각적 설명(도해적 표시)을 보고 싶다.
- 원문의 의미를 가능한 명확하게 설명하고 중요한 해석적 쟁점들을 잘 헤쳐나가도록 돕는 견실한 복음주의 학자들의 전문적인 인도를 원한다.
- 본문의 의미를 조명하는 데 도움이 될 만한 최고이자 최근의 학문적 연구 결과와 역사적 정보에서 유익을 얻고 싶다.
- 각 본문에서 수집할 수 있는 핵심적인 신학적 통찰과 이러한 통찰이 오늘날 그리스도인들에게 적절한 것인가에 대한 논의의 요약을 얻기 원한다.

위의 사항들은 이 신약 주석 시리즈의 특징 중 몇 가지만 꼽은 것이다. 이 시리즈에 대한 아이디어는 편집국에서 목사와 교사들이 헬라어 본문에 기초한 주석 시리즈에서 원하는 것이 무엇인지 조사한 후 오랜 시간에 걸쳐 다듬어진 것이다. 이 일에 참여한 사람으로는 필자, 조지 거스리(George H. Guthrie), 윌리엄 마운스(William D. Mounce), 토마스 슈라이너(Thomas

R. Schreiner), 마크 스트라우스(Mark L. Strauss)와 존더반 전체 편집차장 벌린 버브루그(Verlyn Verbrugge)와 전(前) 존더반 원고 검토 편집차장 잭 쿠하섹(Jack Kuhatschek) 등이다. 우리는 또한 교회에 도움이 될 만한 주석 시리즈를 계획하는 과정에서 도움을 받기 위해 목회를 하고 있는 목사, 사역 지도자, 신학교 교수들로 구성된 자문 편집진을 모집했다. 존더반 원고 검토 편집차장 데이비드 프리스(David Frees)가 지금까지 그 과정을 이끌어왔다. 존더반 선임 도서 편집자 카트야 코브렛(Katya Covrett)이 이제 그 과정을 완성까지 이끌어왔으며, 콘스탄틴 캠벨(Constantine R. Campbell)이 위원회에서 섬기고 있다.

이제 각 성경 본문을 다루기 위한 일곱 가지 구성 요소가 포함된 설계도를 보자. 다음은 이 주요 요소들에 대한 간략한 안내다.

문학적 전후 문맥

이 부분에는 본문이 그 책의 광범위한 문학적 전후 문맥 안에서 어떤 역할을 하는지에 대한 간결한 논의가 나온다. 주석가는 그 책에서 앞에 나오는 자료 및 뒤에 나오는 자료와의 연결들을 강조하고, 이 본문의 핵심적 특징들을 관찰한다.

주요 개념

많은 독자는 이것이 이 주석 시리즈에서 대단히 유용한 특징임을 알게 될 것이다. 각 본문에 대해, 주석가는 본문의 큰 개념 혹은 중심 취지를 한두 문장으로 주의 깊게 기술한다.

번역과 도해식 레이아웃

이 시리즈의 또 다른 독특한 특징은 헬라어 본문에 대한 각 주석가의 번역을 도해로 제시한다는 것이다. 이 도해의 목적은 독자들이 본문 안에 나오는 사고의 흐름을 시각화해서 더 잘 이해하도록 돕는 것이다. 번역 자체는 이 주석의 '설명' 부분에서 각 주석가가 내린 해석적 결정들을 반영한다. 다음은 이 책의 구성 방식이다.

1. 구절을 나타내는 숫자 바로 옆에는 성경 본문의 각 절이나 문구의 기능을 나타내는 해석적 분류 표시가 나온다. 본문에서 그에 해당되는 부분은 분류 표시 바로 옆에 배치되었다. 쉽게 이해할 수 있도록 전문적인 특수 용어는 사용하지 않았다.

2. 일반적으로 모든 절(주어와 술어를 포함하는 단어들의 무리)을 별도의 행으로 잡으며, 그것이 어떻게 본문의 주요 주장을 뒷받침하는지 밝힌다(즉, 그것은 언제 행동이 일어났다고, 어떻게 그것이 일어났다고, 혹은 왜 그것이 일어났다고 말하고 있는가). 때로 더 긴 문구나 일련의 항목은 별도의 행으로 놓기도 했다.
3. 종속(혹은 독립)절과 문구들은 들여 써서 그것이 수식하는 단어 바로 밑에 둔다. 이것은 독자들이 본문의 흐름에서 절과 구의 관계의 특질을 더 쉽게 볼 수 있도록 돕는다.
4. 모든 주요 절은 굵은 활자로 되어 있으며, 분명히 알아볼 수 있도록 왼쪽 끝으로 밀어놓았다.
5. 때로 종속되는 말들이 너무 오른쪽에 놓이게 될 때 – 바울의 길고 복잡한 이야기가 종종 그렇듯이! – 이어지는 말들의 위치를 왼쪽으로 옮겨놓았다. 하지만 그렇게 했다는 것을 나타내기 위해 화살표를 사용했다.
6. 우리가 따른 전반적인 과정은 담화 분석 원리 및 이야기 비평(복음서와 사도행전에 대해서는) 원리에서 배운 것이다.

구조

번역 바로 다음에, 주석가는 본문에 나오는 사고의 흐름에 대해 말하고 어떻게 본문에서 각 절의 관계에 관한 해석적 결정들이 이루어졌는지 설명한다.

석의적 개요

상세한 석의적 개요에서는 본문의 전반적 구조를 묘사했다. 이것은 성경을 가르치거나 설교할 때, 본문에 나오는 사고의 흐름을 간결하게 설명할 수 있는 방식을 찾고 있는 사람들에게 특히 도움이 될 것이다.

본문 설명

이 책은 석의적 주석이므로, 본문의 의미를 해석하기 위해 헬라어를 사용한다. 당신의 헬라어가 다소 서툴다 해도(혹은 심지어 어느 정도 제한되어 있다 해도) 너무 염려하지 마라. 모든 헬라어 단어는 우리말 번역 다음에 괄호 안에 인용되어 있다. 우리는 이 주석이 비전문가들에게도 가능한 한 읽기 쉽고 유용한 것이 되도록 최선을 다했다.

이 주석에서 가장 도움을 받을 사람은 대학이나 신학교에서 2년 정도 헬라어 교육을 받은 사람일 것이다. 혹은 한두 학기 정도 중급 문법(Wallace, Porter, Brooks and Winberry 혹은 Dana and Mantey 같은)을 공부한 사람도 포함될 것이다. 저자들은 이 문법서들에 나오는 문법적 용어들을 사용한다. 하지만 본문의 문법에 관한 상세한 사항들은 본문 해석과 관련이 있을 때만 논한다.

본문의 이 부분을 강조하는 것은 의미를 전달하기 위해서다. 주석가들은 단어와 이미지, 문법적 세부 사항, 특정한 개념과 관련된 구약적·유대적 배경, 역사적·문화적 전후 문맥, 중요한 본문 비평적 문제, 표면에 부상하는 다양한 해석적 문제들을 검토한다.

적용에서의 신학

이것 역시 석의 주석 시리즈만의 독특한 특징이다. 우리는 본문이 다양한 세부 사항 속에서 무엇을 의미했는지 묘사하기 위해서뿐 아니라, 또한 그것이 신학적으로 기여하는 바를 성찰하기 위해서도 각 저자에게 이것이 중요하다고 생각했다. 이 부분에서는 본문의 신학적 메시지를 요약한다. 저자들은 본문의 신학을 그 책 안에서 그리고 더 광범위한 성경적–신학적 맥락에서 그것이 차지하는 위치에 비추어 논한다. 마지막으로, 각 주석가들은 본문의 메시지가 오늘날의 교회를 위해 무엇을 말하는지에 대해 몇 가지 제안을 한다. 이 시리즈 각 권 끝부분에는 이 책에서 다룬 신학적 주제 전체에 대한 요약이 나온다.

우리는 이 시리즈가 독자 스스로 신약 본문을 이해하기 위해서뿐 아니라, 하나님의 진리에 굶주린 사람들에게 그 말씀을 가르치고 설교하는 일에도 도움이 되기를 진심으로 바라고 기도한다.

클린턴 E. 아놀드(Clinton E. Arnold), 책임편집자

저자 서문

요한 문헌은 어느 책이든 주석을 쓰는 일이 흥미진진하다. 요한 문헌 연구는 그동안 변화가 심했다. 과거 30년 동안 학자들 사이에 일치된 견해가 없었고 새로운 견해는 아직 등장하지 않았기 때문이다. 요한 서신은 요한복음 없이 독자적으로 해석할 수 없으므로 요한 서신의 해석은 요한복음 연구의 흐름과 직결된다.

요한 학문은 현재 자료 비평이나 편집 비평과 같은 방법의 도움을 받은 루돌프 불트만(Rudolf Bultman)의 실존주의적 탈신화화 해석 철학에 따라 형성된 20세기의 연구 방법에 등을 돌렸다. 지난 몇십 년 동안 요한 학문을 지배한 연구 방법은, 요한복음의 난제들을 인식하고 요한 공동체와 관련된 하나 이상의 역사적 시나리오로 요한복음의 편집 역사를 정교하게 재구성하여 그 난제들을 해결하는 것이었다. 20세기 후반에 요한과 관련된 연구를 주도한 마틴(Martyn), 카이사르(Kysar), 브라운(Brown)과 같은 학자들은, 요한복음 및 요한 서신의 구성 이론을 세울 때 예수님의 생애와 교훈에 초점을 맞추기보다는 유대교 회당에서 추방된 1세기 후반의 요한 공동체에서 발생했을 것으로 추측되는 문제들에 초점을 맞추었다.[1]

다른 학자들은 이와 다르게 새로운 문학 비평 방법을 요한복음에 적용하기 시작했고 대체로 앨런 컬페퍼(Alan Culpepper)의 『요한복음 해부』(*Anatomy of the Fourth Gospel: A Study in Literary Design*, 요단출판사 역간)에 처음 적용된 것으로 알려졌다.[2] 문학 비평 방법은 요한복음의 구조와 구성을 파악하는 데 새로운 통찰력을 제공했다. 하지만 여전히 요한복음의 편집 이론이 우선시되고 기본적으로 요한복음의 역사보다 요한복음의 이야기를 성찰하는 데 중점을 둔 불트만식 접근법을 따랐다. 1990년대 초 『다섯 권의 복음서: 예수님이 진정한 말씀에 관한 언구: 새 번역과 주석』(*The Five Gospels: The Search for the Authentic Words of Jesus: New Translation and Commentary*)의 저자 로버트 펑크(Robert Funk)가 주도한 '예수 세미나'가 등장할 무렵에는 대다

---

1. Robert Kysar, "The Expulsion from the Synagogue: The Tale of a Theory," in *Voyages with John: Charting the Fourth Gospel*(Waco, TX: Baylor University Press, 2005), 237–45를 보라. 그리고 같은 책 "Charting the Voyages: An Autobiographical Introduction," 1–6을 보라.
2. *Foundations and Facets: New Testament*(R. Funk, ed.; Philadelphia: Fortress, 1983)에 나온다.

수 신약 학자가 요한복음의 역사적 가치를 거의 무시했다.

카슨(D. A. Carson), 레온 모리스(Leon Morris), 크레이그 블롬버그(Craig Blomberg), 안드레아스 쾨스텐버거(Andreas Köstenberger)와 같은 보수파 복음주의 신학자들은, 요한복음의 문학적 특성이 공관복음과 확연히 다르다는 점을 인정하는 동시에 요한복음이 진리를 증언하는 일에 중점을 둔 책으로 역사적 신빙성이 있음을 계속해서 옹호했다. 진리는 역사적 사실만으로 규명되는 것이 아니라는 사실을 인정하면 연대순으로 배열되지 않은 사건, 외관상 보이는 편집의 흔적, 신학적 긴장 요소 등 소위 요한복음의 많은 문제를 얼마든지 해결할 수 있다. 사실의 중요성을 설명하는 이 특징들은, 초기 그리스도인들도 "신령한"(*pneumatikon*) 복음[유세비우스(Eusebius)가 알렉산드리아의 클레멘스(Clement), *Hist. eccl.*, 6.14.7에 나온 말을 인용한 것]으로 인정한 예수님의 생애 이야기에 특별히 나타나리라 예상할 수 있다.

나는 이 책에서 다음과 같은 몇 가지 기준을 가지고 입장을 개진하고자 한다.

1. 요한 서신의 저자가 요한복음의 저자와 동일 인물이었거나 그 저자와 가까운 동료였을 것으로 추론하는 가정에 따라 연구를 진행한다. 저자가 사도 요한이 아닐 수도 있다고 결론 내린 20세기 학문의 많은 가정을 받아들이지 않는다.

2. 요한 서신이 자체의 음성을 가지고 있다는 사실을 인정한다. 하지만 요한 서신을 해석할 때 요한복음이라는 기본 틀에 비추어 둘 사이의 공통적 은유, 비유, 신학 등을 해석하지 않으면 요한 서신을 제대로 이해할 수 없다는 전제를 견지한다.

3. 요한복음에 나오는 "사랑하시는 그 제자"의 절친한 한 동료가 요한복음을 이미 본질상 최종 형태로 완결시켰을 수도 있다는 사실을 인정하지만, 요한복음의 확장된 구성 역사는 가정하지 않는다. 따라서 세 권의 요한 서신 각각을 요한복음의 구성 역사 안에 두어야 한다고 보지 않는다. 본서는 요한복음을 정밀하게 편집한 역사에서 나온 가정에 기반을 두고 사변적으로 재구성된 요한 공동체를 요한 서신을 해석하는 역사적 배경으로 삼는 경향과 거리를 두고자 한다. 그러므로 특별히 이런 사변적 재구성에 해석을 의존하는 해석자들의 견해를 체계적으로 활용하지 않을 것이다.

4. 요한일서를 비논쟁 문서로 보는 해석을 옹호하는 최근 주장은 요한 서신의 기록 목적에 다시 초점을 맞추었다. 이것은 본서도 마찬가지다. 요한 서신이 요한이 이끈 교회에 분열과 혼란이 일어났을 때 기록되었다는 점은 인정하지만, 이 분열과 혼란을 일으킨 이단을 특별히 재구성하려 하지도 가정하지도 않는다. 요한 서신에 제시된 진리는 영지주의, 가현설, 케린투스주의 등과 같은 형태를 취하거나 그러지 않을 수 있는 다양한 기독론 이단을 반대할 수 있다. 당시에 등장한 거짓 교훈이 무엇인지 구체적으로 재구성하기에는 충분한 증거가 없다. 따라서 그런 재구성을 하지 않는 것이 가장 지혜로워 보인다. 요한 서신은 다양한 거짓 믿음을 향해 말한다. 그 가운데 많은 거짓 믿음이 오늘날에도 여전히 존재한다.

약어표

AB	Anchor Bible
ABR	*Australian Biblical Review*
abt.	about
ACCS	Ancient Christian Commentary Series
ACNT	Augsburg Commentary on the New Testament
AE	*Luther's Works.* St. Louis: Concordia; Philadelphia: Fortress, 1955 – [American Edition].
ANTC	Abingdon New Testament Commentaries
BCBC	Believers Church Bible Commentary
BDAG	*A Greek – English Lexicon of the New Testament and Other Early Christian Literature*, third edition, rev. and ed. Frederick W. Danker.
BDF	*A Greek Grammar of the New Testament and Other Early Christian Literature*, trans. and ed. Robert W. Funk.
BECNT	Baker Exegetical Commentary on the New Testament
Bib	*Biblica*
BSac	*Bibliotheca sacra*
BST	The Bible Speaks Today
BT	*The Bible Translator*
BTNT	Biblical Theology of the New Testament
CBQ	*Catholic Biblical Quarterly*
CEB	Common English Bible
CurBS	*Currents in Research: Biblical Studies*
ESV	English Standard Version
EvQ	*Evangelical Quarterly*
GTJ	*Grace Theological Journal*
ICC	International Critical Commentary
IVPNTC	The IVP New Testament Commentary Series
JBL	*Journal of Biblical Literature*

JETS	*Journal of the Evangelical Theological Society*
JGRChJ	*Journal of Greco-Roman Christianity and Judaism*
JPT	*Journal of Pentecostal Theology*
JRS	*Journal of Roman Studies*
JSNT	*Journal for the Study of the New Testament*
JSNTSup	Journal for the Study of the New Testament: Supplement Series
JTS	*Journal of Theological Studies*
LN	J. P. Louw and Eugene A. Nida, *Greek – English Lexicon of the New Testament: Based on Semantic Domains*. New York: United Bible Societies, 1989.
LNTS	Library of New Testament Studies
LS	Henry G. Liddell and Robert Scott, *Greek – English Lexicon*. Oxford: Clarendon Press, 1972.
MNTC	The Moffatt New Testament Commentary
NAC	New American Commentary
NASB	New American Standard Bible
NBBC	New Beacon Bible Commentary
NCBC	New Century Bible Commentary
Neot	*Neotestamentica*
NET	New English Translation
NETS	The New English Translation of the Septuagint
NICNT	New International Commentary on the New Testament
NIDNTT	*New International Dictionary of New Testament Theology*, ed. Colin Brown, 4 vols. Grand Rapids: Zondervan, 1975 – 1978.
NIV	New International Version
NIVAC	New International Version Application Commentary
NJB	New Jerusalem Bible
NKJV	New King James Version
NovT	*Novum Testamentum*
NRSV	New Revised Standard Version
NTC	The New Testament in Context
NTL	New Testament Library
NTS	*New Testament Studies*
PNTC	Pillar New Testament Commentary
P. S. I.	Pubblicazione della società italiana per la ricerca dei papiri greci e latini in Egitto: Papiri greci e latini, ed. G Vitelli et al., 14 vols. (1912 –).
RSV	Revised Standard Version
SBLDS	SBL Dissertation Series
SCJ	*Stone-Campbell Journal*
Sem	*Semeia*

SJT	*Scottish Journal of Theology*
SP	Sacra pagina
SPAW	Sitzungsberichte der Preussischen Akademie der Wissenschaften.
TDNT	*Theological Dictionary of the New Testament*, ed. G. Kittel and G. Friedrich, 10 vols. (1964–76).
TNTC	Tyndale New Testament Commentaries
TynBul	*The Tyndale Bulletin*
WBC	Word Biblical Commentary
WTJ	*Westminster Theological Journal*
ZEB	*Zondervan Encyclopedia of the Bible,* ed. Merrill C. Tenney, rev. Moisés Silva, 5 vols. Grand Rapids: Zondervan, 2009.
ZTK	*Zeitschrift für Theologie und Kirche*

감사의 말

이 책의 집필을 마칠 때까지 여러 해가 걸렸고, 그동안 많은 사람이 저술에 영향을 미쳤다. 무엇보다 먼저 이 책을 저술할 기회를 준 존더반 출판사의 수석 원고 검토 편집자인 카트야 코브레트(Katya Covrett)와 존더반 강해 주석 시리즈 편집자인 클린턴 아놀드(Clinton Arnold)에게 감사를 전한다. 그리고 이 책의 편집을 담당해준 벌린 버브루그(Verlyn Verbrugge)에게도 감사하다. 나의 이전 목사이자 친구인 디아나 트로트바인(Diana Trautwein)은 다른 주석을 쓸 용기를 주었고 끊임없는 격려와 지원을 아끼지 않았다. 나는 2005년부터 휘튼 대학원에서 성경 주석 과목 중 하나인 요한 서신을 강의하면서 학생들에게도 큰 도움을 받았다. 학생들은 이 짧은 신약성경 책들에 관해 몇몇 어려운 질문을 피해갈 기회를 내게 허락하지 않았다.

본서를 저술하는 동안 조교들이 나름대로 큰 도움을 주었다. 특히 카산드라 블랙포드(Cassandra Blackford, 2005-2006년), 찰리 트림(Charlie Trimm, 2010-2011년), 존 호그룬드(Jon Hoglund, 2011-2012년), 제레미 오튼(Jeremy Otten, 2012-2013년), 크리스 스미스(Chris Smith, 2013년 가을)에게 감사하다. 이들은 이 책의 색인 작업을 맡아주었다. 그리고 남편 포레스트 좁스(Dr. Forrest Jobes)는 부부가 함께해야 할 시간 대부분을 이 책을 저술하는 데 할애할 수 있도록 배려함으로써 에베소서 5장에 나타난 사랑을 지속해서 보여주었다. 그리고 무엇보다 이 모든 사람을 내게 보내주시고, 지금까지 내게 풍성한 복을 베풀어주신 주님께 감사드린다.

요한 서신 전체 서론

신약성경에 있는 요한일서, 요한이서, 요한삼서로 알려진 세 권의 책은 서로 매우 비슷하다. 그래서 어느 한 권에 관한 사실이 세 권 모두에 똑같이 적용될 수 있는 점이 많다. 따라서 이 서론에서는 세 권에 모두 나타난 공통적인 특징을 제시할 것이다. 아울러 세 권 각각에 대한 설명은 각 서신에 나타난 특유한 문제들을 다루는 간략한 서론과 함께 시작한다.

요한 서신의 중요성

역사적인 문제를 다루기 전에 요한 서신 연구에 힘써야 하는 이유를 성찰해야 한다. 물론 요한 서신이 신약성경에 속해 있는 것만으로도 성경을 하나님의 말씀으로 믿는 사람들은 관심을 가져야 한다. 그러나 신약성경 뒷부분에 자리 잡은 이 짧은 세 권의 서신이 중요한 이유는 무엇일까?

당신은 하나님을 알고 싶은가? 당신은 하나님에 관한 진리를 중요하게 여기는가? 요한복음과 요한 서신의 공통적인 포괄적 주제는 하나님을 진실로 아는 것이다. 종교와 철학의 충돌이 만연하던 세상에서, 곧 오늘날과 비슷한 세상에서 예수님은 이렇게 말씀하셨다. "영생은 곧 유일하신 참 하나님과 그가 보내신 자 예수 그리스도를 아는 것이니이다"(요 17:3, 강조체 저자). 여기서 예수님은 영생이 하나님을 아는 것이라고 정의하신다. 지금 그리고 영원토록 하나님을 알고 그분과 함께 생명을 누리는 방법은 하나님이 인간에게 주신 자기 계시에 반응하는 것 외에 다른 길이 없기 때문이다. 그것은 역사상 어느 지역에서든 모든 사람에게 아주 중대한 문제다.

나아가 예수님은 오직 유일하신 참 하나님, 곧 세상에 자기 아들인 예수 그리스도를 보내신 하나님이 계신다고 천명한다. 오늘날에는 다양한 문화 속에 각기 다르고 종종 충돌하는 신에 관한 관점이 많이 존재한다. 지금 우리는 영적으로 혼란한 시대에 살고 있다. 특히 모든 문화가 종교적으로 다채로운 시대에 살고 있다. 많은 사람이 진지하게만 믿는다면 어떤 대상을 믿는지는 문제가 되지 않는다고 생각한다. 그러나 동양의 환생 개념에서부터 '뉴에이지' 영성이나 북미로 넘어오고 세계 전역에 퍼진 유대교 회당과 이슬람 사원 그리고 다양한 신전에서 가르치는 믿음에 이르기까지 모든 종교가 과연 참될 수 있는가? 요한은 영적으로 혼란한 시대, 곧 예수 그리스도에 관해 서로 충돌하는 신학이 난무하던 시대에 독자들이 그리스도 안에서 하나님을 진실로 알고 있었다는 것을 근거로 사후에 영생이 기다린다는 것을 확신시키고자 이 세 권의 짧은 편지를 썼다. 이보다 더 중요한 것이 과연 무엇이 있었겠는가?

저자와 기원 문제

기독교가 출범한 시기에 형성된 교회 전통은 대체로 요한 서신의 저자를 요한으로 보았다. 이 요한은 보통 사도 요한으로 믿는 인물이며, 예수님의 열두 제자 중 하나였고, 세베데의 아들이자 요한복음에서 "예수가 사랑하신 그 제자"로 언급된 바로 그 사람이다. 그러나 요한복음이나 요한 서신 본문 어디에도 요한의 이름은 물론이고 어떤 이름도 나오지 않는다는 점을 주목하라. 요한이서와 요한삼서는 "장로"가 쓴 것으로 나오지만 그의 신원은 절대 밝혀지지 않는다. 요한 서신과 요한복음은 우리에게 저자를 밝히지 않지만 원래 이 책들을 받아본 최초 그리스도인들은 의심할 여지 없이 저자의 신원을 알고 있었을 것이다. 요한 서신을 요한의 저작으로 보는 것도 옛날 이 신자들의 증언에 따른 결론이었을 것이다.

그러나 요한(Ἰωάννης)은 당시에 흔한 이름이었다. 기독교 역사 초기에 어떤 이는 "장로"가 요한일서와 요한복음을 쓴 저자와 동일 인물인지를 의심했다. 현대 학계의 신약학자는 대부분 요한복음에 나오는 "사랑하시는 그 제자"를 사도 요한으로 보지 않는다. 대신 요한복음과 요한 서신에 다섯 명의 저자/편집자가 있다고 추측한다. 그 때문에 저자 문제가 훨씬 더 복잡해졌다.

저자를 요한으로 보는 최초의 견해는 서머나의 감독인 폴리카르포스(Polycarp, 주후 156년 사망)와 그와 동시대인인 파피아스(Papias)에게서 나왔다. 하지만 현재 파피아스의 글은 이레나이우스(Irenaeus)와 유세비우스의 후기 저작에 나오는 인용문으로만 남아 있다. 폴리카르포스와 파피아스는 소아시아 서부 지역인 에베소 근처에 살았다. 에베소는 로마군이 예루살렘 성전을 멸망시켰을 때(주후 70년) 사도 요한이 예수님의 어머니 마리아를 모시고 도망친 지역으로 알려져 있다. 요한은 주후 98-117년에 로마 제국을 통치한 트라야누스(Trajan) 황제 치하에서 에베소에서 여생을 보낸 것으로 추측된다. 리옹의 감독 이레나이우스(주후 175-195년)는 소아시아에서 태어났다. 그는 어린 시절 주 예수의 목격자들을 통해 서머나의 감독으로 임명된 것으로 알려진 폴리카르포스를 개인적으로 알았다. 이레나이우스는, 예수님과 함께 다락방에서 지냈던 주의 제자 요한이 에베소에서 살 때 요한복음을 썼다고 말한다(*Haer*. 3.1.2). 비록 이 자료 역시 다른 고대 문서들과 똑같이 역사적 검증을 받아야 하지만, 이것은 다른 신약성경에서는 절대 얻지 못하는 주목할 만한 역사적 증언이다.

파피아스의 증언은 조금 더 복잡하고 논란을 불러일으킨다. 그의 글이 유세비우스의 저작에만 보존되어 있고, 유세비우스가 파피아스의 말을 해석한 것을 보면 요한이라는 이름을 가진 사람이 두 명일 가능성이 있기 때문이다. 말하자면 한 명은 요한복음의 저자이고 다른 한 명은 요한 서신과 요한계시록을 쓴 장로 요한이다(*Hist. eccl.* 3.39.3-17). 파피아스는 요한을 두 번 언급한다. 한 번은 "주의 제자"로, 다른 한 번은 "장로"로 부른다. 그러나 유세비우스는 파피아스가 베드로와 야고보를 언급할 때도 처음에는 그들을 "사도"가 아니라 "장로"로 부른다는 사실을 간과했다. 이것은 파피아스가 두 명칭을 배타적인 의미로 보지 않았다는 것을 암시한다.[1] 그러나 유세비우스가 글을 쓴 4세기 이후로 신약성경에서 '요한'에게 돌린 요한 서신의 저자 문제에 관해 그리고 에베소에서 '요한의 무덤'에 장사된 인물이 누구인지에 관해 교회 안에 논란이 일어났다.

비록 저자 문제가 여전히 확실하게 밝혀질 가능성은 없다고 해도 요한 서신의 저자는 분명히 예수님의 공적 사역, 죽음, 부활을 직접 목격한 사람들의 증언에 기반을 둔 예수님에 관한 사도적 교훈을 전하는 사람으로 간주된다. 요한 서신 사이의 관계나 요한 서신과 요한복음의 관계(다음의 설명을 보라)를 확인해보면, 한 명의 저자가 요한 서신 전체를 썼다는 것과 또한 그 한 명이 요한복음의 저자가 아니라면 저자의 가까운 동료 중 한 사람이라는 점을 암시한다. 요한 서신은 이 사도적 증언이 예수님께 사명을 받지도 않고 그분에 대한 개인적 지식도 거의 없는 사람들이 예수님에 관해 내놓는 재해석을 크게 능가한다고 주장한다.

역사적 상황: 반영지주의 해석인가, 아니면 비논쟁 해석인가?

신약성경의 모든 서신을 볼 때 그러하듯, 요한 서신도 내용 자체에서 그 역사적 배경과 기록 이유를 추론해야 한다. 이 추론은 본래부터 다른 정보가 거의 없이 행하는 주관적인 해석 작업이다. 어떤 본문이든 그것이 쓰이게 된 상황, 저자의 생존 시기와 활동 지역 그리고 그 본문의 언급들을 '실제 세계'와 어떻게 관련시키는지에 관한 가정을 미리 세우지 않고는 해석하기가 힘들다. 그러나 한 가지 견본 색상인데도 어떤 배경 위에 올려놓느냐에 따라 색상이 달리 보이는 것처럼, 독자들이 어떤 가정을 하고 본문을 읽느냐에 따라 그 의미를 이해하는 데 큰 차이를 가져올 수 있다. 따라서 성경의 역사적 배경에 관해 우리가 가진 가정을 지속해서 점검하는 것이 중요하다. 불화 때문에 저자의 감독과 영적 권위 아래 있던 교회들에 혼란이 일어난 것이 분명하다. 이때 요한 서신의 저자는, 교인들이 자신이 제시하는 예수님에 관한 교

---

1. 상세한 설명은 Karen H. Jobes, *Letters to the Church: A Survey of Hebrews and the General Epistles* (Grand Rapids: Zondervan, 2011), 399-407을 보라.

훈과 믿음을 지키는 것으로 보아 그들이 구원을 받은 것이 틀림없다는 사실을 이해시키는 데 관심을 둔다.

요한 서신을 보면, 예수님에 관한 정확한 믿음, 죄에 대한 올바른 태도, 사랑을 특징으로 하는 상호 인격적 관계와 같은 주요 주제가 명확히 나타난다. 그러나 저자가 이 특수한 주제들을 다루는 이유는 명확히 제시되지 않는다. 저자는 예수 그리스도 안에 있는 하나님의 계시에 관한 사도적 교훈을 전하는 자로서 자신의 권위를 강조한다. 이것은 그리스도 안에 있는 하나님에 관한 진리의 원천이 어디에 있는지를 두고 논란이 있었음을 암시한다. 그러나 저자는 요한의 교회(들)에서 나간 자를 직접 반박하는 변증가로서가 아니라 교인들을 보살피는 목회자의 심정으로 편지를 쓴다. 앨런 브룩(Alan Brooke)은 다음과 같이 말했다. "저자가 요한 서신의 모든 곳에서 반대자들의 견해를 결코 잊지 않았다는 것이 사실일 것이다. 그럼에도 불구하고 요한 서신의 실제 목적은 오로지, 아니 정확히는 대체로, 논박이 아니라는 점을 강조하는 것이 중요하다."[2]

그러나 19세기 후반과 20세기의 학자들은 거짓 교훈이 (초기) 영지주의 사상에 영향을 받아 율법폐기주의의 경향을 띠었을 것으로 가정하고 거짓 교훈의 구체적인 성격을 재구성하는 데 많은 시간과 연구를 할애했다.[3] 영지주의라는 가정은 20세기에 루돌프 불트만이 전개했다.[4] 그 이후 요한 서신은, 이러한 가정에 따라 예수 그리스도의 복음에 영지주의 사상을 적용하여 생겨난 가현설이라는 특수한 기독론의 오류를 반대하는 내용 그리고 그리스도인의 삶에 영지주의 사상의 한 가지 결론을 적용하여 나타난 방종주의의 삶을 반대하는 내용을 담은 편지로 해석되었다. 이런 관점으로 요한 서신을 읽으면, 요한일서의 서언에 쓰인 감각 동사들은 육체로 오신, 곧 실제 사람으로 이 세상에 오신(요일 4:2, 요이 1:7) 예수님의 육체성을 이해시키려는 의도로 사용되었다고 볼 수 있다.

20세기 말과 21세기 초 가현설 또는 에베소 지역에서 가현설을 특별히 지칭하는 말인 케린투스주의를 직접 반대하는 논증으로 요한 서신을 이해해서는 안 된다는 또 다른 관점이 등장했다.[5] 전승에 따르면 케린투스(Cerinthus)는 에베소의 요한과 동시대인으로 현대 신학자들이 양자론으로 이름 붙인 견해, 곧 평범한 사람인 예수님이 세례받으실 때 그에게 신성이 임했으

---

2. Alan Brooke, *A Critical and Exegetical Commentary on the Johannine Epistles* (ICC; Edinburgh: T&T Clark, 1912), xxvii.

3. 예를 들어, 이런 접근법은 J. Lias, *The First Epistle of St. John: With Exposition and Homiletical Treatment* (Chicago: A. C. McClurg, 1887), 132에서 발견되고 William Alexander, *The Expositor's Bible*, 1903 [http://hdl.handle.net/2027/uva.x002599581(2012년 3월 1일에 접속함)]에서 입수할 수 있음]에서 채택되고 더 깊이 전개된다.

4. Rudolf Bultmann, *The Johannine Epistles* (Hermeneia; 공동번역 R. Philip O'Hara, Lane C. McGaughy, Robert W. Funk; Philadelphia: Fortress, 1973), 38, 46, 47.

5. Judith M. Lieu, "'Authority to Become Children of God': A Study of 1 John," *NovT* 23 (1981): 210–28; Hansjörg Schmid, "How to Read the First Epistle of John Non-polemically," *Bib* 85 (2004): 24; Terry Griffith, *Keep Yourselves from Idols: A New Look at 1 John* (JSNTSup 233; Sheffield: Sheffield Academic, 2002); 같은 저자, "A Non-polemical Reading of 1 John: Sin Christology and the Limits of Johannine Christianity," *TynBul* 49 (1998): 253–76; Daniel Streett, *They Went Out from Us: The Identity of the Opponents in First John* (Berlin: De Gruyter, 2011).

나 나중에 겟세마네 동산에서 기도할 때 떠나갔다는 사상을 가르쳤다고 알려져 있다(요일 2:19에 대한 주석을 보라). 영지주의를 요한 서신의 배경으로 추정하는 여러 요소를 제시하면서 주디스 리우(Judith Lieu)는 이렇게 말한다. "이 영지주의 해석의 틀이 적어도 표면적으로는 요한일서 전체를 일관되게 주석하게 해준다는 강력한 이점이 있다고 할지라도, 그것이 요한일서의 사상과 기능에 얼마나 타당하고 참된지 반드시 물어보아야 한다."[6]

이런 최근의 비논쟁 관점은, 요한의 교회에서 나간 이탈자들이 믿은 것과 그들이 교회를 나간 이유(요일 2:19)를 확인하는 것에 큰 비중을 둔 요한 학자들을 교정하는 데 필요한 대안으로, 편지를 쓴 이유에 관한 저자의 진술과 더 잘 맞는 관점이 무엇인지 설명하는 데 초점을 다시 맞춘다. 비논쟁 관점에 따르면, 저자의 관심은 교회(들)를 교란시킨 이단(들)을 향해 직접 말하는 것이 아니라, 자신의 영적 보호 아래 있는 사람들이 정통 사상에 계속 머물러 있도록 보살피는 것이다. 따라서 언급된 문제들이 구체적으로 무엇인지 재구성하는 것은 어렵다. 해석자들은 요한이 정통성을 어떻게 정의하는지에 초점을 맞춘다. 이들의 주장에 따르면 이 정통성은 사실상 광범위하게 케린투스주의, 가현설, 영지주의를 암묵적으로 반대할 뿐만 아니라, 대대로 그리고 우리 시대까지 등장한 다른 많은 이단도 반대한다.

그럼에도 불구하고 우리는 요한 서신의 저자가 복음을 심각하게 오해하고 왜곡하는 사상에 크게 반대한다는 점을 분명히 확인할 수 있다. 추정된 에베소 배경과 추정된 요한 서신의 기록 연대를 고려하면, 그리스의 철학 사상의 영향으로 요한복음의 약속들을 잘못 이해해서 본의 아니게 예수 그리스도의 복음에 반대되는 거짓 믿음이 형성되었을 수 있다(즉, 그것들은 "적그리스도"의 믿음이었다).

요한 서신과 요한복음의 관계

요한일서가 쓰인 주된 목적이 논박은 아니라고 해도, 공동체 안에서 일어난 분열이 편지를 쓴 직접적 이유였다는 것은 사실이다. 그리고 그 분열은 요한일서에 담긴 공동체 사상에 나타난 요소들에서 비롯된 것으로 보이는데, 이 요소들은 기독론 논쟁과 도덕 논쟁을 일으킬 수밖에 없었을 것이다. 우리는 이 요소들의 뿌리를 요한복음에서 찾아낼 때 요한일서의 문제점과 해결책을 더 잘 이해할 수 있다.[7]

요한 서신과 요한복음의 유사점은 이 둘 사이의 긴밀한 관계를 어느 정도 암시한다.

---

6. Lieu, "Authority to Become," 210.   **7.** 같은 책, 225(강조체 저자).

요한복음과 요한 서신의 유사점

요한복음	요한일서	요한이서	요한삼서
요 1:1 태초에 말씀이 계시니라 이 말씀이 하나님과 함께 계셨으니 이 말씀은 곧 하나님이시니라 요 1:14 말씀이 육신이 되어 우리 가운데 거하시매 요 15:26 내가 아버지께로부터 너희에게 보낼 보혜사 곧 아버지께로부터 나오시는 진리의 성령이 오실 때에 그가 나를 증언하실 것이요 요 15:27 너희도 처음부터 나와 함께 있었으므로 증언하느니라	요일 1:1 태초부터 있는 생명의 말씀에 관하여는 우리가 들은 바요 눈으로 본 바요 자세히 보고 우리의 손으로 만진 바라		
요 3:21 진리를 따르는 자는 빛으로 오나니	요일 1:6 만일 우리가 하나님과 사귐이 있다 하고 어둠에 행하면 거짓말을 하고 진리를 행하지 아니함이거니와	요이 1:4 너의 자녀들 중에 우리가 아버지께 받은 계명대로 진리를 행하는 자를 내가 보니 심히 기쁘도다	요삼 1:3 형제들이 와서 네게 있는 진리를 증언하되 네가 진리 안에서 행한다 하니 내가 심히 기뻐하노라
요 1:5 빛이 어둠에 비치되 어둠이 깨닫지 못하더라	요일 2:8 …이는 어둠이 지나가고 참빛이 벌써 비침이니라		
요 8:12 예수께서 또 말씀하여 이르시되 나는 세상의 빛이니 나를 따르는 자는 어둠에 다니지 아니하고 생명의 빛을 얻으리라	요일 1:5 우리가 그에게서 듣고 너희에게 전하는 소식은 이것이니 곧 하나님은 빛이시라 그에게는 어둠이 조금도 없으시다는 것이니라 요일 2:9 빛 가운데 있다 하면서 그 형제를 미워하는 자는 지금까지 어둠에 있는 자요		
요 1:12-13 영접하는 자 곧 그 이름을 믿는 자들에게는 하나님의 자녀가 되는 권세를 주셨으니 이는 혈통으로나 육정으로나 사람의 뜻으로 나지 아니하고 오직 하나님께로부터 난 자들이니라	요일 5:1 예수께서 그리스도이심을 믿는 자마다 하나님께로부터 난 자니		
요 15:12 내 계명은 곧 내가 너희를 사랑한 것 같이 너희도 서로 사랑하라 하는 이것이니라	요일 3:23 그의 계명은 이것이니 곧 그 아들 예수 그리스도의 이름을 믿고 그가 우리에게 주신 계명대로 서로 사랑할 것이니라	요이 1:5 부녀여, 내가 이제 네게 구하노니 서로 사랑하자 이는 새 계명 같이 네게 쓰는 것이 아니요 처음부터 우리가 가진 것이라	

요한복음	요한일서	요한이서	요한삼서
요 15:7 너희가 내 안에 거하고 내 말이 너희 안에 거하면 무엇이든지 원하는 대로 구하라 그리하면 이루리라 요 13:34 새 계명을 너희에게 주노니	요일 3:24 그의 계명을 지키는 자는 주 안에 거하고 주는 그의 안에 거하시나니 우리에게 주신 성령으로 말미암아 그가 우리 안에 거하시는 줄을 우리가 아느니라 요일 2:8 다시 내가 너희에게 새 계명을 쓰노니	요이 1:9 지나쳐 그리스도의 교훈 안에 거하지 아니하는 자는 다 하나님을 모시지 못하되 교훈 안에 거하는 그 사람은 아버지와 아들을 모시느니라	
요 14:16 내가 아버지께 구하겠으니 그가 또 다른 보혜사를 너희에게 주사 영원토록 너희와 함께 있게 하리니	요일 2:1 …만일 누가 죄를 범하여도 아버지 앞에서 우리에게 대언자가 있으니 곧 의로우신 예수 그리스도시라		
요 17:3 영생은 곧 유일하신 참 하나님과 그가 보내신 자 예수 그리스도를 아는 것이니이다	요일 2:25 그가 우리에게 약속하신 것은 이것이니 곧 영원한 생명이니라 요일 5:11 또 증거는 이것이니 하나님이 우리에게 영생을 주신 것과 이 생명이 그의 아들 안에 있는 그것이니라		
요 14:6 예수께서 이르시되 내가 곧 길이요 진리요 생명이니 나로 말미암지 않고는 아버지께로 올 자가 없느니라	요일 2:23 아들을 부인하는 자에게는 또한 아버지가 없으되 아들을 시인하는 자에게는 아버지도 있느니라		
	요일 2:18 아이들아 지금은 마지막 때라 적그리스도가 오리라는 말을 너희가 들은 것과 같이 지금도 많은 적그리스도가 일어났으니 그러므로 우리가 마지막 때인 줄 아노라	요이 1:7 미혹하는 자가 세상에 많이 나왔나니 이는 예수 그리스도께서 육체로 오심을 부인하는 자라 이런 자가 미혹하는 자요 적그리스도니	
요 13:30 유다가 그 조각을 받고 곧 나가니 밤이러라	요일 2:19 그들이 우리에게서 나갔으나 우리에게 속하지 아니하였나니		
요 20:31 오직 이것을 기록함은 너희로 예수께서 하나님의 아들 그리스도이심을 믿게 하려 함이요 또 너희로 믿고 그 이름을 힘입어 생명을 얻게 하려 함이니라	요일 5:13 내가 하나님의 아들의 이름을 믿는 너희에게 이것을 쓰는 것은 너희로 하여금 너희에게 영생이 있음을 알게 하려 함이라		

이런 유사점이 동일 저자이기 때문에 나온 것이 아니라면, 두 명의 저자가 같은 예수 전통에 속해 서로 긴밀한 관계를 형성했고 어쩌면 개인적으로 잘 알던 사이였기 때문에 생긴 것으로 보인다. 다른 장르에 속해 있기 때문에 나타난다고 설명할 수 있는 일부 차이점이 있지만, 요한 서신과 요한복음의 언어, 문체, 이원적 세계관, 신학은 다른 어떤 신약성경보다 가깝다. 존 페인터(John Painter)는 한 명의 저자가 쓴 것으로 알려진 누가복음과 사도행전 또는 데살로니가전서와 후서 같은 신약성경 사이의 유사점보다 요한복음과 요한 서신 사이의 유사점이 더 긴밀하다고 지적한다.[8]

이처럼 명백한 유사점 때문에 요한 서신을 주석할 때 요한복음이 영향을 미치는 것을 인정하고, 요한복음을 사용하는 것에 대한 방법론적 질문을 할 수밖에 없다. 예를 들어, 요한 서신에서 특정 용어가 지시하는 대상이나 그 의미는 요한복음에 쓰인 같은 용어에 따라 정의되어야 하는가? 전반적으로 유사한 점이 있기 때문에 그 방향으로 나아가지 않을 수 없지만, 요한복음과 요한 서신은 각각 기록 목적이 다르므로 너무 성급하게 그 둘의 의미를 동등하게 이해하는 것은 조심해야 한다. 사실 어떤 해석자들은 교회에서 나간 자들이 요한복음의 내용을 오해하고 잘못 적용했기 때문에 요한이 사역했던 교회(들)에 거짓 교훈이 스며들었고, 그래서 요한 서신은 오직 이런 이단을 바로잡으려는 의도로 요한복음과 똑같은 말을 사용하는 것이라고 주장한다. 물론 이것은 요한복음이 먼저 기록되어 회람되었고, 요한복음을 해석하고 적용하면서 문제점이 나타났으며, 요한 서신이 요한복음을 따랐다는 것을 가정한다.

반면에 톰 대처(Tom Thatcher)는 이와 다른 견해를 제시한다. 대처는 요한 서신과 요한복음이 같은 역사적 시기에 그리고 같은 전통에서 나왔다고 해도, 요한복음이 기록되기 전 예수님에 관한 요한의 교훈이 구술 형태로 전해지던 동안 이미 논쟁이 벌어졌다고 본다.[9] 대처는 예수님의 생애에 관한 권위적인 성문 내러티브가 없을 때 이 논쟁을 가라앉히기 위해 요한 서신이 기록되었다고 주장한다. 대처의 견해에 따르면, 요한복음은 이 논쟁 때문에 등장했다. 대처의 이런 견해는 흥미롭고 독창적이기는 해도, 요한 서신이 성문 형태로 기록된 요한복음과 매우 긴밀하게 관련된 것은 구두 전승이 요한복음과 본질상 내용이 일치했기 때문으로 보인다.

요한 서신 간의 관계와 기록 연대

요한 서신 자체의 기록 순서와 상호 관계에 관해서도 비슷한 질문이 제기될 수 있다. 요한일서와 요한이서는 주제, 문체, 어휘가 매우 비슷하기 때문에, 두 서신의 저자가 다르다고 상상하

---

8. John Painter, *1, 2, and 3 John* (SP 18; Collegeville, MN: Liturgical, 2002), 68, pp. 58-74에서 이 문제에 관한 Painter의 폭넓은 설명을 보라. 또한 I. Howard Marshall, *The Epistles of John* (NICNT; Grand Rapids: Eerdmans, 1978), 31-42도 보라.

9. Tom Thatcher, *Why John Wrote a Gospel: Jesus-Memory-History* (Louisville: Westminster John Knox, 2006).

기는 어렵다. 그리고 요한이서와 요한삼서의 유사점, 즉 둘 다 "장로"가 썼고 그의 주 관심사가 기독교적 접대를 베풀어야 할 때(요한삼서)와 베풀지 않아야 할 때(요한이서)인 것을 보면, 두 서신은 동전의 양면처럼 결합되어 있다('요한이서와 요한삼서 서론'을 보라). 주석가들은 이 사실을 주목하고 두 서신의 기록 순서에 관해 다양한 이론을 내놓았다.

조지 스트레커(Georg Strecker)는 요한일서가 요한이서와 요한삼서와는 다른 독자적인 기원이 있고, 이 두 서신보다 나중에 기록되었다고 생각한다. 마셜(Marshall)도 이러한 견해를 취했다. 마셜은 요한 서신의 주석을 그 순서에 맞추어 쓴다.[10] 티모시 존슨(Timothy Johnson)은 요한 서신이 한 사람을 통해 세 권이 같은 시기에 동시에 기록되어 하나로 묶여 전해졌다고 주장한다.[11] 이 이론에 따르면, 데메드리오는 전해야 할 설교(요한일서)의 서론으로 가이오의 교회에서 읽어야 할 편지(요한이서)와 함께 가이오에게 줄 소개 편지(요한삼서)를 들고 길을 떠났다. 페인터는 세 권 모두 장로가 썼고 기록 순서는 신약성경의 순서와 같을 것이라고 믿는다. 나도 이 견해를 받아들인다.[12] 그런데 나는 여기서 요한일서가 분열 직후 장로가 사역하던 가정 교회에서 기록되고 선포되었다는 시나리오를 제안하고 싶다. 그러나 이탈자들이 거짓 교훈을 들고 교회를 나가 그 지역의 다른 교회들에 거짓 교훈을 퍼뜨릴 가능성이 있었기 때문에, 요한은 "택하심을 받은 부녀와 그의 자녀들에게" 쓴 첨부(동봉) 편지(요한이서)와 함께 요한일서를 다른 교회들에 보내는 것이다. 디오드레베는 우리가 모르는 어떤 이유로 요한일서와 요한이서를 들고 간 자들을 영접하기를 거절했다. 그래서 장로는 친구 가이오에게 도움을 청하고자 소개 편지(요한삼서)를 써서 데메드리오 편에 들려 보낸다. 사실 요한 서신 연구는 이런 상황을 어느 정도 상상하지 않고서는 거의 불가능하다. 그렇다고 해도 이런 상상에서 나온 시나리오를 너무 중시해서는 안 되고, 그것이 주석을 주도하는 역할을 해서도 안 된다. 왜냐하면 우리는 요한 서신을 서로 연결시키는 세부적인 상황을 전혀 모르기 때문이다.

만약 요한복음이 주후 85-90년에 기록되었고 요한복음을 따라 기록된 요한 서신이 얼마 동안 교회 사이에서 회람되었다고 추정한다면, 요한 서신은 주후 90-95년에 기록되었을 것이다. 그렇게 보면 요한 서신은 신약성경 가운데 가장 마지막으로 기록되었을 것이다. 요한복음과 요한 서신은 같은 지역(로마 제국의 속주로 오늘날 터키 극서 지방으로 알려진 아시아 지역으로 추측됨)에 있는 시람들을 대상으로 쓴 책으로 보인다. 요한삼서에서 언급된 그리스도인들은 서로 개인적으로 알고 있었다. 이것은 일상적인 접촉이 빈번하게 일어날 수 있는 같은 지역의 교회 사이에 연락망이 있었다는 점을 말해준다. 한 개인인 가이오에게 쓴 짧은 편지인 요한삼서가 신약성경에 들어간 이유는 그 내용이 요한일서와 요한이서에 기록된 같은 이야기의 중요

---

10. Georg Strecker, *The Johannine Letters: A Commentary on 1, 2, and 3 John* (Hermeneia; Minneapolis: Fortress, 1995), 3; Marshall, *Epistles of John*.

11. Luke Timothy Johnson, *The Writings of the New Testament: An Interpretation* (개정/편집 Minneapolis: Fortress, 1999), 560-61.

12. Painter, *1, 2, and 3 John*, 52. 그리고 Raymond E. Brown, *The Epistles of John* (AB; New York: Doubleday, 1982), 30; Colin G. Kruse, *The Letters of John* (PNTC; Grand Rapids: Eerdmans, 2000), 7-8도 마찬가지다.

한 일부이기 때문일 것이다. 그러므로 우리가 요한 서신을 서로 비추어 보며 이해하고, 요한복음에 비추어 파악하는 것은 정당하다.

신약성경의 역사 연대표에서 차지하는 요한 서신의 위치

역사적-문법적 주석은 대부분의 복음주의 성경 학자가 사용한 방법론이다. 역사적-문법적 주석은 본문을 원래의 역사적 배경 안에서 해석하고, 본문의 실제 단어, 구문, 구조를 원래의 언어 안에서 주의 깊게 다룬다. 그런데 일반적으로 말해 이것이 교회가 성경을 이해하는 방법이 아니라는 점을 주목하라. 교회가 성경을 이해하는 방법인 경건하고 전례적인 해석법은, 대체로 역사적 배경을 모르기 때문에 그리고 성경을 현대 언어로 번역된 것에 따라 이해하기 때문에 본문을 비역사화 하는 경향이 있다.

일반 독자는 종종 간과하지만, 신약이 성경에 나오는 순서대로 기록되지 않은 것은 확실한 사실이다. 따라서 연구를 시작할 때 신약성경의 역사 연대표 속에서 한 책이 언제 기록되었는지 그리고 그때 일어난 일이 그 책을 주석할 때 무엇을 알려줄 수 있는지 고찰하는 것은 유용하다. 나아가 그 책이 신약성경에서 왜 그 순서에 나오는지를 고찰하는 것도 똑같이 유용하다. 신약성경이 오늘날 우리가 보는 순서대로 배열된 이유가 있음은 분명하다.

신약성경의 책들은 모두 1세기(현대의 연대 계산법에 따르면, 주후 1-100년)에 일어난 사건을 언급한다. 이 사건으로는 예수님의 생애, 복음 전파, 신생 교회에서 일어난 문제들이 있다. 신약성경 자체는 1세기 후반에 기록되었다. 신약성경 전체는 1세기 초반 3분의 1에 해당하는 시기에 살았던 한 사람, 곧 나사렛 예수님과 그분의 생애, 죽음, 부활의 중요성에 초점이 맞추어져 있다. 예수님에 관해 이야기하는 복음서는 그분이 활동한 이후로 몇십 년이 지나 기록되었다. 따라서 첫째는 예수 생전에 일어난 사건들에, 둘째는 각 복음서를 전달받고 복음서의 내용을 형성시킨 교회에서 일어난 일들에 관심을 둔다. 그러므로 복음서 중 가장 늦게 기록된 것으로 보이는 요한복음의 원래 수신자였던 교회(들)에서 일어난 일을 고찰하는 것은 적절하다.

신약성경의 서신서는 예수님의 생애를 다룬 내러티브 기사들과는 차이가 있다. 왜냐하면 각 서신서는 그 이전에 일어난 사건들을 상술하는 것이 아니라 그 당시에 일어난 절박한 문제들을 다루었기 때문이다. 서신서 저자들은 그 당시 절박했던 실제적인 질문, 문제, 상황들에 대해 말한다. 따라서 1세기를 (1) 신약성경 책들이 아직 기록되지 않았을 때인 예수님이 활동하시던 시기(주후 1-33년), (2) 로마 제국 전역에 복음이 크게 전파된 시기(주후 33-60년), (3) 교리와 교회의 통합이 진행되는 시기(대략 주후 60-100년)와 같이 세 시기로 구분하고 각 시기 안에 신약성경 책들의 사건과 기원을 둘 수 있다. 요한복음과 요한 서신은 세 번째인 마지막 시기에 기록되었다. 즉, 로마 정부가 그리스도인을 조직적으로 박해하고, 교회에 침투한 이단(특히 다양한 그리스 철학에서 파생된) 그리고 특히 사도들이 죽은 후 주님이 다시 오시지 않은 상황에서 벌어진 교회 리더십의 위기와 같은 심각한 문제들에 봉착했을 때 기록되었다.

요한 서신에는 두 번째와 세 번째 문제(이단과 교회 리더십의 위기)가 반영되어 있다. 장로가 사역하는 교회(들)에 거짓 선생들이 나타났고, 거짓 선생들의 믿음은 장로의 사도적 리더십에 도전을 제기했다. 장로가 세베대의 아들 요한이었다면, 그는 아주 나이가 많고 사도 중 가장 오래 생존한 사람이었을 것이다. 당시 교회는 사도가 아닌 교회 지도자들에게 리더십이 이전되는 가운데 있었다. 그래서 미래가 불확실한 시기였고, 그 때문에 예수 그리스도에 관한 진리가 어디서 발견되느냐 하는 문제보다 더 중대한 것은 없었다. 장로는 기독교의 리더십이 본질상 보수적이고, 주님이 직접 선택한 사도들의 교훈을 보존하고 그것을 다음 세대에 전달하는 데 있다고 주장한다. 기독교적 믿음과 실천의 혁신은 사도적 정통성에 따라 한정되어야 했다. 이것은 주님이 재림하실 때까지 모든 세대의 교회에 적용된다.

정경 문제

원리적으로 신약성경은 각각 신적 영감을 받은 사도들이 기록했기 때문에 기록되자마자 규범적이고 권위적인 가치를 부여받았다. 그러나 각각의 책이 특별히 본문이 원독자와 원 교회들을 벗어나 회람되기 시작한 이후 정경으로 인정받아 결국 신약성경에 포함되기까지는 많은 시간이 걸렸다. 이에 관해 레이먼드 브라운(Raymond Brown)은 다음과 같이 요약한다.

> 2세기 중반이 되자 요한 서신(또는 최소한 요한일서)의 관념, 주제 그리고 심지어는 문구가 다른 여러 기독교 저작에 인용되었다. 그러나 제시된 유사점 중 어느 것도 축자적 인용으로 이루어지지는 못했다. 따라서 언급된 저자들 중 누구도 그 앞에 요한 서신의 본문이 놓여 있었다고 확신하기는 정말 어렵다.[13]

그럼에도 불구하고 요한일서 본문은 에베소 지역의 한 도시 서머나에 살았던 폴리카르포스(주후 69-155년)의 손에 들어간 것으로 보인다. 폴리카르포스가 "예수 그리스도께서 육체로 오신 것을 부인하는 자는 누구나 적그리스도입니다"라고 쓴 빌립보 사람들에게 보내는 편지(주후 140년 이전에 기록됨) 7:1은 요한일서 4:2-3 및 요한이서 1:7과 명확히 평행을 이룬다. 하지만 폴리카르포스는 이 말이 요한이나 요한이 쓴 서신에서 나온 것이라고 직접 언급하지는 않는다. 주후 175년 이전에 기록된 본문들에도 요한 서신에 대한 덜 명확한 다른 암시들이 나온다.[14] 하지만 존속된 요한 서신 세 권 전체를 최초로 확실하게 증언한 것은 오리게네스

---

13. Brown, *Epistles of John*, 9.   **14.** 같은 책, 6-9. 고대의 증거를 더 온전히 개관하는 것은 5-13을 보라.

(Origen)에게서 나왔다(대략 주후 250년). 오리게네스는 이렇게 말했다. "요한은 단지 몇 줄에 불과한 편지도 남겼다. 그것이 두 번째와 세 번째 서신일 수 있다. 왜냐하면 모두가 이 서신들(두 번째와 세 번째 서신)이 진짜라고 말하지는 않기 때문이다"(Eusebius, *Hist. eccl.* 6.25.10에서 인용)". 요한일서의 저자가 사도 요한이라는 것은 의심의 여지가 없었고, 유세비우스는 요한일서를 공인된 책들 속에 집어넣는다(Irenaeus에게서 나온 증거에 대한 설명은 요한일서와 요한이서의 서론을 보라. 그는 두 책이 마치 한 권인 것처럼 인용하고 두 책이 함께 회람되었을 것이라고 주장한다). 요한 서신은 세 권 모두 4세기에 정경으로 인정받았고 아타나시우스 정경(Athanasius's canon) 목록에도 포함되었다(주후 367년).

참고문헌

Akin, Daniel L. *1, 2, 3 John*. NAC 38. Nashville: Broadman & Holman, 2001.

Bray, Gerald, ed. *James, 1–2 Peter, 1–3 John, Jude*. ACCS 11. Downers Grove, IL: InterVarsity Press, 2000.

Brooke, A. E. *A Critical and Exegetical Commentary on the Johannine Epistles*. ICC. Edinburgh: T&T Clark, 1912.

Brown, Raymond E. *The Epistles of John*. AB 30. New York: Doubleday, 1982.

Bultmann, Rudolf. *The Johannine Epistles*. Hermenia. Translated by R. Philip O'Hara with Lane C. McGaughy and Robert W. Funk. Philadelphia: Fortress, 1973.

Burge, Gary M. *The Letters of John*. NIVAC. Grand Rapids: Zondervan, 1996.

Calvin, John. *Commentaries on the Catholic Epistles*. Translated by John Owen. Vol. 22 of *Calvin's Commentaries*. Grand Rapids: Baker, 1999.

Culpepper, R. Alan. *The Gospel and Letters of John*. Nashville: Abingdon, 1998.

Dodd, C. H. *The Johannine Epistles*. MNTC. London: Hodder and Stoughton, 1946.

Grayston, Kenneth. *The Johannine Epistles*. NCBC. Grand Rapids: Eerdmans, 1984.

Kruse, Colin G. *The Letters of John*. PNTC. Grand Rapids: Eerdmans, 2000.

Lieu, Judith M. *I, II, & III John: A Commentary*. NTL. Louisville: Westminster John Knox, 2008.

Marshall, I. Howard. *The Epistles of John*. NICNT. Grand Rapids: Eerdmans, 1978.

McDermond, J. E. *1, 2, 3 John*. BCBC. Harrisonburg, VA: Herald, 2011.

Ngewa, Samuel. "1 John," "2 John," "3 John." Pages 1529–38 in *The Africa Bible Commentary*. Edited by T. Adeyemo. Grand Rapids: Zondervan, 2006.

Painter, John. *1, 2, and 3 John*. SP 18. Collegeville, MN: Liturgical, 2002.

Schnackenburg, Rudolf. *The Johannine Epistles: A Commentary*. Translated by Reginald and Ilse Fuller. New York: Crossroad, 1992.

Schuchard, Bruce G. *1–3 John*. Concordia Commentary. St. Louis: Concordia, 2012.

Smalley, Stephen S. *1, 2, 3 John*. WBC 51. Waco, TX: Word, 1984.

Smith, D. Moody. *First, Second, and Third John*. Interpretation. Louisville: John Knox, 1991.

Stott, John. *The Epistles of John*. TNTC. Grand Rapids: Eerdmans, 1964.

Strecker, Georg. *The Johannine Letters: A Commentary on 1, 2, and 3 John*. Hermeneia. Minneapolis: Fortress, 1995.

Thatcher, Tom. "1 John," "2 John," "3 John." Pages 414–538 in *The Expositor's Bible Commentary*, vol. 13. Rev. ed. Edited by Tremper Longman III and David E. Garland. Grand Rapids: Zondervan, 2006.

Thomas, John Christopher. *The Pentecostal Commentary on 1 John, 2 John, 3 John*. Cleveland, TN: Pilgrim, 2004.

Thompson, Marianne Meye. *1–3 John*. IVPNTC. Downers Grove, IL: InterVarsity Press, 1992.

Von Wahlde, Urban C. *The Gospel and Letters of John*. 3 vols. Grand Rapids: Eerdmans, 2010.

Williamson, Rick. *1, 2, & 3 John: A Commentary in the Wesleyan Tradition*. NBBC. Kansas City: Beacon Hill, 2010.

Witherington, Ben III. *A Socio-Rhetorical Commentary on Titus, 1–2 Timothy and 1–3 John*. Vol. 1: *Letters and Homilies for Hellenized Christians*. Downers Grove, IL: InterVarsity Press, 2006.

Yarbrough, Robert W. *1–3 John*. BECNT. Grand Rapids: Baker Academic, 2008.

1 John

Bass, Christopher D. *That You May Know: Assurance of Salvation in 1 John*. NAC Studies in Bible and Theology 5. Nashville: Broadman & Holman, 2008.

Brickle, Jeffrey E. *Aural Design and Coherence in the Prologue of 1 John*. London: T&T Clark, 2012.

Callow, John. "Where Does 1 John 1 End?" Pages 393–406 in *Discourse Analysis and the New Testament: Approaches and Results*. Edited by Stanley E. Porter and Jeffrey T. Reed. JSNTSup 170. Sheffield: Sheffield Academic, 1999.

Carson, D. A. "The Three Witnesses and the Eschatology of 1 John." Pages 216–32 in *To Tell the Mystery: Essays on New Testament Eschatology in Honor of Robert H. Gundry*. Edited by Thomas E. Schmidt and Moisés Silva. JSNTSup 100. Sheffield: Sheffield Academic, 1994.

Coetzee, J. C. "The Holy Spirit in 1 John." *Neot* 13 (1979): 43–67.

De Boer, Martinus. "The Death of Jesus Christ and His Coming in the Flesh (1 John 4:2)." *NovT* 33 (1991): 326–46.

Dudrey, Russ. "1 John and the Public Reading of Scripture." *SCJ* 6 (Fall 2003): 235–55.

Edwards, M. J. "Martyrdom and the First Epistle of John." *NovT* 31 (1989): 164–71.

Griffith, Terry. *Keep Yourselves from Idols: A New Look at 1 John*. JSNTSup 233. Sheffield: Sheffield Academic, 2002.

———. "A Non-polemical Reading of 1 John: Sin, Christology and the Limits of Johannine Christianity." *TynBul* 49 (1998): 253–76.

Hills, Julian. "'Little Children, Keep Yourselves from Idols': 1 John 5:21 Reconsidered." *CBQ* 51 (1989): 285–310.

Kim, Jintae. "The Concept of Atonement in 1 John: A Redevelopment of the Second Temple Concept of Atonement." PhD diss., Westminster Theological Seminary, 2003.

———. "The Concept of Atonement in Hellenistic Thought and 1 John." *JGRChJ* 2 (2001–2005): 100–116.

Kruse, Colin G. "Sin and Perfection in 1 John." *ABR* 51 (2003): 60–70.

Lieu, Judith M. "'Authority to Become Children of God': A Study of 1 John." *NovT* 23 (1981): 210–28.

———. "Us or You? Persuasion and Identity in 1 John." *JBL* 127 (2008): 805–19.

Longacre, Robert. "Towards an Exegesis of 1 John Based on the Discourse Analysis of the Greek Text." Pages 271–86 in *Linguistics and New Testament Interpretation: Essays on Discourse*

Analysis. Ed. David Alan Black. Nashville: Broadman, 1992.

Michaels, J. Ramsey. "By Water and Blood: Sin and Purification in John and First John." Pages 149–62 in *Dimensions of Baptism: Biblical and Theological Studies.* Edited by Stanley E. Porter and Anthony R. Cross. London: Sheffield Academic, 2002.

Moberly, R. W. L. "'Test the Spirits': God, Love, and Critical Discernment in 1 John 4." Pages 296–307 in *The Holy Spirit and Christian Origins: Essays in Honor of James D. G. Dunn.* Edited by Graham Stanton, Bruce Longenecker, and Stephen Barton. Grand Rapids: Eerdmans, 2004.

Olsson, Birger. "First John: Discourse Analyses and Interpretations." Pages 369–91 in *Discourse Analysis and the New Testament: Approaches and Results.* Edited by Stanley E. Porter and Jeffrey T. Reed. JSNTSup 170. Sheffield: Sheffield Academic, 1999.

Schmid, Hansjörg. "How to Read the First Epistle of John Non-polemically." *Bib* 85 (2004): 24–41.

Scholer, David M. "Sins Within and Sins Without: An Interpretation of 1 John 5:16–17." Pages 230–46 in *Current Issues in Biblical and Patristic Interpretation.* Edited by Gerald F. Hawthorne. Grand Rapids: Eerdmans, 1975.

Streett, Daniel R. *They Went Out from Us: The Identity of the Opponents in First John.* Berlin: De Gruyter, 2011.

Sugit, J. N. "I John 5:21: ΤΕΚΝΙΑ, ΦΥΛΑΞΑΤΕ ΕΑΥΤΑ ΑΠΟ ΤΩΝ ΕΙΔΩΛΩΝ." *JTS* 36 (1985): 386–90.

Tan, Randall K. J. "Should We Pray for Straying Brethren? John's Confidence in 1 John 5:16–17." *JETS* 45 (2002): 599–609.

Thatcher, Tom. "'Water and Blood' in Anti-Christ Christianity (1 John 5:6)." *SCJ* 4 (2001): 235–48.

Washburn, David I. "Third Class Conditions in First John." *GTJ* 11 (1990): 221–28.

Watson, Duane F. "'Keep Yourselves from Idols': A Socio-Rhetorical Analysis of the *Exordium* and *Peroratio* of 1 John." Pages 281–302 in *Fabrics of Discourse: Essays in Honor of Vernon K. Robbins.* Edited by David B. Gowler, L. Gregory Bloomquist, and Duane F. Watson. Harrisburg: Trinity Press International, 2003.

Yarid, John R. "Reflections of the Upper Room Discourse in 1 John." *BSac* 160 (2003): 65–76.

2 and 3 John

Akin, Daniel L. "Truth or Consequences: 2 John 1–13." *Faith & Mission* 23, no. 1 (2005): 3–12.

Campbell, Barth L. "Honor, Hospitality and Haughtiness: The Contention for Leadership in 3 John." *EvQ* 77 (2005): 321–41.

Floor, Sebastiaan. "A Discourse Analysis of 3 John." *Notes on Translation* 4, no. 4 (1990): 1–17.

Funk, Robert W. "The Form and Structure of II and III John." *JBL* 86 (1967): 424–30.

Lee, Chee Chiew, "The ἐκλεκτῇ κυρίᾳ of 2 John: A Metaphor for the Church and Its Theological Implications for the Contemporary Church." ThM thesis, Singapore Bible College, 2005.

Lieu, Judith M. *The Second and Third Epistles of John: History and Background.* Edinburgh: T&T Clark, 1986.

Malherbe, Abraham J. "The Inhospitality of Diotrephes." Pages 222–32 in *God's Christ and His People: Studies in Honour of Nils Alstrup Dahl.* Edited by Jacob Jervell and Wayne A. Meeks. Oslo: Universitetsforlaget, 1977.

Malina, Bruce J. "The Received View and What It Cannot Do: III John and Hospitality." *Sem* 36 (1986): 181–83.

Mitchell, Margaret M. "'Diotrephes Does Not Receive Us': The Lexicographical and Social Context of 3 John 9–10." *JBL* 117 (1998): 299–320.

Watson, Duane F. "A Rhetorical Analysis of 2 John according to Greco-Roman Convention." *NTS* 35 (1989): 104–30.

———. "A Rhetorical Analysis of 3 John: A Study in Epistolary Rhetoric." *CBQ* 51 (1989): 479–501.

General

Anderson, John L. *An Exegetical Summary of 1, 2, and 3 John*. Dallas: SIL, 1992.

Bauckham, Richard. *Jesus and the Eyewitnesses*. Grand Rapids: Eerdmans, 2006.

Chapman, John. "'We Know That His Testimony Is True.'" *JTS* 31 (1930): 379–86.

Culy, Martin M. *I, II, III John: A Handbook on the Greek Text*. Waco, TX: Baylor University Press, 2004.

Gundry, Robert H. *Jesus the Word according to John the Sectarian*. Grand Rapids: Eerdmans, 2002.

Haas, C., M. de Jonge, and J. L. Swellengrebel. *The Letters of John*. UBS Handbook Series. New York: United Bible Societies, 1972.

Harnack, Adolf von. "Das 'Wir' in den Johanneischen Schriften." SPAW. Berlin: Akademie der Wissenschaften, 1923.

Jackson, Howard M. "Ancient Self-Referential Conventions and Their Implications for the Authorship and Integrity of the Gospel of John." *JTS*, n.s. 50 (1999): 1–34.

Klauck, Hans-Josef, with Daniel P. Bailey. *Ancient Letters and the New Testament: A Guide to Context and Exegesis*. Waco, TX: Baylor University Press, 2006.

Köstenberger, Andreas J. *A Theology of John's Gospel and Letters*. BTNT. Grand Rapids: Zondervan, 2009.

Kysar, Robert. "The Expulsion from the Synagogue: The Tale of a Theory." Pages 237–45 in *Voyages with John: Charting the Fourth Gospel*. Waco, TX: Baylor University Press, 2005.

Lindars, Barnabas, Ruth B. Edwards, and J. M. Court, eds. *The Johannine Literature*. Sheffield: Sheffield Academic, 2000.

Menken, Maarten J. J. "Envoys of God's Envoy: On the Johannine Communities." *Proceedings of the Irish Biblical Association* 23 (2000): 45–60.

Pate, C. Marvin. *The Writings of John*. Grand Rapids: Zondervan, 2011.

Sloyan, Gerard S. *Walking in the Truth: Perseverers and Deserters: The First, Second, and Third Letters of John*. NTC. Valley Forge, PA: Trinity Press International, 1995.

Thatcher, Tom. *Why John Wrote a Gospel: Jesus–Memory–History*. Louisville: Westminster John Knox, 2006.

Trebilco, Paul. *The Early Christians in Ephesus from Paul to Ignatius*. Grand Rapids: Eerdmans, 2004.

요한일서 서론

장르와 목적

요한일서 본문에 '내가/우리가 이것을 쓰다'(γράφω)라는 동사가 요한일서와 관련하여 12번 이상 나타나는 것(예를 들어, 요일 1:4; 2:1; 5:13)으로 보아 요한일서가 (구술 형태가 아니라) 성문 형태로 시작된 편지라는 것을 알 수 있다. 그러나 수신자와 인사말 그리고 편지의 맺는말이 없는 것으로 보아 요한일서는 개인 편지의 형식을 취하지는 않았다. 이것 때문에 예전에 이런 글을 편지(letter)와 구분하여 '서신'(epistle)으로 부르려는 시도가 있었지만, 학자들은 대체로 그런 식으로 구분하지 않았다. 나아가 요한일서의 구조를 보면, 저자가 공적으로 큰 소리로 읽히거나 낭독되기를 원했다는 점을 암시하는 특징이 나타나 있다(뒤의 '구조'를 보라). 아마 요한일서는 원저자가 사역하던 교회에서 설교로 사용되었고, 이후로는 떨어져 있는 다른 지역 교회에 회람되었을 것이다.

사회적-수사학적 분석을 해보면, 요한일서는 '요한 전통을 지키는 독자의 수를 늘리고 요한 공동체, 하나님, 그리스도와의 지속적 사귐을 보증하기 위한' 목적으로 기록되었다. 또 요한일서는 이미 견지한 가치를 계속해서 지키는 독자의 수를 늘리기 위하여 기록된 과시적 수사(epideictic rhetoric) 저작으로 규정될 수 있다는 결론에 이른다.[1] 특히 저자는 교회에서 나간 지체들이 일으킨 분열과 혼란 속에서도 예수 그리스도를 믿는 믿음을 계속 지킬 수 있도록 심혈을 기울여 독자를 설득한다(2:19).

교회에서 나간 사람들의 거짓 신학이 특히 혼란을 가중할 수 있었던 것은, 그 신학이 요한 전통의 신학과 같은 말을 사용하고 그 기원이 요한 전통 자체에 있었기 때문이다. "이 (이탈자들의) 신학은 저자의 신학과 많은 공통점이 있고, 저자가 지키는 전통, 곧 요한복음을 통해

---

1. Duane F. Watson, "'Keep Yourselves from Idols': A Socio-Rhetorical Analysis of the *Exordium* and *Peroratio* of 1 John," in *Fabrics of Discourse: Essays in Honor of Vernon K. Robbins* (공동편집 David B. Gowler, L. Gregory Bloomquist, Duane F. Watson; Harrisburg, PA: Trinity Press International, 2003), 282, 284.

접하는 전통과 같은 줄기에 붙어 있다. 요약하면, 저자는 자신의 독자와 반대자에게 똑같이 익숙하다고 보는 요한 전통의 사상 세계의 배경에 따라 편지를 쓴다."[2] 따라서 저자의 목적은, 요한복음에 나오는 진술들을 잘못 해석하는 왜곡된 견해를 바로잡고 잘못된 신학을 교정함으로써 독자가 예수 그리스도 안에서 계시된 진리의 편에 서게 하는 것이다.

구조

요한일서의 구조는 윤곽을 제시하기가 어렵다. 사상이 직선적으로 전개되지 않고 순환적으로 전개되기 때문이다. 죄, 사랑, 건전한 기독론이라는 하나로 얽힌 세 가지 주제가 반복해서 돌아간다. 그러면서 이 세 가지 주제가 각각 다른 두 주제에 관해 언급된 내용에 비추어 더 깊이 전개된다. 이에 대하여 월터 모벌리(Walter Moberly)는 다음과 같이 지적한다.

> 요한의 사고 패턴은 전통적인 논증 방식에서 사용하는 연쇄적 논리를 따르지 않고 한 주제에 관해 음악적 변화를 주는 문학적 논리를 따랐다. 곧, 요한의 사고 패턴은 기본 문제를 중심으로 계속 순환하며 기본 문제를 다양한 각도에 따라 다룬다. 이 국면과 다른 국면을 동시에 전개하고 수반되는 것과 수반되지 않는 것을 명확히 하기 위해 한 진술을 다른 진술과 균형을 맞추어 제시한다. 이미 제시된 요점으로 되돌아가 이후에 나오는 내용에 비추어 보면 그 요점이 새롭게 보일 수 있도록 제시한다.[3]

듀안 왓슨(Duane Watson)은 "요한일서의 반복성과 강조성은 저자가 그리스-로마의 부연 기법을 사용하는 것으로 설명된다. 이 부연 기법은 영예로운 전통적 진리와 맺은 결속을 강화하는 역할을 한다"라고 주장한다. 이 경우에는 요한 전통을 "주제와 화제의 반복과 강조를 통해 명확히 하고 요한 전통과 이탈자들이 가르친 오류의 형태를 정밀하게 구분하는 것"이 목적이다.[4] 그 결과 수반된 구조는 독자가 어디에 충성해야 할지 더 분명히 보도록 돕는 역할을 한다.

현대 학자들이 제시하고 표시하는 요한일서의 구조는 사용된 방법론에 따라 다르다. 요한 서신에 대해 가장 빈번하게 이루어진 연구는 범주, 경계, 일관성, 두드러진 점과 같은 기준을 주목하는 의미론적 담화 분석에 기초를 둔다.[5] 예를 들어, 담화 분석은 그리스-로마의 고전적 수사법을 통해 밝혀진 것과는 다른 구조로 끝맺는다. 그러나 담화 분석의 결과도 무척 다

---

2. Martinus De Boer, "The Death of Jesus Christ and His Coming in the Flesh (1 John 4:2)," *NovT* 33 (1991): 331.

3. R. W. L. Moberly, "'Test the Spirits': God, Love, and Critical Discernment in 1 John 4," in *The Holy Spirit and Christian Origins: Essays in Honor of James D. G. Dunn* (공동편집, G. Stanton, B. Longenecker, S. Barton; Grand Rapids: Eerdmans, 2004), 298.

4. Duane F. Watson, "Rhetorical Criticism of Hebrews and the General Epistles since 1978," *CurBS* 5 (1997): 198.

양하다.[6] 비교적 최근에 인정받은 체계, 곧 큰 소리로 낭독하고자 하는 의도에 맞추어진 청각적 본문 체계는 또 다른 구조를 보여준다.[7] 요한일서 본문의 석의적 개요는 본문의 다른 특징들을 보여준다. 사실상 어떤 주석가도 다른 주석가와 정확히 똑같은 방법으로 주석하는 경우는 없다. 이것은 부분적으로 요한일서에는 다양한 야누스 구절들이 있기 때문이다. 여기서 야누스 구절이란 두 부분 사이에 다리를 놓아서 이전 부분과 이후 부분 어느 쪽으로도 분류될 수 있는 구절을 가리킨다. 또한 우리는 인간적 의사소통에 입각한 담화는 어떤 것이든 동시대 관습들의 원칙을 정확히 따르지 않고, 더구나 현대 학자의 이론들의 원리도 따르지 않는다는 사실을 인정해야 한다.

현대 학자들은 다양한 방법론을 사용하여 분석함으로써 요한일서가 정교하게 짜인 저작이라는 사실을 증명했다. 캘로우(J. Callow)는 담화 분석에 기초를 두고 요한일서를 분석하면서 "요한일서는 매우 조직적인 저작일 뿐만 아니라 어휘 면에서도 응집력이 있는 저작이다"[8]라고 결론을 내린다. 브릭클(Brickle)은 요한일서 서언의 청각적 패턴 분석을 통해 "요한은 고전적인 기준을 만족시키려고 애쓰지 않지만…자신이 청각적, 수사적으로 강력한 방법에 따라 글을 작성할 능력을 갖추고 있음을 분명히 보여준다"[9]라고 결론을 내린다. 아래에 제시된 개요는 내가 요한일서를 주석적으로 이해한 결과이다. 다양한 다른 방법이 제시하는 결과를 참조했다.

요한일서 개요

   I. 요한이 사도적 증인의 권위를 주장함(1:1–4)

      A. 정확한 역사적 지식에 대한 요한의 주장(1:1)

      B. 영원한 생명이 나타나심(1:2)

      C. 사귐에 대한 요한의 목적(1:3)

      D. 사귐의 기쁨을 충만하게 함(1:4)

   II. 소식(메시지)의 선포(1:5–10)

---

5. 다음 자료를 보라. Grace E. Sherman and John C. Tuggy, *A Semantic and Structural Analysis of the Johannine Epistles* (Dallas: SIL, 1994); David J. Clark, "Discourse Structure in 3 John," *BT* 57 (2006년 7월): 109–15; Sebastiaan Floor, "A Discourse Analysis of 3 John," *Notes on Translation* 4, no. 4 (1990): 1–17; Birger Olsson, "First John: Discourse Analyses and Interpretations," in *Discourse Analysis and the New Testament: Approaches and Results* (공동편집, Stanley E. Porter, Jeffrey T. Reed; Sheffield: Sheffield Academic, 1999), 369–91; Robert Longacre, "Towards an Exegesis of 1 John Based on the Discourse Analysis of the Greek Text," in *Linguistics and New Testament Interpretation: Essays on Discourse Analysis* (편집, David Alan Black; Nashville: Broadman, 1992), 271–86.

6. Watson, "'Keep Yourselves from Idols,'" 281–302.

7. Jeffrey E. Brickle, *Aural Design and Coherence in the Prologues of First John* (LNTS 465; London: T&T Clark, 2012).

8. J. Callow, "Where Does 1 John 1 End?" *JSNT* 170 (1999): 397.

9. Brickle, *Aural Design*, 109.

    A. 하나님은 빛이시다(1:5)

    B. 첫 번째 대조적인 두 조건절(1:6-7)

    C. 두 번째 대조적인 두 조건절(1:8-9)

    D. 다섯 번째 조건절: 만일 우리가 범죄 하지 아니하였다 하면⋯(1:10)

III. 죄를 다룸(2:1-6)

    A. 죄라는 주제를 독자 앞에 내놓음(2:1-2)

    B. 하나님을 아는 것은 하나님의 명령을 지킴으로써 죄를 피하는 것을 의미함(2:3-6)

IV. 사랑, 빛, 어둠(2:7-11)

    A. 요한의 교훈과 예수님의 교훈 사이의 연속성(2:7-8)

    B. 빛과 어둠의 이원성에 대비되는 사랑과 미움의 관계(2:9-11)

V. 자녀들, 아비들, 청년들(2:12-14)

    A. 자녀들아, 너희 죄가 사함을 받았다(2:12)

    B. 아비들아, 너희가 태초부터 계신 이를 알았다(2:13a-c)

    C. 청년들아, 너희가 악한 자를 이기었다(2:13d-f)

    D. 아이들아, 너희가 아버지를 알았다(2:14a-c)

    E. 아비들아, 너희가 태초부터 계신 이를 알았다(2:14d-f)

    F. 청년들아, 너희가 강하다(2:14g-k)

VI. 세상을 사랑하는 것은 아버지를 사랑하는 것과 반대된다(2:15-17)

    A. 세상을 사랑하지 말라는 명령(2:15)

    B. 세상에 관한 사실(2:16-17a)

    C. 하나님의 뜻에 대한 순종은 영원한 생명을 의미함(2:17b)

VII. 교회 안의 분열(2:18-28)

    A. 요한이 "마지막 때"를 선포함(2:18)

    B. 한 무리가 요한의 교회(들)를 나감(2:19)

    C. 그리스도에 관한 진리의 본질(2:20-21)

    D. 거짓 선생의 특징(2:22-23)

    E. 권면과 약속(2:24-27)

    F. 요한이 종말론적 배경에서 요점을 요약함(2:28)

VIII. 누가 하나님의 자녀인가?(2:29-3:10)

    A. 부전자전(2:29-3:1)

    B. 종말론적 삶의 소망(3:2-3)

    C. 죄의 본질(3:4-6)

    D. 너희 아버지는 누구인가?(3:7-10)

IX. 서로 사랑하라(3:11-18)

    A. 서로 사랑하라는 명령(3:11-12)

  B. 요한이 독자에게 적용함(3:13–15)

  C. 사랑은 목숨을 버리는 것을 의미함(3:16–18)

X. 하나님의 자녀는 담대할 수 있다(3:19–24)

  A. 하나님의 은혜 안에서 담대함을 얻음(3:19–22)

  B. 하나님이 원하시는 것을 행함(3:23–24)

XI. 진리의 영과 미혹의 영을 구별해야 한다(4:1–6)

  A. 영들이 하나님께 속했는지 분별하라(4:1–3)

  B. 하나님께 속한 자는 서로 이해한다(4:4–6c)

  C. 진리의 영과 미혹의 영을 이로써 아느니라(4:6d)

XII. 하나님의 사랑의 표현(4:7–16)

  A. 서로 사랑하라는 명령(4:7–10)

  B. 서로 사랑하라는 명령의 재진술(4:11–14)

  C. 예수님을 하나님의 아들로 시인하는 것이 하나님 안에 거하기 위한 필수 요소다(4:15–16)

XIII. 하나님의 사랑은 신자 안에 온전히 이루어졌다(4:17–5:3)

  A. 신자 안에 온전히 이루어진 하나님의 사랑은 다가올 심판 날에 담대함을 갖게 한다(4:17–18)

  B. 하나님에 대한 신자의 사랑은 서로 사랑하는 것으로 예증된다(4:19–21)

  C. 그리스도를 믿는 믿음을 통해 거듭난 결과(5:1–3)

XIV. 피, 영생 그리고 확신(5:4–13)

  A. 하나님의 아들을 믿는 믿음이 세상을 이긴다(5:4–5)

  B. 증언(5:6–13)

XV. 하나님을 아는 것(5:14–21)

  A. 죄를 범한 형제를 위한 기도(5:14–17)

  B. 우리가 아는 것(5:18–20)

  C. 마지막 권면(5:21)

요한일서 1:1-4

문학적 전후 문맥

요한일서가 시작되는 부분인 이 서언은 생명이신 말씀, 곧 예수님을 목격자로서 증언하는 저자의 권위를 소개함으로써 요한일서가 전하려는 메시지의 토대를 제공한다. 그리스-로마의 수사학 관례에 따르면, 이 본문은 독자의 이목을 집중시킴으로써 앞으로 나올 메시지를 잘 받아들이도록 독자의 마음을 준비시키는 역할을 한다. 이 본문은 요한일서의 주요 주제를 소개하고 독자에게 영생을 확신시킨다. 그리고 독자가 이미 가진 믿음과 가치를 계속 견지하도록 격려한다. 암묵적으로 나타나 있는 우상 숭배는 예수 그리스도 안에 계시된 하나님에 관한 진리와 대조를 이룬다. 그리고 요한일서 5:21의 "자녀들아 너희 자신을 지켜 우상에게서 멀리하라"는 마지막 명령과 인클루지오(수미상관법)를 이룬다.

> I. 요한이 사도적 증인의 권위를 주장함(1:1-4)
>   A. 정확한 역사적 지식에 대한 요한의 주장(1:1)
>   B. 영원한 생명의 나타나심(1:2)
>   C. 사귐에 대한 요한의 목적(1:3)
>   D. 사귐의 기쁨을 충만하게 함(1:4)
> II. 소식(메시지)의 선포(1:5-10)
>   A. 하나님은 빛이시라(1:5)
>   B. 첫 번째 대조적인 두 조건절(1:6-7)
>   C. 두 번째 대조적인 두 조건절(1:8-9)
>   D. 다섯 번째 조건절: 만일 우리가 범죄 하지 아니하였다 하면…(1:10)

주요 개념

예수 그리스도에 관한 진리는 예수님이 실제로 사람이 되셔서 인간의 역사 속에서 사시고, 죽으시며, 부활하신 사실의 중요성을 증인을 택하여 증언하게 하신 것과 함께 시작한다. 이 서언은 영적 진리를 말할 권위가 있는 자들을 통해 주어진 그리스도에 관한 교훈을 따르고 그 교훈 안에 거함으로써 같은 믿음으로 이루어지는 사귐에 참여하라고 독자를 초대한다.

번역

요한일서 1:1-4

1a	3c의 항목/대상	태초부터 있는
b	3c에 대한 언급	생명의 말씀에 관하여는
c	3c의 항목/대상	우리가 들은 바요
d	3c의 항목/대상	눈으로 본 바요
e	3c의 항목/대상	자세히 보고
f	3c의 항목/대상	우리의 손으로 만진 바라
2a	단언	**이 생명이 나타내신 바 된지라**
b	단언	**이 영원한 생명을 우리가 보았고**
c	단언	**증언하여**
d	단언	**너희에게 전하노니**
		이는 아버지와 함께 계시다가
e	단언	우리에게 나타내신 바 된 이시니라
3a	대상	우리가 보고
b	대상	들은 바를
c	단언	**너희에게도 전함은**
d	목적	너희로 우리와 사귐이 있게 하려 함이니
e	단언	우리의 사귐은 아버지와
		그의 아들 예수 그리스도와 더불어 누림이라
4a	단언	**우리가 이것을 씀은**
b	목적	우리의 기쁨이 충만하게 하려 함이라

구조

요한일서 서언은 성경에서 가장 특이한 본문일 것이다. 관계 대명사 '것'[what, ὅ(개역개정에는 "바"-역주)]을 첫 단어로 시작하는 헬라어 본문은 성경 어디에도 없기 때문이다. 사실 이 첫 구절에 4개의 중성 단수형 관계 대명사가 나오고 3절이 될 때까지 주동사("우리가 전함은", ἀπαγγέλλομεν)가 나오지 않는다. 이처럼 일련의 대명사가 동사보다 앞에 나오는 특이한 단어 순서는 선포 대상인 예수 그리스도의 복음을 강조함으로써 증언의 메시지를 부각하고 수사 효과를 배가시키는 역할을 한다.

> 태초부터 있는 바
> 우리가 들은 바
> 눈으로 본 바
> 자세히 보고
> 우리의 손으로 만진 바
> 생명의 말씀에 관하여 [우리가 전함은](강조체 저자)

이 증언의 구조를 보면, 생명이 나타났다는 단언과 그 생명을 '우리가 눈으로 보았고' 지금은 그 생명을 '증언하고' '전하고 있다'는 단언(2절)에 중점을 둔다. 이 단언 이후에 중성 단수형 목적격 관계 대명사 "바"(ὅ)는 요한일서의 이어지는 내용에서 선포되는 것을 보고 들었다는 주장을 다시 시작한다(3a절). 3d-e절에서 목적절(ἵνα)은 선포하는 목적을 진술한다. 그 목적은 받아들이는 자가 "우리"와 사귐, 곧 아버지와 그의 아들 예수 그리스도와 더불어 사귐을 누리게 하는 것이다.

1인칭 복수 대명사가 사용되었기 때문에 이 대명사가 지시하는 대상의 정체성을 놓고 요한일서 해석자들이 논쟁을 벌인 것은 잘 알려져 있다(본문 설명'을 보라). 감각 동사(들었다, 보았다, 만졌다)가 사용된 것은 메시지가 생명의 말씀에 대한 직접적인 증언에 기반을 둔다는 점을 부각한다. 물론 이 증언이 반드시 땅에서 활동하신 예수님에 대한 목격자의 증언은 아니다. 이 관계 대명사가 예수님이나 "말씀"(λόγος)이라는 명사를 가리킬 때 요구되는 남성 대명사가 아니라 중성 대명사이기 때문이다. 아마 저자는 여기서 지시 대상으로 중성 명사로 지시될 수 있는 복음(εὐαγγέλιον)이나 더 추상적 관념인 예수님의 생애, 죽음, 부활의 중요성을 염두에 두었을 것이다.

요한일서의 시작 부분(1:1-4) 중 마지막 진술("우리가 이것을 씀은 우리의 기쁨이 충만하게 하려 함이라")은 "이것"(ταῦτα)을 이어지는 내용 전체를 가리키는 것으로 취함으로써 한 가지 기록 목적을 제시한다. 그것은 생명의 말씀이 낳는 기쁨을 충만하게 하려는 것이다. 이 본문에 다양한 이문(異文)이 있는 것으로 보아 요한이 쓴 것이 "우리의" 기쁨인지, '너희의' 기쁨인지 불확실하다('본문 설명'에 나오는 해설을 보라).

이 본문의 헬라어가 비교적 쉽다고 해도 의미는 파악하기가 꽤 어렵다. 레이먼드 브라운은 이 본문의 구문을 "문법적 난제"로 불렀다.[1] 이 본문 중 여러 부분의 관계가 영어 번역에서는 사라지지만 헬라어 본문에서는 그리 간단하지 않기 때문이다. 이 처음 네 구절(1:1–4)은 헬라어 본문에서 하나의 긴 문장으로 되어 있고, 두 개의 진술이 삽입되어 있어서 이해하기가 더 어렵다.

석의적 개요

→ I. 요한이 사도적 증인의 권위를 주장함(1:1–4)
   A. 정확한 역사적 지식에 대한 요한의 주장(1:1)
   B. 영원한 생명이 나타나심(1:2)
      1. 요한이 영원한 생명을 증언하다(1:2a–c)
      2. 요한이 독자에게 영원한 생명을 전하다(1:2d)
   C. 사귐에 대한 요한의 목적(1:3)
   D. 사귐의 기쁨을 충만하게 함(1:4)

본문 설명

요일 1:1 태초부터 있는 생명의 말씀에 관하여는 우리가 들은 바요 눈으로 본 바요 자세히 보고 우리의 손으로 만진 바라(Ὃ ἦν ἀπ' ἀρχῆς, ὃ ἀκηκόαμεν, ὃ ἑωράκαμεν τοῖς ὀφθαλμοῖς ἡμῶν, ὃ ἐθεασάμεθα καὶ αἱ χεῖρες ἡμῶν ἐψηλάφησαν περὶ τοῦ λόγου τῆς ζωῆς). 서언에 나오는 이 첫 구절은 요한일서 나머지 부분을 이해하는 데 본질적 토대를 구축한다. 하지만 고려해야 할 석의적 문제가 많다. 종종 요한일서의 헬라어 본문이 신약성경 가운데 가장 쉽다고 말하기도 한다. 하지만 이 첫 구절의 구문 및 이 구절과 본문(1:1–4) 나머지 부분과의 관계는 파악하기가 그리 간단하지 않다. 이 구절이 말하고자 하는 바를 제대로 파악하려면 최소한 다섯 가지의 석의적 문제를 고려해야 한다.

(1) 중성 관계 대명사(ὅ)가 지시하는 대상과 그 대명사들의 관계
(2) "태초부터"(ἀπ' ἀρχῆς)라는 말의 의미
(3) 감각 동사들이 반복되는 목적
(4) 1인칭 복수 대명사 "우리"의 신원
(5) "생명의 말씀"이라는 말에서 소유격의 의미

---

[1] Brown, *Epistles of John*, 152.

요한일서의 나머지 부분을 명확히 이해하고자 한다면, 이 문제들을 하나씩 상세히 다루는 데 시간과 노력을 투자할 가치가 있다.

(1) 저자가 목격자이기 때문에 얻은 지식에 자신의 권위의 기초를 두었다는 사실을 고려하면, 이 첫 구절을 동사 형태 속에 들어간 주어 "우리"는 예수님의 생애를 목격한 하나 이상의 증인을 가리킨다고 이해하는 것이 자연스러워 보인다. 이 구절은 '우리는 예수님에 관해 들었고, 우리는 우리 눈으로 예수님을 보았으며, 우리는 (그분이 가르치고 이적을 보이시는 동안) 예수님을 자세히 보았고, 우리는 손으로 예수님을 만졌다'로 의역할 수 있다. 그러나 헬라어 본문은 이처럼 예수님이라는 사람을 직접 가리키는 것을 허용하지 않는다. 놀랍게도 헬라어 본문은 남성 대명사가 아니라 중성 관계 대명사를 사용하기 때문이다. 만약 요한이 예수님을 듣고 보며 만지는 상황을 직접 가리키는 것이라면, 문법적으로 남성 대명사가 나와야 한다. 하지만 저자는 예수님이라는 인물을 직접 가리키는 것이 아니라, 그분을 중심으로 한 복음 메시지를 더 폭넓게 염두에 둔 것으로 보인다. 그렇게 보면 저자가 그 말("복음", εὐαγγέλιον)을 사용하지 않아도 그 중성 명사를 가리킨 것일 수 있다. 또는 저자가 예수님을 아는 것에 일반적으로 관련된 모든 것을 지시하기 위해 일반적인 것을 언급하는 관계 대명사를 사용하는 것일 수도 있다.[2]

어떤 해석자들은 그 지시 대상을 "예수님이 사역하시는 동안 선포한 메시지와 나중에 요한 전통에 속한 자를 통해 전한 그 메시지"를 가리키는 것으로 이해한다.[3] 브리클은 최근에 이 서언의 청각적 구조를 연구한 다음, 이 서언이 원래의 교회 배경에서 큰 소리로 낭독되는 것이 목표였다고 주장했다. 여기서 중성 관계 대명사가 반복되는 것은 의도적으로 청자의 이해와 기억을 돕기 위한 "세 가지 핵심적인 청각 패턴"(ὅ/καί/모음—μεν)이라고 주장했다.[4]

저자가 자신이 가진 지식의 기초를 목격자 자료에 두고 있기는 해도, "태초부터 있는 [것]"과 "아버지와 함께 계시다가 우리에게 나타나신 [영원한 생명]"과 같은 말을 사용하는 것을 보면, 우리가 단순한 물리적 관찰로 예수님에 관해 알 수 있는 것을 넘어서는 범주에 따라 예수님을 언급하는 것이 분명하다. 저자는 요한복음의 표적들에서 발견되는 물리적 사건과 그 사건의 중요성을 구분하는 것과 비슷한 작업을 여기서도 하는 듯하다. 물론 요한복음에 나오는 일곱 가지 표적은 이적이지만, 계시적 중요성이 제대로 인식될 때만 표적으로 작용한다. 어떤 이는 예수님이 하신 일만 보고 그 일의 중요성은 인식하지 못했다. 그 중요성을 인식한 사람은 예수님을 믿었다고 말한다(예를 들어, 요 2:11). 따라서 여기서 사용된 중성 관계 대명사들은, 예수님이 전하시는 모든 진리와 함께 단순한 감각적 지각을 넘어 예수님을 인식하는 것을 가리킨다.

(2) 이 관계 대명사 네 개의 관계에 대해 몇 가지 질문이 있다. 많은 해석자가 네 개 모두를 3절의 '우리가 전하다'(ἀπαγγέλλομεν)라는 동사의 직접 목적어로 취한다. 다른 해석자들은 첫째 대명사(ὅ)는 동격 관계로 이어지는 세 개의 관계절을 가진 "태초부터 있는"(ἦν ἀπ' ἀρχῆς)이라는 술어의 주격 주어로 기능한다고 본다. 이렇게 보면 우리는 태초부터 있는 것, 즉 우리가 들은 것, 우리가 눈으로 본 것, 우리가 자세히 보고 우리의 손으로 만진 것을 전한다는 뜻이 된다.[5]

---

2. 어쩌면 '것'은 들은 모든 것을 일반적으로 가리키는 대명사로 나오는 '네가 말한 것은 정말 좋았다'(What you said was very good)는 영어 구문과 비슷할 것이다.

3. 예를 들어, Watson, "'Keep Yourselves from Idols,'" 297.

4. Brickle, *Aural Design*, 108–10.

5. Stephen S. Smalley, *1, 2, 3 John* (WBC 51; Waco, TX: Word, 1984), 3; Martin M. Culy, *I, II, III John: A Handbook on the Greek Text* (Waco, TX: Baylor University Press, 2004), 2.

어떻게 보든 요한은 "태초부터" 있는(ὁ ἦν ἀπ' ἀρχῆς) 예수님에 관한 메시지를 강조한다. 이것은 "바"(것)의 시작이 언제인지에 대한 질문을 불러일으킨다. 전치사구 "태초부터"(ἀπ' ἀρχῆς)라는 말은 이 짧은 서신에서 8번이나 사용되고[1:1; 2:7, 13, 14, 24(2번); 3:8, 11], 요한이서(1:5, 6)와 요한복음(8:44; 15:27)에도 2번씩 나온다. 해석자들은 요한의 문헌에서 "태초"가 지시하는 대상에 대하여 여러 가지 견해를 제시한다.

1. 요한복음 1:1("태초에 말씀이 계시니라…")과 간접적으로 창세기 1:1("태초에…")에서 울려 퍼지는 아들의 선재성
2. 그리스도를 믿는 믿음으로 회심할 때 시작되는 그리스도인의 삶이 출발하는 시점
3. 하나님의 구속 사역이 인간 역사 속에서 시작되는 시점
4. 다음과 같이 정의되는 기독교 복음이 시작된 시점
   (a) 예수님의 잉태와 탄생 혹은
   (b) 예수님의 공적 사역의 시작 혹은
   (c) 예수님의 부활 이후 복음 전파의 시작

요한일서의 서언(1:1-4)은 첫 구절에서 "태초"를 언급한다는 점에서 요한복음의 서언과 확실히 비슷하다. 어떤 이는 요한복음과 요한 서신이 서로를 해석한다는 사실을 인정하지 않는다. 그렇지만 둘 사이의 평행 요소와 대응 요소의 빈도를 보면 요한 서신의 은유, 심상, 신학은 요한복음의 틀 안에서 이해해야 할 듯하다(요한 서신 전체 서론에서 요한 서신과 요한복음의 관계를 보라).

요한복음은 "태초에 말씀이 계시니라"(ἐν ἀρχῇ ἦν ὁ λόγος)는 유명한 진술로 시작한다. 이 진술은 창세기 1:1의 "태초에 하나님이 천지를 창조 하시니라"(LXX, ἐν ἀρχῇ ἐποίησεν ὁ θεὸς τὸν οὐρανὸν καὶ τὴν γῆν)라는 말씀을 인유한다. 요한복음 1:3에서 "만물이 그로 말미암아 지은 바 되었으니 지은 것이 하나도 그가 없이는 된 것이 없느니라"고 말하므로 이 두 진술은 똑같이 창조를 언급한다고 볼 수 있다. 게다가 요한복음 1:1과 칠십인역 창세기 1:1은 같은 전치사구 "태초에"(ἐν ἀρχῇ)라는 말을 사용한다. 그런데 요한일서 1:1은 상황이 약간 다르다. 창조에 대한 언급이 전혀 없고 전치사구도 "태초부터"(ἀπ' ἀρχῆς)라는 말로 되어 있다. 요한복음 1:1과 창세기 1:1에 비추어 요한일서 1:1을 해석하면, "우리"가 들은 것, 본 것 그리고 만진 것이 창조의 행위자였던 그 말씀(ὁ λόγος)에 관한 메시지라는 것을 의미한다.

이러한 이해는 "생명의 말씀에 관하여는"이라는 전치사구로 지지를 받는다. 생명이 나타나셨고[περὶ τοῦ λόγου τῆς ζωῆς("생명의 말씀에 관하여는")…ἡ ζωὴ ἐφανερώθη("이 생명이 나타내신 바 된 지라")], 이것이 세 개의 중성 관계절을 수식한다. 나아가 2절을 보면, 나타나신 생명은 "아버지와 함께 계셨고"(ἦν πρὸς τὸν πατέρα), 이것은 요한복음 1:1을 반영하는 또 하나의 사례로, 요한복음 1:1에서도 동일한 전치사(πρός, "함께")가 하나님을 언급하는 데 사용된다("이 말씀이 하나님과 함께 계셨으니"). 요한일서 1:1에서 "태초부터 있는 [것]"이라는 말이 복음과 선재하시는 그리스도를 연결하는 언급이라는 해석은 "태초부터 계신 이"(τὸν ἀπ' ἀρχῆς)를 언급하는 요한일서 2:13, 14에서 같은 전치사구가 사용되는 것과 잘 어울리는 듯하다.[6] 창세기의 초기 역사에 대한 암시는 요한일서 3:8에도 나온다. 거기서는 마귀를 "처음부터"(ἀπ' ἀρχῆς) 죄를 범한 자로 지칭한다.

그러나 요한일서에서 이 전치사구가 나오는 다른 사례들을 보면 독자가 그리스도인으로서 새로운 삶을 시작하는 시점을 가리킨다(2:7, 24; 3:11; 요이 1:6, 그리고 5절

---

6. Gary M. Burge, *The Letters of John* (NIVAC; Grand Rapids: Zondervan, 1996), 53; Marshall, *Epistles of John*, 100-101; Smalley, *1, 2, 3 John*, 5; D. Moody Smith, *First, Second, and Third John* (Interpretation; Louisville: John Knox, 1991), 36.

도 그렇게 보는 것이 가능함).[7] 이것에 따르면, "우리"가 듣고 보고 만진 것은 또한 그리스도인들이 그리스도를 믿게 된 첫날부터 알게 된 진리라는 점을 의미할 것이다. 요한일서 2:7["사랑하는 자들아 내가 새 계명을 너희에게 쓰는 것이 아니라 너희가 '처음부터'(ἀπ' ἀρχῆς) 가진 옛 계명이니 이 옛 계명은 너희가 들은 바 말씀이거니와"]은 "처음"을 그리스도인으로서 새로운 삶이 시작된 출발 시점을 가리키는 데 사용한다.

또 다른 견해는 "처음"을 기독교 복음이 시작된 시점을 가리킨다고 본다. 즉, 예수님이 친히 복음을 처음으로 전하고 이적을 보이기 시작하셨을 때, 말씀, 곧 "생명이 나타나셨을"(1:2) 때를 가리킨다고 보는 것이다.[8] 이 견해는 요한복음 15:26-27과 잘 어울린다. 거기에서 예수님은 제자들에게 다음과 같이 약속하신다. "내가 아버지로부터 너희에게 보낼 보혜사(παράκλητος) 곧 아버지로부터 나오시는 진리의 성령이 오실 때 그가 나를 증언하실 것이요 너희도 처음부터(ἀπ' ἀρχῆς) 나와 함께 있었으므로 증언하느니라"(강조체 저자). 예수님은 죽기 전날 밤에 열두 제자와 최후의 만찬으로 유월절 식사를 하는 동안 이 약속을 주셨다. 예수님이 여기서 "아프 아르케스"(ἀπ' ἀρχῆς)라는 표현을 사용하신 것은, 요한일서 1:1-4에서 요한이 예수님의 생애와 사역에 관한 사도적 증언이 처음부터 증언된 것이라고 제시한다는 견해에 수긍할 만한 증거가 된다. 이렇게 이해하면, 그것은 저자가 예수님을 목격했다거나, 저자가 목격자에게서 받은 예수님에 관한 참된 사도적 메시지를 보존하고 가르치는 자라는 주장이 된다. 이 주장은 사도적 증언을 교회에 침투해 들어온 새로운 거짓 관념들보다 더 오래되고 신뢰할 만한 것으로 부각함으로써 요한일서의 권위를 뒷받침할 것이다. 왜냐하면 사도적 증언은 역사적 예수님에 관한 정확한 지식에 기반을 두기 때문이다.

요한의 문헌에는 언어유희와 중의법이 풍성하게 담겨 있다고 잘 알려져 있다. 요한일서 1:1에서 "태초부터"라는 말을 사용하는 것도 한 가지 이상의 의미를 나타내도록 되어 있을 것이다. 하나님과 함께 계셨고 창조가 시작될 때 하나님이셨던 말씀은 요한일서 1:1-2에서 성육신하신 동안 "우리"가 듣고 보고 만진 인간이셨던 예수님 안에 나타나신 생명의 말씀이다[9](뒤에서 "생명의 말씀"에 대한 설명을 보라). 따라서 요한일서 1:1의 시간적인 초점이 예수님의 생애에 맞추어져 있다면, 그것은 예수님의 선재성을 암시하고 독자에게 그리스도를 믿는 믿음이 생긴 이후 그들이 믿은 것을 상기시켜준다.

(3) 이 구절[1:1, "우리가 들은 바요 눈으로 본 바요 자세히 보고 우리의 손으로 만진 바라"(ὃ ἀκηκόαμεν, ὃ ἑωράκαμεν τοῖς ὀφθαλμοῖς ἡμῶν, ὃ ἐθεασάμεθα καὶ αἱ χεῖρες ἡμῶν ἐψηλάφησαν)]의 다섯 가지 주요 석의적 문제 중 세 번째 문제는 감각적 경험 동사들이 반복해서 나온다는 것이다. 이것은 생명이신 말씀의 육체성과 저자가 증언한 것의 원천으로서 예수님을 목격한 자가 지닌 지식을 함께 강조한다.

시각 요소를 두 번 언급하는 것("눈으로 본 바요", "자세히 보고", ἑωράκαμεν과 ἐθεασάμεθα)은 두 시각 동사의 의미에 약간의 차이도 없다면 분석이 매우 난해해질 것이다. 첫 번째 동사는 분명히 감각적 지각 동사로 "[우리] 눈으로"(τοῖς ὀφθαλμοῖς ἡμῶν) 보는 것을 의미한다. 두 번째 동사 "자세히 보고"(θεάομαι)는 비감각적인 지각에 대해, 즉 "단순히 눈으로 보는 것을 넘어" 무언가를 보는 것에 대해서도 사용될 수 있다.[10] 이것은 저자가 눈으로

---

7. Strecker, *Johannine Letters*, 8-9.
8. Kruse, *Letters of John*, 51; Marianne Meye Thompson, *1-3 John* (IVPNTC; Downers Grove, IL: InterVarsity Press, 1992), 37-38.
9. 그것이 창조자의 사역에 관한 "과거 역사의 출발점"을 가리킨다고 보는 Bruce Schuchard의 설명이 그렇다. *1-3 John* (Concordia Commentary; St. Louis: Concordia, 2012), 66 n.46을 보라.
10. BDAG, s.v. θεάομαι.

볼 수 있는 것을 넘어서는 예수님의 생애, 죽음, 부활의 참된 중요성을 지각했다는 점을 암시한다. '자세히 보다'(θεάομαι)라는 동사의 이런 용법은 요한 서신과 요한복음의 다른 모든 사례에서 확인할 수 있다(요 1:14, 32, 38; 4:35; 6:5; 11:45; 요일 4:12, 14). 이 동사는 육체적으로 가시적인 대상을 보는 경우(예를 들어, 요 4:35)와 지각이 물리적인 것을 넘어서는 이해를 요구하는 경우(예를 들어, 요일 4:14)에 모두 사용된다.

신령한 복음의 진리는 단순히 예수님의 인격, 교훈, 이적들에 대한 역사적 사실을 가리키는 것이 아니다. '나사렛 예수는 예루살렘에서 십자가에 달려 죽으셨다'와 '예수 그리스도는 우리의 죄를 위하여 예루살렘에서 십자가에 달려 죽으셨다'라는 두 진술의 차이를 생각해보라. 첫 번째 진술은 그 순간 함께 있었던 사람이라면 누구나 증언할 수 있는 인간 예수님에 관한 어떤 객관적 사실을 진술하는 것이다. 이 진술은 타키투스(Tacitus)와 수에토니우스(Suetonius) 그리고 유대인 역사가 요세푸스(Josephus)와 같은 당대의 역사가들에 의해서도 확증된다.[11] 두 번째 진술은 예수님의 죽음의 중요성에 대한 해석이다. 곧, 예수님이 메시아로서 지니신 정체성과 그분이 십자가에서 죽으심으로써 이루신 일에 관한 주관적 진술로, 믿음으로 받아들여야 하는 진리다. 이것은 기독교 복음의 핵심을 구성하는 정통파 전통이 가르치는 진술이다.

육체적으로 보는 것을 넘어서는 이런 지각 관념은, 요한복음에서 "표적"(σημεῖον)이라는 말이 단순히 예수님이 행하신 이적을 가리키는 것이 아니라 그 이적의 중요성을 가리키는 의미로 사용되는 것과 비슷하다. 여기서 '만지다'로 번역된 동사(ψηλαφάω)는 하나님이 자신을 느끼거나 만질 수 있는 유형적인 모습으로 계시하신 장소인 시내 산을 언급하는 히브리서 12:18에서도 사용된다. 또 이 말은 부활하신 예수님과 도마 이야기에서도 언급된다. 그때 도마는 예수님의 부활하신 몸을 만져보지 않고는 믿지 못하겠다고 버텼다(요 20:25). 비록 다른 동사가 사용되기는 하지만, 거기서 요한은 (도마처럼) 예수님을 만져보지 않았으나 직접 만져본 자들(예수님을 본 제자들)이 전한 메시지를 믿는 자가 보지 않고도 믿는 복된 자라는 사실을 암시한다(요 20:29).

어떤 해석자들은 이 구절(1:1)에 목격자로서 경험한 것을 전혀 언급하지 않는다고 본다. 대신 여기에 나온 지각 동사들을 이사야 59:9-10이나 시편 115편에서 "'눈이 있어도 보지 못하고 귀가 있어도 듣지 못하고 코가 있어도 냄새를 맡지 못하고 손이 있어도 만지지(ψηλαφάω) 못할' 이방 민족의 우상을 생생히 조롱하는" 것을 암시한다고 본다.[12] 비슷한 감각을 나타내는 지각 동사가 시편 115:3-7에서도 발견된다.

"오직 우리 하나님은 하늘에 계셔서
    원하시는 모든 것을 행하셨나이다
그들의 우상들은 은과 금이요
    사람이 손으로 만든 것이라
입이 있어도 말하지 못하며
    눈이 있어도 보지 못하며
귀가 있어도 듣지 못하며
    코가 있어도 냄새 맡지 못하며
손이 있어도 만지지 못하며
    발이 있어도 걷지 못하며
    목구멍이 있어도 작은 소리조차 내지 못하느니라."

고대 세계에서 장인(匠人)이 만든 보이는 우상들을 통해 추구했던 (그리고 현대 세계에서 우리 스스로 만들어 낸 보이지 않는 신들을 통해 추구하는) 신에 관한 거짓 지식

---

[11]. Tacitus, *Ann.* 15.44; Suetonius, *Claud.* 25.4; Josephus, *Ant.* 20.200-203.

[12]. Judith M. Lieu, *I, II, & III John: A Commentary* (NTL; Louisville: Westminster John Knox, 2008), 40.

과 반대로, 요한일서 1:1은 하나님에 관한 진리가 예수 그리스도 안에서 계시된 것으로 선포한다. 그리고 앞에서 인용한 시편 115편 본문의 그다음 구절이 여기서 요한의 의도와 가장 가까운 것으로 보인다. "우상들을 만드는 자들과 그것을 의지하는 자들이 다 그와 같으리로다"(시 115:8, 강조체 저자). 생명 없는 우상들을 찾고 하나님에 관해 아무것도 모르는 자들과 달리, 사도들은 하나님을 아는 참된 지식의 원천을 보고 듣고 만졌다. 그래서 그들은 지금 그 지식을 사람들에게 전한다.

나아가 "태초부터"라는 말은, 성경 외부 자료(예를 들어, Wis 14:12-13)가 "태초부터" 존재하지 않은 우상들을 가리키기 위해 사용한 전통적인 표현을 반영한 것일 수도 있다. 하박국 1:12은 고대 헬라어 역본(LXX)의 "아프 아르케스"(ἀπ᾽ ἀρχῆς, "태초부터")라는 번역어와 똑같은 말을 사용하여, 우상들과는 반대로 참 하나님이 '태초부터(만세 전부터) 계시는' 분이라고 설명한다. "오 주여, 나의 거룩하신 하나님, 당신은 태초부터 계시지 않습니까? 그러니 우리는 죽지 아니할 것입니다"(NETS)라는 마소라 본문(MT)에서 나온 흥미로운 번역을 보면, 하나님의 영원성은 하나님 백성의 영원한 삶의 기초로 주어진다. 요한은 바로 이 주제를 독자에게 확신시켜주고 싶어 한다(요일 5:13). 히브리어 원문은 "나의 하나님, 나의 거룩한 이시여, 당신은 죽지 아니하실 것입니다"로 되어 있다. 이 진술은 '태초부터' 계셨던 예수님이 부활하신 것에 비추어보면 합당하다.

만약 요한일서 첫 부분이 조금이라도 우상 숭배를 암시한다면, 적어도 현대 독자에게는 그것이 분명해 보이지 않을 것이다. 그러나 이 주장의 강점은 요한일서 마지막에 느닷없이 "자녀들아 너희 자신을 지켜 우상에게서 멀리하라"(5:21)는 말로 끝나는 수수께끼 같은 결말을 서두와 절묘한 인클루지오를 이루는 것으로 보게 해준다는 것이다. 따라서 이것은 독자에게 하나님의 참된 지식을 얻고 싶다면 우상 숭배에 빠지지 말고 사도적 교훈 안에 머물러 있어야 한다고 권면하는 것이다.[13]

(4) "우리가 들은 바요 [우리가] 눈으로 본 바요…[우리가] 손으로 만진 바라"에서 또 다른 석의적 문제는 요한이 동사들의 1인칭 복수형을 사용하는 것이다. 여기서 "우리"가 진정한 의미의 복수형으로 저자가 자신을 대표로 간주하는 어떤 집단의 사람들(사도 목격자들이나 요한 공동체 같은)을 가리키는지, 아니면 영어에서 '편집자'나 '재판관'이 자기 자신을 가리켜 '우리'라는 말을 쓸 때와 비슷하게 오직 저자 자신만을 가리키는 단수형인지에 관해 오랫동안 논쟁이 벌어졌다.[14] 만약 진정한 의미의 복수형이라면, 그것은 저자와 독자를 한 집단으로 묶는 것으로 정의되는 연합적 의미의 '우리'를 가리키는가? 아니면 저자와 저자의 불특정 동료들로 구성되고 거기서 독자는 제외하는 한 집단으로 정의되는 분리적 의미의 '우리'를 가리키는가?

요한일서에서 1인칭 단수형 대명사는 명시적으로 혹은 동사 형태에 함축적으로 내포되어 단지 14번 나온다[2:1, "나의", μου; '나는 쓰다(γράφω)'의 1인칭 단수형이 도처에 쓰임]. 그러나 함축적으로 내포된 주어 '우리'를 사용한 1인칭 복수형 동사는 거의 100번에 걸쳐 등장하고, 1인칭 대명사 '우리'의 어미가 변화한 형태는 50번 이상 등장한다(예를 들어, ἡμῖν, ἡμᾶς). 이 사례들은 대부분 포괄적(또는 연합적) 의미의 복수형을 사용한 것으로, 저자는 그 '우리'에 자기 자신과 독자를 함께 포함한다. 예를 들어, 요한일서 1:9을 보자. "만일 우리가 우리 죄를 자백하면 그는 미쁘시고 의로우사 우리 죄를 사하시며 **우리를** 모든 불의에서 깨끗하게 하실 것이요"(강조체 저자). 저자는 그 집단에 자신을 확실히 포함한다(하지만 이때도 수사 목적을 위한 분리적 의미의 '우리'를 생각할 수 있다).

---

13. Watson, "'Keep Yourselves from Idols,'" 297.
14. *The Chicago Manual of Style*, 16판, 5.45와 *The Oxford American College Dictionary*, 그곳을 보라.

그러나 1:1-4의 "우리"가 진정한 의미의 복수형으로 이해되면 포괄적 의미의 '우리'가 잘 적용되지 않는다. 그것은 저자가 포함된 "우리"는 하나님 아버지와 그의 아들 예수 그리스도와 사귐이 있는 반면, 저자는 '너희에게도 그 사귐이 있도록(또는 계속 사귈 수 있도록)' 하려고(1:3d) 편지를 쓴다고 말하기 때문이다. "우리"가 진정한 의미의 복수형이라면 분리를 의미하는 용법이어야 한다. 거기서 저자는 자신을 독자가 반드시 속하지는 않는 집단과 동일시했다.

"우리"를 진정한 의미의 복수형으로 해석하는 일부 학자들은, 이 말을 예수님의 생애와 죽음과 부활을 목격한 사도들을 가리키는 것으로 본다. 이들은 확실히 소수 정예 집단이다. 이 견해에 따르면, 이 중성 관계 대명사는 예수님의 교훈이나 이적 등과 같이 목격자가 예수님에 관해 겪은 경험 전체를 가리킬 것이다.[15] 이 1인칭 복수형을 진정한 의미의 복수형으로 보는 신약학자들 가운데 다수는 이 말을 '요한 공동체,' 곧 요한복음의 "사랑하시는 그 제자"로 보이는 예수님의 목격자가 제시하는 교훈을 신실하게 보존한 불특정 다수 집단을 가리키는 것으로 이해할 것이다. 사랑하시는 그 제자를 사도 요한으로 간주하는 학자들은 요한 공동체가 사도 요한이 죽은 후 그가 목격자로서 전했던 증언, 즉 태초부터 있는 생명의 말씀에 관해 그가 듣고 보고 만진 것을 보존했다고 본다. 그러나 '요한'복음과 '요한' 서신의 관계를 인정하지 않는 다른 학자들은 두 책을 중성 관계 대명사가 지시하는 공통 전통에서 나온 독자적인 저작으로 간주한다.[16]

그러나 요한일서는 저자가 한 집단의 대표였기는 하지만 한 사람이 기록한 것이 분명하다. 저자가 2:1에서 "내가 이것을 너희에게 씀은"(ταῦτα γράφω ὑμῖν)이라고 자신의 편지를 가리킬 때 1인칭 단수형을 빈번하게 사용하기 때문이다. 저자가 '우리가 쓰다'와 '내가 쓰다'라는 말을 같은 한 편지를 가리키는 데 사용한다는 사실은 1:1-4의 "우리"에 단수형 의미가 있다는 점을 강력히 시사한다.

저자가 복수형 대명사를 단수형으로 자신을 지칭하는 데 사용할 수 있는 여러 이유가 있다. 이 용법은 주로 현대 저작들에서 발견되지만, 고대 본문에서도 비슷한 사례를 발견할 수 있다. 위엄(즉, 권위)의 복수형은 저자가 독자에게 지닌 권위를 충분히 인식했다는 뜻을 함축할 것이다. 그것은 왕이 종종 사용하는 형식이었다. 편집자 의미의 '우리'는 저자가 독자에게 권위를 갖고 있지 않음을 함축하지만, 스스로 '나에게 초점을 맞출 때 사용되는 한 방식이다. 그 용법은 수사적 의미의 '우리'와 비슷하고, "현재 상황과 행위자를 넘어서서 미치는 집단의 연합과 연속성을 의식"하게 하려는 의도가 있다.[17] 예를 들어, 리우는 복수형 "우리"를 "마치 오직 자신의 권위에 따라 말하는 것처럼 저자에게서 관심을 돌려 독자들이 참여하는 집단적 연합과 연속성에 대한 의식"을 창출하는 장치로 생각한다.[18] 리우는 이 "우리"를 직접적인 목격자는 아니지만 정통적인 예수 전통에 속한 명의 저자를 가리키는 말로 본다.

데모스테네스(Demosthenes)와 투키디데스(Thucydides)와 같은 그리스 출신 저술가들은 종종 자신을 복수형 '우리'로 지칭한다. 이때 이 용법은 그들을 이야기 속에 화자로 참여시킨다. 그리하여 그 이야기를 보고하는 그들의 말을 신뢰할 수 있다는 의식을 불러일으키는 효과가 있다. 이런 요소는 요한복음, 특히 요한복음 21:24에서 1인칭 복수형을 사용하는 것에서도 충분히 확인할 수 있다.[19] 1인칭 복수형은 또한 독자를 본문 속에 끌어

---

15. 예를 들어, Robert W. Yarbrough, *1-3 John* (BECNT; Grand Rapids: Baker Academic, 2008), 35.

16. 예를 들어, Lieu, *I, II, & III John*, 8을 보라.

17. 같은 책, 39.

18. 같은 책.

19. William Sanger Campbell, "The Narrator as 'He,' 'Me,' and 'We':

들여 그들을 개인적으로 참여하게 하고 저자와 목적의식을 공유하도록 이끄는 친밀성도 함축한다. 윌리엄 캠벨(William Campbell)이 말하는 것처럼 "독자가 1인칭 복수형 화자와 연대하는 것은 화자에게 더 동정적이고 인정적인 태도를 갖게 한다. 그럼으로써 화자의 관점을 받아들이고 화자에게 공감하며 읽을 수 있게 한다."[20] 캠벨의 연구는 내러티브에 집중되어 있으나, 담화에서도 1인칭 복수형을 사용하여 어떻게 비슷한 목적을 달성할 수 있는지 쉽게 확인할 수 있다(여기서 캠벨의 논증은 요한복음의 내러티브에 나오는 "우리"와 더 직접 연관시킬 수 있다).

아돌프 폰 하르낙(Adolf von Harnack), 존 채프먼(John Chapman) 그리고 최근에 하워드 잭슨(Howard Jackson)이 각각 요한복음의 결말(21:24)에 사용된 "우리"가 단수형 저자를 가리킨다고 주장했다. 단수형과 복수형 1인칭이 신약성경 외에 다른 고대 저작들에서 상호 교체적인 의미로 사용되는 사례가 종종 발견되기 때문이다. 이는 요한일서 1:1-4도 비슷하게 이해해야 한다는 점을 암시한다.[21] 잭슨은 파피루스 문서에서 발견되는 계약서, 권리증, 유언장, 진술서와 같은 공식 문서는 3인칭으로 기록되었지만, 부록에는 유언자, 증인 또는 다른 관련 법적 당사자가 1인칭으로 언급된다고 주장했다. 요한복음은 예수님의 이야기를 권위 있게 증언하는 데 주된 관심을 둔다. 요한복음을 공식 문서로 보는 것은 개연성이 없지만, 그런 관례를 따라 기록된 것으로 볼 수 있다. 마찬가지로 요한일서도 목격자에게서 나온 자료에 기초한 증언에 관심을 둔다.

보다 최근에는 리처드 보컴(Richard Bauckham)이 요한복음의 결말(그리고 다른 곳)과 요한일서 1:1-4에 나오는 "우리"는 '권위적 증언'의 단수형 '우리' 용법이라고 설득력 있게 주장했다.[22] 이 "우리"를 그렇게 이해하면 요한복음은, 21:24에서 저자가 자신을 증인으로 언급하는 것과 함께 목격자가 진술한 증언으로 해석될 것이다. 요한복음과 요한일서의 유사성을 고려하면, 요한일서 1:1-4에 나오는 "우리"는 권위 있는 증언의 '우리' 용법을 사용하여 단일한 저자를 가리키는 것으로 이해될 수 있다. 이런 이해는 확실히 요한일서 본론에 담긴 교훈에 대한 권위를 세우고자 하는 1:1-4의 역할과 잘 어울린다. 만약 요한복음 21:24의 "우리"가 실제로 단수형이라면, 이 견해는 지난 30년 동안 또는 그 이상의 기간을 지배해온 이론, 곧 요한복음 21:24을 요한복음의 결말과 요한일서의 서언 배후에 있는 요한 공동체를 가리킨다고 보는 견해를 무너뜨린다.

여기서 "우리"의 정체를 확실히 결정할 수는 없지만, 권위적 증언의 단수형 '우리' 용법을 추천할 만한 점이 많다. 만약 저자가 사도 요한처럼 역사적 예수님을 목격한 사람이라면(보컴이 부정하는),[23] 그럼에도 불구하고 저자의 권위적 증언의 '우리' 용법의 기초는, 비록 "우리"가 사도 목격자 집단과 직결되지 않는다고 해도, 그가 그 집단의 구성원이라는 데 있을 것이다. 다시 말해, 저자가 사도인 목격자라도 수사의 목적을 위해 단수형 '우리'를 사용할 수 있었다는 것이다. 그러나 권위적 증언의 단수형 '우리' 용법은 저자가 비록 자신을 목격자로 언급하지 않더라도, 목격자에게 원전을 두었던 진정한 사도 전통에 속한 사람(마가가 베드로와 갖는 관계나 누가가 바울과 갖는 관계와 똑같이)일 가능성도 완전히 배제하지 못한다.

Grammatical Person in Ancient Histories and in the Acts of the Apostles," *JBL* 129 (2010): 385–407, 특히 403–4.
20. 같은 책, 404.
21. Adolf von Harnack, "*Das 'Wir' in den Johanneischen Schriften*" (SPAW; Berlin: Academie der Wissenschaften, 1923), 96–113; John Chapman, "'We Know That His Testimony Is True,'" *JTS* 31 (1930): 379–87;

Howard M. Jackson, "Ancient Self-Referential Conventions and Their Implications for the Authorship and Integrity of the Gospel of John," *JTS*, n.s. 50 (1999): 1–34.
22. Richard Bauckham, *Jesus and the Eyewitnesses: The Gospels as Eyewitness Testimony* (Grand Rapids: Eerdmans, 2006), 369–83.
23. 같은 책, 412.

이 복수형 대명사가 오직 저자만 가리키는지 또는 한 집단의 구성원으로서의 저자를 가리키는지를 막론하고, 저자는 자신이 처음부터 예수님을 통해 주어진 하나님의 계시를 경험한 자들이 지닌 사도적 권위로 예수 그리스도에 관한 참된 사도적 메시지를 말한다고 주장한다. 누구에게 영적 진리를 말할 권위가 있는지의 문제가 요한 서신 전체에 걸쳐 제기되는 이유는, 요한 서신이 특정한 시기에(곧, 1세기 후반) 그리스 철학의 관념이 교회 안에 침투하여 이단이 생긴 지역에서(곧, 팔레스타인 밖에서) 기록되었기 때문이다. 요한일서 1:1-4은 하나님을 아는 참된 지식을 갖고 하나님과 교제를 누리기를 바란다면, 저자의 메시지(권위 있는 증언)를 받아들일 것을 독자에게 암묵적으로 요청한다.

(5) 여기서 요한의 관심사는 "생명의 말씀에 관하여"(περὶ τοῦ λόγου τῆς ζωῆς) 자신이 아는 것을 독자에게 권위를 가지고 선포하는 것이다. 1절의 마지막 셋의 문제는 "생명의 말씀"이 지시하는 대상을 결정하는 것, 특히 '로고스'를 어떻게 해석할 것인지와 관련되어 있다. 이 "생명의 말씀"은 요한복음 첫 부분을 반영하여, 살아 있는 하나님의 말씀이신 예수님을 가리키는가?[24] 아니면 예수님에 관해 선포된 '생명의 메시지'를 가리키는가?

"말씀"(λόγος)의 지시 대상을 어떻게 이해하느냐는 소유격 "생명의"의 의미에도 영향을 미칠 것이다. 저자는 보충 설명의 소유격을 사용하여 말씀이 곧 생명이라는 사실을 말하려는 의도인가? 아니면 (형용사적 소유격에 따라) 생명이 말씀의 한 속성, 즉 생명을 주는(살려 주는) 말씀이라는 것인가? 혹은 "생명의"는 목적의 소유격으로, "생명"이 메시지의 내용으로 작용하는가? 다시 말해, 메시지가 생명에 관한 것(말씀이 비인격적인 것이 되게 함)인가? 한편으로 1절에서 이 중성 관계 대명사는 예수님을 가리킬 수 없으나 역사적 인물인 예수님을 넘어 그분의 죽음과 부활의 참된 중요성을 가리킬 수 있다는 사실을 명심하라. 복음은 예수님에 관한 역사적 사실로 구성되는 것이 아니라, 그분의 생애, 죽음, 부활의 의미에 대한 신적 해석으로 구성된다. 요한일서 1장에서 1절은 선포(2-3절)의 배경이 되기 때문에, "생명의 말씀"이라는 말은 영생을 가지고 인간에게 오신 그리스도에 관한 복음의 메시지를 가리킬 수 있다.

다른 한편으로 요한일서는 영원한 생명에 대한 확신 주제에 관심이 있다(5:13, '요한 서신의 신학'을 보라). 요한복음은 말씀이 육신이 되신 것을 진술하지만 요한일서 1:2은 나타나신 생명, 즉 아버지와 함께 계셨던 생명에 관해 말한다. 보고 듣고 만진 것은 "말씀에 관[한]"(περὶ τοῦ λόγου) 것이다. 그러나 소유격 "생명의"(τῆς ζωῆς)는, 명확히 성육신을 가리키는 말인 "이 생명이 나타내신 바 된 지라"는 다음 진술에서 주어가 된다(2절). 이것은 "생명의 말씀"이라는 말이 요한복음의 서언에 나오는 "말씀"과 요한일서에 나오는 "생명"을 연계시킬 의도가 있는 전환이라는 것을 암시한다. 그리고 이 소유격은 '생명, 곧 말씀'이라는 의미를 지닌 보충 설명의 소유격으로 볼 수 있다. 이 해석은 요한복음에 나오는 "나는… 생명이니"(요 11:25; 14:6)라는 예수님의 진술을 반영한다. 일부 해석자들은 요한복음과 요한일서의 이 차이를 두 명의 저자가 각기 다른 저작을 쓴 증거로 보고, 두 저자가 비슷한 말을 사용하나 의미는 약간 다르게 취한다고 설명한다. 그렇지만 요한이 영생에 대한 확신을 강조하는 것에 비추어, 영생을 확신하는 근거로 영원한 생명이신 말씀을 제시하고 싶어한다고 보는 것이 더 개연성이 있다.

요한은 이 1절에서 다음과 같이 여러 사실을 제시한다. 첫째, 요한은 사도적 증언에 나아가지 않거나 무시하기로 한 자가 결코 가질 수 없는 지식의 원천이 자기

---

24. 예를 들어, Yarbrough, *1-3 John*, 38을 보라.

자신이라고 주장한다. 둘째, 이 '태초부터 있는 것'이 듣고 보고 만질 수 있는 물리적 실재가 되었다. 이 진술은, 뒷부분에 핵심 문제로 나오는 그리스도와 참된 기독론에 관해 말할 권위가 있는 자가 누구인지를 말한다. 이 권위 문제는 예수님에 관한 진리를 누가 아는지의 문제를 좌우한다. 즉, 예수님이 살아 계실 때 함께 있거나 그분이 죽으신 후 증언하도록 택하신 자들인가, 아니면 이런 직접적인 접촉이나 부르심이 없는 자들인가 하는 문제이다. 더 믿을 수 있는 증인은 예수님이 직접 택하신 사도들일 것이다. 왜냐하면 사도들은 예수님이 지상에서 사역하시는 동안 그분과 함께 다녔고, 그분의 부활을 직접 목격했기 때문이다. 사도 전승은 사도들이 예수님이 누구신지 그리고 그분의 생애가 무엇을 의미하는지를 다른 사람들에게 전달한 것을 가리킨다. 사도 전승은 목격자나 목격자와 가장 가까운 동료들(예를 들어, 바울과 가까운 누가, 베드로와 가까운 마가)이 기록한 신약성경에 보존되어 있어 신뢰할 수 있는 사도들의 전통이다.

그러나 세월이 흐르자 다른 배경을 가지고 교회 안에 들어와 그리스 철학이나 이교 신앙과 같은 다양한 영향 아래 사도 전승을 왜곡한 사람들의 견해와 복음 메시지가 뒤섞였다. 그 때문에 그릇되게도 다른 원천을 가진 사람들이 예수님의 중요성을 자기들 나름대로 새롭게 해석했다. 오늘날에도 무수한 사람이 성경을 이용하거나 오용한다. 진실로 예수님에 관한 진리에 대하여 권위를 적법하게 주장할 수 있는 사람은, 오직 사도 전승을 보존한 신약성경의 신빙성을 받아들이는 자 외에는 없다.

1절이 제시하는 두 번째 주장은 예수님의 참된 본성에 관한 사도 전승의 내용과 관련된 것이다. 예수님이 공적 사역을 감당하시는 동안 함께 다니고 예수님이 자신에 관해 가르치신 것을 깊이 알았던 사람은 예수님이 온전한 인간으로 육체를 지닌 존재라는 것을 알았다. 그런데 예수님이 부활하신 후 그리스도의 영적 임재와 실재에 관한 관념들이 등장했기 때문에 예수님의 온전한 인성의 중요성이 퇴색하기 시작했다. 어쨌든 우리를 포함하여 예수님이 활동하실 때 그분과 함께 살지 못한 자들에게는 예수님의 영적 임재 개념이 그분의 육체적 임재 개념보다 훨씬 실재적으로 다가온다. 우리는 지금 어떤 형태로든 육체적으로 예수님을 직접 만나지 못한다. 기독교 사상의 역사를 보면, 예수 그리스도의 인성을 무시하는 태도 때문에 사도 전승이 아닌 다른 주장 그리고 때때로 사도 전승과 대립하는 새로운 계시에 대한 주장에 문이 열렸다. 이 문제는 요한일서 뒷부분에서도 부각된다. 거기서 저자는 적그리스도가 육체적 인간인 예수님이 그리스도라는 것(요일 2:22)과 그리스도가 육체로 오신 것(요일 4:2-3; 요이 1:7)을 부인하는 점을 염려한다.

요일 1:2 이 생명이 나타내신 바 된지라 이 영원한 생명을 우리가 보았고 증언하여 너희에게 전하노니 이는 아버지와 함께 계시다가 우리에게 나타내신 바 된 이시니라(καὶ ἡ ζωὴ ἐφανερώθη, καὶ ἑωράκαμεν καὶ μαρτυροῦμεν καὶ ἀπαγγέλλομεν ὑμῖν τὴν ζωὴν τὴν αἰώνιον ἥτις ἦν πρὸς τὸν πατέρα καὶ ἐφανερώθη ἡμῖν). 요한은 자신의 역할을 인간의 역사를 출범시킨 생명을 증언하는 증인으로 제시한다. '보는 것과 '증언하는' 것은 법정 증언과 관련된 법률 용어이다. 이것은 사람이 목격자로 경험한 사실에 따라 증거를 제시할 뿐만 아니라, 다른 사람들이 한 말의 진실성을 보증하는 역할을 했다. 증언의 핵심에는 무엇이 진실인가의 문제가 있다. 그러므로 요한 문헌에서 진리가 주요 개념이 된 것은 우연이 아니다. 사실 예수님은 하나님과 영생에 관해 자신이 계시한 진리를 증언하는 것이 성육신(요 1:18)하신 목적이라고 말씀하신다(요 18:37b).

그러므로 신뢰할 수 있고 증명할 수 있는 증인의 역할은 분명히 요한복음과 요한 서신의 핵심 주제이다. 이것은 두 저작에서 헬라어 동사 '증언하다'나 '증명하다'(μαρτυρέω)가 40번 이상 나타나는 것으로 확인된다. 요한복음은 증인들의 이야기로, "빛에 대하여 증언하고 모든 사람이 자기로 말미암아 믿게 하려[고 온]" 세례 요한에 대한 증언으로 시작된다(요 1:7). 그러나 예수님의 생애와 관련된 사건들은 세례 요한에 관한 사건들보다 훨씬 비중 있게 증언되었다(요 5:36). 하나님이 친히 예수님에 관해 증언하셨다(요 5:37; 8:18). 이어서 예수님이 아버지가 말씀하시고 행하신 것을 증언하셨다(요 12:49; 17:18).

이 증언의 연쇄 관계는, 예수 그리스도가 자신에 관해 증언하도록(요 15:27) 개인적으로 택하신 사도들과 요한복음에 자신의 증언을 기록해 놓은 자로 이어졌다(요 19:35; 21:24). 이 증언의 연쇄 관계에 관한 주제가 요한일서 이 첫 부분에서 끊어지지 않고 다시 이어진다. 이처럼 증인들의 직접적 연쇄 관계 속에서 요한일서 저자는 "아버지가 아들을 세상의 구주로 보내신 것을 우리가 보았고 또 증언하노니"(요일 4:14)라고 말함으로써 요한일서를 쓸 때 증인으로서의 역할을 충실하게 감당한다.

요한은 '나타나신' 생명에 대하여 증언한다. 곧, 자신이 생명을 본 것, 자신의 기록이 "생명의 말씀에 관한"(περὶ τοῦ λόγου τῆς ζωῆς, 1b절) 것을 증명한다고 증언한다. 나타나신 생명에 관한 증언은 성육신하신 분에게서 나왔다. 어떤 이는 "영생"(τὴν ζωὴν τὴν αἰώνιον)이라는 말을 그리스도로 말미암아 신자들이 얻을 수 있게 된 영원한 생명을 뜻한다고 본다. 그러나 그 말은 성육신하신 생명이 영원 전에 "아버지와 함께" 계셨다는 진술에 주된 초점이 맞추어져 있는 것으로 보인다.[25] 야브로(Yarbrough)가 지적하는 것처럼 "영원하고 초월적인 것이 예수 그리스도 안에서 명백히 내재적인 것이 되었다."[26] 여기서 요한은 예수 그리스도의 영원한 선재성에 관해 가장 명확한 한 가지 진술을 제시함으로써 그분이 다른 어느 종교 선생이나 선지자보다 높다. 그러나 부패한 인간이 그리스도를 믿는 믿음을 갖고 영생에 참여할 때, 그리스도로 말미암아 영생이 그들에게 주어지는 것도 사실이다. 따라서 요한은 이 두 관념을 동시에 염두에 두고 있다.

요한은 나타나신 이 생명을 '우리가 보았고'(완료 시제) '증언한다'(현재 시제)고 반복해서 말한다. 저자는 이 생명을 보았을 뿐만 아니라 지금은 이 생명을 증언한다. 그러나 저자는 또한 요한일서 독자에게 이 증언을 전하면서, 특별히 "아버지와 함께 계시다가" 예수 그리스도의 인격으로 '우리에게 나타나신 이 영원한 생명'이라고 말한다. 스몰리(Smalley)가 지적하는 것처럼 이 세 가지 동사, 곧 보고 증언하고 전하는 것은 순서대로 "경험, 증명, 복음 전도의 세 가지 개념을 표현한다. 이것은 복음에 대해 참되고 지속적인 반응의 한 부분을 구성한다."[27]

요일 1:3 우리가 보고 들은 바를 너희에게도 전함은 너희로 우리와 사귐이 있게 하려 함이니 우리의 사귐은 아버지와 그의 아들 예수 그리스도와 더불어 누림이라(ὃ ἑωράκαμεν καὶ ἀκηκόαμεν ἀπαγγέλλομεν καὶ ὑμῖν, ἵνα καὶ ὑμεῖς κοινωνίαν ἔχητε μεθ᾽ ἡμῶν. καὶ ἡ κοινωνία δὲ ἡ ἡμετέρα μετὰ τοῦ πατρὸς καὶ μετὰ τοῦ υἱοῦ αὐτοῦ Ἰησοῦ Χριστοῦ). 요한은 독자를 자기 자신과 그리고 하나님과 사귀도록 초청한다. 영어에서 '사귐'(fellowship)은 단순히 교회에서 예배를 마치고 커피와 다과를 나누거나 교회의 큰 방에서 각자 음식을 가져와 함께 식사하는 것을 의미할 수도 있다. 그러나 "사귐"으로 번역된 헬라어 단어(κοινωνία)는 공동 관심사와 공통 목적을 기초로 긴밀한 관계를 맺고 교제하는 것을 의미한다. 요한은 예수님이 계시하신 대로 일반적으로는 세상에 대한, 특수적으로는 개인의 삶에

---

25. 같은 책, 39를 보라.
26. 같은 책, 34.
27. Smalley, *1, 2, 3 John*, 9.

대한 하나님의 구속 목적을 받아들임으로써 하나님 아버지와 그분의 아들 예수 그리스도와의 관계에 들어가라고 독자를 초대한다.

예수님이 지상에서 사역을 감당하시는 동안 메시아 예수님과 함께 살고 함께 다녔던 사람은 그분과 사귐이 있었다. 그것은 예수님이 메시아이시기 때문일 뿐만 아니라 하나님 아버지의 아들이기도 하셨기 때문이다. '하나님의 아들'이라는 명칭은 지금은 의미를 거의 잃어버릴 정도로 그리스도인에게 너무 익숙한 말이 되었다. 이 명칭은 최초로 복음을 들은 사람들에게 있던 충격적 가치를 상실했다. 이교 세계에서 '신의 아들'이라는 말은 그리스–로마 신화나 인간 영웅 이야기에서 다양하게 신격화된 인물을 가리켰다. 로마 황제는 '신의 아들'로 지칭되었다. 때로는 죽기 전부터 신격화되기도 했다.

유대 세계에서 '하나님의 아들'이라는 말은 사무엘하 7:14과 시편 2:6-7의 언약의 약속들에 따라 메시아를 가리켰다. 그리고 예수님의 부활로 메시아와 관련된 약속들이 충분히 성취되었다(롬 1:4). 메시아가 가져온 하나님의 구원은 외국의 지배에서 벗어나는 해방이 아니라, 사망에서 벗어나는 해방이었다. 이것은 여호와가 이교 신들과 달리 창조자와 주권적 왕이시라는 것을 증명했다. 나아가 예수님의 부활은 어떤 세상 권세든 그분에게 그리고 그분을 따르는 자들에게 행할 수 있는 모든 것을 능가하는 세상의 참된 통치자가 바로 예수님이심을 증명한다. 마지막으로 예수님이 하나님의 아들이라는 것은 예수님이 아버지와 본성이 같다는 것과 세상을 향한 목적이 같다는 것을 증명한다.[28]

또한 요한은 아버지와 함께 계신 영원한 생명이 세상에 나타나심으로써 사람들이 이 생명을 보고 듣고 만졌음을 인정하는 자들과 사귀라고 독자를 초대한다. 여기서 "너희로 우리와 사귐이 있게 하려 함이니"(ἵνα καὶ ὑμεῖς κοινωνίαν ἔχητε μεθ' ἡμῶν)라는 히나(ἵνα)절은, "너희에게도 전함은"(ἀπαγγέλλομεν καὶ ὑμῖν)이라는 사도적 전파의 목적이 하나님 및 그의 아들 예수 그리스도와 갖는 사귐으로 독자를 초대하는 것임을 설명한다. 이 사귐은 하나님에게서 오신 생명으로 우리 가운데 사셨던 분의 중요성에 관한 사도적 복음 메시지를 받아들이는 자들에게 주어진다.

그런데 이 초대에는 요한의 독자가 사도적 증언을 계속 지키지 않는다면 그들이 요한과 맺는 사귐 그리고 하나님 및 그분의 아들과 맺는 사귐이 유지될 수 없다는 경고가 함축되어 있다. 이 경고는 요한이 대표로 있는 공동체와의 사귐을 깨뜨린 "우리에게서 나간" 자(2:19)와 그리스도의 교훈 안에 거하지 않는 자(요이 1:9)에게 해당되는 것으로 보인다. 따라서 요한일서는 사도 전승을 계속 지킴으로써 사귐 안에 머물러 있으라는 초대와 이 사귐에서 떠난 자들이 가르치는 새 교훈을 거부하라는 권면을 함께 담고 있다.

| 심층 연구 | 메시아인가, 아니면 그리스도인가? |

오늘날 학자들 사이에서 벌어지는 요한일서에 관한 주석 논쟁 가운데 하나가 헬라어 '크리스토스'(χριστός)를 예수님과 관련하여 어떻게 해석하느냐는 것이다. 이 헬라어 형용사는 '기름을 붓다'라는

---

28. N. T. Wright, *The Resurrection of the Son of God* (Christian Origins and the Question of God, vol. 3; Minneaplis: Fortress, 2003), 728, 731.

뜻이 있는 동족 동사 '크리오'(χρίω)에서 기원한다. 구약성경에 나오는 메시아도 똑같이 히브리어 동사 '기름을 붓다'라는 말에서 기원한다. 따라서 구약성경의 고대 헬라어 역본(LXX)에서 히브리어 '메시아'에 해당하는 단어가 헬라어 '크리스토스'라는 말로 번역되었다.

신약성경에서는 이 단어의 의미가 예수님의 참된 본성이 점진적으로 계시되는 것에 맞추어 전개된다. 복음서와 사도행전을 보면, '크리스토스'라는 말이 종종 예수님을 메시아로 지칭하는 데 사용되었다(예를 들어, 마 1:1("아브라함과 다윗의 자손 예수 그리스도(메시아)의 계보라") 또는 막 8:29("베드로가 대답하여 이르되 주는 그리스도(메시아)시니이다 하매")). 그러나 예수님의 부활과 성령의 조명이 있고 난 뒤로, '크리스토스'라는 호칭은 이스라엘의 메시아에 대한 기대를 넘어 다른 의미를 내포하게 되었다.[29] 이 말은 하나님이 이스라엘의 지도자로 기름 부은 자를 가리키는 호칭에서 예수 그리스도로 성육신하신 하나님의 아들의 신성을 반영하는 고유 명칭으로 바뀌었다(예를 들어, 골 1:22).

이런 변화가 언제 일어났는지 그리고 심지어 실제로 일어난 것인지에 관해 논란이 있다. 마르틴 헹겔(Martin Hengel)은 바울의 저작에서도 '크리스토스'라는 말이 거의 완전히 "희미하게 직함으로서의 용도"만 지닌 고유 명칭으로 사용된다고 생각한다.[30] 그러나 이 논쟁의 다른 한편을 대표하는 라이트(N. T. Wright)는 "예수님의 메시아 직분은 바울에게 중심적이고 핵심적인 요소로 남아 있었고, 실제로 초기 기독교 내내 유지되었다"라고 주장한다.[31] 라이트에 따르면, 메시아 관념이 예수님께 적용되었을 때 다음과 같이 최소한 네 가지 면에서 변화가 일어났다. (1) 민족적 특수성을 가리키는 의미를 상실하고 모든 민족과 관련된 말이 되었다. (2) 메시아의 싸움은 세상 권력이 아닌 악 자체에 맞서는 싸움이었다. (3) 재건된 성전은 예수님을 따르는 자들이 될 것이다. (4) 메시아가 세상에 가져온 정의, 평강, 구원은 지정학적 과정이 아니라 모든 피조물의 우주적 갱신이 될 것이다.[32] 요한이 요한복음과 요한 서신을 쓸 당시 '크리스토스'라는 명칭이 가리키는 의미는 이처럼 변화된 하나님의 아들로서의 메시아다.

요한이 요한복음을 쓸 당시에는 메시아를 가리키는 '크리스토스'의 의미가 최소한 이방인 사이에서는 거의 완전히 사라진 것이 분명하다. 왜냐하면 요한복음 1:41에서 안드레가 시몬(베드로)에게 예수님에 관해 말할 때 요한은 "우리가 메시아(Μεσσίαν)를 만났다 하고 [메시아는 번역하면 그리스도(χριστός)라]"고 말함으로써 독자에게 '크리스토스'가 이전에는 메시아를 의미했다는 사실을 상기시키기 때문이다. 이처럼 '메시아'의 변화된 의미는 요한복음 20:31에 나오는 "하나님의 아들"과 동등하고 상호 교체적으로 사용된다. 1세기 동안 '크리스토스'라는 명칭의 의미가 이렇게 변화되었기 때문에 이 말이 언제 메시아로, 또 언제 그리스도로 이해되고 번역되어야 하는지 질문이 제기된다.

요한일서를 더 적절히 이해하려면, 요한이 "거짓말하는 자가 누구냐 예수께서 그리스도이심을 부인하는 자가 아니냐 아버지와 아들을 부인하는 그가 적그리스도니"(요일 2:22, 강조체 저자)라고 말할 때 가

---

29. Brown, *Epistles of John*, 171–72.
30. Martin Hengel, *Studies in Early Christology* (Edinburgh: T&T Clark, 1995), 1.
31. Wright, *Resurrection of the Son of God*, 554–55.
32. 같은 책, 563.

리키는 의미를 파악해야 한다. 거짓말하는 자는 예수님이 메시아라는 것을 부인하는 사람인가? 아니면 예수 그리스도라는 복합 명칭이 가리키는 예수님의 신성을 부인하는 사람인가? 이 질문에 대한 답변은 역사적 배경을 이해하고 요한일서를 해석하는 데 매우 포괄적인 함축성을 갖는다.

만약 요한이 다른 인물을 메시아로 기다리는 자들과 달리 예수님이 유대인 메시아라고 주장했다면, 여기서 요한의 핵심 메시지는 유대인 청중의 관점을 반대하는 것이다. 이때 청중 가운데 일부는 분명히 그리스도인이 되고 나서 예수님에 관한 그들의 이전 생각이 바뀌었을 것이다.[33] 그러나 '크리스토스'라는 말이 메시아에 대한 유대인의 모든 기대를 뛰어넘어 예수님의 신성을 가리키는 다른 의미가 되었다면, 요한은 예수님의 신성을 부인하는 자의 관점에 반대하여 편지를 쓴 것이다.

요한일서가 예수 '크리스토스'에 관해 말하는 맥락에 따르면, 요한일서는 예수님의 신성에 초점을 맞춘 것으로 보인다. 그래서 요한일서 2:22은 "아버지와 아들"을 부인하는 것을 즉각 언급한다. 이것은 예수님의 신성에 대한 언급이다. 요한일서 4:2에서 요한은 정통성의 기준을 명시한다. "이로써 너희가 하나님의 영을 알지니 곧 예수 그리스도께서 육체로 오신 것을 시인하는 영마다 하나님께 속한 것이요"(강조체 저자). 여기서 "그리스도"에 대한 언급은 그분의 신성을 가리키는 것이 분명하다. 왜냐하면 유대인의 사고에서도 메시아를 인간으로 생각하는 것은 특별한 일이 아니기 때문이다. 그러므로 요한은 예수님이 메시아라는 사실을 확실히 믿었지만, 유대인과 이방인 모두에게 제시하는 그의 요점은 예수님이 기대했던 메시아 이상의 존재였다는 것이다. 메시아는 땅에 오신 하나님 자신으로 판명되었기 때문이다.

요일 1:4 우리가 이것을 씀은 우리의 기쁨이 충만하게 하려 함이라(καὶ ταῦτα γράφομεν ἡμεῖς ἵνα ἡ χαρὰ ἡμῶν ᾖ πεπληρωμένη). 요한은 요한일서의 기록 목적을 진술하는 것으로 서언을 끝맺는다. 이것은 요한일서에서 13번에 걸쳐 나오는 '쓰다'(γράφω)라는 말의 첫 번째 사례다. 그런데 그 가운데 1인칭 복수형 "우리가 [쓰다]"(γράφομεν)라는 말은 딱 한 번 나온다. 여기서 "이것"(ταῦτα)이라는 지시 대명사는 요한일서 전체를 가리키는 것으로 보는 것이 가장 좋을 것이다. 왓슨이 지적하는 것처럼 1:4("우리가 이것을 씀은")과 5:13("내가…이것을 쓰는 것은")은 편지의 본론을 사이에 두고 인클루시오를 이룬다.[34]

요한일서 서언에서 1인칭 복수형("우리가…씀은")에서 이후에 1인칭 단수형 "내가…쓰는 것은"(γράφω)으로 바뀌는 것은 저자가 자신을 나타나신 생명에 대하여 믿을 수 있는 증언을 제공한 자들의 권위 있는 대표로 생각했다는 점을 암시한다. 요한일서의 기록 목적에 관한 두 가지 다른 진술이 요한일서 2:1("나의 자녀들아 내가 이것을 너희에게 씀은 너희로 죄를 범하지 않게 하려 함이라", 강조체 저자)과 5:13("내가 하나님의 아들의 이름을 믿는 너희에게 이것을 쓰는 것은 너희로 하여금 너희에게 영생이 있음을 알게 하려 함이라", 강조체 저자)에서 히나절로 나온다. 이 두 구절에서 2인칭 복수형 간접 목적어("너희에게")가 사용된다. 1:4에서 염두에 둔 것이 저자의 기쁨이 아니라 독자의 기쁨이라는 것("우리가 이것을 씀은 너희의 기쁨이

---

33. 예를 들어, Streett, *They Went Out from Us*.

34. Watson, "'Keep Yourselves from Idols,'" 287.

충만하게 하려 함이라")을 이처럼 인칭이 바뀐 것의 증거로 간주할 수 있다.[35]

그럼에도 불구하고 요한이 예수님에 관한 사도적 교훈 안에 남아 있도록 독자를 자극하기 위해 편지를 썼다는 점을 고려하면, 저자는 독자가 지속해서 저자의 메시지를 받아들였을 때 자신의 전함이 헛되지 않으리라는 것을 알고 기쁨이 충만할 것이다. 그러나 기쁨을 함께 나누는 것이 특징인 사귐의 상호적 본질을 고려하면, 어떻게 해석하든 같은 결론에 이른다. 1인칭 복수형 "우리의" 기쁨은 포괄적 의미의 복수형으로 이해하면 거기에 독자의 기쁨도 포함된다.

충만한 기쁨과 관련된 주제는 또한 요한복음에서, 특히 다락방 강화[요 3:29(2번); 15:11(2번); 16:20-22, 24; 17:13]에서[36] 그리고 다른 두 요한 서신(요 1:12; 요삼 1:4)에서도 발견된다. 여기서 요한의 진술은 예수님이 십자가에 못 박혀 죽으시기 전날 밤에 제자들을 위로하려고 말씀하신 요한복음의 진술을 반영한다. "내가 이것을 너희에게 이름은 내 기쁨이 너희 안에 있어 너희 기쁨을 충만하게 하려 함이라"(요 15:11, 강조체 저자). 만약 여기서 저자가 단어를 선택할 때 요한복음 본문이 영향을 미쳤다면, 원래의 본문이 2인칭 복수형이었다는 본질적 증거를 제공할 것이다.

요한일서 전체에 걸쳐 동사 '쓰다'(γράφω)가 반복해서 나오는 것으로 보아 요한일서가 구두 전달을 암시하는 수사적 특징을 보여줌에도 불구하고, 성문 형태가 아닌 다른 형태로 등장했다고 주장하기는 어렵다.[37] 1세기 당시에는 본문이 대부분 큰 소리로 낭독되었다는 사실을 고려하면, 성문으로 기록된 저작들도 단어의 소리가 사람들의 귀에 어떻게 들릴지 고려해서 작성되었을 것이다. 그리고 요한일서의 난해한 구조는 주로 이런 청각적 배경에 기인하고 문어체 문화에 속한 독자는 이것이 익숙하지 않았을 것이다.[38] 비록 성문 형태의 담화로 시작된 것이라고 해도, 요한일서는 헬레니즘 시대에 통용된 표준 편지의 서두가 없고 또 관례적인 끝맺음 인사말이 전혀 없는 것으로 보아 전통적으로 편지로 불리기는 해도 개인 편지로 볼 수는 없다(요한일서 서론에서 장르에 대한 설명을 보라). 전형적인 편지의 서두라면 명시되었어야 할 저자의 신원은 분명히 다른 수단을 통해, 아마 편지의 전달자를 통해 또는 우리가 요한이서로 아는 첨부(동봉) 편지와 함께 보내졌기 때문에 이미 원수신자에게 익히 알려져 있었을 것이다(요한이서 서론을 보라).

사회적-수사 분석을 통해 요한일서 1:1-4은 독자가 저자의 관점을 기꺼이 따르게 할 의도가 담긴 수사 담화의 '엑소르디움'(exordium), 곧 서론으로 기능하는 것으로 판명되었다.[39] 퀸틸리아누스(Quintilian)에 따르면, 매우 선한 사람이자 신뢰할 수 있는 증인으로 알려진 저자의 성품은 모든 면에서 사람들에게 강력한 영향을 미쳤다(Inst. 4.1.7). 이 경우에는 요한이 목격자로서 증언하

---

35. 여기서 본문의 이문이 "우리의"(ἡμῶν)인지 아니면 "너희의"(ὑμῶν)인지는 판단하기 어렵다. 왜냐하면 외적 및 내적 증거 모두 결정적이지 않기 때문이다. 두 해석 모두 사본의 증언으로 널리 증명되고, 초기에 동등하게 제시된 견해다. 필사자들은 요한복음 16:24의 비슷한 구성에 영향을 받아 2인칭 대명사로 기록할 수 있다. 그러나 큰 소리로 낭독하는 사례를 잘못 듣거나 앞에 나온 1인칭 대명사의 영향을 받아 기록된 이문(역시 다른 해석이 있음)도 그 변형을 설명해줄 수 있다. Metzger는 "내적 증거에 따라 1인칭 대명사가 자기 자신의 기쁨이 독자가 그 기쁨을 함께 누릴 때까지는 불완전하다고 보는 저자의 자애로운 마음에 가장 적합한 것으로 보인다"라고 주장한다(A Textual Commentary on the Greek New Testament [Stuttgart: Deutsche Bibelgesellschaft, 1994], 639). 그러나 Metzger도 인정하는 것처럼, 2인칭 대명사 ὑμῶν이 "더 기대되고", 그러므로 Metzger의 견해에 따르면 그것이 필사자들이 1인칭에서 2인칭으로 바꾸게 된 이유였을 것이다. Metzger와 달리 Culy는 "요한일서는 분명히 독자에게 유익을 주기 위하여 기록되었다"라고 지적하면서 2인칭 대명사가 원문이라고 주장한다(Culy, I, II, III John, 9).

36. John R. Yarid, "Reflections of the Upper Room Discourse in 1 John," BSac 160 (2003): 65–76을 보라.

37. Russ Dudrey, "1 John and the Public Reading of Scripture," SCJ 6 (Fall 2003): 235–55.

38. 이 중요한 주제에 관한 최근의 연구에 대해서는 Brickle, Aural Design을 보라.

39. Watson, "'Keep Yourselves From Idols.'"

는 나타나신 생명에 관한 오래된 메시지의 기원 때문에 저자는 믿을 수 있는 증인이 된다. 이것은 저자가 독자에게 자신의 관점을 이해시키는 데 중요한 기능을 하는 요소다. 요한일서의 서언은 저자가 편지의 본론에서 전개할 문제들에 대해 말할 수 있도록, 특히 잘못된 기독론을 가르치는 자를 반박할 수 있도록 저자의 권위를 확립하는 역할을 한다.

요한일서의 서언은, 저자의 메시지가 예수 그리스도에 관한 역사적 사실과 이 사실의 참된 중요성에 관한 저자의 권위 있는 해석에 근거를 두기 때문에 영적 진리를 가르칠 수 있는 저자의 권위를 확립하는 역할을 한다. 저자의 메시지는 요한일서 이후 부분에서 언급된 거짓 교훈에 반대하여 저자가 단순히 생각해낸 것이 아니다. 요한은 독자를 같은 믿음으로 이루어지는 사귐의 길로 초대한다. 그때 독자는 저자와 사귈 뿐만 아니라 하나님 아버지 및 예수 그리스도와도 사귀며, 그로 말미암아 진실로 하나님을 아는 자가 된다. 그리고 이로써 그들의 기쁨은 충만해질 것이다.

적용에서의 신학

성경의 권위와 예수 그리스도의 본성을 빼고 기독교의 신학과 삶에 더 큰 적합성과 중요성을 지닌 두 주제를 상상하기는 어렵다. 예수님이 자신의 생애, 죽음, 부활의 중요성을 증언하라고 택하신 열두 목격자(유다를 사도 바울이 대신함)의 증언은 오늘날 신약성경에 기록되어 있다. 이것은 신약성경의 모든 책을 예수님의 목격자가 기록했다는 말이 아니다. 모든 저자가 예수님을 목격하지는 않았으니 말이다. 예를 들면, 누가는 예수님을 눈으로 직접 보지 못했다. 하지만 다메섹 도상에서 부활하신 예수님을 만난 사도 바울과 친밀한 관계를 맺으며 함께 활동했다. 어렸을 때 예수님을 실제로 본 마가는 베드로의 증언을 기초로 마가복음을 쓴 것으로 알려져 있다.

요한복음은 예수님이 사랑하신 그 제자의 목격자 증언에 기원을 두고 기록되었다. 이 제자는 사도 요한이었을 것이다. 야고보는 예수님의 이복동생으로, 베드로가 떠난 후 예루살렘 교회의 지도자가 되었다. 일부 성경의 저자는 확실하게 가려낼 수 없고, 나는 이 주석에서 신약성경이 예수 그리스도의 인격과 메시지의 중요성에 대한 신뢰할 수 있고 권위 있는 증언의 저장소라는 전제에 따라 작업했다. 신약성경은 예수님에 대한 신뢰할 수 있는 오래되고 진정한 인간적 증언을 넘어 신적으로 영감받은 하나님의 말씀이다. 또한 신약성경의 진리는 하나님의 성품에 기반을 두고 있다. 신약성경은 예수님의 중요성에 대한 하나님의 해석이다.

1. 상대주의 시대에 나타나는 진리의 문제점

오늘날은 복음을 예수 그리스도에 관한 배타적 진리로 선포하는 것이 많은 사람에게, 심지어 그리스도인을 자처하는 사람들에게도 호응을 얻지 못하는 시대이다. 합리주의와 역사비평주의, 뉴에이지 영성, 비기독교와 결탁하는 급진적 에큐메니즘과 같은 문화적 압력의 영향으로 신약성경은 나쁘게 말하면 현대에는 아무 소용이 없는 고대의 유물, 아니 기껏해야 단순히 현대 종교의 한 가지 대안에 불과한 것으로 치부된다. 신약성경을 예수 그리스도에 관한 그리고 인간과 하나님의 화목을 이끄는 예수님의 사명에 관한 배타적 진리로 전하는 것은, 종종 다원주의가 지배하는 현대 사회에 힘의 논리와 부적절한 행동을 강요하는 부정적인 요소로 간주된다.

오늘날의 이런 상황이 1세기 당시의 상황과 비슷하다는 점을 깨달으면, 우리에게 조금은 위안이 될 것이다. 1세기 당시에도 그리스-로마 철학의 영향을 통해, 이교 종교들의 믿음과 관습을 통해 그리고 사람이 '인간을 미워하는 자'가 될 수 없도록 제국의 이름으로 다신론과 다원론을 받아들이는 로마 제국의 통치의 압력을 통해, 이단이 기독교 공동체 안에 스며들었다(Suetonius, *Nero* 16). 이런 적대적인 환경 속에서도 신약성경과 거기에 담긴 사도적 증언이 존속됨으로써, 손으로 쓴 원고의 잉크가 마른 시대로부터 오늘날에 이르기까지 대대로 사람들에게 참된 복음 메시지가 전해졌다는 사실을 깨달으면 위안이 된다.

신생 교회가 최초로 출범했던 시기, 곧 신약성경이 기록되기도 전에 불과 몇십 년도 안 되어 로마 제국 전역에 복음이 급속도로 전파되자 진리와 양립할 수 없는 거짓 교훈들, 즉 예수님의 생애와 사도들의 교훈에 대립되는 해석들도 함께 나타났다.[40] 신약성경에 있는 모든 서신서는 거짓 주장을 반대하기 위해 진리의 경계를 규정하고 한정하는 데 어느 정도 관심을 두었다. 교회에 신약성경이 존재하는 한, 메시지를 굴절시키고 왜곡시키는 본문 해석의 문제는 존재하기 마련이다. 게다가 우리는 지금 하나의 진리, 본문의 하나의 의미, 복음 메시지에 대한 하나의 정통적 해석이 있다는 사실을 부인하는 급진적 상대주의가 기승을 부리는 문제점이 명확히 드러난 시대에 산다. 그럼에도 불구하고 주의 사도들의 음성을 보존한 이 고대의 책(신약성경)은 주님이 재림하실 때까지 계속해서 모든 세대를 향해 힘차게 진리의 목소리를 높일 것이다. 사도적 복음은 힘의 논리와는 거리가 멀다. 그 대신 은혜로 하나님과 그의 아들 예수 그리스도와의 사귐으로 사람들을 초대한다. 복음을 받아들이는 사람은 하나님의 말씀을 중심으로 서로 사귀고 하나님이 자신의 계시의 전달자로 택하신 사도들과도 사귄다.

본질적으로 중요한 두 번째 요점은 예수 그리스도는 많은 사람이 듣고 보고 만진 실제 인간이셨다는 것이다. 오늘날은 성령이 그리스도의 임재를 교회에 전달하신다. 그렇다고 성령의 사역이 그리스도가 인간 예수로 오신 성육신을 대체하는 것은 아니다. 사실 성령이 주어지기 전에 예수님이 인간으로 태어나 죄 없는 인생을 사시고, 대속의 죽음을 겪으시며, 무덤에서 최후 승리를 거두고 부활하시는 것은 필수였다(요 16:7). 성령의 사역은 현대 사회에서

---

40. Judith M. Lieu, *The Second and Third Epistles of John: History and Background* (Edinburgh: T&T Clark, 1986), 129–130.

인기 있는 일반적 영성이나 종교적 체험을 베푸는 것에 있지 않고 예수님에 관해 증언하는 것에 있다(15:26). 요한일서 1:1-4의 요점은 예수님이 실제로 우리와 함께 계셨고, 영원히 선재하시는 하나님의 아들이 바로 여기에 계셨다는 것이다. 하나님은 인간의 기쁨과 슬픔, 시련과 시험, 희망과 두려움을 친히 아신다. 사도들의 복음 메시지는 그들이 신-인(God-man)을 만난 것에 그 기원이 있다.

2. 성령으로부터 계시가 계속 주어지는가?

성령의 사역이 예수 그리스도께 덧붙여지거나 예수 그리스도가 아닌 다른 어떤 것을 세상에 준다는 현대의 주장은 이미 1세기에도 존재했다. 요한과 그의 교회(들)에서 나간 자들 사이의 논쟁은 분명히 그리스도의 참된 본성에 관해 벌인 것이었다. 이때 이탈자들은 신플라톤주의의 영향을 받아들인 이단들과 마찬가지로 요한복음에 나온 약속들을 잘못 이해한 관점에 기초한 모종의 진리를 주장했을 것이다. 요한일서 1:1-4은 오늘날 독자에게도 고대 당시와 똑같이 예수님은 신약성경이 말하는 바로 그분이라는 것과 신약성경이 없으면 예수 그리스도에 관한 참된 지식은 없다는 불가분한 진리를 제시한다. 오늘날 성령의 사역은 항상 신약성경의 증언과 일치한다.

요한일서 1:5-10

문학적 전후 문맥

저자는 1:1-4에서 자신의 권위의 기초를 세운 다음 이제 편지의 본론을 시작한다. 이 단원에서 저자는 이후로 그가 언급하는 모든 교훈이 흘러나오는 "하나님은 빛이시라"(1:5)는 핵심 신학적 진술을 제시한다. 요한은 여기서 요한일서의 세 가지 핵심 가운데 하나인 죄의 주제를 소개한다(다른 두 주제는 기독론과 사랑하라는 윤리적 명령이다). 죄의 주제에 대한 설명은 최소한 2:6까지 미치고 3장에서 다시 제기된다. 죄의 주제를 먼저 소개하는 것으로 보아 요한이 독자의 죄 이해에 특별히 관심이 있었다고 주장할 수 있다.

> I. 요한이 사도적 증인의 권위를 주장함(1:1-4)
> ➡ II. 소식(메시지)의 선포(1:5-10)
>   A. 하나님은 빛이시다(1:5)
>   B. 첫 번째 대조적인 두 조건절(1:6-7)
>   C. 두 번째 대조적인 두 조건절(1:8-9)
>   D. 다섯 번째 조건절: 만일 우리가 범죄하지 아니하였다 하면…(1:10)
> III. 죄를 다룸(2:1-6)

주요 개념

하나님은 자신과 사귐을 이루는 데 필수인 인간적 도덕과 영성의 표준을 친히 정의하신다. 요한은 이 정의가 '빛 안에 있다'고 언급한다. 죄는 이 표준을 반대하고 위반하는 것이다. 죄가 있는 상태에서는 하나님과 사귀는 것이 불가능하고 '어둠 속에' 다니는 것으로 묘사된다. 하하나님은 자기 아들을 역사 속에 보내셔서 대속의 죽음을 겪게 하심으로써 죄를 깨끗하게 하고 자신과의 사귐을 회복하신다. 따라서 죄를 부인한다면, 그것은 어떤 말이 되었든 암묵적으로 하나님을 거짓말하는 분으로 만드는 것이고 그 자체가 죄의 본질이다.

번역

요한일서 1:5-10

5a	단언	우리가 그에게서 듣고 너희에게 전하는 소식은 이것이니
b	내용	곧 하나님은 빛이시라
c	내용	그에게는 어둠이 조금도 없으시다는 것이니라
6a	조건	만일 우리가
b	내용	하나님과 사귐이 있다 하고
c	조건	어둠에 행하면
d	결과	거짓말을 하고
e	결과	진리를 행하지 아니함이거니와
7a	대조	그가 빛 가운데 계신 것 같이 우리도 빛 가운데 행하면
b	결과	우리가 서로 사귐이 있고
c	결과	그 아들 예수의 피가 우리를 모든 죄에서 깨끗하게 하실 것이요
8a	대조/조건	만일 우리가
b	내용	죄가 없다고 말하면
c	결과	스스로 속이고
d	결과	또 진리가 우리 속에 있지 아니할 것이요
9a	조건	만일 우리가 우리 죄를 자백하면
b	단언	그는 미쁘시고 의로우사
c	결과	우리 죄를 사하시며
d	결과	우리를 모든 불의에서 깨끗하게 하실 것이요
10a	조건	만일 우리가
b	내용	범죄하지 아니하였다 하면
c	결과	하나님을 거짓말하는 이로 만드는 것이니

| d | 결과 | 또한 그의 말씀이 우리 속에 있지 아니하니라 |

구조

1:5의 핵심 신학적 진술은 이어지는 부분 전체를 이끄는 근본 전제로 작용한다. 저자는 자신이 들은 메시지를 선포하고 독자에게 하나님은 빛이시고 그분께는 어둠이 조금도 없다고 선언한다. 이 진술은 빛과 그 반대편인 어둠 간의 이원성을 불러일으킨다. 이 이원성이 강론 내내 요한이 견지하는 개념적 요소의 특징이다. 이 단원은 세 부류로 나뉘는 다섯 개의 조건절로 구성된다. 각 조건절은 6, 7, 8, 9, 10절에서 "만일"(ἐάν)이라는 말로 시작한다. 첫 번째와 두 번째 조건절(6절과 7절)은 서로 짝이 되어 대조를 이룬다. 이런 관계는 세 번째와 네 번째 조건절(8절과 9절)도 마찬가지다. 다섯 번째 조건절은 앞에서 제시한 조건들을 반복하는 최후 진술로 기능할 수 있다. "만일 우리가…[말]하면"(ἐὰν εἴπωμεν, 6, 8, 10절)이 반복되는 것은 하나님을 거짓말하는 분으로 만드는 치명적인 결론(10절)을 향해 점차 나아가는 논리적 진행을 드러내는 강력한 수사 효과를 창출한다. 부정적인 "만일…[말]하면" 진술은 다음과 같다.

6a–c절   만일 우리가 하나님과 사귐이 있다 하고 어둠에 행하면(어둠 속에서 걸으면)…
8a–b절   만일 우리가 죄가 없다고 말하면…
10a–b절 만일 우리가 범죄하지 아니하였다 하면…
6d–e절   …[그러면] 거짓말을 하고 진리를 행하지 아니함이거니와
8c–d절   …[그러면] 스스로 속이고 또 진리가 우리 속에 있지 아니할 것이요
10c–d절 …[그러면] 하나님을 거짓말하는 이로 만드는 것이니 또한 그의 말씀이 우리 속에 있지 아니하니라

죄를 범하면서 하나님과 사귐이 있다고 주장하는 것은 거짓말로, 자백하지 않으면 자신을 속이는 일이 된다. 자기를 속이며 죄를 계속 합리화하면 그것은 암묵적으로 하나님을 거짓말하는 분으로 만들고 자신을 어둠 속에 두는 일이다. 이 과정을 차단하고 예방하는 대책이 7c, 9d절에서 발견된다. 죄를 부인하지 않고 자백하면 예수님의 피가 죄를 깨끗하게 할 것이다.

석의적 개요

➡ II. 소식(메시지)의 선포(1:5–10)
  A. 하나님은 빛이시다(1:5)

B. 첫 번째 대조적인 두 조건절(1:6-7)

    1. 만일 우리가 하나님과 사귐이 있다 하고…하면(1:6)

    2. 우리도 빛 가운데 행하면(걸으면)(1:7)

C. 두 번째 대조적인 두 조건절(1:8-9)

    1. 만일 우리가 죄가 없다고 말하면(1:8)

    2. 만일 우리가 우리 죄를 자백하면(1:9)

D. 다섯 번째 조건절: 만일 우리가 범죄하지 아니하였다 하면(1:10)

본문 설명

요일 1:5 우리가 그에게서 듣고 너희에게 전하는 소식은 이것이니 곧 하나님은 빛이시라 그에게는 어둠이 조금도 없으시다는 것이니라(Καὶ ἔστιν αὕτη ἡ ἀγγελία ἣν ἀκηκόαμεν ἀπ' αὐτοῦ καὶ ἀναγγέλλομεν ὑμῖν, ὅτι ὁ θεὸς φῶς ἐστιν καὶ σκοτία ἐν αὐτῷ οὐκ ἔστιν οὐδεμία). 요한은 예수님에 관한 역사적 사실과 그분의 참된 중요성에 기초를 둔 메시지를 전하는 일에 자신이 가진 권위를 제시한다(1:1-4). 그런 다음 이제 자신이 주장하는 교훈의 원천과 권위를 소개하는 데서 시선을 돌리고, 요한일서의 첫 번째 주요 요점을 제시한다. "하나님은 빛이시라 그에게는 어둠이 조금도 없으시다." 이 진술은 자연 세계의 빛과 어둠의 이원적 대립을 사용하여 요한 사상의 특징이자 요한일서 전체에 걸쳐 나타날 개념적 이원론을 제시한다(뒤의 '심층 연구: 요한의 이원성 구조'를 보라).

빛은 하나님을 묘사하는 적절한 은유이다. 빛은 하나님이 창조하신 우주(창 1:1)의 첫 번째 근본적 속성으로, 모든 생명을 허락하고 유지하며, 생명을 어둠 속에서 사는 것보다 훨씬 쾌적하고 안전하게 만들고, 감추어진 것을 드러내기 때문이다. "하나님은 빛이시라"(ὁ θεὸς φῶς ἐστιν)는 말은 마치 우주 속의 광자(光子)가 신적 특성을 조금이라도 가진 것처럼 일종의 범신론으로 나아가는 하나님에 관한 형이상학적 진술이 아니다. 오히려 이 말은 요한의 교훈에 중요한 역할을 하는 하나님에 관한 근본 원리를 묘사한다. 빛과 어둠은 물리적으로 동시에 공존할 수 없다. 요한은 이 근본적인 이원성을 사용하여 무엇이 하나님과 사귀는 것을 구성하는지와 무엇이 사람을 그 사귐에서 박탈시키는지를 설명한다. 죄와 의는 빛과 어둠처럼 서로 배타적이기 때문이다.

빛과 어둠의 대립 관계는 고대 종교에 널리 퍼져 있던 주제였다. 이것은 빛은 긍정적 가치를 표상하고 어둠은 부정적 가치를 표상하는 것으로 오늘날에도 남아 있다. 그러므로 학자들은 저자가 염두에 둔 빛의 내포 의미가 무엇인지, 저자가 하나님에 관해 전하고자 한 것이 무엇인지를 놓고 논쟁을 벌인다. 우리는 여기서 구약성경이나 보존된 고대의 유대 전통, 예를 들어, 쿰란 문서나 필로(Philo)의 저작을 살펴볼 수 있다.[1]

빛과 어둠의 양극성은 쿰란 문서에서 다음과 같이

---

[1] 요한일서를 사해 사본 문서와 비교해보면, 영적 세력의 지배를 받는 각각의 범주인 '빛의 자녀'와 '어둠의 자식'과 같은 여러 가지 평행 주제가 있다. 이것은 요한이 쿰란 문서 내용을 직접 언급했다는 것을 뜻하지 않는다. 다만 이 범주들이 다양한 제2성전 시대 유대교를 망라하여 유대인의 사상에서 흔히 발견되는 사고방식이었다는 것을 암시한다. 더 상세한 설명은 Kruse, *Letters of John*, 32를 보라.

의인의 '운명'을 묘사할 때 발견된다. "(오 하나님) 당신은 자신을 위하여 우리를 영원한 백성으로 창조하셨고, 우리에게 빛의 운명(*wbgrl 'wr*)을 주셨습니다"(1QM 13,9. 참고. 13,10). 필로의 저작을 보면, 유대인의 도덕 범주의 뿌리는 창조 기사이다. "오직 지성이 있는 자만 지각할 수 있는 태양 앞에 존재한 그 빛이 비친 이후, 그 대적인 어둠은 하나님이 둘 사이에 벽을 두고 분리했을 때 굴복했고, 두 속성의 정반대 성격과 그 사이에 존재하는 증오가 잘 알려졌다"(*Opif*. 33, 강조체 저자). 또한 필로는 하나님을 순수한 빛 속에 거하시는 분으로 묘사한다. 이것은 하나님의 전지성을 설명한다.

단지 사람에 불과한 우리로서는 미래에 일어날 사건들에 수반되는 모든 일을 예시하거나 다른 사람들의 의견을 예견하는 것이 불가능하다. 다만 순수한 빛 속에 거하시는 하나님만이 모든 것을 보실 수 있다. 왜냐하면 영혼의 가장 깊은 곳을 통찰하실 수 있는 하나님은 가장 온전한 확실성을 갖고 다른 존재들에게는 보이지 않는 것을 보실 수 있기 때문이다(*Deus* 29, 강조체 저자).

쿰란 공동체와 헬레니즘 시대의 유대 사상에서 이 양극성이 나타나는 것은, 요한이 하나님을 빛과 연계시키고, 그분과 사귀는 자가 하나님의 거처인 빛 속에서 산다고 주장하는 것이 그의 독창적인 사상이 아니라는 점을 증명한다. 이런 이원성이 요한 문헌 전체에 널리 스며들어 있기 때문에, 이 양극성을 이해하는 데 요한복음은 마지막 원천이 아니라 첫 번째 원천일 것이다. 요한복음을 보면, 16개의 구절에서 "빛"(φῶς)이라는 말이 23번에 걸쳐 나타난다(요 1:4, 5, 7, 8, 9; 3:19, 20, 21; 5:35; 8:12; 9:5; 11:9, 10; 12:35, 36, 46). 요한복음은 먼저 빛을 예수 그리스도의 성육신과 관련하여 언급한다. "그 안에 **생명**이 있었으니 이 생명은 사람들의 **빛**이라"(요 1:4, 강조체 저자). "참 빛 곧 세상에 와서 각 사람에게 비추는 빛이 있었나니"(요 1:9). 요한의 사상에서 빛이 가진 일차적인 연상 개념은, 사람이 세상에 참 빛으로 오신 주 예수 그리스도를 영접할 때 주어지는 생명인 것으로 확인된다(요 1:12).

방금 언급한 세 구절(요 1:4, 9, 12) 외에도, 요한복음은 여러 구절에서 예수님을 생명의 빛으로 간주한다(강조체 저자).

요 1:5 빛이 어둠에 비치되 어둠이 깨닫지 못하더라.
요 8:12 예수께서 또 말씀하여 이르시되 나는 세상의 빛이니 나를 따르는 자는 어둠에 다니지 아니하고 생명의 빛을 얻으리라.
요 9:5 내가 세상에 있는 동안에는 세상의 빛이로라.
요 12:35 예수께서 이르시되 아직 잠시 동안 빛이 너희 중에 있으니 빛이 있을 동안에 다녀 어둠에 붙잡히지 않게 하라 어둠에 다니는 자는 그 가는 곳을 알지 못하느니라.
요 12:36 너희에게 아직 빛이 있을 동안에 빛을 믿으라 그리하면 빛의 아들이 되리라.

이렇게 빛을 생명과 연계시키는 관점은 요한일서의 기록 목적, 곧 독자에게 그들이 하나님 아들의 이름으로 영생을 가지고 있음을 확신시키기 위함(5:13)이라는 것에도 그대로 적합하다. 그러나 1:5-10은 이 은유의 도덕적 측면을 제시한다. 하나님은 빛이시고 그분께는 어둠이 조금도 없으시다는 진술은 윤리적이고 도덕적인 선을 정의하는 말이다. 왜냐하면 요한은 계속해서 '어둠에 행하는' 자는 하나님과 사귈 수 없다고 말하기 때문이다. 이 사상은 은유적으로 요한복음에 나오는 생명의 상징적 개념과 일치한다. 그것은 하나님은 생명의 원천이시고, 하나님과 사귀는 것은 아담과 하와가 속기 전에 갖고 있었던 것처럼 생명을 가진 것을 의미하기 때문이다. 아담과 하와가 생명의 참된 원천인 하나님을 떠나갔을 때 그들에게 찾아온 불가피한 결과는 죽음이었다.

심지어 이런 가혹한 형벌을 부과한다는 이유로 하나님을 비판하는 오늘날에도 사람들은 하나님이 "너희가 죄를 범하면, 내가 너희를 죽이겠다"라고 말씀하신 것이 아니라 "너희는 (당연히) 죽을 것이다"라고 말씀하신 것을 인정하지 않는다. 죄로 말미암아 하나님의 임재에서 제거되는 것은 당연히 생명의 원천에서 제거되는 것이다. 그러므로 그때 가게 될 유일한 곳은 사망이다.

하나님을 빛과 동일시하는 것이 "우리"가 들은 메시지의 내용으로 주어진다. 그러므로 이 동일화가 요한의 사상의 빛과 어둠 이원성의 논리적 출발점이다. 우리는 전깃불이 발명된 이후 이 이원성의 진가를 제대로 느끼지 못한다. 그러나 해가 진 뒤에 정전이 되거나 여행 중에 깊은 동굴 속에서 등불이 꺼져 완전한 어둠을 경험한다면, 그것은 이 이원성의 진가를 느끼는 데 도움이 될 것이다. 어둠의 상징은 생명을 물리치는 모든 것을 표상한다. 이 이원성은 "그(하나님)에게는 어둠이 조금도 없으시다"(σκοτία ἐν αὐτῷ οὐκ ἔστιν οὐδεμία)라는 요한의 설명으로 명백히 진술된다. 두 부정어 "조금도 없으시다"(οὐκ…οὐδεμία)를 주목하라. 이 말은 하나님 안에 어둠이 전혀 없는 상태를 강조한다. 요한은 이것으로 하나님과 빛을 이 이원성의 같은 편에 두고 날카롭게 선을 긋는다. 그리고 다른 편에 둔 어둠은 하나님께 속하지 않은 모든 것을 표상한다.

비록 1:6-10에서 죄의 주제가 공식적으로 진술되기 시작하지만, 5절에서 소식(메시지)을 진술한 것은 요한일서 전체의 표제로 작용할 수도 있다. 요한이 요한일서 전체에 걸쳐 죄, 기독론, 사랑에 관해 제시할 내용은 모두 하나님은 빛이시고 하나님께는 어둠이 조금도 없으시다는 이 기본 관념에 출발점을 둔다. 이 관념은 요한이 "우리"가 "그"에게서 들었다고 주장하는 소식을 요약하는 진술이다. 5절의 1인칭 복수 대명사("우리")는 여전히 저자를 그리스도 안에서 발견되는 영적 진리에 대한 권위적 증인으로 간주하는 역할을 한다. 대명사 "그"의 가장 가까운 선행사는 3절에서 그 직전에 나온 "아버지"가 아니라 예수 그리스도이시다. 요한은 하나님에 관한 신적 계시가 예수님에게서, 즉 "나는 세상의 빛"(요 8:12, 9:5)이라는 예수님의 진술에서 나왔을 것이라고 분명히 주장한다. 이 진술을 예수님에게서 나온 인용문으로 간주할 필요는 없다. 하지만 요한이 들은 대로 예수님이 하나님에 관해 가르치시고 구현하신 것을 신학적으로 요약한 것으로 이해할 수 있다.

이 단락(요일 1:5-10)이나 요한복음에서 이 은유는 분명히 도덕적 국면을 지닌다(요 11:10, 12:35, 36, 46). 예수님은 자신을 따르는 자가 "빛의 아들"(요 12:36)이 되기를 바라셨다. 말하자면 아버지께 생명을 받아 아버지의 도덕적 속성을 반사하는 자녀가 되기를 기대하셨다. 어둠 속에 있는 것은 곧 빛이 없는 상태에 있는 것이다. 이때 예수 그리스도나 아버지 하나님과 사귐이 있다고 주장할 수 없는 악한 생각과 행동이 일어난다.

성경 다른 곳에서 "하나님은 빛이시라 그에게는 어둠이 조금도 없으시다"(1:5)와 가장 가까운 진술을 찾는다면, 하나님은 "잘못을 행하지 아니하시는 신실하신 하나님"(신 32:4, NIV 1984) 그리고 "여호와는 정직하시고…그에게는 악함이 조금도 없으시다"(시 92:15, NIV 1984)라는 구절을 들 수 있다. 제2성전 시대 유대교 전통에서 발견되는 전형적인 표현인 빛과 어둠의 이원적 대립은 상징적으로 걷는 두 길을 표현한다. 예를 들면, 「아셰르의 유언」(Testament of Asher)에 다음과 같은 본문이 나온다. "하나님은 인간에게 두 길과 두 성향과 두 행동 방식과 두 태도와 두 목표와…선과 악의 두 길을 주셨다"(T. Ash. 1:3-5). 비슷한 구문이 쿰란 공동체의 「공동체 규칙」(Community Rule) 문서와 다른 문서들에서도 발견된다.

요한복음도 다음과 같이 빛을 도덕적 범주로 설명한다(강조체 저자).

요 3:19 그 정죄는 이것이니 곧 **빛**이 세상에 왔으되 사람들이 자기 행위가 악하므로 빛보다 어둠을 더 사랑한 것이니라.

요 3:20 악을 행하는 자마다 빛을 미워하여 빛으로 오지 아니하나니 이는 그 행위가 드러날까 함이요.

요 3:21 진리를 따르는 자는 빛으로 오나니 이는 그 행위가 하나님 안에서 행한 것임을 나타내려 함이라 하시니라.

요 11:9 예수께서 대답하시되 낮이 열두 시간이 아니냐 사람이 낮에 다니면 이 세상의 빛을 보므로 실족하지 아니하고.

요 12:46 나는 빛으로 세상에 왔나니 무릇 나를 믿는 자로 어둠에 거하지 않게 하려 함이로라.

하나님에 관한 요한의 서론적 진술이 함축하는 일차 의미는, 하나님이 빛이라면 그분이 친히 자신의 존재와 성품으로 인간 생활의 도덕적 표준을 정의하신다는 것이다.

우리 시대에는 도덕을 정의하는 특권이 누구에게 있는지를 두고 다양한 견해가 경쟁한다. 그것은 1세기에도 다르지 않았다. 철학자, 이교 사제와 여사제, 법을 제정한 통치자 그리고 그렇게 할 자격이 있다고 여긴 개인들이 도덕적 진리에 관해 다양한 주장을 제시했다. 이것은 오늘날 많은 이가 자신에게 그런 주장을 할 특권이 있다고 가정하기를 바라는 것과 같다('적용에서의 신학'을 보라). 그러나 모든 생명의 창조자이자 유지자이신 하나님만이 도덕적 진리를 권위적으로 규정하실 수 있다. 그러므로 하나님을 아는 것은 하나님이 원하시는 방식에 따라 사는 법에 관한 진리를 아는 것이다. 오직 하나님의 도덕적 진리에 순종하는 삶을 통해서만 하나님과의 관계, 곧 요한이 사귐이라고 부르는 것이 유지될 수 있다. 1:6-2:2은 하나님과 사귐이 있다고 말하는 자에게, 특히 자신이 고백하는 진리에 맞지 않는 인생을 사는 자에게 하나님이 빛이시라는 이 신학적 진술이 함축하는 의미를 밝히는 것이다.

심층 연구

요한이 제시하는 이원성 구조

하나님은 빛이시므로 그분과 대립하는 모든 것은 어둠이다. 요한은 요한 서신과 요한복음에서 빛과 어둠의 상호 배타적인 이원성 구조를 사용하여 자신의 신학적 세계관을 제시하고 구축한다. 생명의 빛이신 하나님은 어두운 세상에 오셨고 어둠은 빛을 소멸시킬 수 없다(요 1:4-5, 9). 요한은 빛과 어둠의 이분적인 양극성으로 설명을 시작하여 위와 아래, 선과 악, 진리와 거짓말, 생명과 죽음 등 이분적인 양극적 요소에 기반을 둔 이원성 구조를 확립한다.[2] 요한이 인간의 상태에 관해 제시하는 이원성 구조를 보면, 각 사람은 빛 아니면 어둠 속에 있다. 이것은 확실히 하나님 자신만이 아는 지식이다. 왜냐하면 결국 모든 자가 오직 두 집단으로 분류되지만, 현재 어둠 속에 사는 자가 언젠가 빛으로 나올 수도 있고, 또 빛 속에 있다고 말하는 자 가운데 일부는 사실상 여전히 어둠에 속한 자이기 때문이다(요일 2:9). 요한이 도덕적 이원성에 따라 제시하는 요점은 종말론적 요점이다. 이것은 사람이 하나님과 함께 서 있는 위치가

---

2. Richard B. Hays, *The Moral Vision of the New Testament: Community, Cross, New Creation: A Contemporary Introduction to New Testament Ethics* (Louisville: Westminster John Knox, 1996), 154.

반드시 그의 삶의 일시적인 단면으로 증명되는 것이 아니라는 점을 보여준다.

N. T. 라이트는 1세기 당시에 주류 유대교 사상이 공적으로 인정한 네 가지 이원성 구조를 제시한다. 그 가운데 세 개는 요한의 이원성 구조에서 찾아볼 수 있다. 그것은 바로 신학적/우주론적 이원성, 도덕적 이원성, 종말론적 이원성이다.[3] 신학적/우주론적 이원성은 창조자-피조물 구분을 주목한다. 그리고 지은 것이 하나도 그가 없이 된 것이 없으며, 위에서 하나님과 함께 계셨으나 아래인 세상에 오신 말씀과 관련된 복음에 반영되어 있다(요 1:1-3, 10, 14).

도덕적 이원성은 신학적 이원성에 기반을 둔다. 의로우신 하나님이 어둠이 조금도 없으신 빛이시라면, 그분은 인간적 도덕을 정의할 권한을 갖고 계신다. 하나님께 속하지 않은 행위는 죄에 속하고 어둠의 영역에 있다. 사람들이 어둠을 택하는 것은 그들의 행위가 악하기 때문이다(요 3:19). 빛으로 나오지 않는 사람들은 하나님과 단절되고 자신의 죄로 말미암아 멸망할 것이다. 누구든 생명의 빛이신 예수 그리스도께 나아올 때만 죄에서 깨끗하게 되고 하나님과 사귀는 자가 된다(요일 1:3, 7). 요한이 제시하는 이 도덕적 이원성에서 죄는 어둠 편에 들어가 있다. 하지만 요한은 신자가 죄를 범함에도 불구하고 빛 가운데 있다고 주장한다. 요한은 이 이원성 구조 사이의 긴장 관계와 죄의 실존적 현실 때문에 요한일서 3:1-10(특히 9절)에서 그리스도인의 죄를 설명해야만 한다. 요한은 원리상 죄가 어둠에 속해 있는 것과 그리스도 안에 있는 신자가 죄에서 계속 깨끗하게 되는 것을 동시에 주장해야만 한다. 그리스도는 죄를 멸하시려 세상에 오셨다. 그래서 그리스도를 따르는 자는 죄를 범해서는 안 된다. 신자들의 죄는 깨끗하게 되고 용서받을 수 있으나, 어둠 속에 있으면서 빛을 거부하는 자의 죄는 깨끗하게 되거나 용서받을 수 없다.

요한은 죽음 이후의 영생을 강조하기 때문에, 그의 이원성 구조에는 종말론적 이원성도 나타나 있다. 비록 요한이 현시대와 다가올 시대를 명확히 대조하지는 않을지라도, 다음과 같이 말할 때 그 점이 함축되어 있다. "이 세상도, 그 정욕도 지나가되 오직 하나님의 뜻을 행하는 자는 영원히 거하느니라"(요일 2:17). 사실 요한의 사고에서 신자는 이미 현생에서 영생으로 옮겨진 자다(요 5:24). 빛의 영역은 현존한다. 그러므로 영생에 대한 종말론적 약속은 이미 실현되었다. 영원한 시대는 신자들의 삶 속에 현존하지만, 요한의 말로 "세상"으로 지칭된 현시대는 사라지고 있다. 세상이 제공하는 것은 그것이 얼마나 선하든 임시적이고도 일시적인 가치만을 지닌다. 헤이스(Hays)가 지적하는 것처럼 "요한의 세계관을 우주적 이원론으로 규정하는 것은 정확하지 않다. 빛과 어둠의 세력은 동등하게 대치하는 상태가 아니기 때문이나. 악에 대한 하나님의 궁극적 주권과 승리는 추호도 의심할 것이 없다."[4]

요한은 이원성 구조를 사용하여 하나님에 관한 신학적 진리를 증명하고, 이 세상에서 살아가는 인간의 생활 상태를 언급한다. 그리고 빛 속에서 걷는 자, 곧 하나님의 아들 안에서 생명을 발견하는 자에게 사후에 영생이 주어질 종말론적 현실에 관해 설명한다.

---

3. N. T. Wright, *The New Testament and the People of God* (Christian Origins and the Question of God, 1권; Minneapolis: Fortress, 1992), 253, 255-56.

4. Hays, *Moral Vision*, 154.

요일 1:6 만일 우리가 하나님과 사귐이 있다 하고 어둠에 행하면 거짓말을 하고 진리를 행하지 아니함이거니와(Ἐὰν εἴπωμεν ὅτι κοινωνίαν ἔχομεν μετ᾽ αὐτοῦ καὶ ἐν τῷ σκότει περιπατῶμεν, ψευδόμεθα καὶ οὐ ποιοῦμεν τὴν ἀλήθειαν). 요한은 여기서 그리스도를 믿는 믿음의 고백에는 그에 일치하는 삶이 필수라는 교훈을 제시하기 시작한다. 요한은 어둠 속에서 걷는 것에 무엇이 수반되는지 구체적으로 명시하지 않는다. 하지만 빛/어둠의 이원성에 기초해서 보면, 어둠 속에서 걷는 것은 어둠이 조금도 없으신 하나님과 완전히 반대되는 길을 따라 걷는 것을 의미한다. 그러므로 어둠 속에서 걸으면서 하나님과 사귐이 있다고 주장하는 것은 완전히 거짓말이다.

히브리어 표현에서 '걷는 것'(개역개정은 '행하는 것'으로 번역-역주)은 사람이 살고 행동하는 방식을 가리킨다(예를 들어, 창 5:24; 신 5:33; 시 1:1). "빛 가운데 걷는 것"은 하나님의 계시된 뜻이 사람의 행동과 판단을 자극하고 이끄는 것을 의미한다. 하나님과 대립하는 방식에 따라 살고 행하는 것은 사람이 진리를 따라 살지 않는 것을 의미한다. 현대 서양 문화에서 '진리'는 정신적이고 인식적인 실재이다. 그런데 요한 사상의 특징 중 하나는 진리는 인식적으로 믿거나 받아들이는 교리가 아니라 행해야 하는('나는 행하다', ποιέω) 것, 곧 진리를 지니고 있다고 주장하는 사람이 삶에서 구현해야 하는 것이다('심층 연구: 요한 서신에 나타난 진리'를 보라). 진리를 행하는 것은, 우리의 모든 말과 판단이 하나님이 정의하신 진리에 따라 이루어지는 것을 의미한다. 요한은 여기서 거짓말과 자기 속임을 어둠과 결합하는 것이 분명하다.

'걷다'(περιπατῶμεν)와 '행하다'(ποιοῦμεν)라는 동사의 현재 시제에는 때때로 관례적이거나 습관적인 행위의 뉘앙스가 덧붙여진다고 주장된다.[5] 그러나 시제만으로는 그 의미를 전달할 수 없다. 오히려 현재 시제는 관례적이거나 지속적인 행위의 뉘앙스를 제공하는 문맥에서 동사들의 의미와 양립할 수 있도록 하려는 의도로 선택된다. '걷는 것'은 사는 것을 가리키는 관용어로 사용되기 때문에 본질상 지속적인 과정이다. 동사 '행하다'(ποιοῦμεν)에 부정어가 붙은 형태는 어둠 속에서 걷는 것이 무슨 뜻인지를 부정 언어로 설명한다. 그러므로 이것 역시 지속적 또는 습관적 과정을 내포한다.

6절은 세 번에 걸쳐 등장하는 "만약 우리가 [말]하면"(ἐὰν εἴπωμεν)이라는 조건적인 가정법 어구의 첫 번째 사례이다. 다른 곳에서는 이 어구가 의논 논리(deliberative logic) 속에서 발견된다(예를 들어, 마 21:25-26; 막 11:31-32; 눅 20:5-6; LXX 왕상 7:4). 6절은 요한일서의 한 가지 주요 주제인 죄가 하나님과의 사귐이나 성도 사이의 사귐에 미치는 결과를 소개한다. 이 제3조건절은 좋지 않을 때 요한의 교회(들)에서 나간 사람을 직접 언급하거나 언급하지 않을 수 있는 가설적 상황을 제시하는 데 사용된다(요일 2:18-19).

이 제3조건사 "만일"(조건절에서 ἐάν에 가정법 동사가 붙어 있는)은 종종 헬라어 수업에서 '미래의 개연적인 조건'이나 '일반적 조건'으로 가르쳐지기도 한다. 그렇다고 해서 그 조건절이 어떤 문맥에서 현재적 실재 관념을 나타낼 수 없다는 것은 아니다. 대니얼 월리스(Daniel Wallace)는 종종 사실에 관한 조건절로 불리는 제1조건절(εἰ에 직설법 동사가 붙어 있는 형태이다. 이때 조건절은 최소한 논증을 위해 참된 것으로 추정된다)과 제3조건절 사이에 중첩이 있다는 사실을 지적한다.[6] 나아가 데이비드 워시번(David Washburn)도 요한일서에 나오는 제3조건절을 연구한 다음, 그 조건절은 대부분(그의 셈에 따라, 28번 중 22번) "현재에 초점을 맞추었다"라고 주장한다.[7] 여기서 해결책을 오로지 제3조건절 구문에만 의존할 필요가 없다. 오히려 진술들의 수사 효과에 의존해

---

5. 예를 들어, Brown, *Epistles of John*, 197.
6. Daniel B. Wallace, *Greek Grammar beyond the Basics* (Grand Rapids: Zondervan, 1996), 685.
7. David I. Washburn, "Third Class Conditions in First John," *GTJ* 11

야 한다.

반복되는 말을 고려하면, 그것은 확실히 어떤 사람이 이 일들을 실제로 말하는 것처럼 또는 최소한 그렇게 말할 의향이 있는 것처럼 들린다. "만일 우리가…라고 [말]하면"이라는 조건절은 반대자들의 말을 직접 인용한 것으로 여겨질 필요는 없다. 하지만 그 말의 기원이 어디인지 막론하고, 그것은 교정이 필요한 관념으로 이해될 수 있다. 리우가 지적하는 것처럼 "요한일서는 교회 안에서 일어난 분열 때문에 기록되었다고 해도, 분열의 원인을 반드시 언급하지는 않고 분열의 결과만 언급하는 것으로 보인다."[8]

수사적으로 보면, "만일 우리가 [말]하면"이라는 어구는 이미 교회에서 나갔든 아직 남아 있든, 그 가운데 그렇게 말할 수 있는 자로 구성된 집단의 범주를 제시한다. 이것이 "만일"(ἐάν)이라는 말을 가정법과 함께 사용하는 이유를 설명할 것이다. 왜냐하면 월리스가 요한일서 1:9을 주석하면서 지적하는 것처럼, 이것은 "주어가 분배적 의미를 가진 현재의 일반적 조건('만일 우리 가운데 누군가가')이기 때문이다. 따라서 이 가정법은 이 우리 안에 포함되는 자가 누구인지에 관한 암묵적인 불확실성 때문에 사용된다."[9] 다시 말하면, "만일"(ἐάν)과 가정법을 사용하는 것이 반드시 어떤 사람이나 어떤 집단이 실제로 그렇게 말했다는 추론을 반대하는 것은 아니다. 그 말을 반복하는 것은, 마치 요한이 누군가 그렇게 말할 위험이 있거나 실제로 그렇게 말한 것으로 믿는 것처럼 들리게 한다. 요한의 목적은 이런 생각의 논리적 결과를 증명하는 것이다. 일반적 조건의 의미는 현재 상황과 사람들을 넘어 논증의 힘을 확대하고(즉, '만일 우리가 늘…라고 말하면') 저자가 '에이'(εἰ)가 아니라 '에안'(ἐάν)을 선택한 이유를 설명할 수 있다.

1인칭 복수 대명사의 지시 대상이 6절에서 바뀐다. 더 이상 1:1-4에서와 같은 권위적 증언의 "우리"가 아니고 수사적 의미의 "우리"로 바뀐다. 사귐의 적합한 가정(1:3)에 기반을 둔 연합 의식을 낳으려는 의도로 이렇게 바뀐 것이다. 즉, 수사적으로 저자를 가설적인 공격자들 속에 집어넣음으로써 더 노골적인 '만일 너희가…라고 말하면'이 주는 의미를 완화하여 자신의 교회 안에 있기를 바라는 연합을 표현한다.

| 심층 연구 | 요한 서신에 나타난 '진리' |

오늘날 우리 시대에 진리는 사실(facts)과 긴밀하게 연계되어 있다. 그러나 요한 문헌은 사실 자체를 넘어 사실의 중요성과 함축성에 대한 해석에까지 이르는 진리를 증명한다. 요한복음에서 표적의 목적은 예민한 독자에게 예수님의 이적을 해설하는 것으로 그치지 않고, 오랫동안 고대해온 메시아이자 죄를 대속하기 위해 하나님이 보내신 구주로서 예수님의 정체성을 알려주는 것이다.

요한은 진리를 자기 자신이 곧 "진리"라고 선포하신(요 14:6) 예수님이 이 세상에 오심으로써 하나님과 인간에 관해 계시된 것으로 정의한다. 이 절대적 진술은 요한이 형용사 "참"이라는 말('ἀληθινός)을 사

(1990): 221-28, 특히 223.

8. Lieu, *I, II, & III John*, 22.

9. Wallace, *Greek Grammar*, 698(강조체 원저자).

용하는 것으로 더 깊이 해설된다. 이 말은 '진정한, 진짜의, 실제적인'이라는 의미이다. 요한복음에서 예수님은 "참 빛"(요 1:9), "참 떡"(6:32), "참 포도나무"(15:1)이시다. 예수님이 가지고 오시는 진리는 단순히 많은 이야기 가운데 하나이거나 영적 진리에 대한 한 가지 주장이 아니라, 다른 방식으로는 결코 알려질 수 없는 하나님에 관한 계시다(요 1:18). 성육신은 진리에 대한 다른 모든 주장을 재는 척도가 된다.

따라서 요한이 독자에게 주는 도전은 단순히 진리를 믿는 것을 넘어선다. 우리 사회에서 진리는 인식적 개념으로, 사람이 믿는 어떤 것 또는 사실로 증명되거나 거짓으로 입증될 수 있는 어떤 것이다. 요한도 확실히 진리를 믿는 것을 강조한다. 그런데 요한에게 진리는 인식적 개념을 넘어선 삶의 방식을 가리킨다. 진리는 단순히 지적 동의로 그치는 것이 아니라 그리스도 안에 있는 신자들이 행하는 것을 가리킨다. 만약 진리가 예수님이 계시하신 실재라면, 그것은 그분을 믿는 자들에게 그 진리에 따라 살 것을 요구한다(요일 1:6; 요이 1:4; 요삼 1:4).

예수 그리스도가 계시하신 진리의 중심 요소는 모든 인간이 생명을 주시는 하나님과 사귐이 끊어진 죄인이라는 것이다. 예수님이 계시하시는 진리의 핵심에는 죄의 대속이 놓여 있다. 따라서 죄를 간과하고서 결코 진리를 주장할 수 없다(요일 1:8; 2:4; 5:6). 진리 안에서 걷는 것은 예수님이 죄를 멸하러 오셨기 때문에 죄에서 깨끗하게 되고 죄를 짓지 않는 것을 의미한다(2:1; 3:5–6). 이 점에서 기독교의 중대한 신학적 진리들은 반드시 기독교 윤리와 관련된다. 요한의 정의에 따르면, 다른 사람을 사랑하지 않는 자는 누구든 남에게 죄를 짓는 것이다(3:10, 14, 17–18, 23; 4:21; 5:2; 요이 1:6).

그러므로 요한 문헌에서 진리는 단순히 믿어야 할 명제를 가리키는 것이 아니라, 예수님이 세상에 가져오신 그리스도 안에 나타난 하나님에 관한 계시 전체를 가리킨다('요한 서신의 신학'을 보라).

요일 1:7 그가 빛 가운데 계신 것 같이 우리도 빛 가운데 행하면 우리가 서로 사귐이 있고 그 아들 예수의 피가 우리를 모든 죄에서 깨끗하게 하실 것이요(ἐὰν δὲ ἐν τῷ φωτὶ περιπατῶμεν ὡς αὐτός ἐστιν ἐν τῷ φωτί, κοινωνίαν ἔχομεν μετ᾽ ἀλλήλων καὶ τὸ αἷμα Ἰησοῦ τοῦ υἱοῦ αὐτοῦ καθαρίζει ἡμᾶς ἀπὸ πάσης ἁμαρτίας). 하나님과 사귐이 있다고 말하지만 어둠 속에서 걷는 것과 달리, 하나님이 빛 가운데 계시므로 우리가 빛 가운데 걸으면 서로 사귐이 이루어지고 하나님의 아들 예수님의 피로 말미암아 모든 죄에서 깨끗해진다.

놀랍게도 요한은 6절로 보아 당연히 이어질 것으로 예상할 수 있는 말, 곧 빛 가운데 걸으면 하나님과(with God) 사귐이 있을 것이라고 말하지 않고 "우리가 서로 사귐이 있고"라고 말한다. 이것은 "그와"(with him, μετ᾽ αὐτοῦ)라는 본문의 이문이 나타난 것을 설명한다. 우리가 "서로"(ἀλλήλων) 사귐이 있다고 말하는 이 의외의 진술은, 하나님과 사귀는 것 그리고 기독교 공동체 안에서 지체들이 사귀는 것을 긴밀하게 연결하는 사상을 소개한다. 신자들은 빛 가운데 걸을 때만 하나님과 사귈 수 있다. 이 사귐은 우리가 서로 사귀는 것으로 구현된다.

게다가 요한은 예수님의 죽음에 대한 언급, 곧 예수님의 피로 죄에서 깨끗해지는 것과 빛 가운데 걷는 것을 하나로 연결한다. 요한일서에서 "죄"라는 말(ἁμαρτία)이 이곳에 처음으로 등장한다. 함축적 의미로 보면 죄를 짓는 것은 어둠 속에서 걷는 것과 연계되는 반면, 죄에서 깨끗하게 되는 것은 빛 가운데 걷는 것과 연계된다. 깨끗하게 되지 못한 죄는 그리스도인들의 사귐 및 하나님과의 사귐을 파괴한다.

하나님은 빛이시라는 진술(1:5) 다음에 독자에게 "그가(하나님 자신이) 빛 가운데 계신 것 같이(ὡς) 빛 가운데 걸어야" 한다고 말하는 직유가 나오는 것은 획기적이다. 요한이 계속 예수님을 "그(하나님의)" 아들로 언급하기 때문에 강력한 인칭 대명사 "그"(himself, αὐτός)는 하나님을 가리키는 것이 틀림없다는 사실을 주목하라. 벤 위더링턴(Ben Witherington)은 이것을 "금방 밝혀내거나 자세히 검토할 수 있는" 하나님의 행위에 대한 언급으로 본다.[10] 이 직유는 성경에 "만주의 주시요…가까이 가지 못할 빛에 거하시고"(딤전 6:15-16)와 같이 평행적인 용법으로 나온다. 하나님이 빛의 원천이시므로, 하나님과 사귀고자 하는 사람은 하나님이 예수 그리스도 안에서 계시하신 도덕적 진리의 빛 가운데 거해야 한다.

하나님의 아들이신 예수님의 피는 하나님의 도덕적 진리라는 빛 속에서 걷는 사람을 깨끗하게 하고, 그들이 서로 사귀게 한다. '예수님의 피'는 그분의 십자가 죽음을 가리키고, 그분의 윤리적 교훈이 기독교 복음의 핵심이라는 주장을 반대한다. 빛 가운데 걷는 것은 죄에서 깨끗하게 되는 것을 의미한다. 사람들은 더 선한 윤리적 지침이 필요한 것이 아니다. 오히려 사람들은 하나님의 임재와 목적에서 그들을 분리하는 모든 것에서 깨끗하게 되어야 한다. 그리스도가 죄를 대속하신 것은 하나님과 화목하게 만들어 사귐을 회복한다.

요일 1:8 만일 우리가 죄가 없다고 말하면 스스로 속이고 또 진리가 우리 속에 있지 아니할 것이요(ἐὰν εἴπωμεν ὅτι ἁμαρτίαν οὐκ ἔχομεν, ἑαυτοὺς πλανῶμεν καὶ ἡ ἀλήθεια οὐκ ἔστιν ἐν ἡμῖν). 이제 요한은 죄와 진리의 관계를 제시하기 시작한다. 두 번째 짝을 이루는 이 대조적인 조건절은 사람의 죄에 대한 태도와 관련되어 있다. 요한은 해결해야 할 죄가 결코 없다고 말하는 사람은 누구든 스스로 속이는 자라고 말한다.

그리스도인의 삶에서 죄에 관해 이처럼 자기를 속이는 문제는 고질적인 폐단이다. 부패한 인간의 본성 때문에 우리는 죄를 합리화한다. 급기야는 죄를 부인하기까지 한다. 그러므로 각자 말하거나 행할 것을 결정할 때 각별히 조심해야 한다. 죄를 부인하는 길은 얼마나 많을까? 우리는 그리스도 안에서 완전하다고 주장할 수 있다. 그리스도인이 행하는 것은 무엇이든 괜찮다고 추정할 수 있다. 또는 단순히 사람이 행하는 것은 죄가 아니라고 정의할 수 있다. 이런 태도는, 합법적인 것이 반드시 하나님이 정의하신 대로 도덕적으로 의로운 것을 가리키지는 않는 사회 속에서 점차 더 많이 확인된다.

그러나 여기에는 이 이상의 사실이 내포되어 있다. 즉, 요한이 가르치는 빛과 어둠의 참된 이원성 개념이 그리스도인으로서 빛 가운데 걷는 자도 죄를 지을 수 있는지에 관한 질문을 일으킨다는 것이다. 빛과 어둠을 대립시키는 요한의 강력한 이원성 개념에 따르면, 죄는 어둠 편에 속해 있다. 그리고 요한은 죄가 빛 가운데 거하는 자의 삶에 들어갈 수 있는 여지가 없다고 설명한다. 이것으로 믿는 그리스도인들은 정의상 죄를 지을 수 없으므로 '나는 죄가 없다'고 말할 수 있다는 결론을 내릴 수 있었다. 만약 요한복음이 요한일서보다 먼저 기록되었다면, 요한은 여기서 요한복음에서 이원성 개념을 너무 가볍게 해석한 잘못을 교정하는 것으로 볼 수 있다. 따라서 요한은 요한일서에서 그리스도인이 삶에서 실제로 죄를 범하는 현실과 신자가 삶에서 죄를 범할 수 없는 것처럼 만드는 빛과 어둠의 이원성이 어떤 관계인지를 설명하는 데 상당한 지면을 할애할 것이다 (3:1-10에 관한 주석도 보라).

사람이 자신의 죄를 부인하는 태도가 부패한 마음이 합리화하는 데서 나오든 요한의 이원성 개념에 대한

---

10. Ben Witherington III, *A Socio-Rhetorical Commentary on Titus, 1-2 Timothy and 1-3 John* (Letters and Homilies for Hellenized Christians 1 권; Downers Grove, IL: Inter-Varsity Press, 2006), 453.

오해에서 나오든 상관없이 자신에게 죄가 없다고 말하는 사람들은 자기를 속이는 것이고 그들 안에 그리스도를 통해 계시된 진리가 없는 것이다. 요한은 지금 믿는 그리스도인들에게 말하고 있지만, 자신의 죄를 부인하는 것은 그 자체로 어둠의 행위라고 설명한다. 죄를 부인하는 자 안에 진리가 없는 이유는 정의상 그리스도인은 예수님이 그들의 죄를 깨끗하게 하려고 죽으셨다는 진리에 따라 사는 자이기 때문이다. 따라서 요한은 독자에게 그들의 영생을 확신시키기 위하여(5:13) 그리스도인의 삶에서 지속적으로 벌어지는 죄의 문제점을 다루어야만 한다('요한 서신의 신학'을 보라).

요일 1:9 만일 우리가 우리 죄를 자백하면 그는 미쁘시고 의로우사 우리 죄를 사하시며 우리를 모든 불의에서 깨끗하게 하실 것이요(ἐὰν ὁμολογῶμεν τὰς ἁμαρτίας ἡμῶν, πιστός ἐστιν καὶ δίκαιος, ἵνα ἀφῇ ἡμῖν τὰς ἁμαρτίας καὶ καθαρίσῃ ἡμᾶς ἀπὸ πάσης ἀδικίας). 자신의 죄를 부인하는 것의 반대는 자신의 죄를 자백하는 것이다. 죄를 부인하는 것은 빛 가운데 걷는 것과 일치하지 않는다. 그리고 빛 가운데 걷는 것은 죄를 인정하고 기꺼이 그 죄를 자백하는 것이다.

요한은 여기서 죄를 자백하는 것의 배경이나 범주를 명시하지 않지만, 우리는 지혜를 통해 죄에 대한 지식을 가진 자만이 죄를 자백할 수 있다는 점을 깨닫는다. 죄의 자백은 마술적 주문이나 어떤 효력이 있는 의식이 아니다. 죄의 자백의 효력은 자백하는 자에게 있지 않고 바로 이 목적을 위해 자기 아들의 피를 뿌리게 하신 하나님의 신실하심(미쁘심, πιστός)과 의로우심(δίκαιος)에 있다(7절). 아버지가 자기 아들인 예수 그리스도를 죄의 대속을 위하여 세상에 보내셨기 때문에, 만약 아버지가 죄의 자백을 무시하거나 약속하신 은혜를 철회하신다면, 아버지는 아들을 보내신 목적에 신실하지 못한 분이 되고 말 것이다. 요한은 죄를 자백하는 자가 실패하는 일은 결코 없으리라고 선언한다. 하나님이 죄를 자백하는 자를 모든 불의에서 깨끗하게 하시는 의도 및 결과(ἵνα)와 더불어, 그분은 예수 그리스도의 속죄 사역에 대한 자신의 목적에 신실하고(미쁘고) 의로우시기 때문이다.

여기서 하나님의 신실하심 및 의로우심과 같은 말은 그분의 언약을 반영한다(참고. 출 34:6-7; 신 7:8-10; 32:4).[11] 하나님은 옛 언약 아래서 죄를 정의하시고 자신의 도덕법을 어기는 자의 삶에 나타날 결과를 명시하셨다. 옛 언약에서 주어진 속죄 규정은 그리스도의 피가 마지막 은혜 언약을 보증할 날을 미리 지시하는 역할을 했다. 선지자 예레미야를 통해 선포된 새 언약의 약속의 말씀이 요한일서 전체에 반영되어 있다.[12] 현재 본문은 새 언약에서 약속된 용서와 깨끗함(렘 33:8, LXX 렘 40:8)이 그리스도 안에서 성취된 것으로 선언한다. 하나님은 은혜로 용서를 베풀어주시기 때문에 자신의 언약의 약속에 신실하시지 못한 경우는 없을 것이다. 따라서 죄를 자백하는 자를 용서하지 않으신다면, 또는 죄를 부인하는 자와 죄를 자백하는 자를 똑같이 대우하신다면 하나님은 불의하신 분이 되고 말 것이다.

하나님의 성품 때문에 그리고 그리스도가 성취하신 약속에 대한 하나님의 신실하심 때문에, 자백한 죄가 깨끗해지는 일은 보장되어 있다. 분명히 요한은 빛 가운데 걷는 것이 요구하는 바, 하나님과의 사귐이 유지되도록 죄로부터 계속 깨끗하게 되라고 한다고 가르친다. 어떤 이유를 대든 간에 자신은 죄가 없으므로 더는 깨끗하게 될 필요가 없다고 말한다면, 하나님과의 사귐은 결코 유지될 수 없다.

---

11. Brown, *Epistles of John*, 209-10.
12. 김진태, "The Concept of Atonement in 1 John: A Redevelopment of the Second Temple Concept of Atonement" (박사 논문, Westminster Theological Seminary, 2003), 103.

요일 1:10 만일 우리가 범죄하지 아니하였다 하면 하나님을 거짓말하는 이로 만드는 것이니 또한 그의 말씀이 우리 속에 있지 아니하니라(ἐὰν εἴπωμεν ὅτι οὐχ ἡμαρτήκαμεν, ψεύστην ποιοῦμεν αὐτὸν καὶ ὁ λόγος αὐτοῦ οὐκ ἔστιν ἐν ἡμῖν). 죄를 부인하는 것은 그 자체로 심각한 죄로, 암묵적으로 하나님을 거짓말하는 분으로 만든다. 이 다섯 번째 마지막 제3조건절, "만일 우리가…[라고 말]하면"(ἐὰν εἴπωμεν…)은 6-9절의 내용을 요약한 것이고 죄를 부인하는 것이 얼마나 심각한 일인지를 부각한다.

동사 '범죄했다'라는 말의 완료 시제(ἡμαρτήκαμεν)는 개인적이고 일시적인 사례가 아니라 과거에 죄를 부인했던 고질적인 상태가 현재까지 계속 이어진 것을 암시한다. 이것은 요한의 독자 중 일부가 대속이 기독교 복음의 핵심에 실제로 놓여 있는지를 다시 생각했다는 것을 암시한다. 만약 그들이 회심하기 전이나 회심한 후 스스로 죄를 범한 적이 없다고 판단할 수 있는 길이 있었다면, 그들은 '복음의 초점을 십자가가 아니라 예수님의 교훈이나 삶의 본보기에 두었을 것이다(실제로 자유주의 개신교 사상 속에서 그런 일이 일어난 것처럼). 죄가 사라지면 대속도 불필요하다.

나는 신앙을 고백하는 그리스도인 중(심지어는 성직자 중에서도) 삶의 어느 시점에 이르면 세상에서 하나님의 사역에 대한 자기들의 이해가 대리적 속죄의 필요성을 넘어설 정도로 성숙해졌다고 판단하는 사람이 있음을 익히 알고 있다. 그들은 오늘날의 성숙한 종교 이해에 따라 대리적 속죄가 이제는 필요없어진, 고대의 원시적 관념에 불과하다고 생각한다. 사람은 속죄의 필요성을 부인할 때마다 암묵적으로 자신의 무죄함을 추정하고 결과적으로 '나는 죄를 범하지 않았다'고 말하는 것이다.

어떤 이유로든 죄를 범하지 않았다고 생각하는 자에게 요한은 매우 신랄하게 비난을 퍼붓는다. 그들은 신실한 그리스도인이기는커녕 사실상 하나님을 거짓말하는 분으로 만드는 것이다. 왜냐하면 하나님은 우리가 범죄했고, 그래서 부인하는 것이 일반적인 것이 되어버린 바로 그 죄를 대속하기 위하여 자기 아들을 세상에 보내셨다고 말씀하시기 때문이다. 리우는 다음과 같이 설명한다.

> 하나님의 용서, 바로 그 사실이 죄의 실재를 예증하고, 하나님의 성품은 죄를 정의하고 그분이 제공하시는 용서에 영향을 미친다. 따라서 어떤 식으로든 죄를 부인하는 것은 하나님의 신실하심과 진실하심을 의심에 부치고 하나님을 거짓말하는 분으로 만드는 것이다.[13]

이것이 요한의 교회(들)에서 나간 자의 실제 입장인지, 아니면 단순히 그들이 나간 후 일어날 수 있는 일로 가정한 잠재적 입장인지는 알 수 없지만, 요한은 아주 신랄한 어조로 그 사상을 정죄한다.

한 개인에 대한 언급으로 이해하면, 하나님의 말씀(λόγος)이 "우리" 속에 있지 않다는 진술은 죄를 부인하는 사람은 그리스도인을 자처한다고 할지라도, 사실은 진정으로 거듭난 자가 아니라는 점을 의미한다. 한 집단에 대한 언급으로 이해하면, 이 오류를 믿고 전하는 것은 하나님의 말씀이 이 공동체 안에서 선포되지 않는 것을 의미한다. 어느 쪽이든 하나님의 진리가 "그들" 속에 없다(참고. 8절). 스트레커가 다음과 같이 지적하는 바와 같다.

"빛과 어둠"의 이원성(5-7절)은 '진리와 거짓'의 대조와 평행 관계이고, 진리와 거짓의 대조를 통해 해석

---

13. Lieu, *I, II, & III John*, 59.

된다(6, 8, 10절). 두 경우 모두 강조점은 윤리적 요소에 있다. 그것은 '거짓말하는 것'(ψεύδεσθαι)이 '진리를 행하지 않는 것'(οὐ ποιεῖν τὴν ἀλήθειαν), 곧 '어둠 속에서 걷는 것'(ἐν τῷ σκότει περιπατεῖν, 6절)과 같기 때문이다.[14]

요한일서 서언에서 요한은 5절의 "하나님은 빛이시라"는 전제에 기반을 두고 빛과 어둠의 개념적 이원성을 확립하고 정의했다. 그리고 그다음 부분에서는 속죄를 복음의 핵심으로 다루고, 빛에 속한 사람으로 사는 것의 의미를 설명할 것이다.

적용에서의 신학

이 본문에는 다음과 같이 본질적이면서 서로 관련된 세 가지 신학적 요점이 담겨 있다. (1) 하나님의 본성과 존재가 인간 생활의 윤리적이고 도덕적인 표준을 규정한다. (2) 예수님의 대속의 죽음은 하나님과 사귀는 것의 근간으로, 복음의 핵심에 놓여 있다. (3) 일반적으로 죄의 실재를 부인하거나 자신이 삶 속에서 지은 죄를 부인하는 것은, 본질상 하나님을 거짓말하는 분으로 만들고 하나님과의 관계를 파괴한다.

1. 하나님이 인간이 지켜야 할 도덕의 표준을 정하신다

독립적 사고와 자율성을 소중히 여기는 우리 시대와 같은 문화에서는 종종 사람들이 가장 기본적인 신학적 원리, 곧 하나님은 하나님이고 나는 하나님이 아니라는 사실을 인정하기가 힘들다. 하나님이 우주와 우주 안의 모든 생명의 창조자이시고, 창조하신 만물을 보존하는 역할을 계속 감당하신다. 이 사실로 보아 하나님의 권위는 인간이 사는 영적 및 도덕적 우주에까지 미친다. 하나님이 친히 영적 빛과 어둠을 정의하신다는 요한의 함축적 주장은, 기독교를 탐구하거나 기독교로 개종하는 사람들이 반드시 받아들여야 할 최고의 원리일 것이다. 하나님은 각 사람이 그분의 존재나 권위를 인정하는지 여부와 상관없이 인간 생활의 표준을 정하시고 그 표준에 따라 사람들을 판단할 자격을 갖고 계신다. 하나님의 피조물로서 나의 역할은 내 의지를 하나님의 뜻에 복종시키고, 그분이 정하신 대로 빛 가운데 걸으며, 나의 판단에 따라올 도덕적 결과를 액면 그대로 감수하는 것이다. 하나님이 모든 인간에 대해 주권적 권리를 갖고 계신다는 사상을 근본적으로 이해하지 못하면, 우리는 진실로 하나님을 알거나 그리스도를 영접하거나 성숙한 영적 본성을 소유할 할 수 없다.

---

14. Strecker, *Johannine Letters*, 33.

2. 예수님의 죽음의 탁월성

요한 서신은 예수님이 죽으신 것의 물리적 사실을 세밀하게 묘사하지 않지만, 예수님의 죽음이 가져온 속죄를 하나님과 사귀는 것의 중심 요소로 여긴다. 요한복음은 예수님의 십자가 죽음과 부활 그리고 예수님이 제자들에게 성령을 나누어주시는 것을 상세히 설명한다. 그 설명을 통해 사람들을 예수 그리스도를 믿는 믿음으로 인도하고자 한다(요 20:30-31). 요한 서신은 십자가에 못 박히신 주님을 믿는 믿음을 이미 고백했지만, 혼란한 시대 속에서 영생에 대한 확신이 필요한 자에게 쓰인 편지다(요일 5:13). 요한은 그리스도인임을 고백하는 것과 자신의 삶 속에 죄가 없다고 부인하는 것 사이에 내재적이고 심원한 대립이 있다는 사실을 지적한다. 쾨스텐버거는 이에 대해 다음과 같이 지적한다. "신자들이 계속 '빛 가운데 걷고' 그리하여 예수님 그리고 다른 신자들과 사귀는 것은, 죄가 없다고 멋지게 주장하는 것이 아니라 우리의 죄를 깨끗하게 하는 그리스도의 피가 필요하다는 사실을 겸손하게 인정하는 고백으로 가능하다."[15]

3. 죄의 실재성

오늘날의 독자는 이 단원에서 세 번째 요점으로 제시된 죄의 실재성을 귀담아 들을 필요가 있다. 현대 사회는 죄가 하나님에 대한 도덕적 책임을 수반하기 때문에 심지어는 말씀이 교회의 벽을 넘어 적용되지 못하도록 죄를 합리화하는 경향이 있다. 오늘날에는 잘못된 행동의 원인을 나쁜 가정 교육, 유전적 경향 또는 적절한 교육의 부재로 돌린다. 또는 그들 스스로 도덕 원리를 정의하는 것을 개인의 권리를 확증하는 것으로 받아들인다. 한 하나님이 계시고 그분의 도덕적 표준을 위반하는 것이 죄라는 주장은, 이제 절대적 진리를 믿지 않고 절대적 진리에 대한 주장을 잘못되고 오만한 권력의 주장으로 간주하는 문화 속에서 강력한 사회적 반발을 불러일으킨다.

게다가 합법적인 것이 반드시 하나님이 정하신 윤리적이고 도덕적인 표준을 가리키지 않는 사회 속에서 죄를 정의하는 일은 점차 어려워지고 있다. 전체적으로 현대인은 "우리는 죄가 없다", "우리는 죄를 범하지 않았다"라고 말한다. 유감스럽게도 많은 설교자와 교회가 이런 사회적 압력에 굴복하고 's'로 시작하는 단어(sin을 가리킴-역주)를 피한다. 이것은 의심할 것 없이 계속해서 교회의 복음 전파를 가로막는 가장 큰 장애물 중 하나가 될 것이다. 이처럼 교회까지 가담하여 사회가 죄를 부인하는 것은 그 자체로 죄다. 죄를 부인하는 것은 하나님을 거짓말하는 분으로 만든다. 하나님이 자신의 도덕적 표준을 선언하시고 우리의 속죄를 위해 예수

---

15. Andreas J. Köstenberger, *A Theology of John's Gospel and Letters* (BTNT; Grand Rapids: Zondervan, 2009), 265.

그리스도를 보내어 죽게 하심으로써 죄에 대해 값비싼 대가를 치르셨기 때문이다. 그러니 아담과 하와로부터 시작하여 우리 인간이 죄를 부인하기 위해 찾아낸 방법으로 죄를 부인하는 것은 얼마나 심각한 죄인가!

요한일서 2:1-6

문학적 전후 문맥

이 단원은 1:5-10에 제시된 죄라는 주제를 계속해서 다룬다. 그러나 "만일 우리가…[라고 말]하면"의 일반적인 차원에서 "나의 [작은] 자녀들아"(τεκνία μου)라고 말하는 개인적이고 직접적인 차원으로 설명이 바뀐다. 이 말은 요한일서에서 7번에 걸쳐 나타나고, 하나님의 아버지 되심을 설명할 때 가장 빈번하게 나타난다. 이 말은 예수님이 다락방 강화에서 같은 말을 사용하신 것(요 13:33)을 반영할 것이다.

이 본문의 첫 구절(2:1)에서 저자는 "이것"을 쓰는 이유를 제시한다. 여기서 "이것"은 죄와 자백이라는 주제를 가리키는 것으로 추측된다. 요한은 "만일 우리가 [말]하면"에서 "[말]하는 자"로 바꾼다(4, 6절). 이것은 그리스도인의 삶 속에서 그리스도를 믿는 믿음의 고백과 삶의 방식 사이의 일치를 계속해서 설명하는 것이다.

> I. 요한이 사도적 증인의 권위를 주장함(1:1-4)
> II. 소식(메시지)의 선포(1:5-10)
> ➡ **III. 죄를 다룸(2:1-6)**
>   A. 죄라는 주제를 독자 앞에 내놓음(2:1-2)
>   B. 하나님을 아는 것은 하나님의 명령을 지킴으로써 죄를 피하는 것을 의미함(2:3-6)
> IV. 사랑, 빛, 어둠(2:7-11)

주요 개념

이 본문은 진정한 그리스도인의 삶에 관한 두 가지 주요 개념의 관계를 다룬다. 다시 말해, 죄를 올바로 처리하는 것 그리고 그리스도 안에서 하나님의 명령에 순종함으로써 하나님에 대한 사랑을 표현하는 것의 관계를 다룬다. 이 두 사상은 모두 하나님을 아는 일에, 따라서 영생을 확신하는 일에 꼭 필요하다.

번역

요한일서 2:1-6

1a	호칭	나의 자녀들아
b	단언	**내가 이것을 너희에게 씀은**
c	목적	너희로 죄를 범하지 않게 하려 함이라
d	조건	만일 누가 죄를 범하여도
e	단언	**아버지 앞에서 우리에게 대언자가 있으니**
f	동격	곧 의로우신 예수 그리스도시라
2a	단언	**그는 우리 죄를 위한 화목 제물이니**
b	확대	우리만 위할 뿐 아니요
c		온 세상의 죄를 위하심이라
3a	조건	우리가 그의 계명을 지키면
b	기초	**이로써 우리가…알 것이요**
c	내용	그를 아는 줄로
4a	내용	그를 아노라 하고
	단언	그의 계명을 지키지 아니하는 **자는**
b	추론	**거짓말하는 자요**
c	확대	진리가 그 속에 있지 아니하되
5a	대조	누구든지 그의 말씀을 지키는 자는
b	단언	**하나님의 사랑이 참으로…온전하게 되었나니**
	확인	그 속에서

	c	단언	이로써 우리가 그의 안에 있는 줄을 아노라
	6a	권면	그의 안에 산다고 하는 자는…자기도 행할지니라
	b	묘사	그가 행하시는 대로

구조

이 단락은 2:1에서 시작되어 2:17까지 이르는 긴 담화의 한 부분이다. 이 본문의 범주(2:1-6)는 6절의 호격 "나의 자녀들아"(τεκνία μου)와 작은 담화가 시작되는 7절의 호격 "사랑하는 자들아"(ἀγαπητοί)라는 말로 표시된다. 1절("내가 이것을 너희에게 씀은 너희로 죄를 범하지 않게 하려 함이라")은 이 단원의 요약 진술로 작용한다.

이 단락은 두 부분 곧 1-2절과 3-6절로 나누어져 있다(3-6절은 3절과 6절의 "이로써 우리가…는 줄 안다"라는 두 진술로 세밀하게 구성되어 있다). 이 두 진술 다음에는 각각 "…[말]하는 자"의 본보기가 뒤따른다.

석의적 개요

→ **III. 죄를 다룸**(2:1-6)
    A. 죄라는 주제를 독자 앞에 내놓음(2:1-2)
        1. 죄를 범하지 말라는 경고(2:1a-c)
        2. 죄를 범하여도 안심할 것(2:1d-2)
            a. 예수님은 대언자이시다(2:1d-f)
            b. 예수님은 죄를 위한 화목 제물이시다(2:2)
    B. 하나님을 아는 것은 하나님의 명령을 지킴으로써 죄를 피하는 것을 의미함(2:3-6)
        1 하나님의 명령을 지키는 것이 하나님의 사랑을 완성하는 것이다(2:3-5)
        2. 하나님 안에 거하는 것은 예수님이 사신 대로 사는 것을 의미한다(2:6)

본문 설명

요일 2:1 나의 자녀들아 내가 이것을 너희에게 씀은 너희로 죄를 범하지 않게 하려 함이라 만일 누가 죄를 범하여도 아버지 앞에서 우리에게 대언자가 있으니 곧 의로우신 예수 그리스도시라(Τεκνία μου, ταῦτα γράφω ὑμῖν ἵνα μὴ ἁμάρτητε. καὶ ἐάν τις ἁμάρτῃ, παράκλητον ἔχομεν πρὸς τὸν πατέρα, Ἰησοῦν Χριστὸν δίκαιον). 요한은 여기서 요한일서를 쓴 두 번째 목적을 제시한다. 독자가 죄를 범하지 않게 하려는 것이 그 목적이다. 이 목적은 1:3-4에서 제시된 첫 번째 목적인 하나님과 사귀는 기쁨을 갖는 것에 수반된다.

요한은 죄를 부인하거나 합리화하는 자를 꾸짖은 다음, 독자를 "나의 자녀들아"라고 부름으로써 다정하고 진정시키는 어조로 설명을 시작한다(복수형 τεκνία의 지소 형태를 주목하라). 이 호격은 요한이 독자에게 애정이 있음을 보여준다. 또한 다른 한편으로는 믿음에 관해서는 여전히 독자보다 더 오래되고 더 지혜로운 자로서, 아니 어쩌면 독자를 그리스도께로 회심시키는 일에 직접적으로나 간접적으로 책임이 있는 자로서 독자를 가르칠 자신의 권한을 그대로 유지한다. 전승에 따르면, 사도 요한이 주후 70년 예루살렘 성전이 파괴당할 때 팔레스타인을 떠나 에베소에 정착해서 주변 지역에 복음을 전하고 교회를 세웠다고 한다. 에베소는 60년대 중반에 처형당한 사도 바울을 통해 복음이 이미 충분히 받아들여진 곳이었기 때문에, 요한은 에베소를 택하여 그곳에서 사도적 증언을 계속할 수 있었다.

저자는 요한일서에서 처음으로 '내가 쓰다'(γράφω)라는 말을 사용하여 자신을 1인칭 단수형으로 표현한다. 이것은 요한일서가 처음에 설교나 강론과 같은 구두 형식으로 시작되었다는 이론을 반대한다. 분명히 저자는, 비록 독자에게 큰소리로 낭독되기는 했어도, 자신의 말이 성문 형태로 전달되도록 글로 썼다는 점을 암시했다. 그리고 죄의 주제와 관련하여 요한의 의도는 분명하다. 곧, 요한은 독자에게 죄를 부인하는 것을 포함하여 가능한 한 어떻게든 죄를 범하지 않도록 경고하기 위해 편지를 썼다는 것이다. 요한이 죄를 어둠 속에서 걷는 것으로 말하고, 그리스도인의 삶 속에는 죄가 들어설 자리가 전혀 없다고 설명하는 것은 죄의 본질적 심각성을 강조하는 동시에 신자들이 삶에서 죄를 범하는 현실에 관해 특별히 질문을 불러일으킨다. 이후로 요한이 죄의 주제에 관해 많은 말을 하는 것은 이 긴장 관계를 설명하는 내용으로 이루어질 것이다. '죄를 범하지 않게 하다'(μὴ ἁμάρτητε)라는 가정법 동사는 목적을 표현하는 히나절에서 요구되는데, 그 목적은 죄를 범하지 말라고 경고하는 것이다. 이것이 영어에서는 미래 명령법 형태로 더 잘 표현된다.

리우가 지적하는 것처럼, "하나님이 용서하시는 목적은 용서를 경험한 자들이 과거의 잘못을 다시 반복하지 않도록 하려는 것이다."[1] 그러나 요한은 지혜롭게 '누구나' 죄를 범하게 되는 현실도 즉각 인정한다. 가정법의 일반적인 제3조건절, "만일 누가 죄를 범하면"(ἐάν τις ἁμάρτῃ)은 그들은 죄를 범해서는 안 된다는 요한의 앞선 진술을 취소하지 않으면서 누구나 죄를 범하는 현실을 인정한다. 누군가 죄를 범했을 경우에는 요한이 독자에게 그들이 영생을 지니고 있음을 확신시키는 포괄적 목적(5:13)이 효력을 발휘한다. 요한은 아버지 앞에서 대언자, 곧 의로우신 예수 그리스도가 '우리에게 있다'고 천명한다(1:9을 보라).

1인칭 복수 대명사("우리")를 빈번하게 사용하는 것

---

[1] Lieu, *I, II, & III John*, 61.

이 요한 문헌의 독특한 특징이다. 그렇지만 요한일서에서 많은 경우 그 말이 무조건 동일한 지시 대상을 가리키는 것은 아니다. 1:1-4을 보면, 진정한 의미의 복수형을 가리키는지 아니면 저자의 단일한 자기 지칭인지 여부를 막론하고, 그 말은 분리의 의미가 있다. 거기서 저자는 성육신과 그것의 중요성에 대해 권위 있는 증인으로서의 자신의 역할을 기초로 자신과 독자를 분리한다. 그런데 2:1에서는 그 말이 연합적 또는 포괄적 의미의 '우리'를 가리킨다. 그것은 저자가 확실히 자신을 예수 그리스도가 대언자가 되시는 무리에 포함시키기 때문이다.

'파라클레테', 곧 대언자(παράκλητος)라는 말은 요한 문헌에서만 독특하게 나타나지만 아퀼라와 테오도티온 역본 욥기 16:2에도 등장한다. 거기서 '파라클레테'라는 말은 고대 헬라어 역본 욥기 16:2에서 발견되는 동족 단어 '파라클레토르'(παρακλήτωρ)를 대신한다. 거기서 그 말은 잘못된 태도로 욥을 위로하는 자들을 가리킨다. 성경 밖 사례를 보면, 그 말이 필로의 저작에서 종종 왕궁을 배경으로 "주장을 제시하거나, 논란을 수습하거나, 비난에 반박하는 자를 지지하는" 저명한 사람을 가리키는 의미로 7번에 걸쳐 나타난다.[2] 필로가 피해자에게 배상한 다음 죄에 대해 희생 제물을 바치는 배경 속에서 이 말을 사용하는 경우가 특히 흥미롭다. 거기 보면 가해자가 피해자와 화해한 후 성전으로 가 하나님께 용서를 구한다. 그때 가해자는 흠잡을 데 없는 '파라클레토스'(παράκλητος)를 데리고 간다. 이때 '파라클레토스'는 바로 자기 자신의 회개를 의미한다(Spec. 1.237).[3]

필로는 스토아 사상의 영향을 받아 신적 로고스를 대제사장이 속죄일에 지성소에 계신 하나님 앞에 나아갈 때 동반하는 '파라클레테', 곧 대언자로 본다(Mos. 2.133-34).[4] 당시 유대 사상에서는 사람의 선행이 종종 하나님의 심판 앞에서 대언자로서 역할을 한다고 생각했다.[5] 때때로 이 말을 법정에서 법적 변호인을 가리키는 의미로 해석하기는 했어도, 법정 배경을 가진 여러 본문에는 이 말이 법정 의미보다 더 포괄적 의미를 가진 일반 단어로 남아 있는 것으로 보인다. 쿨리(Culy)가 지적하는 것처럼, 초점은 "어떤 자를 위해 변론하는 '파라클레토스'(παράκλητος, '파라클레테')의 능력에 있지 않고 오히려 '파라클레토스'의 지위에 있다. 이때 '파라클레토스'는 고소당한 자에게 좋은 결과를 가져오는 자다"(강조체 원저자).[6]

여기서 대언자라는 말을 사용하는 것은 요한복음 14:16에 나오는 똑같은 단어를 반영한다. 예수님은 요한복음 14:16에서 이렇게 말씀하신다. "내가 아버지께 구하겠으니 그가 또 다른 보혜사(παράκλητος)를 너희에게 주사 영원토록 너희와 함께 있게 하리니"(강조체 저자). 예수님은 자신을 제자들의 '파라클레테', 곧 "보혜사"로 지칭하신다. 아울러 성령 역시 '파라클레테'의 역할을 할 것이라고 약속한다. "의로우신 예수 그리스도"(Ἰησοῦν Χριστὸν δίκαιον)는 대언자와 동격이다. 성령 역시 대언자이기는 하다. 그런데 예수님이 죄인들을 위해 대언하시는 것, 그러므로 누군가 죄를 범하면 그에게 위로를 주시는 것의 기초는 그분이 죄에 대한 화목 제물(2:2을 보라)로서 지니시는 독특한 지위에 있다.

요일 2:2 그는 우리 죄를 위한 화목 제물이니 우리만 위할 뿐 아니요 온 세상의 죄를 위하심이라(καὶ αὐτὸς ἱλασμός ἐστιν περὶ τῶν ἁμαρτιῶν ἡμῶν, οὐ περὶ τῶν ἡμετέρων δὲ μόνον ἀλλὰ καὶ περὶ ὅλου τοῦ κόσμου). 요한은 2:2과 4:14에서 예수님의 속죄 효력을 보편적으로 주장한다. 4:14을 보

---

2. Kenneth Grayston, "The Meaning of PARAKLETOS," *JSNT* 4 (1981): 72.
3. 같은 책, 73.
4. 김진태, "Concept of Atonement in 1 John," 97.
5. 같은 책, 77.
6. Culy, *I, II, III John*, 22.

면, 예수님이 "세상의 구주"(σωτῆρα τοῦ κόσμου)로 묘사된다. 만일 누군가 죄를 범하면 그리고 누군가 죄를 범할 때, 우리의 대언자는 아버지와 함께 서 계신 분, 곧 의로우신 예수 그리스도이시다. 왜냐하면 그 자신이(αὐτός) 우리 죄를 위한 화목 제물이시기 때문이다.

브라운은 예수님이 '힐라스테르'(ἱλαστήρ), 곧 속죄를 제공하는 자가 아니라 '힐라스모스'(ἱλασμός), 곧 속죄 자체라고 지적한다.[7] 여기 2:2과 유일하게 이 말이 나오는 다른 신약 본문인 4:10에서 헬라어 단어 '힐라스모스'를 어떻게 해석하고 번역할 것인지가 이 두 구절의 가장 고질적인 문제 중 하나다.[8] 이 단어는 칠십인역에서 이스라엘의 고대 제사장 제도에 따라 죄책이 제거되는 것을 가리키는 데 6번에 걸쳐 사용된다(레 25:9; 민 5:8; 시 129:4; 겔 44:27; 암 8:14; 2 Macc 3:33). 속죄일에 제물의 피가 뿌려진 고대 이스라엘의 지성소의 언약궤 덮개를 가리키는 말로 동족 명사 '힐라스테리온'(ἱλαστήριον)이 칠십인역 모세 오경에 자주 등장한다.

오래된 영어 역본들은 요한일서에 나오는 '힐라스모스'를 "화목"(propitiation, 예를 들어, KJV)이나 "속죄"(expiation, 예를 들어, RSV)로 번역했다. 둘 다 오늘날 일반 독자가 쉽게 정의하거나 이해할 수 있는 말이 아니다. 화목은 보통 분노한 신이나 영이 사람에게 환심을 사기 위해 어떤 일을 하는 것을 가리킨다.[9] 반면에 속죄는 관계를 깨뜨린 일련의 불쾌한 사건들을 일으킨 무례한 행위를 무효화하기 위해 어떤 일을 하는 것을 가리킨다. 그러나 현대 학자들이 이 두 용어를 항상 명확한 개념에 따라 구분해서 사용하는 것은 아니다. 더 중요한 것은 이 헬라어 단어가 현대 신학자들이 밝히고 싶어 하는 뉘앙스를 명확히 지시하지 않는다는 것이다.

교회 역사 대대로 신학자들은 어떻게든 신약성경의 모든 내용을 적절히 조화시킨 속죄 이론을 제시하는 데 심혈을 기울였다.[10] 그리스도가 악을 물리치고 승리하셨을 때 속죄가 이루어졌다는 승리자 그리스도(Christus Victor) 이론(참고. 벧전 3:22)이나 그리스도가 겪으신 죽음이 하나님의 진노를 진정시킨다는 속죄 이론(참고. 롬 1:18)과 달리, 요한 문헌은 그리스도를 성전에 바쳐진 짐승 제물을 대신하는 화목 제물로 제시한다. 요한은 요한복음에서 예수님 이야기 초반에 세례 요한이 예수님을 가리켜 "보라 하나님의 어린 양이로다"(요 1:36)라고 외친 것을 기록했다. 확실히 이것은 성전 제사에서 제물로 바쳐진 어린양을 암시한다. 요한일서 2:1과 1:7, 9의 평행 구조는, "예수 그리스도는…우리의 죄를 위한 '힐라스모스'"라는 확언이 "그 아들 예수의 피가 우리를 모든 죄에서 깨끗하게 하실 것이요"(1:7)나 "우리를 모든 불의에서 깨끗하게 하실 것이요"(1:9)라는 말과 평행을 이루고 있음을 확증한다.[11]

그러나 요한의 사상에서 죄의 대속은 하나님의 진노가 아니라 그분의 사랑을 함축한다. "사랑은 여기 있으니(이렇게 정의되니) 우리가 하나님을 사랑한 것이 아니요 하나님이 우리를 사랑하사 우리 죄를 속하기 위하여 화목 제물로 그 아들을 보내셨음이라"(4:10).[12] 요한의 사상에서 십자가는 예수님의 높아지심을 가리키고 하나님의 사랑에 대한 가장 명확한 표현이다('요한 서신의 신학'을 보라).

요한일서 2:1-2에서 예수님은 우리의 '파라클레테'(대언자)와 우리의 '힐라스모스'(화목 제물)로 불린다. 이 독

---

7. Brown, *Epistles of John*, 218.
8. 칠십인역 신약성경과 세속 그리스 저술가들의 저작에 나타난 이 단어군에 대한 더 상세한 설명은 *NIDNTT*를 보라.
9. 2000년 판 *Oxford American College Dictionary*를 보라.
10. 속죄에 대한 다양한 신학적 견해를 개관하는 것은 *The Nature of Atonement: Four Views* (공동편집 James Beilby, Paul R. Eddy; Downers Grove, IL: InterVarsity Press, 2006)를 보라.
11. Stanislas Lyonnet, *Sin, Redemption, and Sacrifice: A Biblical and Patristic Study* (Rome: Editrice Pontificio Istituto Biblico, 1998), 149-50.
12. 더 상세한 설명은 Yarbrough, *1-3 John*, 77-81과 Brown, *Epistles of John*, 217-24를 보라.

특한 결합이 나타내는 의미는 헬레니즘 사상이 아니라 유대 사상에서 발견된다.[13] 만약 그리스도인이 죄를 범한다면, 그의 다른 선행들은 아버지 앞에서(πρὸς τὸν πατέρα) 대언자로 작용할 수 없다. 죄를 속하기 위해 죽으시고, 용서를 구하는 우리의 간청을 중재하고 중보하시기 위해 살아 계신 예수 그리스도만이 대언자의 역할을 충족시키실 수 있다.

예수님이 "우리" 죄를 위할 뿐만 아니라 온 "세상"(κόσμος)의 죄를 위해서도 화목 제물이 되신다는 요한의 또 다른 진술은 때때로 보편구원론(만인구원론), 즉 세상의 모든 사람이, 그것을 분명히 알든 모르든 그리스도의 화목 제물로 구원을 받을 것이라는 사상을 지지하는 데 사용된다. 그러나 보편구원론은 요한일서의 역사적 배경과 요한 문헌에서 "세상"(κόσμος)이라는 말을 특수한 의미로 사용하고 있다는 점을 무시한다(참고. 요 3:16, 이 구절에서 세상의 의미는 예수님의 죽음과 그 결과로 주어지는 죄 사함을 전제한다). 보편구원론을 반대하는 한 가지 대응은, 비록 그리스도를 믿는 믿음으로 나아오는 자만 죄에서 구원받기는 해도, 그리스도의 죽음은 온 세상의 죄를 대속하기에 충분할 정도로 효력이 크다는 것이다. 이 말은 사실일 수 있으나 칼뱅이 인정하는 것처럼, 요한이 여기서 말하는 의미는 아니다.[14] 만약 여기서 세상이 지구 전체를 가리킨다면, 요한이 편지를 쓸 당시의 역사적 배경을 고려할 때 사람들이 믿음으로 나아오면 또는 나아올 때 인종, 민족 또는 다른 어떤 특성도 그리스도라는 화목 제물의 충분한 혜택을 받는 것을 방해하지 못하리라는 의미에서 그리스도라는 화목 제물이 보편적 범주를 갖고 있다고 보는 것이 더 나은 해석일 것이다.

고대 세계에서는 신들의 권세가 한 지방으로 한정되고 지리적으로 제한된 관할권을 갖고 있었다. 산 속에서는 산을 주관하는 신들을 찾아냈다. 바다에서는 바다의 신들을 찾아냈다. 고대의 전투는 대립하는 나라들의 신도 함께 싸운다는 믿음에 따라 벌어졌고, 승패는 어느 나라 신이 가장 강하냐에 따라 결정되었다. 하지만 요한은 이런 이교 사상을 반대한다. 즉, 예수 그리스도라는 화목 제물의 효력이 모든 곳의 모든 사람에게, 말하자면 온 세상에 타당하게 미친다고 천명한다. 기독교의 복음은 지리적, 인종적, 민족적, 국가적, 문화적 경계가 전혀 없다고 이해한다.

그러나 요한 문헌에서 "세상"은 종종 지구나 지구의 모든 거민을 가리키는 것이 아니라, 부패한 인간 문화 체계와 그 체계의 가치, 도덕, 윤리를 전체적으로 가리킨다. 리우는 세상을 하나님과 그분께 속한 모든 것과 철저히 반대되는 체계로 설명한다.[15] 세상은 거의 항상 요한의 이원성 개념 중 어둠과 관련되어 있다. 요한 문헌에서 사람들은 '하나님께 속하든' 아니면 '세상에 속하든' 둘 중 하나로 규정된다(요 8:23; 15:19; 17:6, 14, 16; 18:36; 요일 2:16; 4:5). 하나님으로부터 난 자는 지리적 장소나 그곳과 결합한 혈통적 집단에서 나오는 것이 아니라, 영적 영역에서 나왔다(요 13:1; 17:15, 그리고 2:16 주석에서 '심층 연구: 요한 서신에 나타난 세상'을 보라).

그러므로 여기서 요한은 보편구원론을 가르치는 것이 아니라, 오히려 기독교 복음의 배타적 성격을 선언한다. 그리스도의 속죄는 "온 세상"에 효력이 미친다. 그러므로 예수 그리스도가 없으면 어떤 형태로든 다른 사람들, 문화, 종교에 유효한 속죄는 없다. 칼뱅은 이에 대해 다음과 같이 설명한다.

그러므로 요한은 "온"(all)이라는 말 아래 버림받은 자

---

13. 김진태, "The Concept of Atonement in Hellenistic Thought and 1 John," *JGRChJ* 2 (2001-2005): 100-116.
14. John Calvin, *Commentaries on the Catholic Epistles* (번역 John Owen; Grand Rapids: Baker, 1999), 172-73.
15. Lieu, *I, II, & III John*, 65.

를 포함하지 않고, 땅의 다양한 지역에 흩어져 있는 사람들 가운데 믿게 될 모든 사람을 가리킨다. 왜냐하면 그리스도의 은혜는 그것이 세상의 유일한 구원으로 선포될 때 진정으로 명확해지기 때문이다.[16]

요일 2:3 우리가 그의 계명을 지키면 이로써 우리가 그를 아는 줄로 알 것이요(Καὶ ἐν τούτῳ γινώσκομεν ὅτι ἐγνώκαμεν αὐτόν, ἐὰν τὰς ἐντολὰς αὐτοῦ τηρῶμεν). 요한은 여기서 하나님을 아는 것에 관한 주제로 시선을 돌린다. 하나님을 아는 것은, 하나님이 선지자 예레미야를 통해 계시하신 것처럼 하나님과의 언약 속에 있는 것을 의미한다. "[그들이] 다 나를 알기 때문이라…여호와의 말씀이니라"(렘 31:34). 도드(C. H. Dodd)가 지적하는 것처럼, 이 것은 하나님이 약속하신 새 언약을 요약해서 진술한 것이다. 이때 하나님은 그들의 마음속에 법을 두심으로써 죄를 용서하고 자기 백성을 형성하실 것이다.[17]

하나님을 아는 것은 하나님과의 언약 안에 있는 것이다. 따라서 그것은 요한복음에 나오는 다락방 강화에서 예수님이 정의하신 것과 같이 영생을 지닌 것이다. "영생은 곧 유일하신 참 하나님과 그가 보내신 자 예수 그리스도를 아는 것이니이다"(요 17:3). 만약 이것이 사실이라면, 요한이 독자에게 그들이 영생을 지니고 있음을 확신시키려고 하는 것은 사실상 그들이 하나님을 진실로 아는 것을 확신시키려고 하는 것과 같다(요일 5:13). 그러므로 하나님을 아는 것과 우리가 하나님을 알고 있음을 아는 방법이 요한일서의 중심 목적이다. 이 주제는 요한일서 다른 곳에서도 8번이나 나타난다(2:4, 13; 3:1, 6; 4:6, 7, 8; 5:20).

그리스-로마 세계의 종교가 가진 한 가지 문제점은, 이교의 신과 여신들은 자기들이 싫어하는 것을 사람들에게 알려줄 수 없었다는 것이다. 이교 종교는 주로 신들이 불쾌감을 느껴 보낸다고 여기는 불행한 결과를 피하려고 신들을 달래는 데 중점을 두었다. 신들의 불쾌감을 없애려고 신들을 진정시키는 것 외에 신들과의 관계나 인격적 지식에 대한 참된 질문은 결코 없었다.

이 개념을 받아들이는 자가 불행을 피하려는 동기를 죽음 이후의 삶까지 확대한 것은 자연스러운 일이었다. 2세기에 다양한 형태로 등장한 사상으로, 지식(γνῶσις)에 해당되는 헬라어 단어에서 나온 영지주의(Gnosticism)는 현세에서 신비적 체험을 통해서만 얻을 수 있는 자신에 관한 그리고 사람의 운명에 관한 신령한 지식을 통해 사후에 영혼의 구원을 얻는 방법을 제공했다. 영지주의는 하나의 종교가 아니라 당시 많은 종교 속에 스며든 일종의 세계관이었다.[18] 영지주의 사상은 이후에도, 곧 2세기와 3세기에도 크게 번성했다. 그런데 영지주의 사상의 근본 원리는 (최소한 초기 단계에서) 훨씬 더 이전에, 아니 사실은 1세기 말에도 사람들에게 큰 영향을 미쳤다.

(소위)「도마 복음」(Gospel of Thomas)에 반영된 후기 영지주의의 기독교적 표현 중 하나를 보면, 예수님의 교훈에 대한 해석(또는 조립)을 기독교의 핵심 유익으로 간주했다. 예수님이 중요한 존재인 이유가 그분이 속죄의 원천이었기 때문이 아니라, '그노시스(지식)'의 원천이었기 때문이다. 2세기에 등장한 영지주의 문서인「진리의 복음」(Gospel of Truth) 역시 구속의 중점을 죄와 죄의 결과에서 벗어나는 것이 아니라, 내세의 삶에 유익을 줄 지식을 제공함으로써 사람들을 무지와 오류에서 벗어나게 하는 것에 둔다.[19] 그러나 신약성경이 하나님을 아

---

[16]. John Calvin, *The Gospel according to St. John 11-21 and the First Epistle of John* (trans. T. H. L. Parker; Grand Rapids: Eerdmans, 1988), 244.

[17]. C. H. Dodd, *The Johannine Epistles* (MNTC; London: Hodder and Stoughton, 1946), 36-37.

[18]. Michael A. Williams, *Rethinking "Gnosticism": An Argument for Dismantling a Dubious Category* (Princeton: Princeton University Press, 1996).

는 것에 관해 말할 때는 이와는 다른 종류의 지식을 염두에 둔다. 물론 신약성경이 말하는 이 지식은 타락한 세상의 무지와 오류에서 벗어나게 하는 구속을 제공한다. 하지만 동시에 이것은 사람들을 창조자, 구속자, 우주의 심판자이신 하나님과 인격적이고 적절한 관계로 이끄는 하나님에 관한 지식이기도 하다.

요한은 바로 앞의 두 구절(2:1-2)에서 내세에 대해 비밀 코드를 제공할 '그노시스'의 원천으로서 예수님을 소중히 여기는 영지주의 사상과 날카롭게 대조되게, 예수님의 죽음이 가져온 속죄의 핵심적 역할을 분명히 강조한다. 기독교 복음의 중심 진리는 하나님이 악하고 부도덕한 사람들의 행위, 곧 죄를 대속하는 자기 아들의 속죄의 죽음에 자신을 계시하셨다는 것이다. 그리고 이 점에서 아들은 아버지 하나님을 인격적 존재로 알려주셨다(요 1:18). 예수님의 교훈은 중요하다. 그 이유는 무덤에서 부활하심으로써 죄와 사망을 정복하신 하나님의 아들로서 예수님의 독특한 정체성 때문이지, 예수님이 단순히 '그노시스'의 훌륭한 선생이시기 때문이 아니다. 나아가 '그노시스'는 창조주 하나님과의 관계를 위해 애쓸 필요가 없는 형식적인 철학적 개념이었으나, 예수님은 역사적인 언약의 구조 안에서 진정으로 하나님과 관계를 갖는 법을 가르치셨다.

근본적인 문제는 죄다. 그러므로 요한은 하나님이 계시하신 뜻에 대한 사람의 반응으로 영생에 대한 확신을 진술한다(요일 5:13). 이것이 우리가 하나님을 알고 있음을 알 수 있는 한 방법이다('요한 서신의 신학'을 보라). 고대 이교 세계의 만신들에 대한 생각과 달리, 예수 그리스도의 아버지는 변덕스러운 분도 아니고 자신의 뜻을 전달하지 못하시는 분도 아니다. 예수 그리스도의 아버지는 인간 역사 대대로 여러 방식과 다양한 시기에 인간에게 자신을 계시하셨다(참고. 히 1:1-2). 하지만 마지막에는 자기 아들을 통해 말씀하셨다. 예수 그리스도의 아버지는 인간 역사 속에서 펼쳐지는 자신의 구속 사역과 그 사역의 중요성을 성경에 기록하심으로써 성경을 읽는 모든 독자가 자신을 알 수 있게 하셨다. 하나님의 구속 사역이 이루고자 하는 목표는, 하나님의 계시된 뜻을 아는 지식에 따라 일상을 살아갈 언약 백성을 하나님께 회복시키는 것이다. 이것은 다양한 형태의 영지주의 속에서, 심지어는 기독교화된 형태들 속에서 발견되는 '그노시스'와는 차원이 다른 신령한 '그노시스'다.

요한은 독자를 확신시키려고 이로써(ἐν τούτῳ) 우리가 하나님을 알고 있었던 것[완료 시제(ἐγνώκαμεν), 현재에도 계속되는 자신에 관한 지식을 우리에게 제공하신 하나님에 관한 과거의 경험을 언급]을 알 것[현재 시제(γινώσκομεν), 현재 확신하는 것에 대한 언급]이라고 쓴다. 여기서 "이로써"는 다음에 할 말을 미리 지시하는 용법(후방 조응 용법)이다[20].(헬라어 원문은 "우리가 그의 명령을 지키면"이라는 말이 개역개정과 달리 앞이 아니라 뒤에 나온다. 따라서 "이로써"는 개역개정에 따르면 '전방 조응 용법'이 되고 헬라어 원문에 따르면 '후방 조응 용법'이 된다-역주). 곧, "우리가 그의 명령을 지키면"(ἐὰν τὰς ἐντολὰς αὐτοῦ τηρῶμεν) 하나님을 진실로 아는 것을 확신할 수 있다. 반대로 우리가 그의 명령을 지키지 않으면, 진실로 하나님을 알고 영생을 지녔는지 의심할 이유가 충분하다.

하나님께 순종한다는 개념이 하나님을 아는 지식의 중심 요소다. 하나님을 진실로 아는 것은 그분이 모든 것이 순종해야 할 우주의 주권적인 주라는 사실을 아는 것이기 때문이다. 분명한 것은 요한이 여기서 순종을 하나님을 알기 위한 필수 조건으로 가르치지 않는다는 점이다. 오히려 순종은 하나님과 죄인으로서의 우리 자신을 아는 참된 지식의 결과다(참고. 요이 1:5-6). 리

---

19. Lieu, *I, II, & III John*, 70.
20. Iver Larsen, "The Phrase ἐν τούτῳ in 1 John," *Notes on Translation* 4, no. 4 (1990): 27-38.

우가 지적하는 것처럼, "하나님의 명령에 순종하는 것은…다른 방식으로는 우리 자신이나 다른 사람들에게 증명될 수 없는 하나님 또는 예수님을 아는 지식에 대한 확실한 증거다."[21] 요한일서 2:4이 주장하는 것처럼, 하나님을 안다고 말하지만 그분의 명령을 지키지 않는 자는 거짓말하는 자로 그들 속에는 진리가 없다.

우리는 여기서 요한이 염두에 둔 명령이 무엇인지 생각하기 전에 요한이 제시하는 중요한 요점, 곧 하나님을 알고 그분과 사귀는 것은 삶의 방식을 통해 표현되어야 한다는 것을 주목해야 한다. 요한 당시 이방 종교들에서 현세의 삶은 윤리적 요소와는 별로 관련이 없었다. 그런데도 영지주의 세계관은 종종 사람들이 현세를 살아가는 삶의 방식에 부정적인 영향을 미쳤다. 영지주의자는 내세의 삶에 초점을 두기 때문에 우리 몸을 비롯하여 물질 세계는 구속과 아무 관련이 없다고 믿었다. 이런 관점은 육체적이고 세속적인 충동에 집착하는 방탕한 삶의 방식을 낳을 수 있었다. 물질 세계를 악하다고 보는 영지주의의 또 다른 관점은 종종 자기 학대를 통해 몸을 처벌하는 과도한 금욕주의를 낳았다. 그런데 요한은 이런 종류의 믿음과는 완전히 대조되는 말로, 그리스도 안에서 계시된 하나님을 아는 지식은 지금 여기서 "그의" 계명을 지키는 삶으로 표현되어야 한다고 역설한다.

요한의 말은 즉각 두 가지 중요한 질문을 불러일으킨다. (1) 어떤 명령인가? (2) 이것은 기독교 복음을 일종의 율법주의로 환원시키는가? 첫 번째 질문의 한 국면은 대명사 "그의"(αὐτοῦ)의 지시 대상을 결정하는 것과 관련되어 있다. 예를 들어, 그것은 구약성경에서와 같이 하나님의 명령인가, 아니면 산상 설교에서 가르치신 것과 같이 예수님의 명령인가? 이 담화 부분에서 가장 가까이 있는 선행사는 "의로우신 예수 그리스도"이다(1절).

그리고 예수님은 이 단원에서, 특히 6절의 "그"가 걸어가신(행하시는) 대로 걸어가라(행하라)고 권면하는 것에서 모든 비슷한 대명사의 적절한 지시 대상이다. 게다가 5절은 "그의 말씀"(αὐτοῦ τὸν λόγον)을 지키는 것과 "하나님의 사랑"(ἡ ἀγάπη τοῦ θεοῦ)을 구분한다. 이것을 기초로 하면, 요한은 철저히 선행사로 예수님을 염두에 둔 것으로 보인다.

그럼에도 불구하고 요한이 3:23-24에서 명령 개념을 취할 때 염두에 둔 것은, 분명히 하나님의 명령이다. "그의 계명(명령)은 이것이니 곧 그 아들 예수 그리스도의 이름을 믿고 그가 우리에게 주신 계명(명령)대로 서로 사랑할 것이니라 그의 계명(명령)을 지키는 자는 주(하나님) 안에 거하고 주는 그의 안에 거하시나니." 나아가 명령을 지키는 것을 다루는 문맥에 있는 2:5의 "이로써 우리가 그의 안에 있는 줄을 아노라"는 진술은 하나님의 명령을 지키는 자는 하나님 안에 거한다는 3:24의 사상과 평행을 이룬다. 요한의 사상에서 하나님의 명령과 그리스도의 명령은 일관되게 하나다(참고. 요 5:19; 10:30).

그렇다면 "그의 명령"은 십계명을 가리키는가? 십계명을 지키는 것이 하나님을 아는 것의 기독교적 표현인가? 만약 그렇다면, 그것은 고대 이스라엘의 하나님을 아는 지식과 질적으로 어떤 차이가 있는가? 확실히 예수는 십계명을 온전히 지키셨고 요한은 하나님을 안다고 주장하는 자는 예수님이 걸어가신(행하시는) 대로 걸어가야(행해야) 한다고 말한다(2:6). 그러나 야브로가 지적하는 것처럼 논란의 요점은 '명령'(command)으로 번역된 단어(ἐντολή)를 "계명"(commandment)으로 번역하는 영어 번역에 있을 것이다[22](개역개정도 "계명"으로 번역함-역주). 칠십인역에서는, 비록 이 단어가 다른 곳에서 여러 번에 걸쳐 사용되기는 해도, 이 단어("엔톨레"로 십

---

21. Lieu, *I, II, & III John*, 68.

22. Yarbrough, *1-3 John*, 82.

계명을 가리키지는 않는다. 더욱이 비교해보면 바울 서신에 나오는 것과 달리 요한 문헌에는 모세 율법을 지키는 것에 대한 언급이 없다. 리우가 지적하는 것처럼 여기서 명령은 "행동에 관한 일련의 특수한 지침"이 아니라, 하나님과의 관계로 나아가는 것을 받아들이고 그 관계 속에 남아 있는 것은 하나님이 요구하시는 것을 단순히 그분이 요구하신다는 이유만으로 모두 인정하고 반응하는 것을 가리킨다."[23] 하나님을 진실로 아는 사람은 하나님의 영광과 뛰어나심을 인정하고 그분의 명령이 뛰어나고 아름답기 때문에 그 명령에 순종한다.

게다가 요한일서 자체의 문맥 안에 하나님의 명령에 대한 명확한 정의가 나타나 있다. 이 정의는 요한복음으로 보강된다. 그것이 여기서 어떻게 해석해야 할시를 가르쳐준다. "그의 계명(명령)은 이것이니 곧 그 아들 예수 그리스도의 이름을 믿고 그가 우리에게 주신 계명(명령)대로 서로 사랑할 것이니라"(3:23). 하나님은 우리에게 그분의 아들의 이름을 믿고(3:23에 대한 주석을 보라) 요한복음 13:34-35에서 예수님이 제자들에게 명하신 것처럼 서로 사랑하라고 명령하신다. 이 명령의 두 요소는 특별히 요한 서신의 두 가지 핵심 주제다. 예수 그리스도의 이름을 믿는 것은 무슨 의미인가? 서로 사랑하는 것은 무슨 의미인가? 이 두 질문에 대한 답변은 하나님이 계시하신 뜻을 존중하며 사는 것과 긴밀하게 연계되어 있다.

요일 2:4 그를 아노라 하고 그의 계명을 지키지 아니하는 자는 거짓말하는 자요 진리가 그 속에 있지 아니하되(ὁ λέγων ὅτι ἔγνωκα αὐτόν καὶ τὰς ἐντολὰς αὐτοῦ μὴ τηρῶν, ψεύστης ἐστίν, καὶ ἐν τούτῳ ἡ ἀλήθεια οὐκ ἔστιν). 여기서 다시 요한은 그리스도인의 신앙고백과 도덕적 성실함의 중요성을 진술한다. 하나님이 그리스도 안에서 계시하신 진리를 따라 사는 사람은 자신이 하나님을 아는 줄 알 것이라고 말하는 3절의 단언을 여기서 요한은 반대로 진술한다. 만약 누군가 하나님을 아는 참된 지식이 있다고 주장하면서 하나님의 계시된 진리에 따라 살지 않으면("그의 명령을 지키지 아니하면"), 그는 거짓말하는 사람이다. 그런 사람은 하나님의 도덕적인 뜻을 무시하는 한 하나님을 알 수 없다.

"[내가] 그를 아노라"라는 동사의 완료 시제(ἔγνωκα)는 과거의 경험에 기반을 두고 하나님과 지속적으로 관계를 맺는 것을 함축한다. 따라서 이 언급은 그리스도인을 자처하지만, 하나님이 요구하시는 것에 순종으로 반응할 줄 모르는 자에게 주어진다.[24] 모든 생명의 원천이신 하나님께 순종하는 것이 하나님을 안다는 말의 정의다(요 17:3).

이것은 "진리"(ἡ ἀλήθεια)라는 말이 언급된 세 번째 경우다. 1:6에서 어둠 속에서 걷는 자는 진리를 행하지 않는다. 1:8에서 진리는 죄가 없다고 말하는 자 속에는 없다. 그리고 여기 2:4에서 비슷한 진술이 그리스도 안에서 하나님을 안다고 말하지만, 하나님이 계시하신 뜻에는 아무 관심이 없는 자에게 특별히 주어진다. 이런 사람은 진리를 소유하고 있지 않다. 리우가 지적하는 것처럼 "진리"(ἀλήθεια)와 "말씀"(λόγος)은 평행 관계에 있다. "진리가 우리 속에 있지 아니할 것이요"(1:8). "그의 말씀이 우리 속에 있지 아니하니라"(1:10). 2:4에서 "진리"는 "명령"(ἐντολάς)과 평행 관계에 있다. "그 결과는 '말씀'의 범주를 단지 서로 사랑하라는 명령(3:11)으로 환원하지 않고, 예수님에 관한 그리고 예수님 안에서 이루어진 하나님의 행동에 관한 메시지에 본질적일 정도로 명령 관념을 높인다(1:2을 보라)."[25]

5절과 7절에서 "명령"은 "말씀"과 동일하다. 이것은 "진리", "말씀", "명령(들)"이 요한의 사상에서 정확히 상

---

23. Lieu, *I, II, & III John*, 69.
24. 같은 책, 69.
25. 같은 책, 70-71.

호 교체적으로 사용되는 개념은 아니라고 해도, 긴밀하게 연계되어 있음을 강력히 암시한다. 하나님의 빛 가운데 진정으로 걸어가기를 바라는 자는 누구든 이 세 단어 중 자신이 더 좋아하는 것 하나를 임의로 선택할 수 없다. 이 세 가지는 신자의 삶 속에 항상 함께 있어야 한다. 그러므로 요한의 사상 속에서 진리는 단순히 사실들의 묶음이 아니고 하나님이 계시하신 구속의 전체 메시지의 "완전성과 진정성을 표상한다"[26] (1:6 주석에서 '심층 연구: 요한 서신에 나타난 진리'를 보라).

요일 2:5a-b 누구든지 그의 말씀을 지키는 자는 하나님의 사랑이 참으로 그 속에서 온전하게 되었나니 (ὃς δ᾽ ἂν τηρῇ αὐτοῦ τὸν λόγον, ἀληθῶς ἐν τούτῳ ἡ ἀγάπη τοῦ θεοῦ τετελείωται). 이것은 "사랑"(ἀγάπη)이 언급되는 첫 번째 사례로, 사랑은 요한일서의 핵심 주제다. (요일 4:16 주석에서 '심층 연구: 요한 서신에 나타난 사랑'을 보라.) 여기서 소유격 τοῦ θεοῦ("하나님의")의 의미가 해결되어야 한다. 주격의 소유격(그의 말씀을 지키는 자에 대한 하나님의 사랑)인가?[27] 아니면 목적의 소유격(하나님에 대한 인간의 사랑)인가?[28] 크루즈(Kruse)가 지적하는 것처럼 두 용법 모두 요한일서 다른 곳에서 사례가 명확히 발견된다. 4:9에는 신자들을 향한 하나님의 사랑이 나온다. 5:3에는 하나님을 향한 신자의 사랑이 나온다.[29] 의미가 분명히 주격의 소유격인 4:12을 보면, 동사 τελειόω의 완료 시제("온전히 이루어지느니라")가 나타난다. 이것 역시 여기서 주격의 소유격에 따른 의미임을 가리킨다. 이 진술을 하나님의 사랑은 온전하거나 완전하지 않고 인간의 관여에 따라 온전하거나 완전해진다는 의미로 해석해서는 안 된다. 요한의 사상에서 하나님의 사랑은 확실히 완전하고 그 사랑은 신자의 삶 속에서 구현되어야 한다. 그러므로 신자를 향한 하나님의 사랑이 목표하는 바는 신자가 타인을 대하는 방식을 변화시키는 것이다.

요한은 우리를 향한 하나님의 사랑의 목표가 우리의 도덕적 변화라고 지적한다. 이 진술은 그리스도 안에서 하나님을 안다고 말하지만 하나님의 명령을 지키지 않는 자에 관해 말하는 4절과 대조 관계이다. ἀληθῶς라는 부사("참으로")는 하나님의 말씀을 지키지 않는 자 속에 하나님의 사랑이 있다고 주장하는 것은 거짓말이라는 점을 함축한다. 5절은 우리의 초점을 말씀을 지키는 자에게 돌림으로써 논증을 긍정적 관점에 따라 전개한다. 진리는 단순히 하나님이나 예수님에 관한 사실들의 묶음이 아니라, 하나님이 누구신지를 염두에 두는 삶의 방식으로 반응할 것을 요청한다. 명령은 단순히 기독교를 율법 체계로 환원시키는 규칙과 법규 목록이 아니다. 그것은 하나님의 아들이신 예수 그리스도를 믿고 그분이 가르치신 대로 서로 사랑하는 것이다(3:23). "말씀"(λόγος)은 단순히 종이에 기록된 말이 아니라 하나님이 그리스도 안에서 계시하신 구속에 관한 온전한 메시지다.

"그의 말씀"(αὐτοῦ τὸν λόγον)의 선행사가 하나님인지, 아니면 그리스도인지가 애매한 것은 여기서도 계속된다. 앞에서 더 유력한 지시 대상이 그리스도라고 주장하기는 했지만, 아들과 아버지를 하나로 이해하는 요한의 기독론(요 10:30)에 따르면, 하나님을 지시 대상으로 보는 것도 가능할 것이다. 그러나 이 애매함이 해소되면 다음과 같이 깔끔하게 주석할 수 있다. '누구든지 그리스도의 말씀, 즉 우리에게 서로 사랑하라는 그리스도의 명령을 지키는 자는 하나님(θεοῦ)의 사랑이 참으로

---

[26]. 같은 책, 70.
[27]. Bultmann, *Johannine Epistles*, 25; B. F. Westcott, *Epistles of St. John: The Greek Text with Notes* (3rd ed. [1892]; Grand Rapids: Eerdmans, 1950), 49; Yarbrough, *1-3 John*, 86.
[28]. Culy, *I, II, III John*, 28; Dodd, *Johannine Epistles*, 31; Kruse, *Letters of John*, 80; Marshall, *Epistles of John*, 125; Smalley, *1, 2, 3 John*, 49.
[29]. Kruse, *Letters of John*, 80.

그 사람 속에서 성취되었나니.'

"사랑"(ἀγάπη)이라는 명사는 신약성경에서 116번 등장한다. 그 가운데 4분의 1정도가 요한 문헌에 나오고 요한 문헌에 나오는 것 중 절반 이상이 요한일서에 있다. 사랑이 그리스도를 믿는 신자들 속에 있다는 주제는 요한 문헌, 특히 요한 서신의 핵심 사상이다(요한 서신의 신학을 보라).

요한 문헌에 나오는 "사랑"을 이런 식으로 설명하면, 여기서 "하나님의 사랑"(ἡ ἀγάπη τοῦ θεοῦ)의 소유격 구문을 어떻게 해석해야 할지 파악하는 데 큰 도움이 된다. 위에서 지적한 것처럼, 학자들은 두 견해를 다 주장했다. 그러나 앞에서 제시한 것처럼 "예수 그리스도"가 "그의 말씀을 지키는"에서 "그"의 선행사라면, 예수님은 요한복음에서 자신에 대한 신자의 사랑에 관해 다음과 같이 많이 말씀하셨다(강조체 저자).

- 요 14:15 너희가 나를 **사랑하면** 나의 계명(명령)을 지키리라.
- 요 14:21 나의 계명(명령)을 지키는 자라야 나를 **사랑하는** 자니 나를 **사랑하는** 자는 내 아버지께 사랑을 받을 것이요 나도 그를 사랑하여 그에게 나를 나타내리라.
- 요 14:23 예수께서 대답하여 이르시되 사람이 나를 **사랑하면** 내 말을 지키리니 내 아버지께서 그를 사랑하실 것이요 우리가 그에게 가서 거처를 그와 함께 하리라.

이 구절들에 따르면, 요한일서 2:5의 소유격은 목적의 소유격이다. 따라서 하나님을 향한 신자의 사랑은 그가 그리스도의 명령에 따라 살아감으로써 그분을 사랑할 때 성취될 것이라는 의미일 것이다.

그러나 예수님은 또한 요한복음 14:23에서 아버지께서는 그리스도를 사랑하고 예수님의 교훈에 순종하는 자를 사랑하실 것이라고 말씀하신다. 이것은 요한일서 2:5의 소유격이 신자를 향한 하나님의 사랑을 가리키는 주격의 소유격이라는 점을 암시한다. "하나님의 사랑"이라는 말에는 분명히 애매함과 상호성이 내포되어 있다.[30] 나아가 그리스도를 향한 사랑이라는 개념은 요한복음에서 예수님의 근본 명령으로서 서로 사랑하라는 개념으로 확대된다(강조체 저자).

- 요 13:34 새 계명(명령)을 너희에게 주노니 **서로 사랑하라** 내가 너희를 사랑한 것 같이 너희도 **서로 사랑하라**.
- 요 15:12 내 계명(명령)은 곧 내가 너희를 사랑한 것 같이 너희도 **서로 사랑하라** 하는 이것이니라.
- 요 15:17 내가 이것을 너희에게 명함은 너희로 **서로 사랑하게** 하려 함이라.

사랑하라는 예수님의 명령에 따라 사는 것이 요한이 요한일서에서 명령을 언급할 때 염두에 둔 핵심 초점이다(강조체 저자).

- 요일 3:11 우리는 **서로 사랑할지니** 이는 너희가 처음부터 들은 소식이라.
- 요일 3:23 그의 계명(명령)은 이것이니 곧 그 아들 예수 그리스도의 이름을 믿고 그가 우리에게 주신 계명(명령)대로 **서로 사랑할 것이니라**.
- 요일 4:7 **사랑하는** 자들아 우리가 **서로 사랑하자** 사랑은 하나님께 속한 것이니 **사랑하는** 자마다 하나님으로부터 나서 하나님을 알고.
- 요일 4:11 **사랑하는** 자들아 하나님이 이같이 우리를

---

30. Wallace는 이 소유격을 "완전한 소유격"(plenary genitive)으로 부른다. *Greek Grammar*, 119–20을 보라.

사랑하셨은즉 우리도 서로 사랑하는 것이 마땅하도다.

요일 4:12 어느 때나 하나님을 본 사람이 없으되 만일 우리가 서로 사랑하면 하나님이 우리 안에 거하시고 그의 사랑이 우리 안에 온전히 이루어지느니라.

요이 1:5 부녀여, 내가 이제 네게 구하노니 서로 사랑하자 이는 계명(명령)같이 네게 쓰는 것이 아니요 처음부터 우리가 가진 것이라.

요한일서 2:5에 나오는 "하나님의 사랑"에서 소유격을 목적의 소유격으로 취하면, 요한 사상의 놀라운 논리적 흐름을 파악할 수 있다. 그 결과 동사 '성취에 이르렀다'(τετελείωται)의 의미를 이해하는 데 도움이 된다. 이 동사는 종종 영어로 '완전하게 되었다'(perfected, NASB, NKJV, ESV)나 '완전함'(perfection, NRSV, NJB)이 포함된 말로 번역된다(개역개정에는 "온전하게 되었다"-역주). 그리고 2:7-11에서 다른 사람들을 향한 사랑을 말하는 것으로 내용이 확실히 바뀌는 것은 여기서 목적의 소유격을 염두에 두었음을 확증하는 것처럼 보인다(2:7에 대한 주석을 보라). 그러나 이 번역은 이루기가 불가능한 높은 기준에 관한 것이 아니라, 의도한 목표를 이루는 것을 가리키는 '테텔레이오타이'의 중간태 의미를 제대로 포착하지 못한다.[31] 다시 말해, 하나님은 그리스도 안에서 우리를 죄로부터 구속하심으로써 우리를 사랑하셨다(요 3:16; 요일 4:10). 또 그 사랑은 신자의 삶을 변화시키는 것이 목표이다. 그것은 신자가 하나님, 곧 아버지와 아들을 다 사랑하도록 하는 것이다. 이 사랑은 다른 사람들을 사랑하는 것으로 표현된다(요 13:34).

이 변화시키는 목표는 신자가 하나님이 계시하신 메시지에 따라 살 때 성취된다. 신자가 그렇게 함으로써 죄에서 돌이키고 하나님 및 다른 사람들과 올바른 관계를 맺게 되기 때문이다. 이것은 신자가 완전한 상태에 도달해 더는 사랑을 계속 행할 필요가 없다는 것을 의미하지 않는다. 오히려 신자가 다른 사람들을 사랑할 때, 하나님이 신자의 삶 속에 이루고자 하시는 구속적 사랑의 목표가 그의 행위로 이루어진 것을 의미한다.

예수님이 정의하신 사랑은 정서를 포함할 수 있으나 단순한 정서적 반응은 아니다. 오히려 사랑은 하나님이 계시하신 뜻에 따라 연민의 마음으로 사람들을 대하는 것이다(참고. 누가복음 10:25-37의 선한 사마리아 사람의 비유). 브라운은 이 개념을 다음과 같이 잘 제시한다. "아가페는 인간의 마음속에서 비롯되어 완전함에 요구되는 고상한 선을 행함으로써 이루는 사랑이 아니다. 아가페는 하나님에게서 그리스도인에게로 그리고 그리스도인에게서 동료 그리스도인들에게로 흘러나가는 자발적이고 과분한 창조적인 사랑이다."[32] 하나님에게서 기독교 신자에게로 그리고 다른 동료 신자에게로 흘러나가는 사랑의 흐름은 요한일서 4:10-11에서 요한이 말하는 내용과 절묘하게 일치한다. "사랑은 여기 있으니(이렇게 정의되니) 우리가 하나님을 사랑한 것이 아니요 하나님이 우리를 사랑하사 우리 죄를 속하기 위하여 화목 제물로(이 되도록) 그 아들을 보내셨음이라 사랑하는 자들아 하나님이 이같이 우리를 사랑하셨은즉 우리도 서로 사랑하는 것이 마땅하도다." 이 순환은 요한이서 1:6a-b에서 계속된다. "또 사랑은 이것이니 우리가 그 계명(명령)을 따라 행하는 것이요."

요일 2:5c-6 이로써 우리가 그의 안에 있는 줄을 아노라 그의 안에 산다고 하는 자는 그가 행하시는 대로 자기도 행할지니라 (ἐν τούτῳ γινώσκομεν ὅτι ἐν αὐτῷ ἐσμεν· ὁ λέγων ἐν αὐτῷ μένειν ὀφείλει καθὼς ἐκεῖνος περιεπάτησεν καὶ αὐτὸς

---

31. 동사 τελειόω의 신약성경에서의 용법에 대한 유용한 설명은 Moisés Silva, "Perfection and Eschatology in Hebrews," *WTJ* 39 (1976): 60-71을 보라.

32. Brown, *Epistles of John*, 254-55.

[οὕτως] περιπατεῖν). 요한은 여기서 예수님이 이 땅에서 생활하실 때 보여준 삶이 기독교 신자의 역할 모델로 작용한다는 사상을 소개한다. 1:7에는 죄를 깨끗하게 하는 예수님의 죽음이 지닌 중요성을 진술했다. 그런데 여기서는 예수님의 지상 생애의 중요성이 예수님 안에서 '거하기'(μένειν)를 바라는 신자에게 본보기로 제시된다.

"이로써"(ἐν τούτῳ)가 이전에 나온 말을 지시하는지(전방 조응 용법), 아니면 앞으로 나올 말을 지시하는지(후방 조응 용법)를 놓고 상당한 논란이 있다. 이것은 우리가 서로 사랑하라는 명령을 지키므로(이전에 나온 말을 가리킴) "우리가 그의 안에 있는 줄을" 아는 데서 나오는 영생에 대한 확신을 우리가 누릴 수 있다는 말인가? 아니면 "이로써"는 그의 안에 거한다고 진정으로 말할 수 있는 사람은 오직 예수님이 하신 대로 행하는 자라는 것을 가리키는 6절을 미리 지시하는가? NA28의 편집자들은, NA27의 구두점을 바꾸어 이 구절에 구두점을 찍음으로써 문제를 해결하지 않고 그대로 남겨두었다. 그럼에도 불구하고 다수의 해석자는 사람이 "그의 안에" 있음을 아는 길이 6절에서 진술된다고 주장한다. 이러한 불일치는 이 표현이 서로 사랑함으로써 하나님을 사랑하는 것에 관해 방금 말한 것과 그의 안에 사는 것에 관한 이어지는 진술을 연계시킨다는 것을 암시한다.

크루즈는 이 말이 3절과 인클루지오를 이룬다고 지적한다. 또 그의 안에 있는 것에 관한 주제는 6절을 예견한다고 지적한다.[33] 쿨리는 요한일서에서 지시 대명사의 후방 조응 용법(앞으로 나올 내용을 지시하는 용도) 다음에는 보통 여기서 나타나지 않는 구문[보충 설명의 호티(ὅτι)절 또는 하나절]이 뒤따른다는 유용한 사실을 제공하고, NA27의 편집자들과 같이 이 언급은 전방 조응 용법(이전에 나온 사상을 지시하는 용도)으로 사용되었다는 데 동의한다.[34] 이러한 언급은 주로 이전에 나온 것을 가리키기는 하지만 이후에 나오는 사상으로 나아가는 전환을 구성하기도 한다.[35] 이것이 NA28의 구두법의 변화에 반영되어 있다.

다른 사람들을 사랑함으로써 하나님의 사랑의 목표를 이룬 신자들은 자기들이 "그의 안에 있는"(ἐν αὐτῷ ἐσμεν) 줄을 알 수 있다. "그의 안에"(ἐν αὐτῷ) 있는 것과 거하는 것에 관한 요한의 개념은, 그리스도 안에 있는 것에 관한 바울의 근본 개념(예를 들어, 롬 8:1; 고전 1:30; 15:18, 22; 고후 1:21; 5:17; 12:19; 갈 3:26; 5:6; 엡 1:13; 빌 1:1; 4:21; 살전 4:16)과 비교할 수 있다. 스몰리는 이에 대해 다음과 같이 지적한다. "저자가 여기서 '그의 안에 있는 것'에 관해 말할 때 예수님에 대한 언급이 완전히 배제되었다고 결론지을 수 없다. 사실 요한은 하나님이 그리스도 예수 안에서 자기 자신을 알려주셨기 때문에 우리가 어떻게 하나님 '안에' 있는 줄을 확신할 수 있는지를 묻는다."[36]

이 헬라어 구문은 간접 화법의 부정사 구문이다.[37] 영어에서 비슷한 사례를 들면, 누군가가 "나는 그녀를 안다"(I know her)라고 말한 것을 제삼자에게 전할 때는 "그녀는 그녀를 안다고 말했다"[She claimed to know her(영어 부정사 용법을 사용함)]라고 표현할 수 있다. 이와 비슷한 6절의 헬라어 구문은 누군가가 "나는 하나님/그리스도 안에 산다(거한다)"라고 말할 수 있다는 뜻이다. 여기서 동사 '…할지니라'(ought, ὀφείλει)의 주어는 표현 전체, 곧 "'나는 그의 안에 거한다'고 말하는 자"다. 여기서 요한이 말하는 것은 말한 대로 걷는(사는) 것이다. 만약 어떤 사람이 하나님 안에 거한다고 말한다면, 그는 또

---

33. Kruse, *Letters of John*, 80–81.
34. Culy, *I, II, III John*, 29.
35. Brown, *Epistles of John*, 258.
36. Smalley, *1, 2, 3 John*, 51.
37. Wallace, *Greek Grammar*, 603.

한 "그"(ἐκεῖνος)가 걸어가신 대로 걸어가야 한다. 여기서 "그"는 예수님을 암시한다(예를 들어, 요 1:18; 2:21; 5:11, 19, 요한 문헌의 특징 가운데 하나는 요한이 인칭 대명사 대신 지시 대명사를 자주 사용한다는 것과 요한이 지시 대명사를 사용하여 매번은 아니지만 종종 하나님이나 예수님을 가리킨다는 것이다).

"거하다"(μένω)는 동사는 요한이 무척 즐겨 사용하는 말이다. 이 동사가 신약성경에 나오는 모든 사례 가운데 55퍼센트 이상이 요한복음과 요한 서신에서 발견된다. 요한복음과 요한 서신에서 이 동사는 67번 등장하는데, 그중 21번이 요한 서신에서 신자가 하나님이나 그리스도 안에 살거나 거하는 것과 관련하여 사용된다(예를 들어, 요일 2:6, 10, 14, 17, 19, 24, 27, 28; 3:6, 9, 24; 4:15; 요이 1:9). 거하거나 머무르는 것에 관한 개념은 요한의 사상에서 중요한 신학적 주제다. 요한복음을 보면, 신자는 그리스도 안에 거하고 그리스도는 신자 안에 거하는 상호 내주가 요한복음 15장에서 예수님의 포도나무와 가지의 비유로 아름답게 묘사된다. 요한 서신에서는 그것이 신자 안에 성령이 거하시는 것을 가리킨다(요일 3:24; 4:13). 그리하여 신자는 성령을 통해 그리스도의 복음을 계속 믿고(요일 4:15; 요이 1:9), 서로 사랑하는 행위를 통해 하나님을 향한 사랑을 표현한다(요일 3:6; 4:12). 그의 안에 거하지 못할 가능성도 언급된다(요일 3:6, 9; 요이 1:9). 사실 독자가 그리스도 안에 계시된 대로 하나님 안에 거하기를 바라는 목회적인 관심이 요한이 요한 서신을 쓴 주요 동기였을 것이다.

이 관념의 배경은 하나님에 관한 새 지식을 포함하는 새 언약 관계에 대한 약속(렘 31:33; 겔 36:26, 27)과 신자를 변화시키는 성령의 내주하심(참고. 요 14:16-17)에 대한 약속에서 발견될 것이다. 새 언약은 제사를 드리거나 율법의 요청을 수행하는 것이 아니라, 마음이 변화되어 하나님께 진실하고 신실하게 동조하고 하나님을 따르는 것이 특징인 하나님과의 관계를 함축한다.

하나님과 기독교 신자의 상호 내주 개념은 구약 시대에 하나님이 자기 백성과 함께 계신 개념과는 분명한 차이가 있다. 구약 시대의 하나님의 임재는 성막이나 성전을 통해 이루어진다(출 17:7; 신 31:16-17; 대하 6:18). 구약 시대에는 특수한 구속 행위를 위하여 하나님의 영이 백성에게 임하여 그들을 준비시키지만, 그들 안에 내주하시는 것은 아니었다(민 11:25; 24:2; 삿 3:10; 6:34; 11:29; 14:6, 19; 15:14; 삼상 10:10; 11:6; 16:13; 18:10; 19:23; 대하 15:1; 20:14). 하나님이 신자 안에 거하고 신자가 하나님 안에 거하는 상호 내주는 어떤 신비적 경험을 가리키는 것이 아니다. 신자가 하나님의 특징인 영생에 참여한다는 사실을 가리킨다(요일 1:2). 그러므로 그리스도인은 세상에서 살 때 자신이 받은 영생의 특징을 보여주어야 한다.

아버지와 아들 안에서 이루어지는 그리스도인의 지속적 생활과 사랑 그리고 신자 안에서 이루어지는 아버지와 아들의 지속적 임재와 사랑에 관한 이 개념은, "그리스도인과 하나님의 관계가 일련의 만남이 아니라 거듭남과 함께 시작되는 안정적이고 지속적인 삶의 방식"이라는 사실을 전한다(요 1:13; 3:3; 요일 2:29; 3:9; 4:7; 5:1, 4, 18).[38] 그리고 하나님과 함께하는 안정적이고 지속적인 이 삶의 방식은 가시적으로 드러나는 생명력이 특징이다. 이것은 가시적인 포도 열매가 포도나무에 생명력이 있다는 증거인 것과 같다(요 15장). 이 새롭고 활력이 넘치는 생명으로 말미암아 사랑 및 성령과 같은 다른 실재도 신자 안에 거한다.

하나님으로부터 난 이 활력이 넘치는 새로운 생명 때문에 그의 안에 거하거나 산다고 말하는 사람은 예수님이 걸어가신 대로 "걸어야"(즉, 살아야) 한다. 그렇다면

---

[38]. Brown, *Epistles of John*, 260.

예수님이 사신 대로 산다는 말은 특별히 무슨 뜻일까? 1960년대에 일어난 '예수 운동'은 머리를 길게 기르고 샌들을 신는 것이 예수님이 사신 대로 사는 것으로 믿은 듯하다. 그러나 그 운동에 참여한 '예수의 사람들'조차도 예수님이 사신 대로 사는 것은 사람이 만들어내는 유행과 문화의 요소들을 크게 뛰어넘는다는 점을 인정했다.

예수님의 대속의 죽음에 기반을 둔 이 새 생명은 "온 세상"을 위한 것이다(2:2). 따라서 이것은 문화를 초월하는 것이 틀림없다. 예수님의 피는 죄를 깨끗하게 해준다. 그런데 하나님을 사랑하는 것은 하나님이 계시하신 뜻에 순종하는 것을 의미한다. 예수님께 순종은 십자가에서 죽으시는 공포를 겪으셔야 했음을 의미했지만, 그분은 이 순종을 온전히 이루셨다. 예수님은 죄가 없으셨다. 예수님이 하나님의 뜻에 순종하고 십자가로 갈 것인지 아니면 그것을 포기할 것인지를 두고 겟세마네 동산에서 벌인 싸움에서 승리하셨기 때문이다. 예수님이 그 싸움에서 승리하신 것은 그분이 하나님께 순종하는 일에 온전히 헌신하셨기 때문이다. 이 헌신은 다른 사람들을 향한 사랑에 동기를 자극받은 것이었다. "그"가 걸어가신(행하신) 대로 걸어가는(행하는) 것은 단호하게 하나님께 순종하며 사는 것을 의미한다. 그리고 이 삶은 하나님과 다른 사람들을 사랑하는 것으로 이루어진다.

적용에서의 신학

1. 우리는 하나님이 필요하다

하나님은 인간적 경험의 불가피한 한 대상이다. 비록 아주 다양한 이름으로 불리고 매우 다채로운 형태로 개념화되기는 해도, 모든 문화 속에는 어느 정도 신격(神格) 개념이 존재한다. 심지어는 무신론자도 단순히 하나님 개념은 결코 없다는 세상에서 사는 것이 아니라, 하나님의 현존을 거부하기 위해 의식적인 입장을 취해야 한다. 그러나 그렇다고 해도 모든 신격 개념이 사실일 수는 없다. 모든 인간은 하나님이 누구신지 그리고 하나님과 어떻게 관계를 갖는지에 관한 진리를 알아야 한다. 어떤 사람에게는 다른 사실들에 관한 지식, 곧 차를 운전하는 법, 수표징을 결산하는 법, 친구를 만드는 법, 직장에서 일을 잘하는 법이 더 중요하거나 절실해 보일 수 있다. 하지만 하나님을 아는 것이야말로 인간의 지식 가운데 가장 본질적인 지식이다. 왜냐하면 각 사람이 궁극적으로 그리고 불가피하게 맞이해야 할 종말에는, 우리를 창조하신 하나님을 아는 것 그리고 우리 각자가 사귐을 갖거나 혹은 심판을 받기 위해 앞으로 나아가야 할 하나님을 아는 것보다 중요한 일은 결단코 없기 때문이다. 하나님은 우리가 그분을 알기 원하신다. 그래서 하나님은 인간 역사 전체에 걸쳐 자신을 계시하셨으며, 최종적으로 그리고 가장 완전하게는 우리가 예수 그리스도로 알고 있는 인간으로 오신 성육신 속에 자신을 계시하셨다.

2. 죄는 하나님과의 관계를 가로막는다

사도적 권위를 지닌 저자는 요한일서 본론 첫 부분(1:5-10)에서 예수님까지 소급시켜 인간적 형태로 계시된 하나님에 관한 지식의 기본 원리를 확립한다. 즉, 저자는 우리의 삶 속에서 죄를 물리치지 않으면 하나님이 알려질 수 없기 때문에, 죄를 물리치지 않는 한 우리는 하나님을 알 수 없다고 역설한다. 우리의 죄가 처리되지 않으면 우리는 하나님에 관해 알 수 없다(심지어는 하나님에 관해 가르치거나 전할 수 없다). 또한 우리의 죄를 인정하고 그리스도의 피로 깨끗하게 되는 하나님의 용서를 받지 않으면 하나님과 사귈 수 없다. 리우가 지적하는 것처럼, "죄가 없다고 말하는 것은 오만한 자기 의의 문제가 아니라 하나님의 참된 본성을 오해하는 문제다."[39]

따라서 2:1-6에서 요한은 이 일반 원리를 당시 독자에게 더 구체적으로 적용한다. 요한은 한편으로 자기는 죄가 없다고 말하는 것이 그 자체로 죄라고 말하지만, 다른 한편으로 죄를 범하지 않는 것이 중요하다고 가르친다. 다시 말하면, 우리가 짓는 죄의 실존적 현실 때문에 우리가 죄를 지어도 되는 허가증을 받게 되는 것은 아니다. 왜냐하면 하나님은 자신의 피조물이 그분께 또는 피조물이 서로 죄를 범하지 않기를 바라신다는 점을 계시하셨기 때문이다.

요한은 죄에 대한 적절한 태도가 죄를 범하지 않고 피하는 것이라고 가르친다. 그러나 우리는 고의든 과실이든 작위나 부작위의 죄를 범할 때 예수님이 그 죄를 가져가실 수 있고, 그때 예수님이 우리의 대언자로서 하나님 앞에서 우리를 위해 자신의 피로 변론하신다. 그 기초에 따라 하나님은 우리를 죄에서 깨끗하게 하실 것이다(1:9에 대한 주석을 보라).

또한 요한은 죄의 보편적 현실과 예수님이 이루신 속죄의 보편적 범주도 가르친다. 그리스도는 "우리" 죄를 위해서뿐만 아니라 "온 세상"의 죄를 위해서도 죽으셨다. 이 중요한 요점은 오늘날 다원주의 사회에서 그리스도인들이 타 종교와 어떻게 관계를 맺는지와 관련된다. 기독교에는 세계의 다른 큰 종교들과 공유하는 윤리와 실천 요소가 많이 있다. 만약 예수님이 단순히 인간이실 뿐 그 외에 다른 존재가 아니라면, 예수님의 교훈은 다른 위대한 선생과 철학자들의 교훈과 똑같은 것에 불과했을 것이다. 그리고 때때로 기독교 교회가 다른 종교들과 공통 주장에 따라 연합하는 것이 올바르고 선한 일이 될 수도 있다. 그러나 그 연합은 하나님을 아는 길에 동등하지만 다른 많은 길이 있다는 것을 지지하는 태도에 따라 이루어져서는 안 된다.

---

39. Lieu, *I, II, & III John*, 57.

3. 일신론은 잘못 이해되었다

세계 3대 종교(유대교, 기독교, 이슬람교)가 공통으로 가진 일신론에 대한 오해 때문에, 어떤 이는 혼란에 빠져 모두가 같은 하나님을, 다만 다른 이름이나 실천에 따라 경배한다고 생각한다. 이런 사상은 신약성경이 가르치는 것과 정면으로 배치된다. 로마인들은 그리스를 정복했을 때 그리스 문화를 파괴하지 않고 대체로 그리스 문화를 자신의 문화와 통합했다. 이것은 로마인들이 종교 체계에 따라 같은 신이나 여신이 다른 두 이름으로 알려졌다고 보고 만신 개념과 조화시킨 것을 의미했다. 예를 들어, 로마의 여신 디아나는 그리스 여신 아르테미스와 동일시되었고 그들의 다른 역할이 서로 합해졌다.

그러나 사도 바울이 그리스-로마 세계에 하나님이 사람이 되셨다는 복음을 전하려고 갔을 때 "너희 로마인들은 하나님을 주피터로 부르고 너희 그리스인들은 하나님을 제우스로 부르지만, 우리는 하나님을 여호와로 부른다"라고 말하지 않았다는 점을 주목하라. 바울이 오직 한 하나님이 계시다는 것을 알고 있었을지라도, 하나님을 제우스나 주피터와 동일시했다면 그것은 이교 문화 관념과 하나님이 자신에 관해 계시하신 사상을 혼합하는 일이 되고 말았을 것이다. 대신 바울은 이렇게 말한다. "여러분에게 복음을 전하는 것은 이런 헛된 일을 버리고 천지와 바다와 그 가운데 만물을 지으시고 살아 계신 하나님께로 돌아오게 함이라"(행 14:15). 이것은 하나님이 사람들이 예수 그리스도의 구원하는 참된 지식을 갖고 그분께 나아오도록 다양한 문화에서 나온 종교적 경험을 사용하지 않으신다는 말이 아니다. 그러나 그리스도가 없으면 종교적 경험은 하나님이 자신에 관해 계시하신 대로 하나님을 참으로 아는 데 불충분하다.

4. 우리는 자신의 진리를 만들어내지 못한다

종교적 믿음을 사유화하고 개인화하게 되면, 사람들은 자신의 종교적 진리를 스스로 취사선택할 자격이 있다고 믿을 수 있다. 그러나 요한은 예수님이 우리 죄를 위해서뿐만 아니라 온 세상의 죄를 위해서도 대속하셨다고 진술할 때(2:2), 예수님이 유대인이나 무슬림이나 무신론자에게는 진리가 아니고 오직 그리스도인에게만 진리가 되신다는 주장을 배제한다. 점차 다원주의가 기승을 부리는 세상에서 예수 그리스도의 복음의 배타적 메시지의 보편적 범주를 견지하는 것은 미래에 교회가 맞닥뜨릴 가장 힘든 도전 중 하나가 될 것이다.

5. 순종은 율법주의가 아니다

요한은 죄를 올바르게 처리하는 것이 하나님을 아는 것의 필수 요소라는 기본 원리로부터 순종의 필요성으로 시선을 옮긴다. 요한은 2:3-6에서 하나님을 아는 것은 그분이 우리가 해야 한다고 말씀하시는 대로 사는 것을 의미한다는 사실을 명시한다. 이와 다르게 생각하는 것은 하나님이 누구신지 모르는 것이고, 우리의 삶에 대해 하나님이 갖고 계시는 권리를 인정하지 않는 것이기 때문이다. 앞에서 2:3에 관해 설명한 것처럼, 하나님의 '명령'은 행할 것과 행하지 말아야 할 것의 목록을 가리키는 것이 아니다. 하나님이 그리스도인에게 "그 아들 예수 그리스도의 이름을 믿고…서로 사랑할 것이니라 그의 계명(명령)을 지키는 자는 주(하나님) 안에 거하고 주는 그의 안에 거하시나니"라고 명하는 3:23-24에 비추어 이해되어야 한다. 따라서 순종은 율법주의가 아니라 우리가 하나님 안에서 살고 하나님이 우리 안에서 사는 것을 의미한다.

하나님의 사랑은, 그분이 원래 지으신 대로 올바르게 사는 존재로 우리를 회복시키려는 목표에 따라 그리스도의 십자가 안에서 부패한 피조물 전체에 미친다. 하나님의 사랑은 우리가 그리스도를 믿는 믿음으로 나아가서 서로 사랑하는 법을 배울 때 목표를 달성한다. 비록 요한이 다른 곳에서 거듭남의 필요성을 강조한다고 하더라도(요 3:3), 서로 사랑하는 일은 일회적 사건이 아니다. 나아가 요한이 거듭남을 언급할 때 완료 시제를 사용하는 것은 그리스도인이 과거의 어느 날 거듭났다는 점을 가정한다. 또한 그 사실은 현재와 한평생 지속적인 의미가 있다는 사실을 암시한다(요일 2:29; 3:9; 4:7; 5:1, 4, 18).

그리스도인들은 날마다 그들이 행하거나 말하는 모든 일 속에서 그리스도를 믿는 믿음을 따라 살기로 해야 한다. 모든 말과 행동은 서로를 향한 사랑을 표현하거나 그러지 않을 기회가 된다. 따라서 기독교는, 비록 믿음에 관한 진술이 우리 자신을 성경적 진리에 일치시키는 중요한 부분이기는 해도, 단순히 올바른 교리에 지성적으로 동의하는 문제가 아니다. 만약 우리가 거듭났고 그리스도 안에서 하나님을 안다고 말한다면, 하나님이 계시하신 뜻에 따라 살아야 한다. 그러지 않으면 자신을 거짓말하는 자로 만들고 말 것이다. 만약 우리가 예수 그리스도를 따르는 자라고 말한다면, 날마다 우리의 삶에서 하나님께 철저히 순종함으로써 예수님이 사신 대로 살아야 한다.

요한일서 2:7-11

문학적 전후 문맥

이 단락에서는 2:15에서 시작되는 권면 부분에 들어가기 위해 전환이 일어난다. 즉, 보다 일반적 의미인 "우리"와 "[말]하는 자"로부터 직접적이고 개인적인 2인칭 주어("너희")로 바뀐다. 하지만 내용은 여전히 직설법이다(7-8절). 이전 본문(2:3-6)은 하나님을 향한 사랑이라는 문제를 다루었다. 이 단원은 다른 사람들을 향한 사랑으로 내용이 바뀐다. 이 단락은 12-14절에 나오는 고도로 조직화된 수사적 내용에 대한 서언 역할을 한다.

> III. 죄를 다룸(2:1-6)
> ➤ IV. 사랑, 빛, 어둠(2:7-11)
>   A. 요한의 교훈과 예수님의 교훈의 연속성(2:7-8)
>   B. 빛과 어둠의 이원성에 대비되는 사랑과 미움의 관계(2:9-11)
> V. 자녀들, 아비들, 청년들(2:12-14)

주요 개념

요한은 빛과 어둠이라는 이원성 구조를 확대하여 그 범주에 사랑과 미움의 개념을 포함한다. 그는 중립 지대를 남겨놓지 않는 개념적 영역을 계속 구축할 것이다. 다른 사람들을 적극적으로 사랑하는 사람은 빛 가운데 살고, 예수 그리스도 안에서 계시된 하나님의 뜻에 반하는 행위나 결정으로 다른 사람들을 이끄는 일을 절대로 하지 않는다.

번역

요한일서 2:7-11

7a	호칭	사랑하는 자들아
b	단언	내가 새 계명을 너희에게 쓰는 것이 아니라
c	묘사	너희가 처음부터 가진
d	대조	옛 계명이니
e	단언	이 옛 계명은 너희가 들은 바 말씀이거니와
8a	양보	다시 내가 너희에게 새 계명을 쓰노니
b	확대	그에게와 너희에게도 참된 것이라
c	기초	이는 어둠이 지나가고
d	대조	참빛이 벌써 비침이니라
9a	단언	빛 가운데 있다 하면서
b	확대	그 형제를 미워하는 자는
c	단언	지금까지 어둠에 있는 자요
10a	단언	그의 형제를 사랑하는 자는 빛 가운데 거하여
b	단언	자기 속에 거리낌이 없으나
11a	단언	그의 형제를 미워하는 자는 어둠에 있고
b	연속	또 어둠에 행하며
c	연속	갈 곳을 알지 못하나니
d	원인	이는 그 어둠이 그의 눈을 멀게 하였음이라

구조

이 단락은 더 큰 담화인 2:1-17의 한 부분이다. 이 단락은 호격 "사랑하는 자들아"(ἀγαπητοί)라는 말로 시작한다. 이것은 저자가 편지의 수신자에게 서로 사랑하라고 권면하면서 그들에 대한 자신의 사랑을 표현하는 말이다. 7절은 독자가 이미 들었던 옛 명령과의 연속성을 주장하고, 저자가 설명하기 원하는 옛 명령의 새 국면을 소개하는 8절과 대조를 이룬다. 9-11절은 1:5에서 "하나님은 빛이시라"는 진술과 함께 소개된 빛과 어둠의 이원성을 확대하여 빛과 어둠의 관계에 비추어 사랑과 미움 또는 무관심 간의 대립을 정의한다.

석의적 개요

→ **IV. 사랑, 빛, 어둠**(2:7–11)

    A. 요한의 교훈과 예수님의 교훈 사이의 연속성(2:7–8)

        1. 요한은 독자에게 자신이 그들을 사랑한다는 사실을 상기시킨다(2:7a)

        2. 요한은 새 명령이 아니라 독자가 "처음부터" 가진 명령을 제시한다(2:7b)

        3. 그러나 참 빛이신 그리스도가 세상의 어둠 속에 오신 것은 그 명령에 새로운 의미를 부여하는 기념비적인 사건이다(2:8)

    B. 빛과 어둠의 이원성에 대비되는 사랑과 미움의 관계(2:9–11)

        1. 동료 신자를 미워하면서 빛 가운데 걷는 것은 불가능하다(2:9)

        2. 동료 신자를 향한 사랑은 그가 빛 가운데 거하는 것을 증명한다(2:10)

        3. 동료 신자를 미워하는 자의 실상(2:11)

본문 설명

요일 2:7 사랑하는 자들아 내가 새 계명을 너희에게 쓰는 것이 아니라 너희가 처음부터 가진 옛 계명이니 이 옛 계명은 너희가 들은 바 말씀이거니와(Ἀγαπητοί, οὐκ ἐντολὴν καινὴν γράφω ὑμῖν ἀλλ' ἐντολὴν παλαιὰν ἣν εἴχετε ἀπ' ἀρχῆς· ἡ ἐντολὴ ἡ παλαιά ἐστιν ὁ λόγος ὃν ἠκούσατε). 호격 "사랑하는 자들아"(ἀγαπητοί)라는 말로 그리스도인의 도덕적 삶의 과거 전통과의 연속성 및 불연속성을 설명하는 새 단원이 시작된다. 저자는 독자에게 예수님의 명령에 순종하기 위하여 서로 사랑해야 한다고 권면하는 문맥에서 독자를 향한 자신의 사랑을 표현한다.

현대의 영어 성경들이 이 말(ἀγαπητοί)을 dear friends('친애하는 친구들아')라고 번역하는 것은 옳다. 왜냐하면 오늘날 영어 단어 beloved("사랑하는")는 독자를 혼란시킬 수 있는 의미를 내포하기 때문이다(개역개정은 이 말을 "사랑하는 자들아"로 번역했다. 저자는 이 말을 dear friends로 번역했지만, 이 책에서는 개역개정을 따라 "사랑하는 자들아"로 표기했다-역주). 그러나 우리는 이 호격의 사용이 요한일서 전체에 걸쳐 주요 주제인 사랑과 연계되어 있음을 잊어서는 안 된다. 저자는 요한일서에서 '아가페토이'(ἀγαπητοί)라는 말을 여러 번에 걸쳐 사용한다. 이 단어는 보통 하나님의 사랑이 서로 적극적으로 사랑하는 것을 통해 표현되는 것을 설명하는 문맥에서 사용된다. 10절(그 구절에 대한 주석을 보라)에 비추어 보면, 저자가 독자를 사랑한다는 것은 저자의 교훈에 독자를 실족시키거나 나쁜 길로 이끄는 것이 조금도 들어 있지 않다는 점을 함축한다.

저자는 독자에게 자신이 방금 쓴 말, 즉 하나님을 아는 자는 그분의 명령을 지키고, 하나님 안에 거하는 자는 예수님이 하시는 대로 행해야 할 것이라는 말이 새롭고 생소한 관념이 아니라 옛 명령이라는 사실을 상기시킨다. 하나님을 향한 사랑과 그분이 내리신 명령에 대한 순종이 다른 사람들을 향한 사랑으로 표현된다는 개념은 옛 언약에서도 중심 요소였다. 그리고 요한이 옛 명령을 "말씀", 곧 메시지(λόγος)로 정의하는 것은 "열 가지 말씀"(the ten words, 출 34:28; 신 10:4), 곧 우리가 십계명(the Ten Commandments)으로 알고 있는 것을 암시할 것이다. 옛 언약의 핵심은 하나님에 대한 사랑과 다른 사람들에 대한 사랑이다.

"너는 마음을 다하고 뜻을 다하고 힘을 다하여 네 하나님 여호와를 사랑하라"(신 6:5).
"원수를 갚지 말며 동포를 원망하지 말며 네 이웃 사랑하기를 네 자신과 같이 사랑하라 나는 여호와이니라"(레 19:18, 강조체 저자).

사실 예수님의 모든 교훈은 옛 언약을 요약하는 다음의 진술을 중심에 둔다.

"네 마음을 다하고 목숨을 다하고 뜻을 다하여 주 너의 하나님을 사랑하라 하셨으니 이것이 크고 첫째 되는 계명이요 둘째도 그와 같으니 네 이웃을 네 자신같이 사랑하라 하셨으니 이 두 계명이 온 율법과 선지자의 강령이니라"(마 22:37-40).

요한은 2:3-6에서 첫 번째로 가장 큰 계명인 주 하나님을 향한 사랑이 어떻게 표현되는지를 제시한다. 한편 2:7-11에서는 두 번째로 큰 계명인 다른 사람들을 향한 사랑을 제시한다. 처음에는 사랑이 하나님에게서 신자에게 흐르고, 그다음에는 신자가 다른 사람들을 사랑함으로써 사랑을 하나님께 되돌리는 순환이 있다.

예수님의 교훈에서와 같이 구약성경에서도 사랑의 명령이 중심적 위치를 차지한다는 사실을 인정하면, 요한의 독자가 "처음부터"(ἀπ᾽ ἀρχῆς) 이 명령을 가졌다는 것이 무슨 뜻인지 이해하는 데 도움이 된다. 여기서 요한이 말하고자 하는 요점은 그 명령이, 당연히 그들이 그리스도인의 삶을 시작할 때 복음 메시지를 처음 깨달은 것을 일차적으로 가리키기는 하지만, 예수님까지 거슬러 올라간다는 것이다. 그다음에는 하나님이 고대 이스라엘에 계시하신 언약까지 더 거슬러 올라간다는 것이다. 요한의 사도적 교훈은 새롭고 신기한 것이 결코 아니다. 그것은 하나님이 줄곧 말씀하신 것의 정점이고 그 말씀과 일치된다.

요일 2:8 다시 내가 너희에게 새 계명을 쓰노니 그에게와 너희에게도 참된 것이라 이는 어둠이 지나가고 참빛이 벌써 비침이니라(πάλιν ἐντολὴν καινὴν γράφω ὑμῖν, ὅ ἐστιν ἀληθὲς ἐν αὐτῷ καὶ ἐν ὑμῖν, ὅτι ἡ σκοτία παράγεται καὶ τὸ φῶς τὸ ἀληθινὸν ἤδη φαίνει). 요한은 여기서 예수님이 오신 이후로 심지어 옛 언약도 새로운 어떤 것으로 바뀐다는 요점을 제시한다. 한편으로 요한은 사랑의 명령이 하나님이 이전에 계시하신 것과 연속성이 있다는 점을 강조한다. 하지만 다른 한편으로 요한은 예수님이 오심으로써 이제 빛이 비치고 있기 때문에 사랑의 명령이 적용되어야 하는 상황이 확실히 새롭다는 점도 강조한다. 구속사가 이처럼 옛 언약에서 새 언약으로 바뀌었기 때문에 이 사도적 교훈을 새것으로 부르는 것이 정당화된다.

"그에게와 너희에게도 참된 것"(ὅ ἐστιν ἀληθὲς ἐν αὐτῷ καὶ ἐν ὑμῖν)이라는 관계절은 난해하다. 왜냐하면 중성 관계 대명사 "것"(ὅ)이 예상되지 않는 말이기 때문이다. 이 대명사는 문법적으로 예상된 선행사인 여성 명사 "명령"(ἐντολήν)과 일치하지 않는다. 이런 파격적인 문법은 매우 조심스럽게 파악해야 한다. 스몰리는 이에 대해 다음과 같이 말한다.

여기서 암시하는 것은 단순히 율법 자체가 아니라, 더 폭넓게는 사랑의 법이 띠는 새로움(새로운 특질)과 이 법이 그리스도와 신자 안에서 실현되는 것이다… 저자가 율법의 진리나 율법의 '실현'이 아니라 오로지 율법만을 언급하려 의도했다면, 추측건대 여성 관계 대명사가 필요했을 것이다.[1]

앤드류 퍼슨(Andrew Persson)도 이 중성 관계 대명사를 새로움을 강조하는 이전 진술을 가리키는 것으로 본다. 퍼슨은 본문을 이렇게 의역한다. "내가 주장하는 것은, 이 명령이 새로운 것이고 너희가 나의 주장이 그에게와 너희에게 모두 참되다는 점을 알 수 있다는 것이다."[2]

이 해석은 또한 전치사구 "그에게"(ἐν αὐτῷ)라는 말을 그리스도를 가리키는 것으로 보고, 이 대명사를 같은 중성 형태가 아니라 남성 형태를 가리키는 것으로 해석한다[반면 쿨리는 "이 주장(내가 너희에게 새 명령으로 쓰는)은 그것 자체로 그리고 너희와 관련해서도 참되다"로 번역한다].[3] 그리고 여기서 주어진 기초, 곧 "이는 어둠이 지나가고 참 빛이 벌써 비침이니라"는 말은 세상의 빛이신 예수님을 가리킨다(요 1:9; 8:12; 9:5). 하나님은 빛이시고(요일 1:5) 예수님의 인격으로 세상에 오셨다. 시대를 변화시키는 이 사건은 요한이 새 명령으로 말할 수 있을 정도로 옛 명령에 새로운 의미를 부여한다.

예수님이 세상에 가져다주신 빛은 그분 안에서뿐만 아니라 빛 가운데 걷는 "너희 안에서도"(ἐν ὑμῖν) 비친다. 사람들이 그리스도를 믿는 믿음으로 나아와 세상에서 하나님의 사랑을 따라 살아갈 때 어둠은 그만큼 사라지기 마련이다. 하나님이 역사를 최후의 정점으로 이끌고 가실 때, 어둠이나 그것에 관련된 모든 것은 사라진다. 그 빛은 단순히 종말론적 미래에 약속된 무언가가 아니라, "벌써"(ἤδη) 와서 여기서 비치고 있다. 그리고 요한의 독자가 자기들 그 빛과 일치시켜야 하는 것은 그 빛이 "참 빛"(τὸ φῶς τὸ ἀληθινόν)이기 때문이다. 그리스도 안에 중심을 두지 않은 빛은 다 거짓이고, 하나님이 서 하시는 참 빛이 아니다(1:5).

요일 2:9 빛 가운데 있다 하면서 그 형제를 미워하는 자는 지금까지 어둠에 있는 자요(ὁ λέγων ἐν τῷ φωτὶ εἶναι καὶ τὸν ἀδελφὸν αὐτοῦ μισῶν ἐν τῇ σκοτίᾳ ἐστὶν ἕως ἄρτι). 철저히 대립하고 절대로 혼합되지 않는 범주들을 정의하고 분리하는 개념적 이원론을 제시하는 데 빛과 어둠의 유비보다 더 좋은 것은 없다. 여기서 요한은 빛과 어둠의 날카로운 양극성을 사랑과 그와 반대되는 미움의 도덕적 두 범주에 적용한다.

요한은 여기서 또다시 "…[말]하는 자"를 언급한다. 실제로 그렇게 말하는 자가 있을 수도 있지만, 이것은 독자에게 그런 것은 아예 생각조차 하지 말라고 경고하는 순전히 가설적인 상황일 것이다. 남을 미워하는 것은 빛에 속하는 일이 아니다. 그러므로 미워하는 자는 그가 무엇을 주장하든 하나님께 속한 자가 아니다. 이 요점은 하나님의 이름으로 행해진 악이 목적을 위한 적합한 수단이라고 착각하는 사람이 명심해야 한다. 마셜은 이렇게 지적한다. "요한이 다음과 같이 쓰지 않는 것은 주목할 만하다. '형제를 사랑한다고 말하는 자는 누구나 실제로 빛 가운데 사는 자다.' 요한은 실재와 대응을 이룰 수 없는 말보다 행동에 관심이 있다."[4]

사랑하라는 요한의 명령은 그 경계를 얼마나 좁게 설정하는가? 요한은 독자에게 그저 다른 그리스도인만을 사랑하기를 바라는가? 신약성경 저자들은 일관되게 헬라어 단어 '아델포스'(ἀδελφός)를 남녀를 불문한 동료 신자들을 가리키는 의미로 사용한다. 요한도 요한일서에서 그리스도인들 사이의 관계에 초점을 맞추어 이 말을 동료 신자들을 가리키는 의미로 사용한다. 그렇다고 해도 여기서 요한이 말하는 요점은 네 이웃(πλησίον)을 네 자신과 같이 사랑하라(마 22:39)는 또는 너희 원수를 사랑하라(마 5:44; 눅 6:27, 35)는 예수님의 교훈과 모순되지 않는다. 요한일서의 목적에 대한 요한의 초점은 기독교 공동체 안의 다른 사람들에 대하여 복음이 윤리적

---

1. Smalley, *1, 2, 3 John*, 56 – 57.
2. Andrew Persson, "Some Exegetical Problems in 1 John," *Notes on Translation* 4, no. 4 (1990): 19.
3. Culy, *I, II, III John*, 31, 33.
4. Marshall, *Epistles of John*, 132.

으로 요청하는 것에 있다.[5] 신자들 간의 관계가 요한의 주요 관심사였던 교회에서 연합이 파괴된 후 이 서신이 쓰인 것을 보면, 사랑하라는 명령의 좁은 경계는 이런 급박한 상황에서 비롯된 것이다.

요한은 여기서 미움을 정의하지는 않는다. 그 정의가 너무 자명하기 때문인 것으로 보인다. 하지만 이 이원성은 적극적으로 사랑하지 않는 것이 곧 미워하는 것이라는 사실을 암시한다. 나중에 요한은 다른 사람들의 필요를 무시하는 태도를 언급한다. 그것은 무관심도 사랑하지 못하는 것의 한 사례라는 점 암시한다(3:17). 이것은 다른 사람들을 향한 감정에 대한 말이 아니라 다른 사람들을 향한 태도와 행위에 대한 말이다. 요한은 동료 신자를 미워하는 자는 누구든 그가 무엇을 말하든 간에 어둠 속에 있고, 그러므로 하나님께 속해 있지 않다는 점을 강조한다. 다시 말해, 상호 인격 관계의 질이 말보다 더 큰 소리를 낸다는 것이다.

요일 2:10 그의 형제를 사랑하는 자는 빛 가운데 거하여 자기 속에 거리낌이 없으나(ὁ ἀγαπῶν τὸν ἀδελφὸν αὐτοῦ ἐν τῷ φωτὶ μένει καὶ σκάνδαλον ἐν αὐτῷ οὐκ ἔστιν). 빛 가운데 거하는 것은 빛이신 하나님 안에 거하는 것을 의미한다. 요한일서에는 "하나님은 빛이시라"(1:5), "하나님은 사랑이심이라"(4:8)와 같이 하나님에 관해 두 개의 술어 주격 진술이 나타난다. 요한은 이 두 신학적 진술이 함축하는 윤리적이고 도덕적인 요소를 독자의 삶에 적용한다. 빛 가운데 거하는 것은 그리스도 안에서 형제를 사랑할 것을 요청한다. 요한이 2:9에서 미움의 행위를 정의하지 않는 것처럼 여기서도 사랑의 행위를 정의하지 않고, 다만 나중에 구체적인 사례들이 언급된다(예를 들어, 3:11-12, 17-18).

2:10의 두 번째 절, (문자적으로) "자기[그것] 속에 거리낌이 없으나"(καὶ σκάνδαλον ἐν αὐτῷ οὐκ ἔστιν)는 (1) σκάνδαλον을 가장 잘 번역하는 문제, (2) 전치사구 ἐν αὐτῷ에서 대명사(αὐτῷ)의 지시 대상을 정하는 문제와 같은 두 가지 문제가 있다. 문법적으로 볼 때 αὐτῷ라는 말은 중성으로 '(그것) 속에'로 이해되어 이전에 나온 빛을 가리킬 수도 있다. 만약 그 말이 총칭적 의미의 남성이라면('자기 안에'), 앞에 나온 사랑하는 자를 가리킨다. 명사 스칸달론(σκάνδαλον, "거리낌")은 "사람을 적절한 행동 과정이나 믿음 체계와 반대되는 일을 행하도록 이끄는 행위나 상황"을 가리킨다.[6] 여기서 일어나는 질문은 거리낌이 없는 자가 사랑하는 자를 가리키느냐 아니면 사랑을 받는 자를 가리키느냐 하는 것이다. 따라서 이 절은 다음의 둘 중 하나를 의미한다고 이해될 수 있다.

1. 그리스도인을 하나님의 뜻에 반하여 행하도록 거리끼게 만들고 그것을 사랑으로 부르는 것이 빛 속에는 전혀 없다.[7]
2. 자기 자신이나 다른 사람들을 하나님의 계시 된 뜻에 반하여 행하도록 이끄는 것이 빛 가운데 걷는 그리스도인 속에는 전혀 없다.[8]

신약성경 다른 곳에서 '스칸달론'은 다른 사람을 걸려 넘어지게 하는 것을 가리킨다(예를 들어, 마 13:41; 16:23; 18:7; 롬 9:33; 11:9; 고전 1:23). 이 문맥은 다른 사람들을 사랑하라는 명령이다. 그러므로 이 말은 여기서도 같은 의미인 것으로 보인다. 만약 그렇다면, 여기서 요한은 타인을 향한 참된 사랑은 그들 앞에 하나님의 뜻에 반

---

5. 요한 문헌의 분파적 성격에 대한 충분한 설명은 Robert H. Gundry, *Jesus the Word according to John the Sectarian* (Grand Rapids: Eerdmans, 2002), 57-64를 보라.

6. BDAG, s.v. σκάνδαλον.

7. Dodd, *Johannine Epistles*, 34.

8. Burge, *Letters of John*, 102; Kruse, *Letters of John*, 86; Marshall, *Epistles of John*, 132; Smalley, *1, 2, 3, John*, 62; Schuchard, *1-3 John*, 194; Strecker, *Johannine Letters*, 53; Thompson, *1-3 John*, 60-61.

하여 행하도록 이끄는 것을 조금도 두지 않는 것을 의미한다고 말하는 것이다. 그런데 이탈자들은 자기들의 거짓 교훈으로 그렇게 행하지 못했다.

요일 2:11 그의 형제를 미워하는 자는 어둠에 있고 또 어둠에 행하며 갈 곳을 알지 못하나니 이는 그 어둠이 그의 눈을 멀게 하였음이라(ὁ δὲ μισῶν τὸν ἀδελφὸν αὐτοῦ ἐν τῇ σκοτίᾳ ἐστὶν καὶ ἐν τῇ σκοτίᾳ περιπατεῖ, καὶ οὐκ οἶδεν ποῦ ὑπάγει, ὅτι ἡ σκοτία ἐτύφλωσεν τοὺς ὀφθαλμοὺς αὐτοῦ). 다른 사람들을 미워하는 것은 빛이신 하나님과 부합하지 않는 도덕적 어둠 속에 있는 것이다. 요한은 이미 형제를 미워하는 자가, 비록 그가 다른 생각을 하고 있다고 하더라도 어둠 속에 있는 자라고 말했다(9절). 요한은 자신이 빛 가운데 거하는 사실을 증명하는 것은 동료 신자를 사랑하는 것이라고 말했다(10a절). 하나님이 빛이시고(1:5) 사랑이시라면(4:8, 16), 빛 가운데 걷는 것은 다른 사람들을 향한 사랑과 분리될 수 없다.

요한은 사랑을 하나님의 계시된 뜻에 반하여 행하도록 형제를 거리끼게 만드는 일은 아무것도 하지 않는 것으로 정의한다(10b절). 어둠이 빛이 없는 것인 것처럼 미움은 사랑이 없는 것이다. 동료 신자를 미워하는 것은 반드시 그들에게 원한을 갖거나 폭력을 행사한다는 뜻은 아니다. 요한의 사상에서 형제를 미워하는 것은 사랑하지 않는 것이다. 그리고 함축적 의미로 보면, 동료 신자를 죄에 걸려 넘어지게 만드는 행위를 하는 것이다. 요한은 사랑과 미움의 이 양극성을 2상 넷부문에서 거짓 교훈과 관련시킨다. 거짓 교훈이 사랑의 행위가 아닌 것은 아무리 좋은 의도가 있다고 해도, 사람들을 진리와 멀어지도록 잘못된 길로 이끌기 때문이다 (2:26).

사랑하지 않음으로써 미워하는 자는 '어둠 속에 있고', '어둠 속에서 걸으며(행하며)', 어둠이 그들의 눈을 멀게 함으로써 '제 갈 길을 알지 못하는' 자다. 이것은 점진적 진행을 암시한다. 사랑하지 않음으로써 미워하는 자는, 비록 그들이 하나님께 속해 있다고 주장할지라도 이 이원성 개념에서 하나님 편에 속해 있지 않다. 나아가 그들은 하나님에게서 나오지 않은 정신에 따라 동기를 부여받거나 깨달은 판단과 행동을 함으로써 '어둠 속에서 걷는다.' 그들은 어둠이 그들의 눈을 멀게 했기 때문에 이것이 그들을 어디로 끌고 가는지 보지 못한다.

어둠은 중립적이지 않다. 어둠은 영적 및 도덕적 맹목성을 불러일으킨다. 어둠, 곧 빛이 없는 것은 사람의 삶 속에 하나님이 없는 것이다. 여기서 염두에 둔 사람은 깨달아 하나님을 안다고 주장하면서 교회에 나가는 사람일 수도 있다. 그럼에도 불구하고 그들은 영의 눈을 뜨고 어둠의 맹목성을 제거하기 위해 예수님이 필요하다. 이것은 예수님이 육체의 눈이 먼 한 사람의 눈을 뜨게 하시자 그가 "[내가] 한 가지 아는 것은 내가 맹인으로 있다가 지금 보는 그것이니이다"(요 9:25)라고 외친 것과 같다.

적용에서의 신학

1. 빛 가운데 사는 것

요한은 '하나님은 빛이시고'(요일 1:5) 예수님이 어둠으로 뒤덮인 세상 속에 빛으로 오셨기(요 1:5) 때문에, 우리에게 이 이원성에 비추어 우리의 삶을 돌아보라고 도전한다. 만약 우리가 그리스도 안에서 하나님과 사귐이 있다면, 빛 가운데 걷고 진리를 행할 것이다. 즉, 하나님의 계시를 통해 예수 그리스도가 우리의 모든 행위와 판단을 알고 계심을 알 것이다. 빛 가운데 거하는 것은 우리가 직면하는 모든 도전과 시험 앞에서 하나님의 뜻에 의해 계속 동기를 부여받는 것을 의미한다. 우리는 삶의 매순간 하나님의 아들을 믿고, 서로 사랑하라는 하나님의 명령을 지켜야 한다. 이렇게 살아야만 우리는 하나님 안에 거하는 자가 된다.

2. 사랑은 빛 가운데 사는 것이다

여기서 요한은 빛 가운데 있고 다른 사람들을 사랑하는 자는 하나님의 뜻을 저버리도록 다른 사람들을 거리끼게 만드는 일은 결코 행하지 않는다고 가르친다. 얼마나 방대하고 포괄적인 사랑의 관점인가! 사랑은 감정도 아니고, 감상에 치우친 추상적 개념도 아니다. 사랑은 하나님이 우리에게 바라시는 대로 다른 사람들과 함께 사는 것이다. 오늘날에는 아주 많은 사람이 오직 자신만을 위해 살아갈 권리가 있다고 느끼고, 자신의 삶의 방식은 타인과 상관없는 오직 자신만의 것이라고 믿는다. 이러한 사회 속에서 이 메시지는 얼마나 큰 확신을 주는가! 현대 사회는 공통의 선을 위한 삶의 이상을 잃어버리고(참고. 고전 10:24), 그것을 최고가 되기를 바라는 자기중심적인 철학으로 대체해버린 듯하다. 남에게 의를 행하려고 애쓰는 그리스도 중심적인 삶을 따라 사는 것은 점차 반문화적인 태도가 되어가고 있다.

우리는 자신의 본보기와 말과 행위가 주변 사람들에게, 특히 다른 그리스도인들에게 얼마나 큰 영향을 미치는지를 생각하는가? 사도 바울은 이 원리를 음식을 먹는 문제에 적용했다. "음식으로 말미암아 하나님의 사업을 무너지게 하지 말라 만물이 다 깨끗하되 거리낌으로 먹는 사람에게는 악한 것이라"(롬 14:20). "유대인에게나 헬라인에게나 하나님의 교회에나 거치는 자가 되지 말고"(고전 10:32). 누구에게든 그들의 양심에 반하여, 특히 하나님께 순종함에 따라 형성된 양심에 반하여, 어떤 일을 행하도록 자극한다면 그들을 사랑하는 것이 아니다.

우리가 사랑하지 않을 때 죄를 범한다고 요한은 말한다. 비록 다른 사람들에게 베푸는 특수하고 인정할 만한 사랑의 행위가 있을 수 있고 또 있어야 한다고 해도, 요한은 끊임없이 그리고 일관되게 모든 관계와 삶 속에서 사랑으로 행하라고 우리를 도전한다. 우리는 모든 행위 속에서 다른 이를 사랑해야 하고, 다른 이에게 죄를 범하지 말아야 한다. 하나님이 우리에게 행하거나 행하지 않기를 바라시는 바에 따라 다른 사람들과 올바른 관계를 맺어야 한다. 다른 사람들에게 의를 행하는 것으로 그들을 사랑하지 못할 때, 우리는 그들이 하나님과 맺는 관계에 걸림돌이 된다. 우리의 본보기나 말이 다른 사람들이 그리스도 안에서 하나님께 순종하지 못하도록 악영향을 미칠 때 그 순간 우리는 그리스도가 물리치러 오신 어둠에 속하는 자가 되고 만다. 습관적으로 이런 삶을 사는 것은 어둠 속에서 걷는 것이고, 하나님이 없는 삶을 사는 것이다. 그리고 빛은 생명을 유지하는 데 필수적이므로 말과 행위로 하나님의 계시된 뜻에 반하는 삶을 사는 것은 죽음만을 의미한다. 우리가 사랑하지 못할 때, 자신의 성실함과 온전함 또는 하나님과의 사귐이 조금씩 죽어가는 일이 벌어진다.

요한일서 2:12-14

문학적 전후 문맥

이 본문은 정교하게 구성된 수사법에 따라 1:5-2:11에 나온 요한의 근본적인 진술들을 편지의 수신자인 신자 공동체(들)에 구체적으로 적용한다. 요한은 자신의 독자가 영생을 지녔음을 확실히 납득시키기 위한 방법의 일환으로서, 그들에 대한 자신의 신뢰를 확인하는 방식으로 요한일서 전반부에서 언급한 교훈을 요약한다. 요한은 자신이 언급한 진리를 그들이 직접 경험하고 있음을 강조하기 위하여 3인칭으로 제시하던 가설적 본보기(예를 들어, "…라고 [말]하는 자", 2:4, 6, 9)에서 2인칭으로 진술을 확언하는 것[예를 들어, "너희 죄가 사함을 받았음이요"(2:12c), 참조. 13, 14절]으로 바꾼다. 요한의 독자는 그리스도를 믿는 믿음에 따라 살았다. 요한은 이 단락(2:12-14)에서 그것에 대하여 그들을 칭찬한다.

그러나 이어지는 부분의 2인칭 복수 명령(예를 들어, 2:15, "이 세상…을 사랑하지 말라")을 고려하면, 이 단락은 야누스 본문으로 작용하여 이어지는 부분의 권면을 예견하는 역할도 한다.

> III. 죄를 다룸(2:1-6)
> IV. 사랑, 빛, 어둠(2:7-11)
> ➡ V. 자녀들, 아비들, 청년들(2:12-14)
>   A. 자녀들아, 너희 죄가 사함을 받았다(2:12)
>   B. 아비들아, 너희가 태초부터 계신 이를 알았다(2:13a-c)
>   C. 청년들아, 너희가 악한 자를 이기었다(2:13d-f)
>   D. 아이들아, 너희가 아버지를 알았다(2:14a-c)
>   E. 아비들아, 너희가 태초부터 계신 이를 알았다(2:14d-f)
>   F. 청년들아, 너희가 강하다(2:14g-k)
> VI. 세상을 사랑하는 것은 아버지를 사랑하는 것과 반대된다(2:15-17)

요한은 이 단락에서 자신이 앞에서 상세히 설명한 그리스도인의 정체성에 관한 진술을 요약하고, 악한 자를 이기는 것에 관한 주제를 소개한다. 이때 그는 그리스도 안에서 영생의 확신을 갖고 계속 살라는 권면으로 전환한다.

주요 개념

저자는 원독자를 다양한 삶의 단계와 대체로 대응을 이루는 세 범주(자녀들, 아비들, 청년들)에 따라 묘사함으로써, 그들에게 각각 편지를 쓰는 동기를 설명한다. 죄 사함의 고백, 아버지와 아들에 대한 지식, 하나님의 말씀이 내주함, 악한 자에 대한 승리 등은 그리스도인의 삶의 모든 단계에서 빛 가운데 걷는 삶의 필수적인 요소이다. 이 요소들은 구약성경에 예언된 새 언약의 약속들을 인유한다.

번역

요한일서 2:12-14

12a	호칭	자녀들아	
b	단언	**내가 너희에게 쓰는 것은**	
c	내용		너희 죄가…사함을 받았음이요
d	원인		그의 이름으로 말미암아
13a	호칭	아비들아	
b	단언	**내가 너희에게 쓰는 것은**	
c	내용		너희가 태초부터 계신 이를 알았음이요
d	호칭	청년들아	
e	단언	**내가 너희에게 쓰는 것은**	
f	내용		너희가 악한 자를 이기었음이라
14a	호칭	아이들아	
b	단언	**내가 너희에게 쓴 것은**	
c	설명		너희가 아버지를 알았음이요
d	호칭	아비들아	
e	단언	**내가 너희에게 쓴 것은**	
f	설명		너희가 태초부터 계신 이를 알았음이요

g	호칭	청년들아	
h	단언	**내가 너희에게 쓴 것은**	
i	설명		너희가 강하고
j	확대		하나님의 말씀이 너희 안에 거하시며
k	확대		너희가 흉악한 자를 이기었음이라

구조

이 단락은 요한일서 가운데 가장 정교한 수사법에 따라 구성되어 있다. 각 진술은 "내가 쓰는 것은"(γράφω)이라는 형태의 말로 시작된다. 첫 번째 세 진술은 현재 시제로, 두 번째 세 진술은 부정과거 시제(ἔγραψα)로 되어 있다. 여기서 이렇게 시제가 바뀌는 것은 이 부분을 둘로 나누어 수사적 효과를 높이기 위한 것 외에 다른 뜻이 있다고 강조되어서는 안 된다. 이 구분은 "자녀들"(τεκνία, παιδία)이라는 말을 반복해서 사용하는 것으로 강화된다. 그리고 본문은 각각 세 개의 진술로 이루어진 두 '연'으로 나누어져 있다. 두 번째 세 진술은 히브리어 평행법과 비슷한 방식으로 첫 번째 세 진술을 보강하고 더 깊이 전개하는 역할을 한다. "내가 쓰는 것"의 대상은 요한일서이고, "내가 쓴 것"의 대상은 다른 문서, 곧 요한복음이나 요한이서 또는 요한일서 두 부분을 가리킨다고 보는 견해는 헬라어 용법이나 직접 문맥에 비추어 볼 때 근거가 없다.[1]

이 두 연은 "자녀들아"(τεκνία), "아비들아"(πατέρες), "청년들아"(νεανίσκοι)와 같은 호격으로 더 면밀하게 구조화된다. 이 연쇄 관계는 두 번째 세 진술에서도 반복된다(약간의 변화를 주어, παιδία). 각 진술의 구문 역시 같다. 곧, γράφω('내가 쓰다') 형식, 호격, 호티절로 이루어져 있다.

A (12a–b)	내가 쓰는 것은	너희에게	자녀들아	호티(ὅτι)	…
B (13a–b)	내가 쓰는 것은	너희에게	아비들아	호티	…
C (13d–e)	내가 쓰는 것은	너희에게	청년들아	호티	…
A′ (14a–b)	내가 쓴 것은	너희에게	아이들아	호티	…
B′ (14d–e)	내가 쓴 것은	너희에게	아비들아	호티	…
C′ (14g–h)	내가 쓴 것은	너희에게	청년들아	호티	…

---

1. Brooke Foss Westcott, *The Epistles of St. John* (Grand Rapids: Eerdmans, 1966), 57–58; Brooke, *Johannine Epistles*, 41–43.

이처럼 매우 정교하게 구성된 수사법은 본문을 기억하는 데 효과적이므로 이 단원은 요한일서에서 하나의 정점이다. 구술 문화에서는 대체로 내용을 암기해야 할 필요가 많기 때문에 이런 구조가 필수적으로 요청되었다. 이것은 시각적이고 텍스트 기반적인 오늘날의 문화 속에서는 하찮게 보이거나 완전히 간과되는 요소다. 옹(Ong)은 다음과 같이 설명한다.[2]

구술 문화에서 정립된 사상을 주의 깊게 보존하고 복원할 때 일어나는 문제점을 효과적으로 해결하려면, 사고 속에 구술로 재현할 때를 대비하여 형성된 기억 패턴을 갖고 있어야 한다. 그럴 때 우리의 생각은 매우 주기적이고 균형적인 패턴, 반복이나 대립, 두운과 유음, 형용적인 표현이나 다른 상투적 표현, 표준적인 주제 요소…그리고 누구에게나 쉽게 들리는 속담들로 쉽게 형성된다. 그리하여 우리의 생각은 운율에 따라 또는 다른 기억 형태로 쉽게 기억된다. 이런 식으로 진지한 사상이 기억 체계와 융합된다. 그러므로 기억해야 할 필요성이 심지어는 구문까지도 결정한다(강조체 저자).

신약성경 전체에는 성문 본문과 상관없이 수사 장치를 활용하여 중요한 내용을 기억해야 할 필요성이 반영되어 있는데, 이런 특징은 구술 문화에서 태어나지 않은 우리의 자료에서는 대체로 발견되지 않는다.[3] 수사적 반복 용법의 효과는 "내가 너희에게 쓰는 것은…내가 너희에게 쓴 것은"(2:12, 14)과 같은 말의 전환에서 포착될 수 있다. 1:1–2:11에서 죄와 빛과 사랑에 관한 근본적인 진술을 제시한 다음, 요한은 이제 특별히 그리고 직접 그 진술을 독자에게 적용할 준비를 한다. 특히 2:15에서 처음으로 명령 동사를 사용하여 요한일서에서 독자에게 첫 번째 권면을 선포한다. 요한이 1:5–2:11에서 말한 것을 이처럼 매우 정교한 수사법에 따라 요약하는 것은 독자에게 자신의 신념을 굳게 확신시키고, 이어지는 가르침, 곧 예수님에 관한 교훈 안에 거함으로써 신실함을 계속 유지하라는 자신의 권면을 받아들이도록 독자를 준비시키는 역할을 한다.

석의직 개요

→ V. 자녀들, 아비들, 청년들(2:12–14)
    A. 자녀들아, 너희 죄가 사함을 받았다(2:12)
    B. 아비들아, 너희가 태초부터 계신 이를 알았다(2:13a–c)
    C. 청년들아, 너희가 악한 자를 이기었다(2:13d–f)

---

[2] Walter J. Ong, *Orality and Literacy: The Technologizing of the Word* (London: Methuen, 1982), 34.

[3] 다른 사례에 대해서는 Karen H. Jobes, "Rhetorical Achievement in the Hebrews 10 'Misquote' of Psalm 40," *Bib* 72 (1991): 387–96을 보라.

D. 아이들아, 너희가 아버지를 알았다(2:14a-c)
   E. 아비들아, 너희가 태초부터 계신 이를 알았다(2:14d-f)
   F. 청년들아, 너희가 강하다(2:14g-k)
      1. 너희는 강하다(2:14g-i)
      2. 하나님의 말씀이 너희 안에 거한다(2:14j)
      3. 너희는 흉악한 자를 이기었다(2:14k)

본문 설명

요일 2:12-14 자녀들아 내가 너희에게 쓰는 것은 너희 죄가 그의 이름으로 말미암아 사함을 받았음이요 아비들아 내가 너희에게 쓰는 것은 너희가 태초부터 계신 이를 알았음이요 청년들아 내가 너희에게 쓰는 것은 너희가 악한 자를 이기었음이라 아이들아 내가 너희에게 쓴 것은 너희가 아버지를 알았음이요 아비들아 내가 너희에게 쓴 것은 너희가 태초부터 계신 이를 알았음이요 청년들아 내가 너희에게 쓴 것은 너희가 강하고 하나님의 말씀이 너희 안에 거하시며 너희가 흉악한 자를 이기었음이라(Γράφω ὑμῖν, τεκνία, ὅτι ἀφέωνται ὑμῖν αἱ ἁμαρτίαι διὰ τὸ ὄνομα αὐτοῦ. γράφω ὑμῖν, πατέρες, ὅτι ἐγνώκατε τὸν ἀπ᾽ ἀρχῆς. γράφω ὑμῖν, νεανίσκοι, ὅτι νενικήκατε τὸν πονηρόν. ἔγραψα ὑμῖν, παιδία, ὅτι ἐγνώκατε τὸν πατέρα. ἔγραψα ὑμῖν, πατέρες, ὅτι ἐγνώκατε τὸν ἀπ᾽ ἀρχῆς. ἔγραψα ὑμῖν, νεανίσκοι, ὅτι ἰσχυροί ἐστε καὶ ὁ λόγος τοῦ θεοῦ ἐν ὑμῖν μένει καὶ νενικήκατε τὸν πονηρόν). 이 세 구절(2:12-14)은 독특한 수사 구조 때문에 하나로 묶어 함께 다룰 것이 요구된다. 요한은 이런 식으로 자신의 근본 메시지를 독자에게 적용한다. 비록 이 단원의 종합적 메시지가 요한이 독자의 좋은 지위를 확신하고 있음을 확증하지만, 세부적으로 살펴보면 주석적으로 세 가지 난제를 갖고 있다. (1) 세 번의 호격, 곧 "자녀들아"(τεκνία, παιδία), "아비들아"(πατέρες), "청년들아"(νεανίσκοι)의 지시 대상과 이 호격들 사이의 관계를 확인하는 문제, (2) '내가 쓰다'(γράφω)의 시제가 현재 시제에서 부정과거 시제로 바뀌는 문제(이미 구조에서 다룸), (3) 각 진술 속에서 반복해서 등장하는 호티(ὅτι)절을 해석하는 문제.

"자녀들아"(τεκνία)라는 말은 요한일서 다른 곳에서 분명히 원독자 전체를 집합적으로 가리키는 진술에서 6번에 걸쳐 사용된다(2:1, 28; 3:7, 18; 4:4; 5:21). 이것은 요한복음 13:33에서 다락방 강화로 불리는 기사 첫 부분에서 예수님이 제자들에게 말씀하실 때 같은 말을 사용하신 것을 반영할 것이다. 만약 "자녀들아(아이들아)"가 독자 전체를 가리킨다면, 요한이 이 단원에서 남자들에게만 말을 전하는 것이 아닌 한, 다른 두 호격("아비들아"와 "청년들아")은 은유나 비유 용어로 보아야 가장 나을 것이다.

"아비들아"(πατέρες)라는 말은 이곳(2:13, 14)을 제외하고 요한 서신이나 요한복음 다른 곳에서는 나타나지 않는다. 신약성경 다른 곳에서는 추측건대 나이가 많은 사람을 집합적으로 가리키는 의미로 쓰인다(예를 들어, 행 7:2). 요한일서 2:13a, 14d의 문맥에서는 그 말이 기독교 신앙을 가진 지 오래된 자를 가리키는 뜻으로 이해되어야 할 것이다.

비록 많은 영어 성경에서 "청년들아"(νεανίσκοι)를 남녀를 포괄하는 '젊은이'(young people)로 번역하는 경향이 있기는 해도, 그 말이 거의 1백번이나 나오는 헬라어 성경에는 남녀를 포괄하는 의미로 항상 사용되었다는 증거가 전혀 없다(여성과 구별하여 사용된 경우에 대해서는 LXX 스 10:1; 시 77:63; 1 Esd 1:50; Jdt 7:22, 23; 행 2:17; 5:10을 참고하라). 이 구절을 그리스도인 여성들에게 적용하는 것이 정확할 수도 있다. 하지만 특히 요한이 다른 곳에서 남녀를 포괄하는 의미로 "자녀들아"(τεκνία)라는 말을 자신의 모든 독자를 가리키는 데 사용하는 것으로 보아, 여기서는 "청년들아"라는 말을 남성만을 가리키는 의미로 사용하고자 택한 듯하다.

이 난제는 이 구별된 세 용어 사이의 관계에 대한 질문으로 더 심화된다. 이것은 전체 원독자가 먼저 "자녀들"로 지칭되고, 이어서 그들이 더 구체적인 두 범주, "아비들"과 "청년들"로 구분되어 불리는 것인가? 만약 그렇다면, 요한의 교회(들)의 여성 지체들은 이 남성 은유에 포함되는가, 아니면 요한은 단지 남성들에게만 말하는 것인가? 또는 세 집단에게 말하는 것인가? 여기서 "자녀들아"(τεκνία)라는 말은, 나이와 상관없이 그리고 다른 곳에서 그 말이 독자 전체를 가리키는 의미로 사용되는 것에도 불구하고(2:1, 12, 28; 3:7, 18; 4:4; 5:21), 새로 기독교 신앙을 갖게 된 자를 가리킬 것이다. 그러나 "자녀들"이 두 집단, 곧 "아비들"과 "청년들"로 더 깊이 정의된다면, 아마 요한은 2:12-14에서뿐만 아니라 요한일서 전체에서 오직 남자들에게만 말하는 것으로 보인다. 남자들에게만 말하는 것이라면, 요한은 전체 구성원이 남성으로만 이루어진 기독교 공동체에 말하거나 남자와 여자로 함께 구성된 공동체 안의 남자들에게만 말하기 위해 편지를 쓰는 것으로 보아야 한다.

남성을 지칭하는 이 밀을 실냉하기 위하여 어떤 해석자들은, 초대 교회 당시 교회의 모든 직원이 남자로 구성되어 있었다는 가정에 따라 요한이 교회 직원들을 집합적으로 "자녀들"로 지칭하면서 그들에게만 편지를 썼을 가능성이 있다고 주장한다. 베드로는 베드로전서 5:5에서 "젊은 자들"(νεώτεροι)에게 장로들(πρεσβύτεροι)에게 순종하라고 권면하고, 바울은 디모데에게 늙은이를 "아버지에게 하듯"(ὡς πατέρα, 딤전 5:1) 하라고 가르친다. 하지만 이 이론은 신약성경 어디서도 교회 직원들이 "자녀들"이나 "아비들"로 불린 적이 없다는 사실로 볼 때 설득력이 떨어진다.

폴 트레빌코(Paul Trebilco)는 이 문제를 폭넓게 분석한 다음 이렇게 결론짓는다. "비록 요한일서 2:12-14에서 여자들은 확실히 배제된다고 말할 수 없기는 하지만, 여자들은 배제된다고 보는 것이 가장 개연성 있는 설명으로 보인다."[4] 그리스-로마 사회에서 남자만이 공적 지위를 인정받는 행위자였으므로, 남자만이 공적 담화에서 말을 듣는 대상이었다는 트레빌코의 결론은 이 호격들을 문자적으로 해석하는 관점을 지지한다. 그러나 수사 구조 속에서는 분명히 의미와 지시 대상 사이의 구분이 지적되어야 한다. "아비들아"(πατέρες)와 "청년들아"(νεανίσκοι)라는 말의 의미는 분명히 성을 지칭하는 용어로, 여성을 포함하지 않는다. 그러나 요한은 이 표현들을 독자 전체를 삶의 단계에 따라 묘사하기 위해 수사 효과에 맞추어 사용하고 있는 것으로 보인다.

요한이 여기서 육체적 단계나 영적 단계를 막론하고 삶의 단계를 가리킨다는 것은, 그리스 문학에서 성장이 끝나 힘이 가장 좋은 22-28세의 남자를 가리키는 의미로 νεανίσκος("청년")라는 말이 사용된 것(예를 들어, Phio, *Opif.* 105)에서 암시된다. 그리스 문화에서는 남자의 삶의 단계(여자의 삶의 단계와 구분되는)가 도시의 시민 생활에서 남자아이가 성장하여 자신의 역할과 책임을 다하는 것과 관련되어 있었다.

이 단락의 아주 정교한 수사 구조를 고려하면, 요한이 이 호격들을 남성 신자만을 가리키는 것으로 제한하려는 의도가 있었던 것으로는 보이지 않는다. 2:12에서 요한이 "자녀들아"(τεκνία)라고 부르는 첫 번째 호격

---

4. Paul Trebilco, *The Early Christians in Ephesus from Paul to Ignatius* (Grand Rapids: Eerdmans, 2004), 537.

은 원독자 전체를 염두에 두고 있고, 그리스도인의 회심과 성장의 초기 단계를 암시함으로써 이중 역할을 하는 것으로 보인다. 이것은 14절에서 이 말을 "아이들아"(παιδία)로 바꾸어 부르는 것으로 표상된다. 요한이 "아비들아"라고 부르는 말은 기독교적 삶에서 남을 가르칠 정도로 완숙한 단계에 들어간 사람을 가리키고, "청년들아"라는 말은 영적 지각이 충분히 성숙한 단계에 들어간 사람을 가리킨다.

이런 해석은 5:1, 4에서 확증되는 것으로 보인다. 5:1, 4를 보면 예수님이 그리스도이심을 믿는 모든 자가 하나님의 자녀로 난 자이고(5:1), 이 믿음이 세상을 이긴다고(5:4) 말한다. 만약 그렇다면, 신자들 전체에 말해지되, 연쇄 관계가 연장자에서 연소자로 또는 그 반대 순서로 정확히 이동되는 것은 아니다. 요한일서 앞부분에서 이미 독자 전체를 향해 말한 것이 여기서는 이 세 집단에 각각 말하는 것이므로, 이 세 집단은 굳이 그 사이를 날카롭게 구분할 필요가 없는 수사적 표현이다. 이에 대해 리우는 다음과 같이 지적한다. "각 [집단]에 귀속된 특징들이 다른 곳에서는 공동체 전체 구성원에게 적용되고, 저자는 어느 독자든 이 호칭들 속에 그들을 포함시키는 것을 별로 염려하지 않았을 것이다."[5]

모든 것을 종합하면, 요한은 공동체의 남성 지체들만 염두었거나 이 말들을 은유적으로 사용했거나 둘 중 하나일 것이다. 요한이 본래 남자들에게만 편지를 쓴 것이라고 해도, 확대 적용하면 동일한 요점들이 그리스도인 여성들에게도 선포될 수 있다. 남녀노소를 막론하고, 그리스도인이라면 누구나 평생 그리스도의 교훈에 신실해야 하고 이단에 미혹당하는 길을 피해야 한다. 그러므로 그리스도인들은 사도적 교훈을 받아들일 대비가 되어 있어야 한다. 이 대비에는 당연히 공동체에서 나간 자들의 교훈을 거부하는 것도 포함될 것이다(2:19).

이 여섯 개의 진술에서 각각 반복된 호티절 역시 석의적인 고찰을 필요로 한다. 이 절들은 원인절('내가 너희에게 쓰는 것은…때문이라')로 해석해야 하는가? 또는 내용을 명확히 하는 서술문('내가 너희에게 쓰는 것은…하는 것이라')으로 해석해야 하는가? 문법적으로는 어느 쪽이든 가능하기 때문에 답변은 각 진술에서 말하는 것의 맥락에 따라 찾아야 한다.

12a, c 자녀들아…너희 죄가 그의 이름으로 말미암아 사함을 받았으므로/받았으니('호티')
13a, c 아비들아…너희가 태초부터 계신 이를 알았으므로/알았으니('호티')
13d, f 청년들아…너희가 학한 자를 이기었으므로/이기었으니('호티')
14a, c 아이들아…너희가 아버지를 알았으므로/알았으니('호티')
14d, f 아비들아…너희가 태초부터 계신 이를 알았으므로/알았으니('호티')
14g, i 청년들아…너희가 강하므로/강하니
14j 하나님의 말씀이 너희 안에 거하므로/거하니
14k 너희가 흉악한 자를 이기었으므로/이기었으니('호티')

한편으로, 비록 다수의 영어 성경이 '호티'를 '…때문에'(because)로 번역한다고 해도, 이 절들에 인과 관계를 엄밀히 적용하기는 어렵다. 그들의 죄가 사함 받았다고 (완료 시제) 자녀들(τεκνία와 παιδία)에게 말하는 것은 1:9에서 자신의 죄를 자백하는 모든 자에게 이미 말한 사실이다. 그들이 아버지와 태초부터 계신 이를 알았다고 (역시 완료 시제) "아비들"(πατέρες)에게 말하는 것도 이미

---

5. Lieu, *I, II, & III John*, 87.

요한일서 앞부분(2:3, 4, 5)에서 말한 사실이다. 14j절에서 하나님의 말씀이 "너희 안에"(ἐν ὑμῖν) 거하신다고 "청년들"에게 말하는 것은 1:10에서 죄가 없다고 주장하지 못한다고 부정으로 말한 사실을 긍정으로 진술하는 것이다.

즉, "내가 너희에게 쓰는 것은…너희 죄가 사함 받았다는 것…너희가 하나님을 알았다는 것…하나님의 말씀이 너희 안에 있다는 것"과 같은 진술은, 요한이 자신의 원독자가 방금 1:5-2:11에서 말한 모든 것에 비추어 그리스도인으로서의 삶을 잘 살았다는 점을 인정하고 확언한다. 이 확언을 통해 요한은 독자에게 그들이 영생을 지니고 있음을 알게 하려는 목적을 제시하는 데 도움을 받는다(5:13). 나아가 요한은 청년들이 악한 자를 '이겼다'(또 하나의 완료 시제)는 관념을 소개한다. 이것은 요한일서에서 새로 등장하는 사상이지만 4:4과 5:4-5에서 더 깊이 있게 다루어질 것이다. 요한은, 수사적 유비에 따라 "청년들"로 이해되는 믿음 안에서 강하기를 바라는 모든 자가 악한 자와 세상을 이기는 자로 불리리라는 점을 암시하는 듯하다. 이 주제는 바로 다음 구절(2:15)에서 소개된다. 그러므로 이것은 여기서 '호티'가 서술적 용법이라는 점을 암시한다. 말하자면 요한은 이 진술들이 자신의 독자에게 이미 해당하는 사실이라고 쓴 것이다.

다른 한편으로, 여기서 '호티'를 원인절로 취하면, 요한이 이 진술들이 이미 참되기 때문에 편지에 쓴다는 사실을 의미한다. 요한은 독자가 그들의 죄를 아직 사함 받지 못했기 때문에, 마치 그들에게 새로 복음을 전하는 것처럼 편지를 쓰는 것이 아니다. 또한 독자가 아직 아버지를 모르기 때문에, 마치 그들에게 하나님을 소개하는 것처럼 편지를 쓰는 것도 아니다. 요한이 독자에게 편지를 쓰는 것은, 그들이 악한 자를 아직 이기지 못했기 때문이 아니라 이미 이겼기 때문이다. 이것이 정확히 요한이 2:21("내가 너희에게 쓰는 것은 너희가 진리를 알지 못하기 때문이 아니라 알기 때문이요")에서 계속해서 말하는 사실이다. 다시 말하면, 요한은 독자가 예수 그리스도의 복음을 현재 이해하고 있는 수준으로 보아 그들이 거짓 교훈이 일으킬 잠재적 혼란 속에서 진리를 굳게 지키라는 권면을 충분히 받아들일 수 있다고 보기 때문에 편지를 쓰는 것이다. 그리고 요한의 이후 권면은 이 확언을 배경으로 들을 수 있다. '호티' 용법의 서술적 의미나 원인적 의미가 같은 곳에서 똑같이 쓰인다. 게다가 원독자는 이 접속사의 두 가지 용법의 날카로운 구분, 곧 두 영어 단어 중 하나를 택하도록 우리에게 강요하는 구분에 압박을 받지 않을 것이다.[6] 김진태는 다음과 같이 지적한다.

아무리 대충 해석하더라도 요한일서 2:12-14은 예레미야 31:31-34의 새 언약 범주를 염두에 두고 있다. "너희 죄가 사함을 받았음이요"(12절)와 "너희가 아버지를 알았음이요"(14절)는 분명히 예레미야 31:34을 반영한다. "이는 작은 자로부터 큰 자까지 다 나를 알기 때문이라 내가 그들의 악행을 사하고 다시는 그 죄를 기억하지 아니하리라 여호와의 말씀이니라."[7]

예레미야에서 죄 사함은 새 언약의 기초이다. 그렇기 때문에 요한일서에서 그것을 반영하는 것은, 저자가 예수 그리스도의 죽음을 하나님과의 새로운 관계의 기초로 삼고 있음을 증명한다. 요한의 독자가 새 언약 백성이라는 암시는 2:12-14의 정교한 수사 형태 속에 획기적으로 제시되어 있다.

---

6. Marshall, *Epistles of John*, 136.   **7.** 김진태, "Concept of Atonement in 1 John," 104.

적용에서의 신학

나는 젊은 그리스도인이었던 시절에 목사가 매 주일마다 교인들을 화려한 강단 앞에 나오라고 초청하는 교회에 출석했다. 잃어버린 자에 대하여 열정적인 관심이 있었을 때는 이런 관습을 긍정적으로 이해했다. 그러나 되돌아보면 대부분 주일에 그곳에서 단지 한 주에 세 번씩 신실하게 예배에 참석하고 적극적으로 교회 생활과 사역에 참여한 자들의 얼굴만 보았다. 나는 그런 관습이 쓸모없다고 느꼈지만, 많은 경우에 나의 생명이신 그리스도께 헌신하기 위하여 앞으로 나갔다. 시간이 지나자 이 반복된 강단 초청은 목사가 암묵적으로 우리 모두에게 너희는 충분히 신실하지 못하다고, 어쨌든 너희는 영적 성장과 성숙에 대한 기대를 채우지 못했다고 비난하는 것처럼 느껴졌다. 우리가 아무리 열심히 참여했더라도, 아무리 열심히 활동했더라도, 그것은 결코 충분하지 못한 것으로 보였다. 나는 낙심하고 목사의 끈질긴 강단 초청에 화가 나 결국은 교회를 다른 곳으로 옮겼다.

요한은 1:5-2:11에서 "만일 우리가 하나님과 사귐이 있다 [말]하고 어둠 속에서 걸으면(어둠에 행하면) 거짓말을 하고"(1:6), "만일 우리가 죄가 없다고 말하면 스스로 속이고"(1:8), "그를 아노라 하고 그의 계명(명령)을 지키지 아니하는 자는 거짓말하는 자요"(2:4), "그의 형제를 미워하는 자는 어둠에 있고"(2:11)와 같이 몇 가지 강력한 교훈을 제시한다. 나는 원독자가 이런 질문을 떠올렸으리라 생각한다. '이것이 요한이 우리의 본 모습으로 생각하는 것인가? 요한은 누구에게 말하고 있는가?' 이에 요한은 당연히 "그 말이 옳다고 생각하면 순순히 받아들이라"고 대답할 것이다. 그러나 2:12-14에서 요한은 그들이 사실은 자기들의 믿음을 따라 잘 살아 왔음을 확언한다. 그리고 요한은 그들의 죄가 사함 받은 것, 그들이 아버지를 알고 있는 것 그리고 그들이 악한 자를 이긴 것 등을 자신이 알고 있음을 확신시키고자 한다.

영적 지도자의 위치에 있는 자가 보면, 이것은 요한의 목회 사역의 일면을 보여준다. 요한은 교회가 분열된 심각한 상황에서("그들이 우리에게서 나갔으나 우리에게 속하지 아니하였나니," 2:19) 편지를 쓰고 있다. 요한은 공동체 구성원에게 자신의 사도적 권위에 충성할 것을 암묵적으로 요청하는 몇 가지 강력한 권면을 제시할 예정이다. 그러나 그러기에 앞서 그들을 확신시키기를 원한다. 요한은 그들이 예수 그리스도 안에서 이루어지는 하나님과의 사귐과 영생을 그들에게 확신시킨다. 그리고 그들이 진리를 알고 있음을 자신이 안다는 사실을 확언한다.

여기서 메시지는 그때나 지금이나 독자의 영적 인내 및 성장과 주로 관련되어 있다. 아마 요한의 독자가 모두 실제로 고백과 회개를 통해 죄 사함을 경험하지는 않았을 것이다. 따라서 요한이 독자에게 하는 확언은 이 경험이 필요한 모든 자에게 암묵적으로 고백을 요청한다. 그리스도 안에서 하나님을 알지 못한 자가 있었을 것이기에 요한은 그들이 빛으로 나와야 한다고 지적한다. 하나님의 말씀은 그들 삶의 모든 영역에 영향을 미치지는 못했을 것이다. 그래서 요한은 영적 성숙에 이르려면 삶의 모든 영역이 한평생 그리스도의 주 되심 아래 있어야 한다는 사실을 상기시킨다. 요한이 독자들에게 그들이 그리스도 안에 있음을 확언할 때, 그들 그리고 우리는 악한 자를 계속 이길 수 있는 동기를 자극받는다. 이어지는 단락은 그것이 무엇을 의미하는지 설명한다.

CHAPTER 6
요한일서 2:15-17

문학적 전후 문맥

요한은 원독자가 빛 가운데 올바르게 살고 있음을 확신한다고 확언한 다음 그들에게 직접 권면하기 시작한다. 여기서 요한은 자신의 사도적 권위를 하나님의 백성에게 세상이나 세상에 있는 것을 사랑해서는 안 된다는 사실을 하나님의 뜻으로 제시할 수 있는 특권으로 천명한다. 이 단원은 이어지는 요한일서 본론에서 전개되고 5:4-5에서 정점에 달할 세상을 이기는 것에 관한 주제의 기초를 세운다. 그리고 세상의 일시성은 요한이 이후의 모든 주제를 전개하고, 또 이미 등장한 적그리스도들을 설명할 직접적 배경을 제공하는 구조로 작용한다.

> IV. 사랑, 빛, 어둠(2:7-11)
> V. 자녀들, 아비들, 청년들(2:12-14)
> ➡ VI. 세상을 사랑하는 것은 아버지를 사랑하는 것과 반대된다(2:15-17)
>   A. 세상을 사랑하지 말라는 명령(2:15)
>   B. 세상에 관한 사실(2:16-17a)
>   C. 하나님의 뜻에 대한 순종은 영원한 생명을 의미함(2:17b)
> VII. 교회 안의 분열(2:18-28)

주요 개념

요한이 요한일서에서 첫 번째로 하는 명령이 여기서 등장한다. 곧, "세상[을] 사랑하지 말라"는 것이다. 영원에 비추어 보면 세상이 주는 모든 것은 기껏해야 일시적이고 최악으로는 하나님을 거역하는 것에 불과하다. 오직 하나님께 순종하고 그분의 영원한 가치로 동기를 부여받은 생명만이 세상의 지나감과 세상의 모든 욕심을 피하고 살아남을 것이다.

번역

요한일서 2:15-17

15a	권면	이 세상이나…사랑하지 말라	
b	확대	세상에 있는 것들을	
c	조건		누구든지 세상을 사랑하면
d	추론	아버지의 사랑이 그 안에 있지 아니하니	
16a	설명		이는 세상에 있는 모든 것이
b	목록/동격		육신의 정욕과
c	목록/동격		안목의 정욕과
d	목록		이생의 자랑이니
e	단언		다 아버지께로부터 온 것이 아니요
f	대조		세상으로부터 온 것이라
17a	단언	이 세상도, 그 정욕도 지나가되	
b	대조	오직 하나님의 뜻을 행하는 자는 영원히 거하느니라	

구조

이 짧은 단원은 첫 번째 명령에서 원인('호티')절로 시선을 옮겨 그 명령의 이유를 설명하고, 뒷부분에서 확립될 신학적 진리를 천명하는 직설법 진술로 끝난다. 이 단원은 "세상"이 요한의 이원성 구조에서 어둠의 편과 결부된 이유를 제시한다.

석의적 개요

→ VI. 세상을 사랑하는 것은 아버지를 사랑하는 것과 반대된다(2:15-17)

　　A. 세상을 사랑하지 말라는 명령(2:15)

　　B. 세상에 관한 사실(2:16-17a)

　　　　1. 세상에 있는 것은 하나님께 속한 것이 아니다(2:16)

2. 세상은 지나가는 것이다(2:17a)

C. 하나님의 뜻에 대한 순종은 영원한 생명을 의미함(2:17b)

본문 설명

요일 2:15 이 세상이나 세상에 있는 것들을 사랑하지 말라 누구든지 세상을 사랑하면 아버지의 사랑이 그 안에 있지 아니하니(Μὴ ἀγαπᾶτε τὸν κόσμον μηδὲ τὰ ἐν τῷ κόσμῳ. ἐάν τις ἀγαπᾷ τὸν κόσμον, οὐκ ἔστιν ἡ ἀγάπη τοῦ πατρὸς ἐν αὐτῷ). 요한은 바로 앞에서 독자가 참된 기독교 신앙을 지녔음을 확신한다고 말했다. 이제 그는 요한일서에 나오는 열 가지 명령[이 외에 2:24, 27, 28; 3:1, 7, 13; 4:1(2번); 5:21에 나옴] 가운데 첫 번째 명령을 제시한다. 요한은 앞에서 형제를 사랑하는 자는 빛 가운데 거한다(2:10)고 말했다. 따라서 이 명령은 그 사실과 날카로운 대조를 보여주며, 요한의 이원성에 "세상"(κόσμος)이라는 새 범주를 집어넣는다. 빛 가운데 사는 것은 하나님과 동료 신자들을 사랑하며 사는 것을 의미한다. 세상을 사랑하는 것은 빛 가운데 사는 것에서 제외된다. 사실 요한이 정의한 대로 세상을 사랑하는 것은 아버지를 사랑하는 것과 서로 배치된다(2:16 부분에서 '심층 연구: 요한 서신에 나타난 세상'을 보라).

세상을 사랑하는 것은 구문론적으로 "아버지의 사랑"(ἡ ἀγάπη τοῦ πατρός)과 평행을 이루므로, 이 소유격은 목적의 소유격으로 보는 것이 가장 개연성이 크다. 그래서 의미는 주로 신자가 아버지를 사랑하는 것을 가리킨다. 이 사랑은 하나님의 뜻에 따라 다른 사람들을 사랑하는 것으로 구현된다. 하나님의 사랑을 이렇게 구현하면 자기 백성에 대한 하나님의 구속의 사랑의 목표가 달성된다(2:5a-b에 대한 주석을 보라). 그러므로 하나님을 사랑하는 자는 "세상"을 사랑해서는 안 된다. 요한의 정의에 따르면 세상에 있는 모든 것이 하나님을 거역하기 때문이다. 분명히 세상을 '사랑하는 것'은 배려와 관심을 특징으로 하는 형제를 사랑하는 것과는 질적으로 다른 종류의 사랑이다. 여기서 말하는 "사랑"은 자신이 즐기고 싶어 하는 일에 중점을 두는 것, 곧 빛 속에 없는 일들을 탐닉하는 것을 가리킨다. 이 사랑은 하나님을 거역하는 일에 참여하기를 바라는 것이다.

심층 연구   **요한 서신에 나타난 하나님께 속함**(ἐκ)

기초 헬라어 문법책을 보면, 종종 헬라어 전치사 '에크'(ἐκ)에 해당되는 영어 단어가 '…로부터'(out of, from)로 되어 있다. 이 말은 '나는 뉴저지 출신이다'(I am from New Jersey)와 같이 출신의 의미가 있다. 요한 문헌에서는 이 전치사가 하나님과 세상, 진리와 거짓, 의와 죄의 이원성을 구축하는 데 사용된다. 요한일서의 저자는 요한복음의 이와 비슷한 용법을 반영하여 '아버지/하나님/성령에 속한(ἐκ)' 것이나 '세상/마귀에 속한(ἐκ)' 것에 관해 반복해서 말한다(요일 2:16; 3:8, 9, 10, 12, 19; 4:1, 2, 3, 4, 5, 6, 7, 13; 5:1, 4, 18, 19; 요삼 1:11). 하나님"께 속한"(of) 것이나 세상"에 속한"(of) 것은 사람의 정신, 동기, 영적 정체성의 기원을 가리킨다. 종종 영어 전치사 '…로부터'(from)는 어떤 곳에서 나오는 것 이상의 의미는 없다. 요한이 "이는 세상에 있는 모든 것이 육신의 정욕과 안목의 정욕과 이생의 자랑이니 다 아버지께로부터(ἐκ) 온 것이 아니요 세상으로부터(ἐκ) 온 것이라"(2:16)고 말하는 것은 이 일들이 세상에 속해 있는 사람의 특징이라는 것을 의미한다. NIV는 '에크'를 '…에서 오다'(come from)로 번역한다. 이것은 의미를 제대로 포착한 번역이 아니다. 이런 일이 세상에서 나와 교회 속으로 흘러들어간 것처럼 되어서는 안 된다. 오히려 세상과 세상에 있는 것들을 사랑하는 자는 본래 세상"에 속해"(of) 있다. 그들의 기본 욕구와 충동은 하나님에게서 기원하지 않는다.

우리는 세상/마귀에게 속하거나 하나님께 속하거나 둘 중 하나다. 그리고 하나님께 속하는 유일한 길은 하나님의 자녀로 거듭나는 것이다(3:1, 2, 10; 5:2). 예수님은 요한복음 3:5-6에서 "진실로 진실로 네게 이르노니 사람이 물과 성령으로 나지(is born of, ἐκ) 아니하면 하나님의 나라에 들어갈 수 없느니라 육으로 난(is born of, ἐκ) 것은 육이요 영으로 난(is born of, ἐκ) 것은 영이니(ESV)"라고 말씀하신다. 리우는 전치사 '에크'의 이 용법은 특이하기는 하지만 요한 문헌의 중요한 특징이라고 지적한다. 그리고 요한복음과 요한일서가 이 독특한 특성을 '두드러지게' 공유하고 있음을 확인한다.[1]

그러므로 '하나님께 속한 것'과 '세상에 속한 것'이라는 말은, 어떤 자는 죄로부터 구원받은 하나님의 자녀라고 말하거나 어떤 자는 오직 세상으로부터 태어나 하나님의 진노 아래 있다(요 3:36)고 말하는 요한의 표현 방법이다.

<u>요일 2:16</u> 이는 세상에 있는 모든 것이 육신의 정욕과 안목의 정욕과 이생의 자랑이니 다 아버지께로부터 온 것이 아니요 세상으로부터 온 것이라(ὅτι πᾶν τὸ ἐν τῷ κόσμῳ, ἡ ἐπιθυμία τῆς σαρκὸς καὶ ἡ ἐπιθυμία τῶν ὀφθαλμῶν καὶ ἡ ἀλαζονεία τοῦ βίου, οὐκ ἔστιν ἐκ τοῦ πατρὸς ἀλλ' ἐκ τοῦ κόσμου ἐστίν). 요한은 이원성 구조를 계속해서 도덕 원리로 확립한다. 요한은 "세상"을 익한 자의 통세 아래 있는 인간 생활의 포괄적 분야를 가리키는 것으로 정의한 다음, 이제 세상에 있는 것을 더 구체적으로 제시한다. 곧, 세상에 있는 모든 것은 "육신의 정욕과 안목의 정욕과 이생의 자랑"이다. "세상에 있는 모든 것"은 산이나 바다나 짐승과 같은 세상의 물리적 구조를 가리키는 것이 아니라 사람들이 살아가는 방식을 결정하는 도덕적, 영적 욕구를 가리킨다.

"육신의 정욕"(ἡ ἐπιθυμία τῆς σαρκός)은 주격의 소유격으로 육신이 바라는 것을 의미한다. 다시 말하면 육신의 정욕은 자연적인, 아니 사실은 하나님이 주신 육체적 필요에서 나오는 인간적 행동에 대한 욕구다. "육신"(flesh, σάρξ)이라는 말이 바울 서신에서는 거의 모두 부정적 의미로 사용된다. 하지만 이 부정적 의미를 요한의 사상에 그대로 적용해서는 안 된다. 요한 문헌에서는 "육신"이 신적인 것과 반대되는 것, 곧 단순히 인간적인 것을 가리키기 때문이다(요 3:6; 6:63; 8:15). 요한은 말씀이 육신이 되었다고 말한 바 있다(요 1:14). 따라

---

[1]. Lieu, *I, II, & III John*, 95, 121.

서 요한에게 "육신"이라는 개념은 바울이 말하는 바와 같이 타고난 죄악성을 가리키지 않는다. 육신의 정욕은 자연적인 욕구이겠지만, 우리의 부패한 본성 때문에 사람들은 폭식, 알코올 중독, 성적 음행과 같은 것에 이끌려 하나님께 속하지 않은 다른 것으로 자기들을 만족시키려 한다.

육신의 정욕은 단순히 이 세상에 속해 있는 것들에 대한 욕심이다. 이것들은 영원에 비추어 보면 무익한 것에 불과하다(요 6:63). 육신의 정욕은 기껏해야 근시안적인 것으로 사람의 육체적 필요를 삶의 원동력으로 삼고, 이에 따라 많은 사람이 다양한 육체적 탐닉에 빠져든다. 이런 자기중심적인 삶은 지속적이고 영원한 가치가 없는 것들에 시간을 허비한다. 요한이 계속해서 17절에서 말하는 것처럼, "이 세상도, 그 정욕도 지나가[는]" 것이다. 다만 자기들의 삶을 하나님의 계시된 말씀에 따라 규제하는 자만이 그저 죽을 것으로부터 영원한 것으로 이동한다.

지금은 인간적 욕구가 악한 자의 권능의 지배 아래 있기 때문에, 여기서 이것은 "세상[으로부터]"(ἐκ τοῦ κόσμου) 온 것으로 부정적인 의미이다. 요한 문헌에서는 "육신"이 성령과 대립하는 개념으로 나타난다. 성령은 영을 탄생시키고(요 3:6) 생명을 주신다. 반면에 육은 무익하다(요 6:63). 그러므로 요한의 이원성 구조에 따르면, 생명 및 성령은 진리 및 빛과 결합하며, 육신은 이 부패한 질서인 세상과 결합하고 악한 자의 권능 아래 있다. 육신의 정욕이 비판받는 것은 그것이 성령의 영역에, 따라서 생명의 영역에 속해 있지 않기 때문이다.

현대 독자가 보기에는 "안목의 정욕"이 육욕이나 자랑을 가리킬 수 있는 개념이기는 하다. 그런데 이 진술에서 안목의 정욕은 육체의 정욕 및 이생의 자랑과 구별된다. 세상의 일시성을 언급하는 문맥을 고려하면(참고, 17절), 브라운이 이 표현을 오직 눈이 육체적으로 보는 것에 대한 단편적인 욕망을 가리킨다고 이해한 것이 아마 옳을 것이다.[2] 여기서 브라운은 안목의 정욕을 "진정한 가치를 추구하지 않고 사물의 외관에 지배되는 경향"[3]으로 정의하는 도드의 견해를 따른다. 브라운이 설명하는 것처럼, 요한복음에는 예수님이 영적 맹인을 치료하신다는 요점을 제시하는 표적으로서 맹인을 치료하신 이야기(요한복음 9장)에 눈이라는 단어가 12번에 걸쳐 사용된다. 여기서 우리는 단순한 물리적 실재만 볼 것이 아니라 위로부터 계시된 실재도 보아야 한다는 사실을 깨닫는다. 비슷한 구분이 요한일서 1:1에도 나타난다. 저자는 거기서 "눈으로 본 [것]"(ὃ ἑωράκαμεν τοῖς ὀφθαλμοῖς)뿐만 아니라 "태초부터 있는 [것]"의 중요성도 인식했다(1:1에 대한 주석을 보라). 그러므로 우리는 눈으로 볼 수 있으나 영원한 가치가 없는 세상의 것들을 사랑하지 말아야 한다. 예수님이 영적 맹인이었던 우리를 고치셨다. 따라서 우리는 그분이 세상에 가져오신 구원의 중요성과 범위를 볼 수 있다.

여기서 "자랑"으로 번역된 헬라어 단어(ἀλαζονεία)는 교만, 오만, 허풍의 의미가 있고, 종종 자기 자신의 자원과 부를 지나치게 과시하는 것을 다루는 문맥에서 사용된다(2 Macc 9:8; 15:6; 4 Macc 8:19; Wisd 5:8; 17:7). '비오스'(βίος, "이생")라는 말은 요한 문헌에 두 번 등장하는데, 둘 다 요한일서에 나온다(2:16, 3:17). 이 말은 종종 동일한 영어 단어 "생명"(life)으로 번역되기도 한다. 하지만 생명을 가리키는 통상적인 용어로서 우리가 그로 말미암아 영생을 얻는 계시된 그 생명(the Life)을 가리키는 말로 요한 문헌에서 자주 등장하는 "생명"(ζωή)과는 날카롭게 구분된다.

요한의 개념 구조 속에서 '비오스'는 육체적 생명을 가리킨다. 요한일서에 나타나는 두 경우 모두 이 말은

---

2. Brown, *Epistles of John*, 311.   **3.** Dodd, *Johannine Epistles*, 41. Brown, *Epistles of John*, 311에 인용됨.

'생계 수단',[4] 즉 생존을 유지하는 데 필요한 자원이라는 의미가 있다. 사람의 직업과 그 직업이 제공하는 물리적 자원을 자랑하거나 사람의 사회적 지위를 자랑하는 것은 모든 사회에서 아주 흔한 일이다. 하지만 앞에서 다룬 두 어구(육신의 정욕과 안목의 정욕)가 있는 문맥에서 요한은 세상의 것과 자원에서 자신의 안전을 찾는 자가 그것들을 자랑하는 것을 넘어 하나님이 필요하다는 사실과 그분에 대한 의존을 무시하는 태도를 지적한다(참고. 잠 18:11; 30:8). 그들은 자신들이 가진 모든 것이 하나님께 속해 있지 않고 지나가는 것이며 영원한 가치가 없다는 사실을 깨닫지 못한다.

'세상에 있는 모든 것'을 명시하는 이 세 가지 부정적 특성(육신의 정욕, 안목의 정욕, 이생의 자랑)은 고대 세계에서 악을 가리키기 위해 관례적으로 세 가지 요소를 사용하는 풍습을 따른다. 예를 들어, 필로는 모든 전쟁의 원인으로 "돈, 영광, 쾌락에 대한 욕망"을 든다.[5] 이것은 뒤의 두 항목을 첫 번째 항목에 종속시키거나 세 항목을 완전히 독립적인 특성으로 해석하는 것을 반대한다. 나아가 "모든 [그]것"(all the, πᾶν τό, 복수형 "것들"이 아닌 단수형 정관사)은 이 세 욕망을 "세상에 있는 모든 것"과 문법적으로 동격 관계에 있는 세 가지 요소로 결합시키는 경향이 있다. 그것은 아무렇게나 뽑은 세 가지 악을 가리키는 것이 아니다. 그리스도의 빛이 아직 비추어지지 않은 세상의 삶의 방식, 곧 영원 속에 들어가지 못할 삶의 방식에서 나오는 온갖 악의 원천을 가리킨다.

여기서 요한은 요한일서에 여러 번 나오는 사례 중 첫 번째로 전치사 '에크'를 사용한다["아버지께로부터"(ἐκ τοῦ πατρός), "세상으로부터"(ἐκ τοῦ κόσμου), 앞에서 '심층 연구: 요한 서신에 나타난 하나님께 속함(ἐκ)'을 보라]. 이 구성은 대체로 기원을 전달함으로써 빛과 어둠의 이원성 구조 가운데 어느 한편에 속해 있는 것을 규정한다. 그 중에서도 특히 그리스도를 따르는 자는 세상 안에(ἐν) 있을 때도 '세상에 속해 있지 않다'(ἐκ τοῦ κόσμου οὐκ εἰσίν, 요 17:16). 그리스도를 따르는 자는 이전에는 "세상에 속[해]" 있었으나 지금은 세상으로부터 불러냄을 받았다(요 15:19, 17:6). 그러므로 그들은 여전히 악한 자가 권능을 갖고 있는 영역에서 살아야 할지라도, 어떻게 살지에 대한 그들의 욕구는 세상으로부터가 아니라 그들에게 거듭남을 주신 하나님 아버지로부터 나온다.

| 심층 연구 | 요한 서신에 나타난 "세상" |

요한은 "세상"을 그리스도인이 적절하게 사랑힐 대상이 아닌 것들로 이루어진 곳으로 정의한다. 하지만 그것은 구체적으로 무엇을 가리킬까? 인간 문화를 가리키는가? 믿지 않는 사람들을 가리키는가? 그리스도인들은 자연을 사랑해서는 안 되는가? 바다나 산을 사랑하는 것은 일종의 우상 숭배인가?

"세상"은 2:2에서 이미 언급되었다. 그 구절을 보면 세상의 죄는 깨끗하게 하는 그리스도의 피를 필요로 한다. 요한은 다른 곳에서 세상은 악한 자의 통제 아래 있다고 말하는데(요일 5:19; 요 14:30), 요한일

---

[4]. BDAG, s.v. βίος 2.
[5]. Philo, *Decal*. 28.153. 그리고 Lucian의 *Hermot*. 7.22와 Justin의 *Dial*. 82.4를 참고하라.

서에서는 강한 자가 악한 자를 이미 이긴 것으로 묘사한다(요일 2:13, 14). 요한복음을 보면, 세상은 하나님의 심판 아래 있고(요 9:39; 12:31) 어둠과 죄 속에 있다(1:5; 12:46). 그러나 요한복음 3:16은 우리에게 "하나님이 세상을 이처럼 사랑하사 독생자를 주셨으니"라고 말한다. 만약 하나님이 세상을 사랑하신다면, 자신의 자녀는 왜 사랑하지 않으시겠는가? 요한은 "세상"(κόσμος)이라는 말을 사용하여 자연 피조물이나 인간으로서의 인간이 아니라, 사회 기관과 권력 구조로 조직화된 것이든 개인들의 실천에 따른 것이든 막론하고 악의 권능 아래 인간의 타락이 낳은 삶의 방식 전체를 가리킨다. 리우는 다음과 같이 설명한다.

> 세상은 반응할 수 있는 한 어떻게든(4:5), 실제 사람들과 일체화하지는 않더라도 인격화된다. 그러나 세상은 사람들의 총수, 아니 사실상 구원 메시지를 거부하는 사람들의 총수 이상이다. 전체적으로 세상은 악한 자의 통치 아래 있는 영역을 표상하고(5:9), 자체의 본래적인 성격과 권능을 지니고 있다. 이것 때문에 세상은 거의 모든 경우에 하나님과 대립하는 상태에 있다.[6]

요한의 이원성 구조 안에서 세상은 하나님, 그리스도, 진리, 빛에 속하지 않은 모든 것을 가리킨다. 그러므로 2:16에서 요한이 명시하는 것처럼, "세상에 있는 모든 것"(πᾶν τὸ ἐκ τῷ κόσμῳ)은 정의상 하나님의 빛의 영역에 속해 있지 않다. "세상" 속에는 하나님에게서 나오는 것이 아무것도 없다. 오히려 여기서 염두에 둔 뜻은 하나님과 그분이 계시하신 뜻에 반대되는 모든 것이다. 세상에 대한 하나님의 사랑은 구속의 사랑이다. 요한은 신자들에게 세상을 사랑하지 말라고 명령할 때 세상의 방식과 가치에 참여하지 말라고 명령하는 것이다.

요한이 세상을 정의하는 바에 따르면, 그리스도인은 세상과 긴장 관계에 있다. 우리는 세상 속에서 살지만 세상"에 속한"(ἐκ) 자가 아니다. 예수님은 세상을 위하여 기도하지 않고, 하나님이 세상에서 불러내 자신에게 주신 자들을 위하여 기도하신다(요 17:9). 예수님이 자신을 따르는 자들을 세상에서 데려가 달라고 기도하지 않으시는 것(17:15)은 세상에서 벗어나는 유일한 길이 죽음이기 때문이다(요 17:11, 13). 오히려 예수님은 자신를 따르는 자들이 세상에 있는 동안 그들을 보호해달라고 기도하신다. 이것은 "세상"의 포괄적 범주를 증명한다. 현세에는 세상의 영역을 떠나서는 갈 수 있는 곳이 어디에도 없다. 예수님은 자신을 따르는 자들을 세상에서 데려가시는 대신, 세상에 속하지 않았으나 세상에서 사는 그들을 악에서 보호해달라고 하나님께 기도하신다(요 17:11, 15).

---

6. Lieu, *I, II, & III John*, 92.

__요일 2:17__ 이 세상도, 그 정욕도 지나가되 오직 하나님의 뜻을 행하는 자는 영원히 거하느니라(καὶ ὁ κόσμος παράγεται καὶ ἡ ἐπιθυμία αὐτοῦ, ὁ δὲ ποιῶν τὸ θέλημα τοῦ θεοῦ μένει εἰς τὸν αἰῶνα). 요한은 여기서 강조점을 세상의 두 번째 특성인 일시성으로 바꾼다. 세상이 주는 것은 일시적이다. 반면에 하나님이 주시는 것은 영원하다.

요한은 원독자가 그리스도의 피로 죄에서 깨끗하게 되고(1:7), 하나님을 알며(2:3), 악한 자를 이겼기(2:14) 때문에 그들이 하나님의 뜻을 행하고 영생에 대한 확신을 주장할 수 있다고 확언한다('요한 서신의 신학'을 보라). 반대로 세상과 세상이 바라는 모든 것, 즉 음식, 음료, 성(性), 돈, 항상 우리 눈앞에 있는 것, 하나님이 필요하다는 사실을 거부하는 오만한 자랑은 다 지나가는 것에 불과하다. 심지어는 이생에서 아무리 오래 지속된다고 해도 하나님께 속하지 않은 것은 그 가치가 영원하지 않다.

요한은 독자에게 세상에서 불러냄을 받아 빛으로 나온 자만이 그리고 하나님의 뜻을 행하는 자만이 세상과 세상에 있는 모든 것이 지나갈 때 남아 있을 것이라는 사실을 상기시킨다. 요한은 신적 영감을 받아 사도적 권위로 편지를 쓰기 때문에, 하나님은 자기 뜻을 요한의 말을 통해 계시하신다. 그리고 하나님의 뜻은 하나님을 아는 자가 세상이나 세상에 있는 것들을 사랑하지 않는 것이다. 세상의 방식 및 매력과 분리되라는 이 부르심을 주목하는 자가 영원히 살 것이다.

적용에서의 신학

설교자들은 술 취함, 마약 중독 또는 성적 음행과 같은 파괴적이고 사악한 특정 행위를 강조하면서 사회악을 비난하는 것으로 명성을 얻는다. 이런 행위들이 하나님께 속하지 않은 것이 사실이지만, 이 단락에서 요한의 생각은 훨씬 더 깊은 차원으로 들어간다. 여기서 요한이 제시하는 세 가지 악은, 마치 "육신의 정욕"이 단지 부정한 성관계와 포르노를 가리키는 것으로 그치는 것처럼 세 가지 구체적인 죄악으로 좁혀지는 것이 아니다. 대신 요한은 모든 현대 생활의 뿌리에 놓여 사람들을 지배하는 가치 체계를 의심해야 한다고 주장한다. 성적 음행은 나쁘다거나, 자랑은 잘못이라거나, 물질적 소유에 집착해서는 안·된다고 말하는 것으로는 충분하지 않다. 이 모든 것은 사실이지만 그것들은 훨씬 깊은 문제점인 "세상"과 하나님 사이의 단절이 일으킨 몇 가지 증상에 불과하다. 부패한 사람들이 정의하는 인간의 모든 가치, 윤리, 도덕에는 치명적으로 하자가 있다. 그것들이 실재에 관한 거짓 전제에 기초했기 때문이다.

"하나님은 빛"이라는 지식을 거부하는 것은, 인간의 가치와 도덕의 표준을 정의하는 하나님의 주권적 권리를 거부하는 것이다. 비록 철학적 차원에서는 무신론자가 아니라고 해도, 삶의 특정 국면에서 하나님이 정하신 삶의 규칙을 거부하는 자는 누구든 사실상 무신론자다. 근본적인 문제점은 사람의 영이 자신의 신으로 주장하는 급진적 자율성이다. 그리고 그 결과 각 사람은 더 이상 법과 도덕의 일률적 기초가 없는 세상 속에서 "자기의 소견에 옳은 대로 행"한다(참고. 삿 21:25). 요한이 "세상"을 그런 뜻으로 사용하듯, 바로 이것이 "세상"의 방식이다.

그러므로 요한이 첫 번째로 제시하는 "세상을 사랑하지 말라"는 명령이 이어지는 모든 내용의 토대다. 세상이 하나님께 취하는 태도와 삶의 방식을 따라서는 안 된다. 인간의 자율성에 매력을 느끼는 것은 하나님을 사랑하는 것을 거부하는 것이고, 결국 하나님을 사랑하지 못하는 것이기 때문이다. 음식, 술, 성(性)에 대한 육신의 정욕에 재갈을 물리지 않는 자 속에 하나님을 향한 사랑은 없다. 사고팔 수 있는 이생의 물질적인 것들에 최고의 가치를 두고 사랑, 신실함, 선함과 같은 보이지 않는 것들을 과소평가하는 자에게 하나님을 향한 사랑은 없다. 자신의 업적과 하나님을 위해서는 필요하지 않은 자원에 기초를 둔 삶에 스스로 만족하고 안전을 느끼는 자에게 하나님을 향한 사랑은 없다.

우리의 삶에서 하나님께 주권적인 주(主)로서의 적절한 지위를 내어드릴 때 비로소 우리는 올바르게 육체적 필요를 만족시키고, 물질적 복을 누리며, 평안하고 평온한 인생을 사는 참된 안전을 얻을 수 있다. 세상이나 세상에 있는 것들을 사랑하지 말라는 요한의 명령은 가장 기본적인 삶의 방향에 관해 말하는 것이다. 만약 우리가 삶에서 모든 판단을 내리는 가운데 하나님을 향해 나아가지 않는다면, 아무리 열렬한 수고와 큰 대의라도 '타이타닉 호'의 놋쇠에 광을 내는 것에 불과할 것이다. 이 세상은 그 가치와 태도와 자율성과 함께 날마다 지나간다. 찰스 스터드(Charles T. Studd, 1860-1931)의 '오직 한 번뿐인 인생'(Only One Life)이라는 유명한 시가 요한이 말하고자 하는 요점을 잘 포착했다.

어느 날 두 줄짜리 격언을 나 들었네. 종종걸음으로 삶의 바쁜 길을 가던 날에
내 가슴에 확신을 심어준 그 말, 영영 내 마음을 떠나지 않네.
오직 한 번뿐인 인생, 속히 지나가고 오직 그리스도를 위하여 행한 것만 영원하리라.

오직 한 번뿐인 인생, 정말 단 한 번뿐인 인생, 덧없는 그 시간도 곧 멈추겠지.
그러면 이내 내 주님을 만날 '그날'이 오고 나는 그분의 심판석 앞에 서겠지.
오직 한 번뿐인 인생, 속히 지나가고 오직 그리스도를 위하여 행한 것만 영원하리라.

오직 한 번뿐인 인생, 세미한 작은 음성으로 속삭이네. 제발 더 나은 선택을 하고
이기적인 목표를 내려놓으며, 하나님의 거룩한 뜻을 굳게 고수하라.
오직 한 번뿐인 인생, 속히 지나가고 오직 그리스도를 위하여 행한 것만 영원하리라.

오직 한 번뿐인 인생, 참으로 짧은 세월로, 날마다 짐과 희망과 두려움으로 얽혀 있고
자아를 위하여 살거나 주의 뜻을 따라 살면서 날마다 시간의 진흙으로 내가 빚어야 하니
오직 한 번뿐인 인생, 속히 지나가고 오직 그리스도를 위하여 행한 것만 영원하리라.

이 화려한 세상이 나를 극도로 유혹할 때, 사탄이 승리할 때,

자아가 자기 길을 추구할 때, 주께서 나를 도와주신 것을 기쁘게 말하게 되기를
오직 한 번뿐인 인생, 속히 지나가고, 오직 그리스도를 위하여 행한 것만 영원하리라.

아버지여, 깊이 있는 목적을 내게 주소서. 기쁠 때나 슬플 때나 주의 말씀을 지키도록
어떤 풍파가 와도 신실하고 진실하게 하소서. 날마다 사는 동안 주님을 기쁘시게 하도록
오직 한 번뿐인 인생, 속히 지나가고 오직 그리스도를 위하여 행한 것만 영원하리라.

오, 나의 사랑이 뜨겁게 타오르게 하소서. 이제는 세상에서 돌아서게 하소서.
주님을, 오직 주님만을 위하여 살게 하소서. 주의 보좌에서 주님이 기뻐하시도록
오직 한 번뿐인 인생, 속히 지나가고 오직 그리스도를 위하여 행한 것만 영원하리라.

오직 한 번뿐인 인생, 정말 단 한 번뿐인 인생, 이제 '주의 뜻이 이루어지이다'라고 말하리라.
마침내 하늘로 부르심을 받을 때 '정말 가치 있게 살았다'고 말하리란 것을 내가 알리라.
오직 한 번뿐인 인생, 속히 지나가고 오직 그리스도를 위하여 행한 것만 영원하리라.[7]

---

[7] 인터넷에서 쉽게 찾아볼 수 있다. 예를 들어, www.paulstefanort.com/2009/05/31/only-one-life-ct-studd를 보라.

요한일서 2:18-28

문학적 전후 문맥

이 단원은 요한이 자신의 교회(들)에 주는 메시지의 핵심이다. 여기에서 요한은 편지를 쓰게 된 절박한 이유, 곧 그리스도인으로 알려진 교회 안의 일부 사람들이 어떤 이유에서 예수님이 그리스도라는 진리를 버린 것, 더 분명히 말해 그 진리를 거부한 것 때문에 앞에서 말한 내용을 모두 망라한다. 즉, 자신의 권위(1:1-4), 죄(1:6-2:2), 예수님을 믿고 타인을 사랑하라는 하나님의 명령(2:3-17)을 진술한다. 여기서 우리는 요한이 독자에게 그리스도에 관한 사도적 교훈을 계속 지킴으로써 그리스도 안에 거하라고 권면하는 것을 확인한다. 이 본문은 그리스도 안에 거하는 것에 관한 개념에서 시선을 돌려 하나님의 자녀에게 꼭 필요한 윤리적 요소를 다룬다. 이것은 요한일서의 주제 가운데 하나다.

> VI. 세상을 사랑하는 것은 아버지를 사랑하는 것과 반대된다(2:15-17)
> ➤ VII. 교회 안의 분열(2:18-28)
>   A. 요한이 "마지막 때"를 선포함(2:18)
>   B. 한 무리가 요한의 교회(들)를 나감(2:19)
>   C. 그리스도에 관한 진리의 본질(2:20-21)
>   D. 거짓 선생의 특징(2:22-23)
>   E. 권면과 약속(2:24-27)
>   F. 요한이 종말론적 배경에서 요점을 요약함(2:28)
> VIII. 누가 하나님의 자녀인가?(2:29-3:10)

주요 개념

요한은 예수 그리스도에 관한 모든 관념이 그 진리에 대한 각기 다른 관점을 보여주는 것이 아니라, 절대로 넘어서는 안 되는 그 진리의 경계선이 있다고 주장한다. 요한은 자신의 교회에서 "나간 자들"(이탈자들)의 교훈이 자신과 사도 전승이 가르친 예수 그리스도에 관한 진리와 일치하지 않는 거짓말이라고 선언한다. 요한은 독자에게 그리스도의 생애, 죽음, 부활의 중요성에 대한 사도적 증언의 진리에서 벗어난 개념들을 받아들여 잘못된 길로 가지 말고 예수 그리스도 안에 "거하라"고 권면한다.

번역

요한일서 2:18-28

18a	호칭	아이들아	
b	단언	**지금은 마지막 때라**	
c	기초		적그리스도가 오리라는 말을 너희가 들은 것과 같이
d	단언		지금도
e	단언	**많은 적그리스도가 일어났으니**	
f	추론	**그러므로 우리가…아노라**	
g	내용		마지막 때인 줄
19a	양보	그들이 우리에게서 나갔으나	
b	예상과 반대	우리에게 속하지 아니하였나니	
c	설명		만일 우리에게 속하였더라면
d	추론	우리와 함께 거하였으려니와	
e	사거	그들이 나간 것은 다	
f	내용		우리에게 속하지 아니함을
g	결과		나타내려 함이니라
20a	단언	너희는 거룩하신 자에게서 기름 부음을 받고	
b	단언	모든 것을 아느니라	
21a	단언	내가 너희에게 쓰는 것은	
b	기초		너희가 진리를 알지 못하기 때문이 아니라
c	예상과 반대		알기 때문이요
d	확대		또 모든 거짓은 진리에서 나지 않기 때문이라

22a	수사 질문	거짓말하는 자가 누구냐
b	내용	예수께서 그리스도이심을 부인하는 자가 아니냐
c	동격	아버지와 아들을 부인하는
	신원	그가 적그리스도니
23a	단언	아들을 부인하는 자에게는 또한 아버지가 없으되
b	단언	아들을 시인하는 자에게는 아버지도 있느니라
24a	동격/확인	너희는 처음부터 들은 것을
b	권면	너희 안에 거하게 하라
c	조건	처음부터 들은 것이 너희 안에 거하면
d	결과	너희가 아들과 아버지 안에 거하리라
25a	확인	그가 우리에게 약속하신 것은 이것이니
b	동격	곧 영원한 생명이니라
26	단언	너희를 미혹하는 자들에 관하여 내가 이것을 너희에게 썼노라
27a	언급	너희는
b	확인	주께 받은 바
	단언	기름 부음이
c	단언	너희 안에 거하나니
d	결과	아무도…필요가 없고
e	내용	너희를 가르칠
f	대조	오직 그의 기름 부음이…가르치며
		모든 것을 너희에게
g	단언	또 참되고
h	단언	거짓이 없으니
i	권면	너희를 가르치신 그대로
		주 안에 거하라
28a	호칭	자녀들아 이제
b	권면	그의 안에 거하라
c	조건	이는 주께서 나타내신 바 되면
d	확대	그가 강림하실 때에…그 앞에서 부끄럽지 않게 하려 함이라
e	결과	우리로 담대함을 얻어

구조

"지금도 많은 적그리스도가 일어났으니"라는 충격적인 선언은 지금이 "마지막 때"라는 사실을 확증한다. 이것은 공동체의 일부 지체가 교회(들)를 떠난 후 펼쳐진 논의를 소개한다(18-19절).

이런 상황에 대한 요한의 종말론적 관점은 18절에서 시작되어 28절에서 설명이 끝난다. 이 관점에 따라 신자들은 그리스도가 재림할 때 부끄럽지 않은 자로 서리라는 희망을 품는다.

20절과 27절은 요한의 독자가 사도적 교훈을 진리로 인정하고 분별력을 갖게 하는 기름 부음을 언급하는 내용이라는 점에서 인클루지오를 이룬다. 요한이 독자가 확실히 진리를 안다고 확언하는 것(2:21)은, 노출되어 있던 거짓 교훈에 그들이 미혹되지 않기를 바라는 그의 염려(2:26)와 맞물려 있다. 예수님이 그리스도가 아니시라는 믿음을 적그리스도가 가르친다고 여기는 것(2:22)은 독자가 처음에 받아들였던 진리 안에 계속 거하라는 요한의 권면(2:24a)과 병렬을 이룬다. 이런 교차 대구 구조의 중앙에는, 아들을 부인함으로써 아버지를 모르는 자 그리고 아들을 시인함으로써 아버지가 있는 자를 대조하는 2:23a과 2:23b이 짝을 이룬다.

   2:18-19 논의를 위한 종말론적 배경
      2:20 기름 부음
         2:21 독자가 진리를 갖고 있음을 확언함
            2:22 거짓말: 예수는 그리스도가 아니다
               2:23a 아들을 부인하는 자는 아버지도 없다
               2:23b 아들을 시인하는 자는 아버지도 있다
            2:24a 처음부터 들은 진리 안에 거하라
         2:26 독자가 미혹되지 않기를 바라는 염려
      2:27 기름 부음
   2:28 논의를 위한 종말론적 배경

이 교차 대구 구조는 '예수님이 그리스도'라는 사실을 시인하지 않으면 하나님 아버지를 알 수 없고 영생도 없다는 사실을 강조한다.

석의적 개요

→ **VII. 교회 안의 분열(2:18-28)**
    A. 요한이 "마지막 때"를 선포함(2:18)
        1. 지금은 마지막 때다(2:18a-b)
        2. 독자는 적그리스도가 오리라는 말을 들었다(2:18c)
        3. 많은 적그리스도가 일어났다(2:18d-e)
        4. 마지막 때는 알 수 있다(2:18f-g)
    B. 한 무리가 요한의 교회(들)를 나감(2:19)

1. 그들은 우리에게서 나갔다(2:19a)
   2. 그들은 우리와 함께 시작했어도 진정으로 우리에게 속하지 않았다(2:19b)
   3. 그들이 우리에게 속했다면 우리와 함께 거했을 것이다(2:19c-d)
   4. 그들이 우리에게 속하지 않은 것은 실제로 드러났다(2:19e-g)

C. 그리스도에 관한 진리의 본질(2:20-21)
   1. 요한이 독자가 "기름 부음 받은 것"을 확언하다(2:20)
   2. 요한이 진리의 본질을 설명하려고 편지를 쓰다(2:21)
      a. 독자에게 진리를 말하기 위해서가 아니라 그들이 이미 진리를 알기 때문에 편지를 쓰다 (2:21a-c)
      b. 거짓은 진리의 한 부분이 아님을 설명하려고 편지를 쓰다(2:21d)

D. 거짓 선생의 특징(2:22-23)
   1. 거짓 선생은 거짓말하는 자다(2:22a-b)
   2. 거짓 선생은 아버지와 아들을 부인하는 적그리스도다(2:22c)
   3. 아들을 부인하는 자는 아버지와 사귈 수 없다(2:23a)
   4. 예수님이 그리스도임을 시인하는 자는 아들 및 아버지와 사귀는 자다(2:23b)

E. 권면과 약속(2:24-27)
   1. 정통 교훈에서 떠나지 말라(2:24)
   2. 너희는 영생을 얻을 것이다(2:25a-b)
   3. 이 편지로 너희가 미혹되지 않도록 하라(2:26)
   4. 기름 부음이 너희 안에 거한다(2:27a-h)
      a. 이 기름 부음으로 너희에게는 이 거짓 선생들이 전혀 필요 없다(2:27d)
      b. 이 기름 부음은 너희가 진리와 오류를 분별하도록 가르친다(2:27f-h)
   5. 주 안에 거하라(2:27i)

F. 요한이 종말론적 배경에서 요점을 요약함(2:28)
   1. 주 안에 거하라(2:28a-b)
   2. 그가 강림하실 때 담대함을 얻으라(2:28c-e)

본문 설명

요일 2:18 아이들아 지금은 마지막 때라 적그리스도가 오리라는 말을 너희가 들은 것과 같이 지금도 많은 적그리스도가 일어났으니 그러므로 우리가 마지막 때인 줄 아노라(Παιδία, ἐσχάτη ὥρα ἐστίν, καὶ καθὼς ἠκούσατε ὅτι ἀντίχριστος ἔρχεται, καὶ νῦν ἀντίχριστοι πολλοὶ γεγόνασιν, ὅθεν γινώσκομεν ὅτι ἐσχάτη ὥρα ἐστίν). 이 구절은 적그리스도라는 개념을 소개한다. 적그리스도라는 개념은 얼핏 보면 앞에서 말한 사실과는 완전히 분리된 주제처럼 보인다. 그러나 18-19절에서 요한은 요한일서를 쓰게 된 동기로서 적그리스도가 나타난 것을 말한다.

"적그리스도"는 요한의 교회("우리") 안에 나타났다 떠나갔다. 그들의 등장과 퇴장을 보고 요한은 지금이 "마지막 때"라고 결론지었다. 비록 요한은 여기서 자신이 앞에서 쓴 것과 상관없는 적그리스도 주제를 소개하는 것처럼 보일 수 있지만, 원독자는 자신이 속한 교회에 일어난 분열을 알았을 것이고 사도의 모든 말을 그 배경 속에서 이해했을 것이다. 무언가 위험한 일이 일어났다. 이 주제는 18절에 이르기까지 명시적으로 언급되지 않는다. 하지만 이것은 이 주제가 요한에게 주요 관심사가 아니었다는 것을 암시하지 않는다. 그 일은 요한이 취할 수 있던 공통된 지식의 하나였기 때문이다.

이 구절에서 주석과 관련하여 두 가지 중대한 질문이 나온다. 요한이 말하는 "마지막 때"는 무슨 뜻인가? 우리는 요한이 "적그리스도"라고 부르는 사들 어떻게 이해해야 할까? 요한은 이 새로운 본문을 "아이들아"(παιδία)라는 호격으로 시작한다. 요한은 독자에게 그들이 알지 못하는 일을 알려주거나 상기시키고 있다. 곧, "지금은 마지막 때라"는 것이다. "마지막 때"는 주로 적그리스도들이 일어나는 현상이 그 특징이다.

요한은 신약성경 저자들 가운데 독특하게 "때"(ὥρα)라는 말을 자주 사용한다. 요한은 이 말을 종말론적 뉘앙스가 있는 때의 여러 다른, 그러나 서로 관련된 시점을 가리키는 데 사용한다.[1] 요한복음에서 요한은 예수님의 생애의 정점을 "때"라는 말로 여러 번 지칭한다. 요한복음 12:23이 한 실례다(요 2:4; 7:30; 8:20; 12:27; 13:1; 17:1도 보라). "예수께서 대답하여 이르시되 인자가 영광을 얻을 때가 왔도다." 또 요한복음에서 예수님은 이 헬라어 단어를 자신의 생애의 정점과 긴밀하게 관련되어 있고, 그 정점의 결과인 미래의 어느 한 시기를 가리키는 데 사용하신다. 4:21["예수께서 이르시되 여자여 내 말을 믿으라 이 산에서도 말고 예루살렘에서도 말고 너희가 아버지께 예배할 때(ὥρα)가 이르리라"]을 주목하라(요 16:2, 4도 보라). 마지막으로 요한복음에서 예수님은 이 말을 어떤 의미에서 이미 시작한 종말 시기를 가리키는 데 사용하신다. "진실로 진실로 너희에게 이르노니 죽은 자들이 하나님의 아들의 음성을 들을 때(ὥρα)가 오나니 곧 이 때라 듣는 자는 살아나리라"(요 5:25; 요 4:23; 5:28도 보라).

"때"의 이런 용법은 하나님이 세상을 다루시는 단계에서 마지막 단계에 관한 종말론적 개념을 우리에게 환기시킨다. 곧, 이 '때'는 예수님의 죽음으로 시작하고 세상이 예수님을 따르는 자들을 대적하는 시기를 거쳐, 우리가 아는 것처럼 역사의 끝에 있을 부활과 심판의 날에 완성될 단계를 가리킨다(참고. 단 8:19; 11:40, 41; 12:1). 요한에게 '마지막 때'는 오직 부활과 심판의 날을 가리키는 것으로 보이는 그의 용어 "마지막 날"과 긴밀하게 관련되어 있다. 예를 들어, 요한복음 6:39을 보라(6:40, 44; 12:48도 보라). "나를 보내신 이의 뜻은 내게 주

---

1. 이것을 다루는 최근의 한 저작인 Stefanos Mihalios, *The Danielic Eschatological Hour in the Johannine Literature* (LNTS 436; London: T&T Clark, 2011)를 보라.

신 자 중에 내가 하나도 잃어버리지 아니하고 마지막 날에 다시 살리는 이것이니라."

"적그리스도"(ἀντίχριστος)라는 말을 들을 때 이 말이 신약성경에서 유일하게 요한 서신에만 나온다는 것을 알면 많은 사람이 놀랄 것이다(요일 2:18, 22; 4:3; 요이 1:7). 대중적인 종교 문화에서 적그리스도는 묵시적인 짐승의 심상과 적그리스도를 동일시하는 것에 기반을 둔 요한계시록과 크게 관련되어 있다. 이때 현대 설교자들은 적그리스도를 종종 그리스도와 그의 백성에게 적대적인 폭력 행위를 행하도록 세움 받을 미래의 세계 통치자로 묘사하고 666이라는 수와 연관시킨다.

그러나 "적그리스도"라는 말을 사용하는 유일한 성경 저자인 요한은 이 말을 이런 대중적 개념과는 전혀 다르게 정의한다. 첫째, "많은"(πολλοί) 적그리스도가 있다. 둘째, 적그리스도는 미래가 아니라 요한의 편지를 받는 그 공동체(들) 중에서 (무려 2천 년 전에) 등장했고 또 등장할 수 있다. 보통 '지금도 많은 적그리스도가 왔으니'(καὶ νῦν ἀντίχριστοι πολλοὶ γεγόνασιν)라고 번역된 말에서 동사의 완료 시제(γίνομαι)는 적그리스도가 "오리라"고 말한 직전 어구의 영향을 받아서 '왔다'(have come)로 해석된다. 그러나 이 구문은 또한 '지금도 많은 사람이 적그리스도가 되었으니(have become)'라고 번역하는 것도 가능하다. 또한 강조하기 위해 동사 앞에 두 주격 단어를 두는 것(and now antichrists many have become)도 가능하다.[2] 이것은 요한의 원독자(오늘날의 많은 독자와 같이)가 아주 악랄한 한 사람이 일어날 것으로 예상했을 때, 사실은 그런 사람이 일어난 것과 비슷하게 주변에서 일어난 일종의 이단적인 교훈이 교회를 심각하게 파괴한 원흉이었다는 충격적 선언이었음을 암시한다.[3]

또한 이 해석은 그것을 요구하지는 않지만, 적그리스도가 실제로 요한의 교회(들) 교인들 중에서 일어난 것을 암시할 수도 있다. 이렇게 이해하면 "그들이 우리에게서 나갔으나 우리에게 속하지 아니하였나니"라는 말이 가장 잘 이해된다. 그리고 밖에서 들어와 이단 사상을 전하고 나간 거짓 선생들과 반대였다면, 곧 그들이 원독자에게 잘 알려진, 아니 어쩌면 처음에는 평판이 좋았으나 결국은 사귐을 저버린 사람들이었다면, 긴장이 크게 고조되어 있었을 것이므로 어떻게든 그들에게 더욱 확신을 주어야 했을 것이다. 한 고대 저술가가 말하는 바, "오직 진리를 들은 후 거짓 분파에 가담한 자만이 적그리스도로 불린다. 그들이 지금 적그리스도로 불리는 것은 이전에는 그들이 그리스도인이었기 때문이다"[4]라고 설명하는 것처럼 모든 거짓 선생이 적그리스도로 불린 것은 아니다.

결론적으로 요한은 적그리스도라는 말을 (1) '예수님이 그리스도(메시아)이심을 부인하는 자'(2:22), (2) '(육체로 오신) 예수님을 시인하지 아니하는 모든 영'(4:3), (3) '예수 그리스도가 육체로 오신 것을 부인하는 자'(요이 1:7)로 정의한다. 이 진술들이 구체적으로 무엇을 의미하든(각 본문에 대한 주석을 보라), 적그리스도는 예수 그리스도에 대한 왜곡된 지식을 가지고 그것을 가르치는 자다. 따라서 이 단락에서 요한은 중대한 기독론 문제를 제기한다.

요한은 분열 이후, 우리는 정확히 알 수 없는 어떤

---

2. 이와 비슷한 단어 순서를 가진 술어 주격 구문에 대해서는 다음 본문들을 보라. 약 3:1; Josephus, *C. Ap.* 2.282; Philo, *Leg.* 1.89; Plato, *Prot.* 326e; Thucydides, *Hist.* 4.106.1; Isocrates 15 (*Antid.*) 98; Xenophon, *De vectigalibus* 4.22.

3. 다음 자료를 보라. L. J. Lietaert Peerbolte, *The Antecedents of the Antichrist: A Traditio-Historical Study of the Earliest Christian Views on Eschatological Opponents* (Leiden: Brill, 1996); Geert Wouter Lorein, *The Antichrist Theme in the Intertestamental Period* (London: T&T Clark, 2003); Jörg Frey, "Eschatology in the Johannine Circle," in *Theology and Christology in the Fourth Gospel* (공동편집 G. Van Belle, J. G. Van Der Watt, P. Maritz; Leuven: Peeters, 2005), 특히 59.

4. Didymus the Blind, *Commentary on 1 John* (ACCS NT 11; 편집 Gerald Bray; Downers Grove, IL: InterVarsity Press, 2000), 186-87.

5. Streett, *They Went Out from Us*, 7-8.

이유로 독자에게 예수 그리스도에 관한 진리를 가르치거나 상기시킬 필요가 있다고 느꼈다. 지금까지 요한이 쓴 것은 모두 독자가 자신의 권위를 계속 신뢰하고(1:1-4), 적그리스도의 길을 가지 않고 예수님에 관한 자신의 교훈을 받아들이도록(2:24) 설복시키기 위한 준비 과정이었다. 요한은 독자가 참된 기독교 신앙을 가지고 있음을 확언하지만(1:5-2:17, 또한 2:21도 보라), 분명히 그들이 잘못된 길에 들어설 위험 속에 있다고 느꼈다. 그래서 독자에게 그들이 받아들인 믿음을 통해 이미 확실히 영생이 있다는 점을 확신시키려고 편지를 썼다. 그 결과 그들이 사도 전승 안에 계속 거하기를 간절히 바랐다. 이것은 공동체 안의 많은 사람이 '적그리스도가 되어버린'(γεγόνασιν) 현실을 보았기 때문이다. 그래서 요한은 추가 피해를 막고자 편지를 쓴 것이다.

많은 이가 적그리스도가 되어버린 상황으로 볼 때, 여기서 "그러므로"(ὅθεν)라는 추론 접속사는 이 상황이 확실히 마지막 때를 확증한다는 추론을 소개한다. 물론 아주 명백하게 말하면 그리스도가 오시기 전에는 적그리스도가 있을 수 없다. 그래서 요한의 진술은 예수 그리스도가 새 시대를 열었다는 것을 추가로 암시한다. 요한의 정의에 따르면, 그리스도를 따른다고 고백하지만 사도 전승과 일치하지 않는 기독론을 가르치는 자는 누구를 막론하고 확실히 적그리스도다. 따라서 그는 그리스도 안에 있는 하나님의 진리를 반대하는 자다.

요일 2:19 그들이 우리에게서 나갔으나 우리에게 속하지 아니하였나니 만일 우리에게 속하였더라면 우리와 함께 거하였으려니와 그들이 나간 것은 다 우리에게 속하지 아니함을 나타내려 함이니라 ἐξ ἡμῶν ἐξῆλθαν, ἀλλ' οὐκ ἦσαν ἐξ ἡμῶν· εἰ γὰρ ἐξ ἡμῶν ἦσαν, μεμενήκεισαν ἂν μεθ' ἡμῶν· ἀλλ' ἵνα φανερωθῶσιν ὅτι οὐκ εἰσὶν πάντες ἐξ ἡμῶν). 이 구절은 저자가 목회적인 관심을 크게 갖게 된 상황이 교회 안에서 벌어졌음을 어렴풋이 짐작하게 한다. 이 구절은 요한일서를 해석하는 것뿐만 아니라 요한 서신을 둘러싼 역사적 상황을 재구성하는 것에도 중요한 비중을 차지한다.

요한일서에서 처음으로 요한은 "우리"와 "너희"가 아닌 제삼자로 구성된 집단인 "그들"을 언급한다. 게다가 18절에서 요한은 "그들"을 매우 자극적인 말인 "적그리스도"와 동일시했다. 따라서 요한은 원독자에게 자기들에게서 나간 사람들에 관한 사실을 알려주거나 환기한다. 그러나 확실히 "그들"은 실제로는 우리에게 '속한' 자가 아니었다. 부정 불변화사(οὐκ)는 "다"(πάντες)가 아니라 동사를 수식한다. 그래서 문자적으로 '그들이 다 우리에게 속하지 않았다', 또는 더 부드러운 말로 번역하면 '그들 중 아무도 우리에게 속해 있지 않았다'는 뜻이다(2:23에서 비슷한 구성을 보라). 분명히 말해, 요한은 자신이 그들을 인정한다는 인상을 피하기 위하여 "그들"과 "우리"를 분리하는 것이 필요하다고 느낀다. 왜 그러한가? 그들은 누구였는가? 그리고 그들이 요한의 교회(들)에서 나간 것 때문에 요한은 어떤 동기를 자극받아 편지를 쓰게 되었을까?

지난 30여 년 동안, '이탈자들이 요한의 교회에서 나간 것은 역사적 시나리오를 재구성하는 연구를 촉발했을 뿐만 아니라 요한일서 나머지 부분을 어떻게 이해해야 할지 연구하는 것에도 영향을 미쳤다. 1:6-10의 "만일 우리가 [말]하면"이라는 구절들은 마치 그것들이 실제로 이탈자들이 파급시킨 죄에 관한 거짓 교훈의 요점인 것처럼 이해되었다. 2:3-11은 종종 이탈자들이 어둠 속에 거했기 때문에 하나님의 명령을 지키지 않은 것을 암시하는 내용으로 이해된다. 2:18-27과 4:1-6의 기독론 진술은 그들이 어떤 공식적 역할을 맡은 선생이든 아니든 교회에 악영향을 미친 이 거짓 선생들의 반(反)기독론을 교정하는 내용으로 이해된다.

대니얼 스트리트(Daniel Streett)는 요한의 교회에서 나간 이탈자들이 누구였는지 그리고 그들이 무엇을 믿었는지에 관해 학자들이 제시한 다양한 이론을 다음과 같이 간명하게 요약한다.[5]

1. 예수님의 교훈을 능가하는 신비적 지식을 가졌다고 믿은 영지주의자들. 나아가 이들은 물질은 악하다고 믿었다. 그래서 그들은 방종하거나 금욕적인 삶 중 하나를 따라 살았다. 이 견해를 주장한 유명한 학자는 불트만(1973)이었다. 로버트 로(Robert Law, 1909)와 C. H. 도드(1946) 역시 이 견해를 취했다. 물론 그들 사이에 약간씩 차이가 있다.[6]
2. 예수님이 온전한 인간처럼 나타난 것뿐이지 인간은 아니었다고 믿은 가현설주의자들. 무디 스미스(D. Moody Smith, 1991)와 조지 맥레(George MacRae, 1986)가 이것을 주장했다.[7]
3. 인간 예수는 그리스도-영(Christ-spirit)과 완전히 다른 존재였고, 다만 그리스도-영은 인간 예수가 세례를 받을 때 임했다가 십자가에 달려 죽기 직전에 떠났다고 믿은 그리스도인들. 이들은 종종 가현설주의자로 간주하는 케린투스와 관련된 자들이었을 것이다. 이레나이우스는 이 견해를 책에 기록하고 논박한다(*Haer.* 1.26.1; 3.3.4; 3.11.1).
4. 예수님의 인간적 사역과 속죄의 죽음을 무시하고, 대신 성령을 신령한 지식의 원천으로 크게 강조한 그리스도인들. 이 견해는 레이먼드 브라운(1982), 폰 발데(Von Walde, 1990), 클로크(Hans-Josef Klauck, 1991)가 주장했다.[8]
5. 기독교 공동체를 떠나 그리스도를 믿는 믿음을 포기하고 회당으로 되돌아간 유대파 그리스도인들. 이들은 메시아 반대파라는 의미에서 예수님과 관련된 "적그리스도"다. 말하자면 이들은 예수님을 메시아로 보지 않는다. 이 견해는 가장 최근에 스트리트(2011)가 옹호했으나 그보다 앞서 뷔름(Wurm, 1903)이나 오닐(O'Neil, 1966)과 같은 학자들이 주장했다. 최근에는 그리피스(Griffith, 2002)와 위더링턴(Witherington, 2006)도 지지자로 등장했다.[9]

이상의 재구성 이론의 핵심 요소는, 요한복음의 일부 편집 단계에서 발견되는 것처럼 요한의 교회에서 나간 자들이 요한이 본래 전했던 교훈에서 벗어나 잘못된 신학을 전개한 요한 공동체의 지체였다는 것이다. 요한복음의 다양한 편집 단계에 따라 여러 상황이 펼쳐졌다는 가정 아래 다수의 논란과 문제점이 확인되었다. 다시 말하면, 요한일서를 쓰게 한 역사적 상황에 대한 재구성은 요한복음의 편집 이론들과 긴밀하게 연계되어 있었다. 따라서 이것은 요한 공동체의 재구성 및 요한 공동체의 당시 주류 기독교(즉, 바울 계통 기독교)와의 관계와도 긴밀하게 결부되어 있었다. 분명히 이 재구성을 받아들이는 것은 우리가 요한복음의 폭넓은 편집 역사에 찬성하는지에 따라 크게 좌우될 것이다.

더 최근에는 일부 해석자들이 요한복음 본문이 제공하는 빈약한 증거로 이런 포괄적인 역사적 재구성을 계속 시도할 수 있는지에 대해 회의적인 태도를 보이며 지난 30년 또는 40년 동안 요한 학문의 버팀목이 되어 온 가정들을 무시하는 경향을 보였다. 그리피스가 쓴 「요한일서에 관한 비-논쟁 해석: 죄, 기독론, 요한 기독교의 한계」라는 논문은, "영지주의자와 가현설주의자 같은 반대자들을 필요로 하지 않고, 나간 집단이 무엇을…믿는지 전혀 다루지 않는" 해석을 찬성한다.[10] 스트리트의 박사 학위 논문은 가장 최근에 이 문제를 심층적으로 다루었다. 그리피스와 같이 '거울 독법'을 폭넓게 비판하는 접근법을 취한다(하지만 정작 스트리트 자신은 자신의 결론을 위하여 어느 정도 거울 독법에 의존한다).

---

6. 같은 책, 19–20.
7. 같은 책, 36–37.
8. 같은 책, 77.
9. 같은 책, 90–100.
10. Griffith, "Non-polemical Reading of 1 John," 28.

거울 독법은 신약성경 저자의 명시적 진술과 명령을 사용하여 이 진술과 명령을 낳을 수 있는 개연적인 상황을 구성하는 작업을 포함한다. 그러므로 누구나 어느 정도는 거울 독법을 사용하지 않으면 안 된다. 사실 이런 추론은 언어가 어떻게 작용하는지 파악하는 데 중요한 부분이기는 하다. 하지만 정확하거나 정확하지 않을 수 있는 가설 시나리오에 전폭적인 비중을 두고 고대 본문들을 해석하는 것은 현명하지 않다. 스트리트는 요한일서에서 논쟁 관련 내용은 2:18-27과 4:1-6로 제한되고 다른 곳에서는 이탈자에 대한 언급이 나오지 않는다고 지적한다.[11] 그러므로 1:6-10의 "만일 우리가…라고 [말]하면"이라는 진술과 같이, 전통적으로 이탈자들의 거짓 교훈을 반대하는 논박의 한 부분으로 해석한 본문들은 이탈자들이 요한일서에 아직 소개되지 않았으므로 논쟁 배경에 따라 이해해서는 안 된다.

우리는 본문의 명시적 진술을 통해 일부 지체가 공동체에서 나간 것을 안다(2:19). 저자는 독자에게 그들이 영생을 지니고 있음을 확신시키려고 편지를 쓴다(5:13). 요한이서와 요한삼서 역시 요한의 교회들 속에서 일어난 분열이라는 주제를 심각하게 다룬다는 점을 고려하면, 세 편지 모두 배후에 원독자에게 이미 잘 알려진 훨씬 더 큰 사건이 있는 것이 분명해 보인다. 요한이 그 순간 원독자에게 써야 했던 내용이 무엇이든, 비록 요한이 요한일서 첫 문장에서 그것을 명시적으로 언급하지 않았다고 해도, 원독자는 그것을 이탈자들이 교회를 나간 배경 속에서 자연스럽게 이해했을 것이다.

그럼에도 불구하고 스트리트는 전통적인 재구성 시나리오의 핵심에 놓여 있는 몇 가지 날카로운 질문을 다음과 같이 제기한다.

"적그리스도"인 이탈자들이 나간(2:19) "우리" 집단은 누구였는가? 그 집단은 요한일서 1:1-3의 '목격자'인 저자 집단을 가리키는가, 아니면 요한 공동체를 가리키는가? 그 집단은 왜 더 포괄적으로 초기 기독교 운동 전체를 가리킬 수 없었을까? 우리는 "적그리스도"가 하나의 연합 집단이라는 것을 어떻게 알까? 우리는 그들이 한 번에 다, 또는 같은 이유로 "우리" 집단에서 나갔다는 것을 어떻게 알까?[12]

요한 공동체에 관한 이론들과 그 이론들이 요한 자료를 편집한 것은 자료의 범위를 넘어설 것이다. 따라서 더는 건전한 해석을 위한 가정으로 사용될 수 없다. 특별히 초기 영지주의자나 가현설주의자를 이탈자로 비난하는 것은 가능해 보이지 않고 또 필수적이지도 않다. 그러나 어쨌든 요한 공동체의 사귐을 교란시키는 일이 벌어졌다. 이것은 저자가 이 일의 영향을 가장 크게 받을 사람들에게 어쩔 수 없이 편지를 써야 한다고 느낄 정도로 잠재적으로 위험하고 파장이 큰 사건이었다. 요한이 죄, 기독론, 사랑이라는 주제에 관해 효과적으로 제시하는 적극적 교훈은 어느 정도 고대의 이단들은 물론이고 현대의 다양한 이단들의 근본 원리를 반대한다. 요한의 긍정적 신학의 진술에 따르면, 원래의 역사적 상황의 세부 사실이 소실되어 우리에게는 알려져 있지 않다고 해도, 정통적 믿음은 얼마든지 확립될 수 있다.

19절에 적어도 두 가지 중요한 요점이 나타나 있다. 첫째, 거짓 선생들이 자신의 교회(들)에서 생겨났기 때문에 요한은 누구든 자신이 거짓 교훈을 용납한다고 생각하는 것을 바라지 않는다. 둘째, 거짓 선생들이 공동체에서 나간 사실은 그들이 아버지 및 그의 아들 예수 그리스도와 사귐을 갖는(1:3) 자가 아니었다는 점을 드러낸다. 그것은 "생명의 말씀"에 관한 요한의 권위적 증

---

11. Streett, *They Went Out from Us*, 118.

12. 같은 책, 119.

언에 기반을 두었다(1:1-3). 비록 요한의 영향 아래 있는 기독교 공동체에 육체적으로 참여하기는 했어도, 그들은 공동체를 하나로 묶는 끈인 예수 그리스도에 관한 진리를 받아들이지 않았다. 그들은 우리 가운데 있었으나 '우리에게 속하지(ἐξ) 아니했다'.

요한은 공동체에서 나간 형제들에게 2:10에서 빛 가운데 거하는(걷는) 자에게 명령하는 것과 같은 사랑을 보여주지 않았다고 비판받을 수 있을까? 어떤 이는 "그러면 그것은 요한의 길이나 대로다"라고 말할 수 있다. 그러나 이것은 근본적으로 신약성경이 제시하는 사랑을 제대로 이해하지 못한 것이다. 사랑은 그들이 믿는 것과 상관없이 진리를 무시하는 것을 용납함으로써 모든 사람과 잘 지내는 것을 의미하지 않는다. 사랑은 진리를 이기는 것이 아니다. 사랑은 사람들이 멸망하지 않으려면 반드시 소유해야 할 진리가 있다고 주장한다. 그리고 그 이름은 예수 그리스도다. 요한은 "만일 내게 동조하지 않는다면 너희는 떠나야 한다"라고 말하지 않고 "만일 내게 동조하지 않는다면 너희는 하나님이 예수 그리스도 안에서 계시하신 진리를 받아들이는 것이 아니다. 그러므로 하나님이나 우리와 사귐을 갖고 있지 않다"라고 말하는 것이다. 이탈자들이 진리를 알고 진리 안에 거했다면 그들은 요한 공동체의 사귐 안에 "거하[였을]"(μεμενήκεισαν) 것이다.

요일 2:20 너희는 거룩하신 자에게서 기름 부음을 받고 모든 것을 아느니라(καὶ ὑμεῖς χρῖσμα ἔχετε ἀπὸ τοῦ ἁγίου καὶ οἴδατε πάντες). 요한은 독자에게 그들은 이미 진리를 알므로 적그리스도의 교훈을 따를 필요가 없다고 확언한다. "기름 부음"으로 번역된 헬라어 단어(χρῖσμα)는 신약성경에서 요한 문헌에서만 독특하게 등장한다. 칠십인역에서는 이 말이 출애굽기에서 성막과 그 안에 있는 모든 것을 성결하게 하려고, 또 제사장들을 거룩하게 하려고 의식에 따라 행해진 기름 붓는 일을 가리킬 때 나타난다. 여기서 이 말은 '기름 붓다'라는 동사(χρίω)의

형용사 형태인 "그리스도"(χριστός)라는 명칭의 동음이의 용법으로 보인다. 나중에 기독교의 기름 붓는 의식은 여기서 지지 본문을 찾아냈을 것이다. 그러나 기름 부음을 받았다고 주장하지만 사실은 기름 부음을 받지 못한 적그리스도들을 배경으로 놓고 요한이 여기서 그런 의미로 기름 부음을 언급했을 가능성은 없다.

이 기름 부음은 "거룩하신 자"(ἀπὸ τοῦ ἁγίου)에게서 나온다. 이 "거룩하신 자"는 신약성경 다른 곳에서 이 말을 빈번하게 사용하는 것에 기반을 두면, 문법적으로 예수 그리스도나 아버지를 가리킬 수도 있으나 거의 대부분 성령을 가리키는 것으로 나타난다. 만약 "거룩하신 자"가 예수 그리스도를 가리킨다면, 그 의미가 '너희는 친히 기름 부음을 받으신 거룩하신 자에게서 기름 부음을 받고'가 될 것이다. 요한의 신학에 따르면, 부활하신 그리스도는 성령을 주시는 분이다(요 20:22). 따라서 굳이 둘 사이를 날카롭게 구분할 필요가 없을 것이다.

'크리스마'("기름 부음")를 받은 결과는 (문자적으로) '너희 모두가 아는'(you all know) 것이다. 이 말은 직접 목적어가 없어서 불완전한 문장으로 보인다. 이처럼 목적어가 없기 때문에 당연히 다수 사본에서 "모든 것"(πάντα)이라는 말이 들어간 본문의 이문을 보게 된다. 그러나 문맥에서 더 어려운 이문의 의미는 영어로 번역한 말인 '너희는 아는 것 속에 있느니라'(you are in the know)와 가깝다. 이것은 요한이 원독자가 일어난 일을 이해하는 데 요구되는 지식을 가지고 있음을 인정한다는 것을 의미한다. 많은 영어 번역이 그 다음 구절에서 목적어를 빌려와 '너희는 다 진리를 알고 있느니라'(you all know the truth)로 번역한다.

이것은 공동체에서 나간 자가 '태초부터 있는 것'(1:1-4)과 모순된 그리스도와 하나님에 관한 어떤 특별한 지식을 주장했다는 점을 암시할 것이다. 도드는 이 '크리스마'가 진리에 대한 객관적 증언인 하나님의 말씀을 가리킨다고 주장했다. 여기서 요한은 독자에게 이 "기

름 부음"이 그들 안에 거하고 있음(2:27)을 인정하라고 권면하기 때문이다. 이것은 요한이 하나님의 말씀이 그들 안에 거한다(2:14)고 말하는 것과 같다.[13] 성경에 기록된 하나님의 말씀이 신령한 지식에 관한 모든 주장을 판단하는 진리의 객관적 표준인 것은 확실히 사실이다. 그러나 적그리스도들이 기독교 교회 안에서 등장했기 때문에 그들 역시 자기들의 이단 사상을 옹호하기 위해 성경을 사용했을 것이다. 이런 현상은 오늘날까지 교회 역사 전체에 걸쳐 끈질기게 존재해왔다.

나아가 요한은 자신의 독자가 진리를 거짓으로부터 분별해낼 수 있는 내적 능력이 있다고 말하는 듯하다. 신학적으로 말하면, 객관적이고 외적인 하나님의 말씀과 내적이고 효과적인 성령의 부르심이 다 참된 영적 거듭남에 필수적이다. 신학자들은 사람을 믿음으로 이끄는 성령의 이 최초의 부르심을 '효과적 부르심'이라고 지칭했다. 성경에 대해 이루어지는 성령의 지속적 사역을 '조명'이라고 칭했다. 요한이 '크리스마'라는 말을 사용하는 것은 두 관념을 다 함축하는 것 같다.

반면에 공동체에서 나간 이 적그리스도들은 물리적으로 교회에서 떠났을 뿐만 아니라, 사도적 진리에서도 떠났으며 진리와 오류를 분별하는 능력이 주어지는 성령의 내적 사역도 받지 못했다. 교회에 참여했다고 해도 그들은 여전히 영적으로 맹목적이고 어둠 속을 걸었다. 마셜이 지적하는 것처럼 "거짓 교훈에 대한 대책은 성령의 사역에 따라 적용되고 확증되는 하나님의 말씀을 내적으로 받아들이는 것이다."[14]

요일 2:21 내가 너희에게 쓰는 것은 너희가 진리를 알지 못하기 때문이 아니라 알기 때문이요 또 모든 거짓은 진리에서 나지 않기 때문이라(οὐκ ἔγραψα ὑμῖν ὅτι οὐκ οἴδατε τὴν ἀλήθειαν, ἀλλ' ὅτι οἴδατε αὐτήν καὶ ὅτι πᾶν ψεῦδος ἐκ τῆς ἀληθείας οὐκ ἔστιν). 요한은 독자가 노출된 것이 분명한 거짓 교훈에 자신의 이원성 구조를 적용한다. 요한은 독자에게 진리에 대한 지식이 있음을 확언하고 진리와 거짓 사이에 날카롭게 선을 긋는다.

여기서 우리는 요한일서가 구술적인 특징과 상관없이 그리고 헬레니즘 시대의 편지의 서두와 결말 형식을 취하지 않음에도 불구하고, 본래 성문 형태로 시작되었다는 것을 다시 한번 확인한다. 더욱이 요한일서는 복음 전도를 위한 용도로 기록된 것이 결코 아니었다. 요한이 원독자에게 이 편지를 쓴 것은 그들에게 진리가 필요해서가 아니라 이미 진리를 알기 때문이다. 여기서 요한은 다시 자신이 그들의 기독교 신앙을 확신하고 있음을 천명한다. 그 신앙을 통해 그들이 영생을 얻었다는 확신을 강화한다.

요한은 여기서 공동체에서 나간 자에게 들은 사실과 반대되는 논증을 전개하는 두 번째 이유를 제시한다. 요한은 "내가 너희에게 쓰는 것은 모든 거짓은 진리에서 나지 않기 때문"이라고 말한다. 논쟁에서 혼란을 일으키는 것은 서로 다른 견해들이 단순히 진리의 다른 측면으로 제시되는 경우다. 추측해보면, 이탈자들은 분명히 자기들의 교훈은 기독교 복음의 진리와 대립하지 않고 단순히 그 진리를 바라보는 방식이 다를 뿐이라고 주장했을 것이다. 확실히 어떤 진리든 다양한 측면이 있을 수 있다는 사실을 부인하지 않아도 진리와 거짓의 차이 역시 존재한다. 여기서 요한이 말하는 요점은 이탈자들이 믿거나 가르치는 것이 무엇이든 간에, 그것이 단순히 예수 그리스도의 진리에 대한 다른 한 관점이 아니라 완전히 거짓이라는 것이다.

요한이 직접 자신이 이렇게 판단할 권위가 있다고 주장하는 것은 그가 태초부터 있는 하나님의 생명의 말씀을 알았기 때문이다(1:1-4). 거짓 교훈과 참된 교훈을

---

13. Dodd, *Johannine Epistles*, 62.   **14.** Marshall, *Epistles of John*, 155.

분별할 수 있는 요한의 권위는 이탈자들의 권위를 압도한다. 따라서 요한의 목적은 그들이 이미 알고 있던 진리가 필수적으로 함축하는 요소와 함축된 의미를 지적함으로써 독자에게 그 진리를 더 깊이 가르치는 것에 있다.

요일 2:22 거짓말하는 자가 누구냐 예수께서 그리스도이심을 부인하는 자가 아니냐 아버지와 아들을 부인하는 그가 적그리스도니(Τίς ἐστιν ὁ ψεύστης εἰ μὴ ὁ ἀρνούμενος ὅτι Ἰησοῦς οὐκ ἔστιν ὁ Χριστός; οὗτός ἐστιν ὁ ἀντίχριστος, ὁ ἀρνούμενος τὸν πατέρα καὶ τὸν υἱόν). 요한은 진리가 있다는 것과 거짓말을 진리의 한 국면으로 가장할 수 없다는 것을 언급한 다음, 벌어진 상황을 처리할 일반 원리를 제시한다. 그 원리는 예수님의 정체성을 그리스도로 인정하는 것이다. 요한이 내리는 정의에 따르면, 거짓말하는 자(이단 사상을 믿고 가르친다는 의미에서)는 예수님이 누구신지 적절히 이해하지 못한 사람이다. 1세기나 우리 시대나 예수 그리스도에 관해 듣는 모든 사실이 참된 것은 아니다.

여기서 접속사(ὅτι)는 직접 화법을 소개한다. 즉, "'예수님은 그리스도가 아니다'라고 말하는 부인하는 자" 또는 약간 의역하여 위에서처럼 더 부드럽게 번역하면 '예수님이 그리스도이심을 부인하는 자'를 소개하는 것으로 이해되어야 한다.

"그리스도"(Χριστός)라는 명칭을 어떻게 이해하는지에 많은 사실이 달려 있다. 심지어는 예수님이 태어나기 전에도 '기름 부음을 받은 자'를 의미하는 히브리어 단어 '메시아'가 칠십인역에서 헬라어 '크리스토스'(χριστός, 예를 들어, LXX 삼상 2:20, 35; 12:3, 5; 16:6)로 번역되었다.

그러므로 복음서가 예수님이 지상에서 사역하시는 동안 그분을 '크리스토스'로 지칭할 때, 그것은 예수님을 약속된 메시아로 간주하는 것으로 이해되어야 한다(예를 들어, 마 22:42; 막 12:35; 눅 23:39; 요 7:41). 그러나 예수님의 부활과 승천으로 그리스도라는 명칭에 제2성전 시대의 유대교에서 메시아 개념에 결코 예견되지 않았던 새롭고 전례 없는 의미가 부여되었다. 예수님은 물론 메시아임을 증명하셨으나 메시아는 하나님 자신으로 판명되었다.

'크리스토스'라는 명칭을 오직 또는 주로 유대교가 부여한 종말론적 구원자 또는 선지자의 의미로만 보는 해석자들은 예수님의 부활이 어떻게 그 말의 의미를 바꾸어놓았는지를 충분히 주목하지 않는다.[15] 신약성경이 기록되었을 당시, 곧 그리스도인 중 다수가 이방인 신자였을 때, 교회 안에서 제2성전 시대 유대교가 이해했던 그리스도의 의미가 이전에 갖고 있던 기대를 봉하고 변화시킴으로써 예수님의 신성을 표현하는 뜻으로 바뀌었다(이후에 나오는 본문, 요한일서 4:2-3이 이 이해를 강화하는 것으로 보아 예수님의 존재의 본질에 관한 불일치는 끝난 것처럼 보인다. 해당 본문의 주석을 보라).

역사적으로 "그리스도"라는 용어의 의미에 이런 변화가 일어났기 때문에, 신약성경 각 저자들이 이 용어를 사용하는 방식에 애매함이 나타난다. 신약성경의 모든 책이 이렇게 의미가 변화된 후 기록되었기 때문에 일부 영어 성경(예를 들어, NIV 2011, NLT 2007)은 이 말을 구분하여 사용한다. 즉, 복음서와 사도행전에서 지상 사역을 행하시는 동안의 예수님을 지칭할 때는 "메시아"로 번역하고, 하나님의 아들로서 예수님의 온전한 정체성을 가리키는 곳에서는 "그리스도"로 지칭한다.

---

15. 예를 들어, Streett, *They Went Out from Us*, 157-61을 보라. Streett는 예수님의 메시아 자격을 부인하는 것은 공동체에서 나간 자들이 유대교에서 회심했다가 다시 회당으로 돌아간 개종자들이었다는 것을 암시한다고 주장한다. 비록 Streett가 거울 독법을 통해 이단 사상의 구체적 내용을 재구성하는 것을 올바르게 비판하기는 해도, 강경파 요한 해석자들이 그런 것처럼 Streett 자신이 재구성한 시나리오는 어느 정도 똑같은 비판에 속한다. 모든 해석자는 어떤 식으로든 재구성된 시나리오를 요한 서신을 이해하는 배경으로 채택해야 한다. 여기서 목표는 최대한 사변을 줄이고 추론하는 것이다. 따라서 Streett가 제시한 요점은 아주 적절하다.

요한일서 2:22에서는, 요한이 가리키는 거짓말하는 자가 역사적이고 유대적인 의미에서 예수님이 메시아이심을 부인하는 모든 자인가, 아니면 예수님의 온전한 신성의 의미에서 그분이 그리스도이심을 부인하는 모든 자인가 하는 데서 차이가 발생한다.

물론 우리가 이 진술을 어떻게 이해하는지는 이탈자들이 어떤 종류의 이단 사상을 가르쳤는지에 따라 결정될 것이다. 이 이단은 그리스 철학에서 나온 신적 존재에 관한 사상을 도입한 자들인가? 아니면 어쨌든 예수님은 약속된 메시아가 아니라고 판단하여 결국 회당으로 돌아감으로써 예수님에게서 돌아선 유대파 그리스도인들인가? 1세기 당시 에베소의 배경에 따르면, 어느 쪽으로 보든 개연성이 있다. 소아시아 서부에는 주전 2세기의 셀레우코스 왕조 이후 유대인이 많이 살았기 때문이다.

요한은 '예수님이 그리스도이심을 부인하는 자'를 "적그리스도"로 간주한다. 이 진술은 메시아가 오셔서 그리스도가 이 땅에 계시기 전까지는 적그리스도가 등장할 수 없다는 점을 분명히 한다. 그것이 예수님의 등장이 한 시대의 시작, 곧 요한의 말에 따르면 "마지막 때"의 출발을 표시하는 이유다. 그리고 이때 예수님의 정체성을 잘못 이해하여 그분이 계시하러 오신 진리를 거역하고 반대하는 일이 벌어진다. 그러므로 이런 이단 사상을 지지하고 가르치는 자가 바로 적그리스도(antichrist)다. 비록 그들이 자기들은 하나님과 가깝다고 생각할지라도, 요한은 예수님이 그리스도이심을 부인하면 아버지도 함께 부인하는 것이라고 주장한다.

요일 2:23 아들을 부인하는 자에게는 또한 아버지가 없으되 아들을 시인하는 자에게는 아버지도 있느니라(πᾶς ὁ ἀρνούμενος τὸν υἱὸν οὐδὲ τὸν πατέρα ἔχει· ὁ ὁμολογῶν τὸν υἱὸν καὶ τὸν πατέρα ἔχει). "너희가 예수님을 너희 구주로 받아들일 때 또한 하나님도 너희 아버지로 얻는다. 그러나 너희가 예수님에 대하여 '아니오'라고 말하면 그분을 보내신 아버지에 대해서도 '아니오'라고 말하는 것이다."[16] 여기서 요한은 우리가 하나님 아버지와 사귈 수 없는 것과 예수님이 그리스도이심을 부인하는 것을 더 깊이 설명한다. 예수님이 누구신지를 올바르게 이해하는 것은 아버지와의 참된 사귐의 필수 요소다. 이것이 영생에 대한 확신을 갖는 유일하게 온전한 기초다(요한 서신의 신학을 보라).

21-24절에서 "아들"(τὸν υἱόν)을 아버지와 불가분리적으로 연계시켜 반복하여 언급하는 것을 통해 22절의 "예수께서 그리스도[메시아]"라는 애매한 진술을 이해할 수 있다. 예수님을 메시아로 인정하지 못하면, 아버지의 구속 계획과 언약의 약속도 파악하지 못한다고 주장할 수 있다. 메시아를 기대했던 사람들이 메시아를 거부하는 것은 사도들을 깊이 숙고하게 만든 큰 비밀이었다(예를 들어, 요 1:11; 롬 10:21-11:27). 그러나 여기서 요한의 생각은 아버지와 아들의 삼위 내(inner-Triune) 관계를 지시함으로써 단순히 예수님을 메시아로 간주하는 것을 넘어선다. 복음은 예수님이 유대인 메시아라고 믿는 믿음 이상의 것을 요구한다. 요한은 이 유대인 메시아가 성육신하신 하나님 외에 다른 분이 아니라는 진리를 인정하라고 요구한다. 그러므로 여기서 발견되는 "그리스도"(Χριστός)라는 명칭은 메시아이자 하나님의 아들로서 예수 그리스도의 신성에 관한 진리를 언급하는 것으로 보인다.

요일 2:24 너희는 처음부터 들은 것을 너희 안에 거하게 하라 처음부터 들은 것이 너희 안에 거하면 너희가 아들과 아버지 안에 거하리라(ὑμεῖς ὃ ἠκούσατε ἀπ᾽ ἀρχῆς, ἐν ὑμῖν μενέτω.

---

16. Daniel L. Akin, "Truth or Consequences: 2 John 1–13," *Faith & Mission* 23, no. 1 (2005): 9.

ἐὰν ἐν ὑμῖν μείνῃ ὃ ἀπ' ἀρχῆς ἠκούσατε, καὶ ὑμεῖς ἐν τῷ υἱῷ καὶ ἐν τῷ πατρὶ μενεῖτε). 이 구절은 진리 안에 거하라는 요청이다. 이것이 하나님 안에 거하는 유일한 길이다. "너희"(ὑμεῖς)는 불완전 구문의 주격, 즉 동사가 없는 불완전 주격이다. 이것은 공동체에서 나간 자의 거짓 교훈으로부터 요한이 독자에게 주는 권면으로 초점을 바꾸는 역할을 한다. 3인칭 명령인 "거하게 하라"(μενέτω)의 주어는 주격 대명사 ὑμεῖς("너희는")가 아니라 "너희는 처음부터 들은 것"(ὃ ἠκούσατε ἀπ' ἀρχῆς)이라는 관계절이다.

이것은 독자에게 요한의 복음 메시지를 "처음부터" 들은 대로 지키라고 강력히 호소하는 내용이다. 이 문맥에서 "처음부터"는 그들의 기독교적 삶이 시작되었을 때를 가리킨다. 그러나 이 말은 예수님이 특별하게 기독교 복음의 시작으로 가르치신 것을 암시한다. 이것은 또한 창세기까지 거슬러 올라가는 하나님의 구속 계획을 암시하기도 한다(요일 1:1에 대한 주석을 보라).

요한 문헌에서 '거하다'(μένω)라는 말이 반복해서 사용되는 것(요한복음과 요한 서신에서 무려 60번 이상 나옴)은 신자가 사도적 교훈을 계속 지키는 상태를 강조한다. 복음의 어느 한 요점만 믿고서 복음에서 벗어나 자기 자신의 신학을 전개하는 것은 온당하지 않다. 예수 그리스도에 관한 사도적 교훈 안에 거하는 자만이 영생을 확신할 수 있다. 그 메시지를 계속 받아들이는 자만이 아들과 아버지 안에 거할 것이기 때문이다. 다시 말해, 우리는 그렇게 하지 않으면 아버지 및 아들과 올바른 관계를 맺을 수 없고, 그 반대도 마찬가지다. '거하는 것'이라는 개념의 중심 요소인 상호 내주가 요한의 사고에 나타나는 특징이다(예를 들어, 요 6:56; 14:10, 17; 15:4-7, 9, 10; 요일 4:15).

요일 2:25 그가 우리에게 약속하신 것은 이것이니 곧 영원한 생명이니라(καὶ αὕτη ἐστὶν ἡ ἐπαγγελία ἣν αὐτὸς ἐπηγγείλατο ἡμῖν, τὴν ζωὴν τὴν αἰώνιον). 요한은 여기서 자신이 제시하는 사도적 기독론과 공동체에서 나간 이탈자들이 제시하는 거짓 기독론의 결정적 차이를 날카롭게 부각한다. 이탈자들이 교회(들)에서 물리적으로 나간 것은 그들이 하나님의 아들에게서 떠난 것, 그러므로 하나님 아버지에게서도 떠난 것을 예증한다. 이탈자들이 점차 가열되는 박해를 겪어야 하는 그리스도인이 되는 것보다 유대교인으로 하나님을 예배하는 것이 더 편하다고 생각하고 교회를 떠나 회당으로 돌아간 유대파 개종자들이었다면, 이것은 특히 더 아이러니한 일이었을 것이다.

이탈자들은 처음부터 들은 것에 거하지 않았다. 영생은 사도적 교훈을 지키는 자에게만 보장된다. 영적 안전은 하나님의 아들이신 예수 그리스도의 대속의 피가 필요하다는 것을 무시하는 최근의 신학적 태도에서는 발견될 수 없다. 그것은 '그분 자신', 곧 예수님이 직접 약속하신 것이기 때문이다. 여기서 요한은 특정 구절을 인용하지 않는다. 오히려 요한은 예수님이 자기 안에 거하는 것이 필수라고 말씀하시는 요한복음 문맥에 나오는 영생의 약속을 요약한다. 예를 들어, 요한복음 15:1-6에서 예수님은 제자들에게 가지가 포도나무에 붙어 있는 것처럼 자기 안에 거하라고 가르치신다. 예수님 안에 거하지 않는 가지는 시들어 죽고 결국은 모아져 불에 던져져 태워진다. 예수님이 주신 영생의 약속에는 그분이 자신에 관해 가르치신 것을 계속 믿는 믿음이 필수적으로 함축되어 있다('요한 서신의 신학'을 보라).

요일 2:26 너희를 미혹하는 자들에 관하여 내가 이것을 너희에게 썼노라(Ταῦτα ἔγραψα ὑμῖν περὶ τῶν πλανώντων ὑμᾶς). 여기서 요한은 공동체에서 나간 자는 그들의 믿음이 어떠하든 간에 그리스도를 반대하는 위치에 있고("적그리스도"), 그들은 하나님이 그리스도 안에서 계시하신 진리 안에 거하지 않는 자라는 점을 분명히 한다. 그들은 교회에서 선생이나 지도자로서 공적 직무를 담당하는 자일 수도 있고 아닐 수도 있다. 그러나 요한은 그들이 어떤 영향력을 갖고 있든 간에 공동체 안에 남아 있는 자에게 부정적인 영향을 미칠 것을 염려했다.

그러므로 2:18-26에서 요한이 쓰는 내용을 영생에 대한 확신을 흔들어놓는 거짓 믿음과 관련된 것으로 이해하는 것이 확실히 적합하다. 요한은 이 거짓 믿음을 단순히 예수님을 바라보는 또 하나의 방법으로 보지 않고, 아버지와 아들 안에 거하기를 바라는 자의 생각에 들어가서는 안 될 오류로 본다. 여기서 주된 논점은 예수님의 참된 정체성 및 본성과 관련된 기독론이다. 물론 그 논점이 이탈자들의 윤리적 행위에도 작용할 수 있기는 하다. 확실히 말하면, 예수 그리스도에 관한 진리를 어떻게든 왜곡하는 것은 죄와 죄를 다루는 법에, 아니 어쩌면 죄가 존재하는지에 관해 생각하는 것에도 영향을 미칠 것이다. 1:6-10의 "만일 우리가…라고 [말]하면"이라는 진술을 통해 소개된 죄의 주제는, 비록 이탈자들이 그런 개념을 명백히 가르친 것은 아니어도, 잘못된 기독론의 한 가지 결과로 합리적으로 이해될 수 있다.

요일 2:27 너희는 주께 받은바 기름 부음이 너희 안에 거하나니 아무도 너희를 가르칠 필요가 없고 오직 그의 기름 부음이 모든 것을 너희에게 가르치며 또 참되고 거짓이 없으니 너희를 가르치신 그대로 주 안에 거하라(καὶ ὑμεῖς τὸ χρῖσμα ὃ ἐλάβετε ἀπ᾽ αὐτοῦ, μένει ἐν ὑμῖν καὶ οὐ χρείαν ἔχετε ἵνα τις διδάσκῃ ὑμᾶς· ἀλλ᾽ ὡς τὸ αὐτοῦ χρῖσμα διδάσκει ὑμᾶς περὶ πάντων καὶ ἀληθές ἐστιν καὶ οὐκ ἔστιν ψεῦδος, καὶ καθὼς ἐδίδαξεν ὑμᾶς, μένετε ἐν αὐτῷ). 27절은 20절과 인클루지오를 이룬다. 그리고 요한이 "기름 부음"(크리스마, χρῖσμα)으로 부르는 성령의 내적 증언의 배경 안에서 진리의 본질을 기독론과 관련하여 설명한다. "기름 부음"이라는 말이 신약성경에서 오직 여기서만 발견되는 것으로 볼 때, 요한이 반대하는 특수한 거짓 교훈과 관련된 것으로 보인다. 어쩌면 이탈자들이 사용한 말일 수도 있다. 아마 이탈자들은 자기들이 성령의 "기름 부음"을 받았다고 주장함으로써 자기들이 가르치는 새로운 개념이 예수 그리스도에 관한 사도적 교훈을 넘어섰다고 정당화했을 것이다(참고. 요이 1:9). 어쨌든 예수님은 성령이 오시면 그가 "너희"(ὑμᾶς)를 모든 진리 가운데로 인도하실 것이라고 직접 말씀하셨다(요 16:13).

이탈자들은 성령이 자기들에게 새로운 영적 진리를 나누어주셨다고 확신한 것으로 보인다. 그래서 예수님의 말씀에 나오는 "너희"가 다락방에서 자신의 증인으로 직접 택하신 제자들을 가리킨다는 것을 인정하지 않았을지도 모른다. 이것 때문에 요한은 자신의 사도적 권위(1:1-4)를 재천명하고 예수님께 사명을 받은 사도적 증인이 가르친 것과 일치하지 않는 교훈은 어떤 것이든 다 거짓이라고 선언해야만 했다. 사도적 증인은 무엇이 진리에 속하고 속하지 않은지에 대하여 말할 권한을 가진 자들이었다(1:1-4).

요한은 독자에게 그들이 이전에 예수 그리스도의 인격과 본성에 관한 교훈을 확신하고 그것을 진리로 받아들였던 일을 상기시킨다. 요한은 이 일을 성령이 그들 안에서 행하신 참된 역사로 돌린다. 따라서 이탈자들의 오류가 초기 영지주의든 가현설이든 유대교 전통으로 돌아가는 것과 관련된 것이든 상관없이, 독자는 지금 어떤 면에서 예수님에 관해 이전에 받아들였던 것과 모순되는 잘못된 교훈에 미혹 당할 위험에 직면했다. 요한은 이탈자들의 교훈을 "처음부터" 들은 진리(2:24)와 양립할 수 없는 거짓말로 간주했다. 요한은 이제 독자에게 그들이 과거에 분별력을 행사해 믿음을 갖게 된 것이 성령의 참된 역사였다는 점을 확신시킨다. 또한 새로 등장한 이탈자들의 교훈이 아무리 '신령한' 것처럼 보일지라도 새 교훈을 가르치는 자가 전혀 필요하지 않다는 점을 다시 확신시킨다. 요한은 예수 그리스도에 관한 자신의 교훈에 영감을 주신 분이 성령이므로 그 교훈을 확증하실 분 역시 성령이라고 확신한다(참고. 요일 5:7-8).

또한 이것은 예레미야 31:33의 새 언약의 약속을 암시하는 듯하다. 그 본문에서 하나님은 자신의 법을 새 언약 백성(요일 2:14)의 마음과 지성 속에 두시겠다고 약속하신다. 그렇게 되면 그들은 다시는 배울 필요가 없을 것이다(렘 31:34, "그들이 다시는 각기 이웃과 형제를 가리켜 이르기를…알라 하지 아니하리니").[17] 요한의 독자가 경험한 성령의 내적 역사는 하나님의 참된 역사이고, 이탈자들이 주장하는 교훈은 그 내용이 무엇이든 거짓 "기름 부음"이다.

요한은 예수님의 인격과 사역에 관해 알아야 할 바를 이미 다 아는 독자에게 편지를 써서 알고 있는 그 지식을 고수하여 "주(그의) 안에 거하라"고 권면한다. 이로써 추론해보면, 거짓 교훈을 받아들이는 것은 예수 그리스도의 진리 밖으로 나가거나 그 진리를 '지나친'(요이 1:9) 단계를 밟는 것이다.

요일 2:28 자녀들아 이제 그의 안에 거하라 이는 주께서 나타내신 바 되면 그가 강림하실 때에 우리로 담대함을 얻어 그 앞에서 부끄럽지 않게 하려 함이라(Καὶ νῦν, τεκνία, μένετε ἐν αὐτῷ, ἵνα ἐὰν φανερωθῇ σχῶμεν παρρησίαν καὶ μὴ αἰσχυνθῶμεν ἀπ' αὐτοῦ ἐν τῇ παρουσίᾳ αὐτοῦ). 요한은 여기서 진리 안에 거할 때 주어지는 종말론적 결과를 지적한다. 주 예수가 다시 오실 것이다. 이로써 삶의 방식에 관한 도덕적 및 영적 판단을 좌우하는 관점이 주어진다.

"[그리고] 자녀들아 이제"(καὶ νῦν, τεκνία)는 예수 그리스도 안에 거하라는 요한의 권면이 '파루시아'(παρουσία), 곧 그리스도의 재림이라는 배경에 두는 요약임을 암시한다. 이것은 요한복음과 요한 서신에서 이 말('파루시아'을 사용하여 그리스도의 재림을 언급하는 첫 번째이자 유일한 사례. 요한복음 14:18에서 예수님은 자신을 따르는 자들에게 자신이 돌아올 것이라고 약속하셨다. 이 진술은 교회 시대 전체에 걸쳐 성령을 통해 이루어지는 주의 임재와 마지막 날에 일어날 주의 재림 사이에 약간의 혼선을 일으킬 수 있다. 요한은 독자에게 영생의 확신이 그리스도가 재림하실 때 하나님 앞에서 담대하게 만든다는 사실을 상기시킨다. 이것은 부활 이후 예수 그리스도의 지속적 임재를 확인하고 성령이 예수님을 대신한다는 사상을 철저히 반대한다. "[만일] 주께서 나타내신 바 되면"이라는 조건절에서 '만일'(ἐάν)이라는 말은, 요한에게 그리스도의 재림을 확신하지 못하는 마음이 있음을 암시하는 것이 아니라 '언제든'(whenever)이라는 의미로 사용된다.[18]

그리스도의 재림에 대한 이 언급은 기독론 주제를 앞에서 지금은 "마지막 때"고 선포한 것(2:18)으로 암시된 종말론적 관점과 결합한다. 종말론적 관점이 중요한 것은 사람이 미래에 관해 믿는 것이 오늘 어떻게 생각하고 살 것인지에 큰 영향을 미치기 때문이다. 사람이 평생 예수 그리스도에 관해 잘못 믿으면서 다른 사람들을 잘못 믿도록 가르친 후 정죄받기 위해 예수 그리스도 앞에 섰을 때에야 비로소 예수 그리스도가 누구신지를 아는 것은 얼마나 치욕적인가! 그리고 예수님을 잘못 믿게 만드는 길은 많다.

- 예수님을 유대인 메시아로 인정하지 못한 것이 잘못이라는 것은, 고대 이스라엘과의 언약으로 시작된 하나님의 구속 계획을 최종적 완성으로 이끄시기 위해 예수님이 재림하실 때 드러날 것이다.
- 예수님의 피를 화목 제물로 인정하지 못한 것이 잘못이라는 것은, 예수님이 우리의 모든 죄의 심판자로 서실 때 드러날 것이다.
- 성령이 예수 그리스도에 관한 정통 교훈을 폐지

---

17. 김진태, "Concept of Atonement in 1 John," 105.

18. BDAG, s.v. ὅταν 2.

하고 총체적 영성을 제공하실 것이라고 믿은 것이 잘못이라는 것은, 예수님이 성령이 영화롭게 하시는 유일한 주로 나타나실 때 드러날 것이다.
- 예수님을 하나님의 아들로 인정하지 않고 단순히 의로운 종교 선생으로 믿은 것이 잘못이라는 것은, 예수님이 다시 오셔서 온 우주를 의롭게 통치하고 다스리실 때 드러날 것이다.

예수 그리스도의 인격과 사역에 관한 사도적 증언은 지금 이런 진리를 계시하도록 하나님이 주신 것이다. 따라서 주의 백성은 이런 진리에 따라 인생을 살 수 있다. 그러므로 요한은 "그의(주) 안에 거하라"고 말한다. 하나님의 영을 소유했다고 말하지만 실제로는 스스로 속고 있는 자에게 미혹되지 말라. "그들"은 우리에게서 나갔다. "그들"은 우리에게 속하지(ἐξ) 않는다. "그들"은 어둠 속에 있다. "그들"은 하나님과 상관없다. "그들"은 영생의 약속을 받지 못했다. "그의(주) 안에 거하라"(μένετε ἐν αὐτῷ)는 말은 요한이 다음 부분에서 다룰 주제인 그리스도인이 사는 법과 관련하여 요한 문헌 전체에서 손꼽히는 요약 진술이다.

적용에서의 신학

누가 하나님을 위하여 말할 자격이 있는가? 교회가 이해해야 할 바를 인도하는 일에서 성령의 역할은 무엇인가? 영적 진리와 1세기 예수님의 생애는 어떤 관계에 있는가? 요한이 편지를 쓸 당시 고대 세계와 똑같이 오늘날 우리 세계도 영적 진리를 하나님을 아는 길로 주장하는 소리가 차고 넘친다. 그리고 우리 시대를 휩쓸고 있는 바람은 예외 없이 모든 종교적 신념을 용납하는 방향으로 불고 있다.

1. 영적 진리의 본질

이 본문에서 요한이 말하는 주된 요점은 영적 진리의 본질을 제시하는 데 있을 것이다. 하나님에 관한 진리와 관련된 모든 주장이 일신론을 다른 형태로 주장하는 것은 아니다. 하나님이 불가시적인 존재라고 해서 사람이 하나님에 관해 상상할 수 있는 모든 것을 진리로 적합하게 주장할 수 있는 것은 아니다. 오늘날 혼란이 일어나는 원인은 진리가 마치 투표처럼 다수결 원칙에 따라 결정된다고 보는 것에 있다. 이런 견해는 문화와 인구 통계가 세월이 흐르면서 바뀌는 것처럼, 푸석한 모래 위에 진리의 터를 세우는 것과 같다. 다수 의견에 따라 진리를 정하는 이 사상은 하나님에 관한 모든 개인적 의견이 동등한 가치를 지닌다는 사상을 낳는다. 이 사상은 독자 반응(reader-response) 접근법으로 성경에 다가가게 한다. 또한 이것은 "글쎄, 그것은 당신이 생각하는 의미이고, 내게 있어 그 의미는…"과 같은 말로 표현된다. 만약 각 사람이 진리의 동등한 판단자라면, 특히 종교적 진리나 도덕적 진리의 동등한 판단자라면 다수결 원칙이 인간 사회가 취할 수 있는 가장 좋은 방식이 될 것이다.

일신론이 지배하는 문화적 배경에서는 하나님과 그분을 아는 방법에 관한 다양한 관점이, 본질상 양립할 수 없을 때도, 단순히 진리의 다양한 국면을 제시하는 것으로 간주된다. 같은 하나님께 나아가는 길이 많다는 개념은 평화를 유지하기 위한 목적에는 적합하다. 하지만 그것은 일신론에 대한 근본적인 오해를 드러낸다. 확실히 하나님 및 그분의 세상과의 관계와 같이 복합적인 주제를 말할 때는 진리의 국면이 실제로 다양하게 존재한다. 기독교 신학자들은 기독론, 구원론, 성령론, 종말론, 교회론, 신론에 관해 말할 수 있다. 그러나 오늘날 우리 세상에 등장하는 하나님에 관한 모든 개념이 단순히 하나님을 다른 관점에 따라 바라보는 것에 관한 문제는 아니다. 진리와 거짓은 차이가 있다. 그리고 이것이 아마 오늘날 견지하기 가장 어려운 요한의 메시지 그리고 신약성경의 메시지에 관한 주장이 아닐까 싶다. 심지어는 신앙을 고백하는 많은 그리스도인이 대대로 전해져온 사도들의 정통적 교훈에 비추어 타종교에서 나온 영적 '진리'를 판단하기는커녕, 오히려 받아들이는 데 문을 활짝 열어놓는다. 벤 위더링턴은 다음과 같이 설명한다.

요한일서 2:21에서 저자는 진리와 거짓말이 양극단에 있다는 사실을 암시한다. 또는 C. H. 도드가 말하는 것처럼 진리와 거짓말은 완전히 다르다. 예를 들어, 거짓말은 진리의 어느 한 측면이 아니다. "거짓말을 진리의 한 측면으로 가정하는 것은 잘못된 용납일 것이다. 아니면 단순히 혼동하거나 나태한 사고일 것이다. 용납에 관해 말하면, 최소한 자기 마음속의 진리를 따라 거짓을 용납할 권리가 있는 자는 분명히 아무도 없다."[19]

따라서 이 단락에 나타난 요한의 메시지는, 이단과 같은 것이 있다는 것을 인식하고 때때로 그것이 그리스도인을 자처하는 자에게서 나올 수도 있음을 인정하는 데 일차로 적용되어야 한다.

2. 진리와 성령

진리와 이단을 식별하는 문제는 교회가 이해해야 할 바를 인도하는 성령의 역할을 다루는 문제와 관련이 있다. 이 문제는 최소한 오늘날 대두되는 두 가지 과제에서 일어난다. 그 두 가지 과제는 은사 운동과 신학적 주석 작업이다. 예를 들어, 바울이 고린도 교회에 편지를 썼을 때 신령한 은사가 역사했던 것(고전 12-14장)처럼 오늘날에도 똑같이 역사하는지로 논쟁이 계속될 수 있다. 하지만 정통 기독교 신학은 모든 세대에 걸쳐 성령이 신자들 속에서 본질적이고 지속적으로 사역하시는 것을 인정한다. 성령의 사역이 없으면 아무도 진정으로 하나님을 알

---

19. Witherington, *Socio-Rhetorical*, 488(강조체 원문), Dodd, *Johannine Epistles*, 55를 인용함.

수 없다. 예수님이 말씀하신 것처럼 성령이 계시하실 진리가 있는데, 진리가 예수님의 죽음과 부활 이후가 되어야 진술되거나 이해될 수 있었기 때문이다.

"내가 아직도 너희에게 이를 것이 많으나 지금은 너희가 감당하지 못하리라 그러나 진리의 성령이 오시면 그가 너희를 모든 진리 가운데로 인도하시리니 그가 스스로 말하지 않고 오직 들은 것을 말하며 장래 일을 너희에게 알리시리라 그가 내 영광을 나타내리니 내 것을 가지고 너희에게 알리시겠음이라"(요 16:12-14).

예수님의 증인으로 사명을 받은 사도들, 특히 예수님이 이 말씀을 하실 당시 다락방에 함께 모였던 자들은 신약성경을 기록하거나 기록할 책임을 느꼈을 때 이처럼 성령의 감동을 받아 예수님의 생애와 죽음과 부활의 중요성에 대한 해석을 기록했다. 사도적 증언은 정경의 완성으로 완료되었다. 그러나 처음 4세기 동안 교회는 계속해서 정통 기독교 교리를 발전시켰고 오늘날에도 신학적 탐구를 요청하는 문제들이 제기된다. 나아가 성경의 신학적 주석 작업은, 교회가 이전에는 직면하지 않았던 문제와 관심사를 제시하기 위해 특수한 역사적 배경을 넘어선 성경 본문으로부터 의미를 끌어내는 것이다. 오늘날, 특히 우리가 오로지 성령을 통해 살아 계신 하나님을 만난 이후 진리를 계시하는 데 성령의 역할은 무엇인가?

예수님이 성령이 계시하신 진리에 대한 주장들의 경계를 직접 정하신다. 곧, 이 주장들은 예수 그리스도를 영화롭게 해야 한다는 것이다. 어떤 것이든 성령의 권능을 주장하는 교훈은 십자가에서 죄를 대속하신 성육신하신 하나님의 아들을 포함해야 한다. 요한이 편지를 쓸 당시 대두했던 문제, 곧 예수님은 누구인가에 관한 문제는 오늘날에도 여전히 핵심 문제로 남아 있다. 이 질문에 답변하는 데 유일하게 권위가 있는 원천 자료는 신적으로 영감을 받아 성경 본문에 보존된 사도적 교훈이다. 그러므로 「도마복음」이나 「유다복음」과 같은 저작들이 대중의 관심을 끌 때 성경의 정경 문제가 제기된 것은, 요한이 "그의(주) 안에 거하라"고 권면하는 것과 관련되어 있다. 예수님이나 요한은 교회 안에서 성경을 지속해서 해설하는 일이 필요하다는 사실을 부인하지 않는다. 그러나 요한은 동시에 예수 그리스도가 누구신지에 관해 필요한 모든 지식을 이미 갖고 있다고 확언한다. 여기서 요한의 요점은 지금은 성경 정경에 보존된 사도적 교훈의 진리는 충분하다는 것이다. 사도적 교훈은 당시의 이탈자들이나 최근에 발견된 가짜 복음서들이 새로운 진리를 제공해야 할 정도로 부실하지 않다.

영생은 오직 예수 그리스도 안에 거하고 예수 그리스도에 관한 사도적 교훈을 계속 받아들일 때만 발견된다는 요한의 주장은, 우리가 살아가는 종교적 다원주의 시대에는 인기가 없다. 지난 50년 동안 미국의 종교 인구 추이를 보면, 교회는 점차 기독교의 특수성을 변론해야 하는 처지가 되었다. 예수님은 직접 자신이 진리이고, 자기로 말미암지 않고는 아버지께로 올 자가 없다고 말씀하셨다(요 14:6). 교회는 이런 시대에 그 메시지를 담대히 전할 수 있는가? 그리스도인이 소수파가 된 사회에서 이 메시지를 전하는 자에게 어떤 파장이 미칠까? 그것은 아마 우리 시대의 가장 큰 영적 도전이 아닐까 생각한다.

3. 진리의 통일성 안에서의 다양성

요한이 진리의 본질에 관해 전하는 교훈이 주는 또 다른 중대한 결론이 있다. 심지어 정통파 안에서도 예수 그리스도에 관한 사도적 교훈은 큰 논의와 논쟁이 벌어질 여지가 있다. 복음서 저자들이 예수님의 생애에 관해 네 가지 관점을 제시하는 것은 놀랄 만큼 다양성을 보여 준다. 야고보가 행함을 통해 참된 믿음을 실천해야 한다고 강조하는 말(약 2:17)은, 어느 누구도 행위로 구원을 얻을 수 없다는 바울의 주장(예를 들어, 롬 3:28; 갈 2:16)과 대립하는 것이 아니라 나란히 서있다.

세례 방식, 여성 안수, 신령한 은사의 중지와 같은 문제에 대한 성경 해석이 우리와 다르다는 이유로 다른 그리스도인들을 적그리스도로 부르는 것은 어처구니없는 잘못이다. 확실히 삶의 활동이나 상황 때문에 한 지역 교회를 떠나 다른 지역 교회에 출석하는 사람은 요한이 자기 교회에서 '나간' 자들을 정죄하는 것과 같은 상황이 아니다. 그러나 다른 종교나 인기 있는 신학 사상들이 하나님을 아는 법에 관한 새롭고 더 나은 진리를 제공하리라 기대할 이유는 전혀 없다.

요한일서 2:29-3:10

문학적 전후 문맥

신자가 그리스도의 재림을 바라볼 때 갖는 담대함과 영생에 대한 확신을 설명하는 내용이 3:22까지 이어진다. 요한은 독자가 교회(들)를 뒤흔든 사건의 풍파 속에서 사는 법에 관해 자신이 제시하는 주장의 핵심을 이와 같은 종말론적 배경 안에서 다룬다. 이 본문은 요한의 개념적 이원성을 윤리 분야로 확대해 하나님의 자녀로서 기독교 신자가 갖는 참된 본질을 설명하고 추가로 영생의 보증에 관한 기초를 제공한다. 이 단락은 자기들의 교훈이나 본보기로 사람들을 잘못된 길로 인도하는 자와 다르게 사는 법에 관해 목회 지침을 주는 것으로 보인다 (3:7). 이 단락은 공동체에서 나간 이탈자들이 일으킨 혼란한 상황 속에서, 비록 그들이 아직 요한의 기독교 공동체에 남아 있었다고 해도, 암묵적으로 그들을 반박하고 '그들이 우리에게 속하지 않은'(2:19) 이유를 더 깊이 설명한다.

VII. 교회 안의 분열(2:18-28)
→ VIII. 누가 하나님의 자녀인가?(2:29-3:10)
    A. 부전자전(2:29-3:1)
    B. 종말론적 삶의 소망(3:2-3)
    C. 죄의 본질(3:4-6)
    D. 너희 아버지는 누구인가?(3:7-10)
IX. 서로 사랑하라(3:11-18)

주요 개념

사람이 살아가는 방식은 그가 하나님에게서 났거나 마귀에게서 난 것을 그대로 보여준다. 하나님으로부터 난 자는 구체적으로 비신자가 저지르는 것과 같은 죄를 지을 수 없다. 그들은 그럼에도 불구하고 하나님이 규정하신 대로 의를 행하며 살아야 한다. 다른 사람들을 사랑하는 것은 하나님으로부터 난 자에게 나타나는 의로운 삶의 특징이다. 그것은 그들이 아버지의 사랑을 받아들였기 때문이다.

번역

요한일서 2:29-3:10

29a	조건	너희가 그가 의로우신 줄을 알면
b	추론	의를 행하는 자마다 그에게서 난 줄을 **알리라**
3:1a	외침	**보라 아버지께서 어떠한 사랑을 우리에게 베푸사**
b	동격	하나님의 자녀라 일컬음을 받게 하셨는가,
c	단언	**우리가 그러하도다**
d	기초	그러므로
e	단언	**세상이 우리를 알지 못함은**
f	원인	그를 알지 못함이라
2a	호칭	사랑하는 자들아
b	단언	**우리가 지금은 하나님의 자녀라**
c	단언	장래에 어떻게 될지는 아직 나타나지 아니하였으나
d	단언	그가 나타나시면…아는 것은
e	단언	우리가 그와 같을 줄을
f	기초	그의 참모습 그대로 볼 것이기 때문이니
3a	단언	주를 향하여 이 소망을 가진 자마다…자기를 깨끗하게 하느니라
b	비교	그의 깨끗하심과 같이
4a	단언	죄를 짓는 자마다 불법을 행하나니
b	설명	죄는 불법이라
5a	단언	그가…나타나신 것을 너희가 아나니
b	목적	우리 죄를 없애려고
c	단언	그에게는 죄가 없느니라
6a	단언	그 안에 거하는 자마다 범죄하지 아니하나니

b	단언	범죄하는 자마다 그를 보지도 못하였고
		그를 알지도 못하였느니라
7a	호칭	자녀들아
b	권면	아무도 너희를 미혹하지 못하게 하라
c	단언	의를 행하는 자는…의롭고
		그의 의로우심과 같이
8a	단언	죄를 짓는 자는 마귀에게 속하나니
b	기초	마귀는 처음부터 범죄함이라
c	단언	하나님의 아들이 나타나신 것은
d	결과	마귀의 일을 멸하려
e	목적	하심이라
9a	단언	하나님께로부터 난 자마다 죄를 짓지 아니하나니
b	설명	이는 하나님의 씨가 그의 속에 거함이요
c	확대	그도 범죄하지 못하는 것은
d	설명	하나님께로부터 났음이라
10a	단언	이러므로 하나님의 자녀들과 마귀의 자녀들이 드러나나니
b	단언	무릇 의를 행하지 아니하는 자나
c	확대	또는 그 형제를 사랑하지 아니하는 자는 하나님께 속하지 아니하니라

구조

두 명령 동사가 이 본문의 논증을 구축하는 역할을 한다. 3:1에서 요한은 독자에게 예수 그리스도를 믿는 믿음으로 말미암아 얻은 거듭남이 하나님 아버지의 사랑의 한 표현임을 보라(ἴδετε)고 권면한다. 요한은 이 서론과 함께 종말론적 소망과 관련된 여러 가지 권면을 제시한다. 따라서 그 소망이 독자에게 지금 어떻게 살지에 대하여 얼마나 큰 동기를 부여해야 하는지를 설명한다. 이어서 요한은 죄가 하나님의 권위를 거부하는 것이므로 하나님의 자녀로 사는 법과 양립할 수 없다고 주장한다.

두 번째 명령(7절)은 독자에게 삶의 방식에 관한 이 주제와 관련하여 그들을 "[아무도] 미혹하지"(πλανάτω) 못하게 하라고 권면한다. 하나님의 자녀라고 말하지만 마귀같이 사는 자는 그들의 아버지가 누구인지를 드러내기 마련이다. 하나님으로부터 난 자와 그분으로부터 나지 않은 자를 구별하는 것은 말이 아니라 삶의 방식이다(참고. 약 2:14-26).

이 단락은 다른 사람들을 사랑하지 않는 자는 명백히 죄를 범하는 자와 다름없다고 천명함으로써 2:10에서 언급한 다른 사람들에 대한 사랑이라는 주제로 돌아간다.

석의적 개요

- **VIII. 누가 하나님의 자녀인가?(2:29-3:10)**
  - **A. 부전자전(2:29-3:1)**
    1. 의를 행하는 자는 하나님에게서 났다(2:29)
    2. 하나님의 사랑이 그분의 자녀에게 베풀어졌다(3:1)
  - **B. 종말론적 삶의 소망(3:2-3)**
    1. 그리스도가 나타나시면 하나님의 자녀는 그와 같을 것이다(3:2)
    2. 따라서 이 소망을 가진 자는 지금 그리스도를 본받는다(3:3)
  - **C. 죄의 본질(3:4-6)**
    1. 죄는 "불법"('아노미아')이다(3:4)
    2. 죄는 그리스도를 보내신 하나님의 목적을 좌절시킨다(3:5)
    3. 그 안에 거하는 것은 죄를 범하지 않는 것을 의미한다(3:6a)
    4. 죄를 범하는 것은 하나님을 진실로 알지 못하는 것을 의미한다(3:6b)
  - **D. 너희 아버지는 누구인가?(3:7-10)**
    1. 미혹당하지 말라(3:7a-b)
    2. 삶의 방식은 너희가 누구인지를 보여준다(3:7c-9)
        a. 의를 행하는 자는 의롭다(3:7c)
        b. 죄를 짓는 자는 마귀에게 속해 있다(3:8a-d)
           i. 마귀는 죄가 특징이기 때문이다(3:8a-b)
           ii. 그러나 하나님의 아들이 마귀의 일을 멸하려고 오셨다(3:8c-e)
        c. 하나님으로부터 난 자는 그분의 씨가 그의 속에 거하므로 죄를 짓지 않는다(3:9a-b)
        d. 하나님으로부터 난 자는 그분에게서 났기 때문에 죄를 지을 수 없다(3:9c-d)
    3. 죄는 하나님의 자녀와 마귀의 자녀를 구분한다(3:10a-c)
        a. 의를 행하지 않는 자는 하나님께 속하지 않는다(3:10a-b)
        b. 자기 형제를 사랑하지 않는 자도 마찬가지다(3:10c)

본문 설명

요일 2:29 너희가 그가 의로우신 줄을 알면 의를 행하는 자마다 그에게서 난 줄을 알리라(ἐὰν εἰδῆτε ὅτι δίκαιός ἐστιν, γινώσκετε ὅτι καὶ πᾶς ὁ ποιῶν τὴν δικαιοσύνην ἐξ αὐτοῦ γεγέννηται). 요한은 그의(주) 안에 거하라고 권면하는 내용(2:28)에서 오직 하나님의 자녀만이 그의(주) 안에 거하는 것이 요구하는 삶, 즉 죄를 짓지 않는 삶을 살 수 있다고 설명하는 내용으로 국면을 전환한다.

요한은 2:29부터 독자라면 누구나 동조해야 할 가정인 하나님은 의로우신 분이라는 사실로부터 추론을 이끌어낸다. 사실 하나님의 성품과 길이 의를 정의한다. 하나님을 평가할 기준을 내놓을 수 있는 자는 아무도 없다. 오직 하나님만이 의를 정의하신다(1:5에 대한 주석을 보라). 요한은 독자가 이 사실에 동조할 것이라고 추정하고 앞에서처럼(1:6-10을 보라) 이 사실을 일반 조건문으로 제시한다. 요한은 이 가정을 바탕으로 하나님으로부터 난 자는 누구나 하나님이 의로운 삶을 정의하시는 것에 맞게 의를 행한다고 추론한다.

이것은 하나님 아버지에게서 태어나는 거듭남의 주제가 요한일서에서 처음으로 등장하는 사례다. 거듭남은 요한복음에서 주요하게 나타나는 주제로(1:3, 3:3-8), 이제 요한일서에서 확고하게 중요한 주제가 된다(요일 3:9; 4:7; 5:1, 4, 18). 요한은 이 단언으로 2:28에서 담대함을 얻어 그리스도 앞에서 부끄럽지 않도록 하나님과 그리스도 안에 거하라고 언급했던 것을 정의한다. 요한은 여기서 자신이 앞에서 다루었던 주제, 곧 죄와 사랑을 통해 구현되는 의로운 삶이라는 주제(1:6-10; 2:1-11)를 다시 소개한다. 그런데 지금은 그 주제를 하나님이 아버지이시므로 그분을 닮은 본성 관념과 연결한다. 속담에서 말하는 것처럼 '부전자전'인 것이다.

"그에게서 난"(ἐξ αὐτοῦ γεγέννηται)이라는 말은 요한일서 전체에서 30번 이상 사용된 전치사 '에크'(ἐκ)를 설명하는 데 도움을 준다[2:15에서 '심층 연구: 요한 서신에 나타난 하나님께 속함(ἐκ)'을 보라]. 요한일서에 나오는 예를 들어보겠다(강조체 저자).

- 2:16 "…아버지께로부터(of the Father) 온 것이 아니요 세상으로부터(of the world) 온 것이라"(οὐκ ἔστιν ἐκ τοῦ πατρὸς ἀλλ᾽ ἐκ τοῦ κόσμου ἐστίν).
- 2:19 "그들이 우리에게서 나갔으나 우리에게 속하지(of us) 아니하였나니"(ἐξ ἡμῶν ἐξῆλθαν, ἀλλ᾽ οὐκ ἦσαν ἐξ ἡμῶν).
- 2:21 "…모든 거짓은 진리에서 나지(of the truth) 않기 때문이라"(πᾶν ψεῦδος ἐκ τῆς ἀληθείας οὐκ ἔστιν).
- 3:8 "죄를 짓는 자는 마귀에게 속하나니(of the devil)"(ὁ ποιῶν τὴν ἁμαρτίαν ἐκ τοῦ διαβόλου ἐστίν).
- 4:1 "오직 영들이 하나님께 속하였나(of God) 분별하라"(δοκιμάζετε τὰ πνεύματα εἰ ἐκ τοῦ θεοῦ ἐστιν).

'에크'의 이런 용법은 요한복음에서도 흔하게 사용된다. 예를 들어, 요한복음 1:13은 이렇게 말한다. "이는 혈통으로나 육정으로나 사람의 뜻으로 나지 아니하고 오직 하나님으로부터 난(but born of God, ἀλλ᾽ ἐκ θεοῦ ἐγεννήθησαν) 자들이니라." 이런 사례에서 '에크'는 '기점' 또는 '기원' 개념을 나타낸다. 동사 γεννάω('아이를 낳다')와 함께 사용될 때는 부성(父性)을 함축한다(참고. 요 8:41). 탄생 은유만큼 그리스도로 말미암아 구속받은 새 생명을 포괄적으로 표현하는 용법은 없을 것이다. 사람의 탄생은 신원을 근본적인 범주로, 아니 어떤 면에서는 불변적인 범주로 정의한다. 동사 γεγέννηται('태어났다')가 완료 시제라는 것을 주목하라. 이것은 거듭남이 의를 행하는 능력보다 앞선다는 것을 가리킨다.

새 탄생 은유는 사도 베드로의 서신에서도 발견된다. 베드로전서 1:3은 새 탄생, 곧 거듭남을 하나님 나라에 들어가는 데 꼭 필요한 근본적 변화로 설명한다.

여권이나 비자가 우리를 하나님 나라에 들어가게 해주지 않는다. 사람을 하나님 나라로 이끄는 것은 아버지 하나님에게서 새롭게 태어나는 것 외에 다른 길은 없다(요 3:5). 그리고 거듭남의 유익은 매우 포괄적이다. 하나님은 본성상 영원하신 분이므로 하나님의 자녀로 거듭난 자는 영생을 얻는다. 한낱 인간은 영생을 누릴 수 없다. 요한은 이런 일은 위로부터 난 거듭남을 통해서만 일어날 수 있다고 주장한다(요 3:6). 그러나 하나님은 영원하신 분이기만 한 것이 아니다. 하나님은 의로우시다. 따라서 하나님의 자녀 역시 의롭다.

요일 3:1 보라 아버지께서 어떠한 사랑을 우리에게 베푸사 하나님의 자녀라 일컬음을 받게 하셨는가, 우리가 그러하도다 그러므로 세상이 우리를 알지 못함은 그를 알지 못함이라(ἴδετε ποταπὴν ἀγάπην δέδωκεν ἡμῖν ὁ πατὴρ ἵνα τέκνα θεοῦ κληθῶμεν·καὶ ἐσμέν. διὰ τοῦτο ὁ κόσμος οὐ γινώσκει ἡμᾶς ὅτι οὐκ ἔγνω αὐτόν). 세상은 하나님과 단절되어 있고 하나님의 사랑은 그분의 자녀인 사람들, 곧 세상과 분리된 사람들을 창조한다. 비록 장(章) 구분 때문에 독자는 3:1을 아버지의 사랑에 관한 주제를 다루는 새 단원의 첫 구절로 볼 수 있으나 이 단락은 원래 2:29부터 이어진다. 요한은 여전히 하나님의 자녀가 의를 행하는 삶의 주제에 관심을 두고 있으나 이제는 사랑을 다시 논의의 주제로 삼는다. 하나님이 영원하신 분이므로 하나님의 자녀도 영생을 얻었다. 하나님이 의로우신 분이므로 하나님의 자녀도 의를 행한다. 하나님이 사랑하시는 분이므로 하나님의 자녀도 사랑해야 한다(3:10).

여기서 히나절("일컬음을 받게 하셨는가")은 "어떠한 사랑"(such love, ποταπὴν ἀγάπην)과 동격 관계다. 이 절은 하나님의 사랑의 내용이 아니라 하나님이 사랑하신 목적을 제시한다. 사람들을 향한 하나님의 사랑은, 비록 우리가 계속 예수님을 거부하고 반대하여 죄를 범했을지라도, 예수님의 죽음과 부활로 말미암아 우리가 하나님의 자녀가 되고, 또 하나님의 자녀로서 가는 길을 제

공하는 것으로 표현된다.

그러나 그리스도인들은 하나님으로부터(of God) 났기 때문에 더는 세상에 속해 있지(of the world) 않다. 그리스도인들의 새로운 본성은 세상의 욕구와 충동에서 나오지 않고 하나님의 의에서 나온다. 세상은 이것을 인정하지 않는다. 요한의 정의에 따르면, 세상은 하나님을 모르므로 하나님의 길과 성품도 인정하지 않기 때문이다. 세상은 하나님께 속해 있지 않다. 그러므로 세상은 하나님께로부터 난 자를 모른다.

물론 이 실재는 새 그리스도인이 가족이나 친구들이 알아볼 수 없을 정도로 갑자기 안면 이식 수술을 받았다는 것을 의미하지 않는다(물론 하나님의 용서를 받은 자의 얼굴 표정이나 태도에 극적인 변화가 일어날 수 있기는 하다). 요한은 여기서 세상이 그리스도인들을 판단하거나 이해할 수 없다고 말한다. 그리스도인들이 그렇게 변화된 것을 세상이 이해할 수 없기 때문이다. 사람들이 메시아에 대해 기대한 것과 예수님이 전혀 다른 분이셨기 때문에 그분을 인정하거나 파악하지 못했던 것처럼(요 1:11), 세상은 하나님으로부터 난 자들을 이해하지 못하고 거부할 것이다. 세상은 요한이 "어둠"이라고 부른 다른 실존 영역(말하자면 평행 우주와 같은 곳)이다. 세상은 하나님에게서 나오지 않고 하나님으로부터 나지 않았기 때문에, 하나님의 언약 아래 있지 않고 지나갈 것이다. 오직 하나님께 속해 있는 것, 곧 빛 가운데 있는 것만이 영원히 지속할 것이다.

요일 3:2 사랑하는 자들아 우리가 지금은 하나님의 자녀라 장래에 어떻게 될는지는 아직 나타나지 아니하였으나 그가 나타나시면 우리가 그와 같을 줄을 아는 것은 그의 참모습 그대로 볼 것이기 때문이니(ἀγαπητοί, νῦν τέκνα θεοῦ ἐσμεν, καὶ οὔπω ἐφανερώθη τί ἐσόμεθα. οἴδαμεν ὅτι ἐὰν φανερωθῇ ὅμοιοι αὐτῷ ἐσόμεθα, ὅτι ὀψόμεθα αὐτὸν καθώς ἐστιν). 하나님의 사랑은 그분이 신자들에게 자녀로 새로 탄생시키는 거듭남을 주시는 것으로 표현된다. 요한은 직접 독자를

"사랑하는 자들아"라고 부르고, 예수님이 재림하실 때인 종말론적 미래로 시선을 다시 돌린다. 2:28에서와 같이 "[만일] 그가 나타나시면"(ἐὰν φανερωθῇ)이라고 말하는 것은 조건문이다. 여기서 ἐάν은 ὅταν(whenever)과 의미가 중첩된다.

하나님의 자녀가 점진적 과정을 거치는 작품이라는 요한의 요점은 "지금은"(νῦν)이라는 말을 문장 첫머리에 두어 강조하는 것으로 암시된다. 우리는 지금 온갖 허물과 결함 그리고 죄가 있음에도 불구하고 아버지의 자녀다. 그러나 하나님의 자녀가 지금 그대로 살도록 하는 것이 하나님의 목적은 아니다. 왜냐하면 우리의 지위가 가져올 충분한 유익은 이 세상에서는 상상조차 할 수 없을 정도로 크기 때문이다(참고. 고전 2:9). 그 유익은 앞으로 계시되어야 한다. 그 계시는 아직 미래 속에 있다. 사도들은 예수님의 죽음과 부활이 있기 전에는 그분에 관한 진리를 충분히 이해할 수 없었다. 하나님이 전에는 결코 행하시지 않은 일을 파악할 요소를 사도들이 갖지 않았기 때문이다(요 16:12). 마찬가지로 아버지의 자녀가 영생을 소유하고 있을 때 주어질 충분한 효력은 지금은 아무나 파악할 수 있는 관념이 아니다.

그러나 부활하신 주님을 만났을 때 영원한 미래를 흘끗 들여다본 요한은, 예수님이 재림하실 때 "우리가 그와 같을" 것이라는 사실을 확신에 차서 말할 수 있다. 예수님은 친히 "이는 내가 살아 있고 너희도 살아 있겠음이라"(요 14:19)고 말씀하셨다. 예수님이 우리의 인성을 온전히 취하셨기 때문에 그분이 부활하신 인간으로서 어떤 존재가 되셨든 간에 우리 역시 그분과 같이 될 것이다. 그러나 여기서 요한의 관심사는 내세에 관한 형이상학적 사변이 아니다. 윤리적 삶과 우리 아버지의 성품에 대한 반성이다. 자녀가 아버지를 닮은 가족이 되는 것에 관한 것이다. 칼뱅은 이 구절에 관해 다음과 같이 주석했다.

몸에 관해 말하면, 우리는 먼지와 그림자에 불과하다. 죽음이 항상 눈앞에 있다. 또한 우리는 천 가지 불행에 종속되어 있다. 영혼은 무수한 악에 노출되어 있다. 따라서 우리는 우리 안에서 항상 지옥을 발견한다. 사방에서 우리를 둘러싸고 있고 우리를 압도하는 불행이 지금까지는 숨겨져 있는 지복을 믿는 믿음을 흔들지 않게 하려면, 우리의 모든 생각이 사물을 보는 현실적인 관점에서 벗어나는 것이 더욱 필요하다.[1]

'육체적으로' 그리고 도덕적으로 온전히 그리스도와 같이 되는 이 변화가 정점에 달하는 것은 "우리가 그의 참모습 그대로 볼 것이기 때문이[다]"(ὅτι ὀψόμεθα αὐτὸν καθώς ἐστιν).[2] 그리스도를 보는 것이 어떻게 정확히 그런 변화의 원인인지는 명시되어 있지 않다. 그러나 확실히 말해 그리스도가 다시 오시면, 인간이 지금은 희미하게만 볼 수 있는 그분의 정체성의 충분한 결과가 모든 욕구와 동기와 충동을 변화시킬 것이다. 그러므로 그리스도에 관한 즐거운 환상과 우리가 어떻게 그분과 같이 될 것인지에 따라 하나님의 자녀는 지금 어떻게 살 것인지 삶에 대한 동기를 자극받는다.

요일 3:3 주를 향하여 이 소망을 가진 자마다 그의 깨끗하심과 같이 자기를 깨끗하게 하느니라καὶ πᾶς ὁ ἔχων τὴν ἐλπίδα ταύτην ἐπ' αὐτῷ ἁγνίζει ἑαυτόν, καθὼς ἐκεῖνος ἁγνός

---

1. John Calvin, *The Gospel according to St. John 11-21 and the First Epistle of John*, Accordance Calvin's Commentaries(완결) 접속, OakTree Software, 1.7 버전 포맷/하이퍼텍스트.
2. Urban C. von Wahlde (*The Gospel and Letters of John* [Grand Rapids: Eerdmans, 2010], 3:101)는 유일하게 이 호티절을 "우리가 아는" 것의 두 번째 내용으로 취하는 입장이다. 즉, '우리가 그와 같을 것과 우리가 그의 참모습 그대로 볼 것을 알 것'이라고 본다. 그는 또한 본문 증거가 없는 καὶ를 보충해야 한다.

ἐστιν). 미래에 관한 믿음이 오늘 우리가 살아가는 삶의 방식에 영향을 미치기 때문에, 요한은 미래를 오늘 자기를 깨끗하게 하도록 독자를 자극하는 기초로 삼는다.

"소망"으로 번역된 헬라어 단어(ἐλπίδα)는 영어 단어(hope)보다 더 강력한 확실성의 의미가 있다. 우리는 이렇게 말할 수 있다. "나는 오늘 비가 오기를 소망한다(바란다). 정말로 비가 내려야 한다." 여기서 '소망하다'라는 말은 강력한 소원이나 갈망을 표현한다. 이 소망은 기상 상태에 어떤 기초를 두거나 두지 않을 수 있다. 또는 우리는 이렇게 말할 수도 있다. "나는 안전한 미래에 대한 소망을 품고 퇴직 연금을 넣는다." 여기서는 '소망'이 단순히 바라는 것을 넘어선다. 욕구를 실현하기 위한 실제 기초는 취한 행동에 대한 확신이다. 다만 시장 상황의 심한 변동에 따라 그 소망에 대한 확실성이 감소할 수 있다. 그러나 예수님이 그리스도인의 종말론적 미래에 관해 말씀하실 때는 예수 그리스도가 이미 행하신 것에 기초를 두었기 때문에, 이런 불확실성이 조금도 없다. 이 태도가 "소망"으로 지칭되는 유일한 이유는 불확실성 때문이 아니라, 그것이 아직 미래에 속해 있기 때문이다. 그것은 단순히 기다리면 되는 확실한 소망이다.

예수님이 재림할 때 주어질 모든 유익 및 그분과 같이 되는 복과 함께, 이 확실한 미래는 신자에게 지금 삶에서 더 예수님과 같이 되겠다는 동기를 갖도록 자극한다. 요한은 신자가 '깨끗하게 될 것이다'라거나 '깨끗하게 되어야 한다고 말하지 않는다. 현재 능동태 직설법인 '깨끗하게 하다'라는 말을 사용한다. '깨끗하게 하다'로 번역된 헬라어 단어(ἁγνίζω)는 신약성경에서 사람이 구약의 정결법에 따라 행한 종교 의식을 가리키는 의미로 몇 번 사용된다(요 11:55; 행 21:24, 26; 24:18). 그러나 베드로, 야고보, 요한은 그 관념을 내적 도덕성에 적용한다.

약 4:8 하나님을 가까이하라 그리하면 너희를 가까이하시리라 죄인들아 손을 깨끗이 하라 두 마음을 품은 자들아 마음을 성결하게 하라.

벧전 1:22 너희가 진리를 순종함으로 너희 영혼을 깨끗하게 하여 거짓이 없이 형제를 사랑하기에 이르렀으니 마음으로 뜨겁게 서로 사랑하라.

요한도 비슷하게 이 말을 그리스도인의 삶에서 외적 종교 의식을 대신하는 신자의 도덕적 변화를 가리키는 데 사용한다. 구약의 의식들이 하나님을 섬기는 특별한 시간을 갖기 위해 또는 하나님의 임재에 들어가기 위해 구별된 것처럼, 그리스도인의 모든 생활도 삶의 방식에서 도덕적 깨끗함에 따라 구별되어야 한다. 이것은 예수 그리스도의 본보기를 본받는 것이 되어야 한다. 그리스도가 재림하실 때 그리스도인들은 그분과 같이 될 것이다. 예수 그리스도가 자신을 구별하여 하나님께 순종하심으로써 자신이 오신 목적을 이룰 자격을 갖추신 것처럼, 그리스도인들도 자신을 구별하여 하나님의 계시된 뜻에 순종해야 한다. 미래에 예수님과 같이 되는 것에 관심이 있는 자는 이 권면을 받아들일 것이다. 그러나 그것에 아무 관심이 없는 자는, 비록 그리스도인을 자처한다고 해도, 그들의 종말론적 미래를 의심해보아야 할 것이다.

요일 3:4 죄를 짓는 자마다 불법을 행하나니 죄는 불법이라 (Πᾶς ὁ ποιῶν τὴν ἁμαρτίαν καὶ τὴν ἀνομίαν ποιεῖ, καὶ ἡ ἁμαρτία ἐστὶν ἡ ἀνομία). 이제 요한은 예수님과 같이 되기를 바라는 것처럼 살지 않는 자에게 시선을 돌려서 그들의 행위의 실상을 폭로한다. 이런 사람은 죄를 범할 때마다 예수님과 같지 않은 방식으로 행동한다. 그러나 여기서 요한은 죄의 참된 본질을 폭로한다. 즉, 요한은 죄를 개인적이고 서로 관련이 없는 무작위적 행위로 폭로하지 않는다. 그는 죄를 하나님이 그들의 삶에 적용하라고 요구하시는 도덕적 요청을 싫어하는 태도, 곧 그가 "불법"(ἀνομία, '아노미아')으로 부르는 태도에서 나오는 것으로 폭로한다. 이 단어는 알파 결성어(ἀ-)로 이루어진다. 이것은 영어 단어에서 접두사 'un-'과 똑같은 기능이 있다. '법'의 명사인 '노모스'의 동족 단어로 '불법'(unlawness), 아니 더 나은 단어를 찾으면 '무법'(lawlessness)으로 번역된다.

요한이 죄가 "불법"('아노미아')이라고 말할 때, 그는 모든 죄가 어떤 면에서 모세 율법을 위반하는 것 이상을 의미한다고 말하는 것이다. 이 말은 아주 평범하고 진부한 말일지 모르겠다. '아노미아'라는 말은 칠십인역에서 200번 이상 등장한다. 언약에 불순종했을 때 여호와가 내리시는 형벌을 묘사하는 문맥에서 레위기 26:43은 '아노미아'의 의미를 잘 제시한다. "그들이 내 **판단을 멸시하고** 내 **규례로** 그들의 영혼 속에 혼란이 일어났으므로 그들이 스스로 그들의 불법('아노미아')을 인정하리라"(NETS, 강조체 저자). "불법[적인]" 것은 단순히 법을 어기는 것을 가리키는 것이 아니다. 복종해야 할 법의 참된 개념을 멸시하는 것이다. 많은 무신론자가 그 마음이 불법적이고 그들이 복종해야 할 분의 생각을 거부하기 때문에 이처럼 하나님의 현존 개념을 거부하는 문제점을 근원적으로 갖고 있다. '아노미아'는 하나님의 권위를 거부하고 자아의 자율성을 높이는 것이다. 나의 한 동료는 이에 대해 다음과 같이 말했다. "법의 지배는 모든 사람이 법에 동등하게 예속되어 있는 것이다. 그런데 어떤 이는 법을 사랑한다. 다른 이는 자기들이 법 위에 있다고 생각한다. 그들은 법을 다른 사람들을 통제하는 데 사용한다. 그들은 자기들이 가장 큰 법으로 바라는 것을 행할 자유가 있다고 생각할 수 있다."[3]

인간의 본성에는 자신보다 높은 권위에 복종하는 개념을 싫어하게 하는 요소가 내재되어 있다. 두 살 난 아기의 부모라면 누구든 그것을 증명할 수 있을 것이다. 그런데 가정이나 사회의 생산적인 구성원으로 자라가려면, 법과 권위를 적절히 존중하는 법을 배워야 한다.

사사기는 "사람이 각기 자기의 소견에 옳은 대로 행했을"(삿 21:25) 때, 어떻게 사회가 도덕적 무질서로 부패하게 되는지를 잘 보여준다. 인간의 마음은 에덴동산에서 아담과 하와가 하나님이 금하신 열매가 선하다고 스스로 판단했을 때 불법하게 되었다. 아담과 하와는 하나님의 권위를 파기했다. 죄의 행위는 불법적인 마음에서 흘러나온다.

하나님과 맺는 올바른 관계의 기초는, 하나님이 직접 옳고 그름의 표준을 정하신다는 사실과 우리가 기꺼이 하나님의 권위에 복종해야 한다는 사실을 인정하는 것이다. 시편 기자는 자기 자신을 기꺼이 하나님의 언약 아래 두는 자를 즐거워한다. 그렇게 하면 하나님이 우리의 '아노미아'로 인해 우리가 마땅히 받아야 할 것에 따라 우리를 다루시지 않게 되기 때문이다(시 102:10, LXX; 히브리어 성경 및 영어 성경의 시편 103:10). 그리고 선지자 이사야의 메시지를 번역한 고대 헬라어 역본을 보면, 이사야는 고난의 종이 우리의 '아노미아'로 말미암아 우리 대신 찔림을 당할 것이라고 설명했다(사 53:5, LXX).

신약성경에서는 '아노미아'가 모세 율법을 위반한 것을 가리키는 의미로 결코 사용되지 않는다. 예수님은 그 말을 종말론적 심판을 가리키는 데 사용하신다.

"나더러 주여 주여 하는 자마다 다 천국에 들어갈 것이 아니요 다만 하늘에 계신 **내 아버지의 뜻대로 행하는 사라야** 들어가리라 그날에 많은 사람이 나더러 이르되 주여 주여…하리니 그때에 내가 그들에게 밝히 말하되 내가 너희를 도무지 알지 못하니 불법('아노미아')을 행하는 자들아 내게서 떠나가라 하리라(강조체 저자), 또한 마 13:41; 23:28; 24:12을 보라].

---

3. 이러한 대화를 나눈 것에 대하여 John Zimmermann 교수에게 감사를 전한다.

요한이 3:4에서 이와 비슷한 말을 사용하는 것은 주목할 만하다. 이것은 죄를 짓는 자는 누구나 실제로 '아노미아'를 행하는 자라는 점을 암시한다. 여기서 요한이 말하고자 하는 요점은, 독자가 죄의 실상을 깨닫게 하여 그들이 죄를 개인적 행위 자체로 생각할 수 없도록 충격을 주려는 것이다. 이런 행위는 불법적인 마음에서 나온다. 야브로가 지적하는 것처럼 '아노미아'라는 말은 "더 이상 하나님의 백성으로 간주될 수 없고 실제로는 하나님의 원수로 생각할 정도로 결연히 하나님에게서 돌아선 자를 항상 가리킨다."[4] 이 말은 유대교와 기독교의 묵시 문헌에서 끝이 오기 직전 시기에 하나님을 반대하는 사탄의 활동을 묘사하는 데 사용되었다.[5]

사도 바울은 이 말을 기독교 종말론에서 적그리스도로 알려진 '불법(ἀνομία)의 사람'을 묘사하는 데 사용한다(살후 2:3, 참고. 롬 6:19; 고후 6:14; 살후 2:7). 죄의 실상을 확인하면 얼마나 충격적인가! 죄는 적그리스도, 세상, 어둠과 본질이 같다. 예수 그리스도를 신뢰하고 예수 그리스도와 같이 되기를 바라는 자는 누구든 예수 그리스도가 재림하실 때 죄를 의도적으로 그리고 단호하게 거부해야 한다. 그렇게 하지 않으면 하나님의 권위를 거부하는 마음이 드러날 것이다.

요일 3:5 그가 우리 죄를 없애려고 나타나신 것을 너희가 아나니 그에게는 죄가 없느니라(καὶ οἴδατε ὅτι ἐκεῖνος ἐφανερώθη ἵνα τὰς ἁμαρτίας ἄρῃ, καὶ ἁμαρτία ἐν αὐτῷ οὐκ ἔστιν). 요한은 더 나아가 예수님이 죄를 제거하시기 위해 이 세상에 오셨기 때문에, 죄가 그리스도인의 삶 속에 자리 잡을 곳이 없다는 점을 강조한다.

예수님을 따르고 그분을 닮아간다고 자처하는 자가 어떻게 죄를 합리화할 수 있겠는가? 예수 그리스도께 죄가 없다는 진술은 그분이 지상에서 사는 동안 죄를 범하지 않았다는 사실 이상의 요점을 말한다. 곧, 예수님 안에는 죄가 없으므로 우리는 그리스도 안에 거하면서 동시에 죄를 지을 수 없다는 것이다. 요한은 여기서 그리스도인으로 알려지기를 바라지만 하나님이 죄로 규정한 행위와 태도를 변명하는 사람의 사례를 제시한다. 이러한 행위는 불법을 저지르고 하나님의 권위를 거부하는 것이다.

요일 3:6 그 안에 거하는 자마다 범죄하지 아니하나니 범죄하는 자마다 그를 보지도 못하였고 그를 알지도 못하였느니라(πᾶς ὁ ἐν αὐτῷ μένων οὐχ ἁμαρτάνει· πᾶς ὁ ἁμαρτάνων οὐχ ἑώρακεν αὐτὸν οὐδὲ ἔγνωκεν αὐτόν). 이제 요한은 하나님 안에 거하는 것이 무슨 뜻인지를 더 명확히 정의한다. 하나님 안에 거하는 것은 죄를 짓지 않는 것을 의미한다. 그리스도 안에서 하나님을 보는 것과 하나님을 아는 것은 서로 연결되어 있다(참고. 요 1:18). 하나님을 보지 못한 자는 여전히 눈이 멀어 있고 어둠 속에 있다. 심지어 하나님을 보거나 안다고 생각하는 자가 계속 죄를 범하며 산다면, 사실 그는 하나님을 보거나 아는 자가 아니다. 그들은 예수님이 누구신지, 그분이 무엇을 하러 오셨는지 등 예수님에 관한 환상과 지식이 없다.

그리스도 안에 거하는 자는 누구든 "범죄하지 아니하나니"라는 진술은 난해하다. NIV는 현재 시제 '범죄하지 아니하다'(οὐχ ἁμαρτάνει)의 지속적 국면을 부각시켜 '그 안에 거하는 자는 계속 죄를 범하지(keeps on sinning) 아니하나니'로 번역한다. 이것이 통상적인 해석이다.[6] 이 현재 시제는 5:16에서도 발견된다. 하지만 거기서는 그 말이 습관적 죄가 아니라 개인적 죄의 행위를 가리킨다. 이것 때문에 긴장이 더 높아질 것이다. 게다가 동사의 미묘한 내포 의미는 이 중요한 요점을 전달하는 데 적절하지 않아 보인다. 마셜은 이 현재 시제를

---

4. Yarbrough, *1-3 John*, 182.
5. Culy, *I, II, III John*, 71.

6. Burge, *Letters of John*, 150; Thompson, *1-3 John*, 94–95; Westcott, *Epistles of John*, 104.

그리스도인들이 해야 할 것을 진술하고 "그 안에 거하는 자마다 죄를 범해서는 안 된다"는 이상(理想)을 담은 진술로 봄으로써 암묵적인 명령으로 이해한다.[7] 그러나 다른 곳에 이 현재 시제의 의지적 용법과 명확히 평행을 이루는 사례가 없다.

월리스는 이 현재 시제를 '지속적' 의미가 담긴 것으로 보지 않고, 종말론적 소망이 실현될 때 사실로 나타날 예견적인 교훈적 현재일 것이라고 주장한다.[8] 이 진술이 함축한 조건 요소는 '만약 누군가 그 안에 거하면 그들은 죄를 범하지 아니하나니'로 의역될 수 있다. 이것은 죄를 범하는 것이 그리스도 안에 거하는 것과 서로 배치된다는 사실을 암시한다. 이것은 죄를 범하는 그리스도인은 그리스도의 안과 밖을 넘나든다는 뜻이 아니다. 가경자(可敬者) 비드(The Venerable Bede)에 따르면, 이것은 "그 안에 거하는 한 그는 죄를 짓지 않는다"[9]는 뜻이다. 그러므로 죄에 대한 유혹이 있을 때 그리스도인은 죄가 그리스도 안에서의 삶과 양립할 수 있다고 정당화는 길은 결코 없다는 점을 인정하고 자신이 그리스도 안에 살기를 바라는지 판단해야 한다.

요한의 원독자도 현대의 독자가 이 구절을 읽을 때 느끼는 것과 똑같은 불안을 느꼈을 것이 분명하다. 죄는 실제로 모든 사람의 삶 속에, 심지어는 그리스도를 따르는 자들의 삶에도 현존하는 실재인데 누가 과연 그리스도 안에 거할 수 있겠는가? 그러므로 3:6-9에는 특별한 긴장이 있다.[10] 여기서 시작되는 긴장이 3:9에서 하나님으로부터 난 자는 다 '죄를 지을 수 없다'고 말하는 요한의 진술에서 최고조에 달한다. 요한은 양과 염소를 분리하기 시작한다(3:9에 대한 주석을 보라).

요일 3:7-8 자녀들아 아무도 너희를 미혹하지 못하게 하라 의를 행하는 자는 그의 의로우심과 같이 의롭고 죄를 짓는 자는 마귀에게 속하나니 마귀는 처음부터 범죄함이라 하나님의 아들이 나타나신 것은 마귀의 일을 멸하려 하심이라 (Τεκνία, μηδεὶς πλανάτω ὑμᾶς· ὁ ποιῶν τὴν δικαιοσύνην δίκαιός ἐστιν, καθὼς ἐκεῖνος δίκαιός ἐστιν· ὁ ποιῶν τὴν ἁμαρτίαν ἐκ τοῦ διαβόλου ἐστίν, ὅτι ἀπ᾽ ἀρχῆς ὁ διάβολος ἁμαρτάνει. εἰς τοῦτο ἐφανερώθη ὁ υἱὸς τοῦ θεοῦ, ἵνα λύσῃ τὰ ἔργα τοῦ διαβόλου). 요한은 2:13에서 처음으로 사탄을 "악한 자"로 언급했다. 여기서는 마귀와 그의 일(τὰ ἔργα)을 자신의 이원성 구조에 대입하여 마귀를 하나님을 반대하는 자와 예수님의 구원 사역을 공격하는 자로 제시한다. 마귀는 요한 문헌에서 딱 한 번 "사탄"이라는 이름으로 언급된다(요 13:27). 하지만 "마귀"는 요한복음에도 나타나고(6:70; 8:44; 13:2), 예수님은 마귀를 "이 세상의 임금"으로 지칭하신다(12:31; 14:30; 16:11). 요한일서는 마귀라는 말보다 "악한 자"라는 말을 선호한다(요일 2:13, 14; 3:12; 5:18, 19). "악한 자"라는 말은 요한복음에 단 한 번 나온다(요 17:15). 이 지칭들은 인간에게 우주적 권능을 행사하는 자를 가리킨다. 그 권능은 그리스도 안에서 펼쳐지는 하나님의 구속 계획에 대한 계시를 거부하는 것으로 표현된다. 그리스도의 메시지를 구현하는 것이 곧 마귀의 일을 파괴하는 것이기 때문이다.

요한은 여기서 다시 한번 독자를 "자녀들아"(τεκνία)라는 호칭으로 부름으로써 그들이 누구의 자녀인지에 대한 질문이 자신의 염두에 있음을 상기시킨다. 마귀에 대한 언급은 그들이 누구를 닮았는지, 곧 하나님 아버지를 닮았는지 또는 마귀를 닮았는지에 대한 질문을 함축한다. 그들은 복음 메시지를 구현하는가, 아니면 예수님의 참된 중요성을 반대하는가? "아무도 너희를 미혹하지 못하게 하라"는 요한의 첫 권면은, 공동체에서

---

7. Marshall, *Epistles of John*, 181.
8. Wallace, *Greek Grammar*, 524–25.
9. Marshall, *Epistles of John*, 181 n20에 인용됨.

10. Colin G. Kruse, "Sin and Perfection in 1 John," *ABR* 51 (2003): 60–70을 보라.

나간 자들에 의해서인지 또는 다른 사람들에 의해서인지 모르지만 독자가 죄와 의의 문제와 관련하여 미혹당할 위험에 있었다는 점을 암시한다. 이것은 요한의 기독교 공동체(들)에서 나간 자들이 어떻게 실제로 공동체 안에 있는 자들과 진실로 하나가 아닌지(요일 2:19)를 더 깊이 설명할 것이다.

요한은 사람이 영적으로 누구의 자녀인지에 관한 질문에 개념적 이원론을 적용해 선을 긋기 시작한다. 요한은 사람이 무엇을 행하느냐와 사람이 누구냐 사이의 관계에 관해 독자가 미혹당할까 봐 두려워한다. 하나님의 표준에 따라 옳은 것을 행하고 하나님의 권위를 인정하고 받아들이는 자는, 예수님이 의로우신 것과 똑같이 의롭다. "의를 행하는 자"(ὁ ποιῶν τὴν δικαιοσύνην)라는 말은 2:29에 나온 말을 반복하는 것이다. 거기서 그 말은 '그(하나님)에게서 났다(γεγέννηται)'는 수동태 동사의 주어를 구성한다. 하나님이 계시하신 표준과 대립하는 삶을 살면서 하나님의 자녀를 자처하는 자는 누구든 거짓말하는 자다.

사실 죄를 짓는 자는 "마귀에게 속해"(ἐκ τοῦ διαβόλου, 참고. 요 8:44) 있다. 중립 지대는 없다. 하나님의 자녀가 아니면 마귀의 자녀, 둘 중 하나다! 죄의 행위는 "처음부터" 죄를 범한 마귀의 특징이다. 그러므로 죄를 짓는 자는, 의를 행하고 하나님의 아들이신 예수님과 같은 의로운 자와 달리 마귀와 같다. 우리가 행하는 것은 스스로 자신에 대해 말하는 것과는 상관없이, 우리가 누구인가를 보여준다. 요한의 독자가 직면한 암묵적 질문은 "너희 아비가 누구냐?"라는 것이다. 하나님께 속하는가? 아니면 마귀에게 속하는가?

죄를 짓는 것이 마귀와 같이 되는 이유는, 에덴에서 처음부터 마귀가 하나님께 불순종하도록 미혹했고 아이러니하게도 그것을 하나님과 같이 되는 길로 정당화했기 때문이다(창 3:5). 자신의 성품을 하나님의 성품과 일치시킨다는 의미에서 하나님과 같이 되는 것은 좋은 일이지만, 사탄은 그 관념을 왜곡시켜 오히려 죄를 짓는 충동으로 만들었다. 아담과 하와 그리고 그들 이후로 모든 인간은 자신들에 대한 하나님의 권위를 거부하는 것으로 하나님과 같이 되는 일에 사로잡혔다. 그러므로 진실로 하나님, 곧 나타나신 하나님의 아들 예수 그리스도와 같이 된 자는, 마귀가 미혹하는 역사를 파괴하고 사람들이 예수님과 같이 되는 운명, 즉 인간적 형태로 하나님과 같이 되는 종말론적 운명을 회복할 수 있었다(요일 3:2). 그러나 하나님의 자녀가 가족이 서로 닮는 것처럼 닮을 수 있는 것은 오직 불순종(즉, 죄)을 거부할 때로 한정된다. 고집스럽게 죄를 짓는 것은 '아노미아' 속에 있음을 드러내고(3:4) 하나님에게서 났다고 말하는 어떤 주장과도 모순된다. 이런 사상은 성경에서 가장 놀라운 구절 가운데 하나인 3:9에서도 이어진다.

요일 3:9 하나님께로부터 난 자마다 죄를 짓지 아니하나니 이는 하나님의 씨가 그의 속에 거함이요 그도 범죄하지 못하는 것은 하나님께로부터 났음이라(Πᾶς ὁ γεγεννημένος ἐκ τοῦ θεοῦ ἁμαρτίαν οὐ ποιεῖ, ὅτι σπέρμα αὐτοῦ ἐν αὐτῷ μένει, καὶ οὐ δύναται ἁμαρτάνειν, ὅτι ἐκ τοῦ θεοῦ γεγέννηται). 요한일서는 거듭남을 10번에 걸쳐 언급한다(2:29; 3:9(2번); 4:7; 5:1(3번), 4, 18(2번), 참고. 요 3:3–8). 여기서 호티절은 하나님께로부터 난 것의 의미를 정의하는 역할을 한다(분사의 완료 시제를 주목하라). 곧, 하나님의 씨가 하나님께로부터 난 자 속에 거한다. 크루즈가 지적하는 것처럼 얼핏 보면 신자 속에 거하는 하나님의 씨는 그리스도로 보인다.[11] 그러나 크루즈는 하나님의 씨를 거듭남의 원동력, 곧 거듭남이 일어나게 하고 신자 안에 그리고 신자와 함께 거하는 성령을 가리킨다고 볼 때 이 은유가 더 '힘이 있다'고 올바르게 본다. 이것은 성령으로 거듭난 자는 그의 마음속에 성령이 내주하므로 죄를 짓지 않을 것이라고 말하는 것처럼 보인다.

"하나님께로부터 난 자마다 죄를 짓지 아니하나니"라는 진술은 즉각 '그러면 누가 하나님께로부터 난 자인가?' 하는 실존적인 질문을 불러일으킨다. 그리고 이 때문에 신자들에게 인정된 죄의 치료제로 예수님의 피를 제시하는 구절인 요한일서 1:7과 2:1에 비추어 볼 때, 요한이 스스로 모순에 빠진 것처럼 보인다. 그리고 그리스도인이 죄를 범할 수 없다면, 왜 요한은 5:16에서 독자에게 죄를 범하는 형제를 위하여 기도하라고 권면하는가?

이에 대해 인정할 수 없는 한 가지 접근법은 요한이 진짜 내적으로 자기모순에 빠졌다고 보는 관점이다. 그러나 브라운은 "우리는 고대 저자들이 어리석거나 비논리적이었다고 생각해서는 안 되며, 특히 짧은 동일한 기록 안에서 난점을 볼 수 없는 것처럼 추정해서는 안 된다"라고 생각하면서 이 문제점은 우리가 해결책을 찾아 더 깊이 들어가야 함을 암시한다고 주장한다.[12] 브라운은 여기에 모순이 있음을 인정한다. 하지만 그것은 두 가지 종류의 완전주의를 가리킨다고 주장한다. 곧, 하나는 요한복음의 왜곡된 해석에 기반을 둔 이단적인 교훈이고 다른 하나는 요한이 여기서 표현하는 정통적 완전주의다.[13] 스와들링(Swadling)은 3:6과 3:9이 실제로 자기들은 죄가 없다고 주장하기도 한(1:8, 10) 이탈자들이 만들어낸 이단적인 진술이라고 주장했다.[14] 그러나 이 본문에는 "만일…라고 [말]하면"이라는 가설적 요소가 전혀 없다. 그리고 하나님으로부터 난 자는 죄를 짓지 않는다는 단언은 하나님의 자녀와 마귀의 자녀를 구분하는 요한의 주장(3:10)의 중심 요소로 기능한다.

그럼에도 불구하고 죄를 짓는 그리스도인들의 실존적 고뇌와 외관상 느껴지는 요한의 자기모순을 해소하기 위해 요한이 무엇을 말하는지를 설명하는 가장 통상적인 접근법은 다음과 같다. 3:9의 "죄를 짓지 아니하[다]"(ἁμαρτίαν οὐ ποιεῖ)라는 현재 시제 동사의 지속적 국면을 강조하여 하나님으로부터 난 자는 간헐적으로 죄를 짓기는 하지만 습관적으로 죄를 짓지도 않고 그럴 수도 없다는 의미로 취하는 것이다. 이 현재 시제 동사가 이 목적을 돕는 역할을 한다고 보는 것은 매력적이다. 그렇게 하면 1:10과 3:6, 9의 요한의 진술 사이에 나타난 긴장이 순식간에 해소될 뿐만 아니라 독자가 느끼는 심리적 긴장감도 완화되기 때문이다. 그러나 이 해석은 요한의 논증의 힘을 제대로 드러내지 못한다. 그렇게 설명하면 금방 요점을 놓치고 만다. 나아가 크루즈가 다음과 같이 날카롭게 지적하는 것과 같다.

여기서 사용된 현재 시제 용법은 범죄의 습관적이거나 비습관적인 성격에 대해 전혀 말하지 않는다. 그것은 다만 저자가 범죄를 완결된 행동이 아니라 진행하는 행동 과정으로 묘사하기 위하여 택한 용법임을 보여줄 뿐이다. 그리고 어쨌든 이 현재 시제 용법은 1:8에서도 사용된다. 거기서는 간헐적 성격과 습관적 성격 간의 이런 구분이 논증에 적합하지 않다.[15]

크루즈는 '아노미아'가 이 난해한 진술을 이해하는 열쇠라고 매우 확고하게 주장한다.[16] "죄"(ἁμαρτία)가 이 본문의 3:4에서 처음 언급될 때는 '아노미아'로 간주되고, 이 두 헬라어 단어는 다 정관사를 취한다. 여기서 정관사는 앞서 나온 어구를 가리키는 용법(전방 조응 용법), 곧 직접 문맥 속에서 이전에 특수하게 언급된 죄를 가리키는 것이 아니므로 불법과 동일시되는 죄의 범주를 가리키는 기능을 한다("죄는 불법이라", ἡ ἁμαρτία ἐστὶν ἡ ἀνομία). 이것은 요한이 모든 죄를 '아노미아'로 지칭하

---

11. Kruse, *Letters of John*, 125.
12. Brown, *Epistles of John*, 413.
13. 같은 책, 81–83, 413.
14. H. C. Swadling, "Sin and Sinlessness in 1 John," *SJT* 35 (1982): 205–11, Smalley, *1, 2, 3 John*, 162에 인용됨.
15. Kruse, "Sin and Perfection in 1 John," 66.
16. 같은 책, 69–70.

는 것이 아니라 종말론적 심판으로 이끄는 죄(즉, 배교)에 관심이 있다는 것을 암시한다. 요한은 나중에 5:16-17에서 사망에 이르지 않는 죄가 있다고 말할 것이다.

그런데 어떤 죄가 '아노미아'가 아닌가? 그것은 고백되고 예수 그리스도의 피로 깨끗하게 된 죄다(1:9; 2:1-2). 죄를 인정하고 시인하는 신자가 지은 죄는, 하나님의 권위를 시인하지 않고 그 권위에 복종하지 않는 자의 죄와는 다른 범주에 속한다. 사망에 이르는 죄는 '아노미아'의 죄로 하나님으로부터 난 자가 범할 수 있는 죄가 아니다. 왜냐하면 하나님의 씨가 그들 안에 거하고(σπέρμα αὐτοῦ ἐν αὐτῷ μένει) 그들은 하나님으로부터 났기(ἐκ τοῦ θεοῦ γεγέννηται) 때문이다.

그리스도인도 죄를 지을 수 있다. 하지만 만약 그들이 진실로 하나님께 속해 있다면, 그들은 자기들의 죄가 죄라는 것을 시인하고 죄를 자백하고 죄에서 돌아설 것이다. 마셜이 지적하는 것처럼 그리스도인은 자신의 정체성에 합당한 자가 될 것이다.[17] 이것은 죄를 하나님이 정의하시는 대로 정의하지 않는 자와 확실히 차이가 있다. 이런 자들은 자기들의 행위를 죄가 아닌 것으로 합리화한다. 그러지 않으면 자기들의 삶 속에서 하나님의 권위를 무시한다. 요한의 사상에 따르면, 의를 행하는 자는 죄 없이 사는 것은 아니지만 아버지의 자녀이다. '아노미아'를 행하고 최소한 아직은 하나님으로부터 나지 않은 자와 대조된다.

하나님으로부터 나고 하나님의 씨를 안에 갖고 있는 것이 하나님의 참된 자녀가 '아노미아'의 죄를 지을 수 없는 이유로 제시된다. 사람이 하나님의 현존과 권위를 믿고, 자신의 죄 때문에 예수님이 필연적으로 십자가에 못 박혀 죽으셨다는 사실을 인정하는 것이 회심의 참된 본질이다.

"그의 씨"(σπέρμα αὐτοῦ)가 무엇을 의미하는지가 논란이 될 수 있다. 여기서 그것이 지시하는 대상이 무엇인지는 기본적으로 애매하다. "그의 속에"를 신자를 가리키는 것으로 보면, 하나님이 거듭나게 하는 행위자를 내주하게 하신 것일 수 있다. 이 경우 그 행위자가 성령인지, 하나님의 말씀인지, 2:27에 언급된 "기름 부음"(크리스마)인지 또는 다른 어떤 것인지 여전히 불명확하다. 아니면 "그의 씨"는 의미상 τέκνα('자녀들')와 동등한 하나님의 자손을 가리킬 수 있다. 그렇게 되면 "그의 속에"(ἐν αὐτῷ)를 하나님을 가리키는 것으로 이해해야 한다. 따라서 하나님의 자손은 그 혹은 그들이 하나님 안에 거하기 때문에 '아노미아'의 죄를 범하지 않는다는 것을 의미할 것이다. 이 해석에 따르면, 하나님의 씨는 이전 구절(8절)에서 언급된 하나님의 아들을 가리킬 수 있고, 그 아들의 내주하심으로 신자는 죄를 짓지 않게 된다.

한편으로 이 해석은, 요한일서 5:18의 "하나님께로부터 나신 자"(ὁ γεννηθεὶς ἐκ τοῦ θεοῦ)를 "하나님께로부터 난 자는 다"(πᾶς ὁ γεγεννημένος ἐκ τοῦ θεοῦ) 사망에 이르는 죄를 짓지 않게 하시는 예수님으로 이해한다면, 그 구절을 무시하게 될 것이다(5:18에 대한 주석을 보라). 다른 한편으로 요한 문헌 다른 곳에서 "씨"(σπέρμα)가 나오는 모든 경우는 예수님을 가리키지 않고 자손을 가리키므로(요 7:42; 8:33, 37), 이것은 3:9이 하나님으로부터 난 자는 하나님 안에 거하기 때문에 죄를 짓지 않는다는 또 다른 진술일 수 있음을 암시한다.[18]

다른 해석자들은 새 탄생 은유의 문맥에서 "씨"(σπέρμα)를 자녀를 낳는 인간의 정액과 비슷한 역할을 하는 거듭나게 하는 행위자를 가리키는 것으로 이해한다. 나아가 어떤 해석자들은 '스페르마'가 지시하는 대상과 영적 거듭남의 행위자를 하나님의 말씀이나 복음으로[19] 또는 성령으로[20] 제시한다. 이런 사상의 흐름에 따

---

[17]. Marshall, *Epistles of John*, 183.

[18]. Yarbrough, *1-3 John*, 193과 같다.

르면, 요점은 '영적 자손을 통해 아버지로부터 성품의 특성, 말하자면 영적 DNA가 이전되는 것'에 있을 것이다.[21] 하나님으로부터 난 자는 하나님의 성품을 공유하기 때문에 요한이 말하는 죄를 지을 수 없다. 이 난해한 표현을 어떻게 이해하든 리우가 지적하는 것처럼 분명히 "하나님으로부터 나는 것은 하나님의 창조 능력으로 생명력을 계속 유지하는 것을 의미한다. 이 탄생은 상실되거나 파기될 수 없다."[22]

요일 3:10 이러므로 하나님의 자녀들과 마귀의 자녀들이 드러나나니 무릇 의를 행하지 아니하는 자나 또는 그 형제를 사랑하지 아니하는 자는 하나님께 속하지 아니하니라(ἐν τούτῳ φανερά ἐστιν τὰ τέκνα τοῦ θεοῦ καὶ τὰ τέκνα τοῦ διαβόλου· πᾶς ὁ μὴ ποιῶν δικαιοσύνην οὐκ ἔστιν ἐκ τοῦ θεοῦ, καὶ ὁ μὴ ἀγαπῶν τὸν ἀδελφὸν αὐτοῦ). 요한은 3:10에서 이 단원을 요약하는 진술을 제시한다. 이로써 자신이 편지를 쓰는 목적을 언급하고, 독자에게 그들의 영적 아버지가 누구인지 자문하도록 자극한다. 3:9은 신학적 경향을 가진 지성인에게는 그런 암시를 줄 수 있을지 모르지만, 요한은 효과적 부르심이나 거듭남과 같은 주제에 관해서는 관심이 없다. 요한은 성적 음행이 도둑질보다 더 좋거나 나쁜 죄인지와 같은 죄의 다양한 단계를 설명하는 데는 관심이 없다. 요한의 주된 관심사는, 자신의 개념적 이원론을 독자의 윤리적 분야에 적용해 그들의 삶의 방식이 참된 부자 관계를 드러낸다는 점을 증명하는 것이다. 그것은 암묵적으로 질문을 불러일으킨다. 곧, 당신은 빛의 자녀인가, 아니면 마귀의 자녀인가?

여기서 "이러므로"(ἐν τούτῳ)는 후방 조응 용법(즉, 앞으로 나올 진술을 지시하는 말)으로 보인다. 하지만 이 표현은 방금 한 모든 말을 하나님이 정의하신 대로 의를 행하지 않는 자는 다 "하나님께 속하지" 않고, 그들이 하나님으로부터 났는지 물어보아야 한다는 진술과 결합한다. 하나님의 자녀라고 말하지만 마귀와 같이 살기를 바라는 자는 결코 영생의 보증(참고. 5:13)을 받을 수 없다(『요한 서신의 신학』을 보라).

요한은 여기서 2:10에서 언급한 사랑의 명령으로 다시 돌아가 설명한다. 2:10에서 동료 신자들에 대한 사랑이 빛 가운데 거하는 자의 특징이라는 점을 제시한 요한은, 여기서 사랑하지 못하는 것이 죄라는 요점을 강조한다. 하나님의 표준에 옳은 일을 행하는 것은 단순히 악한 행위를 범하지 않는 것으로 그치지 않는다. 그것은 또한 사랑의 행위를 자극하는 다른 사람들에 대한 의로운 태도를 유지하는 것을 의미한다. 요한은 3:11-12에서 사랑하지 못하는 것이 "서로 사랑하라"는 하나님의 오래된 명령을 위반하는 것이므로 범죄라고 설명할 것이다.

---

19. Dodd, *Johannine Epistles*, 77-78.
20. Kruse, *Letters of John*, 125.
21. Culy, *I, II, III John*, 77. CEB의 다음 번역도 보라. "Those born from God don't practice sin because God's DNA remains in them."
22. Lieu, *I, II, & III John*, 138.

적용에서의 신학

1. 거듭남의 경이로움

육체적 생명이 인간 아버지에게 기원을 둔 것처럼, 사람의 영원한 영적 생명의 기원이 하나님께 있다는 것은 얼마나 경이로운 일인가! 죄인이 기도하거나 교회에 참여하는 것이, 즉 신앙고백과 교인 자격이 그 자체로 좋은 것이라고 해도, 이 행위가 반영하는 놀라운 실재를 충분히 보여주지는 못한다. 아버지로부터 거듭나야 한다는 사실은 죄의 파괴력이 얼마나 큰지를 증명한다. 거듭남 외에 다른 어떤 방법으로도 죄로 잃어버린 생명을 되찾을 수 없다. 새 생명 외에 다른 어떤 것도 파괴된 하나님과의 관계를 고칠 수 없고, 마귀의 일, 곧 에덴에서의 그가 행한 것과 세상 속에서 제약 없이 악을 일으키는 활동을 멈추게 할 수 없다.

하나님이 거듭남을 통해 베풀어주시는 화목은 하나님의 사랑에서 나온다. 요한은 이 사랑이 비참하고, 죄악 되며, 반역적이고, 배은망덕한 사람들에게 쏟아져서 수반된 온갖 이적들과 함께 하나님의 자녀가 되는 새로운 정체성이 그들에게 주어졌다고 말한다. 하나님으로부터 나는 것은 육체적으로 태어나는 것과 같이 취소할 수 없다. 우리가 원한다고 해서 육체적으로 태어나지 않을 수 없는 것처럼, 거듭나는 개념도 일단 아버지에게서 났다면 영생에 대한 보증의 확고한 기초를 구성하는 것은 지속적이고 영속적인 관계다. 리우가 지적하는 것처럼 거듭남에서 나오는 생명은 상실되거나 파기될 수 없다.[23]

죄를 시인하거나 자백하지 않음으로써 하나님에게서 돌아선 자는, 설사 하나님으로부터 났다고 주장할지라도 사실은 하나님으로부터 나지 않은 자다. 자녀가 아버지와 유전적으로 비슷한 것처럼, 하나님으로부터 난 자도 하나님을 닮아 하나님과 그분의 권위에 복종하는 기질로 바뀌기 때문이다. 마귀의 일을 멸하는 것은, 아담과 하와를 하나님의 위치에 두고 육신으로 태어난 모든 사람을 오염시키는 근본적인 자율성을 파괴하는 행위를 수반한다. 하나님이 죄라고 하신 것을 죄로 보지 않고, 죄를 자백하거나 회개하지 않는 자는 여전히 정의상 하나님께 속하지 않은 완고한 자율성을 행사하는 것이다.

요한의 이원성 개념에 중립 지대는 없다. 사람은 누구를 막론하고 하나님의 자녀 아니면 마귀의 자녀 중 하나다. 사람은 하나님으로부터 나거나, 그렇지 않거나 둘 중 하나이기 때문이다. 죄를 짓는 것은 마귀의 특징이다. 마귀는 '처음부터' 죄를 지었다. 그리고 죄를 짓는 자는 마귀를 닮는다. 반면에 의를 행하는 자는 하나님의 인간 자녀가 되어야 할 존재의 완전한 본보기이신 예수님을 닮는다.

---

23. 같은 책.

2. 죄와 새 생명

요한은, 그리스도인으로 알려지기를 바라지만 하나님이 죄로 정의하신 행동과 태도를 옹호하는 사람에 대하여 불리하게 진술한다. 이런 일을 행하는 자는 불법적이고 하나님의 권위를 거부하는 것이다. 그리고 이런 일을 행하면 당연히 그의 영생에 대한 확신이 의심에 부쳐진다. 왜냐하면 이것은 그가 과연 하나님으로부터 난 자인지 그의 정체성을 의심하게 하기 때문이다.

그러나 요한은 하나님으로부터 난 자도 죄를 짓는다는 사실을 인정하고 독자에게 죄를 시인하고 자백하라고 촉구한다. 하나님은 신실하고 의로우시므로 예수님의 피의 깨끗하게 하는 능력에 기초를 두고 죄를 자백하면 우리를 용서해주실 것이기 때문이다(1:7-2:2). 그러나 동시에 요한은 하나님으로부터 난 자는 죄를 지을 수 없다고 말한다(3:9). 여기서 죄를 자백하고 깨끗하게 된 신자가 지은 죄와 신자가 지을 수 없는 죄 사이에 질적 차이가 존재한다. 쾨스텐버거는 이 명백한 대립을 다음과 같이 설명한다.

> 이 모든 것 속에서 요한은 영적 완성을 기대하는 것이 아니라는 점을 분명히 한다. 이 영적 완성은 그리스도가 재림하실 때 이루어질 것이다. 그러나 거듭남은 당연히 죄를 자백하고 계속 의를 행하는 마음을 낳을 것이다. 진실로 하나님의 자녀는 계속 죄를 짓는 것이 불가능하다[요일 3:9, "범죄하지 못하는(곧, 범죄할 수 없는) 것은"].[24]

거듭난 하나님의 자녀가 지을 수 없는 죄는 '아노미아'의 죄다. 곧, 사람들이 어떻게 살아야 하는지를 정의하시는 하나님의 권위를 거부하는 근본적 자율성이 낳은 죄다. 진실로 하나님으로부터 난 자는 죄를 부인하거나 죄를 정의하시는 하나님의 권위를 거부하지 않고 죄를 고백하고 그리스도의 피로 깨끗해질 것이다. 이 점에서 신자의 죄는 비신자가 저지르는 죄의 행위와 다르다. 그러나 모든 죄는 함축적으로 하나님을 거부하는 특징을 드러내기 때문에, 요한은 하나님의 자녀에게 죄를 짓지 말고 말과 행위를 통해 그들의 아버지인 하나님의 본성을 드러내라고 권면한다.

---

24. Köstenberger, *Theology of John's Gospel and Letters*, 268.

CHAPTER 9
요한일서 3:11-18

문학적 전후 문맥

이 본문은 3:1-10과 긴밀하게 연계되어 있다. 헬라어 신약성경의 단락 구분에도 불구하고 원인절(ὅτι로 소개되는)이 형제를 사랑하지 않는 신자(3:10)가 의를 행하지 않는 자로 간주되는 이유를 제시하기 때문이다. 이 단원은 요한일서의 세 가지 주요 주제 중 세 번째 주제를 해설한다. 곧, 사랑이라는 주제다. 1장에서 요한은 죄의 주제를 소개하고, 신자가 죄에 대하여 가져야 할 적절한 태도를 언급했다. 이어서 2장에서는 당시에 요한이 적그리스도로 간주하는 자들, 곧 공동체에서 나간 이탈자들의 배경 안에서 그리스도이신 예수님에 관한 올바른 믿음이라는 주제를 다루었다. 그리고 여기서 세 번째 주요 주제인 사랑이 다루어진다. 이 세 가지 주제는 4장과 5장에서 다시 등장한다.

> VIII. 누가 하나님의 자녀인가?(2:29-3:10)
> ➡ IX. 서로 사랑하라(3:11-18)
>   A. 서로 사랑하라는 명령(3:11-12)
>   B. 요한이 독자에게 적용함(3:13-15)
>   C. 사랑은 목숨을 버리는 것을 의미함(3:16-18)
> X. 하나님의 자녀는 담대할 수 있다(3:19-24)

주요 개념

하나님의 자녀와 마귀의 자녀의 두드러진 차이는 하나님 및 다른 사람들에 대한 사랑이다. 이 사랑은 여기서 다른 사람들의 생명을 유지할 필요에 연민을 가지고 반응하는 것으로 정의된다. 사람에게 가장 절실한 필요는 영생이기 때문에 이탈자들처럼 사람들을 하나님 안에 있는 생명에서 멀어지게 하는 이단 사상을 가르치는 것은 결코 사랑이 아니다. 나아가 교회 안에서 취약 계층인 가난한 자의 육체적 생명을 유지하는 것도 하나님의 사랑에 보답하고 그것을 통해 하나님의 자녀의 유익을 전달하는 적절한 방법이다.

번역

요한일서 3:11-18

11a	내용		우리는 서로 사랑할지니
	b	확인	이는 너희가 처음부터 들은 소식이라
12a	대조		가인 같이 하지 말라 그는 악한 자에게 속하여 그 아우를 죽였으니
	b	수사적 질문	어떤 이유로 죽였느냐
	c	원인	자기의 행위는 악하고
	d	대조	그의 아우의 행위는 의로움이라
13a	호칭		형제들아
	b	추론	세상이 너희를 미워하여도 이상히 여기지 말라
14a	단언		우리는…알거니와
	b	기초	형제를 사랑함으로
	c	내용	사망에서 옮겨 생명으로 들어간 줄을
	d	추론	사랑하지 아니하는 자는 사망에 머물러 있느니라
15a	단언		그 형제를 미워하는 자마다 살인하는 자니
	b	단언	살인하는 자마다 영생이 그 속에 거하지 아니하는 것을 너희가 아는 바라
16a	기초		그가 우리를 위하여 목숨을 버리셨으니
	b	단언	우리가…사랑을 알고 이로써
	c	권면	우리도 형제들을 위하여 목숨을 버리는 것이 마땅하니라
17a	조건		누가 이 세상의 재물을 가지고
	b	확대	형제의 궁핍함을 보고도
	c	확대	도와 줄 마음을 닫으면
	d	수사적 질문	하나님의 사랑이 어찌 그 속에 거하겠느냐

18a	호칭	자녀들아
b	권면	우리가 말과 혀로만 **사랑하지 말고**
c	대조	행함과 진실함으로 하자

구조

이 단락은 그리스도 안에서 형제를 사랑하지 아니하는 자는 하나님께 속하지 아니한다고 말하는 10절의 주장의 근거가 되는 원인절(ὅτι)로 11절을 시작함으로써 3:7-10의 사상을 계속 전개한다. 끝맺는 호격인 18절의 "자녀들아"(τεκνία)라는 말은 7절의 같은 말과 인클루시오를 이룬다. 두 말은 앞에 언급된 아버지의 자녀라는 독자의 정체성(3:1)을 암시한다. 이 구조는 하나님의 자녀들과 마귀의 자녀들을 구분하는 것(10절)이 본문의 주된 요점임을 암시한다. 이 단락이 다루는 모든 내용, 곧 서로 사랑하라는 명령, 가인이 아우를 죽인 것, 교회의 취약 계층인 가난한 자에 관한 문제는 이 맥락 안에서 이해되어야 한다. 하나님은 사랑 때문에 자녀가 될 자에게 생명을 주시는 행동을 하도록 자극받으셨다(3:1). 이와 같이 하나님의 자녀들도 다른 사람들에게 삶에 활력을 주는 연민을 베풀어줌으로써 하나님의 사랑에 보답해야 한다.

석의적 개요

→ IX. 서로 사랑하라(3:11-18)
   A. 서로 사랑하라는 명령(3:11-12)
      1. 반면교사로서의 가인(3:12a)
      2. 의로운 행위는 미움을 유발했다(3:12b-d)
   B. 요한이 독자에게 적용함(3:13-15)
      1. 그러니 세상이 신자를 미워해도 놀라지 말라(3:13)
      2. 형제, 곧 의를 행하는 자를 사랑하는 것은 사망에서 생명으로 들어간 것을 확증한다(3:14)
      3. 의인을 미워하는 자는 누구나 죽이는 자다(3:15a)
      4. 죽이는 자는 영생이 없다(3:15b)
   C. 사랑은 목숨을 버리는 것을 의미함(3:16-18)
      1. 그리스도의 본보기가 사랑을 정의한다(3:16a-b)
      2. 신자는 그리스도의 본보기를 따라야 한다(3:16c)
      3. 형제의 궁핍함을 동정하는 것은 자신의 목숨을 버리는 길이다(3:17)
      4. 사랑은 말이 아니라 행함으로 표현되어야 한다(3:18)

본문 설명

요일 3:11 **우리는 서로 사랑할지니 이는 너희가 처음부터 들은 소식이라**("Ὅτι αὕτη ἐστὶν ἡ ἀγγελία ἣν ἠκούσατε ἀπ' ἀρχῆς, ἵνα ἀγαπῶμεν ἀλλήλους). 요한은 여기서 요한일서의 주요 권면 중 하나인 서로 사랑하라는 권면으로 돌아간다. 서두의 '호티'("이는")는 이 진술에 이전 구절의 사상이 깔려 있게 한다. 그 사상은, 형제를 사랑하지 않는 자는 예수님이 신생 교회에 서로 사랑하라고 명령하신 것(요 13:34; 15:12, 17)에 불순종하는 것이기에 하나님께 속하지 않은 자라는 것이다. 더구나 이 명령은 이웃을 사랑하라는 구약의 명령(레 19:18)도 반영하고 전개한다. 요한은 여기서 형제를 사랑하지 못하는 것이 하나님을 사랑하지 못하는 것의 한 증상임을 분명히 보여주고자 하는 동기를 설명하려고 한다.

요일 3:12 **가인 같이 하지 말라 그는 악한 자에게 속하여 그 아우를 죽였으니 어떤 이유로 죽였느냐 자기의 행위는 악하고 그의 아우의 행위는 의로움이라**(οὐ καθὼς Κάϊν ἐκ τοῦ πονηροῦ ἦν καὶ ἔσφαξεν τὸν ἀδελφὸν αὐτοῦ· καὶ χάριν τίνος ἔσφαξεν αὐτόν; ὅτι τὰ ἔργα αὐτοῦ πονηρὰ ἦν, τὰ δὲ τοῦ ἀδελφοῦ αὐτοῦ δίκαια). 요한은 세상의 첫 살인자로 자기 아우를 죽인 가인을 반면교사로 제시한다. 가인이 아우를 죽인 동기는 이 세상에 사는 사람들의 삶을 지배하는 한 가지 근본적인 영적 원리를 드러낸다. 곧, 의를 행하지 아니하는 자는 의를 행하는 자를 미워한다는 원리다.

가인은 성경의 인간 이야기에 나오는 최초의 살인자이기 때문에 이후 전승에서 죄인의 원형으로 알려져 있다. 예를 들어, 필로는 가인의 죄를 영원한 사망을 낳는 자기사랑에서 나오는 죄로 간주한다(Sacr. 1.3; Det. 10.32; 27.103; Post. 6.21).[1] 탈굼 창세기 4:8은 "심판은 없다. 심판자는 없다. 다른 세상은 없다. 의인에 대한 선한 보상의 선물과 악인에 대한 처벌은 없다"[2]와 같은 태도를 가진 자를 표현할 때 가인을 인용한다. 신약성경 저자들과 1세기 독자들은 가인에 관한 이 전승을 잘 알았다. 가인은 또한 유다서 1:11에서 거짓 선생들을 가리키기 위해서도 언급된다. 그것은 그들이 "가인의 길에 행했기" 때문이다. 마이클 그린(Michael Green)은 유다서를 주석하면서 이렇게 설명한다. "가인은 하나님을 거역하고 사람을 멸시하는 냉소적이고 물질주의적인 인물을 대표한다. 가인은 믿음과 사랑이 없다."[3] 그러므로 가인은 '아노미아'의 화신이다.

가인을 하나님을 반대하는 자와 동일시하는 전통적인 사상은 12절에서 요한이 가인을 언급하는 이유를 강력히 설명하고 요한이 편지를 쓰던 당시 상황을 더 깊이 파악할 수 있는 안목을 제공한다. 가인과 아벨은 형제였다. 이것은 요한의 편지를 받는 기독교 교회에 속해 있는 자들이 공동체에서 나간 자들(2:19)을 포함하여 그들 자신을 믿음 안에서 형제로 간주하는 것과 같다. 그러나 비록 가인과 아벨이 형제였다고 해도 성품이 같지는 않았다. 가인은 악한 자에게 속했다. 아우를 향한 그의 행위가 악한 것을 드러냈기 때문이다. 형제를 살해하는 것은 가인의 마음속에 깊이 자리 잡았던 동기가 발현된 결과였다. 가인은 아벨이 하나님께 바친 제물은 옳았으나 자신이 바친 제물은 그렇지 못하다는 것

---

1. The *Works of Philo* (번역 C. D. Yonge; Peabody, MA: Hendrickson, 1993).
2. *Targum Pseudo-Jonathan: Genesis* (*The Aramaic Bible: The Targum* 1B권; Kevin Cathcart 외 편집; Michael Maher 번역; Collegeville, MN: Glazier, 1992), 33.
3. Michael Green, *The Second Epistle of Peter and the Epistle of Jude* (TNTC; Grand Rapids: Eerdmans, 1968), 186.

을 알았다. 이때 가인은 아우의 의 때문에 아벨에게 분노했고 그 미움의 충동에 따라 행동했다.

분명히 요한의 교회 안에는 주 안에서 의를 행하고 빛 가운데 걷는 형제들이 있었다. 그러나 그렇지 못한 형제들도 있었다. 그들은 자기들의 믿음과 실천을 정당화하거나 합리화하려고 애썼다(1:6-10). 동료 신자에게 이처럼 부정적이고 잠재적으로 죽음을 일으키는 영향력을 행사하는 것은 결국 미움이 그 원인이다. 하나님께 불순종하도록 또는 하나님에 관해 거짓된 사실을 믿도록 어떤 사람을 뒤흔드는 것은 사랑이 아니다. 그것은 그 사람을 영적 위험에 빠뜨리는 일이기 때문이다. 그렇게 행하는 자는 하나님께 속해 있지 않고, 요한의 강론에서 그것은 그들이 세상과 악한 자에게 속해 있음을 의미한다.

요일 3:13 형제들아 세상이 너희를 미워하여도 이상히 여기지 말라[καὶ] μὴ θαυμάζετε, ἀδελφοί, εἰ μισεῖ ὑμᾶς ὁ κόσμος). 여기서 요한은 독자에게 가인을 상기시켜 기독교 신자들과 세상 간의 참된 관계를 설명한다. 스스로 속아 하나님을 거부하는 세상(참고. 요 1:8-10)은 성경적 가치와 원리에 따라 살아감으로써 하나님께 순종하려고 애쓰는 자들을 본능적으로 싫어한다. 요한은 다른 곳에서 세상을 다음과 같이 평가한다.

> "빛이 세상에 왔으되 사람들이 자기 행위가 악하므로 빛보다 어둠을 더 사랑한 것이니라 악을 행하는 자마다 빛을 미워하여 빛으로 오지 아니하나니 이는 그 행위가 드러날까 함이요"(요 3:19-20).

다르게 말하면 요한의 마음속에서 가인은 세상이 빛에 대하여 그리고 빛 가운데 행하려고 애쓰는 모든 자에게 보여주는 미움의 태도를 표상한다. 비슷한 역학 관계가 노아 이야기에서도 발견된다. 노아는 하나님께 순종하여 방주를 만들었다. 하지만 그 똑같은 행위를 통해 암묵적으로 '세상을 정죄했다'(히 11:7).

세상은 의를 미워한다. 그래서 요한은 그리스도를 믿는 믿음을 따라 사는 자에게 세상이 "너희"를 미워해도 놀라서는 안 된다고 말한다. 그러나 예수님은 또한 세상은 자기 안에 살지 않는 자를 미워할 수 없고 "나를 미워하나니, 이는 내가 세상의 일들을 악하다고 증언함이라"(요 7:7)고 가르치셨다. 요한일서 3:13은 요한복음 7:7과 대립하는가? 절대로 아니다. 세상은 신자 안에서 그리스도를 볼 때만 신자를 미워한다. 신자가 악에 관한 예수님의 증언에 동의하고 자신의 삶을 변화시켜 의를 행할 때, 세상에 속한 자는 그것 때문에 신자를 미워한다(요 15:18-19, 참고. 17:14).

요일 3:14 우리는 형제를 사랑함으로 사망에서 옮겨 생명으로 들어간 줄을 알거니와 사랑하지 아니하는 자는 사망에 머물러 있느니라(ἡμεῖς οἴδαμεν ὅτι μεταβεβήκαμεν ἐκ τοῦ θανάτου εἰς τὴν ζωήν, ὅτι ἀγαπῶμεν τοὺς ἀδελφούς· ὁ μὴ ἀγαπῶν μένει ἐν τῷ θανάτῳ). 요한은 생명과 사망 사이의 이원성을 구축하고 앞에서 함축적으로 기독교 신자들이 그리스도를 믿는 믿음을 갖게 될 때 생명으로 옮겨졌다고 언급한 것을 이제 여기서는 명시적으로 진술한다. 다른 사람들을 사랑하는 것은 빛 가운데 걷고 그리스도 안에 거하는 자의 특징이다. 그러므로 사랑하지 않는 자는 그들이 아직 그 경계로 들어가지 못했음을 예증한다.

여기서 "우리는 알거니와"는 포괄적 의미의 '우리'로, 세상과 비교하여 구별을 강조하는 표현이다. 요한의 사고 속에서 그리스도를 따르고 빛 가운데 걷는 자는 생명을 주시는 하나님과 사귐 속에 있으나, 그렇게 하지 못하는 자는 어둠과 사망의 영역에 머물러 있다. 그리스도 안에서 의를 행하는 자는 분노가 아니라 사랑이 특징이다. 주와 주의 백성에 대한 태도에 변화가 일어나는 것이 사망에서 생명으로 이미 옮겨진 자의 특징이다(요 5:24). 참된 인간적 사랑은 구원의 원인이 아니라 구원받았음을 보여주는 표현이다.

만약 어떤 사람이 의를 사랑하지 않는다면, 그 사람은 아직 사망 안에 머물러 있는 자다. 여기서 사망은 미래에 일어나는 사건이 아니라 에덴동산에서 벌어진 타락으로 우리가 모두 들어간 영역을 가리킨다. 사랑하지 못하는 것은 사망의 영역의 특징이고 어둠 속에 있는 것과 동등하다(2:9, 11). 이것이 아마 요한복음이 유다가 배신할 때 예수님에게서 떡 조각을 받고 곧 나가니 "밤이러라"(요 13:30)고 말하는 이유일 것이다. 유다는 어둠 속에서 예수님을 버리고 나갔다. 요한은 유다가 참 빛, 곧 빛의 원천을 떠나 어둠과 사망의 영역에 들어가기로 택한 것을 증명하기 위하여 이 아이러니한 사실을 내용에 포함한다. 유다는 제자들에게 '형제'로 알려져 있었지만, 자신이 그들에게 속해 있지 않음을 스스로 증명했다. 이것은 요한의 교회(들)에서 "나간" 자들과 같았다(요일 2:19). 유다는 예수님을 사랑하지 않기 때문에 예수님이 가르치신 생명의 길을 받아들이지 않았다. 비록 예수님의 죽음을 의도하지 않았고 그분의 손에 정치권력이 일어날 수 있다고 느꼈다고 해도, 유다는 예수님의 길을 거부했다.

"사망에서 옮겨 생명으로 들어간(μεταβεβήκαμεν)"에서 동사의 완료 시제는 학자들이 요한의 실현된 종말론으로 지칭하는 것을 표현한다. 신약성경 저자는 대부분 구원과 하나님의 심판에서 해방되는 것을 미래의 일(미래 종말론)로 말하지만, 요한은 그것을 신자들이 이미 경험한 실재로 간주한다. 이것은 요한이 미래의 심판이나 하나님의 구속 계획이 끝나는 때로 우리가 아는 미래에 종말론적인 복을 가져올 구속의 완성을 믿지 못했다는 뜻으로 이해해서는 안 된다. 요한은 자신의 신학을 설명하는 데 사용하는 개념적 이원론 때문에 그렇게 말하는 것이다.

예수 그리스도를 믿는 믿음으로 회심하는 것은 정의상 하나님과 단절되었던 과거의 삶의 방식을 포기하고 우리의 죄가 용서받고 깨끗하게 될 필요가 있음을 인정하는 것이다. 믿음으로 예수 그리스도를 영접하는 것은 영적으로 눈멀게 하는 어둠을 제거하는 빛 가운데 들어가는 것을 의미한다. 자신이 회심할 때뿐만 아니라, 같은 마음을 갖고 그리스도를 믿는 믿음으로 나아와 빛 가운데 살기를 바라는 다른 사람들의 회심이 일어날 때도 사귐과 기쁨이 있다. 이것은 그가 장차 임할 세상의 심판 아래 있지 않고 어둠에서 빛으로 넘어갔다는 표지다.

요일 3:15 그 형제를 미워하는 자마다 살인하는 자니 살인하는 자마다 영생이 그 속에 거하지 아니하는 것을 너희가 아는 바라(πᾶς ὁ μισῶν τὸν ἀδελφὸν αὐτοῦ ἀνθρωποκτόνος ἐστίν, καὶ οἴδατε ὅτι πᾶς ἀνθρωποκτόνος οὐκ ἔχει ζωὴν αἰώνιον ἐν αὐτῷ μένουσαν). 요한은 놀랍게도 미움을 죽임(killing)과 연계시킨다. 어둠에서 빛으로 넘어간 자는 빛을 사랑하고 빛 가운데 사는 것을 좋아한다. 따라서 자신과 똑같이 하나님 앞에서 의를 행하며 살기를 바라는 형제도 사랑하기 마련이다. 이런 맥락에서 형제를 미워하는 자는 누구나 하나님 앞에서 의롭게 산 아우를 미워한 가인과 같다. 이런 태도가 실제 살인을 불러왔다. 그러나 의를 행한다는 이유로 어떤 사람을 미워하고, 따라서 어떤 본보기나 교훈을 통해 세상과 똑같이 살도록 강요하는 것은 영적 사망을 바라는 것이다. 그것은 결국 영적 살인이다.

여기서 "죽이는 자"(killer)로 번역된 단어(ἀνθρωποκτόνος)는 신약성경에서 요한 문헌에만 나타난다. 하지만 이 단어는 그리스의 일반 저술가들의 저작에서도 발견된다. 어원적으로 보면, 이 단어는 두 개의 헬라어 단어 '사람'(ἄνθρωπο-)과 '죽이다'(κτείνω)가 결합하여 만들어졌다. 따라서 문자적으로 '사람을 죽이는 자'(person killer)를 가리킨다(개역개정에는 "살인하는 자"-역주). 예수님은 마귀를 가리키는 데 같은 단어를 사용했다. 요한복음 8:44에서 예수님의 말씀은 본보기나 말로 이단 사상을 가르치는 자가 왜 죽이는 자(killer)로 묘사될 수 있는지를 설명하는 데 도움이 된다.

"너희는 너희 아비 마귀에게서 났으니 너희 아비의 욕심대로 너희도 행하고자 하느니라 그는 처음부터 살인한 자(ἀνθρωποκτόνος)요 진리가 그 속에 없으므로 진리에 서지 못하고 거짓을 말할 때마다 제 것으로 말하나니 이는 그가 거짓말쟁이요 거짓의 아비가 되었음이라."

마귀가 아담과 하와를 그리고 그들을 통해 모든 인간을 어떻게 사망으로 이끌어 갔는지 생각해보라. 하나님은 창세기 2:17에서 "네가 먹는 날에는 반드시 죽으리라"고 말씀하셨다. 창세기 3:4-5에서 마귀는 하나님과 대립한다. 심지어 마귀는 하나님이 아담과 하와가 죽지 않고 그분과 같이 되리라는 것을 알고 계셨다고 말함으로써 하나님의 성품을 비난한다. 아담과 하와는 마귀의 거짓말을 믿었다. 그래서 사망을 세상 속에 끌어들였다. 이단 사상은 본질상 사람을 하나님에게서 멀어지게 하는 거짓말로, 사망을 가져오는 권능을 똑같이 갖고 있다. 하나님은 생명의 원천이시다. 그러므로 사람이 하나님에게서 멀어지면 그가 갈 곳은 사망밖에 없다.

타락으로 인해 모든 인간이 이미 하나님과 단절된 상태로 태어나고 사망의 상태에 있다. 그리스도는 사람들을 하나님과 화목하게 하고 그들의 영생을 회복시키려고 오셨다. 그러나 사람이 하나님이 말씀하신 것이 거짓이고 그분을 신뢰할 수 없다는 사망을 낳는 거짓말의 지배 아래 있는 한, 하나님과 화목해지고 영생을 회복하는 것은 불가능하다('요한 서신의 신학'을 보라). 참된 생명이나 사랑은, 하나님이 예수님 안에서 베풀어주시는 거듭남 속에 기원을 둔 실존 영역 외부에는 존재하지 않는다.

요일 3:16 그가 우리를 위하여 목숨을 버리셨으니 우리가 이로써 사랑을 알고 우리도 형제들을 위하여 목숨을 버리는 것

이 마땅하니라(ἐν τούτῳ ἐγνώκαμεν τὴν ἀγάπην, ὅτι ἐκεῖνος ὑπὲρ ἡμῶν τὴν ψυχὴν αὐτοῦ ἔθηκεν καὶ ἡμεῖς ὀφείλομεν ὑπὲρ τῶν ἀδελφῶν τὰς ψυχὰς θεῖναι). 요한은 독자가 세상이 사랑을 정의하는 것이 아니라 주님이 정의하시는 것에 따라 형제를 사랑하기를 바란다. 요한은 여기서 참된 사랑의 진정한 본보기로 우리를 위하여 목숨을 버리신 예수님("그가")을 든다.

요한은 이 요점을 부각하기 위하여 명시적으로 "우리"도 형제들을 위하여 목숨을 버리는 것이 마땅하다고 진술한다. 이것은 즉각 우리 마음을 불편하게 만든다. 예수님이 구원하러 오신 자들을 위하여 실제로 죽으셨기 때문이다. 그렇다면 요한은 독자가 형제를 위하여 실제로 죽기를 바라는 것인가? 예수님의 죽음은 하나님의 구속 계획 속에서 단회적인 사건이었는데, 그렇다면 누가 그것을 모방할 수 있다는 말인가? '목숨을 버리다'라는 말은 신약성경에서 요한복음과 요한 서신에만 나타난다. 특히 요한복음 15:12-17에 있는 예수님의 교훈에 두드러지게 나타난다(강조체 저자).

"내 계명은 곧 내가 너희를 사랑한 것같이 너희도 서로 사랑하라 하는 이것이니라 사람이 친구를 위하여 자기 목숨을 버리면 이보다 더 큰 사랑이 없나니 너희는 내가 명하는 대로 행하면 곧 나의 친구라 이제부터는 너희를 종이라 하지 아니하리니 종은 주인이 하는 것을 알지 못함이라 너희를 친구라 하였노니 내가 내 아버지께 들은 것을 다 너희에게 알게 하였음이라 너희가 나를 택한 것이 아니요 내가 너희를 택하여 세웠나니 이는 너희로 가서 열매를 맺게 하고 또 너희 열매가 항상 있게 하여 내 이름으로 아버지께 무엇을 구하든지 다 받게 하려 함이라 내가 이것을 너희에게 명함은 너희로 서로 사랑하게 하려 함이라."

요한일서 3:16에서 요한은 예수님의 이 교훈을 인유

하는 것이 분명하다. 예수님은 친구를 위해 자기 목숨을 버림으로 사랑하라는 명령과 자기를 따르는 자들이 항상 열매를 맺도록 부르신 소명을 연관시키신다. 요한은 예수님을 암묵적으로 예수님이 친구로 부를 자, 곧 열매를 맺도록 자신이 직접 택하고 지명하신 자를 위하여 문자 그대로 물리적으로 자기 목숨을 버린 친구로 정의한다. 이것이 함축하는 의미는 열매를 맺는 자가 이에 따라 예수님을 위해, 더 나아가 예수님이 '친구'로 부르는 다른 신자들을 위해 목숨을 버릴 자라는 것이다. 그러나 예수님은 자기를 따르는 자들이 형제들을 위해 목숨을 버려야 한다고 하실 때 어떤 뜻으로 말씀하셨을까?

예수님은 요한복음 10:11에서 자신을 양들을 위해 목숨을 버리는 선한 목자로 언급하셨다. 목자가 자기 양을 위해 죽는 것은, 설사 그런 말을 들어본 적이 있더라도 특이한 일이다. 더 흔하게 벌어지는 일은 목자가 양들의 삶을 유지하기 위해 양들의 필요를 보살피는 데 삶을 바치는 것이었다. 따라서 이것이 '목숨을 바치다'라는 말이 헬라어 본문 다른 곳에서 사용될 때 가리키는 의미다. 거기서 이 말은 희생하는 죽음이 아니라 다른 사람을 위해 위험을 무릅쓰는 것, 심지어 다른 사람을 위해 자기 목숨을 위태롭게 하는 것을 가리킨다.[4] 그다음 구절(3:17)에서 요한은 자신이 염두에 둔 또 다른 점을 암시한다. 곧, 사랑은 다른 사람들에게 생계에 필요한 요소를 제공하는 것으로 표현된다는 것이다.

요일 3:17 누가 이 세상의 재물을 가지고 형제의 궁핍함을 보고도 도와 줄 마음을 닫으면 하나님의 사랑이 어찌 그 속에 거하겠느냐Ὃς δ᾽ ἂν ἔχῃ τὸν βίον τοῦ κόσμου καὶ θεωρῇ τὸν ἀδελφὸν αὐτοῦ χρείαν ἔχοντα καὶ κλείσῃ τὰ σπλάγχνα αὐτοῦ ἀπ᾽ αὐτοῦ, πῶς ἡ ἀγάπη τοῦ θεοῦ μένει ἐν αὐτῷ;).

요한의 권면에 따르면, 사랑의 적절한 표현으로서 목숨을 버리는 것에는 다른 사람들이 생계를 유지할 수 있게 기본 필수품을 제공함으로써 그들의 필요(궁핍함)를 채워주는 것이 포함되어 있다.

2:16에서 요한은 하나님에 대한 필요와 의존을 간과하고, 세상에 있는 것과 재물을 자랑하며, 세상에서 안전을 찾는 것을 경고했다(2:16에 대한 주석을 보라). 이제 요한은 동료 신자들이 생계에서 절실하게 필요로 하는 것과 그 필요를 돕는 일을 하지 않는 것을 경고한다. 하나님은 모든 양식의 궁극적 원천이시지만, 그 양식을 공급하실 때 사람들이 다른 사람들을 돕게 만드는 방법을 주로 사용하신다. 우리가 갖고 있는 자원은 모두 하나님이 은혜로 주신 것이다. 그러하기에 궁핍한 자들이 생명을 유지하는 데 필요한 자원을 빼앗는 것은 하나님이 그들에게 양식을 배분하시는 통로를 차단하는 것과 같다. 신자들을 향한 하나님의 사랑과 하나님을 향한 신자들의 사랑의 이런 순환 관계는, 이 구절(3:17)에서 "하나님의 사랑"(ἡ ἀγάπη τοῦ θεοῦ)의 소유격이 하나님으로부터 나오는 사랑을 표현하는 것인지, 아니면 하나님을 향한 신자의 사랑을 표현하는 것인지 굳이 결정할 필요가 없게 한다.

만약 가장 큰 계명이 하나님을 사랑하고, 다른 이를 자기 자신처럼 사랑하는 것이라면(마 22:37, 39; 막 12:30-31; 눅 10:27), 사랑은 하나님이 우리를 위해 품고 계시는 목적을 이루는 것이다. 예수님은 선한 사마리아인 비유에서 이웃에 대한 사랑을 생명을 유지하는 자원을 이웃에게 제공하는 것으로 정의하신다(눅 10:25-37). 이 익숙한 이야기에서 사마리아인은 강도에게 피습당한 한 유대인의 안녕을 위해 개인 비용으로 거처, 음식, 치료를 제공하는 특별한 조치를 취한다. 누가복음의 문맥을 보면, 이 비유에서 "누가 내가 사랑해야 할

---

4. Lieu, *I, II, & III John*, 149.

내 이웃이겠느냐?"라는 질문이 나온다. 이 비유는 이웃을 정의할 뿐만 아니라 이웃에 대한 사랑이 무엇인지도 정의한다.

이 경우 유대인 율법교사는 당연히 그가 미워하고 싶은 부정한 사마리아인을 사랑해야 한다는 말을 들어야 했다. 또한 그것은 단지 자기 이웃을 좋아하는 것으로 그쳐서는 안 된다는 점을 암시한다. 대신 사람은 생명을 유지할 절실한 필요에 연민으로 반응해야 한다. 이것은 성경 전체에 걸쳐 언급된 관심사다(참고. 신 15:7-8, 10). 누가복음에서 선한 사마리아인 비유는 "내가 무엇을 하여야 영생을 얻으리이까?"라는 질문에 답변하는 문맥에 나온다. 이것은 또한 독자에게 그들이 실제로 영생을 갖고 있음을 확신시키려는 목적으로 주어지는 요한일서의 주요 주제이기도 하다.

사랑을 이런 식으로 이해하면 미워하는 것에 대해서도 더 깊은 통찰력을 갖게 된다. 여기서 요한은 다른 사람의 생계를 유지하는 데 필요한 것을 제공하지 않는 것이 살인과 같다고 정의한다(3:15). 사랑을 이런 식으로 이해하면, 자신의 목숨을 버리라는 권면은 남을 구하기 위해 불타는 건물로 뛰어 들어가는 극소수의 영웅에 의해 이루어지는 일이 아니라, 누구나 충분히 할 수 있는 일로 받아들여진다. 생계를 위해 일하는 자는 생활비를 버는 일에 시간을(즉, 목숨을) 바친다. 자신이 얻은 자원을 취약 계층인 가난한 자에게 나누어주는 것은 다른 사람들의 유익을 위해 자기 목숨을 버리는 것을 의미한다. 그리고 원래의 문화적 배경에서 그 말이 암시했던 것처럼, 다른 사람이 삶을 유지하는 데 자원을 사용하는 것은 처한 상황에 따라 어느 정도 위험이 따를 수 있다.

요일 3:18 **자녀들아 우리가 말과 혀로만 사랑하지 말고 행함과 진실함으로 하자**(Τεκνία, μὴ ἀγαπῶμεν λόγῳ μηδὲ τῇ γλώσσῃ ἀλλὰ ἐν ἔργῳ καὶ ἀληθείᾳ). 요한은 이 말로 아버지가 자녀인 우리에게 베풀어주시는 사랑에 크게 경탄하면서 3:1에서 시작한 사랑에 관한 강론을 끝낸다. 하나님의 자녀는, 사람들을 미혹하는 이단 사상을 가르치지 않는 것으로 그리고 궁핍한 자에게 생계를 돕는 자원을 제공함으로 교회 안의 형제를 사랑하는 것을 포함하여 옳은 일을 행함으로써 아버지를 닮은 가족의 모습을 보여주어야 한다. 요한이 주장하는 윤리의 가장 기본적인 표현은 사랑이다. 이 사랑은 단순한 말과 평범한 의견보다 더 깊이 나아가 다른 사람들의 가장 큰 유익을 위하여 기꺼이 행하는 것이다. 이것은 무엇보다 먼저 사랑이 감정과 감상이 아닌 행동으로 표현된다는 점을 의미한다.

이때 사랑의 행동이 "진리로"(ἐν…ἀληθείᾳ) 이루어진다는 점 역시 중요하다. 요한은 요한 문헌 전체에서 '진리'를 복음 메시지를 가리키는 의미로 사용한다. 따라서 진리로 행하는 것은 진실하게, 즉 신실하게 행하는 것 이상을 의미한다(1:6에서 '심층 연구: 요한 서신에 나타난 진리'를 보라). 신자의 말과 행위는 하나님이 그리스도 안에서 계시하신 영적 진리와 일치해야 한다(예를 들어, 죄는 예수님이 그것을 위하여 죽으셨을 정도로 매우 심각하다는 것). 복음과 일치하는 행함으로 다른 사람을 사랑하는 것은 신자가 그리스도 안에서 하나님께 받은 사랑에 보답하는 길이다(참고. 요 3:16).

적용에서의 신학

1. 사랑: 단순히 마음의 문제가 아니다

사랑은 빛 가운데 걷는 하나님의 자녀가 띠는 대표적인 특성이다. 그러나 만약 길을 가는 사람에게 사랑이 무엇이냐고 물어보면 다음과 같은 대답을 듣게 될 것이다. "사랑은 느낌이다." "사랑은 헌신이다." "사랑은 희생이다." 그리고 거의 확실히 어떤 이는 "사랑은 섹스다"라고 말할 것이다. 고대 그리스인들은 사랑을 마음의 광기로 생각했다. 신학자 조나단 윌슨(Jonathan Wilson)이 말한 것처럼 "오늘날 사랑은 예수 그리스도 안에서 임하는 천국 복음을 묘사하는 것에 따라 개념을 복원하기가 거의 불가능할 정도로 끔찍하게 변질된 단어가 되고 말았다."[5] 그리고 설상가상으로 하워드 마셜(I. Howard Marshall)이 지적하는 것처럼 "대다수의 사람은 기독교를 사랑의 명령과 연계시킨다. 그래서 자신이 생각하는 사랑의 개념에 맞추어 기독교의 교훈을 이해하고서는 자기들이 기독교를 잘 안다고 생각한다"(강조체 저자).[6] 그러니 당연히 요한의 독자는 그때나 지금이나 사랑이 무엇인지 그리고 왜 사랑이 중요한지 배워야 한다.

예수님이 십자가에서 목숨을 내놓으셨을 때, 그것은 자의적이거나 부적절한 사랑의 행위가 아니었다. 여기서 우리가 십자가 죽음에 관해 물을 한 가지 질문은 2천 년 전의 한 사람의 죽음이 어떻게 오늘날의 사람들과 관련될 수 있느냐는 것이다. 이때 예수님의 죽음과의 관련성을 지각하지 못하는 사람은 예수님의 죽음보다는 그분의 교훈이 다른 사람들과 더 큰 관련성이 있다고 볼 것이다. 예수님의 죽음의 본질은 인간에게 구속이 매우 절실하게 필요하다는 것을 드러낸다. 제임스 데니(James Denney)는 비유를 통해 다음과 같이 설명한다.

> 만약 내가 어느 여름날에 부둣가에 앉아 일광욕을 즐기고 있는데, 어떤 사람이 갑자기 나타나 "나에 대한 자신의 사랑을 증명하겠다"며 바닷속으로 뛰어들어 익사했다면, 나는 영문을 몰라 크게 당황할 것이다. 나는 사랑을 절실하게 필요로 하는 상태에 있을 수 있지만, 나의 필요와 어떤 합리적 관계가 없는 행위로는 나에 대한 사랑이 증명될 수 없다. 그러나 만약 내가 부둣가에서 떨어져 익사할 위기에 처했는데, 어떤 사람이 바닷속으로 뛰어들어 위험을 무릅쓰고 또는 그가 내 운명을 대신하여 자신의 죽음으로 나를 죽음에서 건져냈다면, 나는 이렇게 말할 것이다. "어떤 사람도 이보다 더 큰 사랑을 보여주지 않았다." 내가 이렇게 말하는 것은 쉽게 이해될 것이다. 사랑으로 행한 희생과 그 희생으로 구속받을 필요성 사이에 이해할 수 있는 관계가 형성되어 있기 때문이다.[7]

---

5. Jonathan R. Wilson, *For God So Loved the World: A Christology for Disciples* (Grand Rapids: Baker Academic, 2001), 131.

6. Marshall, *Epistles of John*, 192.

7. James Denney, *The Death of Christ* (London: n.p., 1951), 103. Marshall, *Epistles of John*, 193에서 인용함.

신약성경은 2천 년 전에 일어난 한 사람의 죽음이 어떻게 다른 사람들의 삶과 관련이 있는지를 설명한다. 요한은 예수님의 십자가가 인간의 가장 절박한 곤경을 해결하도록 주어졌기 때문에 하나님의 사랑이 예수님의 십자가에서 가장 명백하게 표현되었다고 주장한다. 예수님의 죽음은 우리 자신의 죽음을 대신한다. 예수님은 자신의 죽음으로 우리를 죄에서 구원하신다.

또한 성경이 정의하는 사랑은 다른 사람들의 필요를 돕는 일을 행하는 것이다. 사랑은 따스한 감정이나 헌신을 배제하지 않지만, 그리스도인들이 자기 주변 사람들의 필요에 연민을 품고 반응하는 삶을 살아야 한다는 것을 의미한다. 사랑은 생명을 유지하는 자원을 궁핍한 상황에 있는 자들의 필요를 채우는 데 사용하는 것, 곧 깨끗한 물, 음식, 옷, 거처 그리고 무엇보다 가장 중요한 예수 그리스도의 복음을 제공하는 것을 의미한다.

2. 세상은 사랑할 수 없다

그러나 이 타락한 세상에서는 선한 행위가 처벌받는 것처럼 보인다. 요한은 세상이 기독교 신자들을 예수님을 미워하는 것처럼 "미워할" 것이라고 예상했다(3:13). 이런 말은 그리스도인들을 과대망상증 환자로 만드는가? 약간의 모욕만 당해도 종교적 박해라고 인식해야 하는가? 세상의 미움을 예상하는 것이 냉소주의를 부추기는 나쁜 태도를 조장하는가? 신자들은 요한의 말을 어떻게 이해할지 그리고 삶의 특수한 상황에 요한의 말을 어떻게 적용할지 사려 깊게 판단해야만 한다.

요한은 가인과 아벨 이야기를 상기시킴으로써 세상의 태도가 어떠한지를 설명한다. 가인이 아벨을 미워한 것은, 아벨이 행한 옳은 일이 자신의 의롭지 못한 행위를 드러내어 아벨에게 원한과 분한을 가진 것 외에 다른 이유는 전혀 없었다. 가인은 아벨을 보고 자신이 행한 것을 회개하고 아우와 하나가 되어 의를 행할 수도 있었다. 그러나 가인은 아벨의 의로 말미암아 느낀 가책을 없애려고 아벨을 죽이는 범죄를 저질렀다. 그로써 오히려 가책이 영원히 각인되었다.

따라서 그리스도인들이 아무리 다른 사람들을 좋게 대하더라도, 세상이 죄를 믿으려고 하지 않기 때문에 세상 사람들은 죄를 위하여 죽으신 구주를 믿는 기독교 신앙을 은연중에 비난하고 정죄할 것이다. 믿지 않는 세상은 도덕의 기초를 옳은 것과 그른 것을 정의할 자격을 갖고 계시고 우리에게 그 정의에 따라 살 것을 기대하시는 거룩하신 하나님의 현존에 두지 않고, 적당히 무지를 교정하는 교육이나 사회적 공평 의식에 둘 것이다.

죄를 기꺼이 인정하고 그리스도를 믿는 믿음을 통해 빛 가운데 들어가는 자와 자신이 만든 도덕적 표준을 완고하게 고수하고 하나님의 사랑을 거부하는 자는 크게 분리되어 있다. 기독교 신앙을 고백하는 성직자와 신자들은 아마 이 분리를 깊이 절감할 것이다. 비신자들과 파티를 할 때 자신을 목사나 성경 교수로 밝히면 거의 확실히 홀로 그 시간을 보내게 될 것이기 때문이다. '종교적인' 사람으로 알려진 사람은 주를 믿는 믿음이 없는 다른 사람들과 함께 있으면 불편함을 느끼기 마련이다.

나는 기독교 신앙을 갖기 전 어렸을 때 기독교 선교사를 부모로 둔 한 소녀를 학교에서 만났다. 그녀의 옷은 깨끗했으나 매우 낡았고 당시 유행하던 패션과는 거리가 멀었다. 그녀는 뭐라고 말할 수 없이 다른 아이들과 달라 보였고 동급생에게 신랄한 조롱거리가 되었다. 그리스도인이 된 후 학창 시절을 돌이켜 볼 때, 나는 그 가난하고 외로운 아이의 편이 되어 주지 못한 것을 부끄럽게 여겼다. 나는 다른 아이들이 그런 것처럼 그녀를 괴롭힌 기억은 없다. 하지만 학급에서 그녀를 지켜주기 위해 나의 사회적 지위를 위험에 맡기지 않았다. 나는 세상이 그 하나님의 자녀, 곧 선교사 부모를 둔 그 딸아이를 미워하는 일에 가담했으나 지금은 좋은 친구가 될 수 있다. 부패한 인간의 본성에는 하나님의 진리와 같은 것을 믿고 그 진리에 따라 살고자 애쓰는 자를 피하고 싶은 속성이 있다.

이런 구분이 빛과 어둠의 대립에 따라 구성된 요한의 이원성 개념에 반영된 것을 고려하면, 요한이 요한일서에서 그리스도인들이 서로 어떻게 대해야 하는지에 관심을 둔 것은 놀랍지 않다. 세상은 의를 행하고자 하는 사람의 노력을 오해하고 비난할 수 있지만 그런 일이 교회 안에서 일어나서는 안 된다. 요한의 교회(들)에서 나간 자는 자신이 예수님의 속죄의 필요성을 넘어섰다고 느낀 것 같다(5:6a–c에 대한 주석을 보라). 이탈자들은 사도적 교훈을 계속 지킨 자들을 비판했다.

이런 분리가 오늘날 교회 안에는 없는가? 예를 들어, 특히 유럽과 북미에서는 결혼을 한 남자와 한 여자가 맺는 평생의 서약으로 정의하는 성경적 도덕의 표준을 고수하는 그리스도인들이 동성 결혼을 포함하여 가족을 재정의하는 사상을 지지하는 다른 그리스도인들에게 비판과 공격을 받는다. 가장 기본적인 영적 필요는 영생으로 이끄는 진리이기 때문에, 요한은 우리에게 이단 사상을 가르치는 사람은 다른 사람들을 사랑한다고 말할 수 없다는 점을 증명한다. 왜냐하면 말이나 본보기로 가르쳐 어떤 사람을 하나님에게서 멀어지도록 이끄는 것은 그들을 영적 생명에서 멀어지도록 이끄는 것이기 때문이다.

3. 다른 사람들을 사랑하라

요한이 편지를 쓰게 된 특수한 상황 때문에 그리스도인의 동료 신자들에 대한 사랑에 초점을 맞추기는 해도, 요한일서는 예수님이 전하신 다른 사람들(신자와 비신자를 막론하고)을 향한 사랑에 관한 교훈이라는 포괄적 배경 속에 놓여 있다. 하나님은 물, 음식, 옷, 거처 등 생명을 유지하는 데 필요한 것을 공급하게 하실 의향을 품고서 사람들을 세상 속에 두신다. 사람들을 향한 하나님의 사랑은 자기들이 가진 풍성한 자원을 다른 사람들과 기꺼이 함께 나누는 하나님의 자녀들을 통해 베풀어진다. 그러나 하나님은 부유한 교회들이 화려한 예배당을 새로 건축하고 4초마다 어디선가 아이들이 굶어 죽어갈 때 자신의 자녀들에게서 사랑을 느끼실까?[8] 예수님이 많이 준 자에게는 많이 기대한다고 말씀하신 것처럼(눅 12:48), 많이 받은 자는 하나님의 사랑을 그만큼 더 많이 다른 사람들의 삶에 전달하는 통로가 되어야 한다. 세계 전역에서 나타나는 가난의 원인은 복합적이다. 종종 주어진 자원들이 정해진 목적에 따라 사용되지 못하고, 악하고 부패한 사람들에게 약탈당하는 일이 벌어진다. 이런 일에도 불구하고 교회는 자원들의 청지기가 되어 전체 교회가 '하나님께 속하지' 않은 교회가 되는 비극이 벌어지지 않도록 방심하지 말고 항상 깨어 있어야 한다.

---

8. UNICEF 통계. www.unicef.org/mdg/poverty.html을 보라(2011년 9월 2일 접속).

요한일서 3:19-24

10 CHAPTER

문학적 전후 문맥

요한은 하나님이 제시하시는 그대로 다른 사람들을 사랑하는 것의 본질을 설명하고, 이 사랑을 자기 자녀에 대한 하나님의 사랑에 따라 본받으라고 역설한다(3:1-18). 이제 그는 신자들이 신실하게 의를 행하려고 애쓸 때 직면하는 심리적인/영적인 부적합성과 실패 의식을 제시한다(3:19-22). 요한은 독자에게 그들 내면에 있는 양심의 음성이 끈질기게 괴롭힐 때조차도 하나님은 자녀의 마음이 올바르다는 것을 아시고, 그들은 언제든 하나님의 긍휼과 은혜를 신뢰하고 확신하며 하나님께 나아갈 수 있다는 점을 확신시킨다. 그리스도를 믿고 다른 사람들의 필요를 돕는 참된 행위는 하나님의 영이 그들 안에 거하시는 것을 증명한다. 하나님이 정의하시는 사랑은 부패하고 구속받지 못한 사람들의 특징이 아니기 때문이다.

24절에서 신자의 삶에서 성령이 맡은 역할을 소개하는 것은 성령으로 능력을 얻은 사랑과 성령으로 계시된 진리 사이의 관계를 다루는 4장으로 중대한 전환이 이루어지는 것을 표시한다.

IX. 서로 사랑하라(3:11-18)

➡ X. 하나님의 자녀는 담대할 수 있다(3:19-24)

    A. 하나님의 은혜 안에서 담대함을 얻음(3:19-22)

    B. 하나님이 원하시는 것을 행함(3:23-24)

XI. 진리의 영과 미혹의 영은 구별되어야 함(4:1-6)

주요 개념

요한은 비록 다른 사람들을 사랑하라는 요청이 부적합하고 불가능하다는 느낌을 줄지라도, 하나님이 자녀의 마음속에 심어주신 성령의 능력을 자신보다 하나님이 더 잘 아신다는 것을 이해하면, 책망하는 내면의 음성을 잠재울 수 있을 것이라고 독자를 안심시킨다.

번역

요한일서 3:19-24

19a	단언	이로써 우리가 진리에 속한 줄을 알고
b	확대	또 우리 마음을 주 앞에서 굳세게 하리니
20a	조건	이는 우리 마음이 혹 우리를 책망할 일이 있어도
b	단언	하나님은 우리 마음보다 크시고
c		모든 것을 아시기 때문이라
21a	호칭	사랑하는 자들아
b	조건	만일 우리 마음이 우리를 책망할 것이 없으면
c	추론	하나님 앞에서 담대함을 얻고
22a	단언	무엇이든지 구하는 바를 그에게서 받나니
b	기초	이는 우리가 그의 계명을 지키고
c	확대	그 앞에서 기뻐하시는 것을 행함이라
23a	확인	그의 계명은 이것이니
b	내용	곧 그 아들…이름을 믿고
c	동격	예수 그리스도의
d	비교	그가 우리에게 주신 계명대로
e	확대	서로 사랑할 것이니라
24a	단언	그의 계명을 지키는 자는 주 안에 거하고
b	단언	주는 그의 안에 거하시나니
c	기초	우리에게 주신 성령으로 말미암아
d	확인	그가 우리 안에 거하시는 줄을 우리가 아느니라

구조

이 단락은 요한의 메시지에서 중심축인 사랑과 진리라는 두 주제를 서로 연계시킨다. 19절은 사랑하라는 명령에 순종하는 사람이 "진리에 속한" 것을 암시한다는 사실을 증명함으로써, 하나님이 정의하시는 대로 다른 사람들을 사랑하는 것이 진실로 무슨 의미인지를 설명하는 이전 내용을 돌아보게 한다. 이 본문의 마지막 구절(24절)은 진리와 사랑을 함께 묶는 일에서 성령이 감당하는 역할을 설명하는 이후 내용을 미리 지시한다.

석의적 개요

➡ **X. 하나님의 자녀는 담대할 수 있다**(3:19–24)

    A. 하나님의 은혜 안에서 담대함을 얻음(3:19–22)

        1. 행함과 진리로 사랑하는 것이 우리가 '진리에 속해 있음'을 아는 방법이다(3:19a)

        2. 그러나 사람의 마음에서 울리는 내면의 음성은 고소하고 책망한다(3:19b–20)

            a. 우리는 마음을 굳세게 해야 한다(3:19b)

            b. 우리가 자신을 아는 것보다 하나님이 우리를 더 잘 아시기 때문이다(3:20)

        3. 하나님 앞에서 담대함(3:21–22)

            a. 하나님 앞에서 담대한 마음을 구함(3:21)

            b. 하나님이 응답하시는 기도의 결과(3:22)

    B. 하나님이 원하시는 것을 행함(3:23–24)

        1. 그 아들 예수 그리스도를 믿으라(3:23a–c)

        2. 서로 사랑하라(3:23d–e)

        3. 주 안에 거하라(3:24a–b)

        4. 믿음과 사랑이 우리에게 성령이 주어진 것을 증명하기 때문에 우리가 주 안에 거하는 것을 안다(3:24c–d)

본문 설명

19-20절의 헬라어 구문은 다양하게 해석될 여지가 있다. 이 두 구절에 있는 이문의 수가 많은 것은, 교회 역사 전체에 걸쳐 독자가 이 두 구절의 가장 좋은 의미를 파악하기 위해 다양한 방법을 취했다는 것을 암시한다. 난점이 있음에도 불구하고 여기서 요한은 편지를 쓰는 주된 목적 중 하나, 곧 독자가 하나님 앞에서 바르게 서 있음을 확신하기를 바란다는 것을 말하고 있음이 분명하다.

요한은 여기서 그리스도인의 양심 문제, 곧 하나님의 기대에 따라 살지 못하는 것을 책망하는 내면의 음성("마음")에 대하여 다룬다. 예수 그리스도에 관해 정확히 믿고 있음에도 불구하고 그리고 심지어는 모든 관계 속에서 복음에 따라 살고자 애쓰는 동안에도 그리스도인이라면 누구나 여전히 의도대로 행하지 못한 실패, 부작위의 죄를 범하게 하는 게으름, 다른 사람들을 경솔하거나 분별없이 대한 불친절한 태도 등을 상기시키는 양심을 갖고 있다. 요한은 지금 서로 사랑하는 것이 무슨 뜻인지에 관한 벅찬 주문을 처리하는 중이다. 그러나 요한은 하나님이 자신과의 좋은 관계를 위해 불가능한 완전한 순종을 요구하신다고 주장함으로써 독자에게 죄의식을 심어주고자 하지 않는다. 이 단락에 난점이 있지만, 주된 요점은 의심에 사로잡힐 때 담대함을 얻는 길은 하나님을 신뢰하는 것이라는 점이다.

요일 3:19-20a 이로써 우리가 진리에 속한 줄을 알고 또 우리 마음을 주 앞에서 굳세게 하리니 이는 우리 마음이 혹 우리를 책망할 일이 있어도(Καὶ ἐν τούτῳ γνωσόμεθα ὅτι ἐκ τῆς ἀληθείας ἐσμέν, καὶ ἔμπροσθεν αὐτοῦ πείσομεν τὴν καρδίαν ἡμῶν ὅ τι ἐὰν καταγινώσκῃ ἡμῶν ἡ καρδία). 요한은 이제 사랑의 중대한 명령에 비추어 그리스도인의 양심 문제를 다룬다.

"[그리고] 이로써"(καὶ ἐν τούτῳ)라는 말은 행함과 진리로 서로 사랑하라고 앞에서 한 권면과 내적 확신이라는 중대한 주제를 연결한다. 형식상으로는 이 말이 앞으로 나올 내용을 지시할 수 있기는 해도(후방 조응 용법), 그렇게 해석하면 이 구절들이 직접 문맥과 단절되고 이전에 나온 내용을 지시하는 것으로 보는 해석(전방 조응 용법)보다 의미가 덜 명확하다. 라센(Larsen) 역시 여기서 이 말은 요한일서에서 "이로써"(ἐν τούτῳ)라는 말이 나타나는 12번의 사례 중 유일하게 이전에 나온 내용을 지시하는 용법으로 사용되었다고 본다.[1]

굳센 것(안심)에는 자신이 "진리에 속해"(ἐκ τῆς ἀληθείας) 있음을 아는 지식이 필요하다. 진리에 속해 있는 것(즉, 하나님께 속해 있는 것)은 다른 사람들을 위한 외적 행위와 올바른 믿음을 수반한다. 야고보가 "행함이 없는 믿음은 그 자체가 죽은 것이라"(약 2:17)고 주장하는 것처럼, 요한도 진리에 속한 자는 다른 사람들의 필요에 적절히 반응하는 행위를 통해 그 진리에 따라 살아야 한다고 가르친다. "우리가 알고"(we will know, γνωσόμεθα)의 미래 시제는 격언 용법이다. 그것은 언제든 적용할 수 있는 일반 진리라는 것을 의미한다. 다시 말하면, 다른 사람들과 올바른 관계 속에서 사는 것은 하나님과 올바른 관계를 맺으며 살 때 열리는 열매이고, 그 관계가 참될 때 자신이 누구인지에 대한 내적 실재가 가시적으로 드러난다. 반대로 다른 사람들과 올바른 관계를 맺으며 살지 못하면, 그는 결국 하나님과 맺게 될 미래의 관계를 의심할 이유가 생길 것이다. 우리가 미래에 하나님 앞에서 심판받으리라는 것을 알기 때

---

1. Larsen, "The Phrase ἐν τούτῳ in 1 John," 27–38.

문이다.

비록 "우리 마음을 주 앞에서 굳세게 하리니"(πείσομεν τὴν καρδίαν ἡμῶν)가 우리가 아는 것의 내용절(content clause, ὅτι)을 계속하는 것인지['우리가 진리에 속한 줄을 알고…또 우리 마음을 주 앞에서 굳세게 할 (줄을 알고)'] 물을 수 있지만, '알다'와 '굳세게 하다'의 미래 시제는 NIV, ESV, NRSV의 번역과 같이 이 두 동사를 평행 관계로 해석해야 함을 암시한다['이로써 우리는 우리가 진리에 속한 줄을 알고, (또 이로써) 우리는 우리 마음을 주 앞에서 굳세게 할 것이니'].

20절 첫 부분의 처음 두 단어(ὅ τι)는 19절을 어떻게 해석하는지와 상관없이 분석이 어렵다. 이 문제는 20절 뒷부분에 나오는 두 번째 '호티'(ὅτι)로 더 심화된다. 이 단어는 원래 두 단어(ὅ τι)인가, 아니면 한 단어(ὅτι)인가? 만약 우리가 행함과 진리로 사랑하라는 이 권면에 순종한 결과가 이중적이라는 점(즉, "우리가 알고" 그리고 "우리가 우리 마음을 굳세게 하고")을 이해하면, 20절 첫 부분은 '그 때문에(ὅτι) 우리의 마음이 우리를 책망하더라도' 또는 '우리의 마음이 우리를 책망할 때마다(ὅ τι)'로 해석할 수 있다. 여기서 후자의 해석은 ὅτι를 두 단어 ὅ τι로 이해할 때 나오고(막 6:23; 고전 16:2; 골 3:17), '우리 마음이 우리를 책망하는 것이 무엇이든 간에', 즉 우리 마음이 우리를 어떤 것에 관해 책망할 "때마다"(NASB에서처럼)를 가리키는 것으로 이해된다.

따라서 20b절에서 두 번째 호티절은 "하나님은 우리 마음보다 크시고 모든 것을 아시[므로]" 요한의 독자가 하나님 앞에서 마음을 굳세게 할 수 있는 이유에 대한 추가 증거로 이해될 수 있다(NIV 1984, NRSV도 마찬가지다).

이처럼 주석적 견해가 혼란스러울 정도로 다양한 것은 다음과 같이 영어 성경의 주요 번역들에서 볼 수 있다.

NIV(1984): 따라서 이것이 우리가 진리에 속해 있는지 아는 방법이고, 우리 마음이 우리를 정죄할 때마다 우리 마음을 주 앞에서 편하게 만드는 방법이다. 왜냐하면 하나님은 우리 마음보다 크시고, 모든 것을 아시기 때문이다.

NIV(2011): 이것이 우리가 진리에 속해 있는지 아는 방법이고, 우리 마음을 주 앞에서 편하게 만드는 방법이다. 만일 우리 마음이 우리를 정죄한다면 우리는 하나님이 우리 마음보다 크시고 모든 것을 아시는 것을 알고 있다.

ESV: 이로써 우리는 우리가 진리에 속해 있는 것을 알고 우리 마음을 주 앞에서 안심시킬 것이다. 왜냐하면 우리 마음이 우리를 정죄할 때마다 하나님은 우리 마음보다 크시고 모든 것을 아시기 때문이다.

NRSV: 그리고 이로써 우리는 우리가 진리로부터 나온 것을 알고, 우리 마음이 우리를 정죄할 때마다 우리 마음을 주 앞에서 안심시킬 것이다. 왜냐하면 하나님은 우리 마음보다 크시고 모든 것을 아시기 때문이다.

NKJV: 그리고 이로써 우리는 우리가 진리에 속해 있는 것을 알고, 우리 마음을 주 앞에서 안심시킬 것이다. 왜냐하면 만일 우리 마음이 우리를 정죄한다면 하나님은 우리 마음보다 크시고 모든 것을 아시기 때문이다.

이 두 구절을 어떻게 해석하든 간에 일부 구문에 대한 파악은 만족스럽지 않다. 하지만 주석에 애매함이 있음에도 불구하고, 요한이 전하는 사상의 주된 요지는 명확하다. NLT는 그 요지를 다음과 같이 잘 포착했다. "우리는 우리 행동으로 우리가 진리 안에 산다는 것을 안다. 따라서 우리는 주 앞에 설 때, 비록 우리 마음이 우리를 정죄하더라도, 확신(담대함)을 가질 수 있다. 왜냐하면 하나님은 우리 마음보다 더 크시고 모든 것을 아시기 때문이다."

요일 3:20b-c 하나님은 우리 마음보다 크시고 모든 것을 아시기 때문이라(ὅτι μείζων ἐστὶν ὁ θεὸς τῆς καρδίας ἡμῶν καὶ γινώσκει πάντα). 요한은 계속해서 독자의 양심을 안심시킨다. "하나님은 우리 마음보다 크시고 모든 것을 아신다"는 진술은 사랑의 명령에 순종하는 행함과 결합되었을 때 사람의 마음을 굳세게 할 것이 분명하다. 그러나 이것이 어떻게 그러한가? 사람들은 어느 한 가지 일로 나를 비난하겠지만 나는 마음속으로 백 가지도 넘는 비난 목록을 만들어낼 수 있다. 이때 하나님이 모든 것을 아신다는 사실 때문에 우리는 자신의 결함에 대해 깊은 절망에 빠질 가능성이 더 크다. 그렇다면 우리는 "하나님이 우리 마음보다 더 크시고"라는 진술을 어떻게 이해해야 할까?

여기서 요한이 말하는 요점은, 기독교 신자들은 내면의 음성이 자신을 책망할 때도 하나님 앞에서 담대(확신)할 수 있다는 것이다. 먼저 어떤 사람이 죄에 대해 적합한 가책을 느낀다면, 그는 고백에 따라 그리스도의 피로 깨끗하게 될 수 있다는 근본 요점을 요한은 이미 제시했다(1:7, 2:1-2). 그러나 다른 사람들의 필요에 민감한 신자에게는 이 필요를 충분히 채워주지 못했다는 가책 의식이 거의 항상 존재한다.

첫째, 사람의 내적 도덕의식이 비현실적인 기대, 도덕적 진리에 대한 왜곡된 이해, 자기 행위에 대한 완전주의적인 태도 등에 의해 형성되었을 때 일어날 수 있는 '부적절한 죄책감'이 있다. 둘째, 우리가 채워주어야 할 필요가 우리의 능력을 크게 넘어설 때 그리스도인은 이 큰 필요 앞에서 갖는 부적합한 감정을 어떻게 처리해야 할까? 만약 그것을 해결한다면, 다른 사람들의 필요가 채워지지 않은 것에 관해 어느 지점에서 죄책감을 느끼지 않아야 할까? 요한이 언급한 우리를 책망하는 마음은, 아프리카에서 아이들이 굶어 죽어가는 장면을 볼 때 많은 사람이 불편한 감정을 갖는 것으로 예증될 수 있다. 사람들은 자신이 굶어 죽지 않을 정도까지 줄 수 있겠지만, 이런 압도적인 필요 앞에서는 속수무책일 것이다.

그러나 하나님은 전지하신 분이라는 점에서 우리의 마음을 넘어선다. 이것 때문에 하나님은 궁극적 심판자가 되신다. 사도 바울이 고린도전서 4:3-5에서 설명하는 것처럼 양심의 내적 음성은 반드시 신뢰할 수 있는 명령자는 아니다.

나는 어떤가? 나는 신실했는가? 그러나 너희나 다른 어떤 사람이 생각하는 것은 거의 중요하지 않다. 나도 이 점에 대해 나의 판단을 신뢰하지 않는다. 내 양심은 분명하다. 하지만 그것이 중요한 것은 아니다. 나를 검토하고 판단하실 분은 주님이시다. 그러니 주께서 다시 오시기 전에 누가 신실한지를 서둘러 결론을 내리지 않도록 조심하라. 주께서 오시면 우리의 가장 깊은 비밀을 밝히 드러내고 우리의 은밀한 동기들을 나타내실 것이다. 그리고 그때 하나님은 모든 사람에게 어떤 칭찬이든 적절하게 주실 것이다(NLT, 강조체 저자).

하나님은 우리가 할 수 있는 것을 행하고 나머지는 그분께 맡기라고 요구하신다. 우리는 온 힘을 다해 다른 사람들을 사랑해야 한다. 그런 다음 우리의 양식을 위해서뿐만 아니라 하나님 앞에서 자신의 마음의 평강을 위해서도 하나님을 신뢰해야 한다. 하워드 마셜이 그것을 잘 제시했다.

요한은 마음이 우리를 책망할 때마다 우리가 마음을 굳세게 할 수 있다고 말한다…왜냐하면 하나님은 우리 마음이 우리를 아는 것보다 우리를 더 잘 아시고, 자신의 전지하심을 통해 그분의 계명에 순종하려는 우리의 노력이 종종 약해지는 것도 자신을 향한 참된 충성에서 나오는 것임을 아시기 때문이다.[2]

다시 말하면, 굳셈(안심)은 우리 안에서 나올 수 없

다. 하나님 그리고 예수님을 십자가에 보내신 하나님의 은혜의 궁휼에 관한 객관적 진리에서 나와야 한다. 그리고 하나님은 우리가 행할지 혹은 그러지 못할지 모든 것을 이미 아신다. 그렇기 때문에 우리는 하나님께 마땅히 해야 할 만큼 충분히 남을 사랑하지 못한 것에 대한 적절한 죄책감 그리고 오로지 하나님의 공정하고 자비로운 판단에만 의존하는 부적절한 죄책감을 하나님께 고백할 수 있다. 리우가 잘 요약하는 것처럼 "핵심 의도는 걱정에도 불구하고 하나님을 신뢰하는 것"에 있다.[3] 그것이 구원의 확신과 마음의 평강을 얻는 유일한 길이다.

요한은 모든 그리스도인이 하나님의 기준을 지키지 못할 때가 많다는 점을 깨닫고 간단히 한 마디로 결론을 내렸다. 곧, 우리에게는 남을 올바르게 그리고 온전히 사랑하는 능력이 없다. 누가 하나님의 기준을 지켰고, 또한 지킬 수 있다고 느낄 수 있겠는가? 따라서 자기 의심과 하나님을 실망시켰다는 감정이 신자들이 진지하게 하나님을 섬기고 그분께 순종하고자 애쓸 때도 종종 일어날 수 있다. 그러나 하나님을 즐거워하기 위해서는 이런 감정을 잠재워야 한다(19–20절). 오직 책망하는 내면의 음성이 잠잠해질 때만 신자는 하나님 앞에서 담대(확신)할 수 있다.[4]

요일 3:21 사랑하는 자들아 만일 우리 마음이 우리를 책망할 것이 없으면 하나님 앞에서 담대함을 얻고(ἀγαπητοί, ἐὰν ἡ καρδία [ἡμῶν] μὴ καταγινώσκῃ, παρρησίαν ἔχομεν πρὸς τὸν θεόν). 하나님 앞에서 담대함을 얻는 것은 우리 마음이 하나님 앞에서 굳세게 되는 것에 달려 있다. 우리는 잘못을 저질렀다고 느끼는 대상에게 나아가는 것은 힘들다. 하물며 그 대상에게 어떤 것을 구하는 것은 더욱 힘들다. 잘못이 정당한 것이든 단순히 상상에 의한 것이든 그것은 관계에 부정적인 긴장감을 초래한다. 이것 때문에 예수님은 그리스도인이 형제에게 원망들을 만한 일이 있는 것이 생각나거든 먼저 가서 형제와 화목해야 한다고 가르치셨을 것이다(마 5:23–24). 이런 상호 인격적 역학 관계는 에덴동산에서 아담과 하와가 하나님께 잘못을 저질렀음을 깨닫고 하나님을 피해 숨었을 때 시작되었다(창 3:8). 그러나 아담과 하와가 진실로 잘못했음을 아시는 하나님이 먼저 그들을 찾으셨다. 이것은 하나님이 그 이후로 완악한 인간에게 베풀어주신 은혜의 행위였다.

요일 3:22 무엇이든지 구하는 바를 그에게서 받나니 이는 우리가 그의 계명을 지키고 그 앞에서 기뻐하시는 것을 행함이라 (καὶ ὃ ἐὰν αἰτῶμεν λαμβάνομεν ἀπ' αὐτοῦ, ὅτι τὰς ἐντολὰς αὐτοῦ τηροῦμεν καὶ τὰ ἀρεστὰ ἐνώπιον αὐτοῦ ποιοῦμεν). 다른 사람들을 사랑하라는 명령에 순종으로 반응하고 어떤 의심도 우리 자신보다 우리를 더 잘 아시는 하나님을 신뢰함으로 잠잠해질 수 있다는 사실을 깨달으면, 영적으로 더 성숙해지고 하나님의 뜻도 더 잘 이해할 수 있다. 책망하는 내면의 음성이 잠잠해지면, 하나님께 나아갈 때 신자는 기도로 내놓는 간청에 그분이 긍정적으로 응답하시리라 확신하고 자유롭게 나아간다.

예수님은 자신을 따르는 자들에게 자신의 이름으로 "무엇이든지" 구하라고 당부하면 그대로 행하겠다고 친히 약속하셨다(요 14:14; 15:16; 16:23; 또한 마 21:22; 막 11:24을 보라). 요한일서 뒤에서 요한은 "그의 뜻대로 무엇을 구하면"이라는 조건을 두고 이 견해를 반복한다(요일 5:14–15). 이 조건은 기독교 전통에서 아무 의심 없이 받아들여진 기정사실이었다. 여기서는 이 개념이 "이는

---

2. Marshall, *Epistles of John*, 197–98.
3. Lieu, *I, II, & III John*, 156.
4. 조건절 "만일"(ἐάν)은 '때'(when)의 의미와 가깝다고 볼 수 있다. 그것이 요한이 여기서와 요한일서 다른 곳(예를 들어, 2:28)에서 사용하는 의미임을 주목하라. BDAG, *s.v. ἐάν* 2를 보라.

우리가 그의 계명(명령)을 지키고 그 앞에서 기뻐하시는 것을 행함이라"는 호티절에 담겨 있다. 비록 이것이 상호성의 법칙, 곧 우리가 하나님을 위해 무언가 행하면 하나님이 우리가 구하는 것을 주심으로써 우리에게 되갚아 주시는 듯 보일 수 있어도, 전혀 그런 것이 아니다. 다만 하나님의 명령을 지키고 하나님이 기뻐하시는 것을 행하는 자는 하나님의 뜻을 안다는 것을 다르게 말하는 방법이다. 결론적으로 그들은 하나님의 자녀이므로 하나님에 관해 아는 것과 일치하는 것만 구할 것이다.

예수님은 자신을 따르는 데는 하나님 아버지를 신뢰하고 의지하며, 그 의지를 인정하는 것으로서 간청이 요구된다고 가르치셨다. 예수님은 제자들과 함께한 마지막 날 밤 제자들에게 이렇게 말씀하셨다. "너희가 내 이름으로 무엇을 구하든지 내가 행하리니 이는 아버지로 하여금 아들로 말미암아 영광을 받으시게 하려 함이라 내 이름으로 무엇이든지 내게 구하면 내가 행하리라"(요 14:13-14). 하나님이 자녀의 간청을 기뻐하시는 것은 그것이 예수님을 통해 자신의 영광을 드러내고, 자녀가 기도로 그것을 구할 때 하나님의 능력이 세상 속에 작용하는 것을 증명하기 때문이다.

번역된 가정법 동사가 현재 시제(πιστεύωμεν)인지 부정과거 시제(πιστεύσωμεν)인지에 관한 문제가 요한 문헌 다른 곳에서 제기된다(예를 들어, 요 20:31). 이것은 본문 비평 학자들이 관심을 두는 문제지만 동사 형태가 그 진술의 의미를 근본적으로 바꾸지 않는다. '믿다'라는 동사는 요한 문헌에서 매우 독특한 개념인 '거하는 것'을 특별히 다루는 문맥에서 사용될 때 한평생 믿음을 지속하는 것을 의미한다(지속적 관념). 그리고 동사 형태가 현재형이든 부정과거형이든 상관없이, 한 번으로 그치는 '죄인의 기도'가 아니라는 점을 함축한다.

예수님은 "하나님께서 보내신 이를 믿는 것이 하나님의 일이니라"(요 6:29)고 친히 가르치셨다. 리우가 지적하는 것처럼, "하나님의 명령은 하나님의 아들이 가진 권위와 관련되어 있고" 이때 그 아들의 직무는 마귀의 일을 멸하는 것이다.[5] "그가 우리에게 주신 계명(명령)대로"라는 말은 아마 가장 큰 두 명령에 관한 예수님의 교훈, 곧 하나님을 사랑하고 이웃을 사랑하라는 명령을 가리킬 것이다(마 22:37-40; 막 12:30-31; 눅 10:27). 여기서 요한은 기독론과 윤리를 하나로 묶는다. 곧, 하나님을 사랑하고 (예수님을 믿음으로써) 서로 사랑하라는 것이다.

요일 3:23 그의 계명은 이것이니 곧 그 아들 예수 그리스도의 이름을 믿고 그가 우리에게 주신 계명대로 서로 사랑할 것이니라(καὶ αὕτη ἐστὶν ἡ ἐντολὴ αὐτοῦ, ἵνα πιστεύσωμεν τῷ ὀνόματι τοῦ υἱοῦ αὐτοῦ Ἰησοῦ Χριστοῦ καὶ ἀγαπῶμεν ἀλλήλους, καθὼς ἔδωκεν ἐντολὴν ἡμῖν). 요한은 예수님을 믿는 믿음이 하나님께 순종하는 것을 수반한다고 설명한다. 하나님은 자기 아들을 세상에 보내셨다. 그래서 하나님은 사람들이 그분의 아들인 예수 그리스도를 믿을 때 기뻐하신다. 그것이 하나님 및 다른 사람들과 화목하게 되는 유일한 길이기 때문이다. '우리가 믿다'로

요일 3:24 그의 계명을 지키는 자는 주 안에 거하고 주는 그의 안에 거하시나니 우리에게 주신 성령으로 말미암아 그가 우리 안에 거하시는 줄을 우리가 아느니라(καὶ ὁ τηρῶν τὰς ἐντολὰς αὐτοῦ ἐν αὐτῷ μένει καὶ αὐτὸς ἐν αὐτῷ·καὶ ἐν τούτῳ γινώσκομεν ὅτι μένει ἐν ἡμῖν, ἐκ τοῦ πνεύματος οὗ ἡμῖν ἔδωκεν). 요한 문헌의 독특한 개념 가운데 하나는 하나님의 참된 자녀는 그리스도와 아버지 안에 머무르거나 거하는(μένω) 자라는 것이다. 이 헬라어 단어는 요한복음에서 30번 이상 나온다. 요한 서신에서는 25번 이상 나온다. 그 안에 거하거나 머무르는 것은 다음과

---

5. Lieu, *I, II, & III John*, 158.

6. Köstenberger, *Theology of John's Gospel and Letters*, 132.

같은 말로 묘사되었다.

- 그의 형제를 사랑하는 것(2:10)
- 하나님의 뜻을 행하는 것(2:17)
- 처음부터 들은 것을 존중하는 것(2:24)
- 하나님의 기름 부음을 받는 것(2:27)
- "그의 계명(명령)"을 지키는 것(3:24)

신자가 하나님/그리스도 안에 거하고 하나님이 신자 안에 거하는 상호 내주는 '그의 명령을 지키는 자'에게 해당한다. 이것은 아마 하나님을 사랑하고 이웃을 사랑하라는 가장 큰 명령과 두 번째 큰 명령을 가리킬 것이다(23절). 23절은 하나님 아버지와 그 아들 예수 그리스도를 다 포함한다. 따라서 24절의 남성 단수형 대명사("그")의 선행사는 애매하다. "그의" 명령은 하나님 아버지의 명령인가? 아니면 예수 그리스도의 명령인가? 비록 예수 그리스도를 믿으라는 명령이 하나님 아버지에게서 나온다고 해도, 지상에서 사역하시는 동안 예수님은 '하나님을 사랑하고 이웃을 사랑하라'는 가장 큰 두 명령을 해설하셨다. 요한이 "그의 명령"을 언급할 때 이 두 명령을 구분하는 데는 관심이 없는 것이 분명하다. 요한이 일신론을 보호하는 말을 할 때 보여주는 또 하나의 특징은, 아버지가 말씀하고 행하시는 것은 예수님이 말씀하고 행하시는 것과 같다고 보는 데 있기 때문이다(요 3:34; 5:19; 10:30; 14:10).

나아가 신자가 하나님 안에 거하고 하나님이 신자 안에 거하는 상호 내주 관계 역시 요한이 주는 교훈의 한 특징이다(요 14:10-11, 20). 예수님은 "조금 있으면 세상은 다시 나를 보지 못할 것이로되 너희는 나를 보리니…그날에는 내가 아버지 안에, 너희가 내 안에, 내가 너희 안에 있는 것을 너희가 알리라"(요 14:19-20)고 말씀하신다. 예수님은 이 상호 내주 관계가 성령까지 확대된다고 가르치신다. 그 결과 신자 안에서 삼위일체 하나님의 온전한 참여가 일어난다.

"내가 아버지께 구하겠으니 그가 또 다른 보혜사('파라클레테')를 너희에게 주사 영원토록 너희와 함께 있게 하리니 그는 진리의 영이라 세상은 능히 그를 받지 못하나니 이는 그를 보지도 못하고 알지도 못함이라 그러나 너희는 그를 아나니 그는 너희와 함께 거하심이요 또 너희 속에 계시겠음이라"(요 14:16-17, 강조체 저자).

요한일서 3:24에서도 똑같은 사상이 강조된다. 여기서 요한은 하나님의 명령을 지키는 자는 하나님 안에 거하고, 우리 안에 계시는 성령으로 말미암아 우리가 하나님 안에 거하는 것을 알 수 있다고 주장한다. 성령은 신앙과 순종 공동체에 속해 있는 자에게 주어진 신적 내주의 표지이다. 그러므로 여기서 그리스도를 믿는다고 말하고 "성령"이 자기들을 인도하실 때 순종하며 산다고 주장하면서 정통 사상에 맞지 않는 방식으로 사는 사람에 관해 중요한 질문이 제기된다. 그래서 요한은 4장에서 영들을 분별하는 법이라는 주제를 다룬다.

이것은 요한일서에서 "영"($\pi\nu\epsilon\hat{\upsilon}\mu\alpha$)이 언급된 12번 가운데 첫 번째 사례이다. 여기서 (1) 전치사구 $\dot{\epsilon}\kappa\ \tau o\hat{\upsilon}\ \pi\nu\epsilon\acute{\upsilon}\mu\alpha\tau o\varsigma$의 의미는 무엇인가(4:13에서와 같이)? (2) 이것은 성령을 가리키는가, 아니면 그리스도를 믿는 믿음으로 회심함으로써 변화된 신자 속에 있는 사람의 영을 가리키는가 하는 두 가지 주석적 질문이 제기된다. 요한 문헌이 이 말을 이중 의미로 사용하는 것은 잘 알려져 있다.[6] 여기서 요한이 $\pi\nu\epsilon\hat{\upsilon}\mu\alpha$를 사용한 것은 헬라어에서는 이중 의미가 허용되겠으나, 영어식 문자 사용(spirit/Spirit)에 따른 의미는 허용되지 않을 것이다.

사람의 영은 행위에 대한 동기를 자극하거나 활력을 주는 역할을 한다. 그리고 사람은 그 동기를 이 세상의 어둠 속 아니면 예수 그리스도의 빛 속에서 찾을 수 있다. 하나님과 다른 사람들을 향한 사랑을 나타내는 사람의 영은 하나님의 영, 곧 성령으로 말미암아 변화된 영이다. 요한은 일관되게 전치사구 "…에게 속한"($\dot{\epsilon}\kappa$

τοῦ…)이라는 말을 사용하여 자신의 개념적 이원론 안에서 그 기원을 지적한다. 우리가 하나님이 신자 안에 거하고 계심을 아는 것은 하나님이 우리에게 자신의 영의 한 부분을 주셨기 때문이 아니라 신자의 영이 거듭남으로써 성령을 통해 자극받고 활성화되었기 때문이다. 신자가 하나님의 영을 가진 것은 하나님이 그들의 아버지이시기 때문이다(참고. 롬 8:16).

성령의 역할이라는 개념은 요한복음에서 다루는 주된 주제 가운데 하나다. 세례 요한은 오실 자가 성령으로 세례를 베풀 것이라고 예언한다(요 1:33). 예수님은 그분 위에 성령이 임하고 그분 안에 성령이 거하시는 것으로 확인된다(요 1:32-33; 3:34). 요한복음에서 매우 두드러지게 다루는 거듭남은 성령으로 말미암아 이루어진다(3:5-8). 이때 성령은 은유적으로 바람(3:8)이나 생수(4:13-14; 7:37-39)로 지칭된다. 또 "세상"은 받아들일 수 없는 진리의 영(14:17; 16:13)으로도 지칭된다. 예수님은 요한복음 16:7-14에서 성령의 사역을 세부적으로 말씀하실 때 성령을 포괄적으로 "또 다른 보혜사('파라클레테')"로 지칭하신다. 요한복음에서 성령의 오심은 예수님의 죽음에 달려 있고, 예수님의 죽음 이후 임하는 사건(16:7)이다. 또한 성령은 부활하신 그리스도를 통해 주어진다(20:22).

요한복음에서 성령이 주된 역할을 맡은 것과 비교하면, 요한 서신에서는 성령이 상대적으로 비중이 작고 단지 6번 언급되는 것으로 그친다(요일 3:24; 4:2, 6, 13; 5:6, 8). 게다가 이 언급들은 항상 진리를 분별하고 예수님의 죽음의 중요성에 관한 진리의 증인으로서 성령이 맡은 역할을 다루는 문맥에 나온다(4:2, 6; 5:6, 8). 이것은 요한이 요한일서를 쓰게 된 상황을 암시한다. 곧, 적그리스도 이탈자들이 요한이 거짓으로 간주하는 그들의 교훈에 권위를 부여하기 위해 성령을 악용할 수 있는 상황이라는 것이다. 요한은 특히 하나님의 영을 확인하는 법을 독자에게 가르친다(4:2). 이것은 그리스도가 육체로 오셨고(4:2), 물과 피로 임하셨다(5:6)는 진리와 불가분리적으로 연계되어 있다.

사도적 증언에 따라 그리스도를 믿고 그 결과 다른 사람을 사랑하라는 명령을 지키는 자는 이 상호 내주를 아는 것이다. 그들의 영이 행동으로 표현하는 믿음과 사랑이 성령에서 기원하기 때문이다. 사람은 오직 성령의 능력과 사역을 통해서만 그리스도를 믿는 믿음으로 하나님을 사랑하고, 다른 사람들도 올바르게 사랑할 수 있다. 불트만이 지적한 것처럼 "사랑은 일반적인 인간의 능력이 아니라 (하나님으로부터 주어진) 선물이다."[7] 불트만은 계속해서 다음과 같이 설명한다.

여기서 저자는 놀랍게도 처음으로 영을 하나님의 효과적인 능력으로 언급하면서, 4:1 이하의 내용을 전환시켰다. 그러나 이것은 영의 효력이 계명을 지키는 것에 있을 뿐만 아니라 서로 사랑하는 것에도 있고, 그러하기에 이 효력이 새로운 자기 이해에만 있는 것이 아니라 그 기초로 작용하는 예수 그리스도 안에서 주어진 계시를 믿는 믿음에도 있다는 것을 암시한다. 따라서 영의 효력은 올바르게 고백하는 것에 있을 뿐만 아니라, 2:20, 27에 따르면 "기름 부음"이 그러하듯 올바른 지식을 주는 것에도 있다.[8]

요한은 성령을 하나님과 다른 사람들을 사랑할 능력을 주시는 분으로 소개하고, 이제 사랑과 진리의 관계를 밝히는 말을 시작할 것이다. 사랑과 진리의 관계는 요한일서 나머지 많은 부분에서 다루는 주제로, 이탈자들이 교회를 나간 이후 목회적인 보살핌이 절실하게 요구되는 원래의 역사적 배경 안에서 특히 중요한 주제였

---

7. Bultmann, *Johannine Epistles*, 59.   **8.** 같은 책, 60(강조체 저자).

다. 이 단락은 사랑의 명령에 순종하느냐가 "진리에 속해" 있는지를 재는 척도라는 진술(3:19)과 함께 시작된다. 성경의 진리가 무정하고 배타적이며 편파적이라는 공격이 갈수록 가중되고 있기 때문에, 진리와 사랑의 관계는 오늘날 교회에도 무척 중요하다.

적용에서의 신학

우리가 단순히 다른 사람들을 사랑한다고 말하는 것으로 그치지 않고 복음에 합당한 행함을 통해 다른 사람들을 사랑할 때, 우리는 자신이 '진리에 속해' 있음을 안다. 그러므로 우리가 하나님의 자녀라는 것을 안다[우리가…행함과 진리로 (사랑)하자(3:18)]. 요한과 다른 신약성경 저자들은 사랑을 연민을 갖고 다른 사람들의 궁핍함을 돕는 것으로 정의한다(3:17). 이것은 우리가 특별히 궁핍함 가운데 있는 자를 좋아하지 않더라도 할 수 있는 일이다.

그러나 도움을 베푸는 일은 궁핍함 가운데 있는 자의 형편에 따라 적절히 바뀐다. 가족이나 친한 친구의 궁핍함에 어떻게 반응하느냐는, 당연히 이웃이나 교회 또는 세계 전역의 사람들의 궁핍함에 반응하는 것과는 차이가 있다. 그러나 하나님의 자녀에게는 다른 사람들의 궁핍함에 적절하게 반응하는 것이 당연히 기대된다. 상황이나 관련된 사람들에 따라 이 사랑은 궁핍한 사람에게 돈이나 다른 자원을 주는 것을 의미할 수도 있고, 이런 사람을 돕는 데 시간을 쓰는 것을 의미할 수도 있다. 또는 누군가의 목숨을 구하기 위해 장기 기증과 같이 근본 요소를 제공하는 것을 뜻할 수도 있다. 그러나 사랑은 이처럼 간헐적으로 찾아오는 절박한 상황을 돕는 것으로 제한되지 않는다.

1. 하나님의 명령을 지키는 것으로서의 사랑

다른 사람들을 사랑하는 것은 하나님이 인간관계를 보호하기 위해 세우신 도덕 명령, 곧 "살인하지 말라", "간음하지 말라", "도둑질하지 말라", "네 이웃에 대하여 거짓 증거 하지 말라"와 같은 계명(출 20:13-16)을 지키는 것으로 그리스도인의 일상생활의 특징이 되어야 한다. 이런 명령을 어기는 죄는 다른 사람들을 위한 사랑과 정반대된다.

그렇지만 우리가 다른 사람들을 올바르게 온전히 사랑할 의도가 있다고 해도, 우리 주변의 궁핍함은 너무 크다. 또한 우리는 너무 제한적이고 결함이 많아 여전히 책망하는 내면의 음성에 괴로울 수 있다. 우리는 누구나 우리의 많은 선한 의도가 잘못되거나, 실행되지 못하거나, 어떤 식으로든 부족하다는 것을 잘 안다. 게다가 다른 사람들을 사랑하는 것은 그들이 보여주는 반응에 따라 일어나는 감정으로 복잡해질 수도 있다.

최선을 다했는데도 하나님을 실망시켰다는 감정 때문에 하나님의 자녀의 특징인 하늘에 계신 아버지와의 친밀한 관계가 무너질 수 있다. 선한 의도로 한 행위가 잘못되고 고통과 오해를 낳았다는 감정은, 실제로 좌절감, 분노 그리고 다른 사람들에게서 떠나고 싶은 욕구를 자라나게 해서 다른 사람들을 행함으로 계속 사랑할 동기를 잃어버리게 할 수 있다. 때때로 다음과 같이 말하는 것이 사실처럼 보인다. "좋은 일을 하지 않아도 벌 받지 않는다."

2. 굳센 마음

이 단원에서 요한은 우리가 마음을 굳세게 하여 하나님 및 그분이 우리의 삶에 보내신 사람들과 올바른 관계를 맺을 수 있도록 굳셈(안심)의 신적 및 인간적 국면을 말한다. 요한은, 그리스도를 믿는 믿음과 다른 이의 필요를 돕는 것으로 그들을 사랑하는 충동이 신자 안에 성령이 내주하시는 증거라고 설명한다(24절). 신자는 믿음과 사랑의 행위를 다 보여주어야 한다. 이 두 가지는 우리에게서 나오는 것이 아니라 하나님의 영에서 나오는 하나님의 선물이다. 따라서 순종은 자체로 우리가 하나님 및 그분의 자녀들과 화목하게 되었음을 입증하는 증거다. 요한은 하나님이 우리 마음보다 크시고 모든 것, 특히 우리가 알 수 없는 일을 다 아신다는 것을 기억하면, 우리를 책망하고 고소하는 내면의 음성을 진정시킬 수 있다고 가르친다.

하나님은 다른 사람들을 사랑하려는 우리의 부족하고 부적절한 노력이 믿음과 사랑의 참된 행위라는 것을 인정하신다. 하나님은 우리가 사랑하려고 애쓰는 사람들과 그들이 궁핍하게 된 상황에 관해 모든 것을 아신다. 우리가 다른 사람의 필요에 반응하려고 애쓰는 일은 잘못 인도받거나 잘못 판단될 수 있다. 우리가 사랑하려고 애쓰는 대상이 우리의 선한 의도를 무시할 수 있다. 사랑의 행위가 실제로 이기심이나 우리 자신의 필요와 혼합된 불순한 동기에서 나올 수 있다. 심지어는 우리가 가장 잘한 행위도 우리에게 불안감, 불확실성, 혼란스러운 마음을 초래할 수 있는 이유들이 많다. 사랑은 까다로울 수 있고 하나님은 그 점을 아신다. 사실, 하나님 자신이 세상에 베풀어주신 사랑이 오해받고 무시당하며 거부당했다. 그럼에도 하나님은 우리가 물리적으로나 영적으로 삶을 유지하는 데 필요한 것을 공급해주심으로써 피조물을 계속 사랑하신다.

요한은 독자가 계속 그리스도를 믿는 믿음을 지키고 다른 사람들을 사랑하기 위해 그들의 마음을 굳세게 할 필요가 있음을 잘 안다. 왜냐하면 마음(양심)이 끊임없이 하나님의 뜻을 좌절시켰다고 우리를 책망하는 것은 우리의 사랑에 대한 결심을 무력화시키고, 우리가 하늘에 계신 아버지와의 관계를 누리지 못하게 방해하기 때문이다. 부적합성이나 실패했다는 감정 때문에 우리는 하나님을 멀리하고 그리하여 기도생활을 방해받을 수 있다. 불안한 마음을 진정시키도록 요한이 제공하는 치료책은 놀라울 만큼 간단한 말이지만 아마 실천하기는 어려울 것이다. 그 치료책은 다음과 같다. 모든 것을 아시고 우리가 자신을 아는 것보다 우리를 더 잘 아시는 하나님을 신뢰하라. 우리 안에서 역사하시는 하나님의 거듭나게 하시는 능력을 신뢰하라. 하나님의 영이 어떻게 우리를 변화시켰는지 그리고 심지어는 우리의 영이 연약한 상태에 있을 때조차 어떻게 우리의 삶을 통해 계속 우리를 변화시키는지에 대한 하나님의 지식을 신뢰하라. 그리스도를 믿는 믿음에서 또는 다른 사람을 사랑하는 일에서 돌아서지 말라. 그의 안에 거하라.

CHAPTER 11

요한일서 4:1-6

문학적 전후 문맥

요한은 가장 큰 첫째와 둘째 계명, 곧 하나님을 사랑하라는 명령과 네 이웃을 사랑하라는 명령을 3:23에서 "그(하나님의) 아들 예수 그리스도의 이름을 믿고/신뢰하고 서로 사랑하라"는 말로 바꾸어 말했다. 요한은 이 두 명령을 각각 정교하게 다룬다. 첫 번째 명령은 이 본문(4:1-6)에서 예수 그리스도를 "육체로 오신"(4:2) 분으로 더 충분히 이해시키기 위한 방편으로 다룬다. 요한은 4:7-21에서 두 번째 명령인 서로 사랑하라는 주제로 돌아갈 것이다.

> X. 하나님의 자녀는 담대할 수 있다(3:19-24)
> ➡ XI. 진리의 영과 미혹의 영을 구별해야 한다(4:1-6)
>   A. 영들이 하나님께 속했는지 분별하라(4:1-3)
>   B. 하나님께 속한 자는 서로 이해한다(4:4-6c)
>   C. 진리의 영과 미혹의 영을 이로써 아느니라(4:6d)
> XII. 하나님의 사랑의 표현(4:7-16)

주요 개념

영적 진리에 대한 주장이 모두 타당한 것은 아니다. 그 시금석은 그 주장이 하나님의 아들이신 예수 그리스도의 성육신에 중심을 두는 정통 기독론과 일치하는가이다. "세상"에 나온 많은 거짓 선지자가 혼란과 분열을 일으켰다. 요한은 독자에게 속지 말고 들을 때 저자의 메시지를 반대하는 교훈을 올바르게 분별하라고 경고한다.

번역

요한일서 4:1-6

1a	호칭	사랑하는 자들아	
b	권면	**영을 다 믿지 말고**	
c	확대	오직 **영들이** 하나님께 속하였나 **분별하라**	
d	기초	많은 거짓 선지자가 세상에 나왔음이라	
2a	기초	이로써 너희가 하나님의 영을 알지니	
b		곧 예수 그리스도께서 육체로 오신 것을 시인하는 영마다	
	원천		하나님께 속한 것이요
3a	대조	예수를 시인하지 아니하는 영마다	
	원천		하나님께 속한 것이 아니니
b	확대	**이것이 곧 적그리스도의 영이니라**	
	내용	오리라 한 말을	
		너희가 들었거니와	
	단언	지금 벌써 세상에 있느니라	
4a	호칭	자녀들아	
b	단언	**너희는 하나님께 속하였고**	
c	단언	**또 그들을 이기었나니**	
d	기초	이는 너희 안에 계신 이가…크심이라	
e	비교	세상에 있는 자보다	
5a	단언	**그들은 세상에 속한**	
b	결과	고로	
		세상에 속한 말을 하매	
c	단언	세상이 그들의 말을 듣느니라	
6a	대조/단언	**우리는 하나님께 속하였으니**	
b	단언	하나님을 아는 자는 우리의 말을 듣고	
c	대조	**하나님께 속하지 아니한 자는 우리의 말을 듣지 아니하나니**	
d	결론	진리의 영과 미혹의 영을 이로써 아느니라	

구조

이 본문은 요한일서의 주요 권면 중 하나를 다룬다. 호격 "사랑하는 자들아"(ἀγαπητοί)가 나오고, 2인칭 복수형 동사 "믿지 말라"(μὴ…πιστεύετε)로 형태가 바뀌는 것은, 강론 내용이 독자의 상황을 다루는 설명으로 전환되는 것을 암시한다. 이 부분은 7절까지 계속된다. 7절에서 또 다시 호격 "사랑하는 자들아"(ἀγαπητοί)가 이 권면을 마무리하는 동시에 새로운 부분을 시작하는 역할을 한다. 1a-c절에서 한 권면의 이유가 1절에서 명령된 영들의 분별 기준에 맞게 3절에서 제시된다.

4절에서는 독자가 가진 영적 지위를 안심시키는 내용이 절대적이고 명시적인 대명사 "너희"(ὑμεῖς)와 유서 깊은 호격 "자녀들아"(τεκνία)가 사용되어 주어진다. 6절에서 1인칭 복수형 "우리"로 형태가 바뀌는 것은 저자와 독자의 연합을 바라는 저자의 갈망과 가정을 강조한다. 이것은 그들을 거짓 선지자 및 세상(1d절)과 구별하는 역할을 한다.

석의적 개요

→ **XI. 진리의 영과 미혹의 영을 구별해야 한다(4:1-6)**
    A. 영들이 하나님께 속했는지 분별하라(4:1-3)
        1. 많은 거짓 선지자가 세상에 나왔다(4:1)
        2. 예수 그리스도가 육체로 오신 것을 시인하는 영은 하나님께 속해 있다(4:2)
        3. 예수 그리스도가 육체로 오신 것을 시인하지 않는 영은 하나님께 속해 있지 않다(4:3a)
        4. 이런 영은 적그리스도의 영으로, 이미 세상 속에 있다(4:3b)
    B. 하나님께 속한 자는 서로 이해한다(4:4-6c)
        1. 너희는 하나님께 속하였고 적그리스도의 영을 이겼다(4:4)
        2. 적그리스도의 영이 말하다(4:5)
           a. 세상에 속한 말을 하다(4:5a-b)
           b. 세상이 그들의 말을 듣다(4:5c)
        3. 우리는 하나님께 속해 있다(4:6a-c)
           a. 하나님을 아는 자는 우리의 말을 듣는다(4:6a-b)
           b. 하나님께 속하지 아니한 자는 우리의 말을 듣지 않는다(4:6c)
    C. 진리의 영과 미혹의 영을 이로써 아느니라(4:6d)

본문 설명

요일 4:1 사랑하는 자들아 영을 다 믿지 말고 오직 영들이 하나님께 속하였나 분별하라 많은 거짓 선지자가 세상에 나왔음이라(Ἀγαπητοί, μὴ παντὶ πνεύματι πιστεύετε, ἀλλὰ δοκιμάζετε τὰ πνεύματα εἰ ἐκ τοῦ θεοῦ ἐστιν, ὅτι πολλοὶ ψευδοπροφῆται ἐξεληλύθασιν εἰς τὸν κόσμον). 요한은 이제 영적 진리의 원천을 식별하는 주제로 시선을 돌린다. 이 단원은 호격 "사랑하는 자들아"(ἀγαπητοί)라는 말과 함께 시작된다. 요한은 이 호격 다음에 두 가지 명령을 제시한다(명령은 2:24, 27, 28; 3:1, 7, 13; 5:21에도 나온다). 하나님이 사랑하시고 또 자신이 사랑하는 자들에게 영들을 분별하라고 명령한다.

요한은 3:24에서 사람이 하나님 안에 거하고 또 하나님이 사람 안에 거하는 상호 내주의 증거로 성령을 지적한다. 그리고 나서 모든 "영"이 하나님께 속한 것이 아니므로 영들을 분별하는 문제를 다루는 것이 필수적이라고 느낀다. 이것이 요한이 요한일서에서 다루는 문제 중 하나를 암시한다. 그것은 성령을 소유했다고 말하지만, 요한이 생각하는 바 하나님께 속해 있지 않은 방식으로 말하고 행동하는 자칭 그리스도인들이 일으키는 문제다.

여기서 주의해야 하는 한 가지 석의 문제는 요한복음과 요한일서에서만 유일하게 복수형으로 등장하는 "영들"(πνεύματα)의 지시 대상을 어떻게 이해할 것인가이다. 헬라어 단어 '프뉴마'(πνεῦμα)는 의미가 다양하다. 이 말은 물리적 바람(마 11:7; 14:30, 32), 호흡(행 17:25; 살후 2:8), 천사(히 1:7, 14), 귀신(마 8:16; 12:45), 다른 비육체적 존재(민 27:16, LXX), 사람의 비유형적 요소(고후 7:1; 골 2:5), 삼위일체의 세 번째 인격(마 28:19)과 같은 의미로 사용될 수 있다. 이 가능한 지시 대상 중 여기서 언급된 영들을 가리키는 것으로 가장 자주 추정되는 것은 귀신들이다.

그러나 요한이 3:24에서 "영"이라는 말을 사용하는 용법에 비추어 의미를 조절해야 한다. 3:24에서는 그 말이 신자의 삶 속에 하나님의 영(성령)이 나타나신 것을 가리키는 데 사용되었다. 이것은 요한복음에 나오는 예수님의 교훈과 일치한다["바람(πνεῦμα)이 임의로 불매 네가 그 소리는 들어도 어디서 와서 어디로 가는지 알지 못하나니 성령(πνεῦμα)으로 난 사람도 다 그러하니라"(요 3:8)]. 이 용법은 또한 바울이 성령의 나타나심에 관해 가르치는 것과도 일치한다(고전 14:12). 그때 이 말은 "하나님의 백성, 곧 택함 받은 행위자의 성품이나 활동 속에 나타나신 하나님의 영"으로 정의될 수 있다.[1] 또한 '프뉴마'라는 말은 하나님께 속해 있지 않으나(고후 11:4), 인간의 말과 행동으로 표출되는 활력적인 충동을 가리킬 수도 있는데, 4:1에서 그렇게 이해되어야 할 것이다.

요한이 편지를 쓰게 된 상황을 배경으로 놓고 보면, 당시 성령의 권위에 호소함으로써 거짓 교훈을 가르치던 자칭 그리스도인들이 있었던 것이 분명하다. 이런 상황에서 요한은 "영들을 분별하라"고 지시함으로써 '성령을 소유했다고 주장하는 사람을 다 믿지는 말라'는 말 이상의 의미를 전한다. 요한의 이원성 개념 안에서 사람의 영은 하나님의 영 아니면 사악한 미혹의 영으로부터 나온 충동에 따라 동기를 자극받거나 힘을 얻는다(4:6d). 그런 의미에서 보면 여기에 귀신들이 포함되지만, 그렇다고 "영들"이 요한의 교회들에서 나간 자들을 사로잡거나 영향력 아래 둔 개개의 귀신들이라는 의미는 아니다. 요한은 귀신 들림과 상관없이 인간의 행위 속에 나타날 수 있는 적대적인 두 영적 세력의 활동을

---

[1]. BDAG, s.v. πνεῦμα 6.

의식하고 분별하도록 독자를 가르치는 데 관심을 둔다. 요한의 교회들을 배경으로 놓고 보면, 이 두 세력은 그리스도를 믿는 믿음을 진실로 고백하는 자와 거짓으로 고백하는 자를 통해 표출되었다.

요한은 독자가 신앙을 고백하는 그리스도인에게도 성령이 아닌 다른 세력이 역사하는 일이 있음을 인정하기를 바라면서 그 세력을 분별해야 할 "영들"로 부른다. 그 영들은 인간적 경험이나 의견에 입각한 표준이 아니며 건전한 기독론에 입각한 표준에 따라 식별되어야 한다. 예수님, 성령, 복음 메시지를 하나로 연계시키는 것은 바울의 특징이기도 하다["만일 누가 가서 우리가 전파하지 아니한 다른 예수를 전파하거나 혹은 너희가 받은 영(πνεῦμα)과 다른 영(πνεῦμα)을 받게 하거나 혹은 너희가 받지 아니한 다른 복음을 받게 할 때는 너희가 잘 용납하는구나"(고후 11:4, 참고. 고전 12:3)].

많은 거짓 선지자가 세상에 나왔기 때문에 요한의 독자는 성령을 소유했다고 고백하는 자의 말이나 행동이 무조건 다 하나님께 속한 것이 아님을 알아둘 필요가 있다. 요한이 영들을 분별할 필요성을 제시하는 이유는, 그가 '프뉴마'라는 말을 성령에 속하거나 또는 세상에 속하거나 할 수 있는 인간적 행위의 활력적인 충동을 가리키는 데 사용하고 있음을 확증한다. 거짓 선지자들이 거짓말하는 것은, 그들이 무엇을 생각하는지와 상관없이 하나님 및 그분의 사역에 관해 진리를 말하지 않기 때문이다(참고. 딤전 4:1; 계 16:13-14).

여기서 요한이 염두에 둔 거짓 선지자들은 하나님께 속하지 않은 충동에 영향받은 교훈을 말하는 자로, 이미 "세상에 나왔[다]"(ἐξεληλύθασιν εἰς τὸν κόσμον). 요한의 개념적 이원론 속에서 세상은 하나님이 없는 곳이다. 하나님의 이름을 거짓으로 말하는 것은 자신의 위치를 세상 속에 두는 것이다. "나왔[다]"라는 동사는 앞의 2:19을 지시할 것이다. 거기서 요한은 과거에는 요한의 교회(들)에 속한 일원이었으나 지금은 공동체에서 완전히 나간 자들을 언급한다. 거기서 요한이 제시하는 요점은, 비록 이전에는 공동체의 일원이었다고 해도 그런 과거 경력(前歷)이 그들이 진리를 아는 집단에 "속해" 있음을 보증하지 않는다는 것이다.

요일 4:2-3a 이로써 너희가 하나님의 영을 알지니 곧 예수 그리스도께서 육체로 오신 것을 시인하는 영마다 하나님께 속한 것이요 예수를 시인하지 아니하는 영마다 하나님께 속한 것이 아니니(ἐν τούτῳ γινώσκετε τὸ πνεῦμα τοῦ θεοῦ· πᾶν πνεῦμα ὃ ὁμολογεῖ Ἰησοῦν Χριστὸν ἐν σαρκὶ ἐληλυθότα ἐκ τοῦ θεοῦ ἐστιν, καὶ πᾶν πνεῦμα ὃ μὴ ὁμολογεῖ τὸν Ἰησοῦν ἐκ τοῦ θεοῦ οὐκ ἔστιν). 요한은 요한일서 전체에 걸쳐 사람이 불가시적인 하나님을 아는 참된 지식을 어떻게 얻을 수 있는지에 대한 인식론적 문제에 관심을 둔다. 확실히 하나님을 아는 것이 요한복음과 요한일서의 주된 주제다. 요한복음을 보면, 하나님을 아는 것을 영생을 얻는 것으로 간주한다(요 17:3). 그것은 요한일서도 마찬가지다. 모벌리는 이에 대해 다음과 같이 지적한다. "여기서 요한의 관심사는 어떤 형태든 기독교 신앙에 본질적이다. 신적 자기 계시 관념과 이에 대응하는 인간의 하나님에 관한 지식 관념이 중대한 역할을 하는 곳에서, 오류를 범하고 스스로 속거나 다른 사람들에게 속을 가능성이 얼마든지 열려 있기 때문이다."[2]

요한의 독자는 분명히 절실하게 진리를 분별해야 하는 혼란한 상황 속에 있었다. 요한은 여기서 하나님을 아는 참된 지식을 가지려면 예수 그리스도의 성육신을 인정해야 한다는 사실을 독자에게 상기시킨다. 다른 방식으로는 볼 수 없는 하나님을 계시하기 위하여 말씀이 특별히 육신이 되셨기 때문이다(요 1:14, 18). 그러므로

---

2. Moberly, "'Test the Spirits,'" 297.

하나님을 아는 참된 지식을 가진 자는 누구나 '예수 그리스도가 육체로 오셨다'는 것, 즉 하나님의 아들이 인간이 되셨다는 것을 인정하기 마련이다.

기독교 인식론의 핵심은 성육신이다. 따라서 그 반대 역시 사실이다. 곧, 예수님이 육체로 오신 것을 인정하지 않는 자는 누구를 막론하고 하나님께 속해 있지 않다. 그들은 예수 그리스도 안에서 주어지는 하나님의 자기 계시를 통해 하나님을 아는 참된 지식을 얻지 못한 것이다. 마르티누스 드 보어(Martinus De Boer)는 다음과 같이 지적했다.

> 하나님의 아들이신 예수 그리스도가 세상 속에 '오신 것'은 단순히 예수 그리스도가 세상 무대에 가시적으로 등장하셨음을 의미하는 것이 아니다. 예수 그리스도의 '오심'은 자체로 구원 행동(표적을 행하심, 빛을 주심 등)을 포함한다. 예수 그리스도의 오심은… '구원 사명'을 의미한다. 요약하면 요한 문헌의 기독론 문맥에서 '오다'라는 동사는 '무대에 등장하시는 것'을 의미할(표시할) 뿐만 아니라 '구원을 위하여 행동하시는 것', '구원의 사명을 이루시는 것', '구원을 일으키시는 것' 또는 이와 동등한 다른 표현을 함축한다(내포한다).[3]

다시 말하면, '내가 왔다'라는 완료 시제(ἐλήλυθα)를 사용하는 예수님에 관한 진술은 직접적으로 예수님의 구원 사명을 가리킨다(요 5:43; 7:28; 8:42; 12:46; 16:28; 18:37). 그러므로 예수 그리스도가 육체로 "오신" 것을 시인하는 것은 단순히 예수님이 역사적 인물이었음을 인정하는 것으로 그치지 않고, 그분이 성육신하여 이루신 생애, 죽음, 부활이 갖는 인간 구속의 중요성을 표현하는 것이다.

2절의 "예수 그리스도"(Ἰησοῦν Χριστόν)라는 말의 첫 번째 사례에는 관사가 없지만, 3a절의 두 번째 사례에는 "그리스도"라는 말이 빠지고 대신 관사가 붙어 있다(본문 비평의 가장 좋은 판단에 따르면). 3a절에 이처럼 전방조응 용법의 관사가 붙어 있는 것은 요한이 '내가 방금 언급한 이 예수, 즉 육체로 오신 예수 그리스도를 시인하지 않는 영은 모두 하나님께 속해 있지 않다'고 말하는 것을 함축한다. 다르게 말하면, 예수님을 시인하지 않는 것은 어떤 말이든 하나님을 아는 참된 지식으로 인정될 수 없다. 모벌리는 다음과 같이 말한다.

> 요한복음 서언에서 말하는 것처럼 만약 예수님 안에서 그리고 예수님을 통해 하나님을 믿는 믿음이 어떤 면에서 인간 실존의 열쇠였다면, 이 믿음의 내용을 명확히 할 뿐만 아니라 이 믿음이 진실로 존재하거나 존재하지 않을 때가 언제인지 결정하기 위한 기준이 필요하다.[4]

여기서 요한은 그것이 없으면 하나님을 아는 참된 지식도 없는 믿음의 필수적 내용을 명확히 밝힌다. 요한은 5:6에서 "물과 피로"라는 말로 예수 그리스도의 '오심'을 다시 언급할 것이다(해당 구절의 주석을 보라). 그러나 여기서 요한이 강조하고자 하는 바는 그리스도가 인간으로서 감당하는 구원 사명의 중요성인 듯하다. 이 믿음의 내용이 사람의 삶 속에 언제 존재하는지 결정하는 기준은 3:23에서 언급된 두 번째 큰 하나님의 명령, 곧 동일한 진리를 믿는 다른 사람들(형제들)을 사랑하는 것이다(해당 구절의 주석을 보라). 요한은 4:7-14에서 사랑이라는 주제로 직접 돌아간다. 이어서 4:15-17에서는 예수 그리스도가 하나님의 아들이라는 진리를 살펴본다. 4:18-21에서는 사랑이라는 주제를 돌아볼 것이다.

---

3. De Boer, "The Death of Jesus Christ," 336–37.

4. Moberly, "'Test the Spirits,'" 297.

그리고 5:1-6에서는 정통 기독론을 다시 다룰 것이다.

하나님의 아들이신 예수 그리스도가 하나님 아버지를 계시하기 위해 사람이 되셨다는 관점은 정통 요한 신학의 핵심이다. 이것은 요한일서 첫 부분(1:1-4)에서 예수 그리스도의 인격에 계시된 영생의 역사적 실재성을 강조하는 것과 함께 언급되었다. 예수님이 친히 말씀하신 것처럼 "나를 본 자는 아버지를 보았다"(요 14:9). 그리고 그 사상은 요한일서 2:22에서 적그리스도를 "예수가 그리스도이심을 부인하는" 자로 정의하는 것과 함께 다시 진술되었다.

요한이 예수 그리스도가 "육체로 오[셨다]"는 자신의 주장과 어떤 면에서 이 주장을 거부하는 적그리스도들을 연결한 것으로 보아(4:3) 그리고 적그리스도들이 앞에서 공동체에서 나간 자들(2:19-23)과 연루된 것으로 보아, 요한의 교회(들) 안에서 신앙을 고백하는 그리스도인들 사이에 모종의 기독론 논쟁이 벌어졌던 것이 틀림없다. 요한의 해석 전통에서 "[예수님의] 육체"를 강조하는 것 때문에 학자들은 그 논쟁의 본질을 일종의 영지주의, 아니 어쩌면 예수 그리스도는 단지 인간인 것처럼 보였을 뿐이라고 주장한 초기의 가현설과 관련된 논쟁으로 이해했다. 그러나 보다 최근에는 학자들이 이 논쟁의 본질을 특별히 확인하려는 문제에서 손을 뗐다(사실은 그런 논쟁이 있었는지에 관해서도 질문이 적었다). 모벌리가 날카롭게 지적하는 것처럼 "관심사는 지상에서 행하신 예수님의 사명이 외관적인 것과 달리 실제적이라는 것에 있지 않다. 오히려 그 사명이 하나님을 아는 지식에 결정적이라는 것에 있다."[5]

이 기독론적인 논증을 서로 사랑하라는 명령(3:23)과 성령의 내주하심(3:24)의 맥락 속에서 확인해보면, 우리는 요한이 편지를 쓰게 된 상황에 대해 통찰력을 얻는다. 요한 공동체 안에는 그리스도를 믿는 믿음을 고백하고 성령을 소유했다고 말하지만 어떤 면에서 정통 기독론에서 벗어난 믿음을 가진 사람들이 있었다. 그들의 견해는 하나님을 아는 참된 지식의 소유, 곧 영생의 소유가 예수 그리스도 안에서 이루어진 하나님의 아들의 역사적 성육신에 중심을 둔다는 주장을 문제 삼았던 것이 분명하다. 이때 이탈자들이 일으킨 혼란 때문에 분별할 필요가 있었다. 자칭 그리스도인들이 말하고 행한 모든 것이 성령께 속한 것은 아니기 때문이다. 그것은 세상에 속한 것일 수도 있다.

요일 4:3b 이것이 곧 적그리스도의 영이니라 오리라 한 말을 너희가 들었거니와 지금 벌써 세상에 있느니라(καὶ τοῦτό ἐστιν τὸ τοῦ ἀντιχρίστου, ὃ ἀκηκόατε ὅτι ἔρχεται, καὶ νῦν ἐν τῷ κόσμῳ ἐστὶν ἤδη). 요한은 그리스도가 육체로 오신 것을 부인하는 자를 적그리스도와 연결한다. 예수 그리스도가 육체로 오셨다는 진술은 확실히 가현설의 주장을 반대할 것이다(요한일서 5:6도 고려하면 더 강력히 반대할 것이다). 그러나 이 진술이 논박하는 이단적 견해는 가현설만이 아니다. 거기에는 여러 가지 견해가 포함된다. 그런 견해는 모두 예수 그리스도에 관한 진리의 핵심을 공격하기 때문에 그리스도의 영이 아니라 적그리스도의 영으로 간주될 수 있다. 적그리스도의 영은 예수 그리스도가 육체로 오신 것을 시인하지 않는다.

문자적으로 "적그리스도의 그"(the of the antichrist, τὸ τοῦ ἀντιχρίστου)로 이해되며 이중 관사(τὸ τοῦ)가 포함된 이 헬라어 구문은 중성 명사 영(πνεῦμα)이 음절에서 탈락된 것을 암시한다. 요한이 편지를 쓸 당시 적그리스도의 영은 이미 세상에 와 있었다. 적그리스도의 영은 요한 공동체에서 나간 많은 거짓 선지자에게 힘을 불어넣었다(4:1). 4:1에서 한 설명처럼, 여기서 '프뉴마'라는 말은 하나님께 속해 있지 않은 활력적 충동을 가리킨다.

---

5. 같은 책, 300(강조체 원저자).

6. Smalley, *1, 2, 3 John*, xxiii, 223. 다음 자료들도 마찬가지다. Dodd,

적그리스도의 영은 '세상에 속해 있다.' 곧, 하나님을 거역하고 인간에 대한 하나님의 구속 계획을 거부하는 것을 특징으로 하는 인간 생활의 질서에 속해 있다. 적그리스도의 영은 귀신일 수 있으나 요한은 여기서 영들을 그런 의미로 말하지 않는다. 그 영들은 선한 의도를 가지고 있으나 스스로 속아 하나님을 염두에 두지 않는 인간적 충동일 것이다. 그런 의미에서 적그리스도의 영은 하나님이 예수님을 참된 그리스도로 일으키신 것을 거부하거나 오해할 기회가 생긴 이후 세상에 나왔다.

학자들은 예수 그리스도가 육체로 오신 것을 부인하는 태도가 예수 그리스도의 정체성과 사명에 대한 정통적 견해를 반대한다는 점을 여러 가지 면에서 확인했다. 예수 그리스도가 육체로 오셨다는 주장에는 두 가지 요소가 있다. '오셨다'는 말의 의미와 "육체로" 오신 것의 의미가 그것이다. 특히 요한 문헌에서 "육체"는 바울 서신에서와 달리 부정적 의미가 아니다. 그 이유는 말씀이 육신이 되셨기 때문이다(요 1:14).

스몰리는 마셜의 견해를 따라 '오셨다'는 말을 (케린투스의 양자론이 제시한 것처럼, 단순히 잠시 인간의 몸 안에 거하는 것이 아니라) 선재 하시는 하나님의 아들이 인간의 육체와 영원히 결합되어 세상 속에 '오신 것'을 가리키는 것으로 이해했다.[6] 예수 그리스도가 육체로 '오신 것'을 가리키는 것으로 보는 이 견해는 요한복음의 배경에 따라 이해하면 지지를 받는다. 요한복음에는, 4:2에서 '오셨다'(has come, ἐληλυθότα)로 번역된 완료 시제 분사 '오다'(ἔρχομαι)의 동일한 시제가 요한복음 18:37의 "내(예수님)가 이를 위하여 태어났으며 이를 위하여 세상에 왔나니(ἐλήλυθα) 곧 진리에 대하여 증언하려 함이로라"와 같은 진술들에서 11번이나 발견된다. 성육신은 예수 그리스도가 단순히 인간에 불과했다는 견해와 예수 그리스도가 인간이 될 수 없는 신적 존재였다는 견해(예를 들어, 가현설)를 모두 반대한다.

브라운은 다른 견해를 취하면서 이 부분의 관건이 기독론이 아니라 구원론이라고 주장한다.

> 요한일서와 요한이서가 비판한 견해에 이런 급진적인 가현설이 내포되어 있다는 암시는 전혀 없다. 편지의 저자는 예수님의 인간으로서의 존재를 옹호하는 것이 아니라, 예수님의 육체와 죽음에 담긴 구원적인 중요성에 관심이 있는 것으로 보인다…여기서 문제는 이탈자들이 성육신이나 예수님의 인성의 육체적 실재성을 부인한다는 것이 아니다. 그들은 예수님이 육체로 계시거나 행하신 것이 그리스도 되심과 관련되었다는 것, 즉 구원 역사였다는 것을 부인한다.[7]

다시 말해, 브라운에 따르면 적그리스도들이 꼭 예수 그리스도의 온전한 인성을 논박한 가현설주의자였던 것은 아니다. 적그리스도들은 단순히 예수님의 죽음을 죄의 대속으로 인정하지 않는 자들이었다.

앞에서 4:2–3a을 설명할 때 지적한 것처럼 드 보어는 요한 문헌에서 예수님의 오심이 그분의 구원 행동과 사명을 함축하는 개념이라고 주장한다. 드 보어에 따르면, 이탈자들은 구원의 중요성을 예수님의 생애에 귀속시켰다. 그러나 예수님의 생애의 어느 국면이 죄로부터 깨끗하게 되는 효력을 제공했는지를 놓고 논쟁을 벌였다. 드 보어는 이탈자들이 그리스도의 피가 아니라 예수님이 친히 세우신 세례의 물이 구원의 효력을 제공한다고 믿었다고 주장한다. 그러므로 드 보어에 따르면 적그리스도들의 구원론에서 십자가 자체는 아무런 역할도 하지 못했다.[8]

리우는 적그리스도들과 요한 간의 논쟁을 제3의 관

Johannine Epistles, 96; Yarbrough, *1-3 John*, 223; Marshall, *Epistles of John*, 205.

7. Brown, *Epistles of John*, 58, 505.
8. De Boer, "Death of Jesus Christ," 339.

점을 가지고 제시한다. 리우는 다음과 같이 말한다.

"(예수님의 생애의) 최초 이야기를 우리가 여전히 필요로 하는가? 그것이 중요한가?"라고 묻기는 쉬울 것이다. 확실히 요한일서 자체의 사고 패턴은, 하나님이 그들을 그분의 자녀로 간주하실 때 행하신 것에 특별한 강조점을 두는 것과 함께, 엄밀히 예수님의 지속적 적합성에 관해 이런 질문들을 낳을 수 있었다.[9]

신앙을 고백하는 그리스도인들이 왜 예수님의 생애와 죽음이 자기와 관련이 별로 없을 것이라고 생각하게 될까? 아마 그것은, 요한이 독자에게 확실히 하는 것처럼(3:24) 그들이 성령을 소유하기 때문일 것이다. 그들이 그리스도 안에서 하나님을 만나는 것은 성령의 중보를 통해서이지 역사적 예수를 직접 만나 일어난 것은 아니다. 더구나 예수님은 아버지가 친히 "또 다른 보혜사(파라클레토스), 곧 성령을 보내 그들과 영원토록 함께 있게 하실" 것(요 14:16)이라고 약속하셨다. "진리의 영"이 예수님에 관한 교훈을 전달하고(14:26), 예수님에 관해 증언하신다(15:26). 그러므로 요한과 적그리스도들의 논쟁은, 성령의 역할이 예수님의 역할과 맺고 있는 관계 문제에 연관되어 있었을 것이다.

대처는 요한일서 5:6을 설명할 때 요한과 적그리스도들이 논쟁하는 이 국면을 다음과 같이 제시한다.

요한과 "적그리스도들"은 같은 예수 전통에 의존했으나 그 전통을 근본적으로 다르게 해석했다. 적그리스도들은 신자가 성령을 통해 지속해서 경험하는 계시를 강조했지만, 요한은 새로운 계시들이 공동체가 가르치는 역사적 예수님에 관한 교훈과 일치해야 한다고 주장했다.[10]

이 견해에 따르면, 계시의 자리가 어디인지 그리고 예수님의 생애를 목격한 증인들과 관련된 사도 전승은 어떤 역할을 하는지에 대해서는 논쟁이 없었다. 적그리스도들은 예수님께 나아가는 것이 다 성령의 지속적 계시를 통해 이루어져야 한다고 주장했을 것이다. 반면 요한은 계시의 위치가 역사적 예수에 관한 사도적 증언에 있고, 따라서 모든 주장은 예수님의 생애, 죽음, 부활에 관한 사실과 일치해야 한다고 주장했을 것이다.

본문에는 요한의 견해와 일치하지 않는 적그리스도들의 믿음의 내용이 무엇인지 알려주는 정보가 충분히 없기에 내용을 구체적으로 재구성할 수 없다. 우리는 종종 5:6-7에 비추어 4:2-3을 해석하는 이 다양한 견해 중 어느 것이 요한의 교회(들)에서 벌어진 논쟁을 규정하는 데 가장 좋은지 결코 알 수 없다. 그러나 보다 확실하게 지적할 수 있는 몇 가지 요점은 있다.

첫째, 4:2에서 동사의 완료 시제 '오셨다'(ἐληλυθότα)라는 말은 예수 그리스도에 관해 제시된 요점이 과거에 그분이 오셔서(즉, 그분의 지상 생애) 한 행동의 결과가 현재에도 계속 중요하다는 점을 암시한다. 이 '오심'이 성육신을 가리킨다고 보는 견해와 그리스도의 구원 사명을 가리킨다고 보는 견해는 둘 다 그리스도의 지상 생애에 초점을 맞춘다는 점에서 보면 별로 차이가 없다. 나아가 선재하시는 그리스도의 성육신과 성육신의 구속 목적은 요한 문헌 다른 곳에서뿐만 아니라 신약성경 전체에 걸쳐 제시되는 사실이다.

물론 고전적인 자유주의 개신교 사상에 그런 경향이 있었던 것처럼, 속죄를 세례나 예수님의 교훈과 같이 그분의 생애의 다른 국면에서 찾는 견해와 가현설 사이에는 분명한 차이가 있다. 그러나 여기서 요한의 교훈 그리고 더 포괄적으로 신약성경의 교훈은 이 두 견해를 동시에 반대할 것이다. 여기서 요한이 제시하는 요점을

---

9. Lieu, *I, II, & III John*, 170.
10. Tom Thatcher, "'Water and Blood' in AntiChrist Christianity (1 John 5:6)," *SCJ* 4 (2001): 235.

이해하기 위해 요한이 적그리스도로 부른 이탈자들의 이단적 교훈에 주로 어떤 문제가 있었는지 특별히 알아볼 필요는 없다. 이 두 견해의 공통점은 예수 그리스도의 온전한 인성을 필수 요소로 보았다는 것이다. 이 요점은 요한일서의 처음 단락(1:1-4)에 잘 제시되었다. 예수 그리스도가 인간으로 사신 생활의 중요성이 주요 관건이고, 그 중요성은 예수님에 관한 비정통적인 교훈을 전체적으로 반대하는 데 사용될 수 있다.

둘째, 요한은 예수 그리스도가 육체로 오셨다는 이 진술을 어떤 교훈("영")이 하나님께 속해 있는지를 재는 기준으로 제시한다. 이렇게 식별해야 할 필요성은 하나님이 자녀에게 자신의 영을 주셨다는 사실에 비추어 주어진다. 그러나 그때도 어떤 사람이 성령의 이름으로 하나님께 속하지 않은 주장을 내세울 가능성이 있다. 그래서 특히 예수님과의 관계를 계시하는 데 성령이 맡은 역할 역시 요한이 다루어야 하는 논쟁의 중요한 한 측면이다. 다시 말해, 요한이 이런 계시의 자리로 주장하는 것은 예수 그리스도의 지상 생애다. 따라서 예수님의 죽음과 부활을 포함하여 그리스도의 역사적 생애와 일치하지 않는 어떤 교훈도 하나님께 속한 것일 수 없다.

요한일서에 나타난 이 논쟁은 그리스도의 생애의 중요성을 누가 해석하느냐에 관한 논쟁을 포함한다. 예수님이 예루살렘에서 십자가에 달려 죽으셨다는 진술은, 신약성경을 벗어나 심지어는 로마 역사가들도 증명할 수 있는 역사적 사실이다. 그러나 이 역사적 사건에 관한 해석은 자명하지 않다. 예수 그리스도가 우리의 죄를 위하여 예루살렘에서 죽으셨다는 것은 해석적 진술이다.

요한이 이탈자들과 벌인 논쟁의 또 다른 국면은 예수님의 중요성을 해석할 권위가 누구에게 있냐는 것이다. 예수님은 개인적으로 알던 자들에게 증인의 사명을 맡기셨다. 심지어는 요한복음 14:26과 15:26에 나오는 예수님의 교훈도 이후의 모든 그리스도인에게 주어진 것이 아니라 복음에 대하여 권위적 증언을 감당할 일부 제자들에게 주로 주어진 것으로 이해할 수 있다. 요한의 원독자는 오늘날 우리처럼 완결된 신약성경을 입수할 수 없었다. 신약성경을 믿는 것은 단순히 예수님에 관한 역사적 사실을 믿는 것이 아니라, 신적으로 영감받은 신약성경 저자들이 이 사실들의 중요성을 해석한 것을 믿는 것이다.

요한은 여기서 하나님을 진실로 아는 것은 자신과 다른 사도적 증인들이 증언하는 것처럼 예수 그리스도의 지상 생애, 죽음, 부활을 하나님을 아는 지식의 원천으로 삼는 것이라고 주장한다. 성령의 지속적 사역은 그 증언과 일치하고, 성령의 권위에 대한 주장은 "지나쳐 그리스도의 교훈 안에 거하지 아니하는"(요이 1:9) 것을 정당화할 수 없다.

요일 4:4 자녀들아 너희는 하나님께 속하였고 또 그들을 이기었나니 이는 너희 안에 계신 이가 세상에 있는 자보다 크심이라 (ὑμεῖς ἐκ τοῦ θεοῦ ἐστε, τεκνία, καὶ νενικήκατε αὐτούς, ὅτι μείζων ἐστὶν ὁ ἐν ὑμῖν ἢ ὁ ἐν τῷ κόσμῳ). 이제 요한은 독자에게 어떤 혼란에도 불구하고 그들이 하나님께 속해 있다는 사실을 확언하고 그들을 안심시킨다. 하나님께 속한 자가 누구인지를 분별하는 것은 어떤 신비적 경험에 달려 있지 않다. 그것은 구체적으로 예수 그리스도에 관한 인식적인 진술에 의존한다. 요한의 편지를 받은 그리스도인들은 세상으로 나간 자들이 이탈한 후에도 공동체를 떠나지 않고 요한과 함께했던 자들이다. 요한은 그들을 확신시키기 위해, 그들이 공동체에 머무르기로 선택한 것 그리고 이 선택이 그들이 믿는 것에 관해 말해주는 것은 사실이며 올바르다고 편지에 쓴다. 또한 요한은 "너희는 그들을 이기었나니(νενικήκατε)"에서 완료 시제를 사용한다. "우리에게 속하지" 않은 자는 공동체에서 나갔고(2:19), 이것은 그들이 하나님께 속하지 않았다는 사실을 증명했다. 공동체에서 나간 자들에게 휘둘리지 않고 요한의 교회(들) 안에 머무른 자는 이탈자들이 무엇을 요구하든 간에 그들의 거짓 교훈을 이겨낸 것이다.

그래서 요한은 독자에게 그 진리를 계속 고수해야 하는 이유를 다음과 같이 제시한다. "이는 너희 안에 계신 이가 세상에 있는 자보다 크심이라." 여기서 너희 안에 계신 이는 누구를 말할까? 여기서 중성 관사가 아니라 남성 관사가 붙은 것을 보면, 중성 명사 "영"(πνεῦμα)을 지시 대상으로 보는 것은 불가능하다. 하지만 그렇게 보아야 내용이 산뜻하게 이어질 것이다("너희 안에 계신 영이 세상에 있는 영보다 크심이라"). 세상을 이기신 이는 예수 그리스도이시고(요 16:33) 하나님의 참된 자녀가 그리스도의 정체성을 이해하고 진리 안에 거할 수 있는 것은 그들 속에 그리고 그들 가운데 그리스도가 성령을 통해 내주하시기 때문이다. 그리스도의 반대자(즉, 적그리스도)는 세상에 속해 있는 자다. 이 질문을 파악하기 위해 요한복음을 활용한다면, 요한복음에서 우리는 그리스도께 심판을 받는 "이 세상의 임금"을 언급하는 내용을 발견한다(요 12:31; 14:30; 16:11). 진리를 떠나 세상으로 나간 자는 어떤 생각을 하든 하나님으로부터 난 자가 아니라 어둠 속에 들어간 자다.

이 구절(4:4)은 요한이 요한일서에서 적용하는 개념적 이원론을 강화한다. 또 요한이 사용하는 "세상"이라는 말(κόσμος)을 정의하는 데 도움을 준다. 하나님의 자녀는 이 이원성 구조에 따라 "세상에 속한" 자들과 분리된다. 세상은 어둠 속에서 걷기를 좋아하고, 예수 그리스도가 제공하시는 복음을 거부하며, 때로는 복음을 방해하기도 하는 사람들이 속한 집단이다.

요일 4:5 그들은 세상에 속한 고로 세상에 속한 말을 하매 세상이 그들의 말을 듣느니라(αὐτοὶ ἐκ τοῦ κόσμου εἰσίν, διὰ τοῦτο ἐκ τοῦ κόσμου λαλοῦσιν καὶ ὁ κόσμος αὐτῶν ἀκούει). 요한의 이 이원성 개념은 "하나님께 속한"(ἐκ τοῦ θεοῦ) 한편과 "세상에 속한"(ἐκ τοῦ κόσμου) 다른 한편으로 분리되는 것으로 정의된다. 요한은 자신의 원독자가 '하나님께 속해 있음'을 확언하지만, 예수 그리스도가 "육체로 오신" 것을 시인하지 않는 자는 "세상에 속해" 있다.

요한은 이런 사람들이 그리스도의 이름으로 말하는 것을 용납하지 않는다. 그들이 요한의 진리를 거부하는 것이 기독교의 경계에서 벗어나기 때문이다. 심지어는 그들이 그리스도에 관해 가르치더라도 그들의 사상은 복음이 아니라 세상의 종교나 철학에 따라 형성된다. 이런 자칭 '그리스도인들'은 세상에 귀를 기울이고, 기독교적 관점에서 벗어난 메시지를 세상에 전한다. 그러므로 세상은 복음을 왜곡시키는 것일지라도 그들의 메시지를 받아들인다.

요일 4:6 우리는 하나님께 속하였으니 하나님을 아는 자는 우리의 말을 듣고 하나님께 속하지 아니한 자는 우리의 말을 듣지 아니하나니 진리의 영과 미혹의 영을 이로써 아느니라(ἡμεῖς ἐκ τοῦ θεοῦ ἐσμεν· ὁ γινώσκων τὸν θεὸν ἀκούει ἡμῶν, ὃς οὐκ ἔστιν ἐκ τοῦ θεοῦ οὐκ ἀκούει ἡμῶν. ἐκ τούτου γινώσκομεν τὸ πνεῦμα τῆς ἀληθείας καὶ τὸ πνεῦμα τῆς πλάνης). 요한의 이원성 개념에 따르면, 요한과 그의 교회(들)는 "하나님께 속해"(ἐκ τοῦ θεοῦ) 있다. 여기서 "우리"는 거의 확실히 연합적 의미의 용법이고(1:1에서 "우리"에 대한 주석을 보라), 요한은 자신의 교훈을 받아들이는 신자들을 "하나님께 속[한]" 자 속에 포함한다. 그러므로 하나님을 진실로 아는 자는 요한의 가르침에 담긴 하나님의 진리를 인정할 것이다. 예수 그리스도의 복음에 관해 요한이 주는 교훈을 거부하고 요한의 말을 "듣지" 않는 자 및 이런 자와 같은 마음을 가진 자는 하나님께 속해 있지 않다. 그러나 예수 그리스도 안에서 계시된 대로 하나님께 듣는 사람과 죄, 회개, 속죄에 관한 하나님의 메시지를 말하는 사람은 세상에 속해 있지 않다.

세상을 창조하신 이가 세상에 속한 사람들의 인정을 받지 못했을 때(요 1:10) 어떤 일이 예상될 수 있었겠는가? 세상을 구속하러 오신 하나님의 말씀이 언제 거부당했는가(요 1:11)? 요한일서 4:6에서 요한은 이 이원성 개념에 따라 자신이 제공하는 사도적 교훈을 인정하는 것과 거부하는 것을 분리한다. 그리고 그는 진리와 오류, 하나님과 세상, 하나님께 속한 자와 세상에 속한 자 사이에 경계선을 긋는다. 여기에 함축된 문제는, 누가 세상에 제공된 하나님과 그리스도와 구원에 관한 참된 진리를 말하는 자인가 하는 것이다. 누가 하나님을 위하여 이 세상에 말하는 자인가?

요한은 4:1에서 시작된 이 단락을 6b절에서 하나님께 속해 있는지 영들을 분별하라는 권면으로 마무리한다. 우리는 영들을 어떻게 분별하는가? 하나님께 속한 자는 예수 그리스도가 육체로 오신 것을 시인한다. 그들은 그리스도가 자신의 증인으로 택하신 사도들이 선포한 그리스도에 관한 정통적 교훈을 지킨다. 요한이 제시한 교훈을 받아들이는 자는 그 믿음의 행위로 말미암아 자신 역시 하나님께 속한 자임을 증명한다. 예수 그리스도에 관해 다르게 가르치는 자는 하나님께 속해 있지 않다. 그들은 진실로 하나님을 알지 못하는 미련한 자다. 그들은 자신이 성령에 따라 말하고 있다고 생각하지만, 실제로는 미혹당해 세상의 영에 따라 말하는 것이다.

사도적 교훈이 유일한 판단 기준이다. 혹자는 요한이 오만하게도 자신이 믿는 것을 하나님에 관한 유일한 진리로 간주한다고 느낄 수 있다. 다른 사람들의 의견과 믿음도 똑같이 가치가 있지 않은가? 그러나 요한은 오만하지 않다. 요한은 독자에게 자기와 함께 그리스도의 증인으로서 사명을 받은 그리고 계시된 생명을 직접 보고 듣고 만진(1:1-4) 자들이 전하는 사도적 교훈 안에 안전하게 남아 있으라고 역설할 때 진리의 편에 서 있다.

적용에서의 신학

요한일서에서 요한은, 선한 의도가 있을지 모르지만 결국은 하나님을 아는 것에 관해 그리고 예수의 지상 생애, 죽음, 부활의 중요성에 관해 스스로 속은 자칭 신자들에게 독자가 미혹받는 현실을 염려한다(2:26). 오늘날 우리는 예수 그리스도에 관한 모든 사도적 교훈의 저장소로서, 완결되고 종결된 신약성경 정경을 가졌다는 점에서 그보다는 덜 위험한 상황에 있다. 예수 그리스도의 복음에 관한 교훈을 들을 때 신약성경에 비추어 그 교훈을 판단할 수 있으니 말이다.

신약성경이 등장하기 전인 요한이 살던 당시에는 계시에 관한 주장들이 성령으로부터 나온 것인지 분별하기가 어려웠다. 하지만 그 주장들은 본질적으로 동일한 기초에 따라 판단되었다. 곧, 예수님이 증인으로 택하신 사람들 및 그들과 매우 가까운 사람들이 제시한 사도적 교훈에 따라 판단되었다. 우리는 요한 서신에서 자칭 그리스도인들이 성령으로부터 그리스도 안에서 주어진 하나님에 관한 진리를 소유했다고 주장했으나 사실상 요한에게 알려진 사도적 진리와 일치하지 않는 것을 진리로 고수한 사람이 많았던 초대 교회의 상황을 본다.

이 문제는 에베소 지역에 있던 요한의 교회(들)로 한정되지 않고, 교회가 있는 곳이라면 어디서나 발생했다. 고린도에서도 사도 바울을 괴롭혔던, 이와 비슷한 상황을 볼 수 있기 때문이다. 바울은 고린도에서 교회가 하나님의 영과 세상의 영을 구별해야 한다고 가르쳤다(고전 2:12-3:1). 사실 바울은 영들을 분별할 신령한 은사가 있다고 가르친다(고전 12:10). 성령이 전달하는 신적 계시가 있는 곳은 어디서나 오류가 나타난다. 그 결과 우리 자신과 다른 사람들을 미혹할 가능성이 언제나 존재한다.

성령은 나뉘지 않는다

요한이 살던 당시와 마찬가지로 오늘날도 다른 그리스도인들과 대립하여, 아니 때로는 완전히 배타적으로 말하고 행동하는 자칭 그리스도인들이 일으키는 문제가 있다. 1세기에 요한이 제시한 요점, 곧 신앙을 고백하는 그리스도인들이 말하고 행한 모든 것이 반드시 성령에 속한 것은 아니라는 사실은 오늘날에도 타당하다. 그들은 예수 그리스도에 관한 진리와 그리스도의 중요성에 대하여 왜곡된 지식을 가진 세상의 영에 따라 그렇게 말할 것이다. 하나님에 관한 진리의 판단 기준은 지금도 요한이 살던 당시와 같다. 그것은 바로 사도적 증언이다. 그러나 지금은 사도적 증언이 신약성경에 기록되어 있다. 그러므로 신약성경의 교훈과 대립하거나 일치하지 않는 것은 그것을 누가 말하든 하나님에 관한 또는 하나님으로부터 나온 진리로 인정될 수 없다.

요한은 여기서 하나님을 진실로 아는 길이 요한과 다른 사도적 증인들이 증언하는 것처럼 예수 그리스도의 지상 생애, 죽음, 부활을 하나님을 아는 지식의 원천으로 삼는 것에 있다고 주장한다. 성령의 지속적 사역은 예수님이 친히 약속하신 것처럼(요 14:26; 15:26) 사도적 증언과 일치하고, 성령의 권위에 대한 주장은 "지나쳐 그리스도의 교훈 안에 거하지 아니하는"(요이 1:9) 것을 정당화하지 않는다. 모든 신자는 속죄가 필요없다고 주장하고, 자기들이 성령의 인도를 받아 그런 수준에 이르렀다고 생각할 수 없다. 인간의 종교가 예수님이 흘리신 피의 대속을 필요없게 만들 정도로 발전했다고 주장하는 것은, 하나님의 영으로부터 나온 진리로 인정될 수 없다. 상대주의에 따라 성경의 교훈을 무시하는 사회적 도덕은 하나님께 속한 것이 아니라 세상에 속한 것이다.

이 단락에서 요한이 보여준 관심사는 오늘날에도 그대로 유효하다. 요한이 진리와 오류를 구분하는 데 판단 기준으로 사용한 사도적 교훈은 신약성경에 기록되어 우리에게도 주어져 있기 때문이다. 성경의 교훈을 받아들이는 자는 '하나님께 속한' 자다. 성경의 메시지를 거부하거나 왜곡하는 자는 불행하게도 스스로 속는 자다. 이런 사람들이 교회에서 지도자로서 목소리를 높인다면, 다른 사람들을 건전한 기독교 신학으로 이끄는 것이 아니라 요한이 적그리스도의 교훈으로 부른 것으로 이끌 것이다.

요한일서 4:7-16

문학적 전후 문맥

요한은 가장 큰 첫째와 둘째 계명, 곧 하나님을 사랑하라는 명령과 이웃을 사랑하라는 명령(참고. 마 22:37-40; 막 12:30-31; 눅 10:27)을 독특하게 기독교적 형식으로 다시 진술했다. 3:23에서 요한은 이렇게 말한다. "그의(하나님의) 계명(명령)은 이것이니 곧 그 아들 예수 그리스도의 이름을 믿고 그가 우리에게 주신 계명(명령)대로 서로 사랑할 것이니라." 4:1-6에서 요한은 예수 그리스도를 '육체로 오신' 분으로 믿는 것이 무슨 뜻인지를 더 깊이 다루었다. 이제 요한은 재진술된 둘째 계명, 곧 서로 사랑하는 명령으로 독자의 관심을 돌린다. 3:23과 4:7에서 "서로 사랑하라"(ἀγαπῶμεν ἀλλήλους)는 말이 반복되는 점을 주목하고, 3:24와 4:13에서 성령이 그리스도 안에 거하는 것에 대한 보증의 기초로 주어지는 점을 유의하라. 사랑에 관한 이 상세한 설명은 4:1-21에 걸쳐 나오며, 서로에 대한 사랑과 하나님에 대한 사랑의 관계가 하나님은 우리를 위하고 우리는 하나님을 위하는 관계로 정교하게 제시된다.

> XI. 진리의 영과 미혹의 영을 구별해야 한다(4:1-6)
> ➡ **XII. 하나님의 사랑의 표현(4:7-16)**
>   A. 서로 사랑하라는 명령(4:7-10)
>   B. 서로 사랑하라는 명령의 재진술(4:11-14)
>   C. 예수님을 하나님의 아들로 시인하는 것이 하나님 안에 거하기 위한 필수 요소다(4:15-16)
> XIII. 하나님의 사랑은 신자 안에 온전히 이루어졌다(4:17-5:3)

주요 개념

요한은 여기서 사랑의 원천과 정의를 하나님 자신으로 규정한다. 하나님의 사랑은 우리의 죄를 위한 화목 제물로 아들을 보내 우리가 그 아들로 말미암아 영원히 살 수 있게 하신 일에서 가장 잘 드러난다.

번역

요한일서 4:7-16

7a	호칭	**사랑하는 자들아**
b	권면	**우리가 서로 사랑하자**
c	기초	사랑은 하나님께 속한 것이니
d	연속	**사랑하는 자마다 하나님으로부터 나서**
e	연속	하나님을 알고
8a	단언	**사랑하지 아니하는 자는 하나님을 알지 못하나니**
b	기초	이는 하나님은 사랑이심이라
9a	단언	**하나님의 사랑이 우리에게 이렇게 나타난 바 되었으니**
b	기초	하나님이 자기의 독생자를…보내심은
		세상에
c	목적	그로 말미암아 우리를 살리려 하심이라
10a	단언	**사랑은 여기 있으니**
b	반-기대	우리가 하나님을 사랑한 것이 아니요
c	단언	하나님이 우리를 사랑하사
		우리 죄를 속하기 위하여 화목제물로 그 아들을 보내셨음이라
11a	호칭	**사랑하는 자들아**
b	조건	하나님이 이같이 우리를 사랑하셨은즉
c	권면	**우리도 서로 사랑하는 것이 마땅하도다**
12a	단언	**어느 때나 하나님을 본 사람이 없으되**
b	조건	만일 우리가 서로 사랑하면
c	단언	**하나님이 우리 안에 거하시고**
d	단언	그의 사랑이 우리 안에 온전히 이루어지느니라

13a	기초	그의 성령을 우리에게 주시므로
b	내용	우리가 그 안에 거하고
c	내용	그가 우리 안에 거하시는 줄을
d	단언	아느니라
14a	내용	아버지가 아들을 세상의 구주로 보내신 것을
b	단언	우리가 보았고
		또 증언하노니
15a	묘사	누구든지…시인하면
b	내용	예수를 하나님의 아들이라
c	결과	**하나님이 그의 안에 거하시고**
d		**그도 하나님 안에 거하느니라**
16a	단언	하나님이 우리를 사랑하시는 **사랑을 우리가 알고**
		믿었노니
b	단언	**하나님은 사랑이시라**
c	단언	**사랑 안에 거하는 자는 하나님 안에 거하고**
d	단언	**하나님도 그의 안에 거하시느니라**

구조

이 단락은 4:1("사랑하는 자들아 영을 다 믿지 말고 오직 영들이 하나님께 속하였나 분별하라")에서 시작된 설명을 계속한다. 이 설명은 4:21("하나님을 사랑하는 자는 또한 그 형제를 사랑할지니라")까지 이어질 것이다. 이 단원은 어떤 영이 하나님께 속해 있는지 확인하는 가시적 기준을 제공함으로써 포괄적인 설명에 도움을 준다. 여기서 요한은 하나님의 영이 주어진 자(4:13)는 육체로 오신(4:2) 예수 그리스도를 믿는 믿음을 통해 하나님의 사랑을 받은 자라고 지적함으로써, 4:1-2에서 제기했던 분별 문제를 다시 언급한다. 하나님이 화목 제물로서 자기 아들을 육체로 보내신 것(4:10)은 아버지의 사랑의 명백한 표현이므로, 이 아버지의 사랑을 받고 힘입은 자는 아버지와 맺은 영적 관계에 따라 삶 속에서 다른 사람들을 사랑해야 한다.

여기서 요한의 계속된 논증은 두 부분, 곧 4:7-10과 4:11-14로 이루어져 있다. 이 두 부분은 각각 호격 "사랑하는 자들아"(ἀγαπητοί)라는 말로 시작한다. 이 단원의 주요 권면은 두 번에 걸쳐 주어진다. 첫 번째는 4:7에서 권유 가정법인 "사랑하는 자들아 우리가 서로 사랑하자"라는 말로 표현된다. 두 번째는 4:11에서 "사랑하는 자들아…우리도 서로 사랑하는 것이 마땅하도다"라는 말로 표현되어 하나님이 우리를 얼마나 사랑하셨는지 생각하게 한다. 전반부는 사랑이 하나님으로부터 난 자, 곧 하나님이 세상에 보내신 아들을 통해 생명을 받은 자의 대표적인 특징이라고 설명한다. 여기서 내용은 서로 사랑하라는 권면에서 하나님은 사랑이시라는 (즉, 사랑을 정의하는) 진술로, 즉 하나님이 화목 제물로 자기 아들을 보내신 것으로 정의하신 사랑의 본질에 대한 설명으로 바뀐다.

9절과 10절은 거의 평행을 이룬다.

9절
A 하나님의 사랑이 우리에게 이렇게 나타난 바 되었으니
  B 하나님이 자기의 독생자를 세상에 보내심은
    C 그로 말미암아 우리를 살리려 하심이라

10절
A′ 사랑은 여기 있으니(이렇게 정의되니)
  (우리가 하나님을 사랑한 것이 아니요 하나님이 우리를 사랑하사)
  B′ 그 아들을 보내셨음이라
    C′ 우리 죄를 속하기 위하여 화목 제물로

이 단락 후반부는 그리스도인들이 하나님이 정의하시는 대로 서로 사랑할 때만, 하나님의 사랑이 명시적이고 가시적인 것이 되고, 실제로 사랑이 하나님의 백성 속에서 온전히 이루어진다고 설명한다. 그러므로 이렇게 서로를 향한 사랑을 보여주는 것은 하나님 안에 거하고 하나님의 영을 받은 것을 입증하는 증거다. 오직 서로에 대한 사랑을 보여주는 자만이 하나님이 하신 사랑의 최고의 행위, 곧 하나님이 자기 아들을 세상의 구주로 보내신 일을 증언할 자격이 있다. 그러므로 동료 신자들에게 이 사랑을 보여주지 못하는 사람의 증언은 받아들여지지 않는다(참고. 2:19). 모벌리가 지적하는 것처럼 "이 사랑이 영적 분별의 결정적 기준이 될 수 있다."[1] 영적 분별에서 사랑이 이와 비슷한 역할을 맡았다는 것이 바울의 유명한 글인 사랑 장(고전 13장)에서 발견되기 때문이다. 거기에서 사랑에 대한 설명은 신령한 은사들(고전 12장)을 분별하는 것을 설명하는 문맥에 등장한다.

논증의 이 두 부분은 사랑의 명령에 대하여 신학적 기초를 구성하는 "하나님은 사랑이시라"는 반복된 진술(8b, 16b절) 사이에 샌드위치처럼 끼어 있다.

---

[1] Moberly, "'Test the Spirits,'" 303.

석의적 개요

- **XII. 하나님의 사랑의 표현(4:7-16)**
  - **A. 서로 사랑하라는 명령(4:7-10)**
    1. 사랑은 하나님께 속해 있다(4:7a-c)
    2. 사랑하는 자(4:7d-e)
       a. 그는 하나님으로부터 났다(4:7d)
       b. 그는 하나님을 안다(4:7e)
    3. 사랑하지 아니하는 자(4:8)
       a. 그는 하나님을 알지 못한다(4:8a)
       b. 하나님은 사랑이시기 때문이다(4:8b)
    4. 하나님의 사랑이 나타났다(4:9-10)
       a. 하나님은 우리를 살리려고 자기 아들을 보내셨다(4:9)
       b. 하나님의 사랑이 사랑을 정의한다(4:10)
  - **B. 서로 사랑하라는 명령의 재진술(4:11-14)**
    1. 하나님의 사랑은 그리스도인이 서로 사랑할 때 가시적으로 나타난다(4:11-12c)
    2. 하나님의 사랑은 의도된 목표를 달성한다(4:12d)
    3. 하나님의 영은 우리에게 하나님과의 올바른 관계를 보증한다(4:13)
    4. 성령은 아들이 세상의 구주임을 증언한다(4:14)
  - **C. 예수님을 하나님의 아들로 시인하는 것이 하나님 안에 거하기 위한 필수 요소다(4:15-16)**
    1. 신자와 하나님의 상호 내주는 예수님을 하나님의 아들로 시인하는 믿음에 달려 있다(4:15)
    2. 그것을 시인하는 "우리"는 아들 안에 표현된 하나님의 사랑을 알고 믿었다(4:16a)
    3. 하나님은 사랑이시다(4:16b)
    4. 하나님 안에 거하는 것은 그리스도 안에 표현된 하나님의 사랑 안에 거하는 것이다(4:16c-d)

본문 설명

요일 4:7 사랑하는 자들아 우리가 서로 사랑하자 사랑은 하나님께 속한 것이니 사랑하는 자마다 하나님으로부터 나서 하나님을 알고(Ἀγαπητοί, ἀγαπῶμεν ἀλλήλους, ὅτι ἡ ἀγάπη ἐκ τοῦ θεοῦ ἐστιν, καὶ πᾶς ὁ ἀγαπῶν ἐκ τοῦ θεοῦ γεγέννηται καὶ γινώσκει τὸν θεόν). 요한은 여기서 서로 사랑하라는 주요 권면으로 다시 돌아간다. 요한은 독자를 "사랑하는 자들아"(ἀγαπητοί)라는 호격으로 다시 부름으로써 새로운 권면 단락을 시작한다. 요한은 사랑을 언급하는 문맥에서 이 호격을 여러 번에 걸쳐 사용한다. 이와 똑같이 자주 등장하는 호격은 "자녀들아"(τεκνία)라는 말이다. 이 호격은 하나님의 부성(父性)을 설명하는 문맥에서 가장 빈번하게 나타난다.

사랑하라는 명령이 주어진 근본적인 이유는 사랑이 하나님의 대표적인 속성이기 때문이다. 그러므로 하나님으로부터 난 자 역시 (속담에 있듯이 부전자전으로) 다른 사람들을 사랑하는 자로 정의된다. 사실 하나님 아버지의 특징인 사랑을 보여주는 것은 하나님에 대해 인격적 지식을 갖고 있음을 증명하는 것이다. 이로써 "사랑하는 자"의 경계가 정해진다. 하나님으로부터 난 자는 자신이 원하는 대로 사랑하는 자가 아니라 하나님이 정의하시는 사랑에 맞게 사랑하는 자다(4:8에 대한 주석을 보라). 여기서 '났다'는 동사가 완료 시제(γεγέννηται)라는 점을 주목하라. 이것은 거듭남이 사랑과 지식보다 앞서 온다는 것을 보여준다.

요한이 이 교훈을 제시하는 목적은 공동체 안에서 관계를 올바르게 맺도록 동기를 자극하고, 공동체의 참된 지체가 아닌 자를 분별하는 기준을 제공하는 것이다. 모벌리는 여기서 요한은 "결정적인 신학적 인식론"을 상술하는 데 관심이 있다고 지적한다. 말하자면, 그들이 하나님을 아는지 알아낼 수 있는 방법과 진실로 신자 공동체의 일원이 아닌 자를 확인해내는 방법을 설명하는 데 관심이 있다는 말이다.[2] 그리스도 안에서 하나님의 사랑을 받은 자가 보여주는 사랑에 대한 예증으로 4:1에서 시작된 영들의 분별에 관한 설명을 계속한다.

요일 4:8 사랑하지 아니하는 자는 하나님을 알지 못하나니 이는 하나님은 사랑이심이라(ὁ μὴ ἀγαπῶν οὐκ ἔγνω τὸν θεόν, ὅτι ὁ θεὸς ἀγάπη ἐστίν). 요한은 사랑이신 하나님에 대한 사랑과 지식 사이의 관계를 부각시킨다. 사랑하는 자마다 하나님으로부터 나서 하나님을 안다면 그 반대 역시 참이다. 곧, 사랑하지 아니하는 자는 하나님을 알지 못한다.

이것은 요한이 사랑하지 아니하는 자(ὁ μὴ ἀγαπῶν)를 언급한 세 번째 경우다[이 말은 요한일서에서 모두 4번(3:10, 14; 4:8, 20) 나옴-역주]. 사랑하지 않는 사람은 하나님께 속하지 않고(3:10), 사망에 머물러 있으며(3:14) 그리고 이 구절(4:8)에 따르면 하나님을 알지 못한다. 그러므로 사랑하지 않는 사람은 영생을 얻지 못한다. 영생의 본질이 하나님과 그분이 보내신 분을 아는 것에 있기 때문이다(참고. 요 17:3). 사랑하지 않는 것은 단순히 윤리적 결함이 있는 것이 아니라, 구원받지 못하고 죄의 어둠 속에 거한다는 것을 의미한다. 사랑하지 않는 자는 기독교 공동체 밖에 있고, 하나님에 대한 진실한 증언을 하지 않는다. 하나님에 대한 참된 지식이 없기 때문이다. 하나님에 대한 인격적 지식과 그분이 정의하시는 대로 다른 사람들에게 베푸는 사랑은 불가분리적으로 연계되어 있다. 그러므로 여기서 요한의 권면은 암묵적

---

2. 같은 책, 297.

으로 자기 검토를 요구한다.

"하나님은 사랑이심이라"는 진술은 성경의 독자가 아닌 사람들 사이에서도 아주 유명하다. 요한일서에서 이 말은 "하나님은 빛이시라"(1:5)는 비슷한 진술과 나란히 서 있다. 이 두 진술은 하나님의 존재의 본질에 관한 절대적인 형이상학적 격언이 아니다.[3] 이 두 진술은 첫째로는 죄를 정의하는 하나님의 권위를, 둘째로는 죄의 반대인 사랑을 정의하는 하나님의 권위를 지시한다. 하나님이 정의하시는 사랑은 십자가에서 인간을 구원하시는 하나님의 역사 속에서 가장 잘 계시 된다. 왜냐하면, 자기 아들을 세상에 보내 고난 받고 죽게 한 것은 바로 하나님이 사랑이기 때문이다(4:10, 참고. 요 3:16; 그리고 4:16의 '심층 연구: 요한 서신에 나타난 사랑'을 보라).

비록 이 성경의 진술이 기독교 교회 밖에 있는 사람들에게 아주 유명하기는 해도, 대체로 그리고 때때로 엄청나게 잘못 이해된다. 우리 사회가 사랑을 왜곡하고 오해하기 때문이다. 길을 가는 사람에게 사랑이 무엇인지 물어보면 무척 다양한 대답을 듣게 될 것이다. 어떤 이는 "사랑은 느낌이다"라고 말할 것이다. 다른 이들은 다음과 같이 말할 것이다. "사랑은 헌신이다." "사랑은 성관계이다." "사랑은 나눔이다." "사랑은 귀소 본능이다." 또는 이렇게도 말할 것이다. "사랑은 추상적이어서 정의하기 어렵다. 다만 눈으로 보아야 사랑을 알게 될 것이다." 요한이 사랑을 어떤 뜻으로 말하는지 정의하려면 적절한 해석은 필수다. 적절한 신학은 하나님의 권위에 그 정의의 뿌리를 두는 것을 의미한다.

만약 율법과 선지지기 두 가시 병령, 곧 하나님을 사랑하라는 명령과 이웃을 네 자신처럼 사랑하라는 명령으로 요약될 수 있다면, 사랑에 대한 성경의 정의는 관계 속에서 이루어지는 적절한 행위와 관련되어 있다. 우리는 하나님에 대한 사랑을 어떻게 표현할까? 요한은 우리에게 하나님에 대한 사랑은 하나님의 계명(명령)을 지키는 것을 의미한다고 말한다(5:2; 요이 1:6). 여기에는 우리가 서로를 올바르게 대하는 법이 포함된다(요일 4:20-21). 우리가 서로를 올바르게 대하는 법은 마태복음 5장에 제시된 것처럼 예수님이 구약의 도덕법을 해석하신 것과 십자가에서 자기를 주심으로써 사랑을 예증하는 것으로 정의된다. 따라서 요한은 세상의 정의를 사용해서가 아니라, 성경이 사랑을 포괄적으로 정의하는 맥락에서 자신의 메시지를 이해해야 한다는 점을 전제한다.

야브로가 다음과 같이 지적하는 것처럼, 헬라어 본문의 구문을 보면 진술된 말을 거꾸로 읽을 수 없다는 점을 주목하라.

요한은 사랑이 하나님이라고 말하지 않는다. 이런 진술은 성경 어디에서도 발견되지 않는다. 인간적 사랑을 항상 신성시하고 싶어 하는 자가 있었으나 절대로 그렇게 할 수 없다…그렇게 하면 살아 계시고 인격적이며 활력적이신 하나님이 지성적이거나 윤리적이거나 의지적이거나 또는 정서적인 추상적 개념으로 대체되고 말 것이다. 요한일서의 언어 또는 복음서에 나타난 성육신하신 하나님에 관한 생생한 묘사는 이것을 절대로 허용하지 않을 것이다.[4]

더 나아가 모벌리는 다음과 같이 지적한다.

일차적으로 인간적 특성에 따라 신격을 이론적으로

---

[3]. Kruse, *Letters of John*, 157; Rick Williamson, *1, 2, & 3 John: A Commentary in the Wesleyan Tradition* (Kansas City: Beacon Hill, 2010), 142를 보라.

[4]. Yarbrough, *1-3 John*, 237, Gerard S. Sloyan, *Walking in the Truth: Perseverers and Deserters: The First, Second, and Third Letters of John* (NTC; Valley Forge, PA: Trinity Press International, 1995), 45에서 인용함.

정의하면…인간적 특성이 신격보다 더 궁극적인 것이 된다. 또 신격을 처분하는 한편 인간적 특성을 유지하는 것을 유일하게 필요한 일로 굳게 고수한다는 포이어바흐(Feuerbach)의 강력한 비판이 일어날 수 있다.[5]

하나님을 인간적 사랑의 개념에 따라 정의하는 경향은 즉각 자기를 숭배하는 이단 사상으로 나아간다. 이것이 요즘 인기를 얻는 영성이다. 한 종교 토크쇼 사회자는 인터뷰를 진행하는 동안 이전에 '사랑 또는 하나 됨 또는 하나님으로 정의되는 것'과 관련한 자신의 영적 경험을 언급했다.[6] 이때 사회자는 계속해서 이렇게 말했다. "궁극적으로 우리는 믿음과 행위를 통해 사랑과 유대감을 경험한다. 우리의 행함이 선할수록 하나님이나 사랑에 대한 우리의 경험도 그만큼 더 깊어진다." 사회자는 청중에게서 그것이 무슨 말이냐는 질문을 받자 이렇게 대답했다. "우리는 모두 사랑으로 이루어진 존재다. 신은 사랑이다. 그러니 우리는 신이다"(강조체 저자).[7] 이것은 분명히 요한의 교훈에서 크게 벗어난 관점이다(참고. 4:10).

요일 4:9 **하나님의 사랑이 우리에게 이렇게 나타난 바 되었으니 하나님이 자기의 독생자를 세상에 보내심은 그로 말미암아 우리를 살리려 하심이라**(ἐν τούτῳ ἐφανερώθη ἡ ἀγάπη τοῦ θεοῦ ἐν ἡμῖν, ὅτι τὸν υἱὸν αὐτοῦ τὸν μονογενῆ ἀπέσταλκεν ὁ θεὸς εἰς τὸν κόσμον ἵνα ζήσωμεν δι' αὐτοῦ). 요한은 신약 성경 저자 중에서 가장 명확하게 하나님이 인간을 향한 자신의 사랑을 어떻게 보여주셨는지를 가장 명확히 설명한다. 이 구절(4:9)과 복음서에서 가장 유명한 구절인 요한복음 3:16에서 보는 것처럼, 하나님이 자기 아들을 십자가에 달리도록 보내신 것은 하나님이 타락한 피조물에게 베풀어주시는 최고의 사랑 표현이다. 하나님은 어떤 인간도 찾아가 구원할 의무가 결코 없으셨다. 하지만 인간을 찾아가 구원하는 것이 그리스도가 성육신하신 목적이었다. 하나님의 경이로운 은혜는 우리가 완고하고 반역적인 본성을 가졌는데도 불구하고, 우리 가운데 누군가는 하나님의 사랑으로 그리스도가 베풀어주시는 영생을 받았다는 것이다('요한 서신의 신학'을 보라).

여기서 하나님의 아들이 다시 '모노게네스'(μονογενής) 아들(요 1:14, 18; 3:16, 18, 참고. 히 11:17), 곧 하나님의 유일하신 아들(μόνος+γένος)로 불린다. "독생자"(only begotten)라는 전통적 번역은 제롬(Jerome)이 라틴어로 번역할 때 신학적 해석에 입각해 도입한 말이다. 그러나 원문은 그리스도의 나심이 아니라 그리스도의 유일성을 강조한다. 하나님은 역사 전체에 걸쳐 아들과 딸을 막론하고 많은 자녀를 두고 계시지만, 예수님은 단순히 그들 가운데 하나가 아니다. 예수님은 하나님과 함께 계셨고 또 하나님이신(요 1:1) 유일한, 곧 '모노게네스' 아들이시다. 그리고 예수님의 죽음으로부터 나온 유익 또한 유일하다. 그분의 죽음은 우리에게 생명을 준 유일한 죽음이기 때문이다(참고. 요 17:3).

예수 그리스도의 유일성이 기독교 신학의 근간이다. 기독교는 인간의 희생에 기초를 두지 않는다. 하나님이 인간 자녀 중 하나를 택하여 다른 사람들을 위해 희생당하도록 역사하신 것이 아니기 때문이다. 그러한 경우에는 하나님의 사랑이 의심에 부쳐질 수 있었다. 그러나 하나님이 친히 예수님의 인격 안에서 인간 속으로 뛰어들어오셨다. 그래서 예수님은 타락한 인류를 위해 형벌을 감당할 자격을 가진 유일한 인간이 되셨다. 하나님이 친히 십자가에서 기꺼이 희생당하심으로써 인간의 삶과 죽음을 경험하셨다. 이것이 우리를 향한 하나님의 사랑이다. 그러므로 하나님의 사랑은 우리 삶의 상황이

---

5. Moberly, "'Test the Spirits,'" 305-6.
6. Bob Barber, "Show Bridges Heaven and Earth," Profiles in Faith, *Santa Barbara News-Press*, January 3, 1998.
7. 같은 책

어떠한지에 달려 있지 않다. 좋은 일이 일어날 수도 있고 나쁜 일이 일어날 수도 있다. 그러나 하나님의 지속적이고도 영원한 사랑은 십자가로 말미암아 변함없이 유지된다. 이것은 인간 역사 전체에 걸쳐 결코 변할 수 없다.

요일 4:10 **사랑은 여기 있으니 우리가 하나님을 사랑한 것이 아니요 하나님이 우리를 사랑하사 우리 죄를 속하기 위하여 화목제물로 그 아들을 보내셨음이라**(ἐν τούτῳ ἐστὶν ἡ ἀγάπη, οὐχ ὅτι ἡμεῖς ἠγαπήκαμεν τὸν θεόν, ἀλλ' ὅτι αὐτὸς ἠγάπησεν ἡμᾶς καὶ ἀπέστειλεν τὸν υἱὸν αὐτοῦ ἱλασμὸν περὶ τῶν ἁμαρτιῶν ἡμῶν). 요한은 사랑을 인간의 사상과 감정에서 기원하는 것이 아니라 하나님에게서 기원하는 것으로 정의한다. 우리 시대의 사랑이라는 말에는 1세기의 사랑과 다른 정의와 의미가 많이 있는 것처럼, 요한은 독자가 오해하지 않도록 자신이 말하는 사랑을 정확히 정의한다(7-9절에서처럼 사랑을 가리키는 전방 조응 관사를 주목하라). 요한은 여기서 사랑의 참된 기원이 하나님께 있다고 말한다.

인간의 역사를 보면 하나님을 향한 사랑에 자극받아 일어난 일들이 많이 증명된다. 그중의 어떤 일은 끔찍할 정도로 악한 행위였다. 심지어는 하나님을 향한 아주 순수하고 선한 의도의 '사랑'조차도 그 기원을 그저 인간적 감정과 정서에 두는 경우도 있다. 이것은 요한이 말하는 사랑이 아니다. 4:8에서 요한은 이미 '하나님은 사랑이시'라고 진술했고, 4:9에서는 하나님의 사랑이 '우리를 살리기 위한' 예수 그리스도의 성육신의 동기가 되었다고 말했다. 그리고 여기서 요한은 참된 사랑이 인간적 기원과 정의에 따라 베풀어지는 사랑이 아니라 하나님께 기원을 둔 사랑이라고 다시 진술한다. 요한이 말하는 사랑은 그 기원을 인간에게 두지 않고 하나님의 영께 둔다.

이중 대격 '그 아들 화목 제물'(τὸν υἱὸν αὐτοῦ ἱλασμόν)에서 '힐라스몬'은 주격 술어로 기능한다(곧, 그 아들은 화목 제물이다).[8] 인류에 대한 하나님의 사랑은 죄 문제와 우리의 구속의 필요성에 초점이 맞추어져 있다. "화목 제물"로 번역된 단어('힐라스모스')가 신약성경에서 이곳과 요한일서 2:2(해당 구절의 주석을 보라)에서만 발견된다. 그런데 동족 동사 '힐라스코마이'라는 말은 칠십인역에서 종종 발견되고, 거기서 그 말은 사람들의 죄를 용서하는 것을 의미한다(출 32:14; 신 21:8; 왕하 5:18; 24:4; 대하 6:30; 시 25:11; 65:3; 78:38; 79:9; 애 3:42). 신약성경에서는 이 동사가 딱 두 번 나온다. 누가복음 18:13과 히브리서 2:17에 나온다. 첫. 번째 사례(눅 18:13)에서 이 동사는 하나님께 용서를 구하는 데 사용된다[ἱλάσθητί μοι, "(나를) 불쌍히 여기소서"]. 두 번째 사례(히 2:17)에서는 예수님이 대제사장으로서 속죄하기 위해 행하신 사역을 묘사하는 데 사용된다.

죄 사함은 속죄의 핵심이고 하나님의 사랑을 가장 명확히 표현하는 개념이다. 우리는 하나님이 그리스도 안에서 제공하신 구속의 사랑, 곧 예수 그리스도 자신의 화목 제물에 기반을 둔 죄 사함을 받지 않는 한, 하나님이나 다른 사람들을 진실로 사랑할 수 없다(4:16 부분에서 '심층 연구: 요한 서신에 나타난 사랑'을 보라).

9절과 10절은 하나님의 사랑이라는 주제를 중심으로 평행 관계를 이룬다(앞에서 '구조'를 보라). 요한일서에 나타난 구속을 설명하면서 리오네(Lyonnet)는 다음과 같이 말한다.

한 번만 살펴보아도 그리스도-'힐라스모스'("화목 제물") 개념이 하나님 아버지의 사랑과 얼마나 긴밀하게 연계되어 있는지 확인할 수 있다. 뿐만 아니라 9b

---

8. Wallace, *Greek Grammar*, 185 n33.

절과 10b절의 진술이 얼마나 엄밀하게 평행적인지 알아볼 수 있다. 따라서 "우리 죄를 속하기 위하여 화목 제물로"라는 말은 정확히 "그로 말미암아 우리를 살리려 하심이라"는 말과 대응된다.[9]

이것은 2:2에서 이 단어('힐라스모스')를 사용하는 용법과 일치한다. 이 두 구절(4:9, 10)은 각각 하나님이 아들을 보내신 것을 그분이 사랑을 표현하신 것으로 진술한다. 4:9을 보면 이 보내심의 목적/결과(하나절)가 그리스도로 말미암아 우리를 살리려 하심에 있다. 10절을 보면 아들을 보내신 것은 우리 죄를 대속하기 위해 화목 제물이 되게 하시려는 것이다. 이 평행 관계는, 하나님이 사랑으로 자기 백성의 영생을 이루는 것이 죄의 대속에 있음을 암시한다. 진정하고 순전한 인간적 사랑은 하나님의 사랑에서 흘러나온다. 곧, 하나님이 우리 죄를 위한 화목 제물로 아들을 보내신 사랑에서 파생된다. 따라서 하나님께 그 사랑을 받은 사람은 진실로 그분을 사랑하고 또 다른 사람을 사랑할 수 있다('요한 서신의 신학'을 보라).

요일 4:11 사랑하는 자들아 하나님이 이같이 우리를 사랑하셨은즉 우리도 서로 사랑하는 것이 마땅하도다(Ἀγαπητοί, εἰ οὕτως ὁ θεὸς ἠγάπησεν ἡμᾶς, καὶ ἡμεῖς ὀφείλομεν ἀλλήλους ἀγαπᾶν). 서로를 향한 우리의 사랑은 자기 백성을 향한 하나님의 사랑에 기초를 둔다.

11절은 7절과 거의 교차 대구 구조로 인클루지오를 이룬다.

A 사랑하는 자들아
  B 우리가 서로 사랑하자
    C 사랑은 하나님께 속한 것이니

A´ 사랑하는 자들아
  C´ 하나님이 이같이 우리를 사랑하셨은즉
    B´ 우리도 서로 사랑하는 것이 마땅하도다

사실에 관한 제1조건문은 자기 백성을 향한 하나님의 사랑을 서로를 향한 사랑의 기초로 가정한다. 그러나 사랑의 명확한 정의가 그리스도가 십자가에 자신을 화목 제물로 바치신 것에 나타나 있다면, 우리는 어떻게 이와 비슷하게 서로 사랑할 수 있을까? 이 질문에 답하려면, 하나님의 사랑은 그분이 사랑으로 우리의 가장 큰 필요를 해결하기 위해 행하신 행위에 초점이 있고, 이 사랑의 성취로 우리가 하나님과 맺는 관계가 화목에 이르렀다는 점을 주목해야 한다. 마찬가지로 우리도 다른 사람들을 사랑하려면 그들의 필요를 인식해야 한다. 또한 그들과 올바른 관계를 유지하는 데 힘써야 한다.

예수님이 선한 사마리아인 비유(눅 10:25-37)에서 이웃을 자기 자신같이 사랑하라는 명령에 관해 설명하신 것을 상기해보라. 거기서 예수님은 '이웃'과 '사랑'을 함께 정의하신다. 사랑하라는 명령은 억지스러운 친밀함이나 얄팍한 감상을 요구하지 않는다. 그것은 우리가 다른 사람들을 대할 때 그들의 필요를 채워주라는 명령이다. 다른 사람들에게 구속적인 사랑을 베푸는 것은, 하나님이 그리스도 안에서 우리를 용서하신 것처럼 우리의 용서가 필요한 사람을 용서하는 것을 의미한다. 그것은 다른 사람들의 필요를 채워주기 위해 우리의 시간과 돈을 쓰는 것(즉, 우리의 목숨을 버리는 것)을 의미한다. 드물고 극단적이겠지만 어떤 경우에는 그것이 다른 사람들을 살리려고 실제로 목숨을 내놓는 것을 의미할 수도 있다(3:16-18에 대한 주석을 보라).

---

9. Lyonnet, *Sin, Redemption, and Sacrifice*, 154.

요일 4:12 어느 때나 하나님을 본 사람이 없으되 만일 우리가 서로 사랑하면 하나님이 우리 안에 거하시고 그의 사랑이 우리 안에 온전히 이루어지느니라(θεὸν οὐδεὶς πώποτε τεθέαται. ἐὰν ἀγαπῶμεν ἀλλήλους, ὁ θεὸς ἐν ἡμῖν μένει καὶ ἡ ἀγάπη αὐτοῦ ἐν ἡμῖν τετελειωμένη ἐστίν). 이제 요한은 독자에게 요한복음 1:18에 나온 진술을 거의 글자 그대로 반복함으로써 하나님이 그리스도 안에서 자신을 나타내신 계시라는 주제를 상기시킨다. 요한복음 1:18을 보면, 유일하신 하나님으로 아버지와 가장 가까운 그 아들 예수 그리스도가 우리에게 하나님을 알려주셨다. 그리고 예수 그리스도의 하나님에 관한 계시의 중심에는 십자가에서 우리의 치명적인 죄악의 치유책을 제공하신 타락한 인간을 향한 하나님의 사랑이 놓여 있다.

4:12에서는 우리를 향한 하나님의 사랑에서 파생된 그리스도인들의 서로를 향한 사랑이 계시 된다. 리우가 지적하듯 "만일 하나님이 사랑이시라면, 사랑은 아마 신적 임재의 그 양식이라는 결론이 이끌어져 나올 것이다."[10] 하나님의 불가시성은 요한 문헌의 주요 전제이지만(참고. 요 1:18), 하나님은 첫 번째로 예수님 안에서 인간적 표현 방식에 따라 계시되시고(1:18; 5:37; 6:46), 그 다음 두 번째로 그리스도인들이 다른 사람들과 맺는 관계의 특성에 따라 계시되신다.

우리는 여기서 '만일 우리가 하나님을 사랑하면 하나님이 우리 안에 거하시고'라는 진술을 예상할 수 있다. 하지만 "만일 우리가 서로 사랑하면 하나님이 우리 안에 거하시고"라는 본문을 읽게 된다. 이것은 나소 놀랍다. 1:6에서 요한이 어둠에 행하는 자는 하나님과 사귈 수 없다고 설명하는 것도 약간 놀랍다. 이어서 요한은 그 반대로 "우리도 빛 가운데 걸으면(행하면) 우리가 서로 사귐이 있고"(강조체 저자)라고 진술한다. 여기서 우리는 이 말대신 정확히 "하나님과 사귐이 있고"라는 말이 나올 것을 예상할 것이다.

하나님은 우리가 사는 물리적 세계에서 불가시적인 분인데, 우리가 어떻게 하나님을 향한 사랑을 표현하고 그분과 사귈 수 있을까? 우리는 하나님과 포옹할 수도, 그분께 멋진 발렌타인 선물을 보낼 수도 없다. 신약성경은 일관되게 하나님에 대한 사랑을 우리가 예배를 위해 함께 모이고, 서로를 위해 기도하며, 성찬식에 함께 참여할 때와 같이 하나님의 백성과 맺는 관계에 따라 말한다. 비록 북미에서 기독교가 '예수님과 나의 관계라는 특성을 매우 강하게 보이기는 해도, 신약성경 저자들은 그리스도인을 독립적이고 독자적인 존재로 생각하지 않았다(참고. 벧전 2:4-5). 심지어는 하나님에 대한 순종을 규정한 구약의 명령들도 주로 다른 사람들을 대하는 법과 관련되어 있다(출 20:12-17; 신 5:16-21). 성경적으로 정의된 다른 사람을 향한 사랑은 우리가 하나님을 향한 사랑을 표현하는 적절한 한 방식이다. 그리스도인들이 하나님이 정의하신 대로 다른 사람들을 사랑할 때, 하나님은 우리 안에 거하시고, 우리는 하나님의 임재를 알게 되며, 하나님의 사랑은 우리 안에서 온전히 이루어진다(ἡ ἀγάπη αὐτοῦ ἐν ἡμῖν τετελειωμένη ἐστίν).

여기서 세 가지 질문이 제기된다. (1) "우리 안에"는 집합적인 하나님 백성으로서의 우리(즉, "우리 가운데")를 의미하는가, 아니면 개별적으로 신자 각자를 의미하는가? (2) "그의 사랑"(ἡ ἀγάπη αὐτοῦ)은 목적의 소유격(즉, 하나님을 위한 우리의 사랑)인가, 아니면 주격의 소유격(즉, 우리를 위한 하나님의 사랑)인가? (3) 이 사랑이 "온전히 이루[어진다]"(τετελειωμένη ἐστίν)는 것은 무슨 뜻인가(추가로 2:5과 4:17에 대한 주석에서 이 동사에 대한 설명을 보라)?

(1) 신약성경 전체에 걸쳐 등장하는 전치사구 "우리 안에"(ἐν ἡμῖν)라는 말은 기독교 신자들을 가리킬 때 약간의 애매함을 내포한다. 그러나 많은(대부분 혹은 전부?)

---

10. Lieu, *I, II, & III John*, 185(강조체 원저자).

경우 집합적 의미와 개별적 의미 간의 차이는 크지 않거나 중대하지 않다. 집합적으로 기독교 교회는 개개의 신자들, 곧 같은 마음으로 그리스도를 믿는 믿음이 있고 개인적으로 그들 안에 거하시는 성령으로 말미암아 새로 태어난 자들로 구성된다. 그러므로 집합적 교회는 단지 그리고 오로지 개개의 신자들로 구성되기 때문에 '우리 안에'(in us)와 '우리 가운데'(among us) 사이의 차이는 거의 없을 것이다.

(2) "그의 사랑"이 목적의 소유격[11]인지 아니면 주격의 소유격[12]인지 여부를 묻는 물음에 대한 답변은, 요한이 하나님과 그의 백성 사이의 사랑을 본질상 상호작용으로 정의하는 데서 발견된다. 어떤 해석자들은 제삼의 의미를 생각하고, 그 소유격을 하나님의 사랑의 종류를 가리키는 특질 중 하나로 간주한다. 그리고 이 구절에는 세 가지 의미가 모두 나타나 있다고 결론짓는다.[13] 말하자면 우리가 사랑하는 것은 하나님이 먼저 우리를 사랑하셨기 때문이다(4:19, 아래를 보라). 그런데 하나님은 그리스도 안에서 우리에게 보여주신 사랑의 종류에서 파생된 사랑으로 우리가 다른 사람들을 사랑하는 행위를 통해 자신에 대한 사랑을 필수적으로 표현하도록 만드셨다.

(3) 이 사랑은 우리가 다른 사람들을 사랑할 때 "온전히 이루[어진다]"(τετελειωμένη ἐστίν). 곧, 의도한 목표와 가장 온전한 형태에 도달한다(완료 시제를 주목하라). 하나님의 사랑은 인간을 통해 "땅에서 성취된다."[14] 2:5에서 하나님의 사랑을 언급할 때 같은 동사가 사용되는 것을 주목하면, 이 두 구절은 서로를 해석하는 역할을 한다. 이것은 주격의 소유격이 두 번째 질문의 답변이라는 점을 암시한다. 그러므로 요한은 우리를 향한 하나님의 사랑이 우리가 다른 사람들을 향한 사랑을 표현할 때 의도된 온전함이나 목표에 도달한다고 말하는 것이다. 말하자면, 이 사랑은 하나님과 그의 백성의 상호작용으로 온전히 이루어진다.[15]

요일 4:13 그의 성령을 우리에게 주시므로 우리가 그 안에 거하고 그가 우리 안에 거하시는 줄을 아느니라(Ἐν τούτῳ γινώσκομεν ὅτι ἐν αὐτῷ μένομεν καὶ αὐτὸς ἐν ἡμῖν, ὅτι ἐκ τοῦ πνεύματος αὐτοῦ δέδωκεν ἡμῖν). 요한은 성령의 역할을 신자의 삶 속에 하나님이 임재하시는 증거로 소개한다. 여기서 성령의 역사는 그리스도인이 자신과 하나님이 올바른 관계에 있음을 알고, 그리스도인의 사랑이 감상적인 인간적 감정이 아닌 성령의 자극으로 일어난다는 것을 증명하는 기초다. 그다음 구절(4:14)은 하나님이 자기 아들을 세상의 구주로 보내신 것에 대한 그리스도인의 증언을 언급한다. 이런 사상의 흐름은 요한복음 17:18-26의 내용을 긴밀하게 따른다(강조체 저자).

> 요 17:18 아버지께서 나를 세상에 보내신 것같이 나도 그들을 세상에 보내었고.
> 요 17:21 아버지여…그들도 다 하나가 되어 우리 안에 있게 하사 세상으로 아버지께서 나를 보내신 것을 믿게 하옵소서.
> 요 17:26 내가…그들에게 알게 하였고…이는 나를 사랑하신 사랑이 그들 안에…있게 하려 함이니이다.

기독교적 사랑은 우리가 (사랑이신) 하나님 안에 있고 하나님이 우리 안에 계시는 것에 대한 표현이다. 또한 우리가 하나님 안에 있고 하나님이 우리 안에 계시는 이 연합은 복음 전도와 계시의 목적이 있고, 이로써 세

---

11. 예를 들어, Dodd, *Johannine Epistles*, 113.
12. 예를 들어, Strecker, *Johannine Letters*, 157.
13. Marshall, *Epistles of John*, 217; Smalley, *1, 2, 3 John*, 49.
14. Westcott, *Epistles of St. John*, 152.
15. Smalley, *1, 2, 3 John*, 248.

상은 그리스도 안에 있는 하나님의 사랑을 볼 수 있다. 성령이 하나님이 우리 안에 계시고 우리가 하나님 안에 있는 것을 입증하는 보증이다. 크루즈는 다음과 같이 말한다.

> 저자는 4:13에서 성령의 주심을 확신의 근거로 소개할 때 다음 중 어떤 것을 함축할까? (a) 성령이 동료 신자들에 대한 사랑을 자극하고 사랑의 객관적 실천이 그들의 확신의 기초라는 것인가? 또는 (b) 성령이 하나님이 예수님을 세상의 구주로 보내신 것에 관한 진리를 가르치고, 이것을 아는 것이 신자들에게 확신의 기초를 제공한다는 것인가? 아니면 (c) 성령이 신자들 속에 진실로 내주하시는 것이 확신이라는 의식을 일으킨다는 것인가?[16]

세 가지 대안이 모두 사실일 수 있지만 세 번째 대안은 논란이 될 수 있다. 2:19에 언급된 분열과 관련된 것으로 보인다. 사람들은 성령을 소유하고 있다고 진지하게 주장할 수 있다. 하지만 특히 같은 것을 주장하는 신앙 고백 그리스도인들 사이에 심각한 차이가 있을 때 이런 주장의 객관적 기초는 무엇인가?

첫 번째 대안은 성령의 내주에 대한 확실한 표현일 수 있다. 그러나 신자가 아닌 많은 선한 사람은 그들에게 성령이 내주하시지 않는데도 사랑을 베풀 수 있다.

두 번째 대안은 "그의 계명(명령)을 지키는 자는 주(하나님) 안에 거하고 주는 그의 안에 거하시나니 우리에게 주신 성령으로 말미암아 [이로써] 그가 우리 안에 거하시는 줄을 우리가 아느니라"는 3:24의 비슷한 진술과 비교할 때 요한의 요점으로 개연성이 있다. "그의 계명(명령)을 지키는 자"는 서로 사랑하라는 권면과 대응을 이룬다(4:11-12을 보라). 둘 다 뒤에 "[이로써] 그가 우리 안에 거하시는 줄을 우리가 아느니라"(3:24, 참고. 4:13)는 비슷한 진술이 나오기 때문이다. 3:24 다음 구절(4:1)의 설명은 계시 및 영의 분별과 관련이 있고, 사랑에 관한 이 설명을 이끈다. 진리의 성령은 오류의 영과 어떻게 구별되는가? 진리의 성령은 구원의 객관적 근거이자 확신의 기초인 예수 그리스도가 육체로 오신 것을 시인한다. 그러므로 3:24과 4:13은 인클루지오를 이루고 크루즈가 지적하듯 다음과 같은 사실을 암시한다.

> 성령은 하나님이 예수님을 세상의 구주로 보내신 것에 관한 진리를 가르치시고, 이것을 아는 것은 신자에게 확신의 기초를 제공한다…저자가 여기서 염두에 두는 것은 성령의 참된 임재도 아니고 동료 신자들에 대한 사랑을 낳는 성령의 활동도 아니다. 오히려 증인들이 선포한 예수님에 관한 진리의 증인으로서의 성령을 염두에 두었다.[17]

성령은 하나님의 사랑이 이탈자들이 가르친 것으로 보이는 총괄적인 영적 진리로 표현되는 것이 아니라, 하나님이 우리 죄를 대속하기 위한 화목 제물이신 자기 아들을 세상의 구주로 보내신 것으로 표현된다는 진리에 대해 내적 증언을 제공하신다. 그 증언을 믿는 믿음이 우리가 하나님 안에 거하고 하나님이 우리 안에 거하신다는 확신을 준다.

요일 4:14 아버지가 아들을 세상의 구주로 보내신 것을 우리가 보았고 또 증언하노니(καὶ ἡμεῖς τεθεάμεθα καὶ μαρτυροῦμεν ὅτι ὁ πατὴρ ἀπέσταλκεν τὸν υἱὸν σωτῆρα τοῦ κόσμου). 이 구절에서 저자는 영생에 관한 권위적 진리라는 원천 주제로 요한일서를 시작한 1:1-4을 반영한다. 이로써 그는 증인으로서 해야 하는 자신의 역할로 돌아간다. 이

---

16. Kruse, *Letters of John*, 163.

17. 같은 책.

구절의 진술은 저자가 자신을 영적 진리, 곧 사람의 국적, 민족성 또는 철학으로 상대화되지 않는 진리의 전달자로 간주한다는 점을 확언한다. 아들은 세상 모든 사람의 유일한 구주이시므로(2:1-2), 그리스도의 대속적 죽음에 기반을 두지 않으면 영적 진리에 대한 어떤 주장도 거짓이고 영생에 관한 확신의 기초가 될 수 없다.

요일 4:15 누구든지 예수를 하나님의 아들이라 시인하면 하나님이 그의 안에 거하시고 그도 하나님 안에 거하느니라(ὃς ἐὰν ὁμολογήσῃ ὅτι Ἰησοῦς ἐστιν ὁ υἱὸς τοῦ θεοῦ, ὁ θεὸς ἐν αὐτῷ μένει καὶ αὐτὸς ἐν τῷ θεῷ). 신자의 삶 속에 주관적으로 존재하는 사랑과 성령이 그리스도 안에서 이루어진 하나님의 성육신의 객관적 기초로 드러난다. 서로 사랑하는 것은 예수 그리스도의 십자가에서 표현된 하나님의 사랑의 계시에 기초를 두었기 때문에, 하나님과 화목하게 된 자는 그 계시된 진리를 시인하는 것이다. 하나님과의 사귐은 성육신이라는 역사적 사실이 없으면 불가능할 것이다.

그러나 역사적 예수님을 믿는 것으로는 충분하지 않다. 우리는 사람이신 예수님이 아버지가 죄를 대속하기 위해 보내신 하나님의 아들이었다는 사실도 믿어야 한다. 하나님이 신자 안에 거하시고 신자가 하나님 안에 거하는 상호 내주에 관한 사실은 요한복음의 내용을 반영한다. 요한복음을 보면, '거하다'라는 동사(μένω)가 삼위일체의 세 인격 간의 친밀한 관계를 언급하는 문맥에서 12번에 걸쳐 나타난다(예를 들어, 요 1:32, 33; 14:10; 15:10). 그리스도를 믿는 신자들은 하나님과의 사귐으로 들어가는 특권을 가졌다(요일 1:3; 참조. 요 12:46; 14:17; 15:4-7). 하나님과 함께 살거나 거하는 개념 배후에는 영생에 대한 언급인 내 아버지 집에 거처가 있다는 약속(요 14:2, 23; '요한 서신의 신학'을 보라)이 있다.

교차 대구 구조가 그 약속의 두드러진 특징으로 나타난다.

ὁ θεὸς ἐν αὐτῷ μένει
하나님이 그의(단수형) 안에 거하시고
καὶ αὐτὸς ἐν τῷ θεῷ
그도(단수형) 하나님 안에 거하느니라

요일 4:16 하나님이 우리를 사랑하시는 사랑을 우리가 알고 믿었노니 하나님은 사랑이시라 사랑 안에 거하는 자는 하나님 안에 거하고 하나님도 그의 안에 거하시느니라(καὶ ἡμεῖς ἐγνώκαμεν καὶ πεπιστεύκαμεν τὴν ἀγάπην ἣν ἔχει ὁ θεὸς ἐν ἡμῖν. Ὁ θεὸς ἀγάπη ἐστίν, καὶ ὁ μένων ἐν τῇ ἀγάπῃ ἐν τῷ θεῷ μένει καὶ ὁ θεὸς ἐν αὐτῷ μένει). 예수 그리스도의 대속적 죽음을 믿는 믿음은 곧 우리에 대한 하나님의 사랑을 믿는 믿음이다. 그 대속적 사랑 안에서 사는 자는 하나님 안에서 사는 자다. 이 진술에서 요한은 사랑, 믿음, 죄의 대속을 독자의 생각 속에 하나로 결합한다.

14절과 16절은 평행 구조를 이룬다.

14절	καὶ ἡμεῖς τεθεάμεθα καὶ μαρτυροῦμεν
A	우리가 보았고 또 증언하노니
	ὅτι ὁ πατὴρ ἀπέσταλκεν τὸν υἱὸν σωτῆρα τοῦ κόσμου
B	아버지가 아들을 세상의 구주로 보내신 것을
16절	καὶ ἡμεῖς ἐγνώκαμεν καὶ πεπιστεύκαμεν
A′	우리가 알고 믿었노니
	τὴν ἀγάπην ἣν ἔχει ὁ θεὸς ἐν ἡμῖν
B′	하나님이 우리를 사랑하시는 사랑을

이 평행 관계는 아들을 구주로 보내신 것이 우리를 향한 하나님의 사랑이 표현된 것이라는 사상을 강화한다. 그 진리를 보면 우리는 그것을 증언해야 한다. 그 진리를 알면 우리는 그것을 신뢰해야 한다. 오직 하나님이 구속하신 그 사랑을 신뢰할 때 우리는 하나님과 사귐을 갖는 영생을 확신할 수 있다.

요한은 여기서 "하나님은 사랑이시라"는 진술을 반복한다. 이 표현은 4:8b에서 하나님을 사랑하지 아니하는 자, 곧 하나님을 알지 못하는 자와 관련하여 가장 처음 언급되었다. 브라운이 지적하는 것처럼 4:8b의 "하나님은 사랑이시라"는 첫 번째 진술은 아들을 보내시는 것에 대한 동기를 제시하고, 이 두 번째 진술(4:16)은 "그리스도인 안에 일어나는 그 결과(신적 내주)를 강조한다."[18] 여기서 이 두 번째 진술은 사람이 하나님의 사랑 안에 거하는 것의 근거이다(앞에 나온 4:8b을 지시하는 전방 조응 관사를 주목하라). 아울러 그렇게 함으로써 하나님 안에 거한다. 예수님의 십자가에 표현된 하나님의 사랑 안에 거하는 자는 '사랑하지 아니하는 자'와 대립 관계에 있다. 따라서 그들은 하나님을 알지 못하는 것(4:8a)과 하나님으로부터 나지 못한 것(4:7)을 증명한다. 하나님과 다른 사람들에 대한 사랑, 즉 사람이 사랑하는 것은 예수님의 십자가에 그 근거를 둔다.

심층 연구 　　　　　　　　　　　　　　**요한 서신에 나타난 "사랑"**

요한이 제시하는 사랑의 정의는 하나님의 본성("하나님은 사랑이시라", 4:8, 16)에 근거를 둔다. 이것은 도덕에 대한 하나님의 정의가 "하나님은 빛이시라"는 진술에 기반을 둔 것(1:5에 대한 주석을 보라)과 같다. 이 두 진술에는 하나님은 하나님이시고 인간은 하나님이 아니라는 본질적인 신학적 요점이 함축되어 있다. 인간적 사랑과 도덕에 대한 정의는 하나님과 상관없이 인간적 사고에서 기원할 수 없다. 왜냐하면 오직 하나님께만 본성상 이런 근본 진리를 정의할 자격이 있기 때문이다.

브라운이 지적하는 것처럼 "하나님은 사랑이시라"(God is love)는 진술은 '하나님은 사랑하신다'(God loves)는 진술과 같지 않다. "사랑하는 것은, 단순히 다스리는 것과 같이 하나님이 하시는 또 다른 행위가 아니기 때문이다. 오히려 하나님의 모든 활동이 사랑의 활동이다."[19] 그러므로 하나님의 심판과 처벌도 하나님의 본성인 사랑에 포함된다. 그러기에 예수 그리스도가 십자가에서 화목 제물이 되신 것이 인간에 대한 하나님의 사랑이 가장 명확히 표현된 사건인 것이다. 예수 그리스도가 십자가에서 보여주신 사랑이 하나님의 공의와 긍휼의 요구를 하나로 결합했기 때문이다(3:16). 요한은 예수님이 화목 제물이 되신 것에 나타난 하나님의 사랑을 거부하는 자는 누구든 하나님을 진실로 알 수 없으리라고 가르친다(4:16).

그러므로 "하나님은 사랑이시라"는 진술은 또한 오늘날 종교 사상에서 인기 있는 하나님의 다양한 본성 개념을 반대한다. 그것은 "하나님은 진노하는 심판자, 시시콜콜 트집 잡는 회계사 또는 호시탐탐 보복을 기다리는 복수자와 같은 존재로 묘사되지 않기 때문이다. 오히려 하나님은 관대하게 자기를 희생하고 동정을 베풀어주시는 분으로 나타난다."[20] 요한 서신이 이런 식으로 하나님을 묘사하는 것은 하나님을 이해할 때 단순히 '사랑'으로 불리는 인간적으로 정의된 추상적 개념의 '더 큰 권력'이나 신격화가 아니라 인격적 존재로 이해할 것을 요구한다. 나아가 루터가 말한 것처럼 "이것들은 단순한 말이

---

18. Brown, *Epistles of John*, 560.
19. 같은 책, 515.
20. Schuchard, *1-3 John*, 445–46.

> 지만 최고의 믿음, 곧 하나님의 영에 속하지 않은 모든 것이 반대하는 믿음을 요구하는 말이다. 양심, 마귀, 지옥, 하나님의 심판 그리고 모든 것은 우리가 하나님이 사랑이시라는 사실을 믿을 수 없도록 가로막는다."[21]
>
> 야브로는 "요한일서에서 사랑의 적극적 의지보다 하나님의 본질적 특성으로 더 잘 묘사될 수 있는 것은 아무것도 없다"라고 지적한다.[22] 그리고 이 두 번째 "하나님은 사랑이시라"는 진술에서 요한은 하나님의 본성을 그리스도인들이 '하나님 안에 거하려면' 다른 사람들을 사랑해야 하는 이유로 강조한다. 신자는 하나님의 공유적인 속성으로서 자신의 삶에 내재하는 하나님의 사랑 때문에 다른 사람들을 사랑한다. 즉, 사랑의 정반대가 죄이기 때문에 신자는 하나님의 빛의 도덕적 표준에 따라 다른 사람들과 더불어 사는 자가 된다. 사람이 하나님 아버지의 자녀로 거듭날 때 그의 삶 속에서 아버지의 특성이 점차 분명하게 드러난다. 하나님이 관대하고, 자신을 내어주며, 연민을 베풀어 주신다면, 하나님을 아버지로 안다고 말하는 자도 똑같이 다른 사람들에게 연민을 베풀어야 한다. 하나님의 자녀는 하나님이 사랑하시는 대로 사랑해야 한다.

적용에서의 신학

1. 하나님, 사랑 그리고 희생

이 단원에는 다음과 같은 세 가지 주요 요점이 명확히 나타나 있다. (1) 하나님은 "사랑"이 무엇인지 정의할 권위가 있는 유일하신 분이다. (2) 우리를 향한 하나님의 사랑은 예수 그리스도의 십자가에서 가장 잘 나타난다. (3) 하나님이나 다른 사람들을 향한 어떤 사랑도 예수님의 대속의 십자가를 믿는 믿음에 기반을 두지 않으면 참된 것이 될 수 없다. 조나단 윌슨은 다음과 같이 지적한다.

> 우리는 그(하나님의) 나라에 들어갈 때 사랑의 길이기도 한 구원으로 들어간다. 사랑은 오늘날 끔찍하게 의미가 변질되어 예수 그리스도 안에서 임하는 천국에 관한 복음을 묘사할 때 사용할 수 없을 정도로 거의 구제가 불가능한 말이 되고 말았다. 그러나 신약성경은, 특히 그리스도가 하나님의 사랑을 구현하고 똑같은 사랑을 우리 안에서 행하실 수 있기 때문에 사랑의 언어로 가득 차 있다. 그러므로 우리는 사랑에 대한 이해와 실천을 회복

---

21. *Luther's Works* (American edition; St. Louis: Concordia, 1955–), 30:301, Schuchard, *1-3 John*, 485에 인용됨.

22. Yarbrough, *1-3 John*, 237.

하는 데 힘써야 한다.[23]

시인은 사랑을 시로 쓰고, 가수는 사랑을 노래하며, 연하장은 사랑을 전달한다. 그러나 우리가 사는 세상은 이기심을 합리화하고, 타인을 조종하며, 심지어는 사랑의 이름으로 악에 재량권을 주는 어처구니없고 무책임하며 심지어는 뒤틀린 사랑의 정의로 가득 차 있다. 죄악되고 부패한 인간적 본성 때문에 우리는 사랑을 정의하는 능력을 잃어버렸다. 심지어는 행하도록 지음을 받은 그대로 사랑을 실천할 능력조차 상실했다. 그래서 신약성경은 하나님을 향한 사랑을 도덕과 긴밀하게 연결한다. 창조자와 심판자로서 하나님은 사랑을 정의하고 사랑을 어떻게 실천해야 하는지 규정하신다. 그러나 하나님이 내리신 정의는 세상의 정의와 완전히 다르기 때문에 자신의 것을 더 선호하는 자, 곧 자기 숭배 개념을 담은 정의를 좋아하는 자는 종종 하나님의 정의를 거부한다.

하나님이 말씀하신 사랑의 정의를 받아들이지 않으면, "사랑하는 자마다 하나님으로부터 나서 하나님을 알고"(4:7)라는 요한의 진술은 불가피하게 인간의 마음이 상상할 수 있는 것을 어떻게든 정당화하는 데 악용되고 만다. 세상이 가짜 사랑으로 가득 차 있기 때문이다. 사람들은 불륜과 동성애라는 관계를 단순히 인간적 정서와 관념에 따라 정의된 '사랑'의 이름으로 어떻게든 정당화하려고 애쓴다. 부모와 배우자는 통제하고 싶은 욕망을 사랑으로 혼동할 수 있다. 누군가는 사랑에 대한 거짓된 정의로 안락사나 낙태를 정당화하려고 시도할 수 있다. 그러나 사랑은 죄의 반대다. 성경이 죄로 정의하는 것을 행하는 것은 어떤 행위든 진정한 사랑이 될 수 없다.

선동죄로 처형당한 한 죄수의 가혹한 죽음에서 사랑의 예증을 보리라고 결코 기대할 수 없을 것이다. 하지만 신약성경은 정확히 바로 그런 죽음에서 사랑의 예증을 발견한다. 이 사랑은 인간적 동기나 정서에 기반을 두지 않는다. 이 사랑은 자신이 사랑하는 인류를 멸망시켜 정죄하는 것보다 오히려 지상의 공포에 자신을 복종시키시는 창조주 하나님의 자애로운 마음속에 있는 사랑의 동기에 기반을 두고 있다. 예수 그리스도의 십자가는 우리를 지옥에 남겨놓고, 하나님과 분리하며, 우리를 죄의 덫에 가둔 깊은 구렁을 뛰어넘은 하나님의 사랑이다. 우리를 사망에서 생명으로 옮겨놓을 수 있는 다른 다리는 없다(요 5:24). 우리가 하나님과 화목하고 서로 올바른 관계를 맺는 것은 오직 우리 죄에서 깨끗하게 되었을 때뿐이다. 하나님의 말씀은 다른 사람들과의 올바른 관계를 묘사할 때 '사랑'이라는 말을 사용한다.

---

23. Wilson, *For God So Loved the World*, 131(강조체 원저자).

2. 하나님은 사랑하고 계신가?

사람들은 살아가며 많은 두려운 일을 겪을 수 있다. 그럴 때 신자와 비신자 모두 하나님의 사랑을 의심할 수 있다. 우리가 뉴스에서 매일 보듯 사랑의 하나님이 어떻게 이런 끔찍한 일들이 일어나게 두실 수 있단 말인가? 이에 대한 요한의 답변은 고통과 아픔의 현실을 완화하는 데 있지 않다. 요한은 하나님이 사망에서 생명으로 넘어가는 길을 제공하심으로써 이미 우리 각자를 아주 충분히 사랑하셨다고 말한다. 사망은 현세에서 우리가 직면할 수 있는 최악의 사건이지만, 현세가 영생에 집어삼켜질 때는 이 최악의 사건도 우리에게는 패배가 아니다. 하나님의 가장 온전한 사랑이 지금부터 2천여 년 전에 그리스도 안에서 우리에게 이미 주어졌기 때문에, 하나님의 사랑은 우리가 행하는 것이나 다른 사람들이 우리에게 행하는 것에 기반을 두지 않는다. 하나님이 주실 수 있는 사랑의 선물 중 사망에서 해방되는 것보다 더 큰 선물이 있겠는가('요한 서신의 신학'을 보라)?

누구든 죄에서 자유로워지고 사망에서 해방되면, 하나님이 원하신 대로 하나님과 다른 사람들을 사랑할 수 있다. 사랑은 죄의 반대이므로, 사랑이 우리가 다른 사람들에게 죄를 범하는 것을 허락하지 않기 때문이다. 그리고 설사 다른 사람들이 우리에게 죄를 범했더라도 우리는 주 예수님이 그 죄를 대속하셨기 때문에 그들을 얼마든지 용서할 수 있다. 우리는 하나님의 용서를 드러내고, 우리의 용서를 통해 죄를 지은 사람을 사랑할 수 있다.

요한일서 4:17–5:3

문학적 전후 문맥

이 본문은 4:7에서 시작한 다른 사람들을 향한 사랑이 어떻게 하나님을 향한 사랑을 표현하는지에 관한 설명을 계속한다. 이 본문은 이 설명의 신학적 기초를 제공하고, (1) 신자가 다가올 심판 날을 두려움 없이 맞이하는 담대함을 갖고 있다고 지적함으로써(4:17-18), (2) 동료 신자들을 사랑하지 않으면 하나님을 사랑할 수 없다고 설명함으로써(4:19-21) 그리고 (3) 그리스도를 믿는 믿음을 통해 하나님으로부터 난 것이 어떻게 거듭난 다른 사람들을 사랑하라는 명령을 수반하는지 증명함으로써(5:1-2) 다루는 주제를 종말론과 연결한다.

> XII. 하나님의 사랑의 표현(4:7-16)
>  XIII. 하나님의 사랑은 신자 안에 온전히 이루어졌다(4:17-5:3)
> 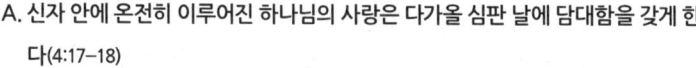 A. 신자 안에 온전히 이루어진 하나님의 사랑은 다가올 심판 날에 담대함을 갖게 한다(4:17-18)
> B. 하나님에 대한 신자의 사랑은 서로 사랑하는 것으로 예증된다(4:19-21)
> C. 그리스도를 믿는 믿음을 통해 거듭난 결과(5:1-3)
> XIV. 피, 영생 그리고 확신(5:4-13)

주요 개념

요한은 여기서 하나님이 우리를 사랑하신 것이 그 아들 예수 그리스도가 십자가에서 행하신 대속에 가장 잘 나타나 있다는 4:9-10의 주장에 의지하여, 그리스도인들이 서로 사랑해야 한다는 명령에 대한 신학적 기초를 제공한다. 하나님의 대속의 사랑이 신자의 삶에서 온전히 목표를 달성하면 두 가지 결과가 나타난다. (1) 신자들은 다가올 심판에서 두려움 없이 담대하게 된다. (2) 신자들은 하나님의 변화시키는 사랑으로 다른 사람들을 사랑할 수 있게 된다. 이것이 바로 하나님을 사랑하라는 명령을 이루는 것이다. 그리스도를 믿는 믿음으로 거듭나는 것은 이 믿음을 함께 가진 다른 사람들을 사랑하는 것을 수반한다.

번역

요한일서 4:17-5:3

17a	단언	이로써 사랑이 우리에게 온전히 이루어진 것은
b	결과	우리로 심판 날에 담대함을 가지게 하려 함이니
c	기초	주께서 그러하심과 같이
d	확대	우리도 이 세상에서 그러하니라
18a	단언	사랑 안에 두려움이 없고
b	대조	온전한 사랑이 두려움을 내쫓나니
c	18b절의 기초	두려움에는 형벌이 있음이라
d	추론	두려워하는 자는 사랑 안에서 온전히 이루지 못하였느니라
19	단언	우리가 사랑함은 그가 먼저 우리를 사랑하셨음이라
20a	조건	누구든지 하나님을 사랑하노라 하고 그 형제를 미워하면
b	추론	이는 거짓말하는 자니
c	기초	보는 바 그 형제를 사랑하지 아니하는 자는
d	추론	보지 못하는 바 하나님을 사랑할 수 없느니라
21a	단언	우리가 이 계명을 주께 받았나니
b	내용	하나님을 사랑하는 자는 또한 그 형제를 사랑할지니라
5:1a	내용	예수께서 그리스도이심을
b	단언	믿는 자마다 하나님께부터 난 자니
c	단언	또한 낳으신 이를 사랑하는 자마다 그에게서 난 자를 사랑하느니라
2a	설명	우리가 하나님을 사랑하고
b		그의 계명들을 지킬 때에
c	확인	이로써 우리가 하나님의 자녀를 사랑하는 줄을 아느니라

3a	기초	**하나님을 사랑하는 것은 이것이니**
b	설명	**우리가 그의 계명들을 지키는 것이라**
c	확대	**그의 계명들은 무거운 것이 아니로다**

구조

이 단원은 세 부분, 곧 4:17-18, 4:19-21, 5:1-3로 구성되어 있다. 요한은 먼저 신자의 삶 속에서 하나님이 지속해서 보여주시는 사랑의 목표를 미래의 심판과 관련지어 설명한다. 그리고 이어서 하나님을 향한 사랑은 다른 사람들에 대한 사랑을 수반한다는 사실을 계속해서 설명한다. 4:17의 전치사구 "이로써"(ἐν τούτῳ)는, 이 단락을 하나님의 사랑 안에 거하는 자가 하나님 안에 거하는 자로 영생을 소유했다고 말하는 4:16의 이전 진술과 연계시킨다. "이로써", 즉 예수님이 행하신 대속의 죽음에 중심을 둔 하나님의 사랑 안에 거함으로써 '우리'는 다가올 심판 날에 두려움 없이 담대할 수 있다.

이 단원의 두 번째 부분(4:19-21)은 그리스도인이 다른 사람들을 사랑하는 것이 하나님의 사랑에서 파생된다는 점 그리고 다른 신자들을 사랑하지 않고서는 하나님을 진정으로 사랑할 수 없다는 점을 증명한다.

얼핏 보면 특히 5:3과 그 이후에 믿음을 계속 설명하기 때문에, 요한이 5:1에서 믿음과 거듭남에 관한 새 주제로 시선을 돌린 것처럼 보일 수 있다. 그러나 5:1 후반부는 하나님으로부터 난 자에 대한 사랑과 관련되고 4:7에서 시작된 사랑에 관한 설명을 결론짓는다. 이것은 요한이 다루는 주제들이 얼마나 단단하게 묶여 있는지를 보여주는 좋은 사례다. 따라서 이와 같은 야누스 구절들이 두 가지 관련 주제 사이에 자리 잡고 있다.

석의적 개요

→ **XIII. 하나님의 사랑은 신자 안에 온전히 이루어졌다**(4:17-5:3)

A. 신자 안에 온전히 이루어진 하나님의 사랑은 다가올 심판 날에 담대함을 갖게 한다(4:17-18)

　　1. 신자가 오직 하나님의 사랑 안에 거할 때만 신자에 대한 하나님의 사랑이 목표를 이룰 수 있다 (4:17)

　　　a. 하나님의 사랑이 신자 안에 온전히 이루어질 때 담대함이 주어진다(4:17a-b)

　　　b. 하나님의 사랑이 신자 안에 온전히 이루어질 때 신자는 예수님과 같이 된다(4:17c-d)

　　2. 온전한 사랑은 형벌에 대한 두려움을 내쫓는다(4:18)

B. 하나님에 대한 신자의 사랑은 서로 사랑하는 것으로 예증된다(4:19-21)
  1. 그리스도인의 사랑은 하나님의 사랑에서 파생된다(4:19)
  2. 사람은 하나님을 사랑하면서 다른 사람들을 사랑하지 않을 수 없다(4:20)
  3. 하나님에 대한 사랑은 다른 사람들에 대한 사랑을 수반한다(4:21)
C. 그리스도를 믿는 믿음을 통해 얻은 거듭남의 결과(5:1-3)
  1. 거듭난 다른 사람들을 사랑함(5:1)
  2. 하나님의 명령을 지키는 것으로 행하는 하나님을 향한 사랑(5:2)
  3. 하나님에 대한 사랑의 정의: 하나님의 명령을 지키는 것(5:3)

본문 설명

요일 4:17 이로써 사랑이 우리에게 온전히 이루어진 것은 우리로 심판 날에 담대함을 가지게 하려 함이니 주께서 그러하심과 같이 우리도 이 세상에서 그러하니라(Ἐν τούτῳ τετελείωται ἡ ἀγάπη μεθ᾽ ἡμῶν, ἵνα παρρησίαν ἔχωμεν ἐν τῇ ἡμέρᾳ τῆς κρίσεως, ὅτι καθὼς ἐκεῖνός ἐστιν καὶ ἡμεῖς ἐσμεν ἐν τῷ κόσμῳ τούτῳ). 요한은 하나님의 사랑이 그리스도인들이 담대한 마음으로 하나님의 심판을 맞이하도록 그들의 삶을 변화시키는 데 목적이 있다고 설명한다.

어떤 해석자들은 "이로써"(ἐν τούτῳ)라는 말을 앞으로 나올 하나절을 지시하는 것으로 보지만,[1] 그 말은 이전에 방금 언급한 진술을 지시하는 것으로 이해하는 것이 더 낫다. 왜냐하면 그 진술은 12절의 사상을 반사하기 때문이다.[2] 전방 조응 관사가 붙은 "[그] 사랑"(ἡ ἀγάπη)은 이전에 나온 것을 지시하고, 염두에 둔 사랑이 16절에서 방금 언급된 것임을 암시한다. 상호 사랑, 곧 신자를 향한 하나님의 사랑과 하나님을 향한 신자의 사랑은 신자가 담대함을 가지고 심판 날을 맞이할 때 온전히 이루어진다. 이것은 독자에게 그들이 예수를 올바로 믿는 믿음이 있으므로 실제로 영생을 소유했음을 확신시키려는 목적과 일치한다.

"우리에게"라는 말에서는 전치사 '안에'(in, ἐν)가 쓰이리라 예상할 수 있는데, 실제로는 전치사 "…에게(함께)"(with, μεθ᾽)가 나왔다. 이것은 이 사랑의 공동성을 강조하고 독자가 '우리'와 사귐을 누리도록(1:3) 그리스도 안에 있는 하나님의 사랑에 거하기를 바라는 요한의 소원을 그들에게 상기시킨다.[3] 여기서 완료 수동태 동사(τετελείωται)는 신적 수동태다. 공동체 안에 '하나님의 직접적 및 변혁적 임재'가 있으면 하나님의 사랑의 목표가 이루어진다(2:5과 4:12에서 이 동사에 대한 해설을 보라).[4] 하나님은 우리 죄를 대속하여 우리가 멸망하지 않고 영생을 얻도록 자기 아들을 화목 제물로 보내실 정도로 우리를 사랑하신다(요 3:16). 그 사랑이 삶 속에서 온전히 이루어질 때 우리는 죽음에 대한 두려움에서 벗어나고, 예수님의 피로 깨끗하게 씻겼기 때문에 하나님의 심

---

1. 예를 들어, NIV 2011; Bultmann, *Johannine Epistles*, 72; Culy, *I, II, III John*, 115–16; Smalley, *1, 2, 3 John*, 233.
2. Lieu, *I, II, & III John*, 193; Marshall, *Epistles of John*, 223; Yarbrough, *1-3 John*, 257; Burge, *Letters of John*, 189; Westcott, *Epistles of St. John*, 157이 이와 같다.
3. Lieu, *I, II, & III John*, 193.
4. Yarbrough, *1-3 John*, 259.

판 앞에 설 때 담대할 수 있다(참고. 히 2:14-18). 요한은 2:28("자녀들아 이제 그의 안에 거하라 이는 주께서 나타내신 바 되면 그가 강림하실 때 우리로 담대함을 얻어 그 앞에서 부끄럽지 않게 하려 함이라")에서 이와 똑같은 사상을 진술했다.

처음에는 이 구절(4:17)의 나머지 부분인 "주께서(그가) 그러하심과 같이 우리도 이 세상에서 그러하니라"는 말이 논리적으로 어떻게 기능하는지 파악하기가 어렵다. 여기서 '그분(그것)'(that One)으로 번역된 지시 대명사(ἐκεῖνος)는, 요한 문헌에서 우리가 인칭 대명사가 나오리라 예상할 수 있는 곳에서 종종 사용된다. 그것은 종종 하나님이나 예수님을 가리킨다. 여기서는 거의 확실히 예수님을 가리키는 것으로 보인다. 그 이유는 "이 세상에서"라는 말이 하나님의 아들의 인간적 현존을 암시하기 때문이다(참고. 2:6; 3:5, 16; 요 1:18). 분명히 말하면, 요한은 "우리도 이 세상에서 그러하니라"와 "이 세상에서"라는 전치사구가 붙어 있는 것으로 이해되는 "주께서(그분이) (이 세상에서) 그러하심과 같이" 사이의 유비를 암시한다. 여기서 NA 27의 이문(그러나 NA 28에서는 생략된)은 이것을 예수님이 어떻게 '이 세상에서 흠 없고 순전했는지'와 '우리'가 어떻게 이 세상에서 그렇게 되어야 하는지 사이의 유비가 되도록 취하는 보간법을 반영한다. 이 해석에 따르면, 존재 양식에 대하여 유비가 이루어진다. 벤 위더링턴은 이 유비를 "심판이나 형벌 앞에서 두려움이 없음"을 보여주는 것으로 이해한다. 위더링턴은 "만약 이 땅에서 살았던 사람 가운데 지금까지 사랑이 온전히 이루어져 두려움 없이 산 사람이 있었다면, 그는 바로 예수님이었다"[5]라고 지적한다. 크루즈는 다음과 같이 세 가지 대표적 해석을 제시한다.[6]

(1) 그리스도는 하늘에서 그분이 땅에서 갖고 계셨던 속성을 보존하고 계셨고, 땅에서도 여전히 그분을 따르는 자들에게 본보기가 되신다[슈나켄부르그(Schnackenburg)].
(2) 신자들은 그리스도가 하나님의 아들이신 것처럼 하나님의 자녀이고, 그리스도는 심판자이시므로 신자들도 두려워할 필요가 없다(브라운).
(3) 그리스도가 제자들을 사랑하신 것처럼 사랑하는 이 세상의 신자는 하나님 안에 거하고 심판을 두려워할 필요가 없다는 것을 증명한다(크루즈).

브라운은 이 진술에 대한 다양한 해석이 다음과 같은 세 가지 범주로 분류된다고 지적한다. 즉, 성육신하신 그리스도의 인간적 지위, 그리스도의 도덕적 생애, 다른 이를 향한 그리스도의 사랑이라는 세 범주이다. 그러나 브라운은 '지상의' 그리스도와 일치시키는 이 모든 유비를 거부한다. 그는 "이 세상에서"를 그리스도가 아닌 우리를 묘사하는 말로 보기 때문이다. "이 진술의 논리는 우리가 이미 그리스도와 같기 때문에 가혹하게 심판받지 않으리라는 것이다."[7] 그런데 스몰리가 가장 좋은 해석을 제시하는 것으로 보인다. 스몰리는 요한일서를 밑받침하는 것으로 보이는 요한복음의 고별 강화와 이 본문을 연결한다.[8] 스몰리는 요한이 이렇게 말한다고 이해한다. "이 세상에서 하나님과 신자들의 관계가 예수님과의 하나님의 관계를 반영할 수 있고 또 반영해야 한다(땅에서 그랬던 것처럼 그리고 여전히 하늘에서 그러는 것처럼, 여기에는 아들이 하나님 앞에서 갖는 '담대함'을 포함한다)"(강조체 원저자). 그래서 스몰리는 17절을 "그(예수님)가 (아버지의 사랑 안에) 계시는 것같이 우리도 (순종으로 하나님의 사랑이 알려지는) 이 세상에서 (주 안에, 그

---

5. Witherington, *Socio-Rhetorical*, 536.
6. Kruse, *Letters of John*, 167-68.
7. Brown, *Epistles of John*, 529.
8. Smalley, *1, 2, 3 John*, 258-59. 또한 Yarid, "Reflections of the Upper Room Discourse," 65-76도 보라.

러므로 아버지의 사랑 안에) 있다"⁹와 같이 의역한다.

요일 4:18 사랑 안에 두려움이 없고 온전한 사랑이 두려움을 내쫓나니 두려움에는 형벌이 있음이라 두려워하는 자는 사랑 안에서 온전히 이루지 못하였느니라(φόβος οὐκ ἔστιν ἐν τῇ ἀγάπῃ, ἀλλ᾽ ἡ τελεία ἀγάπη ἔξω βάλλει τὸν φόβον, ὅτι ὁ φόβος κόλασιν ἔχει, ὁ δὲ φοβούμενος οὐ τετελείωται ἐν τῇ ἀγάπῃ). 우리를 향한 하나님의 사랑이 우리 죄를 깨끗하게 하고 하나님의 심판에 대한 두려움에서 우리를 해방하기 위한 예수님의 대속적인 죽음에서 극명하게 표현된다면, 우리를 향한 하나님의 사랑을 충분히 깨달았을 때 우리는 두려워할 것이 아무것도 없다["(그) 사랑 안에"(ἐν τῇ ἀγάπῃ)에서 전방 조응 관사는, 염두에 둔 사랑이 16-17절에 언급된 것과 같은 사랑임을 암시한다. 이 완료 시제 동사에 대한 설명은 2:5과 4:12에 대한 주석을 보라].

요한은 두려움이 암묵적으로 두려움의 대상과 관련된 형벌이나 고통에 대한 두려움을 수반한다고 지적한다. 물에 대한 두려움은 익사의 두려움을 수반하고, 불에 대한 두려움은 불에 타는 것에 대한 두려움을 수반한다. 하나님의 심판에 대한 두려움은 형벌의 두려움을 수반한다. "형벌"(κόλασιν)이라는 말이 나오는 유일하게 다른 사례가 마태복음 25:46의 종말론적인 배경에서 발견된다는 것을 주목하라. 거기서 주님은 염소들을 "영벌"(κόλασιν)에 처할 것이라고 말씀하신다. 그러나 하나님이 이처럼 세상을 사랑하사 독생자를 주셔서 세상을 멸망에서 구원하셨다면(참고. 요 3:16), 형벌은 이미 우리 대신 예수 그리스도께 주어졌다. 하나님의 구속의 사랑이라는 사명은, 신자들이 영원한 정죄를 두려워할 것이 조금도 없음을 충분히 깨달았을 때만 그들의 삶 속에서 온전히 이루어진다. 야브로가 지적하는 것처럼 "정의상 하나님과 친밀함이 확립된 사랑 안에 하나님과의 단절에 대한 두려움은 조금도 없다."¹⁰

요일 4:19 우리가 사랑함은 그가 먼저 우리를 사랑하셨음이라 (ἡμεῖς ἀγαπῶμεν, ὅτι αὐτὸς πρῶτος ἠγάπησεν ἡμᾶς). 우리를 향한 하나님의 사랑이 우리가 하나님과 다른 사람들을 진정으로 사랑하는 모든 인간적 사랑의 원천이다. 창조자이자 구속자로서 하나님이 사랑의 주도권을 가지셨다.

어떤 이는 세상의 온갖 악에 대해 재빨리 하나님을 정죄하면서 하나님이 과연 선하신지 또는 악에 관해 어떤 조치를 취하실 능력이 있으신지 의심한다. 그러나 더 큰 질문은 사랑, 아름다움, 기쁨이 어디서 나오느냐는 질문일 것이다. 신학자들은 사랑이 다른 속성들과 구별되는 하나님의 성품의 한 속성인지 또는 사랑이 실제로 하나님의 속성들의 종합인지 논쟁을 벌일 수 있다. 그러나 요한은 하나님의 사랑이 인간의 사랑보다 앞선다는 사실을 분명히 한다. 세상의 가짜 '사랑들'이 어느 정도 하나님이 정의하시는 참된 사랑과 교차한다면, 그것은 하나님의 일반 은혜가 작용하기 때문이다.

모든 인간적 사랑은 우리의 타락한 본성으로 인해 왜곡된다. 따라서 아무도 진실로 우리가 마땅히 사랑해야 할 만큼 하나님이나 다른 사람들을 사랑할 수 없다. 사람이 그리스도께 나아와 하나님의 사랑의 범주와 본질을 깨닫기 시작할 때만 비로소 올바르게 사랑할 능력을 성령의 역사로 받을 수 있다. 어느 정도라도 기독교 공동체가 참된 사랑을 이루고 누리는 것은 오직 하나님이 먼저 십자가 모양의 사랑을 인간에게로 확대하셨기 때문이다.

요일 4:20 누구든지 하나님을 사랑하노라 하고 그 형제를 미워하면 이는 거짓말하는 자니 보는 바 그 형제를 사랑하지 아

---

9. Smalley, *1, 2, 3 John*, 259.

10. Yarbrough, *1-3 John*, 262.

니하는 자는 보지 못하는 바 하나님을 사랑할 수 없느니라(ἐάν τις εἴπῃ ὅτι ἀγαπῶ τὸν θεόν, καὶ τὸν ἀδελφὸν αὐτοῦ μισῇ, ψεύστης ἐστίν· ὁ γὰρ μὴ ἀγαπῶν τὸν ἀδελφὸν αὐτοῦ ὃν ἑώρακεν, τὸν θεὸν ὃν οὐχ ἑώρακεν οὐ δύναται ἀγαπᾶν). 여기서 요한은 완전히 한 바퀴 돌아 특히 2장에서 소개하고 3장에서 다시 언급한 동료 신자들("형제")에 대한 사랑을 설명한다.

> 요일 2:9–11 빛 가운데 있다 하면서 그 형제를 미워하는 자는 지금까지 어둠에 있는 자요 그의 형제를 사랑하는 자는 빛 가운데 거하여 자기 속에 거리낌이 없으나 그의 형제를 미워하는 자는 어둠에 있고 또 어둠에 행하며 갈 곳을 알지 못하나니 이는 그 어둠이 그의 눈을 멀게 하였음이라.
>
> 요일 3:10 이러므로 하나님의 자녀들과 마귀의 자녀들이 드러나나니 무릇 의를 행하지 아니하는 자나 또는 그 형제를 사랑하지 아니하는 자는 하나님께 속하지 아니하니라.
>
> 요일 3:14–17 우리는 형제를 사랑함으로 사망에서 옮겨 생명으로 들어간 줄을 알거니와 사랑하지 아니하는 자는 사망에 머물러 있느니라 그 형제를 미워하는 자마다 죽이는 자(살인하는 자)니 죽이는 자(살인하는 자)마다 영생이 그 속에 거하지 아니하는 것을 너희가 아는 바라 그가 우리를 위하여 목숨을 버리셨으니 우리가 이로써 사랑을 알고 우리도 형제들을 위하여 목숨을 버리는 것이 마땅하니라 누가 이 세상의 재물을 가지고 형제의 궁핍함을 보고도 도와 줄 마음을 닫으면 하나님의 사랑이 어찌 그 속에 거하겠느냐.

하나님을 사랑하라는 명령은 기독교가 나온 유대교의 전통적인 신앙의 한 요소였다. 고대 이스라엘의 가장 큰 명령은 '쉐마'였다. "너는 마음을 다하고 뜻을 다하고 힘을 다하여 네 하나님 여호와를 사랑하라"(신 6:5). 이 하나님을 사랑하는 것은 언약에 순종하는 것과 결부되었다. 그리고 이 언약은 다른 사람들, 곧 동포 이스라엘 사람과 외국인을 올바로 대하는 것을 포함했다. 요한의 논증도 이와 비슷하다. 즉, 하나님을 사랑하는 것은 다른 사람들, 특히 동료 신자들을 사랑하는 것으로 이루어져야 한다는 것이다.

하나님이 불가시적인 분이라는 전제는, 눈앞에 있는 형제를 사랑하지 못하면 하나님을 사랑하는 우리의 능력도 방해받는다는 요한의 논증의 한 부분이다. 어떤 해석자들은, 이 논증이 만질 수도 볼 수도 없는 하나님을 사랑하는 것보다 보이는 다른 사람을 사랑하는 것이 더 쉽다는 전제에 따라 더 쉬운 사례에서 더 어려운 사례로 나아간다고 생각한다.[11] 어쨌든 우리는 누군가에게 밸런타인 선물을 보내거나 안아줄 수 있지만, 하나님께는 택배로 꽃을 보낼 수조차 없다. 또는 칼뱅이 설명하는 것처럼, "어떤 사람이 하나님을 사랑한다고 말하지만 자기 눈앞에 있는 하나님의 형상을 무시할 때 그것은 거짓 자랑이다."[12] 그렇다면 인간은 하나님에 대한 사랑을 어떻게 표현해야 할까? 우리는 하나님께 무엇을 드릴 수 있을까? 좀 더 오래 교회에 다닌 사람이라면 누구나 하나님보다 사람을 사랑하는 것이 훨씬 더 쉽다는 전제를 논박할 수 있을 것이다. 하지만 그것이 여기서 요한이 주장하는 요점은 아닌 듯하다.

다른 해석자들은 이 논증을 하나님은 불가시적이므로 어떤 사람이 하나님을 사랑하는지는 알 길이 없으나, 다른 사람과의 관계는 쉽게 확인되고 평가될 수 있다는 점을 의미한다고 이해한다.[13] 이런 이해 역시 취약해 보인다. 그것은 하나님의 이름을 망령되게 부르지 않

---

11. 예를 들어, John Stott, *The Epistles of John* (TNTC; Grand Rapids: Eerdmans, 1964), 171.

12. Calvin, *St. John 11-21 and the First Epistle of John*.

13. 예를 들어, Smalley, *1, 2, 3 John*, 263–64; Marshall, *Epistles of John*,

거나 예배에 참석하거나 기도하거나 하는 것 등과 같이 가시적으로 하나님을 향한 사랑을 표현할 수 있는 일들이 있기 때문이다. 게다가 다른 사람들이나 하나님을 위해 행한 외적 행위도 얼마든지 불순한 동기로 더럽혀질 수 있다.

그리스도 안에서 주어진 하나님의 계시에 관한 요한의 사상에는 또 다른 취지도 있다. 그것은 하나님의 불가시성은 그분을 계시하기 위한 목적으로 오신 그리스도의 성육신으로 극복된다는 것이다(요 1:18). 아마 우리가 지금 다루는 구절(4:20)에 담긴 사상은 하나님이 예수 그리스도 안에서 가시적으로 자신을 보여주시는 일이 없으면 그리스도인 형제를 사랑하지 않는다는 자(비신자)가 하나님을 사랑할 수 없다는 사실일 것이다. 말하자면, 오직 믿는 그리스도인만 유일하신 참 하나님을 진정으로 사랑할 수 있다는 뜻이다. 그러므로 보이지 않는 하나님에 대한 사랑은 기독교 복음으로 말미암아 정의되어야 한다. 이것은 요한이 21절에서 말할 것처럼 다른 사람들을 사랑해야 한다는 것을 의미한다.

요한은 하나님의 구속 목적 안에 있는 사랑의 기원, 그리스도 안에서 이루어진 하나님의 사랑의 자기희생적인 본질 그리고 성령으로 말미암은 신자의 사랑의 변화에 관해 충분히 설명한다. 그리고 20절에서는 동료 신자들에 대한 사랑이 없으면 하나님을 향한 사랑의 고백은 공허한 거짓말이라고 결론짓는다. 다시 말하면, 다른 사람들을 사랑하지 못하는 것은 예수 그리스도 안에 계시되는 하나님을 보지 못했다는 것이므로, 그는 하나님을 결코 사랑할 수 없다는 것을 의미한다. 이 점에서 하나님에 대한 사랑은 그리스도에 관한 지식과 같다.

반면 다른 사람들을 향한 사랑은, 그리스도 안에서 하나님을 향한 사랑에서 나오지 않는다면 공허하다. 인간적 사랑은 하나님의 사랑에서 나오기 때문에 이 두 사랑은 불가분리적으로 결합되어 있다. 스미스(D. Smith)는 다음과 같이 지적한다. "복음은 수직적 방향이 아니라 수평적 방향에서 일종의 친절한 휴머니즘으로 환원될 수 없다. 우리가 서로를 사랑하는 것은 아름답고 고상하지만, 하나님의 사랑이 없으면 슬픔으로 궁극적으로는 비극으로 끝나고 만다."[14]

다른 사람들을 향한 참된 사랑이 하나님의 구속의 사랑에 굳건하게 기반을 둔다면, 공동체의 필요를 보살피지 않고(3:14-17) 다른 말이나 행위로 예수님이 보이신 십자가의 참된 가치를 아는 다른 사람들의 길을 방해하는 것은 사랑이 아니다(2:10). 비록 요한이 교회에서 나간 '적그리스도들'에게 직접 말하는 것은 아닐지라도(2:19), 참된 사랑에 대한 그의 설명은 하나님을 알고 사랑한다고 고백하지만 그 기초인 예수님의 대속의 십자가가 아닌 다른 것을 가르치는 자를 모두 정죄한다.

요일 4:21 우리가 이 계명을 주께 받았나니 하나님을 사랑하는 자는 또한 그 형제를 사랑할지니라(καὶ ταύτην τὴν ἐντολὴν ἔχομεν ἀπ' αὐτοῦ, ἵνα ὁ ἀγαπῶν τὸν θεὸν ἀγαπᾷ καὶ τὸν ἀδελφὸν αὐτοῦ). 여기서 요한은 하나님을 진실로 사랑하지만, 공동체의 다른 사람들에게 무관심하거나 그들을 미워할 수 있다는 주장을 거부한다. 비록 이 설명이 "하나님"(θεός)을 언급하기는 하지만, 사랑에 대한 요한의 설명은 분명히 요한복음에서 예수님이 제자들의 발을 씻기신 직후 말씀하신 교훈을 암시한다.

요 13:34 새 계명(명령)을 너희에게 주노니 서로 사랑하라 내가 너희를 사랑한 것 같이 너희도 서로 사랑하라.

요 14:15 너희가 나를 사랑하면 나의 계명(명령)을 지

225-26; Dodd, *Johannine Epistles*, 123.

14. Smith, *First, Second, and Third John*, 120.

키리라.

요 15:17 내가 이것을 너희에게 명함은 너희로 서로 사랑하게 하려 함이라.

따라서 요한은 여기서 예수 그리스도께 초점을 맞추지 않은 하나님에 대한 사랑은 결코 없다고 말하는 것이다. 크루즈는 이 본문은 두 가지 목적을 달성한다고 지적한다. 첫째, 요한은 독자에게 그들이 진정으로 하나님을 안다는 사실을 확신하게 해준다. 둘째, 요한은 독자에게 그리스도와 상관없이 알고 사랑한다고 말하는 종교인들(이탈자들?)의 주장이 거짓임을 증명하고 싶어 한다.

요일 5:1 예수께서 그리스도이심을 믿는 자마다 하나님께로부터 난 자니 또한 낳으신 이를 사랑하는 자마다 그에게서 난 자를 사랑하느니라(Πᾶς ὁ πιστεύων ὅτι Ἰησοῦς ἐστιν ὁ Χριστός, ἐκ τοῦ θεοῦ γεγέννηται, καὶ πᾶς ὁ ἀγαπῶν τὸν γεννήσαντα ἀγαπᾷ [καὶ] τὸν γεγεννημένον ἐξ αὐτοῦ). 요한은 여기서 자녀를 향한 하나님 아버지의 사랑의 표현이신 분, 곧 예수 그리스도를 믿는 믿음을 다시 지적함으로써 그리스도인들이 동료 신자들을 사랑해야 한다는 주장의 마지막 요점을 제시한다. 야브로가 함축적으로 말하는 것처럼, "사랑의 길은…그리스도를 믿는 믿음으로 포장되어 있다."**15** 요한은 예수님을 유대인 메시아로 믿는 믿음이 기독교 신앙의 적절한 기초라고 주장하는 것이 아니라 세월이 흘러 나중에 주어진 의미에 따라 "그리스도"(Χριστός)를 하나님의 아들을 가리키는 명칭으로 이해해야 한다는 것을 암시한다(1:3에서 '심층 연구: 메시아인가, 아니면 그리스도인가?'를 보라). 칼뱅은 요한이 말하는 이 믿음의 본질을 다음과 같이 설명한다.

유일하게 참된 믿음의 길은 우리 마음이 예수님을 향할 때 나타난다. 게다가 예수님을 그리스도로 믿는 것은 예수님으로부터 메시아에 관해 약속된 모든 사실을 소망하는 것이다.

그리스도라는 명칭은 여기서 아무 이유 없이 예수님께 붙여진 것이 아니다. 왜냐하면 그리스도라는 명칭은 예수님이 아버지께 임명받은 직분을 가리키기 때문이다. 율법 아래에서 만물이 충분히 회복될 때 의와 행복이 메시아를 통해 약속되었다. 따라서 그때가 되면 이 모든 것이 복음 속에 더 분명히 선포된다. 그러므로 예수님에게서 얻는 구원이 없으면 예수님은 그리스도로 받아들여질 수 없다. 이 목적을 위해 예수님이 아버지께 보내심을 받았고, 날마다 우리에게 제공되기 때문이다.**16**

만약 어떤 사람이 그리스도를 믿는 믿음을 가지면, 그는 하나님 아버지의 가족인 그분의 자녀로 거듭난 것이다(참고. 2:29; 3:9). 그리스도를 믿는 이 믿음은 추측건대 하나님 아버지, 즉 "낳으신 이"(τὸν γεννήσαντα)에 대한 사랑을 낳는다. 아버지를 사랑하는 자는 또한 아버지의 자녀, 곧 "그에게서 난 자"(τὸν γεγεννημένον ἐξ αὐτοῦ)도 사랑한다. 이 진술은 신자들이 사랑하는 대상인 예수 그리스도, 곧 하나님의 아들이 아버지 하나님으로부터 나신 자라는 개념(5:18, 참고. 니케아 신조, "지음 받지 않고 나신")을 기반으로 삼는다. 그러나 여기서 요한은 이 기독론적인 요점을 사용하여 그리스도를 믿는 믿음이 있는 자는 누구나 똑같이 사랑받는 아버지의 자녀라고 주장한다.

기독교 신자들이 하나님 아버지와 관계를 맺는 것이 아들이 아버지와 관계를 맺는 것과 정확히 똑같지는 않지만, 그 관계와 같은 말로 묘사되는 것은 주목할 만하

---

15. Yarbrough, *1-3 John*, 269.

16. Calvin, *Commentaries on the Catholic Epistles*, 250.

다.[17] 예수님을 하나님의 아들(υἱός)로 지칭하고 모든 신자를 하나님의 자녀들(τεκνία)로 지칭하는 것이 요한일서의 특징이다. 그러므로 "하나님을 사랑하는 자는 누구든 반드시 자녀를 낳으시는 하나님을 사랑한다. 여기서 하나님이 낳으신 다른 사람들을 자신처럼 사랑하는 것도 자연스럽게 따라 나온다."[18] 사실 동료 신자들을 사랑하지 않는 것은 그가 하나님으로부터 난 자가 아니라는 증거다(2:9-11; 3:9-10, 14-17; 4:20).

요일 5:2 우리가 하나님을 사랑하고 그의 계명들을 지킬 때에 이로써 우리가 하나님의 자녀를 사랑하는 줄을 아느니라(ἐν τούτῳ γινώσκομεν ὅτι ἀγαπῶμεν τὰ τέκνα τοῦ θεοῦ, ὅταν τὸν θεὸν ἀγαπῶμεν καὶ τὰς ἐντολὰς αὐτοῦ ποιῶμεν). 요한은 여기서 하나님을 사랑하는 것과 그분의 명령에 순종하는 것의 관계를 다시 진술한다.

이 헬라어 문장은 단순해 보이지만, 요한이 말하는 의미를 결론짓기 전에 고찰해보아야 할 몇 가지 석의 문제를 내포한다. 첫째, 전치사구 "이로써"(ἐν τούτῳ)는 어떤 면에서 앞으로 나올 다음 절을 지시하는가(후방 조응 용법), 아니면 이전에 방금 진술한 내용을 지시하는가(전방 조응 용법)? 둘째, 두 번째 나오는 '우리가 사랑하다'(ἀγαπῶμεν)라는 말은 분명히 "때"(ὅταν) 다음에 나오는 가정법인데, 그렇다면 첫 번째 나오는 그 말도 가정법인가? 그리고 요한이 여기서 말하는 것이 순환 용법이거나 동어 반복 용법이 아니라고 이해할 길이 있는가? 왜냐하면 브라운이 지적하는 것처럼 "하나님에 대한 사랑은 형제에 대한 사랑으로 시험하고(4:20-21), 형제에 대한 사랑은 하나님에 대한 사랑으로 시험하기" 때문이다.[19]

전치사구 "이로써"(ἐν τούτῳ)를 이후에 나올 내용을 지시하는 것(후방 조응 용법)으로 보는 통상적인 견해(NIV, NLT와 대부분 영어 역본의 경우에서처럼)에서는 그 말이 '호탄'(ὅταν) 절을 지시한다. "이로써 우리가 사랑하는 줄을 아느니라…곧 우리가 하나님을 사랑하고 그의 계명들을 지킬 때에"[20](개역개정에서는 "우리가 하나님을 사랑하고 그의 계명들을 지킬 때에"라는 말이 먼저 나오기 때문에 "이로써"가 후방 조응 용법이 아니라 전방 조응 용법이 됨-역주). 이 해석에 따르면, 하나님을 사랑하고 그분의 명령들을 지키는 것이 우리가 하나님의 자녀를 사랑하는 줄을 아는 길이다. 이것은 요한이 4:20에서 주장했던 것을 거꾸로 말하는 것처럼 보인다. 그러나 그것은 대립이나 중복이 아니라, 순종으로 하나님을 사랑할 때까지는 다른 사람들을 사랑하는 것으로 규정할 수 없다는 말을 다르게 표현한 것이다. 다시 말하면, "사랑은 본능적으로 정의되는 것이 아니라 하나님에 의해 계시되는 것이다(3:16; 4:19). 따라서 우리가 사랑하는 줄을 아는 지식은 하나님에 대한 사랑과 그분의 계명을 지키는 것에 근거를 둔다."[21]

그러나 어떤 해석자들은 전치사구 "이로써"(ἐν τούτῳ)를 이전에 나온 진술을 가리키는 것(전방 조응 용법)으로 보았다. 도드는 이 견해에 따라 다음과 같이 설명한다.

여기서 "이로써"라는 말은 이전에 나온 내용을 가리킨다(참고. 4:6; 3:19). 그렇게 되어야만 우리의 주장이 논리적으로 완전하다. 그것은 삼단논법으로 다음과 같이 진술될 수 있다.

부모를 사랑하는 자는 자녀를 사랑한다.
모든 그리스도인은 하나님의 자녀다.

---

17. Lieu, *I, II, & III John*, 200.
18. 같은 책. Similarly Kruse, *Letters of John*, 171.
19. Brown, *Epistles of John*, 566.
20. Culy, *I, II, III John*, 121; Kruse, *Letters of John*, 171; Smalley, *1, 2, 3 John*, 268도 이와 같다.
21. 이에 관해 개인적으로 대화를 나누게 된 것에 Jon Laansma에게 감사를 전한다.

그러므로 우리는 하나님을 사랑할 때 동료 그리스도인들을 사랑한다.[22]

하워드 마셜은, 요한이 요한일서의 이 지점에 이르기까지 사람이 진실로 하나님을 사랑하는지를 증명하는 시금석이 형제를 사랑하는 것이라고 주장한 것이지(3:14-18; 4:20) 그 반대로 주장한 것이 아니라는 사실을 인정한다. 따라서 마셜은 이 전치사구가 전방 조응 용법으로 이전에 진술한 내용을 가리킨다고 주장하지만, 또한 그 동사는 '의무에 대한 가상적 진술'로, "이 원칙, 즉 우리 아버지의 (다른) 자녀들을 사랑해야 한다는 원칙에 따라 우리는 우리가 하나님의 자녀를 사랑해야 한다는 의무를 알게 된다"(강조체 저자)라고 주장한다.[23] 따라서 1절은 우리에게 형제를 사랑하라고 명령하는 신학적 원리로 이해된다. 그들 역시 하나님의 자녀이기 때문이다. 그러나 현재 직설법의 이런 용법과 명확히 평행을 이루는 사례는 존재하지 않는다(하지만 3:6에 대한 설명을 보라).

첫 번째로 나오는 '우리가 사랑하다'(ἀγαπῶμεν)라는 말을 가정법으로 취할 때도 비슷한 문제가 나타난다. 형태상 그 말은 직설법이나 가정법, 어느 쪽으로든 해석될 수 있기 때문이다. 월리스는 가정법과 명령법(1인칭 복수 형태가 결여된) 사이의 관계를 설명할 때 이렇게 말한다. "가정법도 의지적 개념들에 사용되고…의무가 종종 인정될 수 있는 해석이 된다."[24] 만약 가정법의 의지적 의미가 허용된다면, 여기서 표현된 생각은 5:1의 원리(ἐν τούτῳ)로 말미암아 우리가 하나님의 자녀를 사랑해야 한다는 것이다.

그럼에도 불구하고 현재 가정법의 이런 용법과 명확히 평행을 이루는 사례가 없다면, 첫 번째로 나오는 '우리가 사랑하다'(ἀγαπῶμεν)라는 말은 동사의 법이 아니라 요한이 권면하는 문맥에서 나오는 것으로 보아야 할 것 같다. "이로써"(ἐν τούτῳ)를 이전에 나오는 5:1을 지시하는 것으로 보는 견해(전방 조응 용법)에는 이 동사의 의지적 의미가 필수적이다. 그러나 '우리가 사랑하다'(ἀγαπῶμεν)라는 말을 직설법으로 취하고, 전치사구 "이로써"를 다음에 나올 '호탄'(ὅταν)절을 지시하는 것으로 취하는 것(후방 조응 용법)은 요한의 주장, 곧 다른 사람들에 대한 사랑이 먼저 하나님을 사랑하고 그분의 명령들을 지키는 것으로만 정의된다는 주장의 논리적 흐름과 일치한다.

요일 4:20 하나님을 사랑하노라 하면서 형제를 미워할 수 없다.
요일 5:1 하나님으로부터 난 자는 누구나 역시 하나님으로부터 난 다른 사람들을 사랑한다.
요일 5:2 하나님을 사랑하고 그분의 명령들을 지키는 것으로 다른 사람들에 대한 사랑이 정의된다.
요일 5:3 하나님에 대한 사랑은 그분의 명령들을 지키는 것을 의미한다.

여기서 이에 대한 칼뱅의 생각을 상세히 인용할 가치가 있다.

요한은 이 말로써 참된 사랑이 무엇인지, 사실상 하나님을 향해 나아가는 것이 무엇인지 간략히 보여준다. 요한은 지금까지 형제를 사랑하지 않으면 하나님에 대한 참된 사랑은 결코 없다고 가르쳤다. 형제를

---

22. Dodd, *Johannine Epistles*, 125.
23. Marshall, *Epistles of John*, 227. 또한 C. Haas, M. de Jonge, J. L. Swellengrebel, *A Handbook on the Letters of John*(New York: United Bible Societies, 1972), 133도 마찬가지다.
24. Wallace, *Greek Grammar*, 463(강조체 원저자). 또한, A. T. Robertson, *Grammar of the Greek New Testament in Light of Historical Research* (New York: Hodder & Stoughton, 1914) 930도 보라. 그리고 D. B. Munro, *A Grammar of the Homeric Dialect* (Oxford: Clarendon, 1891), 287-90을 참고하라.

사랑하는 것은 언제나 하나님에 대한 사랑의 결과이기 때문이다. 그러나 요한은 이제 하나님이 우선권을 가지고 계실 때 사람들이 올바르고 적절하게 사랑받는다고 가르친다. 그리고 그것이 사랑의 필수적인 정의다. 부정하고 육욕적인 우정이 단지 사적 이익을 추구하거나 사라지는 대상들을 중시하는 것처럼, 우리가 하나님 없이 사람들을 사랑하는 일이 종종 일어나기 때문이다. 따라서 요한은 먼저 그 결과를 언급한 만큼 이제는 그 원인을 언급한다. 그의 목적은 상호 사랑이 하나님이 공경받으시도록 수준 높은 방식으로 이루어져야 함을 보여주는 것이기 때문이다.[25]

요한의 논리는 구약 언약의 도덕법과도 일치한다. 구약에서는 언약에 따라 하나님께 순종하는 것을 십계명을 지키는 것으로 표현했다. 십계명의 한 부분은 "살인하지 말라", "도둑질하지 말라", "네 이웃에 대하여 거짓 증거하지 말라"와 같이 다른 사람들에 대한 행위를 규제했다(출 20:1-17; 신 5:6-21). 다른 사람을 사랑하는 것은 감상적 감정에 그치는 것도 아니고 단순히 그들과 사이좋게 지내는 것도 아니다. 다른 사람을 향한 사랑은 살인하지 않고, 도둑질하지 않으며, 거짓 증거하지 않는 것 등으로 그리고 생명을 유지할 수 있도록 다른 사람들의 필요를 채워주는 것으로 그들과 올바른 관계를 이루며 사는 것을 의미한다. 나아가 하나님이 명하시는 일은 "하나님께서 보내신 이를 믿는 것"이다(요 6:29).

브라운이 지적하는 논증의 명백한 순환 관계는, 스몰리가 설명하는 것처럼 본질상 다른 사람들에 대한 사랑과 하나님에 대한 사랑의 불가분리적인 융합에서 확인될 수 있다. "왜냐하면 이 두 사랑(하나님에 대한 사랑, 이웃에 대한 사랑)은 각기 다른 편의 사랑이 진정한 것임을 예증하고 강화하는 것이 사실이기 때문이다."[26] 폰 발데(Von Wahlde)는 이 수사법이 "두 의무의 통일성을 보여주기 위한 의도가 있는" 것으로 본다.[27] 그러므로 요한이 주장하는 것처럼 하나님의 계시된 뜻을 위반하면서 하나님을 사랑하고 다른 사람들을 대하는 것은 불가능하다.

요일 5:3 하나님을 사랑하는 것은 이것이니 우리가 그의 계명들을 지키는 것이라 그의 계명들은 무거운 것이 아니로다 (αὕτη γάρ ἐστιν ἡ ἀγάπη τοῦ θεοῦ, ἵνα τὰς ἐντολὰς αὐτοῦ τηρῶμεν, καὶ αἱ ἐντολαὶ αὐτοῦ βαρεῖαι οὐκ εἰσίν). 요한은 분명히 그리고 명확히 하나님에 대한 사랑을 순종으로 정의한다. 우리는 하나님을 사랑한다고 말하면서 하나님의 명령들에 무관심할 수 없다. 하나님을 사랑하기 때문에 그분의 명령들은 우리에게 무거운 짐이 아니라 오히려 우리를 자유롭게 한다. 여기서 "무거운"으로 번역된 말(βαρύς)은 신약성경에 자주 나타나는 말은 아니다(마 23:4, 23; 행 20:29; 25:7; 고후 10:10). 요한의 이 진술은 마태복음 11:30에서 예수님이 말씀하시는 "내 멍에는 쉽고 내 짐은 가벼움이라"는 진술을 상기시킨다. 그리스도로 말미암아 자유롭게 하나님을 사랑하면, 하나님이 '옳게' 정의하신 대로 자유롭게 서로 올바른 관계를 맺으며 살게 된다. 이 자유는 죄의 무게 및 비중에 비교하면 아주 가볍다.

---

25. Calvin, *Commentaries on the Catholic Epistles*.
26. Smalley, *1, 2, 3 John*, 268.
27. Von Wahlde, *Gospel and Letters*, 3:174.

적용에서의 신학

1. 두려움에서 벗어남

영생의 확신은 하나님의 사랑에 그 기초가 있고, 하나님의 사랑은 예수님의 십자가에서 가장 명확히 표현된다. 그리고 이것을 적절히 이해하면 우리는 하나님의 사랑으로 다가올 하나님의 심판 날에 대한 두려움에서 벗어난다(17-18절). 그토록 많은 사람이 하나님의 사랑을 의지하는 데 애를 먹는 핵심적인 이유는 사회 전체, 아니 심지어는 교회도 우리가 내세에서 거룩하고 의로운 하나님께 심판받으리라는 생각을 저버린 것에 있을 것이다. 결론적으로 하나님이 우리 죄에 대해 베풀어주신 은혜로운 속죄가 그분의 가장 큰 사랑의 선물이 아니라 부적합하고 구시대적인 원시 종교의 믿음으로 치부되고 있다.

    타락한 피조물은 예수 그리스도의 십자가를 깊이 생각하지 않고 하나님의 사랑과 선하심을 다른 타락한 피조물에서 찾는다. 아기의 때 이른 죽음, 끔찍한 폭력, 대참사를 낳는 자연재해 그리고 '인면수심의 태도'와 같은 두려운 일들은 하나님의 선하심(또는 하나님의 전능하심)에 완전히 불리하게 작용해서 많은 사람이 하나님은 과연 우리를 사랑하시는가 의심하게 한다. 만약 죄도 없고 죄에 대한 심판도 없다면, 예수님의 죽음은 아무 의미 없는 해프닝에 불과했을 것이다.

    그러나 요한과 다른 모든 신약성경 저자는 예수님의 십자가보다 하나님의 사랑이 더 크게 표현된 것은 없다고 말한다. 또한 하나님의 사랑을 받아들이고 그 사랑 안에 계속 거하는 것은, 죄를 인정하고 회개하며 그리스도 안에서 살아감으로써 예수 그리스도의 복음을 받아들이는 것을 의미한다고 주장한다. 요한은 이 복음이 없으면 영생에 대한 확신도 없다는 사실을 강조한다. 더 나아가 예수 그리스도의 복음을 받아들이고 그 안에 거하지 않으면 하나님에 대한 진정한 사랑도 없다고 가르친다('요한 서신의 신학'을 보라).

    우리는 예수님의 십자가로 말미암아 다가올 심판에서 구원받고 하나님이 창조하신 목적에 맞게 살고 사랑할 자유를 얻는다. 신약성경은 윤리적이고 도덕적인 원리로 가득 차 있으나 요한 문헌은 희한하게도 서로 사랑하라는 명령을 다른 어떤 성경보다 많이 언급한다. 사실 요한은 하나님을 사랑한다고 말하면서 하나님의 교회에 관심이 없는 자는 스스로 속는 자라고 말한다. 오늘날 매우 많은 사람이 스스로 영적이라고 판단하지만, 교회와 종교를 무시한다. 교회와 교파에 결함과 문제점이 있는 것은 확실하지만, 우리가 예수 그리스도의 복음과 완전히 거리를 두면서 하나님을 사랑하고 경배할 수 있다고 생각하는 것은 모순이다. 그리스도의 십자가를 통해 하나님이 베풀어주시는 구속의 사랑을 받아들인 사람들과 함께 참여하는 공동체 안에서만 사람은 진실로 하나님을 사랑하는 자가 될 수 있다. 다른 신자들과 주고받는 관계를 통해서만 사람은 사랑할 기회를 얻는다.

2. 사랑은 공동체와 함께 간다

요한은 예수님을 따르는 자는 서로 사랑해야 한다는 예수님의 새 명령을 반복해서 지적한다. 그러나 서로 사랑하라는 명령이 매우 폭이 넓고, 애매하며, '사랑'이 어떻게 정의되는지에 크게 의존한다는 것에 비추어보면, 이 명령은 과연 효과적인 기독교 윤리의 원리로 작용할 수 있을까? 쾨스텐버거는 "요한의 도덕관은 무엇인가? 어떤 이들은 요한의 윤리를 확인하는 데 어려움을 느끼거나 요한의 도덕적 행위에 대한 관심이 제한적이라고 주장한다"[28]라고 말한다. 웨인 믹스(Wayne Meeks)는 요한복음은 도덕적 교훈을 명시적으로 언급하지 않고, 요한의 "유일한 규칙은 '서로 사랑하라'는 것이다. 그 규칙은 '적용이 애매하고 범주가 제한되어 오로지 요한의 진영 안에 굳게 서 있는 자에게만 적용된다'라고 지적한다.[29] 리처드 헤이스(Richard Hays)도 "요한의 관점은 분파주의 성격이 강하다는 점에서 신약성경 안에서 세상과 세상 문화를 낙관적으로 확언하는 누가의 관점과 대립 관계에 있다"[30]라고 말하면서 같은 문제를 지적한다. 요한 문헌이 우리가 가진 자료의 전부라면, 이와 같은 주장들은 충분히 인정할 만하다. 서로 사랑하라는 명령은 너무 포괄적이어서 거기서 특수한 행위를 이끌어낼 만한 실천적 가치가 없는 듯하고, 요한 공동체 밖에 있는 자들은 배제되고 그 안에 있는 사람들에게만 초점을 맞춘 것으로 보인다.

헤이스는, 예수님이 서로 사랑하라는 새 명령을 제자들에게 주시기(요 13:34) 직전에 제자들의 발을 씻기심으로써 사랑이 '겸손하게 다른 사람들을 섬기는 것'을 의미한다는 사실을 직접 예증하셨다고 지적한다.[31] 요한이 자기를 따르는 자들이 서로 맺는 관계에 특별히 관심의 초점을 맞추어 예수님의 교훈을 반영한다는 사실은, 예수님이 이웃을, 심지어 죽도록 미워하는 이웃까지도 사랑하라고 가르치신 것(눅 10:25-37)을 부정하지 않는다. 예수님은 십계명을 해설하셨고, 자기를 따르는 자들과 십계명이 지속적인 관련성이 있음을 부각하셨으며(마 5:17-6:4), 팔복 설교에서는 삶의 윤리적 기초를 선포하셨다(5:3-11). 요한은 독자에게 세상을 사랑하지 말라고 권면(요일 2:15)하면서도 하나님이 세상을 이처럼 사랑하사 세상의 죄를 위하여 자기 아들을 보내 죽게 하신 것을 인정한다(요 3:16). "따라서 요한은 예수님의 죽음을…제자도의 규범으로서 십자가를 본받는 삶을 확립하는 자기희생적인 사랑의 행위로 묘사한다."[32]

신약성경에는 복음서뿐만 아니라 서신들도 포함되어 있다. 이 서신들은 다양한 삶과 문화적 상황에 윤리적이고 도덕적인 교훈을 제공하는 내용으로 가득 차 있다. 요한은 분명히 그리스도인들에게는 하나님이 계시하신 원리들이 포함된 윤리적, 도덕적 기준이 있다고 믿었다

---

28. Köstenberger, *Theology of John's Gospel and Letters*, 510.
29. Wayne A. Meeks, "The Ethics of the Fourth Evangelist," in *Exploring the Gospel of John: In Honor of D. Moody Smith* (공동편집 R. Alan Culpepper, C. Clifton Black; Louisville: Westminster John Knox, 1996), 318.
30. Hays, *Moral Vision*, 139.
31. 같은 책, 144.
32. 같은 책, 145.
33. Köstenberger, *Theology of John's Gospel and Letters*, 514.
34. 같은 책, 523.

(요일 2:15; 3:6, 7, 10, 24; 5:3, 18; 요삼 1:11). 그러나 요한은 이 유대교의 윤리적이고 도덕적인 기준을 예수님의 권위 아래 두었고, 예수님은 이 모든 기준을 "네 이웃을 사랑하라"는 것으로 요약하셨다. 그리고 자신의 제자들을 사랑할 특정한 "이웃" 집단으로 정의하신다(요 13:34).

3. 요한의 윤리

그런 이유로 요한은 그리스도인의 삶의 윤리적 근거를 제시하는데, 쾨스텐버거가 지적하는 것처럼 그 근거는 "세상에 대한 하나님의 사랑에 기반을 두고 있으며 공동체적인 사랑과 연합으로 밑받침되는 복음 전도 사명에 대한 부르심이다."[33] 사실 십자가에 중심을 둔 요한의 도덕관이 없으면 모든 윤리적 행위는 단순히 시늉만 하는 것으로 그치고 말 것이라고 주장할 수도 있다. 굶주린 사람들을 먹이는 것은 좋은 일이지만, 그들이 그리스도가 없이 심판을 향해 나아가고 있다면 그들에게 생명의 떡이 아닌 그냥 떡을 주는 것이 과연 사랑이겠는가? 그리스도인 형제들이 하나님이 성경에 계시하신 대로 살도록 촉구하지 않고 그들이 죄 가운데 있는 모습을 묵인하는 것이 과연 사랑이겠는가?

요한은 독자가 궁핍함 속에 있는 다른 사람들을 보살필 것을 기대하지만(3:17-18), 그 순간 진정한 위험은 독자가 예수 그리스도를 믿는 참된 믿음을 고수하지 못하고 미혹당하는 것에 있었다(2:19; 3:7; 4:1-3; 요이 1:7-11). 쾨스텐버거는 다음과 같이 결론을 내린다.

요한의 도덕관은 단순하지만 심원하다. 세상이 참 빛이신 예수 그리스도 없이 영적, 도덕적 어둠 속에 있는 것을 아는 요한은 그리스도가 없는 자에게 결코 희망을 두지 않는다. 요한은 율법 준수에 대해 설명하지 않는다. 죄를 부인하는 문제 외에는 의의 문제도 명확히 다루지 않는다(요일 3:6, 참고. 3:4-10). 요한은 하나님이 요구하신 일을 행하려면 무엇을 해야 할지 알려달라고 요청한 자에게 예수님이 하신 답변 외에 다른 행위 문제는 다루지 않는다. "하나님께서 보내신 이를 믿는 것이 하나님의 일이니라"(요 6:29).[34]

오늘날 우리가 사는 세상과 같이 종교 다원주의가 지배하는 사회에서는 가장 큰 사랑의 행위, 즉 그리스도 안에서 하나님의 사랑을 나누어주는 것이 점차 공손한 집단에서 금기시되는 과시적인 권력 행사로 인식되고 있다. 예수님은 이런 세상 속으로 보내심을 받았고 아버지께로 다시 돌아가고자 하실 때 "너희에게 평강이 있을지어다 아버지께서 나를 보내신 것같이 나도 너희를 보내노라"(요 20:21)고 말씀하셨다. 배타적인 영적 진리 개념에 점차 적대적인 태도를 보이는 다원주의 사회 속에서 예수 그리스도의 복음을 계속 선포하라는 이 요청은 장차 교회에 가장 큰 도전이 될 것이다.

요한일서 5:4-13

문학적 전후 문맥

하나님에 관한 교훈이라고 해서 모두 하나님께 기원을 둔 것은 아니다(4:1-3). 그러하기에 이 본문은 영적 진리의 기원을 분별해야 한다는 사실에 관해 4:1에서 시작된 주장을 전개하고 결론짓는다. 이 주장은 진리를 분별할 필요성에서 진리의 성령께 들음으로써 잘못된 교훈을 물리치라는 도전(4:4-6)으로 내용이 진행된다. 그리고 하나님께로부터 난 자, 곧 진리의 영이 주어진 자는 서로 사랑해야 한다. 그 이유는 하나님을 향한 사랑이 다른 사람들을 사랑하는 것에서 표현되기 때문이다(4:7-16). 하나님의 사랑이 목표를 달성하면 심판에 대한 두려움이 사라질 것이다(4:17-18). 하나님의 증언이 "물과 피"의 복음을 영생을 주는 진리로 확증하기 때문이다.

> XIII. 하나님의 사랑은 신자 안에 온전히 이루어졌다(4:17-5:3)
> → XIV. 피, 영생 그리고 확신(5:4-13)
>   A. 하나님의 아들을 믿는 믿음이 세상을 이긴다(5:4-5)
>   B. 증언(5:6-13)
> XV. 하나님을 아는 것(5:14-21)

주요 개념

요한은 "물로만"의 복음이 하나님의 아들, 즉 참된 영적 지식과 영생의 확신을 얻기 위해 그분의 대속적 죽음이 필요한 예수 그리스도에 대한 하나님의 증언을 거부한다고 주장한다.

번역

요한일서 5:4-13

4a	단언	무릇 하나님께로부터 난 자마다 세상을 이기느니라
b	확인	세상을 이기는 승리는 이것이니
c	동격	우리의 믿음이니라
5a	내용	예수께서 하나님의 아들이심을
b	신원	믿는 자가 아니면
c	수사적 질문	세상을 이기는 자가 누구냐
6a	단언	이는 물과 피로 임하신 이시니 곧 예수 그리스도시라
b	확인	물로만 아니요
c	대조	물과 피로 임하셨고
d	단언	증언하는 이는 성령이시니
e	기초	성령은 진리니라
7	확대	증언하는 이가 셋이니
8a	목록	성령과
b	목록	물과
c	목록	피라
d	단언	또한 이 셋은 합하여 하나이니라
9a	조건	만일 우리가 사람들의 증언을 받을진대
b	비교	하나님의 증거는 더욱 크도다
c	확대	하나님의 증거는 이것이니
d	내용	그의 아들에 대하여 증언하신 것이니라
10a	단언	하나님의 아들을 믿는 자는 자기 안에 증거가 있고
b	단언	하나님을 믿지 아니하는 자는 하나님을 거짓말하는 자로 만드나니
c	설명	이는 하나님께서 그 아들에 대하여 증언하신 증거를 믿지 아니하였음이라
11a	확인	또 증거는 이것이니
b	확인	하나님이 우리에게 영생을 주신 것과
c	단언	이 생명이 그의 아들 안에 있는 그것이니라

12a	단언	아들이 있는 자에게는 생명이 있고
b	단언	하나님의 아들이 없는 자에게는 생명이 없느니라
13a	단언	내가 하나님의 아들의 이름을 믿는 너희에게 이것을 쓰는 것은
b	목적	너희로 하여금 너희에게 영생이 있음을 알게 하려 함이라

구조

주제들이 돌고 도는 요한의 순환적 사고 패턴 때문에 해석자들은 요한일서에서 외관상 중첩되는 다수의 교차 대구 구조를 찾아냈다.[1] 스몰리는 5:1-4을 '거의 교차 대구' 구조로 본다.[2]

 A 믿음과 사랑(1절)
  B 사랑과 순종(2절)
  B′ 사랑과 순종(3절)
 A′ 승리와 믿음(4절)

그러나 5:3은 요한일서에서 마지막으로 사랑을 언급하기 때문에 나는 5:3을 사실상 사랑 주제를 다루는 이전 단락(4:7-5:3)에 넣었다.

석의적 개요

→ XIV. 피, 영생 그리고 확신(5:4-13)
 A. 하나님의 아들을 믿는 믿음이 세상을 이긴다(5:4-5)
 B. 증언(5:6-13)
  1. 예수 그리스도는 물과 피로 임하셨다(5:6a-c)
  2. 성령은 진리의 증인이시다(5:6d-e)
  3. 세 증인(5:7-8)
  4. 하나님의 증언을 받음(5:9-13)
   a. 하나님의 증언은 사람들의 증언보다 더욱 크다(5:9)
   b. 믿음이 필수적 반응이다(5:10)
   b. 하나님은 영생을 약속하신다(5:11-13)

---

1. von Wahlde, *Gospel and Letters*, 3:175-77을 참고하라.   **2.** Smalley, *1, 2, 3 John*, 265-66을 보라.

i. 아들은 생명에 본질적이다(5:11–12)
　　ii. 생명을 확신하는 것은 가능하다(5:13)

본문 설명

요일 5:4 무릇 하나님께로부터 난 자마다 세상을 이기느니라 세상을 이기는 승리는 이것이니 우리의 믿음이니라(ὅτι πᾶν τὸ γεγεννημένον ἐκ τοῦ θεοῦ νικᾷ τὸν κόσμον, καὶ αὕτη ἐστὶν ἡ νίκη ἡ νικήσασα τὸν κόσμον, ἡ πίστις ἡμῶν). 예수님이 마귀의 일을 멸하시고(3:8) 세상을 이기셨으므로, 하나님께로부터 난(완료 시제를 주목하라) 자 역시 그리스도를 믿는 믿음으로 세상을 이긴다.

4:7–5:3의 포괄적인 설명에서 요한은 하나님을 향한 사랑과 다른 사람들을 향한 사랑이 불가분리적으로 결합되어 있고, 하나님과 다른 사람들을 향한 사랑은 그리스도를 믿는 믿음 및 하나님의 명령에 대한 순종과 긴밀하게 연계되어 있다고 이미 주장했다. 이 구절(5:4)은 5:1의 사상과 평행을 이룬다(앞의 '구조'에서 교차 대구 구조를 보라). 1절은 예수님이 그리스도이심을 믿는 자마다 하나님께로부터 난 자라고 진술한다. 4절은 하나님께로부터 난 자마다 세상을 이긴다고 진술한다. 그러므로 예수님이 그리스도이심을 믿는 자는 누구나 세상을 이긴다.

총칭적인 남성 단어(πᾶς)가 예상되는 곳에서 중성 단어(πᾶν)를 사용한 것은 요한 문헌의 다른 곳에서도 나타난다(요 6:37, 39; 17:2, 24; 요일 1:1, 3). 마셜은 그 말을 '모든 자'(everyone)로 번역하면서, 이 중성 단어를 사용하는 것이 "자녀"에 해당하는 헬라어 단어(τέκνον 또는 παιδίον)의 중성이 영향을 미쳤음을 보여주는 사례로 생각한다.[3] 또는 생략된 중성 단어가 '영'(πνεῦμα)일 수도 있다. 스몰리는 여기서 그 말이 의도적으로 사용되는 것이 "각 개인이 그것을 단순히 소유하는 것이 아니라…거듭남의 능력"에 대한 언급을 일반화하는 것이라고 주장한다.[4] 여기서 그것은 하나님께 기원을 둔 모든 것(즉, 하나님께로부터 난 자, 어쩌면 역사 속에서 하나님이 섭리하신 역사 그리고 심지어 믿음 자체까지도)이 이 세상 질서의 타락하고 반역적이며 악한 경향에 저항하고, 궁극적으로 그 경향에 승리를 거두기 위해 일어났음을 암시하는 듯하다. 요한이 편지를 쓸 당시 그 세상에는 공동체에서 나간 자들이 포함되었다(2:19). 그러므로 그리스도를 믿는 올바른 믿음은 적그리스도들의 거짓 교훈도 이겼을 것이다.

요한은 여기서 어떤 열광적인 승리주의를 가르치는 것이 아니다. 그는 '우리의 것', 즉 저자 및 같은 믿음을 가진 자들이 소유한 예수 그리스도의 참된 복음을 믿는 믿음을 가리킨다. 요한복음 16:33에서 예수님은 자신이 세상을 '이겼다'(νενίκηκα, 완료 시제)고 말씀하셨다. 그러므로 그리스도를 믿는 믿음이 있는 자는 예수님이 세상을 이기셨다는 믿음이 있다. 또한 그 믿음이 세상에 속한 모든 것을 이긴다는 것을 안다(참고. 2:13–14; 4:4; 5:5). 여기서 하나님께로부터 난 모든 것/모든 사람이 세상을 이긴다는 진술은 "청년들"(νεανίσκοι)을 이긴 자라고 말하는 2:14–15에 대한 해석도 밝혀준다.

---

3. Marshall, *Epistles of John*, 228 n37.

4. Smalley, *1, 2, 3 John*, 270.

요일 5:5 예수께서 하나님의 아들이심을 믿는 자가 아니면 세상을 이기는 자가 누구냐(τίς δέ ἐστιν ὁ νικῶν τὸν κόσμον εἰ μὴ ὁ πιστεύων ὅτι Ἰησοῦς ἐστιν ὁ υἱὸς τοῦ θεοῦ;). 이 수사적 질문에 대한 답변은 '아무도 없다'는 것이다. 예수 그리스도를 신뢰하는 자 외에 아무도 세상을 이길 수 없다. 세상을 이긴 유일한 분은 하나님의 아들로 세상에 오신(요 16:33) 예수님이시고 그분은 자신을 신뢰하는 사람과 그 승리를 공유하신다.

요한은 예수님의 신원을 단순히 위대한 선생, 선지자 또는 심지어 메시아로 강조하지 않는다. 요한은 일관되게 예수님을 신성을 공유하는 하나님의 아들로 하나님 아버지와 동등하게 여긴다(1:3, 7; 2:22-24; 3:8, 23; 4:9-10, 14, 15; 5:5, 9-13, 20). 그리스도를 믿는 믿음이 없으면, 아무도 이 세상이 날마다 우리를 몰아붙이는 악, 절망, 자기 패배를 물리칠 수 없다. 더 나은 삶을 사는 법에 관해 글을 쓰고 강연을 하는 자기 계발 지도자가 많이 있다. 그들의 말은 더러 도움이 되고 가치가 있을 수 있다. 그러나 세상에 속해 있는 것은 결코 세상에 대한 승리를 우리에게 줄 수 없다. 하나님으로부터 세상에 오신 그리스도를 의지하지 않으면, 아무리 성공적인 삶이라도 사망의 패배에 집어삼켜지고 만다.

요일 5:6a-c 이는 물과 피로 임하신 이시니 곧 예수 그리스도시라 물로만 아니요 물과 피로 임하셨고(οὗτός ἐστιν ὁ ἐλθὼν δι' ὕδατος καὶ αἵματος, Ἰησοῦς Χριστός, οὐκ ἐν τῷ ὕδατι μόνον ἀλλ' ἐν τῷ ὕδατι καὶ ἐν τῷ αἵματι). 더 나아가 요한은 참된 복음, 곧 하나님의 아들이신 예수 그리스도가 물과 피로 "임하신" 사실(5:6a)을 정교하게 제시한다.

물과 피라는 두 요소를 어떻게 이해해야 할까? 물과 피를 문자적으로 취해야 할까, 아니면 영적 개념이 담긴 상징으로 취해야 할까? 물과 피는 중언법인가, 아니면 분리된 두 가지 요소인가?[5] 요한은 첫 번째 경우에서는 전치사 '디아'(διά, '통해')를 사용하고, 두 번째 경우에서는 전치사 '엔'(ἐν, '안에', 5:6b, c)을 사용하는데, 이것은 주석적으로 중요한가, 아니면 둘 다 방식을 암시할 수 있는가[BDF §198(4)]? 그리고 요한이 이탈자들의 교훈에 대하여 말하는지와 상관없이(참고. 2:19), 실제로 위험한 것은 예수 그리스도가 물로만 오셨다는 주장이다. 요한은 그 위험한 주장에 따라 펼쳐지는 생각을 강력히 교정하는 것으로 보인다.

"물과 피"(ὕδατος καὶ αἵματος, 5:6a)라는 말이 나온 첫 번째 경우를 보면, 이 두 단어는 '디아'(διά)라는 하나의 전치사에 결합되어 있다. 칼뱅과 같은 일부 해석자들은, 그것을 피와 물이 예수님의 옆구리에서 흘러나왔다고 언급될 때 (죄를) 깨끗하게 하고 살리는 (생명을 주는) 예수님의 죽음이 지닌 효력을 가리키는 중언법으로 간주했다(요 19:34-35, 참고. 겔 36:25-27).[6] 마이클스(Michaels)는 칼뱅의 견해를 따라 요한일서의 저자가 "예수님의 세례 사건에서 '하나님이 자기 아들에 관해 증언하신 유명한 증언'과 비교하여 십자가 사건에서 예수님의 옆구리에서 나온 피와 물을 일종의 '증언'(μαρτυρία)으로 해석한다"라고 설명한다.[7]

비록 마이클스가 요한일서는 거짓 교훈에 반대하여 예수님의 죽음의 중요성을 재천명할 의도가 있었다고 거의 옳게 보기는 해도, 이 해석은 물과 피의 두 번째 언급(5:6c)과 대립한다. 이 두 번째 언급에서는 전치사 '엔'(ἐν)을 두 곳에 다 사용함으로써 물과 피를 명확히 분리하고, 더 중요하게는 물로만 임하는 것(5:6b)과 물과

---

5. 중언법(hendiadys)은 두 개의 단어를 사용하여 한 가지 지시적 의미를 명시하는 그리스 수사법에서 나왔다. 영어에서는 시퍼렇게 멍든 것을 가리키는 'black and blue'라는 말이 중언법에 해당될 것이다.
6. Calvin, *Commentaries on the Catholic Epistles*.
7. J. Ramsey Michaels, "By Water and Blood: Sin and Purification in John and First John," in *Dimensions of Baptism: Biblical and Theological Studies* (공동편집 Stanley Porter, Anthony R. Cross; London: Sheffield Academic, 2002), 159.

피로 임하는 것을 구별한다. 요한복음에서는 "피와 물"로 언급되는데 반해 요한일서에서는 "물과 피"로 순서가 바뀌어 언급된다는 사실은, 이것이 예수님의 죽음을 가리키는 데 사용되는 관례적인 중언법이 아니었음을 암시한다. 그러나 어쩌면 가장 결정적인 사실은 5:8이 둘이 아니라 세 증인을 언급한다는 점이다. 본문은 이 세 증인을 각각 접속사 '카이'(καί, 그리고)로 분리하고 각각에 정관사를 붙임으로써, 물과 피가 예수님의 죽음을 가리키는 중언법인 경우 예상되는 두 증인이 아니라 세 증인을 염두에 두고 있다.

물과 피라는 두 단어가 문자적으로 구별된 두 실재를 가리키는 것으로 취해지면, 해석자들은 "물과 피"라는 말이 각각 예수님의 육체적 탄생과 죽음을 가리킬 것이라고 주장했다. 탄생이 (피도 포함하지만) 물(양수)이 터지는 것과 관련되기 때문이다.[8] 또는 물을 공적 사역의 출발 시점인 예수님의 세례를 가리키는 것으로 볼 수도 있다.[9] 어떻게 보든 요한이 물로만이 아니라는 점을 강조하는 것은, 예수 그리스도의 중요성이 단순히 선생과 종교지도자로서 예수님의 지상 생애에만 있는 것이 아니라 그분의 죽음도 중요하고 의미가 있음을 암시할 것이다.

테르툴리아누스(Tertullian), 아우구스티누스(Augustine), 암브로시우스(Ambrose)의 전통에 속한 일부 학자는, "물과 피"는 그리스도가 신자의 삶 속에 들어오시는 방식을 말하는 것으로 물세례와 성찬이라는 두 가지 성례를 가리킬 것이라고 주장했다. 그러나 슈나켄부르크(Schnackenburg)와 같은 일부 현대 해석자들은 7절에서는 성례를 보지만 6절에서는 예수님의 생애에 대한 역사적 언급을 본다.[10] 이 해석은 요한복음을 연구하는 학자들이 예수님이 죽으시고 몇십 년이 지난 뒤 기록된 요한복음에서 6장의 하늘에서 온 떡에 관한 강화가 성찬, 특히 "내 살을 먹고 내 피를 마시는 자는 영생을 가졌고"라는 요한복음 6:54을 가리키려는 의도였는지 놓고 벌인 논쟁의 해석과 비슷하다. 그러나 요한복음 6장에서 먹고 마시는 것은 성찬을 직접 언급한 것이 아니라, 오히려 성찬이 가리키는 사건인 예수님의 죽음에 담긴 대속적 가치를 믿는 믿음에 대한 은유다.

요한일서 5:6의 내용이 성찬을 가리킨다고 보는 해석에 따르면, "물"은 문자적으로 취해 세례의 한 요소를 가리키는 것으로 보지만 피는 비유적으로 취해 성찬에서 마시는 포도주를 통해 신자의 삶에 들어오는 것을 의미하는 것으로 본다. 나아가 "피"가 성찬을 가리키는 것으로 보는 해석은 전례가 없을 것이다. 더 나아가 요한 서신에는 이것이 논쟁의 한 부분이었음을 암시할 만한 성찬에 대한 다른 언급이 전혀 없다. 또한 실명사적인 부정과거 분사 "임하신 이"(ὁ ἐλθών)는 이 해석에 반대된다. 이것은 위더링턴이 주장하는 견해로, 성찬 해석을 결정적으로 반박한다. 여기서 동사('임하다')는 추측건대 성례를 통해 신자의 삶에 들어오기 위해 "계속 임하는 것을 암시하는 현재 시제"가 아니기 때문이다.[11]

대처는 "물"이 성령을 상징하고, "피"가 십자가의 속죄에서 절정에 이른 예수님의 육체적 본성을 상징한다고 주장한다.[12] 대처는 이탈자들이 요한복음 13-17장에 나오는 예수님의 보혜사('파라클레테) 진술을 정통 사상에서 벗어나게 설명했다고 주장한다. 예수님이 말씀하신 바, 자신이 보내실 진리의 영으로 자신이 제자들

---

8. 예를 들어, Witherington, *Letters and Homilies*, 1:545.
9. 예를 들어, Kruse, *Letters of John*, 177. 또한 D. A. Carson, "The Three Witnesses and the Eschatology of 1 John," in *To Tell the Mystery: Essays on New Testament Eschatology in Honor of Robert H. Gundry* (공동편집 Thomas E. Schmidt, Moisés Silva; JSNTSup 100; Sheffield: Sheffield Academic, 1994), 216-32도 보라.
10. 예를 들어, Rudolf Schnackenburg, *The Johannine Epistles: Introduction and Commentary* (공동번역 R. Fuller, I. Fuller; New York: Crossroad, 1992), 233, 특히 n108; 236.
11. Witherington, *Letters and Homilies*, 1:543.
12. Tom Thatcher, "'Water and Blood,'" 205-34. 같은 방향에서 움직인 과거의 해석, K. Grayston, *The Johannine Epistles* (NCBC; Grand

에게 임하실 것(요 14:16-18), 성령이 제자들을 모든 진리로 인도하실 것(16:13-15) 그리고 성령이 제자들에게 "모든 것"을 가르칠 것(14:26)이라는 진술은 오해를 불러일으킬 수 있다. 어떤 이탈자는 이 진술을 사용하여 오순절에 성령이 임하신 이후 그리스도의 재림은 없다고 주장했을 것이다. 또 다른 이탈자는 성령이 유일하게 필요한 선생이라는 잘못된 신념을 바탕으로 사도들의 교훈을 거부했을 것이다. 어쩌면 이탈자들은 요한이 이단으로 취급한 교훈이 성령께 받은 것이라고 주장했을지도 모른다.

대처의 해석은 요한복음에서 물이 성령을 상징하는 용도로 빈번하게 사용된 것을 강조한다. 예를 들어, 요한복음 4장에서 예수님은 자신을 믿을 자들에게 "생수"를 약속하신다. 요한복음 7:37-39은 명확히 "생수"를 예수님이 영광을 받으신 후 신자들에게 주어질 성령으로 간주한다. 이렇게 물을 상징적으로 사용하는 것은 성령에 대한 은유이며, 진리와 영생을 나누어주는 것과 같이 요한이 성령과 연계시키는 관념의 연합이기도 하다(요한 서신의 신학을 보라). 대처는, 적그리스도들이 예수님이 물로만 임하셨다고 주장했을 때 그것은 "예수님에 관한 모든 것이 성령을 통해 교회에 계시되었다"고 주장한 것이고, 이로 인해 예수님의 생애와 죽음의 중요성이 축소되고 그들은 결국 사도적 교훈과 일치하지 않는 새로운 계시를 주장하는 쪽으로 나아갔다고 말한다.[13]

대처의 견해는, 요한이 요한일서를 시작하면서 사도로서 지닌 권위를 강조하는 사실(1:1-4) 그리고 사람들이 요한의 사도적 권위 아래 있던 기독교 공동체를 떠났다는 사실(2:19)과 일치한다. 대처의 이론은 또한 요한이서 1:9의 "지나쳐 그리스도의 교훈 안에 거하지 아니하는 자는 다 하나님을 모시지 못하되"라는 요한의 진술을 이해할 수 있는 배경이 된다. 대처의 해석에 대한 가장 큰 반론은 성령과 물이 세 증인 가운데 두 증인으로 따로 제시되는 5:8이다.

여기서 사용된 '임하다'라는 동사(ἔρχομαι)가 4:2을 주석할 때 주장한 것처럼 그리스도의 구원 사명을 내포한다면, 5:6c의 전치사구 "물로"와 "피로"(ἐν τῷ ὕδατι와 ἐν τῷ αἵματι)라는 말은 생략된 동사 '임하다'(ἐλθών)를 부사적으로 수식하는 도구적 여격이다. 이것은 예수님의 구원 사명이 물로만이 아니라 물과 피로 함께 이루어졌다는 점을 암시한다. "예수 그리스도께서 육체로 오신"이라는 비슷한 말이 처음 언급된 4:2의 논의는, 영적 진리를 분별하고 모든 교훈이 성령으로부터 나오는 것은 아님을 인정하는 문맥에 나온다.

요한일서 5:6이 이처럼 난해한 구절인 이유는 말할 것 없이 다음과 같은 사실과 관련된다. "요한일서는 이탈자가 일으킨 사건이 어떤 일인지 직접 아는 사람들에게 쓰인 편지다. 따라서 요한일서의 독자는 이처럼 간단하고 함축적으로 말해도 저자가 무엇을 가리키는지 알았던 것이 틀림없다."[14] 요한의 교회(들)에 속한 자는 "예수 그리스도께서 육체로 오신"(4:2)이라는 말과 "물과 피로 임하셨고"(5:6)라는 말을 들었을 때 그 교훈과 배경을 상기했을 것이다. 이후 독자에게는 그 역사적 요소가 요한복음에서 확인되는 "물"이라는 상징에 내포된 다양한 의미로 말미암아 더 복잡해진다. 그렇다면 5:6의 물을 어떻게 이해해야 할까?

대처는 요한이 거짓 교훈을 교정해야 하는 이유가 이탈자들이 요한복음에 나타난 물의 상징을 잘못 해석했기 때문이라고 올바르게 본다. 대처는 이에 대해 다음과 같이 설명한다.

요한과 "적그리스도들"은 같은 예수 전승에 의지했지만 그 전승을 근본적으로 다르게 해석했다. 적그리

---

13. 같은 책, 247.

14. De Boer, "Death of Jesus Christ," 331.

스도들은 성령을 통한 신자의 지속적인 계시 경험을 강조했지만, 요한은 새로운 계시가 역사적 예수에 관한 사도적 교훈과 '일치해야' 한다고 주장했다.[15]

구문을 자세히 확인해보면, 요한이 "물로만"이라는 말을 자신이 교정해야 할 거짓 교훈을 가리키는 의미로 사용하지만, 이어서 물이라는 말을 예수님의 지상 생애를 가리키는 한 요소("물과 피")로 사용한다는 것을 볼 수 있다. 물이 성령의 증언이 중심 역할을 하는 예수님의 세례를 가리키는(요 3:32-34) 것과 함께, 5:6a에서 첫 번째로 나오는 "물과 피"(ὁ ἐλθὼν δι' ὕδατος καὶ αἵματος)는 대속을 이룬 예수님의 인성을 가리키는 중언법일 것이다. "물과 피"는 대속의 효력이 있는 예수님의 지상 생애를 가리킨다.

5:6c에서 두 번째로 나오는 "물"과 "피"에 전치사와 관사가 각각 따로 사용되어 분리되는 것(ἐν τῷ ὕδατι καὶ ἐν τῷ αἵματι)은 요한이 중언법을 깨뜨린다는 표시다. 여기서 요한은 "물"의 상징에 대한 잘못된 해석을 바로잡을 필요가 있기 때문이다. 요한이 물을 먼저 언급한 것은, 성령의 은유로서 "물"로 구원의 의미를 함축시키기를 원하고 거기에 "피"라는 본질적 요소를 첨가하기를 바라기 때문이다. 성령이 본질적인 이유는 그분이 예수님의 속죄를 신자의 삶에 적용하시기 때문이다. 그러나 피는 예수님의 속죄의 객관적 기초로 본질적이다. 요한은 구원에서 성령의 역할을 확언해야 하기에 단순히 "물로만 아니요"라는 말로만 설명을 끝낼 수 없다. 교정 진술로서 5:6c은 요한이 "물"을 이중 의미로 사용하는 것을 분명히 한다. 즉, 처음에는 성령에 대한 거짓 교훈이 물을 사용하는 방식에 대해 언급하고, 그다음에는 물과 피를 예수님의 대속의 생애에 대한 상징으로 교정하여 언급한다.

만약 그렇다면, 여기서 교정이 요구되는 잘못된 사상은 어떤 이가 "물"을 성령과 동일시한 것에 있었을 것이다(대처의 견해처럼).[16] 그러나 요한은 이어서 구원이 물(성령)로만이 아니라(5:6b) 물과 피로(5:6c), 즉 대속을 이룬 예수님의 인성에 의해 이루어진다고 교정하여 말한다. 그렇게 이해하면, 여기서 요한은 예수님의 부활 후 교회에 진리를 증언하는 성령의 임하심과 예수님의 세례와 죽음에 대한 성령의 증언을 연결하는 것이다. 성령은 예수님이 세례받으실 때 임하셔서 예수님의 참된 정체성을 증언하셨다(요 1:32-34). 그리고 십자가에서 예수님의 영혼이 "떠나가실" 때 그분의 죽음은 성령의 임하심을 가능하게 한다(19:30; 20:22, 참고. 성령이 임하도록 예수님이 떠나셔야 할 필요성에 관한 16:7의 교훈). 다시 말하면, 요한은 거짓 선생들이 주장한 것으로 보이는 사실, 곧 예수님의 대속의 죽음을 무시하거나 그 죽음과 대립하는 내용을 성령이 증언하시지 않는다고 주장한다.

우리는 이탈자들이 한 주장의 문제점이 무엇인지 정확히 알 수 없다. 하지만 5:6, 8에서 교정한 내용으로 보면 최소한 다음과 같은 두 가지 거짓 개념이 있었음을 볼 수 있다. (1) 예수님의 중요성의 초점은 그분의 죽음과 부활이 아니라, 예수님이 선지자나 종교 선생이었음을 보여주는 그분의 교훈과 이적에 있다. (2) 예수님에 관한 중요한 사실은 계시의 지속적 원천이신 성령이 교회에 계시하시는 것이 전부다. 여기에는 아마 예수님의 죽음의 대속과 유기적으로 관련되지 않거나 일치하지 않는 진리에 대한 주장이 포함될 것이다(참고. 요1 1:9).

요한은 성령의 역할을 부인하지 않지만, 성령이 예수님의 역사적 생애의 중요성을 교회에 상기시키는 역할에 시선을 고정한다. 이 두 거짓 방향은 어느 쪽이든 예

---

15. Thatcher, "'Water and Blood,'" 235. 또한 같은 저자, "1 John," in *The Expositor's Bible Commentary* (공동편집 Tremper Longman III, David E. Garland; 개정/편집; Grand Rapids: Zondervan, 2006), 13:493도 보라.

16. Thatcher, "'Water and Blood,'" 247.

수 그리스도의 구속 사역을 반대하므로 본질상 '적그리스도'의 견해다(참고. 2:18-23). 이런 이해에 따라 요한은 어떤 교훈이든 십자가를 무시하거나 제거하는 교훈, 곧 "물로만"의 복음으로 상징되는 이단 사상을 반대한다. 예수 그리스도의 성육신의 온전한 중요성은 오로지 "물과 피"의 복음으로 유지된다.

따라서 여기서 요한이 교정하는 거짓 견해는 케린투스의 견해와 같은 가현적인 기독론일 수 있다. 그러나 그것을 반드시 가현설 이단으로 추정해야 하는 것은 아니다. 요한은 신자의 삶에 성령의 임재와 능력이 함께한다는 사실을 지지하지만, 역사적 예수님이 기독교 신앙의 본질이 되신다는 사실도 고수한다. 우리의 죄는 대속되어야 하므로 성령만으로는 충분하지 않다. 사람으로서 예수님의 육체적 생애와 죽음이 속죄의 핵심이다. 이 속죄가 없으면 하나님과 사귀는 것에 대한 참된 지식은 결코 있을 수 없다(참고. 1:7, 9).

요일 5:6d-e 증언하는 이는 성령이시니 성령은 진리니라 (καὶ τὸ πνεῦμά ἐστιν τὸ μαρτυροῦν, ὅτι τὸ πνεῦμά ἐστιν ἡ ἀλήθεια). 요한은 예수 그리스도의 복음에 대하여 성령이 맡으신 역할을 계속해서 확인한다. 여기서 우리는 예수님의 십자가 사건에 관한 개인적 의견이 어떠하든, 역사적으로 예수님의 십자가 사건이 이룬 객관적인 대속과 이 대속을 개개의 신자에게 적용하는 성령의 주관적 구애 및 증언을 하나로 결합해야 한다는 사실을 확인한다. 성령은 구원에 필수적이지만, 성령의 역할은 항상 죄를 위한 화목 제물로서 아버지께 보내심을 받은 예수 그리스도의 지상 생애와 일치하고, 그 생애에 고정되어 있다. 비록 성령이 계속해서 교회에 말씀하실지라도, 그 증언은 진리, 곧 예수 그리스도의 속죄에 관한 정통적 교훈과 완벽하게 조화를 이룬다.

요한은 두 번에 걸쳐 하나님이 "우리"에게 성령을 주셨다고 말한다(3:24; 4:13). 이 두 경우에서 하나님이 신자 안에 사시고 신자가 하나님 안에 사는 것을 신자에게 확증하는 것은 성령의 내주하심이다. 성령의 내주하심은 신자가 사도적 증언을 진리로 듣고 받아들일 때 증명된다(4:6). 사도적 증언과 일치하지 않는 다른 진리는 어떤 주장이든 하나님께 속한 것이 아니므로, 그것은 거짓말이다. 이 점에서 하나님의 진정한 임재는 예수님에게서 기원한 객관적 지식 그리고 요한복음의 '사랑하시는 그 제자' 및 요한 서신의 장로와 같은 사도적 증인들이 한 증언에 요약된 객관적 지식과 동일시된다. 이런 의미에서 성령은 진리이시고, 사도적 교훈과 상관없는 진리는 어떤 주장이든 하나님의 영에 속한 것일 수 없다. 그러므로 성령은 복음의 사도적 교훈이 참되고 믿을 수 있음을 개인에게 증언하시는 분이다(성령의 지속적 사역을 암시하는 현재 시제를 주목하라).

요일 5:7-8 증언하는 이가 셋이니 성령과 물과 피라 또한 이 셋은 합하여 하나이니라(ὅτι τρεῖς εἰσιν οἱ μαρτυροῦντες, τὸ πνεῦμα καὶ τὸ ὕδωρ καὶ τὸ αἷμα, καὶ οἱ τρεῖς εἰς τὸ ἕν εἰσιν). 요한은 여기서 하나님의 아들이신 예수님의 대속의 죽음을 통해 아버지의 사랑을 표현하며 참된 신자라면 누구나 진리로 인정해온 증언, 곧 구별되지만 서로 분리할 수 없는 구원의 세 가지 요소에 대한 증언을 강조한다.

요한은 물과 피를 증인으로 의인화한다. 이때 물과 피는 예수님의 지상 생애를 가리키는 한편, 계속해서 하나님이 베푸신 사랑과 구속을 증언한다. "피"는 대대로 계속 '증언할' 예수님의 죽음을 명백히 가리킨다. "물"의 구체적인 지시 대상은 애매하고, 요한복음에서 제시된 여러 가지 함축 의미를 나타내는 의도일 수 있다(6절에 대한 주석을 보라). 칼뱅은 성령이 한 증인이지만 두 번에 걸쳐 언급된다고 주장하는 듯하다.[17] 대처는 그것이 성령이 하시는 증언의 두 국면일 것이라고 본다. 한 국면은 예수님의 지상 생애 기간에 일어난 사건들과 성령의 긴밀한 연계성이고, 다른 한 국면은 예수님의 죽음과 부활 이후 교회 안에서 일어난 성령의 지속적 사

역이다.[18]

성령의 증언은 예수님의 세례와 죽음을 증언할 때 두드러졌다. 예수님의 공적 사역은 그분이 물 세례를 받으실 때 그분 위에 성령이 임하는 순간 시작되었다(마 3:13-17; 막 1:9-13; 눅 3:21-23; 요 1:29-34). 요한복음은 예수님의 세례 이야기를 담지 않아도 세례 요한의 증언을 부각한다(요 1:19-36). 요한복음에 따르면, 세례 요한은 성령이 비둘기같이 임하셨을 때 예수님을 하나님의 아들로 본 최초의 인물이다. 요한복음에서 예수님의 죽음은 하나님이 인간 피조물에게 생기를 불어넣으시는 장면에서 성령을 주시는 것과 연계되어 있다(요 19:30, 34; 20:22, 참고. 창 2:7, LXX). 분명한 것은 증언을 하는 세 증인의 연합이다. 곧, 헬라어 본문에 따르면 문자적으로 이 셋이 '하나 속에 있다'(중성 단어 "ἐν"을 주목하라). 구속을 목적으로 한 이 연합은 성령, 물, 피에 관한 어떤 개념이 사람들을 거짓으로 이끄는 것, 곧 요한복음에 나타나는 것처럼 이 세 가지 요소를 왜곡하는 것을 논박한다.

세 증인의 증언은 분명히 유대 문화의 관습이었다(참고. 신 17:6; 19:15; 마 18:16; 고후 13:1). 성부, 성자, 성령의 세 인격의 참여를 삼위일체 교리로 인정하게 되자 라틴어 본문에는 나타나지만, 14세기 이전에 나온 헬라어 본문에는 나타나지 않는 것이 삽입되었을 것이다. 곧, 오늘날 '요한의 콤마'(Johannine comma, 요한의 삽입 어구)로 알려진 글이 삽입되었을 것이다. 현대 영어에서는 콤마(comma)가 구두점을 가리키지만, 옛날 영어 용법에서는 어구(phrase)를 의미했다. 여기서 '요한의 콤마'는 5:7과 5:8 사이에 추가로 삽입된 어구이다. 이 어구는 1611년에 번역된 흠정역 성경 같은 헬라어 본문을 원문으로 사용한 성경들에는 그대로 나타나 있다. 그 본문은 다음과 같다(강조체가 추가로 삽입된 어구다).

하늘에서 증언하는 이가 셋이 있으니
(For there are three who testify **in heaven**)
아버지, 말씀, 성령이시다.
(**Father, Word, and Holy Spirit**).
그리고 이 셋은 하나이니라.
(**and these three are one**).
그리고 땅에서 증언하는 이가 셋이 있으니
(and there are three who testify **on earth**)
곧 성령과 물과 피라.
(the Spirit and the water and the blood)
그리고 이 셋은 하나이니라.
(and these three agree as one).

요한이 추가로 삽입된 어구를 편지에 쓰지 않은 것은 거의 확실하지만, 요한의 본문은 성육신하신 아들의 지상 생애에 반영된 구원에 관한 신격의 연합과 인간의 삶 속에서 이루어지는 성령의 지속적인 사역을 포착하는 해석을 대변한다.

| 심층 연구 | '요한의 콤마' 어구는 어떻게 나타났는가 |

후대에 본문에 삽입되었다고 보는 학자들의 일반적 견해에도 불구하고 그리고 16세기 이후 어떻게 본문에 포함되었는지 그 경과를 알고 있음에도 불구하고, 헬라어 본문을 존중하는 흠정역 전통을 따르는

---

17. Calvin, *Commentaries on the Catholic Epistles*.   **18.** 2012년 2월 28일에 이루어진 개인적 대화이다.

> 성경들은 계속해서 '요한의 콤마'를 본문에 삽입한다.[19]
>
> 에라스무스(Erasmus)가 필사가 아닌 최초의 인쇄본 헬라어 신약성경을 1515년에 출간했고, 1516년과 1519년에 이 성경의 후속 판이 나왔다. 1515년에 출간된 초판은, 요한일서 5:7-8을 번역할 때 라틴어 역본들에 들어간 거룩한 증인들의 추가 증언을 포함하지 않았다는 이유로 비판받았다. 에라스무스는 이 비판에 대해 불가타 역본에는 추가 어구가 들어가 있으나, 어떤 헬라어 사본들에는 포함되어 있지 않다는 말로 맞섰다. 논쟁이 치열하게 벌어지자 에라스무스는 이 추가 어구가 헬라어 사본 어느 한 곳에서라도 발견된다면, 다음 출판 때 그 어구를 넣겠다고 말했다.
>
> 결국, 에라스무스는 다음 판이 나오기 전에 이 추가 어구가 담긴 헬라어 사본을 찾아냈다. 그래서 마지못해 그 어구를 삽입했다. 하지만 그 사본에는 임시로 추가 어구를 포함시켰을 것으로 생각된다는 각주가 달려 있었다. 그 사본(Greg. 61)은 1520년에 옥스퍼드에서 한 프란체스코회 수사가 썼고, 이 수사는 추가 어구를 라틴어 불가타 역본에서 보고 헬라어 사본에 넣어 번역한 것이었다. 그리고 이 추가 어구는 주후 800년 이전 라틴어 성경 사본에서는 전혀 나오지 않는다. 거기서 이 추가 어구는 이후 라틴어 사본의 본문과 연결된 난외주로 나타나고, 에라스무스 논쟁의 원인이 되었다.

요일 5:9 만일 우리가 사람들의 증언을 받을진대 하나님의 증거는 더욱 크도다 하나님의 증거는 이것이니 그의 아들에 대하여 증언하신 것이니라(εἰ τὴν μαρτυρίαν τῶν ἀνθρώπων λαμβάνομεν, ἡ μαρτυρία τοῦ θεοῦ μείζων ἐστίν, ὅτι αὕτη ἐστὶν ἡ μαρτυρία τοῦ θεοῦ ὅτι μεμαρτύρηκεν περὶ τοῦ υἱοῦ αὐτοῦ). 요한은 먼저 자신의 말이 단순히 인간에게서 기원한 것이 아니라 하나님께 궁극적 기원을 둔다는 사실을 강조한다. 이 제1 조건문, 곧 사실에 관한 조건문은 사람들의 증언이 일상적으로 우리의 인식론적 원천의 하나로 인정된다는 전제를 진술한다. 우리는 직접 경험한 것을 통해, 논리적 추론을 통해, 또는 다른 사람들이 말한 내용을 믿는 것을 통해 어떤 사실을 알 수 있다. 만약 사람이 이처럼 사람들의 증언을 기꺼이 받아들인다면, 전지하신 하나님의 증거는 더욱 기꺼이 받아들여야 할 것이다.

그러나 그것 때문에 요한이 하나님의 증거의 우월함을 주장하는 것은 확실히 아니다. 첫 번째 호티절은 원인 절이다('…때문에'). 그것은 기독론적인 이유를 소개한다. 두 번째 호티절은 보충 해설 용법이다. "하나님의 증거는 이것이니"는 곧(=) "[하나님이] 그의 아들에 대하여 증언하신" 것이다. 그의 아들에 대한 하나님의 증거는 단순히 요한이 교정하려던 것과 같은 인간적 개념들을 크게 능가한다.

"하나님의 증거는 이것이니"에서 지시 대명사 "이것"(αὕτη)의 지시 대상은 그다음에 나올 호티절을 미리 지시한다. 하나님의 증거는 무엇인가? 하나님이 주신 증거이고(완료 시제를 주목하라), 이미 주어진 그 증거는 총괄적인 영적 원리가 아니라 그의 아들 예수 그리스도에 관한 사실이다. 하나님은 예수님이 세례받으시는 순간 예수님을 자기 아들이라고 말씀하심으로 먼저 자신의

---

19. Bruce M. Metzger, *The Text of the New Testament: Its Transmission, Corruption, and Restoration* (New York: Oxford University Press, 1980), 62, 101-2.

증거를 주셨다(마 3:17; 막 1:11; 눅 3:22; 요 1:33). 요한복음을 보면, 세례 요한이 하나님이 자기 아들에 관해 주신 증거를 직접 듣고 그 증거를 사람들에게 선포한다. 그리고 예수님의 증언을 신뢰한다. 세례 요한은 이렇게 설명한다. "위로부터 오시는 이는 만물 위에 계시고…그가 친히 보고 들은 것을 증언하되…그것(그의 증언)을 받는 자는 하나님이 참되시다는 것을 인쳤느니라"(요 3:31-33).

요한복음의 '사랑하시는 그 제자'는 '이 일들을 증언하고 이 일들을 기록한 제자로, 우리는 그의 증언이 참된 줄 알고 있다'(요 21:24). 증거는 요한복음의 중심 주제이다. 그것은 자체로 하나님이 예수님에 관해 주시는 증거다. 요한일서에서는 그 증거가 "우리가 들은 바요 눈으로 본 바요 자세히 보고 우리의 손으로 만진 바"다(요일 1:1). 요한일서 5:9은, 요한복음을 읽을 때 그 내용을 하나님이 예수님의 정체성에 관해 증언하시는 말씀 행위로 보라고 독자를 초대할 것이다.

요한일서의 저자는 진리에 관한 자신의 증언이 예수님에 관한 하나님의 증거와 면밀하게 연결되어 있다고 가정하고, 적그리스도들이 제시한 것과 같은 온갖 잘못된 주장으로부터 자신의 증언을 보호하는 데 심혈을 기울인다. 성령과 물과 피의 증언은 모두 완전히 하나님이 주신 증거의 한 부분이다. 그러므로 5:9은 단순히 하나님의 증거가 사람들의 증거보다 더 크다는 일반적 주장을 하는 것이 아니고, 하나님의 증거의 본질이 다른 어떤 것이 아니라 예수님에 관한 것에 있다는 특수한 주장을 하는 것이다.

요일 5:10 하나님의 아들을 믿는 자는 자기 안에 증거가 있고 하나님을 믿지 아니하는 자는 하나님을 거짓말하는 자로 만드나니 이는 하나님께서 그 아들에 대하여 증언하신 증거를 믿

지 아니하였음이라(ὁ πιστεύων εἰς τὸν υἱὸν τοῦ θεοῦ ἔχει τὴν μαρτυρίαν ἐν αὐτῷ.[20] ὁ μὴ πιστεύων τῷ θεῷ ψεύστην πεποίηκεν αὐτόν, ὅτι οὐ πεπίστευκεν εἰς τὴν μαρτυρίαν ἣν μεμαρτύρηκεν ὁ θεὸς περὶ τοῦ υἱοῦ αὐτοῦ). 요한의 정의에 따르면, 그리스도인은 신약성경의 증언을 듣고, 그 증언을 하나님의 아들이신 예수님의 생애와 죽음의 중요성에 대한 하나님의 해석으로 인정하며, 믿음으로 그 증언을 그들 마음속에 새긴 자다. 그러나 예수 그리스도의 복음을 거부하는 일은 도덕적으로 중립 행위가 아니다. 요한은 오늘날 매우 인기 있는 다원주의적인 그리고 문화적으로 중심을 차지하는 종교관, 곧 너에게 해당하는 것은 나와 아무 상관이 없다는 신념에 결코 호의적이지 않을 것이다. 엄밀히 말해 예수님에 관한 사도적 증언은 하나님의 증거이므로 사도적 증언을 듣고 믿지 않는 것은 하나님을 거짓말하는 분으로 만드는 결과를 낳는다.

이 구절에서 요한은 하나님을 거짓말하는 분으로 만드는 것에 대해 두 번째로 언급한다. 첫 번째 경우(1:10)는 개인적 죄를 부인하는 것과 관련되어 있다. 하나님은 인간이 자신과 단절되어 있는 죄인으로, 미래에 그들이 유일하게 맞이할 사망과 함께 어둠 속에 살고 있다고 말씀하신다. 그러나 하나님은 그들의 죄를 대속하시려고 사랑으로 자기 아들을 보내심으로써 사람들이 자신과 화목하게 되는 길을 여셨다. 5:9에서 "[하나님이] 그의 아들에 대하여 증언하셨다"(μεμαρτύρηκεν ὁ θεὸς περὶ τοῦ υἱοῦ αὐτοῦ)는 말이 반복되는 것을 주목하라. 하나님은 자신의 증거를 제공하셨고, 그분의 증거는 항상 서 있다. 어떤 사람이 다른 신앙 체계에 따라 그리스도 안에서 주어진 하나님의 사랑을 거부할 때, 그것은 암묵적으로 자신이 하나님보다 더 잘 안다고 선언하는 것과 같다. 그러므로 하나님을 거짓말하는 분으로 "만드는"

---

20. NA 28판의 본문을 반영함. Yarbrough, *1-3 John*, 4-5를 보라.

것이다.

요일 5:11 또 증거는 이것이니 하나님이 우리에게 영생을 주신 것과 이 생명이 그의 아들 안에 있는 그것이니라(καὶ αὕτη ἐστὶν ἡ μαρτυρία, ὅτι ζωὴν αἰώνιον ἔδωκεν ἡμῖν ὁ θεός, καὶ αὕτη ἡ ζωὴ ἐν τῷ υἱῷ αὐτοῦ ἐστιν). 하나님의 증거는 하나님의 성품에 뿌리를 두고 있고 하나님의 아들 안에서 계시되며 성령과 물과 피로 증언되기 때문에 견고하다. 이제 요한은 독자가 갖기를 바라는 확신을 제시하기 위하여 논증을 전개한다. 거짓말을 할 수 없는 분인 하나님은 이렇게 증언하신다. 즉, 자신의 아들에 관한 증거를 믿은 "우리"에게 주신 것을 모든 사람("온 세상")에게 제공하신다는 것이다(2:2). 그것은 곧 하나님의 아들 예수 그리스도 외에 다른 어디서도 발견하지 못하는 영생의 선물이다. 따라서 여기서 요한의 논증은 예수님에 관한 하나님의 증거와 성령, 물, 피의 증언을 아주 면밀하게 연결하고, 성령이나 물이나 피를 배제하는 주장은 어떤 것이든 하나님의 증거가 아니며, 구원하거나 보증하는 능력이 없는 인간적 관념에 불과하다.

요일 5:12 아들이 있는 자에게는 생명이 있고 하나님의 아들이 없는 자에게는 생명이 없느니라(ὁ ἔχων τὸν υἱὸν ἔχει τὴν ζωήν· ὁ μὴ ἔχων τὸν υἱὸν τοῦ θεοῦ τὴν ζωὴν οὐκ ἔχει). 이 진술은 요한이 모든 "진리"가 하나님의 진리인 것은 아니고, 오직 예수님의 생애, 죽음, 부활의 중요성에 따라 성령께 속해 있는 것만 하나님의 진리라고 지적하는 4:1 이후의 설명을 요약한다.

"아들이 있는 자"라는 표현은 2:23에 나오는 말과 비슷하다. 거기서 요한은 아버지가 "있는"(ἔχει) 자는 "아들을 시인하는 자"이고 아들을 부인하는 자는 아버지가 없는 자라고 말한다. 이것은 예수 그리스도가 하나님께 나아가는 유일한 길이라고 말하는 또 다른 방법으로(참고. 요 14:6), 오늘날 그런 것처럼 고대 사회에서도 많은 사람에게 반발을 샀던 사상이다.

요일 5:13 내가 하나님의 아들의 이름을 믿는 너희에게 이것을 쓰는 것은 너희로 하여금 너희에게 영생이 있음을 알게 하려 함이라(Ταῦτα ἔγραψα ὑμῖν ἵνα εἰδῆτε ὅτι ζωὴν ἔχετε αἰώνιον, τοῖς πιστεύουσιν εἰς τὸ ὄνομα τοῦ υἱοῦ τοῦ θεοῦ). 요한은 이제 편지의 결말을 제시하기 시작한다. 이 구절은 1:4과 인클루지오를 이룬다. 1:4이 요한일서의 서두와 본론 사이에서 전환을 표시하는 본문이듯, 5:13도 본론과 결말 사이의 전환을 표시하는 본문으로, 이전 부분이나 이후 부분 어느 쪽과도 함께 묶일 수 있다. 이 구절을 그렇게(야누스 본문으로) 간주하는 것은 5:11-12에 언급된 영생에 관한 같은 주제를 계속 언급하기 때문이다.

요한은 독자에게 자신의 목적이 그리스도를 믿는 그들의 믿음이 옳았음을 확신시키는 데 있음을 상기시킨다. 또한 최근에 계속 교회를 어지럽게 한 분란이 무엇이든 개의치 말고 믿어온 대로 계속 믿으라고 권면함으로써 요한일서의 결말을 보기 시작한다(참고. 2:19, 4:1). 이것은 요한이 독자에게 그들이 직면한 그리스도와 기독교적 삶에 관한 거짓 관념을 제시한 다음 세 번째로 제시하는 확신이다(참고. 2:12-14, 20-21).

여기서 동사의 부정과거 시제(ἔγραψα)는 관례적인 서한체 표현이고, 이전 편지('내가 쓴 것은')가 아니라 현재의 편지("내가 쓰는 것은")를 가리킨다. 저자는 1인칭 복수형 '우리가 쓰는 것은'(γράφομεν)으로 요한일서를 시작한 다음, 나머지 부분에서는 단수형 '내가 쓰는 것은'으로 형태를 바꾼다. 이때 2:1, 7, 8, 12, 13에서는 일관되게 현재 시제를 사용하지만, 이후로 2:14, 21, 26; 5:13에서는 부정과거 시제를 사용한다. 또 여기서 지시 대명사(ταῦτα, "이것")는 거의 확실히 앞에서 쓴 모든 내용을 가리킨다. 그것은 영생 주제를 편지 첫 부분에서 소개했고(1:2) 죄, 사랑 그리고 그리스도가 누구신지에 관한 올바른 생각에 관한 주제가 모두 영생 주제와 연계되어 있기 때문이다(예를 들어, 1:7; 2:9; 5:6).

이 구절(5:13)은 요한복음 20:31, "오직 이것을 기록함은 너희로 예수가 하나님의 아들 그리스도이심을 믿게 하려 함이요 또 너희로 믿고 그 이름을 힘입어 생명을 얻게 하려 함이니라"에 나오는 요한복음의 기록 목적과 상당히 비슷하다. 요한복음과 요한일서를 비교해 볼 때 신자와의 관계에서 논리적으로 순서가 앞서는 책은 요한복음이다. 요한복음은 믿을 이유를 제시하는 반면, 요한일서는 이미 믿은 자에게 혼란한 상황에 있을지라도 계속 그 믿음을 지키라고 권면하기 때문이다.

적용에서의 신학

1. 미래에 관해 무엇을 믿는지가 오늘 어떻게 살지를 결정한다

분주한 일상생활 속에서 우리는 영원한 미래를 바라보지 못한다. 친구나 사랑하는 사람의 무덤 앞에서 죽을 수밖에 없는 인간의 비참한 운명에 직면할 때까지 그런 생각을 하기가 쉽지 않다. 현대인이 삶에 우선순위를 두는 것으로는 일, 식사, 예배, 운동, 쇼핑, 잔디 깎기, 가정을 지키는 것, 가족 및 친구와 시간을 보내는 것 등 수없이 많을 것이다. 기독교 신자일지라도 사후의 삶의 중요성은 거의 염두에 두지 않는다.

그러나 요한복음과 요한 서신의 저자는, 사람들에게 영생의 유일한 원천이신 예수 그리스도, 곧 죽기 위해 땅에 보내심을 받고 그분을 믿고 따를 모든 사람을 사망에서 생명으로 옮겨놓을 길을 열어놓으신 영원하신 생명(the Eternal Life) 자체를 얻는 것에 가장 큰 관심을 두는 듯하다. 예수님의 대속의 죽음, 즉 "물과 피"의 복음이 기독교 신학의 핵심이다. 이와 다르게 주장하는 신학은 결코 참된 것일 수 없다. 하나님의 증거는 "물로만"의 복음이 아니라 오직 "물과 피"의 복음임을 확증하기 때문이다. '비폭력적인'(죽음 없는) 속죄를 좋아하는 오늘날의 신학적 경향은 의도는 좋을지 모르지만, 요한이 교정하는 잘못된 사상을 묘사하는 현대적 표현이다. 이에 대하여 요한은 독자에게 예수 그리스도는 물로만 임하신 것이 아니며, 그분의 피는 우리가 사후에 영생을 얻는 속죄에서 본질이라는 사실을 상기시킨다.

2. 중요하게 믿는 것은 무엇인가?

현대 사회에서는 많은 사람이 특수한 종교적 신념을 선택하거나 어떤 종교적 신념도 갖지 않기로 선택하는 것이 중요한 결정으로 여겨지지 않는 듯하다. 그것을 확실히 생과 사의 문제로 간주하지 않는다. 그러나 예수 그리스도 안에서 주어지는 영생을 거부하는 것은 도덕적으로 중립적인 결정이 아니다('요한 서신의 신학'을 보라). 요한은 누구든지 복음을 듣고도 믿지 않는 것은 암묵적으로 하나님을 거짓말하는 자로 만드는 일이라고 말한다. 복음에 대한 그리스도인의 증언은, 예수님이 우리의 죄를 대속하도록 보내심을 받은 하나님의 아들이시라는 계시를 증언하시는 하나님께 궁극적 기원을 두기 때문이다(5:10).

 요한의 교훈은 1세기와 같이 오늘날에도 아주 인기가 많은, 하나님을 믿는 믿음에 대한 다양한 접근법을 교정한다. 우리는 종교들이 난립하는 세상에서 살고, 점차 일터와 이웃들 속에서 자신의 종교에 따라 사는 사람들과 더 많이 교제한다. 이 많은 종교는 선한 도덕 원리를 가르치고 실천한다. 우리의 동료와 이웃 사람들은 아주 고상하고 정직한 사람일 수 있다. 실제로 그들은 우리가 아는 그 어떤 그리스도인보다 훌륭하고 착한 사람일 수 있다. 오늘날 예수 그리스도의 복음을 '희석하는' 사회적 분위기에 유혹을 받아, 죄의 대속의 필요성을 부인하거나 기독교가 다른 종교들과 공유하는 도덕 원리를 강조하는 일이 일어날 수 있다. 그러나 모든 종교가 하나님을 향해 나아간다는 공손하지만 잘못된 신념에 반대하여 예수님은 "내가 곧 길이요 진리요 생명이니 나로 말미암지 않고는 아버지께로 올 자가 없느니라"(요 14:6)고 말씀하신다.

 "길", "진리", "생명", 이 세 용어가 예수님의 말씀 속에 하나로 결합된 것은 결코 우연이 아니다. 첫째, 종교적 믿음을 가졌더라도 오직 예수님만이 하나님께 나아가는 길인 이유는 오직 예수님만이 죄를 대속하셨고, 무덤에서 부활하심으로써 승리하셨기 때문이다. 둘째, 오직 예수만이 하나님으로부터 오셨다. 그것은 하나님이 우리와 같은 인간의 몸을 입고 오셨고, 이렇게 오신 예수님은 다른 방법으로는 보이지 않는 불가시적인 하나님을 계시하셨기 때문이다. 그러므로 그리스도 안에서 하나님을 계시하는 이 진리에 기초를 두지 않은 영적 진리에 관한 모든 주장은, 단순히 어둠 속에서 울려 퍼지는 휘파람 소리에 불과하다. 셋째, 마지막으로 예수님은 생명이시다. 그것은 신격의 한 인격으로서 예수님의 영원한 생명이 인간의 몸을 입고 오셨기 때문이고(요일 1:2), 예수님의 인간적 몸이 무덤에서 부활하셨기 때문이다. 우리는 예수님의 영원한 생명을 통해서만 살 수 있다(참고. 요 14:19).

 요한이 우리가 요한일서로 아는 편지를 쓴 목적은 분명히 '물로만'의 복음에 노출된 독자에게 영생의 확신을 주기 위함이었다. 요한은 오늘날 많은 사람에게 그런 경향이 있는 것처럼 예수님의 교훈이나 그분의 복 또는 그분의 정신만 선포하지 않고, 예수님의 십자가를 선포하는 '물과 피'의 복음이 필요함을 지적한다. "물로만"의 복음은 현세에서 일부 사람은 만족시킬 수 있지만 무덤에서는 그 가치가 사라진다. 그것은 하나님과의 화목에 대한 확신, 죄의 속죄 그리고 사후의 생명을 전혀 약속하지 않기 때문이다.

요한일서 5:14-21

문학적 전후 문맥

5:13은 요한일서의 본론에서 결말로 전환이 시작되는 구절이다. 이번 단락에서 요한은 1:6에서 소개된 죄의 주제(5:14-19)와 진리를 아는 것에 관한 주제(5:20)로 다시 돌아간다. 이어서 그리스도의 신성을 강력히 진술(5:20)한 다음, 요한일서는 약간 뜬금없이 그리고 수수께끼같이 우상을 멀리하라는 명령(5:21)으로 끝맺는다.

수사 비평학자는 이 단원을 원 편지의 일부로 보는 것을 찬성한다.

5:13-21 전체는 요한일서의 주요 주제를 되풀이하는 역할을 맡는다. 이 부분이 없으면, 요한일서는 그리스-로마 수사학 기준에 따라 심하게 재단되고 말았을 것이다…요한일서의 서두와 결말 사이에 나타난 주제의 균형은 최종판에 13-21절이 포함되도록 의도되었다는 증거이다.[1]

처음에 나오는 접속사(καί)는 이 본문이 자체로 요한일서를 요약하는 진술로, 요한의 기록 목적에 관한 이전 진술(5:13)과 관련되어 있음을 암시한다. 목적 진술(5:13) 다음에 나오는 이 본문은 영생에 대한 확신이 (1) 죄를 정확히 다루는 것(5:16-17)과 (2) 영생 자체이신 참 하나님을 아는 것(5:20) 같은 두 가지 요점에 달려 있다는 것을 함축한다. 이 마지막 단원은 (1) 죄를 지은 다른 사람들을 위하여 기도하라(5:16), (2) 우상에게서 멀리 하라(5:21)와 같은 두 가지 권면을 담고 있다. 요한일서 전체의 교훈은 아마 이 마지막 명령, "우상에게서 멀리 하라"는 말에 함축되어 있을 것이다. 이것은 요한일서 서두에서 우상이 암시되어 있는 것(1:1-4)과 인클루지오를 이룰 것이다. 요한일서 서두는 이 마지막 단원과 영생 주제를 공유하고, 저자가 가장 큰 관심을 둔 포괄적 주제가 영생이라는 것을 확증한다.

---

1. Watson, "'Keep Yourselves from Idols'", 288.

> XIV. 피, 영생 그리고 확신(5:4-13)
> → XV. 하나님을 아는 것(5:14-21)
>   A. 죄를 범한 형제를 위한 기도(5:14-17)
>   B. 우리가 아는 것(5:18-20)
>   C. 마지막 권면(5:21)

주요 개념

하나님의 아들이 우리에게 지각을 주러 오셨기 때문에 우리는 유일하신 참 하나님을 알 수 있다. 유일하신 참 하나님에 관한 지식은 영생의 기초가 된다(참고. 요 17:3). 그리스도에 관한 잘못된 이해를 따르면, 우상을 따르게 되고 빛과 영생의 영역 밖으로 나아감으로써 사망에 이르는 죄를 범한다. 그것은 그리스도 안에 거하지 않는 것이다.

번역

요한일서 5:14-21

14a	확인		그를 향하여 우리가 가진 바 담대함이 이것이니
b	확인		그의 뜻대로 무엇을 구하면
c	단언		들으심이라
15a	조건		우리가…안즉
b	내용		무엇이든지 구하는 바를 들으시는 줄을
c	단언		**우리가 그에게 구한 그것을 얻은 줄을** 또한 **아느니라**
16a	조건		누구든지 형제가 사망에 이르지 아니하는 죄 범하는 것을 보거든
b	권면		**구하라**
c	결과		그리하면…**그에게 생명을 주시리라**
d	확대		사망에 이르지 아니하는 범죄자들을 위하여
e	단언		**사망에 이르는 죄가 있으니**
f	설명		**이에 관하여 나는 구하라 하지 않노라**

17a	단언	모든 불의가 죄로되
b	단언	사망에 이르지 아니하는 죄도 있도다
18a	내용	하나님께로부터 난 자는 다 범죄하지 아니하는 줄을
b	단언	우리가 아노라
c	기초	하나님께로부터 나신 자가 그를 지키시매
d	확대	악한 자가 그를 만지지도 못하느니라
19a	단언	또 아는 것은
b	내용	우리는 하나님께 속하고
c	단언	온 세상은 악한 자 안에 처한 것이며
20a	단언	또 아는 것은
b	내용	하나님의 아들이 이르러
c	단언	우리에게 지각을 주사
d	목적	우리로 참된 자를 알게 하신 것과
e	단언	또한 우리가 참된 자…안에 있는 것이니
f	재진술	곧 그의 아들
g	동격	예수 그리스도
h	단언	그는 참 하나님이시요 영생이시라
21a	호칭	자녀들아 [우리가 아는 것에 비추어]
b	명령	너희 자신을 지켜 우상에게서 멀리하라

구조

'우리가 아는' 것에 관한 여섯 가지 진술이 요한의 마지막 진술의 기본 틀을 구성한다[5:15(2번), 18, 19, 20의 '우리가 (알다)'(οἴδαμεν, 2번)와 20절의 '우리가 알다'(γινώσκομεν)].

1. 우리는 하나님이 그분의 뜻대로 기도하는 사람의 간구를 들으시는 것을 안다(15절).
2. 우리는 하나님께 구하는 것을 얻을 줄을 안다(15절).
3. 우리는 그리스도가 하나님께로부터 난 자를 보호하시므로, 그가 죄를 범하지 않는 줄을 안다(18절).

4. 우리는 하나님께 속하고 온 세상은 마귀의 권능 아래 처한 것을 안다(19절).
5. 우리는 하나님의 아들이 이르러 우리에게 지각을 주신 것을 안다(20절).
6. 우리는 참 하나님을 안다(20절).

이 진술들 사이에 두 가지 권면이 나온다. (1) 죄를 범한 다른 사람들을 위해 담대히 기도하라(5:16). (2) 5:21에서 외관상 뜬금없이 나오는 것으로 보이는 요한일서의 마지막 말, 곧 우상에게서 멀리하라. 요한은 반복, 정서적 호소, 부연 설명을 사용하여 주요 주제들을 제시하는 것으로 메시지를 끝맺는다.[2]

석의적 개요

- **XV. 하나님을 아는 것(5:14-21)**
    - **A. 죄를 범한 형제를 위한 기도(5:14-17)**
        1. 하나님께 담대히 구함(5:14-15)
        2. 형제를 위한 중보기도(5:16-17)
    - **B. 우리가 아는 것(5:18-20)**
        1. 우리는 하나님께로부터 난 자가 죄를 범하지 않는 줄을 안다(5:18)
        2. 우리는 우리가 하나님께 속하고 세상은 악한 자 안에 처한 것을 안다(5:19)
        3. 우리는 하나님의 아들이 이르러 우리에게 진리에 대한 지각을 주신 것을 안다(5:20)
    - **C. 마지막 권면(5:21)**

---

2. 같은 책, 288-89.

본문 설명

요일 5:14 그를 향하여 우리가 가진 바 담대함이 이것이니 그의 뜻대로 무엇을 구하면 들으심이라(Καὶ αὕτη ἐστὶν ἡ παρρησία ἣν ἔχομεν πρὸς αὐτόν, ὅτι ἐάν τι αἰτώμεθα κατὰ τὸ θέλημα αὐτοῦ ἀκούει ἡμῶν). 얼핏 요한이 새 주제(기도)를 소개하는 것처럼 보이기는 해도, 이 구절은 죄에 관해 그리고 그리스도 안에서 살지 않는 형제에 대한 신자의 책임에 관해 다루는 마지막 설명으로 들어가는 전환 본문이다(참고. 2:11; 3:6; 4:11). 요한은 습관처럼 앞에서 소개한 주제로 돌아간다. 편지 앞부분에서 기도는 다루지 않았지만, 죄는 반복해서 다루었다.

처음에 나오는 접속사(καί)는 이 본문을 영생의 확신을 다루는 5:13과 연결한다. 요한은 자신의 교회(들) 안에 있는 자들이 교회를 나간 자들의 거짓 교훈과 실천에 노출된 것을 알고 그들의 영적 상태를 염려했다(2:19). 요한은 요한일서 전체에 걸쳐 죄를 짓지 않고 살아야 할 필요성, 하나님에 관한 교훈의 원천을 분별할 필요성 그리고 참된 복음의 일부로 예수님이 흘리신 피의 필연성을 폭넓게 주장했다. 그렇다면 요한의 독자는 사도적 교훈에 따라 살지 않는 형제를 볼 때 어떻게 해야 할까? 요한은 독자에게 서로를 위해 기도하라고 권면(5:16-17)하기 전에, 하나님이 그분의 뜻대로 구하는 백성의 간구를 들어주신다는 사실을 떠올리게 한다. 이것은 앞서 요한이 3:21-22에서 제시한 것과 비슷한 시상이다.

"담대함이 이것이니"(αὕτη ἐστὶν ἡ παρρησία)라는 말에서 지시 대명사(이것이니)는 아마 그다음에 나오는 "그의 뜻대로 무엇을 구하면 들으심이라"는 말을 미리 가리킬 것이다. 여기서 전치사 '프로스'(πρός)는 요한복음 1:1에서 사용된 것과 비슷한 의미를 전달한다. 요한복음 1:1을 보면, 말씀이 "하나님과 함께"(πρὸς τὸν θεόν) 계셨다고 말한다. 우리는 거기서 더 흔하게 사용하는 전치사 '메타'(μετά)가 소유격과 함께 나오리라 예상하겠지만, '프로스'(πρός)가 사용되었다. 이것은 단순히 정적 임재와 공간적 근접을 암시하는 것이 아니라 인격적 관계를 함축한다. 따라서 요한은 여기서 신자들은 하나님과 인격적인 관계를 맺고 담대히 교제한다고 진술하는 것이다. 이것은 요한복음 16:23-26에 나오는 예수님의 말씀을 반영한다. 거기에서 예수님은 자신을 따르는 자들이 "(예수님의) 이름으로" 구하는 것은 아버지께서 무엇이든 주실 것이라고 말한다.

많은 독자가 즉각 우리가 구해야 할 하나님의 뜻이 무엇인지 궁금하게 여기겠지만, 여기서는 확실히 그것이 요점은 아니다. 요한은 16-17절에서 무엇을 구해야 하는지 설명할 것이다. 야브로는 이렇게 설명한다. "비록 요한은 신자들이 하나님의 뜻대로 기도하리라고 가정하는 것처럼 보이기는 해도, 이런 간청에 명백히 정해진 한계는 없다…요한의 요점은 우리가 구해야 할 것이 무엇인지 명확히 분별하는 것이 아니라, 우리가 구할 때 하나님이 들어주시는 줄을 우리가 알고 있음을 확언하는 것이다."[3] 하나님과 인격적으로 맺는 친교에 대한 이런 확신은 외관상 응답이 없는 기도의 간청을 이해하는 배경이기도 하다.

요일 5:15 우리가 무엇이든지 구하는 바를 들으시는 줄 안즉 우리가 그에게 구한 그것을 얻은 줄 또한 아느니라(καὶ ἐὰν οἴδαμεν ὅτι ἀκούει ἡμῶν ὃ ἐὰν αἰτώμεθα, οἴδαμεν ὅτι ἔχομεν τὰ αἰτήματα ἃ ἠτήκαμεν ἀπ᾽ αὐτοῦ). 요한은 방금 독자에게 하나님이 그분의 뜻대로 구하는 이의 기도를

---

[3] Yarbrough, *1-3 John*, 300.

들어주신다는 사실을 상기시켰다. 요한은 이제 일반 조건문인 제3조건절 "[만일] 우리가…줄을 안즉"이라는 말과 함께 요점을 더 깊이 제시한다. 그런데 여기서 요한은, '에안'(ἐάν) 다음에 가정법 동사가 나오거나 '에이'(εἰ)와 직설법 문장이 포함된 제1조건문이 나오리라 예상되는 곳에서 동사 '알다'의 직설법 형태(οἶδα)를 사용한다.

쿨리는 이것이 "저자가 방금 사실로 확립한…어떤 것을 가설적인 사실로 묘사함으로써…방금 사실로 확립한 그 사실을 예상되는 가정법이 아니라 직설법을 사용하여 제3조건문으로 약화함으로써" 독자를 온건하게 책망하는 것이라고 주장한다[4][이것이 예상치 못한 직설법 동사가 나타나 석의 문제를 일으키는 세 번째 사례임을 주목하라(참고. 5:2)]. 요한이 사실에 관한 제1조건문을 사용했다면, 문장은 '…들으시는 줄을 우리가 알기 때문에'가 될 것이다. 그러나 조건적 불변화사 '에안'(ἐάν)으로 시작하는 것은 독자가 하나님이 들으시는 줄을 알고 있다는 확신 없이 기도했을 가능성이 있다는 점을 암시한다. 만약 그렇다면, 이 문장의 뉘앙스는 야고보서 1:6 및 마가복음 11:24과 비슷할 것이다. 곧, 하나님이 들으시는 것을 의심하지 말고 구해야 한다는 것이다. 그러나 브라운은 여기서 직설법과 함께 나오는 '에안'(ἐάν)을 제1조건문('…하므로')으로 번역한다. 그런데 그것이 14b절의 가정법과 함께 나오는 '에안'과는 약간 다르다고 언급한다.[5] 브라운은 14b절과 15a절 사이에서 기도하라는 권면이 "구하면…들으심이라…들으시는…구하는"과 같이 교차 대구를 이룬다고 지적한다.

여기서 동사 '듣다'(ἀκούει)는 하나님이 간청을 이해하고 기도에 응답하신다는 점을 암시한다. 하나님은 우리의 간청에 항상 응답하시는가? 우리가 구하는 것을 하나님이 마술적으로 주신다는 말을 들으리라고 믿는가?

(더 상세한 설명은 이 단원의 '적용에서의 신학'을 보라.) 하나님이 우리의 기도를 들어주시므로 우리는 구하는 것을 얻게 되리라는 점을 어떻게 확신할까? 하나님께 적절히 구하려면, 반드시 하나님의 온전하고 전지하신 뜻에 복종해야 한다. 심지어는 예수님도 겟세마네 동산에서 "나의 원대로 마시옵고 아버지의 원대로 하옵소서"라고 기도하셨다(마 26:39, 참고. 막 14:36; 눅 22:42). 주어진 상황에서 우리가 구하는 것이 하나님의 뜻인지 알 수 없으므로, 하나님이 응답하시지 않는 것처럼 보일 때마다 우리의 기도를 들으셨다는 확신을 가지고 결과를 받아들여야 한다. 비록 하나님의 응답이 "안 돼"나 "아직은 아니야"일지라도, 무엇이든 하나님의 뜻대로 구하면 응답을 받는다.

요일 5:16-17 누구든지 형제가 사망에 이르지 아니하는 죄 범하는 것을 보거든 구하라 그리하면 사망에 이르지 아니하는 범죄자들을 위하여 그에게 생명을 주시리라 사망에 이르는 죄가 있으니 이에 관하여 나는 구하라 하지 않노라 모든 불의가 죄로되 사망에 이르지 아니하는 죄도 있도다(Ἐάν τις ἴδῃ τὸν ἀδελφὸν αὐτοῦ ἁμαρτάνοντα ἁμαρτίαν μὴ πρὸς θάνατον, αἰτήσει καὶ δώσει αὐτῷ ζωήν, τοῖς ἁμαρτάνουσιν μὴ πρὸς θάνατον. ἔστιν ἁμαρτία πρὸς θάνατον· οὐ περὶ ἐκείνης λέγω ἵνα ἐρωτήσῃ. πᾶσα ἀδικία ἁμαρτία ἐστίν, καὶ ἔστιν ἁμαρτία οὐ πρὸς θάνατον). 요한은 죄가 그리스도인의 삶과 양립할 수 없다는 점을 다양한 관점에 따라 설명한 다음, 이제 독자가 다른 사람들이 범하는 것을 볼 수 있는 죄의 문제를 다룬다. 16절은 신약성경을 처음 읽는 새로운 독자에게는 아주 난해한 구절일 것이다. 그 구절은 즉각 "사망에 이르는 죄는 무엇인가?"라는 질문을 불러일으키고, 곧바로 두 번째로 "나는 이 죄를 지었는가, 아니면 지을 수 있는가?"라는 질문을 불러일으키

---

4. Culy, *I, II, III John*, 134.

5. Brown, *Epistles of John*, 607, 610.

기 때문이다.

무작위로 인터넷 블로그들을 찾아보면, 사망에 이르는 죄가 무엇인지에 대하여 거짓 교훈, 성령 모독, 배교와 같은 대중적 개념들이 답변으로 제시된 것을 볼 수 있다. 어떤 이들은 여기서 "형제"가 기독교 신자를 가리키지 않고 교회에 나오는 비신자를 가리킨다고 주장한다. 또는 사망에 이르는 죄는 사형 처벌을 받을 만한 중죄를 가리킬 것이라는 주장도 있다. 또 다른 이들은 하나님이 예레미야(렘 14:10-11)에게 하나님의 심판이 없을 것이라고 주장하는 거짓 선지자들의 말을 듣는 유다 사람들을 중보하지 말라고 명하시는 것을 언급한다. 요한의 목적이 독자에게 그들의 영생을 확신하게 하는 것임을 볼 때, 일부 독자가 여기서 자기들의 구원에 대한 확신이 흔들리게 되는 것은 아이러니하다.

5:16-17은 신자가 삶에서 범하는 죄에 관한 네 번째이자 마지막 언급이다(1:7-10; 2:1-12; 3:4-9을 보라). 요한은 1:7-10에서 죄가 없다고 말하는 어떤 주장도 자기를 속이고, 암묵적으로 하나님을 거짓말하는 분으로 만든다는 요점을 제시했다. 2:1-12에서는 예수 그리스도의 화목 제물로 죄 사함을 받았지만, 예수님의 죽음이 그리스도인들에게 죄에 대한 허가증을 내주는 것이 아니라 의를 행하며 살도록 동기를 부여한다고 상세히 설명했다.

그리고 3:4-9에서 요한은 다음과 같이 강력한 진술로 죄가 그리스도 안에서의 삶과 절대 양립할 수 없다는 점을 설명했다. "하나님께로부터 난 자마다 죄를 짓지 아니하나니 이는 하나님의 씨가 그의 속에 거함이요 그도 범죄하지 못하는 것은 하나님께로부터 났음이라"(3:9). 거기서 우리는 염두에 둔 특수한 죄가 "불법"(ἀνομία), 곧 하나님의 권위를 고의로 거부하는 죄였다고 결론지었다(그 부분의 설명을 보라).

그리고 우리 앞에 놓인 이 본문(5:16-17)에서 요한은 독자에게 그들이 그리스도인 형제가 사망에 이르지 아니하는 죄를 범하는 것을 볼 때 어떻게 해야 할지에 관해 지침을 준다. 그들은 그 죄를 범한 형제를 위하여 기도해야 한다. 요한은 일부 독자가 다양한 방법으로 죄를 범하리라는 것을 인정하고, 교회의 영적 건강에 대한 책임을 교인들에게 돌린다. "누구든지" 중보의 기도를 하라는 요한의 권면은 획기적이다. 고대 세계에서는 인간과 신적 세계의 중보가 주로 제사장과 선지자들로 제한되어 있었기 때문이다. 이것은 아마 모든 신자의 '제사장 직분'을 인정하는 요한의 믿음의 표현일 것이다(참고. 벧전 2:9).

요한은 일반 조건문 "만일"(ἐάν, 사실에 관한 조건문이 아님)과 부정 대명사 "누구든지"(τις)로 설명을 시작한다. 그 권면은 미래의 어느 시점에 형제가 죄를 범하는 것을 보게 될 어떤 독자나 모든 독자에게 적용된다. 요한은 분사의 직접 목적어로 동족 명사 "죄"를 덧붙여 "사망에 이르지 아니하는 죄"(ἁμαρτίαν μὴ πρὸς θάνατον)라고 표현함으로써 "죄 범하는 것"(ἁμαρτάνοντα)을 수식한다. 여기서 염두에 둔 죄가 무엇이든 그 죄를 다른 사람들이 확인할 수 있다는 점을 주목하라. 이 죄는 마음속에 숨겨진 죄가 아니라 다른 사람들이 알아챌 수 있는 범죄다.

"사망에 이르지 아니하는"(μὴ πρὸς θάνατον)이라는 말은 요한 문헌의 다른 곳, 곧 요한복음 11:4에서 발견된다. 거기서 예수님은 나사로의 병이 죽을병이 아니라고 말씀하신다. 그것은 분명히 육체의 질병을 가리키고, 무덤에서 나사로의 육체적 생명을 다시 살리실 것이라는 예수님의 의도를 나타낸 것이다. 그러나 요한일서에서 언급된 "생명"(ζωή)이라는 말은 모두 사후에 얻을 영생을 가리켰다(요일 1:1, 2; 2:25; 3:14, 15; 5:11, 12, 13, 16). 이 영생은 요한복음에서도 생명의 일차적 의미다(예를 들어, 요 3:15, 16, 36; 5:24, 39, 40; 6:40, 53, 54; 14:6; 17:3; 20:31). 더욱이 요한은 방금 5:13에서 요한일서를 쓰는 목적을 진술했다. 그 목적은 독자가 영생에 대한 확신을 가질 수 있게 하려는 것이다. 그렇다면 요한이 신자의 삶에 죄가 나타나는 것을 인정하는 관점은 그 목적과 어떻게 부합하는가?

5:16b-c에 나오는 대명사들은 선행사가 무엇인지 애매하다. 누가 누구에게 생명을 줄까? 헬라어 본문은 (문자적으로) '만일 누구든지…을 보거든 그는 구할 것이고, (그분이) 그에게 생명을 주실 것이다'(Ἐάν τις ἴδῃ…αἰτήσει καὶ δώσει αὐτῷ ζωήν)이다. 명확성을 기하기 위해 기도하는 자가 죄를 범할 수 있고 또 실제로 죄를 범하며, 죄를 지은 신자들도 기도한다는 사실을 인정하는 한편, "기도하는 자"를 다른 사람이 죄를 범하는 것을 보는 신자를 가리키는 의미로 그리고 "죄인"을 죄를 지은 형제를 가리키는 의미로 사용해보자. 형제가 죄를 짓는 것을 본 경우 기도하는 자는 하나님이 그 죄인에게 생명을 주실 것이라는 확신을 충분히 가지고 중보기도를 해야 한다. "구할"(미래 명령형) 자는 분명히 죄를 지은 자가 아니라 기도하는 자이고, 그렇게 기도하면 거의 확실히 죄를 지은 자에게 생명이 주어질 것이다. 그것은 여기서 요한의 요점이 신자들의 죄와 영생에 대한 확신 사이의 관계를 설명하는 것이기 때문이다(참고. 약 5:20). 비록 구문 속에 "그가 주시리라"(δώσει)의 내포 주어에 변화가 있음을 암시하는 것이 전혀 없기는 해도, 또 기도하는 자가 중재자 역할을 하더라도 오직 하나님만이 영생을 주실 수 있다.[6]

그러나 그 죄인이 동료 신자라면, 그들은 이미 영생을 가지고 있지 않은가(참고. 요 5:24)? 그러면 이것은 어쨌든 그들이 죄를 범함으로써 영생을 상실했다는 것을 의미하는가? "주시리라"라는 미래 시제(δώσει)는 그 죄인이 아직 영생을 가지고 있지 않다는 뜻이 아니라 영생이 아직 미래의 실재라는 사실을 반영한다. 그러므로 이것은 사망에 이르지 않는 죄는 그 죄를 범한 신자가 현세에서 옮겨질 때 그들에게서 영생을 얻을 자격을 박탈하지 않을 것이라는 확신을 표현한다. 이것은 죄를 범한 신자의 영생이 다른 사람들의 기도에 달려 있다는 점을 말하는 것이 아니라, 교회 안에서 일어난 죄를 처리하는 것은 공동의 책임이라는 점을 말하는 것이다(이 단원의 '적용에서의 신학'을 보라).

아울러 요한은 죄의 심각성을 무시하지 않는다. 요한은 이미 독자에게 죄가 하나님 아버지를 가족으로서 닮는 점을 반사하지 않으므로 죄를 짓지 말라고 권면했다(2:1; 3:9). 오히려 죄는 여전히 어둠 속에 있고 마귀에게 속한 자의 특징이다(3:5, 6, 8). 야브로는 다음과 같이 설명한다.

> 신적 부자 관계는 요한이 경고하는 믿음, 윤리 또는 사랑을 어기는 일을 낳지 않는다. 따라서 그리스도인들은 당연히 이 근본적인 결함이나 과오를 특징으로 가지고 있지 않다. 만약 그것이 특징이라면 요한의 관점에서 볼 때 그들은 그리스도인이 아니다.[7]

그러나 요한은 참된 그리스도인도 죄를 범하는 것을 인정한다. 따라서 요한은 그리스도인들이 그리스도의 속죄를 믿는 믿음을 가진 이후 죄를 범함에도 불구하고 어떻게 영생을 소유할 수 있는지 설명해야만 한다. 이 설명이 필수적인 것은 요한이 견지하는 생명과 죽음, 의와 죄 사이의 강력한 이원성 개념이 죄를 짓는 자는 아무도 영생을 소유할 수 없다는 사실을 논리적으로 함축할 것이기 때문이다. 요한은 5:17의 이 긴장 관계를 (비록 모든 불의가 죄이기는 해도) 사망에 이르지 않는 죄가 있고 또 사망에 이르는 죄가 있다고 지적하는 것으로 설명한다. 사망은 하나님과 분리되는 것이므로, 여기서 "사망"은 영생의 반대다. 따라서 육체적 죽음 너머에서 일어나는 것을 가리킨다. 야브로는 이에 대해 다음과 같이 설명한다.

---

6. Brooke, *Johannine Epistles*, 146; Bultmann, *Johannine Epistles*, 87 n16; Haas, *Letters of John*, 150을 보라.

7. Yarbrough, *1-3 John*, 310.

이것은 확실히 요한일서에서 이미 자주 언급된 "영생"의 혜택을 가리킨다(1:1-2; 2:25; 3:14-15; 5:11-13). 하나님은 (어쩌면 중대한) 그의 범죄에도 불구하고 그 사람과의 사귐을 유지하실 것이다. 여기서 우리는 예수님이 자신이 베드로를 위하여 기도하시고, 그리하여 베드로가 그분을 부인한 것을 돌이키게 할 것이라고 말씀하는 장면(눅 22:32)을 떠올리게 된다.[8]

나아가 웨스트코트(Westcott)가 지적하는 것처럼 "모든 죄는 (하나님과의) 사귐을 무너뜨리는 경향이 있다. 그러나 모든 죄가 똑같이 그런 것은 아니다. 모든 죄가 고정적이고 변경할 수 없을 정도로 그런 것은 아니다."[9]

교회 역사 전체에 걸쳐 해석자들은 다양한 종류의 죄 또는 다양한 부류의 죄인을 구분함으로써 사망에 이르는 죄를 다채롭게 설명했다.

1. 고의로 범하는 죄 대 고의성이 없는 죄(참고. 레 4:2; 5:1; 민 15:30-31; 민 18:22)[10]
2. 로마 가톨릭 진영의 용어를 사용하여 살인, 간음, 우상 숭배와 같은 "무거운(죽을 수밖에 없는) 죄" 대 가벼운 죄[11]
3. 성령을 모독하는 죄(참고. 막 3:28-30)
4. 히브리서 6:4-6에 설명된 것과 같은 배교[12]
5. 그리스도 안에 있는 진리를 고의로 그리고 완고하게 거부하는 것

고의로 범하는 의도적인 죄는 확실히 영생을 소유하고 있다는 신자의 확신을 무너뜨릴 것이다. 그리고 요한은 "어둠에 행하는[어둠 속에서 걷는]" 자는 자기들이 하나님과 사귐을 갖고 있다고 생각한다면 스스로 속는 것이라고 지적한다(1:6). 죄를 범하는 자는 마귀에게 속하고 그리스도 안에서 사는 자가 아니다(3:6-9). 자칭 그리스도인이 고의로 그리고 의도적으로 죄를 짓는 선택을 한다면, 그는 자신의 구원을 의심할 온갖 이유가 있고 회개해야만 한다. 만약 그 죄가 살인, 간음 또는 우상 숭배와 같이 중대한 죄라면 그 위험성은 얼마나 더 크겠는가!

토마스 아퀴나스 시대 이후로 방금 지적한 것과 같은 가증한 행위가 로마 가톨릭 교회에서 가벼운 죄(venial sin)와 반대되는 것으로 특별히 중대한 죄(mortal sin)로 불렸다. 이것이 여기서 요한이 말하는 의미라면, 요한은 영생을 얻기에 부적당한 사람으로 만드는 '큰' 죄가 아닌 '작은' 죄들이 다른 사람들을 위한 중보 기도를 통해 간구되어야 한다고 말하는 것이다. 그러나 분노를 살인만큼 악한 것으로, 음욕을 간음만큼 악한 것으로 보는 예수님의 교훈(마 5:21-22, 27-28)은 이 견해와 정면으로 배치된다. 나아가 이 견해에 따르면, 모세, 다윗, 바울과 같은 성경의 인물들은 구속받지 못했을 것이다. 모세는 살인을 저질렀고(출 2:12), 다윗은 간음과 살인을 함께 저질렀으며(삼하 11:1-21), 바울은 과거에 사울로 불렸을 때 그리스도인들을 죽음으로 내몬 공범이었기(행 8:1, 3) 때문이다. 이 모든 죄는 미리 계획한 고의의 죄였다. 그러나 모세, 다윗, 바울은 하나님께 용서의 은혜를 받았다. 웨스트코트가 다음과 같이 이해하는 것과 같다. "사망에 이르는 죄는 특수한 죄의 행위 자체를 가리키는 것이 아니라, 어떤 성격을 띠는 죄의 행위를 가리킨다. 즉, 사망에 이르는 죄로 묘사해야 하는 행위가 있다는 것이다. 그리스도와 우리를 완전히 분리하는 행위가 바로 그것이다."[13]

마가복음 3:28-30의 내용을 통해 우리는 사망에 이

---

8. 같은 책, 307.
9. Westcott, *Epistles of St. John*, 191.
10. Burge, *Letters of John*, 216.
11. Grayston, *Johannine Epistles*, 143에 따르면 주로 Aquinas의 주장이다.
12. Grayston, *Johannine Epistles*, 144.
13. Westcott, *Epistles of St. John*, 192.

르는 죄를 더 깊이 이해할 수 있다. 거기 보면 예수님이 분명히 성령을 모독하는 죄를 결코 사함 받지 못할 영원한 죄로 말씀하시기 때문이다. 그 문맥에서 예수님은 공적 사역을 행하시는 동안 사람들이 그분의 권세의 원천을 사탄에게 돌렸을 때 그렇게 말씀하셨다(막 3:22). 사람들이 예수님 안에서 그리고 예수님을 통해 나타난 하나님의 사역과 능력에 대해 기본적으로 혼란스러워하고 오해하게 되자, 그들은 예수님을 통해 하나님과 화목하게 되는 길로 나아가지 못했다. 예수님이 죄 사함의 유일한 수단이기 때문에 그분을 거부하는 한 죄 사함은 있을 수 없다. 그러므로 이런 식으로 성령을 모독하는 죄는 사함 받지 못한 상태로 남아 있다.

마가복음 3장이 비신자와 관련된 문맥이기는 하지만, 요한일서 5:16-17에서 말하는 "사망에 이르는 죄"도 이와 동일한 노선에 있다. 사망에 이르는 죄는 빛보다 어둠에 속해 있는 자의 특징이기 때문이다. 요한일서 3장에서 요한은 "불법"이라는 말(ἀνομία)을 도입했다. 이 말은 신약성경 전체에서 멸망당하는 자들이 대표적으로 저지르는 죄를 가리키는 데 사용된다(마 7:23; 13:41; 23:28; 롬 6:19; 고후 6:14; 살후 2:3, 7; 히 1:9). 그리고 이 말은 보통 적그리스도로 이해하는(살후 2:3) "불법의(ἀνομία) 사람"을 가리키는 데 사용된다. 그렇게 이해하면, 요한일서 5:16에서 사망에 이르는 죄도 이와 같은 성격을 띤다. 그러나 사람이 하나님이 그리스도 안에서 제공하시는 용서의 유일한 수단을 완고하게 거부하지 않는 한, '아노미아'도 그리스도의 속죄로 용서받는다(롬 4:7; 딛 2:14; 히 10:17).

요한일서 문맥에서 사망에 이르는 죄는, 5:12의 진술인 "아들이 있는 자에게는 생명이 있고 하나님의 아들이 없는 자에게는 생명이 없느니라"와 관련되어 있다. 그러므로 하나님의 아들이 없는 자는 사망에 이르는 길에 있다. 이런 맥락은 5:21을 주석해보면 확인된다(뒤의 주석을 보라). 사망에 이르는 죄는 사람을 생명의 영역에서 배제하는 죄, 곧 사람이 하나님의 아들을 가지지 못하도록 방해하는 죄다. 톰슨(Thompson)이 지적하는 것처럼, "사망에 이르는 죄는 사람이 하나님이 그리스도의 사역을 믿는 자에게 그들을 위하여 주신 생명과 의의 영역에서 살지 않고, 사망의 영역에서, 세상 속에서, 악한 자의 통제 아래 사는 것으로 이미 증명된다."[14] 11-12절은 "물로만"의 복음(5:6)을 믿는 것이 하나님의 증거를 거부하는 것(5:7-9)이라는 주장의 맥락에서 나온다. 요한이 서 있는 역사적 배경에서 보면, 속죄의 필요성을 축소하거나 제거한 "물로만"의 복음을 찬성한 자칭 그리스도인들이 5:16-17에서 사망에 이르는 죄를 범한 자로 암시되어 있다. 그러므로 사망에 이르는 죄는 그리스도의 속죄를 거부하는 죄, 즉 하나님의 증거를 거짓말로 만드는 죄다(1:10; 2:22; 5:10).

사망에 이르지 않는 죄를 지은 자는 "마지못해 죄를 범하고, 그 죄는 하나님과 그분이 제시하신 구원의 길을 거부하는 죄에 포함되지 않는다. 그 죄인은 자신의 뜻을 거스르도록 이끄는 시험에 굴복한다. 그럼에도 불구하고 그는 여전히 하나님과 이웃을 사랑하는 마음을 지니고 있고, 여전히 예수 그리스도를 믿으며, 여전히 죄에서 벗어나기를 바란다."[15] 반면 사망에 이르는 죄를 범하는 형제는 거듭남을 통해 변화된 마음을 지니고 있지 않다. 그들은 그리스도인을 자처하고 교회(들) 모임에 참석할지라도, 예수 그리스도를 믿지 않고 하나님의 계명을 따르지 않으며 형제를 사랑하지 않는다. 크루즈가 "사망에 이르지 않는 죄는 신자가 범하는 죄다…사망에 이르는 죄는 거의 대부분 비신자가 범하는 죄다"[16]라고 주장하는 것과 같다. 쉘러(Scholer)도 이렇게 주장한다. "'사망에 이르지 아니하는 죄'는 신자가 범할 수 있고 또

---

14. Thompson, *1-3 John*, 142.
15. Marshall, *Epistles of John*, 248.
16. Kruse, *Letters of John*, 194.

실제로 신자가 범하는 죄다. '사망에 이르는 죄'는 신자가 범하지 않고 또 신자가 실제로 범할 수 없는 죄다."[17]

이어서 요한은 5:16e-f에서 자신이 권면하는 기도의 초점을 제한한다. 랜들 탄(Randall K. J Tan)은 전치사구 "이(죄)에 관하여"(περὶ ἐκείνης)는 동사 "나는 [말]하지"[λέγω, 즉 '(영원한 사망에 이르는) 죄에 관하여 나는 말하지 않노라']를 수식한다고 정확히 말한다.[18] 그러나 탄이 계속 추론하는 것과 달리, 히나절은 "나는 [말]하지"(λέγω)의 내용을 표현한다.[19] NLT가 "나는 너희에게 그것(사망에 이르는 죄)을 범하는 자를 위하여 기도해야 한다고 말하지 않노라"고 번역하는 것과 같다. 마셜이 지적하는 것처럼 이 '난해한 표현'은 요한이 말하지 않는 것, 즉 요한이 이런 자를 위해 기도하는 것을 금하지 않는다는 점을 강조하는 의도가 있다.[20]

요한은 사망에 이르지 않는 죄를 범하는 자를 위해서만 기도하라고 권면함으로써 무정한 마음을 가지고 있는가? 요한은 편지를 쓸 당시 자신의 교회(들)에서 나간 자를 사망에 이르는 죄를 범한 자로 언급했던 것처럼 보인다(2:19). 그들은 예수님이 육체로 오신 그리스도라는 사실을 부인했다. 예수님이 물과 피로 임하셨다는 사실도 부인했다. 따라서 예수님의 속죄의 죽음의 중요성도 부인했다. 그들은 사도적 믿음을 가진 그리스도인과의 사귐을 저버렸다. 그러므로 요한은 목회자로서 염려하는 마음으로 교회 안에 남아 있는 이들의 사귐을 강화하는 데 초점을 맞추었다. 따라서 예수님에 관한 믿음을 가지지 못해서 하나님의 용서를 받아들이지 못하는 자들의 죄를 위해 중보기도 하는 것은 요점이 아니다. 요한은 단순히 '나는 너희에게 사망에 이르는 죄에 관해 기도해야 한다고 말하는 것이 아니다'라고 말한다. 요한은 교회를 떠나 그리스도 안에서 변화시키는 하나님의 은혜가 필요한 이를 위해 기도하는 것을 금하는 것이 아니다. 다만 그것은 요한이 여기서 말하는 상황이 아닐 따름이다.

마찬가지로 예수님도 요한복음 17:9에서 제자들에게 초점을 맞추셨고 세상을 위해 기도하지 않으셨다. 그러나 이것이 예수님이 구원하러 오신 세상에 대해 무관심했다거나 세상에 적대적이셨음을 의미하지는 않는다(참고. 요 3:16). 그러므로 요한은 '이런 죄를 위해 기도하는 것을 바라지 않는다'고 주장하거나,[21] 요한이 예수님의 본보기를 그 상황의 '긴장 아래' 잘못 적용했다고 주장하는 것[22]은 본문의 취지에서 벗어난다.

마셜은 "만약 그리스도인이 범하는 죄가 사망에 이르는 죄가 아니라면, 그리스도인이 다른 그리스도인들을 위해 굳이 중보기도 해야 할 이유가 있겠는가?"라는 흥미로운 질문을 제기한다.[23] 이 질문에 대한 개연성 있는 답변이 5:17(참고. 3:4)에 나온다. 모든 불의가 죄다. 심지어는 영생을 소유한 신자에게도 죄는 심각하고 파괴적인 문제다. "죄는 불법(ἀνομία)이기" 때문이다(3:4). "죄는 죄로 남아 있고 죄는 위험하다. 그것은 죄가 하나님과 분리된 삶의 특징이기 때문이다."[24] 죄는 먼저 유혹에 굴복함으로써, 그다음으로 고의로 죄를 범하기로 함으로써, 마지막으로 하나님과 용서에서 완전히 돌아섬으로써 어떤 사람을 미혹하거나 실족시킬 수 있다.

게다가 죄는 보통 다른 사람들을 연루시켜 기독교 공동체의 연합과 사귐을 갉아먹고 교회의 고결함과 명성을 더럽힌다. 그리스도인들이 다른 형제가 그리스도

---

17. David M. Scholer, "Sins Within and Sins Without: An Interpretation of 1 John 5:16-17," in *Current Issues in Biblical and Patristic Interpretation* (ed. Gerald F. Hawthorne; Grand Rapids: Eerdmans, 1975), 232. 또한, Thompson, *1-3 John*, 142도 보라.
18. Randall K. J. Tan, "Should We Pray for Straying Brethern? John's Confidence in 1 John 5:16-17," *JETS* 45 (2002): 599-609.
19. Wallace, *Greek Grammar*, 475; Culy, *I, II, III John*, 136.
20. Marshall, *Epistles of John*, 246 n19.
21. Brown, *Epistles of John*, 613.
22. Dodd, *Johannine Epistles*, 137.
23. Marshall, *Epistles of John*, 248-49.
24. 같은 책, 248.

안에서 견실하게 살지 않는 모습을 보고 그들을 위하여 중보기도 하면, 그 결과 아버지의 인도를 받아 그리스도께 진실로 나아온 자는 죄를 계속 짓지 않고(요 6:37) 회개할 것이다.

요일 5:18 하나님께로부터 난 자는 다 범죄하지 아니하는 줄을 우리가 아노라 하나님께로부터 나신 자가 그를 지키시매 악한 자가 그를 만지지도 못하느니라(Οἴδαμεν ὅτι πᾶς ὁ γεγεννημένος ἐκ τοῦ θεοῦ οὐχ ἁμαρτάνει, ἀλλ' ὁ γεννηθεὶς ἐκ τοῦ θεοῦ τηρεῖ αὐτόν, καὶ ὁ πονηρὸς οὐχ ἅπτεται αὐτοῦ). 요한일서에서 두 번째로 요한은 하나님께로부터 난 자가 죄를 짓지 않는다고 강력히 천명한다(참고. 3:9). 3:9(πᾶς ὁ γεγεννημένος ἐκ τοῦ θεοῦ ἁμαρτίαν οὐ ποιεῖ, "하나님으로부터 난 자마다 죄를 짓지 아니하나니")과 5:18(πᾶς ὁ γεγεννημένος ἐκ τοῦ θεοῦ οὐχ ἁμαρτάνει, "하나님으로부터 난 자는 다 범죄하지 아니하는 줄을")의 평행 어구는 같은 죄나 같은 죄의 형태를 염두에 두었음을 암시한다.[25] 위에서 주장한 것처럼 그 죄는 불법(ἀνομία)의 죄다. 곧, 죄를 정의하시는 하나님의 권위를 거부하는 것이다. 따라서 그것은 하나님의 은혜를 거부하는 죄다.

한편으로 신자의 죄가 그리스도의 속죄로 덮였으므로 영생의 자격을 박탈당하지 않는다고 방금 가르친 요한은, 이제 다른 한편으로 죄는 완전히 그리스도 안에서 얻은 새 생명과 양립할 수 없다는 사실을 독자에게 재빨리 상기시킨다. 진실로 하나님께로부터 난 자는 사망에 이르는 죄를 지을 수 없는 것이 사실이지만, 요한은 은혜를 늘리려고 벌을 받지 않고 죄를 계속 지을 수 있다고 생각하는 자에게 죄를 계속 지을 허가증을 내주지 않는다(참고. 롬 6:1). 그런 식의 생각은 사실상 하나님께로부터 나지 않은 자가 보여주는 특징이기 때문이다. 죄가 실제로는 심각한 문제가 아니라는 생각은 요한이 1:5-10에서 논박한 잘못된 생각 가운데 하나다.

이 구절(5:18)의 주된 석의 문제는 두 번째 절의 부정과거 수동태 분사("하나님께로부터 나신 자")가 예수님을 가리키는지, 아니면 신자를 가리키는지 결정하는 데 있다. 그리고 그 판단과 관련된 또 다른 문제, 곧 본문이 원래 "그를 지키시매"(αὐτόν, NA27에서처럼)인지, 아니면 '자기 자신을 지키시매'(ἑαυτόν, NA28에서처럼)인지에 관한 문제도 있다. 비록 "하나님께로부터 나신 자"가 특히 니케아 이후 시대 사람인 우리의 귀에는 예수 그리스도를 가리키는 것처럼 들릴 수 있기는 해도, 이와 똑같은 표현을 사용하여 예수님을 가리키는 언급이 성경(다른 곳)에는 전혀 없다(하지만 5:1을 참고하라). 그러므로 브라운은 "하나님으로부터 난 자는 죄를 짓지 않는다. 오히려 하나님으로부터 난 자는 지켜지고, 그래서 악한 자는 그를 손댈 수 없다"[26]라고 번역한다. 그리고 이렇게 주석한다. 그리스도인이 자기 자신을 지키는지 또는 하나님이 그를 지키시는지는 "크게 중요하지 않다. 하나님의 자녀로서 그리스도인의 지위를 가진 자만이 자기 자신을 보호할 수 있기 때문이다."[27]

그러나 동사 '낳다'(γεννάω)가 두 가지 다른 형태로 사용되는 것은 각각 다른 두 지시 대상이 있음을 암시할 수 있다. 이 동사는 먼저 완료 수동태 분사로 나타나 신자를 언급한다. 이어서 부정과거 수동태로 나타나는데, 대부분의 해석자가 이것을 예수 그리스도를 언급하는 것으로 간주한다.[28] 아마 요한은 거듭난 그리스도인들이 죄가 없으신 사람, 곧 예수 그리스도와 공통된 본성을 가졌음을 암시하는 것일 것이다. 이 해석에 따르면, 요한은 독자에게 그리스도가 그들을 지켜주시기 때문에 그들이 안전하다는 점을 확신시킨다. 악의 세력은 신자가 죄를 범하게 하려고 어떻게든 유혹하고 미혹하며 다른 어떤 영향력을 행사한다. 그러나 그렇다고 해

---

25. Painter, *1, 2, and 3 John*, 322.
26. Brown, *Epistles of John*, 609.
27. 같은 책, 622.
28. Yarbrough, *1-3 John*, 4를 보라.

도 악한 자는 신자에게서 빛과 생명을 제거하고 신자를 어둠과 사망으로 다시 끌고 갈 정도로 하나님의 자녀를 지배하는 것이 불가능하다.

이 구절(5:18)은 요한복음 10:28-29에 나오는 예수님의 약속을 암시한다. "내가 그들에게 영생을 주노니 영원히 멸망하지 아니할 것이요 또 그들을 내 손에서 빼앗을 자가 없느니라 그들을 주신 내 아버지는 만물보다 크시매 아무도 아버지 손에서 빼앗을 수 없느니라"(참고. 17:15; 롬 8:39). 요한일서 5:16-17에서 사망에 이르는 죄를 이처럼 강력하게 경고함에도 불구하고, 요한의 독자들은 그리스도가 행하신 다음과 같은 일을 굳게 확신할 수 있다.

- 그리스도가 영생을 갖고 오셨다(1:2).
- 그리스도가 죄를 깨끗하게 하신다(1:7).
- 그리스도가 아버지 앞에서 대언하신다(2:1).
- 그리스도가 죽음으로 죄를 대속하신다(2:2).
- 그리스도가 마귀의 일을 멸하신다(3:8).
- 그리스도가 하나님의 사랑을 증명하셨다(3:16).

이것은 모두 5:18에서 아버지가 예수 그리스도를 통해 자기 자녀를 지켜주신다는 말로 요약된다.

요일 5:19 **또 아는 것은 우리는 하나님께 속하고 온 세상은 악한 자 안에 처한 것이며**(οἴδαμεν ὅτι ἐκ τοῦ θεοῦ ἐσμεν καὶ ὁ κόσμος ὅλος ἐν τῷ πονηρῷ κεῖται). 여기서 요한은 그의 사고의 대표적인 특징인 세상과 하나님의 자녀의 이원성 개념으로 돌아간다. 총괄적 의미의 "우리"는 하나님으로부터 난 자, 그러므로 이제는 악한 자 마귀의 권능 아래 있는 세상에 속하지 않은 자를 가리킨다. 마귀가 하나님의 자녀를 "만지[거나]" 지배할 수 없는 이유는 그들이 더 이상 마귀의 권능 아래 있지 않기 때문이다.

| 심층 연구 | 우리가 아는 것 |

요한에게는 하나님을 아는 지식과 그 지식의 원천에 관한 주제가 일차 관심사다. 하나님의 아들은 하나님이 누구신지 계시하시기 위해 사람의 모양으로 역사 속에 들어오셨다. 그렇게 하시지 않았더라면, 하나님은 여전히 보이지 않고 알려지지 않은 상태였을 것이다(요 1:18). 그리스도 안에서 주어지는 하나님의 계시가 하나님을 아는 참된 지식의 원천이다. 이것은 어떤 다른 원천으로부터 얻을 수 있는 것이 아니다. 하나님을 아는 참된 지식을 갖는 것이 중요한 이유는 요한복음 17:3에서 예수님이 하신 진술에서 확인된다. 이 구절은 하나님을 아는 지식을 영생과 직접 관련시킨다. "영생은 곧 유일하신 참 하나님과 그가 보내신 자 예수 그리스도를 **아는 것**이니이다"(강조체 저자). 그리고 요한복음에서 가장 중요하게 다루는 주제는 영생을 얻는 것이다. 그것이 바로 요한복음이 기록된 이유이기 때문이다. "오직 이것을 기록함은 너희로 예수가 하나님의 아들 그리스도이심을 믿게 하려 함이요 또 너희로 믿고 그 이름을 힘입어 생명을 얻게 하려 함이니라"(요 20:31).

하나님을 아는 참된 지식을 위태롭게 할 정도로 요한복음의 일부 진술 또는 이 진술들을 대변하는 전통이 왜곡되고 잘못 해석되는 것처럼 보인다. 거짓 교훈과 거짓 믿음이 요한일서를 받은 교회(들) 속에서 분열이 일어난 원인이었음이 분명하다. 요한일서는 하나님의 아들의 이름을 믿는 자가 영생을 소유했음을 알게 하려고 기록되었기 때문이다(요일 5:13). 그러므로 요한일서가 하나님을 아는 참된 지식과 그 지식의 원천에 주된 관심을 둔 것은 논리적으로 합당하다('요한 서신의 신학'을 보라).

요한일서 서두(1:1-4)는 무대에 등장하는 모든 영적 지도자가 예수 그리스도에 관한 진리를 말하는 권위와 지식이 있는 자는 아니라는 점을 강조한다. 오직 자신의 지식과 권위를 예수님께 돌리는 자만이 예수님에 관한 사실과 그분 생애의 중요성을 가르칠 자격이 있다. 요한일서 전체를 통해 요한은 다른 어떤 것을 가르치거나 믿는 자는 누구를 막론하고 그리스도에 관한 진리를 가르치거나 믿는 것이 아니라는 점을 암시하며 '우리가 아는' 것에 대하여 언급한다.

요한은 아는 것에 관해 두 가지 다른 동사(οἶδα와 γινώσκω)를 사용하여 요한일서 전체에서 복음의 진리를 개괄하는 주목할 만한 진술을 제시한다(강조체 저자).[29]

요한일서	본문[30]	주석
2:3	우리가 그의 계명을 지키면 이로써 우리가 그를 **아는 줄로 알** 것이요	순종이 없으면 확신도 없다.
2:4	그를 **아노라** 하고 그의 계명을 지키지 아니하는 자는 거짓말하는 자요 진리가 그 속에 있지 아니하되	순종이 없으면 하나님에 관한 참된 지식도 없다.
2:5-6	누구든지 그의 말씀을 지키는 자는 하나님의 사랑이 참으로 그 속에서 성취되었나니(온전하게 되었나니) 이로써 우리가 그의 안에 있는 줄을 **아노라** 그의 안에 산다고 하는 자는 그가 행하시는 대로 자기도 행할지니라	제자도가 없으면 하나님에 관한 참된 지식도 없다.
2:13	아비들아 내가 너희에게 쓰는 것은 너희가 태초부터 계신 이를 **알았음**이요	그리스도인의 성숙은 영원하신 하나님에 관한 인격적 지식을 수반한다.
2:14	아이들아 내가 너희에게 쓴 것은 너희가 아버지를 **알았음**이요 아비들아 내가 너희에게 쓴 것은 너희가 태초부터 계신 이를 **알았음**이요	하나님의 자녀가 되고 성숙한 그리스도인이 되는 것은 하나님을 진실로 알고 있는 것을 의미한다.
2:18	아이들아…지금도 많은 적그리스도가 일어났으니 그러므로 우리가 마지막 때인 줄 **아노라**	하나님에 관한 지식은 분별력을 제공한다.
2:29	너희가 그가 의로우신 줄을 알면 의를 행하는 자마다 그에게서 난 줄을 **알리라**	하나님을 아는 참된 지식이 기독교 윤리의 기초다.
3:1	그러므로 세상이 우리를 **알지** 못함은 그를 **알지** 못함이라	"세상"은 곧 예수님을 알지 못하는 모든 자다.
3:6	범죄하는 자마다 그를 보지도 못하였고 그를 **알지**도 못하였느니라	하나님을 아는 참된 지식은 순종을 요구한다.
3:16	우리가 이로써 사랑을 **알고** 우리도 형제들을 위하여 목숨을 버리는 것이 마땅하니라	하나님을 아는 참된 지식은 참된 사랑을 인정한다.

---

29. 요한일서의 구조 속에 나타나 있는 이 두 동사에 관한 분석은 B. A. du Toit, "The Role and Meaning of Statements of 'Certainty' in the Structural Composition of 1 John," *Neot* 13 (1979): 84-100을 보라.

30. 인용하는 성경 본문 전체에 강조체가 포함되어 있다.

3:19	이로써 우리가 진리에 속한 줄을 **알고**	확신은 하나님을 아는 참된 지식-"우리는 진리에 속한 자"라는 것-을 요구한다.
3:20	…우리 마음이 혹 우리를 책망할 일이 있어도 하나님은 우리 마음보다 크시고 모든 것을 **아시기** 때문이라	하나님을 아는 참된 지식은 우리의 죄책감을 가라앉힌다.
3:24	우리에게 주신 성령으로 말미암아 그가 우리 안에 거하시는 줄을 우리가 **아느니라**	하나님을 아는 참된 지식은 성령을 필요로 한다.
4:2	이로써 너희가 하나님의 영을 **알지니**	하나님을 아는 참된 지식은 성령에 관한 참된 지식을 필요로 한다.
4:6	우리는 하나님께 속하였으니 하나님을 **아는** 자는 우리의 말을 듣고 하나님께 속하지 아니한 자는 우리의 말을 듣지 아니하나니	하나님을 아는 참된 지식은 하나님의 사도들이 전한 교훈을 받아들이는 것을 의미한다.
4:7	사랑하는 자마다 하나님으로부터 나서 하나님을 **알고**	하나님을 아는 참된 지식은 사랑을 자극한다.
4:8	사랑하지 아니하는 자는 하나님을 **알지** 못하나니	하나님을 아는 참된 지식은 사랑을 자극한다.
4:13	그의 성령을 우리에게 주시므로 우리가 그 안에 거하고 그가 우리 안에 거하시는 줄을 **아느니라**	확신은 성령을 요청한다.
4:16	하나님이 우리를 사랑하시는 사랑을 우리가 **알고** 믿었노니	하나님을 아는 참된 지식은 우리가 하나님이 우리를 사랑하시는 줄을 아는 것을 의미한다.
5:2	이로써 우리가 하나님의 자녀를 사랑하는 줄을 **아느니라**	확신은 사랑을 요청한다.
5:20	또 **아는** 것은 하나님의 아들이 이르러 우리에게 지각을 주사 우리로 참된 자를 알게 하신 것과	우리는 하나님의 아들을 알지 못하면 하나님을 진실로 알 수 없다.

요일 5:20 또 아는 것은 하나님의 아들이 이르러 우리에게 지각을 주사 우리로 참된 자를 알게 하신 것과 또한 우리가 참된 자 곧 그의 아들 예수 그리스도 안에 있는 것이니 그는 참 하나님이시요 영생이시라(οἴδαμεν δὲ ὅτι ὁ υἱὸς τοῦ θεοῦ ἥκει καὶ δέδωκεν ἡμῖν διάνοιαν ἵνα γινώσκομεν τὸν ἀληθινόν, καὶ ἐσμὲν ἐν τῷ ἀληθινῷ, ἐν τῷ υἱῷ αὐτοῦ Ἰησοῦ Χριστῷ. οὗτός ἐστιν ὁ ἀληθινὸς θεὸς καὶ ζωὴ αἰώνιος). 우리는 5:20에서 하나님을 아는 참된 지식과 그 지식의 원천을 획기적으로 요약한 진술을 본다. 하나님의 아들이 오신 줄을 아는 것은 얼마나 큰 특권인가!

그러나 그리스도인의 진리에 대한 지식은 예수님의 탄생과 죽음을 인정하는 것 이상이어야 한다. 곧, 그 지식은 하나님에 관한 지각의 원천으로 예수님에 대한 신뢰를 수반해야 한다. 성육신하신 하나님의 아들로서 예수님은 우리에게 "지각"(διάνοια, '디아노이아')을 주셨다. 자신의 오심의 중요성을 파악할 능력과 성향을 주신 것이다. 이것은 예수님이 가장 큰 계명을 "네 마음을 다하고 목숨을 다하고 뜻('디아노이아')을 다하여 주 너의 하나님을 사랑하라"(마 22:37, 참고. 막 12:30; 눅 10:27)는 명령으로 요약하셨을 때 사용하신 것과 같은 단어다. 이 단어는 또한 고대 헬라어 역본(LXX)의 예레미야 31:33에 나오는 중대한 약속에서 하나님이 자신의 새 언약의 법을 기록할 곳으로 번역된 말에서도 발견된다.

> 그날 후에 내가 이스라엘 집과 맺을 언약은
> 이러하니 여호와의 말씀이니라.
> 내가 나의 법을 그들의 속('디아노이아')에 두며
> 그들의 마음에 기록하여
> 나는 그들의 하나님이 되고
> 그들은 내 백성이 될 것이라.

하나님의 아들은 우리에게 새 언약의 지각을 주셨다. 그래서 우리는 참된 자(τὸν ἀληθινόν)를 알 수 있다. 여기서 "참된 자"라는 말은 헬라어로 '참된, 진정한'을 의미하는 형용사의 남성 단수형이다. 이 말은 신약성경에서 자주 사용하는 "진리"에 해당되는 명사('알레데이아')와 비교하면 별로 사용되지 않는다. "진리"(ἀλήθεια)라는 명사는 100번 이상 나온다. 그중 45번이 요한복음과 요한 서신에 나온다. '알레디논'의 남성 형태는 중성 형태와 달리 인격적인 "참된 자"를 암시하고 문맥상 하나님을 가리킨다. 이것은 요한복음 17:3의 "영생은 곧 유일하신 참(ἀληθινόν) 하나님과 그가 보내신 자 예수 그리스도를 아는 것이니이다"와 간접적으로 관련되어 있다. 그리스-로마 세계에는 신/하나님에 관해 거짓 관념들이 난무했다('적용에서의 신학'을 보라). 그러므로 참 하나님을 알기 위해서는 예수 그리스도를 통해 새 언약의 지각을 얻어야만 한다.

"참된 자"를 아는 것은 그 아들 예수 그리스도를 통해 그분 "안에" 있는 것이다. 이 개념은 사도 바울이 제시하는 그리스도와의 연합 관념(롬 6:5; 고전 6:17; 빌 2:1)과 비슷하다. "그리스도 안에" 있는 것은 그분의 영생, 그분의 운명에 참여하는 것이다. 이것이 예수님이 "내가 살아 있고 너희도 살아 있겠음이라"(요 14:19)고 하신 말씀의 기초다.

어떤 이는 5:20h의 지시 대명사 '이것'(οὗτός)의 선행사["그(This One)는 참 하나님이시요 영생이시라"]가 "예수 그리스도"로서 명백히 그리스도의 신성에 관한 진술인지, 또는 5:20d의 재진술로서 "참된 자"가 하나님을 가리키는 것을 분명히 하는 것인지에 대한 논란을 제기할 것이다. 가장 가까운 선행사는 "예수 그리스도"이고, "그"의 정체성을 영생으로 보는 것은 요한일서 1:2의 '아버지와 함께 계시다가 우리에게 나타내신 바 된 영원한 생명'을 반영한다. 도드는 요한이 하나님에 관해 말한 모든 것을 함께 모아 폭넓게 가리키는 것으로 본다. "그가 어떻게 빛이고 사랑이신가, 그가 어떻게 자기 아들 예수 그리스도를 통해 아버지로 계시되는가, 그가 어떻게 신실하고 의롭게 우리의 죄를 사하시는가, 그가 어떻게 우리 안에 거하시는가? 그리고 여기에 요한은 이것이 진정한 하나님 곧 유일하고 영원한 실재라고 덧붙인다."[31]

비록 "그리스도"가 명시적인 선행사는 아니라고 해도, 요한의 논리는 이것을 예수님의 신성에 관한 진술로 요청하고, 도드가 함께 묶여 있다고 보는 모든 것이 예수 그리스도 안에 다 포함되어 있다. 요한의 진술에 따르면, "참된 자 안에" 있는 것은 "예수 그리스도 안에" 있는 것을 의미하기 때문이다(개역개정은 "우리가 참된 자 곧 그의 아들 예수 그리스도 안에 있는 것이니"라고 번역함으로써 참된 자와 예수 그리스도를 동격 관계로 놓음—역주). 영생 자체이신 참 하나님 안에 있을 때만 누구든 영생을 얻을 수 있다('요한 서신의 신학'을 보라).

요일 5:21 자녀들아 너희 자신을 지켜 우상에게서 멀리하라 (Τεκνία, φυλάξατε ἑαυτὰ ἀπὸ τῶν εἰδώλων). 요한은 요한일서를 황급히 끝내는 것 같은 느낌을 준다. 일부 현대

---

31. Dodd, *Johannine Epistles*, 140(강조체 원저자).

독자는 원문에 결말이 남아 있지 못하고 사라진 것은 아닌지 의아해할 것이다. 그렇지만 이런 추측을 지지할 만한 사본의 증거는 전혀 없다. 그러나 원독자는 아마 틀림없이 이 '의외의 문장'을 '오직 거짓 개념, 어둠, 사망을 대표하는 자가 유일하신 참 하나님이냐, 아니면 우상이냐?'라는 상정된 질문에 답변을 요구하는 강력한 수사적 결말로 보았을 것이다.

요한은 요한일서에서 일곱 번째이자 마지막으로 친밀함과 애정을 담은 호격 "자녀들아"(τεκνία)라는 말로 이 진술을 소개함으로써 독자의 관심을 집중시킨다. 명령 동사가 재귀 대명사와 결합된 "너희 자신을 지켜"(φυλάξατε ἑαυτά)라는 말은, 독자들이 요한일서의 교훈이 주는 유익과 함께 그리스도인으로서 삶을 영위할 때 요한이 그들에게 기대하는 개인적 책임과 수고를 암시한다. 이 동사는 5:18에 사용된 것("지키시매," τηρέω)과 다르고 손해나 도피를 '차단하는' 방어적 의미가 있다.

전치사구 "[그] 우상에게서"(ἀπὸ τῶν εἰδώλων)라는 말은 분리를 암시하고, 차단하고 보호하는 뉘앙스를 가진 동사(φυλάξατε)와 함께 사용하는 것이 적합하다. 그러나 "[그] 우상"(τῶν εἰδώλων)이라는 명사에서 애매함이 시작된다. 이 말이 당혹스러운 것은 우상이 앞에서 전혀 언급된 적이 없고, 앞에 정관사가 붙어 있는 것은 어떤 구체적인 우상이 요한의 생각 속에 있다는 것을 암시하기 때문이다. 이 정관사는 아마 선행 조응 용법으로, 이전에 경고받았던 것을 가리킬 것이다.

분명한 것은 이 명령("우상에게서 멀리하라")이 방금 전 18, 19절 그리고 특히 20절에서 "우리가 아는" 것에 관해 진술하는 문맥 안에 있다는 점이다. 다시 말해, 이 명령은 하나님의 아들이, 정반대 위치에 있는 "우상"과 반대로, 유일하신 참 하나님에 관한 지식을 가지고 오셨다고 말하는 문맥에 들어가 있다. 이 우상은 문자 그대로 에베소 지역의 다양한 신전에서 숭배되는 나무와 돌로 만든 신상으로 이해되어야 하는가? 어떤 해석자들은 이사야가 우상 숭배를 비판한 것이 증언 개념과 연계되어 있었던 것처럼, 요한도 독자에게 그것이 박해나 순교를 의미한다고 해도, 그리스도를 증언하는 의미로서 우상 숭배 의식을 포기하라고 권면했다고 지적한다(참고. 3:16; 5:6).[32] 그러나 요한일서에서는 우상 숭배나 박해 주제가 언급된 적이 없고 요한이 이전 주제로 돌아가는 습관이 있는 것을 고려하면, 비록 에베소와 주변 지역이 확실히 조각된 신상들로 가득 차 있었다고 해도, 이 해석은 전혀 개연성이 없는 것 같다.

대다수의 해석자는 나무나 돌로 만든 신상을 숭배하는 것이 아니라 유일하신 참 하나님에 대한 지식과 대립하는 어떤 믿음을 고수하는 것을 가리킨다고 본다. 브라운은 열 가지 가능한 지시 대상을 열거한다. 그 범주에는 이교 종교의 믿음이나 실천, 죄, 배교 또는 유대교 숭배와 같은 것이 포함된다. 이것들은 요한 당시 그리스도인들에게 우상 숭배의 한 요소로 간주될 수 있었다.[33] 한 가지 그럴듯한 견해가 고전 헬라어에서 우상이라는 말의 의미('환각, 비실재성, 거짓')에서 나온다. 이에 따라 어떤 이는 유일하신 참 하나님(20절)의 실재성과 우상들이 표상하는 신들의 비실재성(참고. 고전 10:19-20)의 대조를 본다.[34] 브라운은 이탈자들 자신이 우상이 되었다고 주장한다.[35]

도드는 플라톤(Theaet. 150c)이 '에이돌론'(εἴδωλον)이라는 말을 영원하고 불변적인 '관념'이나 '형상'과 대조적인 망상적 현상을 가리키는 뜻으로 사용했다고 지적

---

32. M. J. Edwards, "Martyrdom and the First Epistle of John," *NovT* 31 (1989): 164-71; Julian Hills, "'Little Children, Keep Yourselves from Idols': 1 John 5:21 Reconsidered," *CBQ* 51 (1989): 285-310.

33. Brown, *Epistles of John*, 627-28.

34. J. N. Sugit "I John 5:21: TEKNIA, ΦΥΛΑΞΑΤΕ ΕΑΥΤΑ ΑΠΟ ΤΩΝ ΕΙΔΩΛΩΝ," *JTS* 36 (1985): 386-90.

35. Brown, *Epistles of John*, 641.

한다.[36] 다른 고전 학자들(예를 들어, Homer, *Od.* 40.476; Herodotus 5.92)과 칠십인역(예를 들어, 레 19:4; 신 32:21; 합 2:18; 대상 16:26)의 용법도 이 말이 비실재적이거나 망상적인 것을 가리킨다는 점을 보여준다. 이 말의 이런 해석에 따르면, 본문의 명령은 이렇게 이해될 것이다. "거짓된 것을 버리고 실재적인 것을 취하라."[37] 이런 식으로 해석하면, 예수 그리스도가 "참 하나님"이시라는 5:20의 진술(강조체 저자) 다음에 이 말이 나오는 것이 적절해 보인다. 이 결말은 다양한 형태의 이단을 반대하는 것으로, 그리피스가 결론짓는 것처럼 예수님을 거부하는 특수한 형태의 이단을 반대하는 것으로 제한할 필요는 없다.[38]

구약성경에서 우상은 유일하신 참 하나님을 반대하는 가짜 신들을 표상했다. 따라서 도드는 다음과 같이 결론짓는다. "요한은 우상이 신들의 형상을 가리킬 뿐만 아니라, 자신이 편지에서 반대한 왜곡된 종교 관념을 포함하여 하나님에 관한 모든 거짓 또는 가짜 관념을 가리킨다고 본다."[39] 하나님에 관한 거짓 개념들은 부득불 죄를 포함하기 때문에 "우상"은 사탄이 지닌 힘으로서의 죄를 가리킬 수도 있다. 이 해석에 따르면, 요한의 마지막 명령을 '너희 자신을 지켜 죄에서 멀리하라'로 의역할 수 있다. 이런 사고는 요한일서 앞부분에서 주어진 권면들과 부합한다.

당시 역사적 상황에서 보면, 요한은 이탈자들이 가르친 하나님에 관한 거짓 개념을 겨냥했던 것으로 보인다.[40] 파테(Pate)가 "대다수 현대 해석자는 여기서 말하는 '우상'을 참 하나님에 대한 경배를 저버리고 거짓 기독론을 따르는 이탈자들의 우상 숭배와 동일시한다"[41]

라고 지적하는 것과 같다. 비록 이탈자들의 거짓 교훈이 구체적으로 무엇인지 확실히 알 수는 없다고 하더라도, 요한일서에 제시된 요한의 교훈과 양립할 수 없는 하나님에 대한 이해는 무엇이든 비실재적인 영적 사실에 기반을 둔 거짓 교훈으로 정의되는 우상 숭배로 간주될 것이다.[42]

5:21에서 이처럼 우상을 명시적으로 언급하는 것은 서두(1:1-4)의 내용이 보거나 듣거나 말하거나 할 수 없는 원천들에게서 하나님에 대한 지식을 헛되이 추구하는 것을 암시한다는 해석을 지지한다(1:1-4에 대한 설명을 보라). 구약성경에서 이런 우상 숭배를 비판하는 것도 주변 민족들의 사악한 거짓 종교에 반대하여 하나님이 자기 백성에게 자신을 나타내신 계시를 지지하는 역할을 했다. 요한일서 서두에서 요한이 말하고자 하는 요점은, 예수 그리스도를 하나님을 아는 참된 지식의 유일한 원천으로 주장하는 목격자 증언의 권위를 확립하는 것이다. 요한이 "우리가 들은 바요 눈으로 본 바요… 우리의 손으로 만진바"라고 감각적 요소를 강조하는 것은 예수님을 목격한 역사적 사실을 전면에 부각할 뿐만 아니라, 감각 없는 우상은 하나님을 아는 참된 지식을 절대로 제공할 수 없다고 조롱한 구약의 언어를 반영한다. 하나님과 달리 우상은 보거나 듣거나 알거나 말할 수 없기 때문이다(신 4:28; 시 115:3-8; 135:15-18; 렘 10:5, 참고. 계 9:20). 이것이 사실이라면, 요한일서의 마지막 진술(5:21)은 뜬금없이 등장한 어색한 결말이 아니다. 이 마지막 진술은 하나님을 아는 참된 지식의 원천에 관한 주제를 다루는 첫 진술(1:1)과 인클루지오를 이룬다.

야브로는 5:21을 우상에 관해 말하는 스가랴의 새

---

36. Dodd, *Johannine Epistles*, 141.
37. Yarbrough, *1, 2, 3 John*, 325, Daniel L. Akin, *1, 2, 3 John* (NAC 38; Nashville: Broadman & Holman, 2001), 215-16에서 인용함.
38. Griffith, *Keep Yourselves*, 207.
39. Dodd, *Johannine Epistles*, 141.
40. 다음 자료를 보라. Brown, *Epistles of John*, 627-28; Kruse, *Letters of John*, 202; Smalley, *1-3 John*, 310; Smith, *First, Second, and Third John*, 137; von Wahlde, *Gospel and Letters*, 3:215; Watson, "'Keep Yourselves from Idols,'" 298.
41. C. Marvin Pate, *The Writings of John* (Grand Rapids: Zondervan, 2011), 316.
42. Marshall, *Epistles of John*, 255.

언약 예언(특히, 스가랴 13:2)과 특별히 연계시킨다. "만군의 여호와가 말하노라 그날에 내가 우상(τῶν εἰδώλων)의 이름을 이 땅에서 끊어서 기억도 되지 못하게 할 것이며 거짓 선지자와 더러운 귀신을 이 땅에서 떠나게 할 것이라."[43] 야브로는 이 연계성의 근거로 네 가지를 든다. (1) 요한과 그의 독자는 스가랴가 언급한 시대인 종말 시대에 살았다. (2) 요한복음을 보면 요한은 스가랴서를 염두에 둔 것처럼 보인다(요 12:15은 슥 9:9을, 요 19:37은 슥 12:10을, 요 16:32은 슥 13:7을 인유함). (3) 메시아가 오셔서 거짓 선지자와 영들을 내쫓으신다(참고. 요일 4:1). (4) 요한이 참된 하나님 개념에 관심이 있는 것은 스가랴가 하나님의 "신실하심과 빛나는 순결하심"에 관한 환상을 보는 것과 일치한다.[44]

요한은 유일하신 참 하나님을 아는 지식에서 영생만큼 중요한 것은 없다는 사실을 인정한다. 그리고 요한이 요한복음(20:30-31)과 요한일서(요일 5:13)를 쓴 이유는 영생에 있다. 예수님도 친히 이렇게 말씀하셨다. "영생은 곧 유일하신 참 하나님(ἀληθινὸν θεὸν, 요한일서 5:20에서와 같음)과 그가 보내신 자 예수 그리스도를 아는 것이니이다"(요 17:3). 영생은 유일하신 참 하나님을 아는 참된 지식과 불가분리적으로 결합되어 있다. 리우는 5:21을 다음과 같이 설명한다.

5:21은 하나님이 알려지시고 영생이 경험되는 곳 바으로 떨어지지 말라고 경고한다…우상을 멀리 하는 것은 "하나님 안에 거하는" 것(2:28) 외에 다른 것이 아니다…이 원천 외에 다른 요소들, 곧 적그리스도, 거짓 선지자, 마귀, 악한 자 그리고 더 추상적으로 말하면, 거짓, 어둠, 사망은 결코 타협할 대상이 아니다.[45]

가경자 비드도 우상을 하나님에 관한 이단적 교훈과 영생을 상실하게 하는 것을 가리키는 의미로 본다. 비드는 다음과 같이 말한다.

참 하나님을 알고 영생을 가진 너희는 너희 자신을 지켜 오직 영적 사망으로 이끄는 이단들의 교훈을 멀리해야 한다. 하나님 대신 우상을 만든 자들과 같이 이단들도 부패의 낙인을 찍는 그들의 악한 교리로 결코 부패하실 수 없는 하나님의 영광을 부패시켰다.[46]

그러므로 5:21은 갑작스럽고 어색한 결말이 아니라, 요한일서 전체의 요점을 잘 요약하고 고대 및 현대 독자에게 그들이 어떤 신을 경배할 것인지 자문해보라고 요청한다. 곧, 예수 그리스도 안에서 자신을 계시하신 하나님을 경배할 것인지, 아니면 인간의 상상에 따라 추측된 거짓 신을 경배할 것인지 판단하라고 도전한다.

---

43. Yarbrough, *1-3 John*, 323.
44. 같은 책.
45. Lieu, *I, II, & III John*, 237-38.
46. Bede, *Commentary on 1 John*, in Bray, ACCS 11, 229.

적용에서의 신학

어느 월요일 아침, 어떤 사람이 친구들에게 주일 아침에 골프를 치러 갔던 일을 설명했다. 그는 잠시 골프에 대한 설명을 멈추고 그리스도인으로 알려진 한 동료에게 이렇게 말했다. "자네는 아마 주일 아침에 골프를 쳤으니 내가 지옥에 갈 거라고 생각할 거야, 그렇지 않은가?" 그러자 그 그리스도인은 그를 지그시 바라보더니 이렇게 대답했다. "아니, 난 자네가 예수 그리스도를 믿지 않아서 지옥에 갈 거라고 생각하네. 그러니 예수 그리스도를 믿지 않으면 주일에 골프를 치는 편이 낫겠지." 죄, 믿음, 내세는 종교 사상 속에서 통합적으로 연계되어 있다. 그리스도인들에게 통합적으로 연계된 이 세 주제의 초점은 하나님의 아들이신 예수 그리스도의 인격과 사역에 있다. 이 세 가지 주제는 요한일서 마지막 부분에서 긴밀하게 결합되어 있다. 그 맥락 안에서 우상을 멀리하라는 요한의 마지막 명령을 이해할 수 있다.

1. 유일하신 참 하나님을 아는 것

요한은 요한일서 전체에서, 그런데 특별히 5:20에서 최고의 지식이 예수 그리스도 안에 계시된 유일하신 참 하나님을 아는 지식이라고 가르친다. 이것은 사후에 영생을 얻는 것과 관련된 지식이기 때문이다. 그리스도 안에 있는 하나님에 관한 이 참된 지식은 하나님의 대용품을 제공하는 많은 음성, 견해, 종교와 대립 관계에 있다.

> 말하자면, 우상은 기독교의 살아 계신 하나님을 대신하는 것이고…하나님의 대용품을 숭배하는 것은 무엇이든 우상 숭배이며…그것이 정치적 관념이든 어떤 유행하는 제사이든 또는 단순히 (사람) 자신의 '희망적 사고'의 산물이든 다 마찬가지다.[47]

오늘날 하나님께 나아가는 길이 많다는 신념이 인기가 있기는 해도, 영생의 목적지에 도달하는 길은 예수 그리스도를 통해 가는 길이 유일하다. 여기서 요한이 다른 종교의 우상 숭배에 관해 편지를 쓴 것이 아니라는 점을 깨닫는 것이 특히 중요하다. 요한은 그리스도인 독자에게 십자가 죽음의 대속을 제거하거나 무시한 사람의 지각으로 만들어낸 우상 숭배에 관해 편지를 썼다. 퓨 포럼(Pew Forum)이 2007년에 실시한 미국의 종교 현황 조사에 따르면, 그리스도인을 자처하는 미국인이 78퍼센트나 된다.[48] 그러나 여기에는 개신교인, 가톨릭교인, 모르몬교도, 여호와의 증인 그리고 하나님과 예수님에 관한 아주 광범위한 종교적 신념들을 가졌고 더러는 서로 배타적인 정통파 및 '다른' 교파들이 망라되어 있다. 더욱이 이 조사에 따르

---

47. Dodd, *Johannine Epistles*, 142.

48. http://religions.pewforum.org/reports (2012년 6월 25일 접속).

면, 우리는 자신이 '경쟁적인 종교 시장'에서 산다는 것을 발견한다. 이 시장에서는 아주 강력한 '무파벌주의'에 따른 주요 종교 집단들 사이의 활동이 특징적인 요소다. 이런 시대에 더 절실하게 요구되는 것이 요한일서의 메시지다. 마셜이 1978년에 다음과 같이 지적한 요점은 점차 사실로 드러났다.

> 오늘날에는 종교와 도덕이 분리될 수 있고 서로 독립적이라고 상상하는 것이 유행이다. 이에 따라 우리는 예수님을 하나님의 아들로 믿는 믿음이 없어도 선하고 의로운 자가 될 수 있다. 그러나 요한은 우리에게 예수 그리스도가 없으면 진리에 대한 참된 지각도 갖지 못하고, 진리에 따라 살 능력도 갖추지 못한다는 사실을 상기시킬 것이다.[49]

'기독교적'이라는 말이 매우 다양한 신념을 가리킬 수 있는 시대와 지역에 살면서 하나님에 대한 참된 지식에서 벗어나기란 얼마나 쉬운가! 그리고 모든 종교와 종교 언어에 차이가 전혀 없다고 주장하는 다른 신념을 가진 사람들을 따라 살라고 가해지는 압력이 점차 강력해지고 있다. 그리고 이 신념은 본질상 사람이 지성으로 만들어내는 것을 넘어서는 영적 진리가 없다는 가정, 곧 예수 그리스도가 오셔서 계시하신 진리와 대립하는 가정을 포함한다.

그러나 요한은 유일하신 참 하나님을 아는 참된 지식도 있고, 우상 숭배, 곧 실재에 관한 거짓 가정에 기반을 둔 거짓 지식도 있다고 말한다. 칼뱅은 그에 대해 다음과 같이 말한다.

> 경건한 사람은 스스로 자기가 좋아하는 대로 어떤 신을 꿈꾸지 않고 오직 유일하신 참 하나님을 성찰한다. 그리고 자기가 좋아하는 것을 아무것이나 하나님께 갖다 붙이지 않고, 하나님이 자신을 나타내시는 대로 붙드는 것으로 만족한다. 나아가 그 (경건한) 사람은 항상 길을 잃지 않도록 또는 분별없이 무모하게 하나님의 뜻을 넘어서지 않도록 최대한 노력하고 조심한다.[50]

2. 서로를 위해 기도하라

진리와 허위가 공존하는 현실의 배경 속에서, 요한은 그 죄가 사망에 이르는 죄가 아니라면, 죄를 짓는 동료 신자들을 위해 기도하라고 기독교 신자들에게 권면한다. 요한은 자신의 교회(들) 안에도 '그리스도인'을 자처하지만 영적 사망의 길을 가는 자들이 있다는 점을 인정한다. 그들은 예수 그리스도의 생애와 말씀 속에 있는 하나님의 역사적 계시를 거부했기 때문이다. 그러나 하나님으로부터 나고 영생을 받은 것에 그치지 않고 계속해서 가족으로서 아버지를

---

49. Marshall, *Epistles of John*, 256.
50. John Calvin, *The Institutes of the Christian Religion* (편집, John T. McNeill; 번역, Ford Lewis Battles; Philadelphia: Westminster, 1980), 1.2.2.

닮은 모습을 반사하는 삶을 사는 자들도 있다. 요한은 그들에게 다른 신자들이 그리스도와 일치하는 삶을 살도록 기도함으로써 그들이 소유한 영생을 확증하라고 말한다(참고. 요 5:24). 그리고 '주일 아침에 골프를 치러 갈' 수 있는 다른 사람들에 관해 말하면, 그들의 죄에 대한 판단은 유일하신 참 하나님을 거부했기 때문에 맞이할 심판에서 이루어진다. 사망에 이르지 않는 죄가 있고, 그 죄는 예수님의 피로 덮였다.

요한이 독자에게 첫째는 진리와 거짓을 분별하고, 둘째는 적절히 중보기도 하는 자가 되라고 권면함으로써, 교회의 영적 건강에 대한 책임을 교회의 모든 지체에게 두는 것은 주목할 만하다. 사망에 이르는 죄의 결과는 사망이다. 그러므로 어쩔 수 없이 이 사망의 길에 서있는 자도, 심지어는 요한 당시의 이탈자들도 어느 시점에 자신의 삶을 회개하고 그리스도의 속죄의 죽음을 통해 영생을 받을 수 있는 가능성은 열려 있다. 그러므로 어느 누구도 하나님의 구원의 은혜를 넘어 다른 사람의 죄를 탕감할 수 없다. 그러나 '그리스도인'으로 불리는 모든 사람이 합당한 영적 진리를 증명하는 것이 아님을 반드시 인식해야 한다. 어떤 사람이 이전에 추측한 것처럼, "천국에 가면 크게 놀라게 될 두 가지가 있을 것이다. 그것은 어떤 이는 그곳에 있고, 또 어떤 이는 그곳에 없다는 것이다!"

요한이서와 요한삼서 서론

요한이서와 요한삼서는 대략 같은 분량으로 쓰인(약 200개의 헬라어 단어로 이루어짐) 짧은 편지로 한 저자("장로")가 썼다. 이 두 서신은 전도 여행을 하는 그리스도인들이 기독교 교회(들) 안에서 말씀을 전하고자 할 때 필수적으로 요구되는 접대를 거절하는 문제를 다룬다. 내용에 관해 말하면 이 두 서신은 동전의 양면과 같다. 요한이서는 장로가 자신의 메시지와 다른 메시지를 가지고 오는 자칭 그리스도인들을 맞아들이지 말라고 독자를 권면하는 내용을 다룬다. 요한삼서는 장로 자신이 보낸 형제들이 그곳 기독교 교회에서 유력한 힘을 가진 디오드레베에게 접대를 거부당하고 내쫓겼을 때 장로가 겪은 고충과 딜레마를 다룬다. 요한이서는 요한삼서보다 요한일서와 더 직결되어 있다.

요한 서신 전체의 공통 주제는 진리 안에 사는 것이다. 진리 안에서 사는 것은, 특히 어떤 이가 진리 안에서 살지 않을 때 그리고 미성숙한 기독교 공동체가 거짓 교훈(요한일서와 요한이서)이나 사도적 권위를 거부하는 자들(요한삼서) 때문에 파괴될 위험에 있을 때 장로가 교회의 건강과 연합에 관심이 있음을 가장 날카롭게 보여주는 표현이다. 요한이서는 이단 사상을 가진 선생들을 접대함으로써 그리고 그 접대로 인해 그들의 거짓 교훈이 파급될 수 있는 빌미를 제공함으로써 그들의 사역에 참여하지 말라고 경고한다(요이 1:11). 요한삼서는 이것이 신실하고 참된 복음 전도자들을 영접하지 못하는 구실이 되어서는 안 된다고 경고한다.

그러나 이 교회들이 처한 혼란한 상황은 얼마나 심각했을까! 동료 신자들을 사랑하라는 명령에는 그리스도인을 자처하는 자라면 누구는 가리지 않고 접대해야 한다는 뜻이 함축되어 있지 않은가? 그렇다면 어느 때에 접대해야 할까? 그리고 미혹하는 자의 악한 행위에 참여하지 않으려면 어느 때에 접대를 거부해야 할까? 그때나 지금이나 이 문제의 핵심은 모든 동료 그리스도인을 사랑하라는 명령과 복잡하게 얽혀 있는 권위 및 진리 문제에 달려 있다. 오늘날 다원주의가 지배하는 풍토 속에서 권위를 천명하고 진리를 가졌다고 주장할 권한이 누구에게 있는가? 이런 상황 속에서 기독교적 사랑이 요구하는 조건은 무엇인가? 그리스도인을 자처하는 모든 자를 맞아들여야 하는가? 만약 모든 종교 선생이 동등하게 특권을 가졌다면, 불협화음이 난무하는 상황에서 우리는 어떻게 진리를 분별하는가? 예수님이 오셨을 당시 세상은 다양한 종교와 철학으로 가득 차 있었다는 점에서 오늘날 우리가 사는 세상과 비슷했다. 예수 그리스도의 복음이 다신교와 다원주의 사상이 지배하는 세상에 들어왔을 때 신약성경 저자들도 오늘날 그리스도인들과 같이 다양한 문제에 직면할 수밖에 없었다.

저자 문제

요한이서와 요한삼서의 저자는 자신을 그저 "장로"로 지칭한다. 이 지칭만으로도 원독자는 저자가 누구인지 충분히 알았을 것이다. 이 두 서신의 어조, 주제, 권면과 함께 이것은 저자가 당시 교회(들)에서 공인된 지도자에 부합하는 영적 권위가 있는 자였음을 암시한다. 더 상세한 설명은 '요한 서신 전체 서론' 뒤의 내용을 보라.

장르와 목적

요한이서와 요한삼서는 그리스-로마 시대의 전통적 편지 방식을 취했다. 요한이서는 "택하심을 받은 부녀와 그의 자녀들"로 의인화된 교회에 보낸 공개편지다. 요한삼서는 분명히 저자가 잘 아는 한 개인에게 쓴 편지다. 두 편지 모두 관례적인 인사말(요이 1:13; 요삼 1:15)과 직접 만나 대면하기를 바라는 희망 사항을 피력하며 끝난다(요이 1:12, 요삼 1:13-14). 요한이서가 더 폭넓은 독자를 염두에 두었으므로 개인적 언급이 적고 신학적 언어를 의도적으로 더 많이 사용한 것을 인식함으로써 두 편지가 성격적으로 어떻게 다른지를 설명할 수 있다.

요한이서는 요한일서의 첨부(동봉) 편지로 보인다. 그리고 요한일서에는 없는 인격적 호칭("택하심을 받은 부녀와 그의 자녀들에게")이 있다. 그리고 요한이서는 요한일서의 주요 주제들을 소개하고, 요한일서의 내용이 읽히기 전인데도 주요 권면("거짓 선생들을 맞아들이지 말라")을 곧바로 전면에 내세운다('요한 서신 전체 서론'을 보라).

요한이서와 요한삼서에 제시된 것처럼 전도 여행 중인 복음 전도자와 설교자를 영접하는 문제는 초대 교회에서 매우 절실한 사안이었다. 「디다케」(*Didache*) 11:1-2도 이 문제를 다룬다. 아마 요한이서와 요한삼서에 기반을 두고 기록되었을 것이다.

> 누가 만일 앞서 말한 이 모든 것을 가르치기 위하여 여러분에게 온다면 여러분은 그를 맞아들이라. 그러나 만일 가르치는 사람이 길을 잃고 이 모든 것을 손상하는 다른 교훈을 가르친다면, 그의 말을 듣지 말라. 그렇지만 그의 교훈이 주님의 의와 지식에 도움이 된다면 그를 주님처럼 맞아들이라.[1]

이그나티우스(Ignatius)도 요한 서신의 수신 지역과 같은 곳에 보내려고 기록된 서머나에 보내는 편지에서 이 문제를 다룬다. 이그나티우스는 요한이서 1:10과 비슷한 말로 다음과 같이 설명한다.

사랑하는 친구들이여, 이제 나는 여러분이 똑같은 마음을 가지고 있음을 알고 있으므로 이 일들에 대하여 여러분을 권면하고자 합니다. 하지만 인면수심의 사람들에 대하여 미리 경고하는데, 그들은 맞아들여서는 안 될 뿐만 아니라 가능하면 만나지도 말아야 합니다. 그럼에도 불구하고 어렵겠지만 어떻게든 그들이 회개하도록 그들을 위하여 기도하십시오. 우리의 참된 생명이신 예수 그리스도는 그렇게 할 능력을 갖고 계십니다.[2]

장로가 보낸 이 두 서신(요한이서와 요한삼서)의 목적은 거의 대부분 장로의 교회에서 나간 (요일 2:19) 거짓 선생들에게서 그 지역 교회들을 지키고 보호하는 것이었다. 이런 거짓 선생들에게 접대의 문을 닫으면 교회는 기독교 공동체 안에서 그들의 말을 들을 기회를 차단함으로써 이단을 막을 수 있을 것이다.

수용과 정경

요한 서신의 본문을 인용했음을 보여주는 최초의 증거는 서머나의 감독 폴리카르포스의 글에서 나온다. 서머나는 전통적으로 요한과 관계가 깊은 지역이었다. 이단에 대하여 경고하는 가운데 폴리카르포스(주후 140년 이후는 아님)는 요한일서 4:2과 요한이서 1:7의 "예수 그리스도께서 육체로 오신 것을 부인하는 자가 적그리스도"라는 말을 환기하는 언어를 사용한다.[3] 비록 폴리카르포스가 요한일서나 요한이서를 명시적으로 지칭하며 인용하지는 않더라도, 비슷한 말을 사용하는 것은 이전에 존재했던 교훈을 통해 그 말에 익숙했다는 것을 암시한다. 그 교훈은 장로에게서 나왔을 것으로 추측된다.

요한일서는 사도적 저작으로 널리 받아들여졌으나 반대로 요한이서와 요한삼서는 의심을 받았다. 테르툴리아누스(주후 3세기, 북아프리카)는 요한일서를 알았고 또 인용하기도 했다. 그때 그는 요한일서를 요한복음 및 요한계시록과 함께 사도 요한의 저작으로 보았다. 하지만 요한이서나 요한삼서를 알았던 것으로는 보이지 않는다.[4] 동방 교회 역시 이 짧은 두 서신을 알았던 것으로 보이지 않고 사실은 거부했을 것이다. 당시에 요한이서나 요한삼서는 요한일서와

---

1. Michael W. Holmes 편집/번역, *Apostolic Fathers* (3차 편집; Grand Rapids: Baker Adacemic, 2007), Accordance를 통해 접속한 1,2판.
2. 같은 책 (Ign. *Smyrn.* 4:1, 강조체 저자).
3. Pol. *Phil.* 7.1 (같은 책 안에 있음).
4. 그 증거에 대한 깊이 있는 설명은 Lieu, *Second and Third Epistles*, 6-35를 보라.

달리 시리아어로 번역되지 않았기 때문이다. 이 두 서신이 현존하는 증거에서 처음 언급된 것은 3세기 초 오리게네스에 의해서다. 거기서 오리게네스는 유세비우스를 따라 한 짧은 편지를 언급했고, 또 논란이 되었던 요한이서와 요한삼서도 언급했다.[5] 제롬(주후 342-420)이 활동할 때는 통상적으로 요한이서와 요한삼서를 사도 요한의 저작으로 보지 않고, 유세비우스가 파피아스의 글을 해석한 것에 기반을 두고 요한이라는 흔한 이름을 가진 한 장로의 저작으로 보았다. 그럼에도 불구하고 제롬은 요한이서와 요한삼서를 사도 요한의 저작으로 인용한다. 따라서 이것은 분명히 당시의 통상적 견해를 취하지 않은 것이다.[6]

우리가 요한이서와 요한삼서로 아는 저작이 일부 지역에서 하나로 묶여 회람되었다는 증거가 어느 정도 존재한다. 주후 256년에 카르타고 회의의 증거가 매우 흥미롭다. 카르타고 감독 가운데 한 명인 쿨라비(역시 북아프리카에 있음)의 아우렐리우스(Aurelius)가 요한이서 1:10-11을 마치 요한일서의 한 부분인 것처럼 인용했다.[7] 나아가 라틴어 본문 전승에서는 요한일서와 요한이서의 연계성을 확인할 수 있다. 라틴어 본문 전승에서는 "처녀(들)에게"라는 특수한 명칭(분명히 요한이서 1:1의 "택하심을 받은 부녀에게"라는 말의 해석임)이 초기에 라틴어 사본들의 전달 과정에서 요한일서로 옮겨졌다.[8]

이런 증거 외에도 주후 180년에 리옹의 감독이 된 소아시아 토박이 이레나이우스는 두 저작인 요한일서와 요한이서를 하나의 책으로 아는 것처럼 인용한다.[9] 페인터는 이렇게 설명한다. "이 증거는 요한이서가 요한일서의 첨부(동봉) 편지였다는 견해와 일치한다. 사실이 그러하기 때문에 요한이서는 요한일서와 분리하여 존재하지 않았다. 또한 요한일서는 첨부(동봉) 편지가 필요 없었던 저자 자신의 교회에서 저자가 직접 사용했기 때문에 요한이서 없이도 존재했다."[10] 이 증거는 요한이서가 원수신자의 교회(들)에 첨부(동봉) 편지로 요한일서와 함께 보내려고 요한일서와 동시에 기록되었고, 이후로는 요한일서와 요한이서가 한 편지로 함께 필사되었을 가능성이 있음을 암시한다.

리우는 "요한이서는 결국 원 공동체 외에 다른 공동체들에도 회람하려는 목적의 하나로 그리고 당시 더 널리 읽혔던 요한일서가 요한이서의 모체 편지로 인정된다는 의미에서 요한일서에 첨부될 수 있었다"라고 생각한다.[11] 그러나 리우가 이 가능성을 입증하고자 내세우는 증거는 또한 이 두 서신이 원래부터 하나로 회람되었다는 주장의 증거가 될 수도 있다. 만약 그렇다면, 우리가 요한삼서로 아는 편지가 고대 세계에서는 요한의 두 번째 편지로 알려질 수도 있었고, 이것이 초기 일부 교부들(그리고 무라토리 정경)이 두 편지만 알았던 이유를 설명해줄 수 있다. 학자들은 단지 두 편지만 언급될 때는 요한삼서가 제외된다고 추정할 수 있다.[12] 또

---

5. *Hist. eccl.* 6.25.10.
6. Lieu, *Second and Third Epistles*, 13.
7. 같은 책, 9에서 인용함.
8. 같은 책, 29.
9. *Haer.* 1.16.3; 3.16.5, 8.
10. Painter, *1, 2, and 3 John*, 42.
11. Lieu, *Second and Third Epistles*, 165.
12. 예를 들어, Painter, *1, 2, and 3 John*, 43.

한 이것은 필사자가 요한일서와 요한이서를 분리하고, 그 결과 세 편지가 분리되어 회람된 지역에서, 요한이서와 요한삼서가 사도적 저작으로 보편적으로 인정받은 요한일서와 분리되었을 때 의심을 받은 이유를 설명해줄 수 있다.

4세기경에는 요한이서와 요한삼서가 요한일서와 함께 정경으로 인정되었다. 요한 서신은 6세기에 동방교회의 시리아어 신약성경에 포함되었고, 가경자 비드는 멀리 있는 노덤브리아(잉글랜드)에서 교회가 요한의 세 편지를 사도적 저작으로 받아들이기로 합의한 것을 증언했다. 비록 오늘날 많은 이가 계속 이 세 편지의 저자에 대해 질문을 제기하지만, 이 세 편지의 사도적 저작권을 거부할 유력한 이유는 존재하지 않는다.

요한이서의 개요

I. 인사와 문안(1-3절)
   A. 편지의 저자와 수신자를 제시하는 진술(1-2절)
   B. 미래의 복에 대한 확신(3절)

II. 권면(4-8절)
   A. 장로가 기뻐하는 원인(4절)
   B. 서로 사랑하라는 권면(5-6절)
   C. 권면의 이유(7절)
   D. 경고(8절)

III. 금지(9-11절)
   A. 그리스도의 교훈 안에 거하지 아니하는 자는 하나님을 모신 자가 아니다(9절)
   B. 거짓 선생들을 맞아들이지 말라(10절)
   C. 거짓 선생들을 맞아들이는 것은 그들의 악한 일에 참여하는 것이다(11절)

IV. 결말(12-13절)
   A. 지속적 관계에 대한 소망(12절)
   B. 자매 교회의 문안(13절)

요한이서 1:1-3

CHAPTER 16

문학적 전후 문맥

요한이서의 서두는 요한이서가 저자("장로"), 수신자("택하심을 받은 부녀와 그의 자녀들") 그리고 기독교식 문안 인사("은혜와 긍휼과 평강")가 담긴 전형적인 헬레니즘 시대의 개인 편지라는 것을 증명한다. 또한 13절의 마지막 문안 인사도 보라.

> I. 인사와 문안(1-3절)
>   → A. 편지의 저자와 수신자를 제시하는 진술(1-2절)
>   B. 미래의 복에 대한 확신(3절)
> II. 권면(4-8절)
> III. 금지(9-11절)
> IV. 결말(12-13절)

주요 개념

장로는 이 서두에서 진리(1, 2, 3, 4절)와 사랑(1, 3, 5, 6절)이라는 요한이서의 주요 주제를 소개하고, 총괄적 의미의 "우리"라는 말을 사용하여 독자와 친밀감을 조성한다(2-3절). 하나님의 은혜와 긍휼과 평강은 하나님의 진리와 사랑 속에서 발견된다. 이 서두에서 실질적으로 장로가 독자의 마음속에 새겨지고, 권위적인 메시지에 대한 기대감이 고조된다.

번역

요한이서 1:1-3

1a	호칭	장로인 나는
b		택하심을 받은 부녀와
		그의 자녀들에게 편지하노니
c	확대	내가 참으로 사랑하는 자요
d	확대	나뿐 아니라
e	확대	진리를 아는 모든 자도 그리하는 것은
2a	1e절의 설명	우리 안에 거하여
b	단언	영원히 우리와 함께 할 진리로 말미암음이로다
3a	단언	**은혜와 긍휼과 평강이**
b		하나님 아버지와
c		아버지의 아들 예수 그리스도께로부터
d		**진리와 사랑 가운데서 우리와 함께 있으리라**

구조

이 단원은 1세기 당시 그리스-로마 시대의 전형적인 편지 형식으로 구성되어 있다. 오늘날의 메모 형식과 비슷하다.

발신자: 장로(1절)

수신자: 택하심을 받은 부녀와 그의 자녀들, 곧 관계절 '내가 진리 안에서 [참으로] 사랑하는 자요 나뿐 아니라 우리 안에 거할 진리로 말미암아 진리를 아는 모든 자'(1-2절).

진리와 사랑의 필수적이고 본질적인 관계가 이 서두의 진술에서 소개된다. 관례에 따라 인사말로 전하는 소원이 확신 있는 진술로 나타난다(3절). 곧, 아버지와 예수 그리스도로부터 나온 은혜와 긍휼과 평강을 진리와 사랑이 있는 곳에서 누리게 된다는 것이다.

석의적 개요

→ **I. 인사와 문안(1-3절)**
    A. 편지의 저자와 수신자를 제시하는 진술(1-2절)
    B. 미래의 복에 대한 확신(3절)

본문 설명

요이 1:1 장로인 나는 택하심을 받은 부녀와 그의 자녀들에게 편지하노니 내가 참으로 사랑하는 자요 나뿐 아니라 진리를 아는 모든 자도 그리하는 것은(Ὁ πρεσβύτερος ἐκλεκτῇ κυρίᾳ καὶ τοῖς τέκνοις αὐτῆς, οὓς ἐγὼ ἀγαπῶ ἐν ἀληθείᾳ, καὶ οὐκ ἐγὼ μόνος ἀλλὰ καὶ πάντες οἱ ἐγνωκότες τὴν ἀλήθειαν). 만약 장로가 좀 더 확실하게 자신의 정체를 밝혔다면 이후 독자에게 얼마나 좋았을까! 그러나 장로가 원독자에게 그렇게 하지 않았다는 사실은 그들이 "장로"라는 단순한 명칭으로 이미 그의 신원을 알았다는 점을 암시한다.

비교 형용사 '나이가 많은'(elderly, πρεσβύτερος)이라는 말이 실명사(elder)로 사용되어 연장자("장로")를 가리키는 경우가 헬라어에서는 흔했다. 고대 그리스의 의사 히포크라테스(Hippocrates)는 사람의 인생을 일곱 단계로 나누었다. 50-56세 시기를 동족 명사인 '장로'(elder, πρεσβύτης)라고 부름으로써, 그 시기를 '노년'(old age, γέρων) 시기와 구분했다.[1] 사도 요한이 이 편지를 쓸 당시 노인이었을 것이라는 견해가 흔히 알려져 있기는 해도, "장로"라는 지칭은 원래 교회에서 이미 사용된 말이었으므로 그의 직책과 권위를 가리키는 말로 보아야 할 것이다. "장로"(πρεσβύτης)라는 명사는 신약성경에서 나이가 많은 사람을 가리키는 데 사용된다(눅 1:18; 딛 2:2; 몬 1:9). 여기서 실명사로 사용된 장로의 형용사형(πρεσβύτερος)은 신약성경에서 몇십 회에 걸쳐 유대교의 종교 지도자를 가리키는 데 사용된다(예를 들어, 마 21:23; 막 8:31; 눅 22:52). 그리고 그 말은 이후로 기독교 교회의 지도자를 가리키는 의미로 계속 사용되었다(예를 들어, 행 14:23; 벧전 5:1).

이 단어의 명사형과 형용사형에 용법상 이런 구별이 있는 것은, 장로라는 지칭이 나이와 상관없이 편지의 수신지인 교회(들)에서 저자가 지닌 높은 권위를 함축한다는 점을 암시한다(참고. 요일 1:1). 퀸틸리아누스(3,8,12)가 말하는 것처럼 심의적(정치적) 수사학에서 실제로 가장 큰 힘을 발휘하는 것은 화자나 저자의 권위다.[2] 유세비우스는 요한이라고 불리는 두 교회 지도자가 있었는데 한 사람은 사도 요한이고 다른 한 사람은 장로 요한이라고 추정했다. 이 추정으로 사도 요한이 요한이서를 쓰지 않았다는 주장이 시작되었다. 하지만 유세비우스는 파피아스의 말을 잘못 해석한 듯하다[유세비우스, *Hist. eccl.* 3.39.4.[3] (앞에서 저자 문제에 대한 설명을 보라)]. 요한이서를 쓴 저자의 신원이 단순히 "장로"로 제시되는 것은, 저자가 권위 있는 직책을 가졌다는 점과 저자가 원독자와 개인적으로 친분 관계가 있었다는 점을 함축한다.

장로는 "택하심을 받은 부녀(κυρίᾳ)와 그의 자녀들(τέκνοις)에게" 편지를 쓴다. 비록 "부녀"(κυρία)가 편지를 쓸 때 어머니나 자매를 가리키는 의미로, 또는 어떤 귀인을 가리키는 의미로 흔히 사용되기는 해도, 여기서는 교회와 거듭남으로써 교회 안에 들어온 자를 가리키는 은유로 보는 것이 가장 나을 것이다. 이 은유는 장로가 그들을 존중한다는 의미를 함축한다. 13절의 마지막 문안에서도 "택하심을 받은 네 자매"의 자녀들이 언급되었다. 이 언급은 편지에 개인적인 진술이 전혀 나오지 않은 것과 함께 이들이 두 명의 개인적인 여성을 가리킨다는 문자적 해석을 강력히 반대한다.

이와 같은 의인화는 보통 의인화되는 대상의 문법

---

1. Philo, *Opif.* 105에서 인용함.
2. Duane F. Watson, "A Rhetorical Analysis of 2 John according to Greco-Roman Convention," *NTS* 35 (1989): 119에서 인용함.
3. Papias의 요한 언급을 설명하는 것은 Jobes, *Letters to the Church*, 406을 보라.

적 성(性)에 기반을 두었다. 따라서 요한이서가 교회(ἐκκλησία)라는 말을 직접 언급하지 않지만, 헬라어에서 교회라는 말이 여성 명사이므로 교회를 여성으로 의인화하는 것이 가능하다. 이것은 고대 히브리어나 헬라어에서 '성(城)'이 여성 명사이므로 여성으로 의인화한 것과 똑같다. 하나님의 백성을 여성으로 의인화하는 사례가 성경 다른 곳에서도 발견된다. 이사야(그리고 바룩서나 에스드라 2서와 같은 후기 묵시 저작)를 보면 예루살렘이 여성으로 묘사되고, 요한계시록을 보면 새 예루살렘이 신부로 묘사된다(계 21:1). 사도 바울도 고린도후서 11:2과 에베소서 5:25에서 교회를 여성으로 의인화한다. 베드로전서 5:13의 마지막 문안 인사는 동족 형용사 "택하심을 함께 받은"(συνεκλεκτή)의 여성 형태를 사용하여 '바벨론에 있는' 교회를 가리킨다.

나아가 순종, 건전한 교훈 그리고 적그리스도에 대한 경고를 다루는 요한이서의 내용은 기독교 신자 집단에 아주 적합하다. 여기에 나오는 "자녀들"이라는 말(τέκνον)과 달리, "작은 자녀들"(τεκνία)이라는 이 말의 지소(指小) 형태가 요한복음 13:33에서 한 번 그리고 요한일서에서 7번에 걸쳐 호격으로 사용되는 것을 주목하라(개역개정은 요한 서신에서 τέκνον과 이 말의 지소 형태인 τεκνία를 구분하지 않고 모두 "자녀들"로 번역했고, 요 13:33의 τεκνία는 "작은 자들"로 번역함-역주). "자녀"(τέκνον)는 요한 문헌에서 아브라함의(요 8:39), 하나님의(요 1:12; 11:52; 요일 3:1, 2, 10; 5:2) 그리고 심지어는 사탄의(요일 3:10) 영적 자손을 가리키는 데 빈번하게 사용된다.

수식어 "택하심을 받은"이라는 말(ἐκλεκτῇ)은 부녀와 그의 자녀들이 기독교 교회(들)를 가리키는 은유가 아니라면 설명하기 어려울 것이다. 그 말이 "에클레크테"(Ἐκλεκτή)라는 한 개인 여성의 이름이라는 생각은 13절에 비추어 보면 사라질 것이다. 그녀에게 같은 이름을 가진 실제 자매가 있다는 것은 전혀 개연성이 없기 때문이다. 그러나 교회와 교인들을 가리키는 은유라면, 그것은 예수님을 따르는 자들이 택하심을 받았다는 요한복음의 사상과 일치한다(요 6:70; 13:18; 15:19). 특히 요한의 사상에서 그들은 "세상에서" 택함 받은 자들이다(요 15:19). 그러므로 "택하심을 받은"이라는 형용사는 세상에 속한 자와 하나님께 속한 자 사이의 이원성을 암시한다(예를 들어, 요 8:23; 17:6, 14, 15, 16; 18:36; 요일 2:16; 4:5).

이상의 설명을 종합하면, 요한이서는 한 교회에 속해 사역하지만(참고. 13절) 권위와 선의를 가지고 다른 교회에 편지를 쓰는(1절) 장로의 저작이라는 결론이 나온다. 지명이 구체적으로 명시되지 않은 것을 고려하면, 요한이서는 여러 교회에, 아니 사실은 요한계시록에 나오는 에베소의 전체 교회(참고. 계 2:1-3:22)에 쓴 편지로 볼 수 있다. 유세비우스는 알렉산드리아의 클레멘스가 한 말을 다음과 같이 인용한다. "요한은 (에베소에서) 주변 지역을 자주 찾았고…그때 어느 지역에서는 감독을 지명하고, 다른 지역에서는 전체 교회를 화목하게 했으며, 또 다른 지역에서는 성령이 지시한 어떤 자를 임명했다."[4] 요한이서는 요한일서가 장로의 교회를 넘어 다른 교회들로 보내졌을 때 함께 보내진 첨부(동봉) 편지였을 것이다('요한이서와 요한삼서 서론'을 보라).

장로는 택하심을 받은 부녀와 그의 자녀들을 그가 '진리 안에서(ἐν ἀληθείᾳ, 참고. 요삼 1:1) 사랑하는' 자로 묘사한다. 전치사구 '진리 안에서'는 부사형 "참으로"(참고. ἀληθῶς)라는 의미로 사용될 수 있기는 하다(개역개정은 "참으로"라는 말로 번역-역주). 그런데 요한복음과 요한 서신에서 진리라는 개념은 예수 그리스도의 복음 안에서 계시된 진리와 긴밀하게 연계되어 있다(요일 1:6 부분에서 '심층 연구: 요한 서신에 나타난 진리'를 보라). '진리 안에서(참으로)' 사랑하는 것은 그리스도가 가져오신 실재와 일치되게 사랑하는 것을 의미한다('요한 서신의 신학'을 보라). 이 뉘앙스는 1e절에서 확인된다. 거기서 장로는 "[그] 진리를 아는 모든 자"(πάντες οἱ ἐγνωκότες τὴν ἀλήθειαν)가 또한 부녀와 그의 자녀들, 즉 교회를 사랑한다고 지적한다. "아는"의 완료 시제(ἐγνωκότες)와 "[그] 진리"(τὴν ἀλήθειαν)의 정관사를 주목하면, 이 진술은 실재를 계시하시는 분이 진리 자체이므로(참고. 요 8:32; 14:6), 그분을 알기 위해 나아온 기독교 신자들을 언급하는 것으로 보인다.

요이 1:2 우리 안에 거하여 영원히 우리와 함께 할 진리로 말미암음이로다(διὰ τὴν ἀλήθειαν τὴν μένουσαν ἐν ἡμῖν καὶ μεθ' ἡμῶν ἔσται εἰς τὸν αἰῶνα). 2절은 이 단락에서 장로가 그리스도와 그분이 가져오는 계시를 언급한다는 점을 의심하는 생각을 완전히 제거한다. 이 진리는 "우리 안에" 거하거나 남아 있고, 영원히 "우리와 함께"할 것이기 때문이다. 거하거나 남아 있다는 이 말(μένω)은 요한복음과 요한 서신에서 특별히 자주 나타난다. 신자들이 복음의 진리 안에 거함으로써(참고. 9절) 그리고 그들 안에 남아 있는 진리로 말미암아 영생을 얻고 영생을 확신하기 때문이다.

이 서두(1-2절)에서 장로는 "우리"라는 말을 사용한다. 그것은 장로가 어떤 가정하에 이 글을 썼다는 의미다. 즉, 요한 서신이 쓰인 불화와 분열의 역사적 배경 속에서 더 큰 중요성이 있는 가정, 곧 독자와 장로가 연합된 상태라는 가정이다. 교회를 떠나 거짓 교훈을 가지고 이미 다른 교회로 간 자들과 달리, 장로는 자신을 진리 안에 있는 자로 본다. 또한 요한이 "우리"라는 말을 사용하는 것은 "택하심을 받은 부녀와 그의 자녀들"이 장로와 좋은 관계로 남아 있기를 바란다면, 그들이 진리 안에 계속 있어야 한다는 것도 함축한다.

장로는 이 처음 두 구절(1-2절)에서 이어질 요한이서 본론에서 중점적으로 펼칠 주제를 소개했다. 사랑에 관한 주제는 3-6절에 나오고, 진리에 관한 주제는 2-4절에서 등장하며, 진리 안에 거하는 것에 관한 주제는 9절에서 전개된다.[5]

요이 1:3 은혜와 긍휼과 평강이 하나님 아버지와 아버지의 아들 예수 그리스도께로부터 진리와 사랑 가운데서 우리와 함께 있으리라(ἔσται μεθ' ἡμῶν χάρις ἔλεος εἰρήνη παρὰ θεοῦ πατρός καὶ παρὰ Ἰησοῦ Χριστοῦ τοῦ υἱοῦ τοῦ πατρός ἐν ἀληθείᾳ καὶ ἀγάπῃ). 3절에서 장로는 "은혜와 긍휼과 평강이…우리와 함께 있으리라"고 확언한다. 그렇게 말할 때 기독교의 표준 용어를 사용하여 저자와 독자 사이의 연합 의식을 끌어낸다. 이 진술은 장로와 독자의 관계가 진리와 사랑을 특징으로 한다는 것을 강조한다.[6] 그리고 요한이서의 목적은 그 관계를 본래대로 유지하도록 보증하는 데 있다. 은혜(χάρις)는 진실로 아무것도 받을 자격이 없는 신자들에게 하나님이 베풀어주시는 호의를 가리킨다. 긍휼(ἔλεος)은, 신자들의 죄와 그들이 하나님을 거부한 일로 하나님이 그들이 응당 받아야 할 형벌로 그들을 다스리시지 않는 것을 의미한다. 평강(εἰρήνη)은 단순히 다툼이 없는 상태가 아니라, 어떤 상황에서든 개인적인 행복감을 느끼는 상태를 의미한다.

「솔로몬의 지혜」(Wisdom of Solomon) 3:9과 언어와 사상이 유사한 것이 주목할 만하다.

> 주님을 의지하는 자는 진리(ἀλήθειαν)를 깨닫고
> 주님을 믿는 자는 주님과 함께 사랑(ἀγάπη) 안에 거할(μένω의 복합어) 것이다.
> 은혜(χάρις)와 긍휼(ἔλεος)이 주의 거룩한 자에게 있고,
> 주님은 자신의 **택하심을 받은**(ἐκλεκτοῖς) 자를 감찰하실 것이기 때문이나(NETS, 상소제 서신).

「솔로몬의 지혜」 3:9과 비슷한 사상을 표현하는 이 짧은 단원에서 같은 단어를 여섯 개나 사용하는 것으로 보아, 장로는 그리스도가 오시기 2세기 전에 솔로몬 왕이 저술한 것으로 간주되는 이 기독교 위경 저작을

---

4. Eusebius, *Hist. eccl.* 3.23.6.
5. Watson, "Rhetorical Analysis," 114.

6. 같은 책, 115.

인유한 것으로 보인다. 이처럼 의도적으로 인유했을 개연성이 있다는 사실은 「솔로몬의 지혜」 3:9의 문맥에 요한 문헌의 핵심 주제 중 하나인 내세에 관한 사실("의인의 영혼은 하나님의 손에 있고…그들은 평강 속에 있다")이 나오는 것을 확인하면 더 커진다. 「솔로몬의 지혜」 3장은 계속해서 경건하지 아니한 자의 운명을 묘사한다. 곧, 그들은 "자기들이 추측했던 것에 따라 처벌을 받을 것이다." 이것은 영적 진리에 관한 그리고 그 진리를 선포할 권한이 어디에 있는지에 관한 논쟁 문맥에 적합한 비교와 경고다.

「솔로몬의 지혜」 3:9을 인유하는 것이 확실하다고 해도, 장로는 그 본문을 뛰어넘어 은혜와 긍휼과 평강이 예수 그리스도의 아버지 하나님으로부터 나온다고 말하고, 진리와 사랑에 근거를 두고 있음을 명확히 한다. 진리(4절)와 사랑(6절)이라는 이 주제는 이어서 신실함에 대해 장로가 권면하는 것의 핵심 요소이다.

적용에서의 신학

요한 문헌에서 진리(ἀλήθεια)와 사랑(ἀγάπη)이 긴밀한 관계에 있는 것은 숙고할 가치가 있다. 현대인의 사고방식에 따르면 진리는 인식적 요소인 한편 사랑은 정서적 요소로서, 이 둘이 필수적으로 관련된 것은 아니기 때문이다. 요한일서의 저자에게 진리와 사랑은 매우 긴밀하게 연계되어 있어서 둘은 본질상 서로를 동반한다. 사람은 진리가 없으면 진정으로 사랑할 수 없고, 사랑하지 않으면 진실로 진리를 알 수 없다(요일 3:18; 5:2). 우리가 오직 예수 그리스도 안에서 계시된 진리를 파악하지 못하는 한, 우리는 자신이나 다른 사람들에 관해 올바로 생각할 수 없다. 다시 말해, 우리는 모두 죄인으로 그 죄가 우리를 하나님과 그리고 서로를 분리한다. 특히 우리가 가장 사랑하고 싶어 하는 사람들과 분리한다. 인간의 상태에 관한 실재가 아닌 다른 어떤 것에 기반을 둔 '사랑'은 어느 것이든 그릇되게 실재가 아닌 망상에 기반을 둔 희망 사항에 불과하다. 사랑은 모든 허물을 가려주지만(잠 10:12) 먼저 잘못을 인정해야 한다.

요한 문헌에서 참 사랑은, 우리가 영원히 멸망하지 않고 하나님과 그리고 우리가 서로 영생을 누릴 수 있도록 하나님이 예수 그리스도의 십자가를 통해 부패한 인간에게 베풀어주신 사랑으로 정의된다(요 3:16; 요일 4:10, 19). 많은 사람은 하나님이 진정으로 우리를 사랑하신다면, 우리가 마음대로 죄를 범해도 무조건 묵인하셔야 할 것이라고 잘못 생각한다. 죄의 처벌 개념은 오늘날 많은 종교 사상과 일치하지 않는 듯하다. 따라서 우리 가운데 많은 이가 마치 다른 사람들이 죄를 계속 범하도록 놔두는 것이 사랑인 것처럼 죄를 묵인하고, 그것을 사랑이라고 부르는 것 같다. 하나님이 죄에 대한 처벌을 요구하는 자신의 거룩하심과 죄인들에 대한 자신의 사랑을 동시에 유지하실 수 있는 것은 오직 대속을 통한 길뿐이다. 이 대속은 신인(神人)이신 예수 그리스도의 십자가에서 일어났고 우리에 대한 하나님의 가장 크신 사랑의 표현이다(요일 4:10; 롬 5:8).

모든 사람이 죄인이지만 그들이 모두 그리스도 안에서 하나님의 사랑, 긍휼, 은혜를 받을 수 있다는 진리를 인정할 때만, 우리는 자신의 빈약한 사랑의 능력과 다른 사람들의 가치를 충분히 파악할 수 있게 되는 한편, 진정으로 자신과 다른 사람들을 사랑할 수 있게 된다. 물론 이웃이 우리에게 잘못을 저지를 수 있으나 그렇다고 해서 이웃 사랑하기를 멈추어서는 안 된다. 하나님은 아무 자격이 없는 죄인임에도 불구하고 그들과 우리 모두를 사랑하셨기 때문이다. 오직 그 진리에 대한 지식이 있을 때만 우리는 그리스도 안에서 베풀어지는 하나님의 사랑을 받아들이고, 다른 사람들을 우리 자신과 같이 사랑할 수 있다. 장로는 오직 이 "진리와 사랑" 안에서만 그리고 그것을 통해서만 하나님 아버지와 예수 그리스도로부터 나오는 은혜, 긍휼, 평강이 항상 우리와 함께할 것이라고 확언한다.

CHAPTER 17
요한이서 1:4-8

문학적 전후 문맥

이 본문에서 장로의 주요 관심사를 다루는 요한이서의 본론이 시작된다. 장로의 주요 관심사는 독자가 예수 그리스도를 통해 계시된 진리를 계속 믿고 그것을 따라 사는 것이다. 장로가 독자에게 계속 서로 사랑하라고 권면하는 것은 거짓 교훈의 배경 안에서 설명된다. 이 거짓 교훈은 오직 그리스도 안에서만 그들의 것이 되는 영생을 사람들에게서 멀리 떼놓기 때문에 사랑과 반대된다.

```
    I. 인사와 문안(1-3절)
 → II. 권면(4-8절)
      A. 장로가 기뻐하는 원인(4절)
      B. 서로 사랑하라는 권면(5-6절)
      C. 권면의 이유(7절)
      D. 경고(8절)
   III. 금지(9-11절)
   IV. 결말(12-13절)
```

주요 개념

장로는 이단의 위협에 대비하여 예수 그리스도를 통해 계시된 진리를 열정적으로 부각한다. 장로는 떨어져 있는 다른 교회에 편지를 쓰면서 독자에게 장로의 교회(들)에서 나간 자들이 기독교 교회들에 거짓 교훈을 파급시키는 것을 조심하라고 경고한다.

번역

요한이서 1:4-8

4a	원인	너의 자녀들 중에…진리를 행하는 자를 내가 보니
b	비교	우리가 받은 계명대로
		아버지께
c	단언	**심히 기쁘도다**
5a	간청	**부녀여, 내가 이제 네게 구하노니**
b	내용	서로 사랑하자
c	비교	이는 새 계명 같이 네게 쓰는 것이 아니요
d	비교	처음부터 우리가 가진 것이라
6a	확인	**또 사랑은 이것이니**
b	설명	우리가 그 계명을 따라 행하는 것이요
c	확인	**계명은 이것이니 너희가 처음부터 들은 바와 같이**
d	확인	그 가운데서 행하라 하심이라
7a	기초	**미혹하는 자가 세상에 많이 나왔나니**
b	확인	이는 예수 그리스도께서 육체로 오심을 부인하는 자라
c	확인	**이런 자가 미혹하는 자요**
		적그리스도니
8a	권면	**너희는 스스로 삼가**
b	결과	우리가 일한 것을 잃지 말고
c	대조	오직 온전한 상을 받으라

구조

이 단원은 장로가 독자에게 자신의 기쁨을 확언하는 것으로 시작해 진리에서 벗어나지 말라고 경고하는 명령으로 끝난다. 독자에게 서로 사랑하자고 당부하는 간청 다음에 사랑의 정의(하나님의 명령에 따라 사는 것)와 장로가 권면하는 이유(미혹하는 자가 많이 나온 것)가 이어진다.

석의적 개요

- II. 권면(4-8절)
    - A. 장로가 기뻐하는 원인(4절)
    - B. 서로 사랑하라는 권면(5-6절)
    - C. 권면의 이유(7절)
    - D. 경고(8절)

본문 설명

요이 1:4 너의 자녀들 중에 우리가 아버지께 받은 계명대로 진리를 행하는 자를 내가 보니 심히 기쁘도다(Ἐχάρην λίαν ὅτι εὕρηκα ἐκ τῶν τέκνων σου περιπατοῦντας ἐν ἀληθείᾳ, καθὼς ἐντολὴν ἐλάβομεν παρὰ τοῦ πατρός). 그리스-로마의 편지 형식에 따라 대체로 인사말 다음에 수신자에 대한 감사나 칭찬이 이어진다(참고. 롬 1:8; 고전 1:4; 빌 1:3; 골 1:3; 살전 1:2; 살후 1:3; 딤후 1:3; 요삼 1:2-3).

수사 분석을 해보면, 4절은 엑소르디움(exordium), 곧 서두로 기능한다. 이것은 보통 서두에서 저자 자신이나 자신이 말하고자 하는 주제에 대해 수신자가 가진 '관심, 수용, 선의'를 이끌어냄으로써 자신이 주장하는 요점을 부각한다. 그리고 여기서 주된 요점은 진리에 순종하는 것이다.[1] 장로는 원독자에게 그들이 진리 안에서 걷는 것이 자기를 얼마나 기쁘게 했는지 말함으로써 그들에게서 선한 의도를 이끌어낸다. 이것은 원독자가 저자의 진술로 장로와의 관계를 소중히 여기고, 계속 장로에게 기쁨이 되겠다는 동기를 자극받는 것을 함축한다.

그러나 전치사구 "너의 자녀들 중에"(ἐκ τῶν τέκνων)라는 말은 부분적 의미의 용법이다. 장로가 진리 안에서 걷는 사람들 "중에" 있는 자만 가리킨다는 것을 나타낸다. 이것은 단순히 장로가 교인들 전부가 아니라 일부만이 그렇다고 알고 있기 때문일 것이다. 따라서 그 점에서 저자의 평가는 제한적이다. 그러나 장로는 일부 독자가 진리 안에서 걷는 일에 헌신하는지 교묘하게 의심하는 듯하다. 장로는 많은 독자가 미혹을 받아 진리에서 떠나도록 영향받을지도 모른다는 염려를 이런 식으로 표출한다.

'진리 안에서 걷다'라는 말은 요한의 특징적인 은유법이다. 이 말은 예수 그리스도가 주신 계시에 일치되게 사는 것을 의미한다(참고. 요일 1:6; 요삼 1:3-4). 이 말은 "실재에 관한 저자의 관점을 형성시킨 규범들을 지키는 것"을 가리킨다.[2] 여기서 더 구체적으로 장로는 진리 안에서 걷는 것을 "우리"가 아버지께 받은 계명(명령)대로 사는 것으로 정의한다. 여기서 1인칭 복수 대명사 "우리"를 사용하는 것은 장로와 독자의 가능한 연합을 암시하고, 이 연합으로 독자는 장로에 대한 선한 마음이 더 깊어진다. 여기서 언급된 명령은, 요한일서 3:23의 "그의 계명(명령)은 이것이니 곧 그 아들 예수 그리스도의 이름을 믿고 그가 우리에게 주신 계명(명령)대로

---

1. Watson, "Rhetorical Analysis", 110-11.

2. Lieu, *I, II, & III John*, 249.

서로 사랑할 것이니라"는 설명으로 더 깊이 정의할 수 있다. 진리 안에서 걷는 것은 그리스도를 하나님의 아들로서 믿는 믿음과 다른 사람들에 대한 사랑을 동시에 포함한다(요일 3:23에 대한 주석을 보라).

요이 1:5 부녀여, 내가 이제 네게 구하노니 서로 사랑하자 이는 새 계명 같이 네게 쓰는 것이 아니요 처음부터 우리가 가진 것이라(καὶ νῦν ἐρωτῶ σε, κυρία, οὐχ ὡς ἐντολὴν καινὴν γράφων σοι ἀλλὰ ἣν εἴχομεν ἀπ' ἀρχῆς, ἵνα ἀγαπῶμεν ἀλλήλους). 장로는 '부녀와 그의 자녀들'이 진리 안에서 걸은 것에 기쁨을 표현했지만(4절), "이제"(νῦν) 그들에게 계속 서로 사랑하라고 간청한다. 이 말은 장로가 제시하는 주제가 관계를 교란할 잠재성을 가졌다는 점을 암시한다. 장로는 이 권면을 명령으로 제시하지 않고 "내가…구하노니"(ἐρωτῶ)라는 간청으로 제시한다. 이것은 장로가 존칭인 "부녀"(κυρία)를 호격으로 다시 사용함으로써 독자를 존중한다는 점을 보여준다.

5절은 요한일서 2:7-8을 반영한다. "사랑하는 자들아 내가 새 계명(명령)을 너희에게 쓰는 것이 아니라 너희가 처음부터 가진 옛 계명(명령)이니 이 옛 계명(명령)은 너희가 들은 바 말씀이거니와 다시 내가 너희에게 새 계명(명령)을 쓰노니 그에게와 너희에게도 참된 것이라 이는 어둠이 지나가고 참 빛이 벌써 비침이니라." 새 명령은 새로 일어난 상황과 관련되어 있다. 이것은 신자에게 사랑하라는 명령을 상기할 것을 촉구한다(요일 2:7-8에 대한 주석을 보라).

요한일서 2:7에서는 "너희"가 처음부터 가진 명령이라고 말하지만, 여기서는 장로가 자기 자신을 포함해 처음부터 "우리가 가진 것"(εἴχομεν)이라고 말한다. 왓슨이 지적하는 것처럼, 이것은 "결국 저자와 독자의 관계를 끊을 수도 있던 이탈자들의 예상되는 행동을 반대하고 저자와 독자의 관계를 강화하려는" 의도가 있을 것이다.[3]

"처음부터"(ἀπ' ἀρχῆς)라는 말은 요한 서신에 자주 나온다(요일 1:1; 2:7, 13, 14, 24; 3:8, 11). 이 말이 요한 서신에서 자주 사용되는 것을 근거로 요한의 기독교는 본질상 진보적이 아니라 보수적이라는 결론을 이끌어낼 수 있다. 장로가 고수하는 전통을 지키는 것이 올바른 믿음을 갖는 초석이었다. 리우가 지적하는 것처럼 "우리는 요한 서신에 따라 '처음부터 있는' 전통에 의존하는 것이 현세에서 그리스도인이 되는 것의 의미를 이해하기 위한 기초라고 말할 수 있다"(강조체 저자).[4] 여기서 장로는 새로운 의무나 명령을 제시하는 것이 아니다. 예수님이 처음에 자신을 따르는 자들에게 주신(요 13:34) 이후 항상 있었던 진리를 상기시키는 것이다. 여기서 장로의 호소는 거짓 선생들의 영향력을 어떻게든 좌절시키려는 목표가 있다. 그때 이후로 장로의 독자와 오늘날 그리스도인들은 여전히 이 기본으로 돌아갈 필요가 있다.

요이 1:6 또 사랑은 이것이니 우리가 그 계명을 따라 행하는 것이요 계명은 이것이니 너희가 처음부터 들은 바와 같이 그 가운데서 행하라 하심이라(καὶ αὕτη ἐστὶν ἡ ἀγάπη, ἵνα περιπατῶμεν κατὰ τὰς ἐντολὰς αὐτοῦ· αὕτη ἡ ἐντολή ἐστιν, καθὼς ἠκούσατε ἀπ' ἀρχῆς, ἵνα ἐν αὐτῇ περιπατῆτε). 이 사랑의 정의는 세상의 시끄러운 소리를 잠재울 수 있을지도 모른다. 장로는 이 말로 독자에게 하나님과 다른 사람들에 대한 진정한 사랑은 하나님이 제시하신 도덕적 표준에 따라 살고 다른 사람들과 관계를 맺도록 정하신 방식에 따라 사는 것을 의미한다는 사실을 상기시킨다(요일 5:3).

그때도 지금처럼 주관적이고 상대적인 정의에 따라 서로 사랑하라고 말하기는 쉬웠다. 그러나 장로는 사랑

---

[3]. Watson, "Rhetorical Analysis", 117.   [4]. Lieu, *Second and Third Epistles*, 176.

의 개념의 근거를 하나님의 도덕적 권위에 둔다. 장로는 "그" 명령(서로 사랑하라)과 마셜이 "이 중심 명령(서로 사랑하라)의 구조를 밝히는 세부적인 요청들"[5]로 간주하는 명령들을 번갈아 말한다. 마셜은 로마서 13:8-10을 인용하여 이렇게 지적한다. "십계명 후반부(5-10계명)에 나오는 다양한 사회적 명령은 이웃을 사랑하라는 한 법칙으로 요약된다. 따라서 사랑은 율법을 이루는 것이다…장로가 말하고자 하는 요점은 사랑이 하나님의 계명에 따라 다양한 세부적 행동으로 발현되어야 한다는 사실을 증명하는 것이다."[6]

여기서 말하는 명령은 십계명이 아니라 예수님이 '하나님을 사랑하고 이웃을 사랑하라'는 명령으로 바꾸고 확대한 것을 가리킨다[마 22:37-40(요일 2:7에 대한 주석을 보라)]. 요한은 요한일서 4:21에 이것을 반영했다. "우리가 이 계명(명령)을 주께 받았나니 하나님을 사랑하는 자는 또한 그 형제를 사랑할지니라"(해당 주석을 보라). 사도 바울도 우리가 다른 사람들을 사랑하는 것이 무슨 뜻인지 파악하는 준거의 틀로 십계명을 제시한다. 사랑은 남의 것을 도둑질하지 않는 것이고, 남에게 거짓말을 하지 않는 것이고, 남을 죽이지 않는 것이며, 또는 다르게 말하면 하나님의 도덕법을 어기지 않는 것이다(참고. 롬 13:10; 고전 13:4-8).

요한이서에서 처음으로 장로는 여기서 1인칭 복수형 '우리는, 우리를'을 2인칭 복수형 "너희"로 바꾼다. 수사적으로 보아 이 전환은, 장로가 독자와 자신의 연합을 확언하는 요점에서 독자에게 권면하는 요점으로 시선을 돌리는 것을 의미한다. 확실히 그들 "중에" 어떤 이는 진리 안에서 걸었다. 그래서 그들이 자기에게 큰 기쁨이 되었다고 확언한 다음, 장로는 이제 복수형 "너희"로 전환하고 "너희"로 불리는 모든 사람에게 "진리 가운데서 걸어갈" 것을 권면한다.

이 구절(1:6) 마지막 절의 여성 여격 대명사 "그"(αὐτῇ)의 선행사는 문법적으로 애매하다. 직접 문맥에 등장하는 세 개의 여성 명사 가운데 어느 것이든 가능하다. 곧 명령(ἐντολή), 사랑(ἀγάπη), 진리(ἀλήθεια. 이 말은 '진리 안에서' 걷는 '걸음'이 나오는 4절까지 거슬러 올라가 미친다) 중 어느 것이든 괜찮다. 벤들란트(Wendland)는 선행사를 의도적으로 애매하게 만들었다고 본다. 벤들란트는 이 애매함을 "의미론적 밀도"(semantic density)로 부르고, 서로 분리할 수 없는 이 세 가지 관념의 특징을 강조하기 위해 이 세 가지 관념이 다 포함되어 있다고 본다.[7] "명령"을 선행사로 취하게 되면 동어 반복이 나타나 덜 만족스럽다. '명령은 이것이니…너희가 명령 가운데서 걸어가라(행하라).' 리우는 다음과 같이 의역함으로써 동어 반복의 폐단을 완화한다. "명령은 이것이니, 너희가 처음부터 들은 대로 따라 살도록 하라."[8]

두 번째로 가장 가까운 곳에 있는 선행사는 그 구절 앞부분에 나오는 "사랑"(ἀγάπη)이다. "그의 명령은 너희가 사랑 안에서 걷는(행하는) 것이라"(2011년 판 NIV).[9] 그러나 사랑은 단순하게 그의 명령 안에서 걷는 것으로 정의되었다. 그래서 여전히 동어 반복이 나타난다. '그의 명령은 너희가 그의 명령 안에서 걷는 것이라.' 왓슨은 "사랑"을 선행사로 취한다. 이것을 '이중 동어 반복'으로 간주하면서 사랑의 연쇄성-명령들, 명령-을 지적하고, 그것(사랑)을 교차 대구법으로 본다.[10] 그러나 왓슨은 이 '이중 동어 반복'이 어떻게 본문의 의미나 수사법에 도움을 주는지는 설명하지 않는다.

크루즈도 선행사를 "사랑"(ἀγάπη)으로 취하고 다음

---

5. Marshall, *Epistles of John*, 67.
6. 같은 책, 67-68.
7. Ernst R. Wendland, "What Is Truth? Semantic Density and the Language of *The Johannine Epistles* with Special Reference to 2 John", *Notes on Translation* 5, no. 2 (1991): 32-33, 56.
8. Lieu, *Second and Third Epistles*, 77. 또한 Yarbrough, *1-3 John*, 339도 보라.
9. Marshall, *Epistles of John*, 65도 같다.
10. Watson, "Rhetorical Analysis," 121. 이 수사 구조에 대한 Watson의 다른 지적들은 다른 선행사에도 적용할 수 있다.

과 같이 설명한다. "사랑을 '그의 명령들(복수형)에 순종하여' 걷는 것으로 정의한 다음, 장로는 그 순종을 하나의 명령에 따라 이렇게 정의한다. 너희가 처음부터 들은 것처럼, 그의 명령은 너희가 사랑 안에서 걷는 것이다"(강조체 원저자).[11] 대처는 이 "순환적 논증"이 "하나님에 대한 사랑, 하나님에 대한 순종, 형제들에 대한 사랑 사이의 긴밀한 연계성"을 강조한다고 설명한다.[12]

세 번째 견해는 "그"(αὐτῇ)의 선행사를 "진리"(ἀλήθεια)로 보는 것이다. 이것은 4절에서 평행 어구인 '진리 안에서 걷는 것(진리를 행하는 것)'으로 이미 언급되었다. 이 견해에 따라 해석하면 다음과 같다. '명령은 이것이니… 너희가 진리 가운데서 걷도록 하라.' 즉, 예수 그리스도를 믿는 믿음으로 살도록 하라. 이 해석에 따르면, 순종 주제를 두드러지게 부각시키는 면에서 요한이서 본론에 소개된 진리에 관한 주제로 나아가고, 여기에는 다른 사람들에 대한 사랑이 내포되어 있다. 왓슨이 지적하는 것처럼, 엑소르디움(4절)은 진리에 대한 순종이라는 주된 논점을 제기한다. 그렇지만 정작 왓슨은 "그"(αὐτῇ)의 선행사를 "진리"가 아니라 "사랑"으로 본다.[13]

벤들란트도 사전적-주제적 구조 분석을 통해 이 대명사가 4절의 "진리"를 가리킨다고 결론지었다.[14] 만약 선행사가 "진리"(ἀλήθεια)라면, 6절의 이 마지막 어구는 4절과 인클루지오를 이룬다. 나아가 그것은 7절의 다음 어구 "미혹하는 자가…많이 나왔나니"와 절묘하게 일치한다. 7절이 그 명령의 기초를 제공하기 때문에 미혹이라는 개념은 '진리 안에서 걷는 것'의 반대말로 정교하게 대조된다. 요한일서의 문맥을 보면, 장로가 말하는 진리는 세 가지 기독론적인 요점으로 구성되어 있다.

1. 인간 예수는 그리스도다.
2. 하나님의 아들은 인간으로 성육신하셨다.
3. 하나님의 아들은 죄를 대속하기 위해 죽으셨다.

비록 장로는 독자에게 그들이 진리 안에서 걸었다고 확언하기는 했어도(4절), 이제 진리 안에서 걷는 것이 기독교 신자에게는 선택이 아니라 하나님의 필수적인 명령이라고 지적한다. "그들은 처음부터 들은 것을 끝까지 지켜야 한다."[15] 나아가 그들에게 계속 서로 사랑하라고 하는 장로의 권면은 진리 안에서 계속 걷는 것을 수반한다. 그다음 구절(7절)은 교회 안에서 잘못된 교훈이 사랑과 반대되는 이유를 설명한다.

요이 1:7 미혹하는 자가 세상에 많이 나왔나니 이는 예수 그리스도께서 육체로 오심을 부인하는 자라 이런 자가 미혹하는 자요 적그리스도니(ὅτι πολλοὶ πλάνοι ἐξῆλθον εἰς τὸν κόσμον, οἱ μὴ ὁμολογοῦντες Ἰησοῦν Χριστὸν ἐρχόμενον ἐν σαρκί· οὗτός ἐστιν ὁ πλάνος καὶ ὁ ἀντίχριστος). 장로가 요한이서를 쓰게 된 상황에 비추어 보면, 진리 안에 걸어감으로써 서로 사랑하자고 권면하는 이유가 설명된다. 그것은 진리 안에서 걷지 않는 미혹하는 자가 세상에 많이 나왔기 때문이다.

여기서 장로의 관심사가 요한일서의 동일한 관심사(요일 2:18-23; 3:7; 4:3)와 연계된다. 신약성경을 통틀어 오직 요한 서신만이 "적그리스도"라는 말을 언급하고, 이 말로 요한일서와 요한이서는 역사적으로 함께 묶인다. 첫 번째 접속사 '…때문에'(ὅτι 원인절, 개역개정은 이 의미가 "나왔나니"로 표현되어 있음-역주)는 기독론에 대한 설명이 6절의 사랑에 대한 권면과 철저히 관련되어 있

---

[11] Kruse, *Letters of John*, 208.
[12] Tom Thatcher, "2 John," in *The Expositor's Bible Commentary* (편집, Tremper Longman III and David E. Garland; 개정 편집, Grand Rapids: Zondervan, 2006), 13:516.
[13] Watson, "Rhetorical Analysis," 110.
[14] Wendland, "What Is Truth?" 56.
[15] Akin, "Truth or Consequences," 6.

음을 증명한다.

여기서 언급된 문제점은 요한일서에 나온 문제점과 동일하다. 곧, 미혹하는 자는 예수 그리스도가 "육체로 오신" 것을 믿지 않고 요한의 교회에서 나간 자들이며(요일 2:19), 우리는 요한이서를 통해 그들이 분명히 그 지역의 다른 교회들에 영향력을 행사하려고 애썼다는 점을 알게 된다. 요한일서는 분열을 겪은 교회(들)에 쓴 편지로 보이지만 나간 자들이 다른 교회들에 영향력을 행사하려고 애썼기 때문에, 그 교회들에게 요한일서의 첨부(동봉) 편지로 요한이서를 함께 보낼 필요가 있었다('요한이서와 요한삼서 서론'을 보라).

당시 그 문제는 예수님이 육체로 오신 그리스도라는 사실을 믿는 믿음과 관련되어 있었다(참고. 요일 4:2, 그 부분의 주석을 보라). 여기서 현재 분사 "오심"(ἐρχόμενον)은 그리스도의 재림과 같은 미래의 사건이 아니라 과거에 있었던 성육신 사건을 가리킨다.[16] 월리스는 이 관사 없는 대격(목적격) 분사를 그다음에 나오는 "부인하는(시인하지 않는)"(μὴ ὁμολογοῦντες)이라는 전달 동사의 간접화법을 지시하는 것으로 간주하여, "육체로 오신 것"과 "육체로 오신"이라는 말로 번역한다.[17]

비록 신약학자들이 오랫동안 '육체로 오셨다'는 말을 가현설을 논박하는 의미로 취했다고 해도, 이 말은 하나님의 구속 계획에 관한 참된 지식의 원천과 관련하여 더 포괄적으로 이루어진 논쟁과 더 깊이 연루되어 있다. 계시된 진리에 관한 이 문제와 직결되어 있는 것은 잠재된 미혹이다. 모벌리는 이에 대해 다음과 같이 지적한다. "요한의 염려는 기독교 신앙의 어떤 형태에든지 깃들어 있다. 신적 자기 계시와 이에 대응하는 인간의 하나님에 관한 지식 개념이 중대한 역할을 하는 곳에서는 언제든 오류와 자기나 다른 사람들에 대한 미혹이 가능하기 때문이다."[18] 하나님에 대한 참된 지식은 예수 그리스도의 성육신에서만 발견된다. 말씀이 육신이 되신 것은 불가시적인 하나님을 계시하기 위함이고, 오직 그 방법 외에 하나님을 계시하는 방법은 없었기 때문이다(요 1:18). 그러므로 하나님을 아는 참된 지식을 가진 자는 누구를 막론하고 '예수 그리스도가 육체로 오셨다'는 것, 즉 하나님의 아들이 인간이 되셨다는 것을 인정하기 마련이다. 확실히 이 진리는 가현설을 반대하겠지만 더 나아가 포괄적으로 다양한 기독론 오류도 반대한다.

'육체로 오셨다'는 이 특수한 말은 장로를 염려하게 만든 논쟁이 예수 그리스도의 본성보다 구원의 수단과 더 크게 관련되어 있었다는 점을 암시한다. 드 보어는 "요한 문헌의 기독론 문맥에서 '오다'라는 동사는 '무대에 등장하시는' 것을 의미할(표시할) 뿐만 아니라 '구원을 위하여 행동하시는 것'도 함축한다(내포한다)"[19]라고 지적했다(요 5:43; 7:28; 8:42; 12:46; 16:28; 18:37). 확실히 건전한 기독론은 온전한 인간으로 이 땅에 오신 그리스도의 육체적 성육신을 주장한다. 이때 그리스도의 온전한 인성이 필수적인 것은, 하나님의 구원 계획에서 그리스도가 죄의 화목 제물로서 맡은 역할 때문이다.

그러므로 예수 그리스도가 "육체로 오신" 것을 시인하는 것은 단순히 (가현설에 반대하여) 예수님이 온전히 인간적인 역사적 인물이라는 것을 인정하는 것으로 그치지 않고, 인류를 위하여 성육신하신 그분의 생애, 죽음, 부활에 담긴 구속적 의미를 인정하는 것이다. 장로는 그리스도인을 자처하지만 다른 진리를 가르치는 자를 "적그리스도"로 간주한다. 그들이 암묵적으로 그리스도에 관한 왜곡된 지식으로 그리스도의 인격과 사역을 반대하기 때문이다.

장로는 "부녀와 그의 자녀들"이 그리스도 안에서 계시된 진리 가운데 걷는 것을 기뻐했지만, 이제 그들 가운데 일부가 그들을 진리에서 떠나게 만들 거짓 교훈에

---

16. Lieu, *Second and Third Epistles*, 84와 반대로.
17. Wallace, *Greek Grammar*, 645-46.
18. Moberly, "'Test the Spirits,'" 297.
19. De Boer, "The Death of Jesus Christ," 336-37.

노출되어 있었던 것 또는 앞으로 노출될 것을 염려할 만한 이유가 있다. 따라서 장로는 계속해서 그들에게 대비하라고 강력히 권고한다.

요이 1:8 너희는 스스로 삼가 우리가 일한 것을 잃지 말고 오직 온전한 상을 받으라(βλέπετε ἑαυτούς, ἵνα μὴ ἀπολέσητε ἃ εἰργασάμεθα ἀλλὰ μισθὸν πλήρη ἀπολάβητε). "스스로 삼가"라는 말은 요한이서에 등장하는 세 개의 명령 중 첫 번째 명령이다. 하지만 세 번째 명령(10절의 "인사도 하지 말라")은, 두 번째 명령인 "집에 들이지도 말라"를 설명하는 역할을 한다. 히나절에 표현된 대비의 목적은 "너희"가 "우리"가 일한 것을 잃지 않게 하려는 것이다.[20] 리우는 다음과 같이 지적한다.

> 여기서 1인칭 복수형으로 갑자기 바뀌는 것은…사태의 심각성을 부각하는 역할을 한다. 그 결과는 그들 자신에게만 미치지 않는다. 비록 부녀와 그의 자녀들의 자율성을 유지하려고 애쓰기는 해도, 장로는 그들이 폭넓은 네트워크의 한 부분이고, 어쩌면 그 네트워크에 의존한다는 점을 그들에게 상기시키지 않을 수 없다…5-6절에서 비슷하게 1인칭 복수형에서 2인칭 복수형으로 바뀌는 사례도 독자를 저자와 다른 사람들이 포함된 포괄적 공동체 안에 두고…그 공동체는 구성원들의 믿음과 그 믿음의 표현의 공통적 유산으로 함께 묶여 있다. 그러므로 그 믿음과 그 믿음의 표현을 잃어버리면 모든 것을 잃어버리는 것과 같을 것이다.[21]

부녀와 그의 자녀들은 장로에게 큰 기쁨을 주었지만, 조심스럽게 진리를 지키고 진리에 따라 살지 않으면 장로에게 큰 슬픔을 줄 수 있는 잠재성도 있다.

장로가 독자에게 원하는 바는 그들이 영적으로 파멸하는 것이 아니라 "온전한 상"(μισθὸν πλήρη)을 받는 것이다. 이 구절(1:8)의 두 부분은 같은 사상을 말한다. 이 사상의 중요성을 부각하는 수사 효과를 위하여 첫째 부분은 부정적 진술로, 둘째 부분은 긍정적 진술로 말한다.[22] "온전한 상"이라는 말은 특별히 요한의 전문 용어는 아니고 신약성경에 공통적으로 나타난다. 야브로는 이 말이 종말론적인 복을 가리키기 위하여 빈번하게 사용되는데, 마태복음 5:12, 10:41, 마가복음 9:41, 누가복음 6:23, 35, 요한복음 4:36, 고린도전서 3:8, 14, 9:17-18, 요한계시록 11:18, 22:12에 나타난다고 지적한다.[23] 이 종말론적 국면은 장로가 경고하는 상황에서 가장 결정적인 사실인 영생을 얻는 구원을 강조한다. 이렇게 이해하면, 장로가 이 오류에 빠진 '그리스도인들'에게 매우 가혹하게 "적그리스도"라는 호칭을 붙인 이유와 10절에서 그들과 절대로 교제하지 말라고 명령하는 이유를 파악하는 데 도움이 된다. 이 급박한 문제는 단순히 어떤 알 수 없는 종교 문제에 관한 의견 차이 문제가 아니다. 그것은 영원한 생명과 죽음에 관한 문제다.

---

20. 이 해석에 대한 본문의 지지는 강력하다. Yarbrough, *1-3 John*, 348을 보라.
21. Lieu, *I, II, & III John*, 256.
22. Watson, "Rhetorical Analysis," 124.
23. Yarbrough, *1-3 John*, 345.

적용에서의 신학

1. 진리, 믿음, 명령, 사랑

이 본문에는 진리, 믿음, 명령, 사랑을 서로 연결하는 흥미로운 결합이 나타난다. 이 말들의 의미는 우리가 사는 현대 세계에서 쓰는 말들과 각각 차이가 있다. 현대 사회에서 진리는 거의 대부분 과학적으로 검증될 수 있는 것으로 또는 완전히 상대적인 개념으로 정의된다. 아킨(Akin)은 다음과 같이 지적한다.

> 오늘날 진리는 이전과 다르게 발견하기가 쉽지 않다. 확실히 말해 영적 영역으로 들어가면 특히 더 그렇다. 무신론자인 리처드 로티(Richard Rorty)는 진리는 발견되는 것이 아니라 만들어지는 것이라고 과감하게 주장한다. 무신론자인 미셸 푸코(Michael Foucault)는 모든 진리가 힘 있는 자를 섬기기 위해 구성된다고 말한다. 해체주의자 자크 데리다(Jacques Derrida)는 저자가 죽으면 본문도 죽는다고 말한다. 즉, 모든 의미는 독자의 창조라는 뜻이다.[24]

그에 따라 믿음은 종종 단순히 주관적 의견으로 구성된다. 때로는 믿음이 모든 이성을 반대하기도 한다. 한 빈정대는 말[마크 트웨인(Mark Twain)이 한 말]처럼 "믿음은 당신이 그렇지 않다고 아는 것을 믿는 것이다." 명령은 자주 모든 종교적 신념에 공통적인 것으로 생각된다. 우리는 명령이라는 말을 들으면 유대교의 안식일 규정이나 음식법, 이슬람교에서 하루에 네 번씩 기도를 요구하는 것 그리고 그리스도를 믿는 믿음이 할 것과 하지 말 것의 목록으로 환원되는 율법주의 기독교에 관해 생각한다. 사랑은 감정의 영역으로 분류되고 사랑의 힘은 인간의 판단과 행위를 좌우하는 것으로 추정되는 한편, 사랑의 최고 표현이 대중 사회 속에서는 하나님과 관련된 것으로 거의 간주되지 않는다.

2. 믿음, 진리, 사랑은 서로가 서로를 정의한다

요한 문헌의 특징은 요한이 진리, 믿음, 명령, 사랑을 모두 예수 그리스도가 가져오신 하나님의 계시에 기반을 둔다는 점에 있다. 요한은 이 네 가지를 각각 나머지 다른 개념에 따라 다시 정의함으로써 사람이 진리가 없이는 참된 믿음을 가질 수 없고, 사랑이 없으면 진리를 가질 수 없으며, 하나님의 명령에 따라 살지 않으면 사랑할 수 없다고 규정한다.

하나님 아버지가 먼저 우리를 사랑하셔서 자기 아들을 이 세상에 사람으로 보내심으로써,

---

24. Akin, "Truth or Consequences," 6.

우리가 타락으로 어두워진 진리를 우리의 시야를 넘어 다시 볼 수 있게 하셨다. 예수 그리스도의 성육신은 진리, 믿음, 명령, 사랑을 움직이게 하는 바퀴의 중심축이다. 성육신은 십자가를 통해 영원한 구원에 이르게 했을 뿐만 아니라, 이제는 개인적 존재들이 하나로 통합하여 살게 한다. 성육신이 없으면 진리는 사람들 수만큼 다양하게 많은 상대주의적 의견으로 귀착되고 만다. 믿음은 맹목적 도약이 되고 만다. 명령은 단순히 인간적인 무익한 규례와 규정으로 전락하고 만다. 그리고 사랑은 스스로 속임을 당하는 죄악 된 마음에 의해 부패한 것이 되고 만다.

3. 진리 안에 거하는 것

장로가 예수 그리스도의 계시 안에 굳게 남아 있으라고 경고하는 것은 이런 병폐들을 막기 위해서다. 예수님에 관한 믿음이라고 다 좋은 것은 아니다. 기독교의 이름으로 행해지는 실천이라고 다 참된 것은 아니다. 장로는 예수 그리스도 자신까지 거슬러 올라가고 지금은 우리를 위하여 신약성경에 보존된 하나님의 참된 계시를 보존했다. 그때와 같이 지금도 세상에는 여전히 미혹하는 자, 아니 어쩌면 아주 선한 의도로 영적 진리에 관해 말하는 자가 많이 있다. 예수님이 오셨던 세상은 이미 종교적 및 철학적 주장들이 쏟아내는 불협화음으로 떠들썩했고, 이 불협화음은 대대로 이어졌다. 이것은 하나님에 관해 많은 경쟁적 진리들이 있다거나 하나님에 관한 진리가 전혀 존재하지 않는다는 뜻이 아니다. 이것은 그 주장들을 누가 만들어냈든 상관없이 단순한 주장들 속에서 진리가 발견되는 것이 아니라, 오직 성육신하신 하나님의 아들, 곧 진리이신 분 안에 계시된다는 것을 의미한다.

CHAPTER 18
요한이서 1:9-11

문학적 전후 문맥

이 본문은 장로의 마음속에 가장 절실하게 남아 있는 문제, 곧 거짓 선생들이 다른 교회들에 영향력을 행사하지 못하게 하는 문제를 다룸으로써 요한이서의 절정을 이룬다. 장로는 강력한 말로 진리 안에서 걷는 자와 정통 사상의 경계를 넘어간 자 사이에 날카로운 경계선을 긋는다. 장로는 하나님과 그리스도에 관해 사도들이 선포한 것과 다른 메시지를 제시하는 자가 공동체 안에 조금이라도 자리 잡는 것을 철저히 금한다.

> I. 인사와 문안(1-3절)
> II. 권면(4-8절)
> ➡ III. 금지(9-11절)
>   A. 그리스도의 교훈 안에 거하지 아니하는 자는 하나님을 모신 자가 아니다(9절)
>   B. 거짓 선생들을 맞아들이지 말라(10절)
>   C. 거짓 선생들을 맞아들이는 것은 그들의 악한 일에 참여하는 것이다(11절)
> IV. 결말(12-13절)

주요 개념

9-11절은 요한이서의 중심을 구성하고 장로가 전하고자 하는 주된 요점을 담았다. 장로의 주요 관심사는 원독자가 거짓 선생들이 공동체 속에 발을 들이지 못하도록 막는 것이다. 예수 그리스도의 제자가 되기 위해, 영생의 확신을 갖기 위해, 하나님을 진실로 알기 위해 우리는 예수 그리스도에 관한 사도적 교훈을 계속 지켜야 한다. 나아가 정통 사상에 속하지 않는 교

훈을 묵인하는 것은 악한 일에 참여하는 것이다.

번역

요한이서 1:9-11

9a	단언	지나쳐	
b	확대	그리스도의 교훈 안에 거하지 아니하는 자는 다 하나님을 모시지 못하되	
c	단언	교훈 안에 거하는 그 사람은	
d	결과		아버지와 아들을 모시느니라
10a	조건	누구든지…너희에게 나아가거든	
b	확대	이 교훈을 가지지 않고	
c	권면	그를 집에 들이지도 말고	
d	확대	인사도 하지 말라	
11	결과	그에게 인사하는 자는 그 악한 일에 참여하는 자임이라	

구조

9-11절은 교회에서 나간 미혹하는 자의 말을 듣게 되면 사도적 진리가 얼마나 크게 파괴되는지 설명함으로써 8절의 진술을 해설한다. 9-11절은 요한이서의 주된 요점을 구성하는 조건적 진술을 둘러싼 두 개의 단언으로 이루어져 있다.

석의적 개요

→ III. 금지(9-11절)
　A. 그리스도의 교훈 안에 거하지 아니하는 자는 하나님을 모신 자가 아니다(9절)
　B. 거짓 선생들을 맞아들이지 말라(10절)
　C. 거짓 선생들을 맞아들이는 것은 그들의 악한 일에 참여하는 것이다(11절)

본문 설명

요이 1:9 지나쳐 그리스도의 교훈 안에 거하지 아니하는 자는 다 하나님을 모시지 못하되 교훈 안에 거하는 그 사람은 아버지와 아들을 모시느니라(Πᾶς ὁ προάγων καὶ μὴ μένων ἐν τῇ διδαχῇ τοῦ Χριστοῦ θεὸν οὐκ ἔχει· ὁ μένων ἐν τῇ διδαχῇ, οὗτος καὶ τὸν πατέρα καὶ τὸν υἱὸν ἔχει). 9-11절에서 그리스도 안에 둔 영적 토대를 파괴할 심각한 가능성이 자세히 설명된다. 여기서 장로는 지나쳐 그리스도의 교훈 안에 거하지 아니하는 자는 그 교훈 밖으로 나가 하나님을 모시지 못한 자라고 지적한다.

여기서 '지나치다'(προάγων)로 번역된 말은 '앞서 달리다'(runs ahead, NIV), '떠나다'(wander away from, NLT), '도를 넘다'(goes too far, NASB), '앞서 가다'(goes on ahead, ESV), '넘어가다'(goes beyond, NJB) 등 다양하게 번역된다. 이상의 번역은 모두 요한 문헌의 주요 주제인 그리스도의 교훈 안에 거하는 것과 반대의 의미가 있다. 야브로는 이동의 은유를 포기하고 자신의 믿음을 '새롭게 하는 자는 다'의 의미로 번역한다.[1] 요한의 사상 속에서 그리스도의 교훈 안에 거하는 것은 진리 안에서 걷는 것과 같은 말이다. 이것은 동사 '지나치다(넘어가다)'(προάγων)를 사용하여 경계를 넘어가는 이동의 은유를 보여준다.

"그리스도의 교훈 안에"(ἐν τῇ διδαχῇ τοῦ Χριστοῦ)라는 말에서 소유격은 목적의 소유격(그리스도에 관한 교훈)이거나 주격의 소유격(그리스도의 교훈) 중 하나일 것이다. 주격의 소유격이라면, 그것은 지상 생애 기간에 주신 예수님의 교훈으로 엄격히 제한될 수 없다. 예수님은 자신이 죽은 다음 보혜사('파라클레테')가 오시면 사도들이 성령으로부터 더 깊은 지식을 받을 것이라고 친히 약속하셨기 때문이다(요 14:26; 16:14, 15). 예수님이 주신 교훈이 그분이 땅에 계시지 않은 후로는 그분에 관한 교훈이 된다. 그런 이유로 (그리고 장로가 예수님의 교훈, 아니 심지어는 예수 그리스도의 교훈이 아니라 그리스도의 교훈이라고 명시하는 것을 주목하라) 이 소유격은 목적의 소유격, 곧 그리스도에 관한 교훈으로 보는 것이 가장 좋을 것이다. 물론 이 교훈에는 예수님을 보고, 그분께 듣고, 그분을 만진 자들이 보존하고 선포한 예수님의 가르침도 포함되어 있다(요일 1:1-4).

교회 역사를 거치며 새로운 통찰력을 얻을 여지가 없는 것은 아니다. 그래서 우리에게는 성경 학자와 신학자가 필요하지만, 하나님이나 그리스도에 관한 모든 교훈이 사도적 정통 사상의 범주 안에 있는 것은 아니다. 그리고 예수님이 친히 "너희가 내 말에 거하면(ἐὰν ὑμεῖς μείνητε ἐν τῷ λόγῳ τῷ ἐμῷ) 참으로 내 제자가 되고"(요 8:31)라고 말씀하셨다. 우리는 오직 그리스도의 교훈을 지킬 때만 예수님을 따르는 자가 된다고 말할 수 있다. 요한이서가 기록되었을 당시 요한의 교회(들)의 일부 집단이 지키고 가르친 다른 관념은 정통 사상의 범주에서 벗어나 있었다.

어떤 사람의 사상이 그리스도의 교훈을 지나친다면(넘어간다면), 그것은 스스로 하나님과 맺은 관계를 끊는 것(하나님을 모시지 않은 것)과 같다. 예수님에게서 나온 교훈, 곧 성령으로 조명되고 사도들에 의해 보존된 교훈은 하나님으로부터 나온 것이기 때문이다(요 7:16, 17). 아버지와 아들을 모시는 자는 지시 대명사 '이것(그 사람, οὗτος)'으로 지칭된다. 이 말은 교훈 안에 거하는 자(ὁ μένων ἐν τῇ διδαχῇ)를 가리킨다. 말하자면, 정관사 '그'(τῇ)는 전방 조응 용법으로, 이전에 언급된 교훈, 즉 그리스도의 교훈을 지시한다.

---

[1] Yarbrough, *1-3 John*, 349. Yarbrough가 354-56에서 장로의 진수에 비추어 개신교 종교개혁과 같은 개혁 운동에 관해 설명하는 것을 보라.

여기서 다시 장로는 요한의 교회(들) 안에 있는 사람들이 심각한 상황에 직면해 있음을 지적한다. 8절에서 장로는 미혹하는 자의 교훈을 따르고 사후에 얻을 영생을 가리키는 종말론적 용어인 "온전한 상"을 잃어버리는 것을 경고한다. 그리고 여기서는(9절) 믿음이 하나님과 맺은 관계의 범주를 벗어나 있는 것을 경고한다(참고. 요일 1:3).

요이 1:10 누구든지 이 교훈을 가지지 않고 너희에게 나아가거든 그를 집에 들이지도 말고 인사도 하지 말라(εἴ τις ἔρχεται πρὸς ὑμᾶς καὶ ταύτην τὴν διδαχὴν οὐ φέρει, μὴ λαμβάνετε αὐτὸν εἰς οἰκίαν καὶ χαίρειν αὐτῷ μὴ λέγετε). 이것은 요한이서에 나오는 두 번째 명령으로 여기에는 두 가지 금지가 포함되어 있다. 이것이 아마 장로가 요한이서를 쓴 이유일 것이다.

장로의 금지에 따르면, 독자는 장로의 교회나 다른 어떤 교회에서 나간 자를 맞아들여서는 안 된다. 교회에서 나간 자들은 "이 교훈", 즉 사도들이 선포한 그리스도의 교훈을 갖고 있지 않다. 만약 요한이서가 요한일서의 첨부(동봉) 편지였다면, "이 교훈"이라는 말은 포괄적으로 요한일서의 내용 전체를 가리킬 것이다('요한이서와 요한삼서 서론'을 보라). "누구든지"(τις)라는 부정 대명사는 장로가 거짓 선생들이 교회들에 침투할 잠재적인 가능성을 의식한다는 점을 암시한다. 장로의 교회에서 나간 자(요일 2:19)는 아마 이 가능성이 현실화된 매우 절박한 한 사례였을 것이다.

여행자에게 접대를 베푸는 것은 고대 문화의 중요한 관습이었다. 접대는 예수님이 열두 제자를 파송하셨을 때 그분의 사역의 본질적인 한 요소였다(마 10:11-14). 초기에는 복음이 사도와 직접 접촉했던 신자들의 집단을 통해 전파되었다. 이후에는 복음을 들고 다른 지역으로 가서 전했다. 그렇지만 건전하게 가르칠 수 있는 적절한 훈련은 받지 못했을 것이다. 교회의 이런 자발적인 확장으로 불가피하게 서로 충돌하는 교훈이나 이단과 같은 문제가 일어났다.

초대 기독교는 일률적인 통제가 불가능했다. 바울 서신, 요한복음과 요한 서신, 요한계시록은 당시 소아시아 지역의 기독교가 다양한 성격과 질문과 문제가 있었음을 증명한다. 소아시아에서도 브루기아(프리지아) 지역의 몬타누스주의와 같은 변질된 다른 기독교가 등장했다. 몬타누스주의는 결국 주후 177년에 히에라폴리스의 감독인 아폴리나리스(Apollinaris)에게 이단으로 정죄되었다. 몬타누스주의 집단이 요한의 교회들과 지리적으로 가까운 곳에 자리 잡고 있었기 때문에, 몬타누스주의의 잘못된 신학이 장로의 교회(들)에서 나간 자들의 거짓 교훈과 비슷하지 않았을까 질문이 제기된다. 이그나티우스가 같은 지역의 교회들(에베소, 메안데르 유역의 마그네시아, 트랄레스, 빌라델비아, 서머나)에 보낸 편지들을 보면, 그곳에 사도적 정통에서 벗어난 이런 기독교 집단이 많이 있었다는 점이 암시되어 있다.

그리스-로마 문화의 접대 관습에 따르면, 접대받는 손님은 공동체 안에서 접대하는 주인과 지위가 동등했다. 그러므로 여행자에게 숙소와 음식을 제공하는 것은 단순한 접대 행위로 그치는 일이 아니었다. 그것은 연루된 가족의 범주를 넘어 사회까지 파급력이 미쳤다. 리우가 지적하는 것처럼, 접대는 "사회적으로 필요했을 뿐만 아니라 다른 공동체 간의 유대를 확립하거나 강화함으로써 초대 교회를 성장하게 한 중요한 요소가 된 연락망을 형성시켰다."[2] 결국에는 교회 회의를 통해 정통성에 관한 합의가 필수적으로 이루어지기는 했어도, 초대 교회의 파급과 발전의 이런 성격으로 인해 한 지역의 개별적인 신자 집단과 사도들에게 귀속된 정통성

---

2. Lieu, *I, II, & III John*, 261.

의 본거지 사이에 긴장이 촉발되었다.[3]

여기서 장로가 금지하는 대상은 이교 친구나 믿지 않는 친척들이 아니라, 그리스도인을 자처하며 가르치는 일을 담당하고 전체 교회에서 어느 정도 좋은 평판을 얻을 수 있으나 사도적 권위와 교훈을 손상시키던 전도 여행자들이다. 장로의 강력한 경고의 요점은, 특히 당시 교회가 교회 건물이 아닌 개인 가정집에서 예배를 드릴 때 거짓 선생들을 집안으로 들이지 않음으로써 그들이 교회에 영향을 미치거나 교회에 침투할 기회를 원천적으로 차단하라는 것이었다.

이런 사람에게 인사도 하지 말라(χαίρειν αὐτῷ μὴ λέγετε)는 금지가 단순히 '안녕'이라는 인사말도 하지 말라는 것을 의미하는지,[4] 아니면 그 사람을 동료 그리스도인으로 인정하는 인사를 하지 말라는 것을 의미하는지[5] 약간 논란이 있다. '인사하다'(χαίρειν)라는 부정사 용법은 개인 편지에서 나누는 전통적인 문안 인사를 가리킨다(참고. 행 15:23; 23:26; 약 1:1).[6] 그러므로 인사도 하지 말라는 말은 아마 교회를 더럽힐 수도 있는 사적 대화를 하는 기회를 어떻게든 차단할 의도가 있었을 것이다. 이그나티우스는 서머나에 있는 교회에 편지를 쓰면서 이런 사람들을 아예 만나지 않는 것이 더 좋다는 생각을 피력했다.

그러나 나는 여러분이 인간의 탈을 쓴 야수들을 미리 조심할 것을 당부드립니다. 여러분은 그들을 맞아들이지 않아야 할 뿐만 아니라 가능하면 아예 만나지도 말아야 합니다. 그렇다고 해도, 그것이 어렵기는 하겠지만 어떻게든 그들이 회개할 수 있도록 그들을 위하여 기도하십시오. 우리의 참 생명이신 예수 그리스도는 이것을 극복할 능력을 갖고 계십니다.[7]

그러나 어떤 식으로든 교제가 없으면 여행자가 어떤 교훈을 가르치는 자인지 알아보기가 어려울 것이다. 어쨌든 거짓 선생을 맞아들이지 않으면, 거짓 선생에게 공동체 안에서 아무 지위도 주지 않음으로써 다른 사람들이 교회에서 거짓 선생의 말을 듣지 못하도록 분명히 조치한 것이다(참고. 유 1:3-4, 12, 19).

먼 지역에 사는 친구나 친척에게 나그네로 그곳을 거치게 될 여행자를 접대해 달라는 간청을 담은 소개 편지들이 지금도 많이 현존하고, 요한삼서는 이런 소개 편지의 한 사례다('요한삼서 서론'을 보라).[8] 여기서 접대에 관한 장로의 가르침은 요한삼서에 나타난 상황과 묘한 대조를 이룬다. 요한삼서를 보면, 장로가 보낸 사람들이 디오드레베와 그의 교회에 접대를 거부당하는 상황에 처해 있다(요삼 1:9-10에 대한 주석을 보라).

요이 1:11 그에게 인사하는 자는 그 악한 일에 참여하는 자임이라(ὁ λέγων γὰρ αὐτῷ χαίρειν κοινωνεῖ τοῖς ἔργοις αὐτοῦ τοῖς πονηροῖς). 사회 예절이 항상 영적으로 중립 행위인 것은 아니다. 장로는 여기서 한 걸음 더 나아가 이 마지막 진술로 누구든 거짓 선생에게 인사하는 것은 그들의 악한 일에 참여하는 것이라고 비난한다. 리우는 "장로의 금지 명령이 불안감을 줄 정도로 준엄하다"라고 설명한다.[9] 특히 접대가 그리스도인의 미덕으로 간주되었다

---

3. 같은 책을 보라.
4. 예를 들어, 같은 책, 259.
5. 예를 들어, Kruse, *Letters of John*, 214.
6. Francis Xavier J. Exler, *The Form of the Ancient Greek Letter: A Study in Greek Epistolography* (Washington, DC: Catholic University of America Press, 1923), 23–68.
7. Ign. *Smyr* 4.1, in *Apostolic Fathers* (편집/번역 Michael W. Holmes; 3차 편집, Grand Rapids: Baker Academic, 2007), Accordance를 통해 접속한 1, 2판.
8. 다음 자료들을 보라. 김찬희, *Form and Structure of the Familiar Greek Letter of Recommendation* (SBLDS 4; Missoula, MT: Society of Biblical Literature, 1972); Hans-Josef Klauck, P. Bailey 공저, *Ancient Letters and the New Testament: A Guide to Context and Exegesis* (Waco, TX: Baylor University Press, 2006).

는 점을 고려하면 더욱 그렇다(참고. 행 16:15; 롬 12:13; 딤전 3:2; 5:10; 딛 1:8; 히 13:2; 벧전 4:9). 확실히 다원주의와 에큐메니즘 정신이 지배하는 우리의 현대 사회를 배경으로 놓고 보면 장로의 금지는 지나쳐 보일 수 있다.

그러나 그때는 그때고 지금은 지금이다. 기독교 교회는 세월이 흐르면서 정통 신조와 실천들을 갖춘 공동체로 서서히 확립되었다. 하지만 장로가 편지를 쓸 당시 갓 출범한 신생 교회는 매우 취약한 상태에 있었다. 신약성경이 기록되기 전 1세기 기독교 공동체들은 여기저기 흩어져 있었고 순회하는 선생과 설교자들에게 의존했다. 거짓 메시지를 들고 교회에서 "나간" 자들(요일 2:19)은 장로의 교회에서 이탈했다. 그것 때문에 그들은 더 위험한 자가 되었을 것이다. 그들이 이전에 장로의 교회에 참여했던 경력이 지역에 있는 주변 교회의 교인들을 미혹하는 데 좋은 구실이 될 수 있었을 것이다. 그것은 장로가 그토록 가혹하게 경고하는 이유를 설명한다. 갓 출범한 신생 교회의 본래 모습을 보호하기 위해 문제들에 관하여 요한의 이원성 개념에 따라 흑백 또는 빛과 어둠 간에 명확히 선이 그어져야 했다.

"악한 일"(τοῖς ἔργοις…τοῖς πονηροῖς)이라는 말은 요한문헌 다른 곳에도 나온다. 요한복음은 사람들이 예수님을 미워하고(요 7:7) 빛보다 어둠을 사랑한다(요 3:19)고 말한다. 그것이 사람들의 "악한" 일이다. 요한일서는 가인을 죄인의 표본으로 제시하는데, 그것은 그의 행위가 악하고 그가 "악한 자에게 속했기" 때문이다(요일 3:12). 장로는 여기서 거짓 선생들이 그리스도인을 자처하고 아무리 선한 의도를 갖고 있다고 해도, 거짓 가르침을 방조하고 "그리스도에게 속하지" 않은 것은 어둠의 일에 "참여하는"(κοινωνεῖ) 것과 같다고 말한다.

하나님과 그리스도에 관한 영적 가르침이 다 진리에 속한 것은 아니며, 진리에 속하지 않은 것은 어둠에 속한 것이다. 거짓 가르침을 신뢰하고 돕는 것은 사람들을 어둠 속에 두는 것이고, 그때 사람들은 그만큼 빛 속에서 갖는 사귐을 상실한다. 장로, 하나님 아버지, 예수 그리스도와 진정한 기독교적 사귐을 이루는 것은, 예수님의 지상 생애의 참된 중요성을 보고 듣고 만지고 지각한 자들의 증언을 받아들이는 것에 기반을 두기 때문이다(요일 1:1-3). 하나님과 그리고 사람들이 서로 참된 사귐을 이루는 것은 공유하는 개인적 의견이나 사회의 공통적 요소에 기반을 두지 않는다. 그것은 진리 안에서 걷는 것, 곧 그리스도의 교훈 안에 거하는 것에 기반을 둔다.

---

9. Lieu, *I, II, & III John*, 262.

적용에서의 신학

1. 에큐메니즘인가, 아닌가?

우리는 에큐메니즘 정신이 기승을 부리는 다원주의 시대에 산다. 동시에 완결된 신약성경이 있고 교회 회의를 통해 역사적으로 오랜 세월을 거치며 구축된 기독교 정통 사상을 소유한 시대에 산다. 그러나 오늘날 교회는 장로가 편지를 썼을 때 못지않게 분별력이 필요하다. 교회 전체가 파괴될 위험에 있는 것은 아니지만 개인의 삶과 개개의 교회들은 여전히 큰 영적 위험에 놓여 있다.

신약성경의 모든 저자 가운데 요한 문헌의 저자는, 그리스도인들이 서로 사랑함으로써 하나님에 대한 사랑을 표현해야 한다고 거듭 강조한다. 그러나 동시에 저자는 사도적인 정통 메시지를 받아들이지 않는 자칭 그리스도인들과 사회적 교제를 하지 말라고 매우 단호하게 명령한다. 신앙을 고백하는 다른 그리스도인을 외면하는 것은 그들에 대한 사랑이 없는 것이 아닌가? 장로는 그리스도인의 삶에서 최고는 사랑이므로 사랑이 진리를 이긴다고 생각하지 않는 것이 분명하다. 그런데 사랑이 진리를 이기는 것이 우리 시대의 큰 죄가 아닌가 싶다.

현대 사회는, 아니 사실은 일부 교회까지도 사랑이 오랫동안 지켜온 정통 교리와 실천을 능가하는 궁극적 요소라고 믿는다. 사실 우리 시대에 진리에 대한 주장들은 종종 다른 사람들을 억압하기 위한 단순한 권력 행사로 그치고 만다고 비난을 받았다. 만약 이 비난이 사실이라면, 이런 권력 행사는 사랑의 반대 행위다. 그러나 요한의 사상에서 진리와 사랑은 불가분리적으로 융합되어 있다. 우리는 사랑 없이는 진리를 소유할 수 없고 진리가 없으면 진실로 사랑할 수 없다. 누군가를 진리에서 떠나도록 자극하거나 죄의 미혹에 빠지게 이끄는 것은 그를 사랑하는 것이 아니기 때문이다.

우리는 요한의 교회(들)에서 어떤 일이 벌어졌는지, 그래서 장로가 왜 이처럼 강력하게 경고하는지 엄밀히는 모른다. 하지만 상황이 어떠하든 간에 벌어진 일이 복음의 핵심을 위협한 것은 분명하다(참고. 유다서). 벌어진 절박한 상황이 그리스도가 "육체로 오신" 사실(요이 1:7, 참고. 요일 4:2)과 물과 피로 임하신 사실(요일 5:6)을 거부한 잘못된 기독론과 관련되어 있었던 것이 사실인 듯하다. 분명히 그것은 세상에 속한 사람들이 "하나님이 자신에 관해 제공하시는 대로 하나님을 파악하지 못하고, 자신의 추측에 따라 하나님을 만들어낸 대로 하나님을 상상한다"[10]라는 칼뱅의 주장을 입증하는 사례였다. 그리고 세상은 오늘날 이런 사람들로 가득 차 있다.

---

10. Calvin, *Institutes of the Christian Religion*, 1.4.1.

2. 다원주의 시대에 꼭 필요한 분별력

그리스도인들은 분별력을 발휘해야 한다. 특히 교회의 파수꾼인 기독교 지도자들은 더욱 그러해야 한다. 그런데 동시에 교회 지도자들 가운데 복음의 본질적인 핵심이 아닌 일로 첨예하게 대립하고, 진리에 결정적인 역할을 하는 문제에는 관심이 없는 자들이 있었다. 그리고 모든 문제를 복음을 위하여 생사를 건 투쟁으로 정의하면, 장로가 강력히 경고한 금지 명령의 취지는 희석되고 다른 사람들을 사랑하라는 명령을 어기게 된다.

오늘날 명확히 드러난 문제점 중 하나는, 모든 일신론 종교가 같은 하나님을 단지 다른 이름으로 경배하는 것이라는 가정이 만연하다는 점이다. 이것이 기독교, 유대교, 이슬람교 등 세상의 대종교를 한 형제로 받아들이기 위해 애쓰는 에큐메니즘 정신이다. 이 3대(그리고 다른) 종교가 공유하는 공통 가치와 실천이 있을 수 있지만, 에큐메니즘 정신에 대한 신약성경의 비슷한 사례는 우리에게 에큐메니즘 정신을 조심하라고 경고한다. 그리스 문화와 로마 문화는 서로 만났을 때 각각 만신전에서 신과 여신들을 숭배했다. 상대방을 포용하는 에큐메니즘 정신에 따라 두 문화의 만신전은 동등해졌다. '너희 그리스인은 제우스로 부르고 너희 로마인은 주피터로 부르지만 둘은 완전히 똑같다.' 그러나 사도 바울은 그리스-로마의 만신전을 접했을 때 단순히 '그리스인은 제우스로 부르고 로마인은 주피터로 부르지만 우리는 여호와나 예수 그리스도로 부르는 분을 안다'고 말하지 않았다. 오히려 반대로 당시 이교도의 종교적 열심에 "이런 헛된 일을 버리라"고 꾸짖었다(행 14:15). 따라서 우리는 뉘앙스의 차이가 없이 무슬림의 하나님 그리고/혹은 유대교의 하나님을 예수 그리스도의 아버지와 동일시하는 일신론의 적용을 극히 조심해야 한다.

3. 예수님은 단순히 또 다른 선지자가 아니다

그리스도인들은 또한 모르몬교나 여호와의 증인이나 크리스천 사이언톨로지와 같은 종교도 경계해야 한다. 이런 종교들은 어떤 면에서 예수님을 공경하지만, 각각 조셉 스미스(Joseph Smith), 찰스 테이즈 러셀(Charles Taze Russell), 메리 베이커 에디(Mary Baker Eddy)와 같은 후대 사상가들이 만들어낸 종교적 관념들로 신약성경을 보충하거나 교정함으로써 그리스도의 교훈을 지나쳤다. 이런 종교들은 19세기에 정통 기독교 교리에서 이탈함으로써 생겨났으므로 장로가 당대에 반대했던 사상을 충분히 보여주는 현대판 사례다. 분명히 장로의 단호한 금지가 이런 종교들을 실천하는 사역자, 이웃 또는 친척들에게 불친절하거나 무례하게 굴어도 되는 허가증을 주는 것은 아니다. 그러나 장로는 우리가 그들의 교훈을 찬성하거나, 그들에게 우리 교회의 강단을 내주거나, 그들을 경제적으로 지원하는 일은 금지할 것이다.

개신교인에게 아주 적절한 사례로 종교개혁을 들 수 있다. 교회는 고대에서 중세로 넘어가면서 주교들로 구성되고 교황이 우두머리가 된 로마 가톨릭의 교도권이 분별력과 교훈을 주도하는 권위 있는 집단이 되었다. 그러나 마르틴 루터와 다른 종교개혁자들은 16세기에 가톨릭의 교도권이 성경의 교훈을 지나친(넘어간) 것으로 간주했다. 특히 구원 문제에 관해서는 가톨릭의 교도권에서 분리되는 것 외에 다른 대안이 없었다.[11]

유유히 흘러가는 세월 속에서 역사는 그리스도의 교회가 직면하는 복잡한 문제들, 다루기 힘든 질문들, 고통스러운 상황들을 그대로 안고 펼쳐졌고, 앞으로도 항상 펼쳐질 것이다. 그러나 이 모든 상황 속에서 모든 세대에 걸친 예수 그리스도의 참된 제자들은 장로가 말하는 주된 요점을 절대로 시야에서 놓쳐서는 안 된다. 즉, 그리스도의 참된 제자들은 그리스도 안에서 하나님이 진리를 계시하셨다는 점과 그 외에 다른 것은 그것을 받아들이는 자를 영적 파멸의 길로 이끄는 것에 불과하다는 점을 유념해야 한다. 하나님에 관한 믿음은 단순한 개인적 선호가 아니다. 또한 모든 종교가 아무리 진지하게 실천된다고 해도 사람들을 하나님께 인도하는 것도 아니다. 감사하게도 성령이 우리 안에 거하시고, 예수님이 약속하신 성령이 미래의 제자들을 모든 진리 가운데로 인도하실 것이다(요 16:13). 그리고 성령은 진리에 대해 증언하러 세상에 오신 분을 증언하신다(요 18:37). 그러므로 "진리에 속한" 자는 누구나 그분의 음성을 듣고, 교회의 미래는 그 약속에 따라 안전하다.

---

11. 역사 대대로 교회에서 가르친 복잡한 혁신적 가르침에 대한 충분한 설명은 Yarbrough, *1-3 John*, 354-56을 보라.

요한이서 1:12-13

문학적 전후 문맥

이 마지막 단락은 장로의 편지를 전통적 편지 형식에 따라 1절의 인사를 반영하는 문안 인사로 끝맺는다.

> I. 인사와 문안(1-3절)
> II. 권면(4-8절)
> III. 금지(9-11절)
> ➡ IV. 결말(12-13절)
>   A. 지속적 관계에 대한 소망(12절)
>   B. 자매 교회의 문안(13절)

주요 개념

장로는 자신이 원독자에게 가서 그들을 대면할 수 있다는 사실을 언급한다. 그리고 그들이 여전히 자기를 맞아들일지를 미리 알아보고 그들과 자신의 연합을 확언한다. "택하심을 받은"이라는 말을 반복하고 교회를 "자매"로 의인화한 말이 담긴 마지막 인사는 장로가 최소한 두 교회, 아니 아마도 둘 이상의 교회를 알고 있었다는 점을 말해준다. 또한 그것은 그들이 장로와 교제 속에 있었다는 것을 암시한다.

번역

요한이서 1:12-13

12a	양보	내가 너희에게 쓸 것이 많으나
b	예상과 반대	**종이와 먹으로 쓰기를 원하지 아니하고**
c	대조	**오히려 너희에게 가서**
d	확대	**대면하여 말하려 하니**
e	결과	이는 너희 기쁨을 충만하게 하려 함이라
13	문안	**택하심을 받은 네 자매의 자녀들이 네게 문안하느니라**

구조

이 본문은 관례적인 편지 형식에 따라 결말을 문안 인사와 연결하고, 교회들을 가족 관계 속으로 이끌며, 가족 관계의 지속에 대하여 기쁨을 얻기 바라는 소망을 피력한다. 12절은 장로가 혹시라도 자매 교회를 방문하면 얻게 될 기쁨을 예견한다. 이것은 진리 안에서 걷는 것을 보고 기뻤다는 말(4절)과 인클루지오를 이룬다. 13절의 "택하심을 받은 네 자매"라는 은유적 표현은 1절의 편지 서두의 인사말의 대상인 "택하심을 받은 부녀"와 인클루지오를 이룬다.

석의적 개요

→ IV. 결말(12-13절)
    A. 지속적 관계에 대한 소망(12절)
    B. 자매 교회의 문안(13절)

본문 설명

요이 1:12 내가 너희에게 쓸 것이 많으나 종이와 먹으로 쓰기를 원하지 아니하고 오히려 너희에게 가서 대면하여 말하려 하니 이는 너희 기쁨을 충만하게 하려 함이라(Πολλὰ ἔχων ὑμῖν γράφειν οὐκ ἐβουλήθην διὰ χάρτου καὶ μέλανος, ἀλλὰ ἐλπίζω γενέσθαι πρὸς ὑμᾶς καὶ στόμα πρὸς στόμα λαλῆσαι, ἵνα ἡ χαρὰ ἡμῶν πεπληρωμένη ᾖ). 장로는 앞에

서 거짓 선생들을 접대하지 말라고 경고했다. 이제 그는 대면하여, 곧 얼굴과 얼굴을 맞대고(헬라어, '입과 입을 맞대고') 직접 말하고 싶은 소원을 관례적으로 언급하며 편지를 마무리한다. 여기서 장로는 충만한 기쁨을 언급한다. 이것은 그들이 진리 안에서 걷는 것을 보고 큰 기쁨을 얻었다고 말하는 이전 진술(4절)과 인클루시오를 이룬다. 요한 문헌에서 '우리의 충만한 기쁨'(ἡ χαρὰ ἡμῶν πεπληρωμέν, 개역개정에는 "너희 기쁨"–역주)이라는 말은 기독교 복음에 대한 믿음과 사명 안에서 하나로 연합할 때 주어지는 사귐을 의미한다.

세례 요한은 예수님의 초기 공적 사역에 관해 듣고 충만하거나 온전한 기쁨을 느꼈다(요 3:29). 예수님은 제자들에게 자신의 계명을 지킴으로써 자신의 사랑 안에 거하라고(요 15:11) 그리고 자신의 이름으로 아버지께 구하라고(요 16:24) 권면하실 때 제자들이 충만한 기쁨을 얻기 바라신다. 또 제자들이 "내 기쁨을 충만히 가지도록" 기도하셨다(요 17:13). 요한일서도 기쁨이 충만하게 하려는 의도로 기록되었다(요일 1:4). 리우는 다음과 같이 지적한다. "이것은 인간적 감정으로 제한되지 않고, 해산의 고통의 목표가 태어난 아기로 인해 얻는 기쁨으로 달성되는 것과 같이 하나님의 목적의 성취를 표시하는 '종말론적' 기쁨이다."[1]

비록 독자를 직접 만나보기 원하는 장로의 소원이 반드시 그곳으로 여행할 계획이 임박했음을 함축하고 있지는 않아도, 여기서 다음과 같이 두 가지를 추론할 수 있다. (1) 장로는 노인이었겠지만, 그 말이 비웃음거리가 되지 않을 만큼 아직은 원독자가 있는 곳까지 여행할 충분한 힘이 있다. (2) 소원을 말하는 장로의 진술은 자매 교회가 여전히 자기를 맞아들일 만큼 문이 열려 있는지, 즉 그들이 요한삼서에 기록된 문제점으로 오염되지 않았는지 미리 알아보고자 한다. 거기서 장로는 디오드레베라는 지도자의 영향 아래 있던 교회에 편지를 썼고, 그 교회는 요한의 편지나 그 편지를 갖고 간 자들을 맞아들이지 않았다. 우리는 그 교회가 장로를 거부한 "택하심을 받은 부녀와 그의 자녀들"로, 요한삼서를 요한이서 이야기의 속편으로 만든 것은 아닌지 궁금하다. 그러나 부녀와 그의 자녀들이 이 편지를 받은 후 계속 믿음과 사명을 갖고 장로와 연합을 이루어서 장로의 방문을 맞아들인다면, 장로의 기쁨은 충만할 것이다.

요이 1:13 택하심을 받은 네 자매의 자녀들이 네게 문안하느니라(Ἀσπάζεταί σε τὰ τέκνα τῆς ἀδελφῆς σου τῆς ἐκλεκτῆς). 요한이서는 개인 편지의 관례적인 인사법[2]으로 끝마치는데, 이 인사법은 베드로전서 5:13과 긴밀한 평행 관계를 이룬다. 교회를 택하심을 받은 부녀와 그의 자녀들로 지칭하는 은유가 여기서 "택하심을 받은 네 자매의 자녀들"이 보내는 문안으로 계속된다. 여기서는 여성 의인화가 단순히 일반적 의미의 "부녀"가 아니라 더 구체적이고 가족적인 "자매"라는 말로 이루어진다. 이것은 1절과 인클루시오를 이루고, 요한이서가 한 개인 여성이 아니라 그 지역의 다른 교회에 보내질 편지일 것이라는 점을 강화한다.

---

1. Lieu, *Second and Third Epistles*, 99.

2. Exler, *Form of the Ancient Greek Letter*, 112–16.

적용에서의 신학

1. 복음의 성공은 교회에 문제점을 낳는다

역사적으로 요한이서가 기록될 당시는 기독교 교회의 역사상 둘도 없는 유일한 시기였다. 당시에 신약성경은 아직 기록되지 않았다. 다만 성경책들이 개별적으로 여러 지역에서 회람되었다(4세기가 되어서야 비로소 모든 지역의 교회가 사도들의 저작 전체를 알게 되었다). 대부분은 아니더라도 많은 목격자가 예수님의 지상 생애, 사역, 부활에 관해 전했다. 처음 몇십 년 만에 교회의 선교 사역은 괄목할 만한 성공을 거두었고, 그 결과 기독교 신자들로 이루어진 작은 공동체들이 지중해 연안 세계 대부분의 지역에 자리를 잡았다. 리우가 지적하는 것처럼, "신약성경과 초기 기독교 문헌에는 복음을 섬기기 위한 이유이든 또는 세속적이거나 상업적인 이유이든 그리스도인들 사이에 매우 폭넓은 이동이 이루어진 사실이 반영되어 있다."[3] 이처럼 폭넓은 이동으로 인해 교회들 사이에서 예수님의 중요성에 대한 이해와 사도적 메시지에 대한 적용이 무척 다양하게 이루어졌다. 그 가운데 어떤 것은 건전하고 어떤 것은 건전하지 않았다. 그러므로 정통 사상이 아직 어떤 보편적인 형식이나 성문화된 형식(니케아 신조와 같이)으로 명시되지 않았을 때 정통 사상의 경계 안에서 기독교적 믿음을 지키는 것은 절박하고 힘든 과제였다.

1세기 후반에 복음을 위협한 주요 문제 중 하나가 이단이 출몰하는 것이었다. 그것은 특히 세상 사람들이 다양하고 많은 이교 종교와 철학적 세계관에서 나오는 이단 사상을 통해 예수 그리스도의 메시지를 듣게 되었기 때문이다. 이런 현실 속에서 교회 지도자들은 즉각 지리적으로, 민족적으로 그리고 신학적으로 다양한 교회들을 하나로 묶을 예수 그리스도의 메시지와 의미에 충실한 통일된 믿음 체계를 구축할 필요성을 느꼈다. 초기의 이런 상황에 대처하는 가운데 교회 계층제가 발전하고, 신약성경의 수집과 출판이 이루어졌으며, 멀리 떨어진 교회들에서 파견한 대표들로 구성된 교회 회의가 등장했다.

오늘날 우리는 기독교의 믿음과 실천이 이처럼 변화가 극심한 시대에 살지는 않는다. 아니면 우리도 그런가? 하나의 교회 계층제가 아주 많은 교파로 갈라졌고, 교회의 연합을 상기시키는 가톨릭 교황제가 있지만 그 교회 제도는 정당하게 유지될 수 없었다. 신약성경은 세상 모든 지역에서 번역되어 출판되었으나 교회는 신약성경 저자들이 결코 상상할 수 없을 현대의 문제들에 신약성경의 해석과 적용을 놓고 계속 논란을 벌인다. 교회 회의에서 발표된 신조들은 많은 그리스도인에게 정통성에 관한 진술로 자리 잡고 있으나, 그것들은 역사 대대로 교회 분파들에 의해 완전히 거부되어왔다. 변함없이 존속하는 것이 많은 만큼 변하는 것도 많

---

[3]. Lieu, *Second and Third Epistles*, 125.

은 듯하다.

2. 하나님의 가족

장로는 원독자에게 자신이 전하는 것과 다른 교훈을 전하는 자칭 순회 전도자들을 거부하고 배척하라고 명령한 다음, 장로가 "택하심을 받은 네 자매의 자녀들"(τὰ τέκνα τῆς ἀδελφῆς σου τῆς ἐκλεκτῆς)이 보내는 문안을 언급하는 것을 주목해야 한다. 장로는 이를 통해 독자에게 하늘 아버지의 자녀로서 그들이 서로 가족적이고 영적인 유전 관계가 있다는 점을 상기시킨다.

그것은 오늘날 세계에 퍼져 있는 주의 교회들이 여전히 귀담아 들어야 할 사실을 상기시킨다. 그것은 우리는 한 가족이라는 사실이다. 기독교 교회들의 유기적인 연합은 한 명의 궁극적인 탁월한 인간 지도자를 바라보는 데서 발견되는 것이 아니라, 하나님의 자녀로서 재탄생한 영적 거듭남에서 발견된다. 만약 하나님이 우리의 아버지라면, 우리는 영적 형제다. 자유주의 개신교는 우리의 창조주이신 하나님으로 말미암아 사람 전체를 형제 관계로 본다. 이러한 관점과 반대로, 요한과 신약성경 저자들은 하나님의 아들 예수 그리스도를 믿는 믿음으로 말미암아 하나님을 자신의 아버지로 알고 있는 자만이 하나님의 자녀라고 주장한다(참고. 요 1:12-13). 나아가 요한일서 2:19에서 아주 날카롭게 지적하는 것처럼 그리스도인을 자처하는 모든 사람이 "우리에게 속해" 있는 것은 아니다(참고. 마 25:31-46). 지금과 같이 그때도 관건은 무엇이 예수 그리스도의 인격과 사역에 관한 진리를 구성하느냐는 것이다. 우리에게는 그 진리를 규정하는 중심과 그 진리를 넘어가는 것을 차단하는 경계선이 모두 필요하다.

3. 장로의 영적 권위

장로는 자신을 예수 그리스도에 관한 진리의 중심과 경계선을 규정하는 사도 전승의 전달자로 주장했다. 사도 전승 외에 다른 교훈은 거부해야 한다는 장로의 주장은 권력 행사도 아니고 무례한 인격의 오만함도 아니었다. 사도들의 저작이 수집되어 신약성경으로 출판되기 이전 시대에, 예수님이 직접 택하신 목격자와 그들의 직접적 동료들에게만 갑자기 등장한 온갖 다른 목소리들을 잠재우고 진리의 중심과 경계선을 규정할 지식과 권위가 있었다. 그것은 단순한 업무도, 즉석에서 처리할 업무도 아니었다. 예루살렘 회의가 개최된 것(행 15장)과 같이 사도들 사이에도 논란이 있었다. 교회가 이루어지는 과정은 결코 순탄하지 않았다.

그러나 오늘날 우리는 신약성경을 가지고 있다. 또한 니케아 신조를 비롯해 오랜 세월 동안 꿋꿋이 견뎌온 다양한 신앙고백 진술도 있다. 초대 교회 당시와 비교하면 우리는 논쟁의 소지가 훨씬 적다. 오늘날 종교적이고 신학적인 담화의 언어와 어조가 때때로 매우 거칠고 양극화되어 있고 신자들 사이에 많은 적합하고 중요한 의견 차이가 있다 하더라도, 우리는 장로가 예수 그리스도를 믿는 진정한 신자들은 성령으로 유기적으로 연결된 한가족이라고 상기시키는 말을 귀담아 들어야 한다. 오직 하나님만이 진실로 사람의 마음을 아시므로, 정통성의 경계를 지나친 것이 아주 명확히 드러날 때까지는 신앙을 고백하는 그리스도인을 어떻게든 긍정적으로 바라보아야 한다.

오늘날 교회의 많은(대부분의?) 논쟁 속에서 정통성의 정의는 결정적으로 중요한 사안으로 다루어지지 않는다. 그리고 모든 문제가 양극화되고, 반대자들이 마치 마귀인 것처럼 악하게 구는 것은 서글픈 현실이다. 세례 양식, 성령의 은사, 여성 안수, 성경 번역의 정확성, 예배에서 사용되는 음악 그리고 여기에 추가할 수 있는 다른 문제들을 다룰 때 우리와 똑같이 성경의 권위를 높이 평가하는 그리스도 안의 형제들을 마귀와 같이 보는 어조와 말로 비난하는 것은 바람직하지 못하다. 물론 우리는 예수 그리스도의 복음의 진리 안에서 걷도록 서로 촉구해야 한다. 그런데 그때 상대방을 우리의 '택하심을 받은 자매'로 대해야 한다는 것을 명심해야 한다.

요한삼서 서론

우리는 신약성경에 점차 익숙해지기 마련이다. 하지만 우리는 익숙함 때문에 요한심서를 읽을 때 거의 2천 년 전 실제 그리스도인들이 받은 실제 편지를 읽는다는 놀라운 사실에 둔감해져서는 안 된다. 요한삼서에는 1세기에 실존했던 그리스도인 세 명의 이름과 "장로"로 불리는 저자가 언급되어 있다. 이들은 요한일서와 요한이서에서 다루어진 추상적인 문제들, 곧 권위, 진리, 사랑과 같은 문제를 예증하는 실제 상황에 연루되었다.

헬라어 원문에서 2백 단어가 채 되지 않는 요한삼서는 신약성경 가운데 가장 짧은 책으로 우리 손에 있다. 육필 원문은 1세기 당시 주로 사용된 '종이'인 파피루스 한 장에 다 기록되었다(참고. 요이 1:12). 요한삼서는 원래 데메드리오라고 불리는 편지의 전달자에 대한 접대를 간청하는 소개 편지로 기록되었다. 그러나 소개 편지가 전부였다면 이 짧은 편지는 정경에 포함되지 못했을 것이다. 요한삼서가 기록되었을 당시는 예수 그리스도에 관한 참된 진리가 아주 큰 위기 속에 있었다.

요한삼서는 신약성경에서 유일하게 "예수"라는 이름이 나오지 않는다(하지만 7절에 대한 주석을 보라). 그러나 (예를 들어, 신학적 강론이나 복음 제시를 담은 글과 달리) 소개 편지로서 짧은 길이와 특수한 기록 목적이 있다는 점을 고려하면, "예수"라는 이름이 나오지 않는 것은 그리 놀랍지 않다. 오늘날 대다수 그리스도인은 믿는 친구들에게 편지와 이메일을 많이 보낸다. 그때 예수님을 명시적으로 언급하지 않으면서 공유하는 믿음을 표현한다. 요한삼서의 내용은 예를 들어, 요한복음이나 로마서와 달리 신학적 요소가 담겨 있지 않지만, 설교자나 성경 공부에서 무시되어서는 안 될 가치가 있다. 요한삼서에는 교훈적인 내용이 없고 단순히 역사적 관심사만 나온다고 결론을 내리는 오늘날의 주장은 근거가 전혀 없다. 복음주의적인 개신교의 성경관에 따르면, 하나님의 말씀이 담긴 책 가운데 무시되거나 관심을 받을 가치가 없는 책은 하나도 없다.

요한삼서를 이해하려면, 요한 문헌과 다른 책들의 관계 및 요한삼서가 기록된 당시의 역사적 상황도 바로 알아야 한다. 길이가 짧고 메시지가 특수함에도 불구하고, 요한삼서는 초대교회의 역학 관계의 일면을 들여다보게 하고, 오늘날 그리스도인들에게 매우 필요한 권면을 제공하며, 예수 그리스도의 복음의 진리가 어디서 발견되는지에 대한 중대한 신학적 주장이 담겨 있는 보물이다.

요한삼서의 장르와 구조

어떤 본문이든 가장 적합한 본문 형태와 구조는 반드시 그 본문의 장르에 따라 규정된다. 요한삼서는 한 사람이 다른 사람에게 실제로 쓴 편지이므로 1세기 그리스 편지들에 공통으로 나타나는 특징을 많이 보여주고, 서한체 구조가 요한삼서의 가장 명확한 특징을 이룬다. 사실 요한삼서는 신약성경 중에서 현존하는 고대의 개인 편지와 형태와 구조가 가장 유사하다. 현대 사회에서 각종 편지가 발신 목적이나 발신자와 수신자의 관계에 따라 다양한 형태를 취하는 것(사업상 보내는 편지와 가까운 친구와 사적인 대화를 주고받은 이메일을 비교해보라)처럼, 현존하는 파피루스 문서 속에 나타난 고대 세계의 개인 편지도 종류가 다양하다.[1]

이처럼 다양한 편지의 종류에는 소개서나 추천서로 기능하는 편지[고대 세계에서 ἐπιστολὴ συστατική(추천서)로 알려진 편지(참고. 고후 3:1)]가 있다.[2] 요한삼서 1:12을 보면, 요한삼서가 데메드리오를 가이오에게 소개하는 편지라는 사실이 분명히 드러난다. 그렇다고 해서 요한삼서의 유일한, 아니 사실상 일차적인 목적은 소개가 아니다. 요한삼서가 실제 편지라는 사실을 인정하면, 요한삼서를 이해하고 해석할 때 적절한 가정을 세우는 데 유익하다.

예를 들면, 우리는 저자가 편지에서 자신과 가이오나 데메드리오의 관계를 상세히 말하지 않는다고 탓할 수 없다. 그런 내용이 없는 것은 저자와 가이오가 굳이 형식적으로 묘사할 필요가 없는 정보를 이미 공유하고 있다는 점을 암시하기 때문이다. 또한 본문의 요소를 문자적으로 저자와 수신자가 주고받는 정보로 잘 이해하면, 굳이 비유나 시적 특성이 있는 것으로 해석할 필요도 없다. 본문의 중요성과 의미는 역사적 상황을 무시하고 파악해서는 안 된다. 역사적 상황이 (오늘날에도 여전히 일어나는) 당시의 영적 문제들에 대해 어떤 통찰력을 제공하는지를 성찰함으로써 파악해야 한다.

신약성경의 서신들에 대해서는 다양한 방법을 적용할 수 있고, 그때 각 방법들은 우리의 이해에 나름대로 도움을 줄 것이다. 요한삼서는 그리스-로마의 고전 수사학의 범주에 따라,[3] 헬레니즘 시대의 편지 관습에 따라[4] 그리고 현대의 담화 분석의 언어학적 원리에 따라[5] 다양하게 분석할 수 있다. 이 방법들은 크거나 작게 본문에 대해 각기 다른 개요를 보여준다. 요

---

[1] 이 파피루스 문서들은 주로 이집트의 사막에 놀랍게 보존되어 고고학자들이 발견해낸 고대 세계의 실제 문서와 편지들이다. 다양한 묶음으로 출판된 것이 수없이 많다. 영어로 아주 쉽게 입수할 수 있는 자료 가운데 하버드 대학이 출판한 다음의 자료가 있다. Loeb Classical Library, *Select Papyri*; in Adolf Deissmann, *Light from the Ancient East* (번역 L. R. M. Strachan; New York: George H. Doran, 1927; 재판, Peabody, MA: Hendrickson, 1997). 많은 파피루스 자료가 온라인에 등록되어 있고 www.papyri.info에서 찾아볼 수 있다.

[2] 김찬희, *Form and Structure*.

[3] Watson, "Rhetorical Analysis," 479-501.

한삼서에 나타난 그리스-로마 시대의 편지 각 부분의 수사적 기능은 담화 분석과 구조가 겹치고, 또한 무엇보다 헬레니즘 시대 편지 형식의 지배를 받고 있다. 그러나 요한삼서의 본문을 보면, 구문에 기반을 두고 저자의 주제와 문체와 사고 흐름에 의존하는 담화의 특징을 다양하게 보여준다. 그러므로 요한삼서의 수사적 개요 부분과 담화의 개요 부분은 중첩되기는 해도 정확한 대응 관계를 기대할 수 없다. 하지만 다양한 방법론이 내놓은 차이 나는 결과들을 완화시켜줄 증거는 더러 있다.

요한삼서를 주석하면, 편지에 데메드리오를 가이오에게 소개하는 기능이 있음을 볼 수 있다. 그렇지만 사실 요한삼서는 데메드리오에 관한 편지가 아니다. 오히려 장로의 관심은, 디오드레베가 이전에 자신이 보낸 사절을 접대하지 않고 거부한 사실에 비추어 가이오가 진리에 계속 신실했던 점을 부각하는 데 중점이 있다(11절에 대한 주석을 보라). 장로가 가이오를 면밀하게 설득하는 것은 최소한 자신이 가이오를 진리의 동역자로 간주하는 가정이 옳다는 희망이 있기 때문이다. 논쟁 어조가 강한 것은 편지 속에 예상되는 것보다 더 큰 간극이 있다는 점을 암시할 것이다. 그러나 가이오가 흔들리는 상태에 있었다면, 요한삼서의 수사법은 가이오가 장로의 주장에 신실한지를 가늠하는 실제 시금석을 제공하는 동시에 가이오에게 진리를 환기하는 기능도 할 것이다.

요한삼서의 개요

   I. 편지의 문안과 인사(1-4절)
      A. 편지의 인사말(1절)
      B. 행복을 위한 간구(2절)
      C. 장로가 확신하는 기초(3절)
      D. 암묵적 권면(4절)
   II. 편지를 쓰는 이유(5-8절)
      A. 가이오의 접대에 대한 확언(5-6a절)
      B. 옳은 일을 행하라는 권면(6b-8절)
   III. 디오드레베의 문제점(9-11절)
      A. 디오드레베가 장로의 권면을 받아들이지 않는다(9절)
      B. 디오드레베가 공개적으로 장로를 비방하다(10a-e절)
      C. 디오드레베가 장로가 인정한 동료 그리스도인들을 맞아들이지 않는다(10f-g절)

---

4. Klauck and Bailey, *Ancient Letters; Stanley K. Stowers, Letter Writing in Greco-Roman Antiquity* (Philadelphia: Westminster, 1986).

5. Sherman, Tuggy, *Semantic and Structural Analysis*; Clark, "Discourse Structure in 3 John," 109-15; Floor, "Discourse Analysis of 3 John," 1-17.

D. 디오드레베가 자신의 지역 교회 교인들로 하여금 장로가 인정한 동료 그리스도인들을 맞아들이지 못하게 하다(10h절)

　　E. 디오드레베가 장로가 인정한 동료 그리스도인들을 맞아들이고자 하는 자를 교회에서 내쫓다(10i절)

　　F. 옳은 일을 행하라는 명령(11절)

IV. 데메드리오를 소개함(12절)

　　A. 데메드리오가 그를 아는 모든 자에게 인정받다(12a-b)

　　B. 데메드리오가 진리 자체로 인정받다(12c)

　　C. 장로가 개인적으로 데메드리오를 추천하다(12d)

　　D. 장로가 진리에 대한 자신의 지식의 신빙성을 재천명하다(12e-f)

V. 결말(13-15절)

　　A. 장로가 혹시라도 방문하게 되면 말할 것이 많다(13-14절)

　　B. 장로가 힘든 상황 속에서 평강의 복을 기원하다(15a절)

　　C. 문안 인사를 교환하다(15b-c절)

요한삼서 1:1-4

문학적 전후 문맥

이 단원은 그리스-로마의 전통적인 편지 방식으로 서두를 시작한다. 따라서 요한삼서는 신약성경 중에서 고대 세계의 세속적 편지 형식과 가장 비슷하다. 편지의 인사말은 항상 편지 첫째 줄에 나오고, 거기서 발신자와 수신자가 확인된다. 요한삼서의 저자는 자기 자신을 그저 "장로"로만 제시하고, 가이오라는 이름의 절친한 친구에게 편지를 쓴다. 요한삼서가 개인 편지였다는 사실을 알면, 요한삼서의 메시지를 해석하는 열쇠를 얻는다. 요한삼서가 다루는 문제들과 언급하는 이름들이 실존 인물을 가리킨다는 점과 언급된 상황이 실제 상황이라는 점을 확신할 수 있기 때문이다.

시(詩)나 묵시 문헌과 달리, 이 편지는 저자가 자신의 글이 상징적으로 또는 비유적으로 이해되기를 바란다는 사실을 조금도 암시하지 않는다. 여기서 묘사된 상황은 편지가 기록된 당시 실제로 벌어진 일이 아닌 다른 일로 믿을 하등의 이유가 없다. 우리는 가이오가 누구였는지, 어디 살았는지 확실히 알지 못하고, 이 편지를 쓰게 한 구체적인 상황이 어떠했는지 엄밀하게 알 만한 역사적 배경을 충분히 알지 못한다. 그러므로 이 편지의 역사적 배경은 주로 편지 자체에서 뽑아낸 추론에 따라 재구성되어야 한다. 그리고 이 재구성은 반드시 주석이 불확실할 수 있음을 인정하는 겸손한 태도로 진행되어야 한다. 우리는 요한삼서의 기원에 관해 알고 싶은 것을 다 알지는 못하지만, 다른 시대와 다른 곳에 있는 그리스도인들에게 이 편지에 담긴 메시지의 중요성을 이해시키는 데는 충분할 정도로 안다.

수사 분석이 암시하는 것처럼, 이 본문(1:1-4)은 편지의 '엑소르디움', 곧 서두이다. 따라서 이 단원은 이어질 담화의 주요 주제를 소개하고 이후의 내용을 받아들이도록 가이오를 준비시키는 역할을 한다. 특별히 장로는 가이오에게 초점을 맞춘다. 장로는 이전에 그가 그리스도인들에게 접대를 베푼 사례로 예증되는 것처럼, 그가 진리를 따르는 데 신실했다고 칭찬한다.

> **I. 편지의 문안과 인사(1-4절)**
>   **A. 편지의 인사말(1절)**
>   **B. 행복을 위한 간구(2절)**
>   **C. 장로가 확신하는 기초(3절)**
>   **D. 암묵적 권면(4절)**
> II. 편지를 쓰는 이유(5-8절)
> III. 디오드레베의 문제점(9-11절)
> IV. 데메드리오를 소개함(12절)
> V. 결말(13-15절)

주요 개념

이 본문은 편지의 주 관심사인 "진리"(ἡ ἀλήθεια)를 소개한다. "진리"는 이 본문을 구성하는 네 개의 구절(1-4절)에서 4번 언급된다. 장로는 다른 사람들의 입을 통해 자신의 영적 자녀들이 복음의 진리 안에서 신실하게 산다는 말을 듣는 것보다 더 큰 기쁨이 없음을 발견하고, 진리 주제를 추상적으로가 아니라 매우 인격적으로 제시한다.

번역

요한삼서 1:1-4

1a	호칭	장로인 나는
b		사랑하는 가이오 곧 내가 참으로 사랑하는 자에게 편지하노라
2a	인사	사랑하는 자여
b	비교	네 영혼이 잘됨 같이
c	소원	**네가 범사에 잘되고 강건하기를 내가 간구하노라**
3a	상황	형제들이 와서 네게 있는 진리를 증언하되
b	확대	네가 진리 안에서 행한다 하니
c	기초	**내가 심히 기뻐하노라**
4a	확인	내가 내 자녀들이 진리 안에서 행한다 함을 듣는 것보다
b	단언	**더 기쁜 일이 없도다**

구조

문학적 전후 문맥을 다룰 때 지적한 것처럼, 이 단원은 헬레니즘 시대 편지의 서두의 전형을 보여준다. 저자는 자기 자신을 단순히 "장로"(ὁ πρεσβύτερος)로 지칭하며, 수신자는 가이오다. 이 표준 인사말은 가이오에게 애정을 표현하는 말로 확대된다. 이것은 분명히 가이오와 장로가 따스한 인격적 친분 관계를 맺고 있었음을 암시한다. 헬레니즘 시대의 편지에 전형적으로 나타나는 건강을 바라는 관례적인 인사말은, 장로가 가이오가 영적으로 건강하다는 소식을 들은 것을 기반으로 한 지식에 따라 제시된다.[1]

헬레니즘 시대 편지 인사말의 형태로 표현되었지만, 장로는 여기서 가이오가 진리에 신실한 것이 자신을 크게 기쁘게 했다는 점을 그에게 상기시킨다. 이것은 가이오가 진리에 신실하게 남아 있음으로써 장로를 계속 기쁘게 하라는 은근하고 암묵적인 권면으로 작용한다.

석의적 개요

→ I. 편지의 문안과 인사(1-4절)
    A. 편지의 인사말(1절)
    B. 행복을 위한 간구(2절)
    C. 장로가 확신하는 기초(3절)
    D. 암묵적 권면(4절)

본문 설명

요삼 1:1 장로인 나는 사랑하는 가이오 곧 내가 참으로 사랑하는 자에게 편지하노라(Ὁ πρεσβύτερος Γαΐῳ τῷ ἀγαπητῷ, ὃν ἐγὼ ἀγαπῶ ἐν ἀληθείᾳ). 저자는 헬레니즘 시대 편지의 표준 형태로 자신을 주격 단어("나는")로 지칭하고, 수신자의 이름을 여격("가이오에게")으로 제시한다.

헬라어 단어 "장로"(πρεσβύτερος)가 일반적 의미로 자기보다 나이가 위인 연장자를 가리키는 데 사용될 수 있기는 해도, 신약성경에서 이 말은 지역 교회의 감독 직분을 가리키는 말로 가장 빈번하게 사용된다.[2] 1세기 그리스-로마 사회의 구조에서는 가장(pater familias)에게

---

1. 예를 들어, P.Oxy. 292 (Loeb, p. 297), "다른 모든 것에 앞서 네가 건강하고 최대한 성공하기를 내가 간구하노라"; B.G.U. 423 (Loeb, p. 305), "다른 모든 것에 앞서 너의 건강과 네가 항상 잘되고 번성하기를 내가 간구하노라." 또한 P.Giess. 17 (Loeb, p. 309-10); B.G.U. 846 (Loeb, p. 317)도 보라. 모두 열거하기에는 사례가 너무 많다.
2. D. Lake, "Elder (NT)," ZEB, 2:290-91. 또한 Hermann W. Beyer, "ἐπίσκοπος," TDNT, 2:608-22와 Gunter Bornkamm, "πρεσβύτερος," TDNT, 6:651-81도 보라.

특별한 지위가 있었기 때문에 한 집단의 지도자는 대체로 나이가 많은 사람이 되었고, 그 결과 "장로"(elder)라는 말에 담긴 두 의미의 구별이 무너졌다.

지역 교회의 신자들이 대체로 가정집에 모여 예배를 드렸던 초대 교회의 경우를 보면, 집주인이 교회의 영적 감독이 될 수도, 그러지 않을 수도 있었다. 그런데 분명한 것은 그가 교인의 삶에 어느 정도 영향력을 행사했다는 점이다. 요한삼서의 어조와 내용을 보면, 장로가 한 지역 교회를 넘어 폭넓은 권위를 가진 영적 지도자였다는 점이 판명된다. 장로는 가이오에게 주저 없이 권면했고, 가이오가 자신의 관할 아래 있던 가정 교회의 교인은 아니었다고 해도, 자신의 말을 잘 받아들일 것으로 확신하는 듯 보이기 때문이다. 나아가 요한삼서의 저자가 자신의 이름을 밝히지 않고 그저 "장로"로 지칭한다는 사실은, 가이오가 저자의 신원을 이미 잘 알고 있었다는 점을 암시한다. 그것은 또한 이 편지가 친구 사이에 주고받던 개인 편지 이상의 것으로 간주되어야 한다는 점도 암시한다. 이 편지는 어느 정도 교회의 권위를 가지고 주어진다. 이때 가이오는 이 권위를 인정하리라 기대된다.

일부 해석자들은, 파피아스가 요한삼서의 저자를 사도 전승의 보존자와 전달자로 부르는 장로들 중 하나로 보는 것에 따라 저자가 사도적 권위가 없는 자였다고 주장한다(Eusebius, *Hist. eccl.* 3.39.3을 보라). 하지만 저자의 범주에서 사도를 제외할 것인지에 대해서는 논란이 많다.[3] 게다가 "장로"(πρεσβύτερος)라는 말은 오랫동안 처음에는 유대인 저술가들을 통해 그리고 이후에는 기독교 저술가들을 통해 한 집단의 지도자를 가리키는 의미로 널리 사용되었다. 그러므로 장로라는 말은 요한삼서가 사도들의 시대가 지나고 장로가 더 명확히 하나의 직분으로 정해진 교회 계층제가 등장했을

때 기록되었다는 증거로 사용될 수 없다. 저자가 자기를 "장로"로 지칭하는 것은 요한이서 1:1에서도 발견되고, 요한이서와 요한삼서는 결말이 비슷하다(요이 1:12, 참고. 요삼 1:13). 이 두 편지의 문체, 어휘, 주제가 비슷한 것을 고려하면, 요한삼서는 이 두 편지를 한 사람이 썼다는 점을 강하게 암시한다('요한 서신 전체 서론'에서 저자 문제에 대한 설명을 보라).

가이오가 신약성경에 나오는 같은 이름을 가진 다른 사람들과 동일인으로 간주될 수 없다면, 요한삼서를 통해 추론할 수 있는 사실을 제외하고는 그에 관해 알 수 있는 사실이 하나도 없다. 요한삼서에 따르면, 가이오는 믿음이 참되고(1:3-4), 장로가 개인적으로 잘 알며, 진실한 마음으로 접대했고(1:5-8), 널리 존경받으며(1:3), 교회 안에서 영향력이 있었던(1:2, 5, 6a) 훌륭한 그리스도인이다. 가이오와 장로의 개인적인 친분 관계는, 장로가 자신의 마음을 글로 전하기보다 조만간 직접 방문하여 만나보기 원한다고 언급한 것(13-14절)으로도 증명된다.

요한삼서의 따스한 어조는 편지의 인사말에서 장로가 "사랑하는 가이오"(Γαΐῳ τῷ ἀγαπητῷ)라고 말할 때 느껴진다. 사도 바울(롬 12:19; 고전 10:14; 15:58; 고후 7:1; 12:19; 빌 2:12; 4:1), 야고보(약 1:16, 19; 2:5), 베드로(벧전 2:11; 4:8, 12; 벧후 3:1, 8, 14, 17), 유다(유 1:3, 17, 20) 그리고 히브리서 저자(히 6:9)는 '사랑하다'(ἀγαπάω)라는 동사의 다양한 형태나 그 동사의 동족 단어들을 종종 사용한다. 그때 그들은 이런 단어를 사용하여 편지의 수신자와 자신이 친밀한 관계를 맺고 있음을 묘사한다. 그런데 '사랑하다'라는 동사의 다양한 형태는 특히 요한 서신에서 자주 나타난다(요일 2:7; 3:2, 21; 4:1, 7, 11; 요삼 1:2, 5, 11).

그리스도인 저자들이 동료 그리스도인들을 언급할 때 '사랑하다'라는 말을 널리 사용하는 것을 고려하면, 이 말은 기독교의 관례 용어가 된 것으로 보이므로(그렇

---

3. Bultmann, *Johannine Epistles*, 95.

지만 진실한 마음이 담긴) 여기서는 이 말을 장로와 가이오가 구체적으로 어떤 관계였는지를 추측하는 데 사용할 수 없다. 동사 ἀγαπάω의 형태들은 이후로 오랫동안 그리스도인들이 주고받은 편지의 첫 인사말에서 발견되고, 종종 "형제"(ἀδελφός)라는 명사와 함께 사용된다. 이것은 신약성경의 사도들의 서신이 이후의 그리스도인들에게 편지 작성의 모범이 되었다는 점을 암시한다.[4]

여기서 사랑이 "진리 안에" 있다는 점을 명시하기 위하여 "진리 안에"라는 전치사구(ἐν ἀληθείᾳ)가 '사랑하다'라는 동사(ἀγαπάω)를 부사적으로 수식한다(개역개정은 이에 따라 이 전치사구를 "참으로"로 번역-역주). 여기 나오는 '내가 진리 안에서 사랑하는'이라는 말은 요한이서 1:1의 관계절 '내가 진리 안에서 사랑하는 자'(οὓς ἐγὼ ἀγαπῶ ἐν ἀληθείᾳ)라는 어구와 구문적으로 동일하다. 요한이서와 요한삼서의 이 어구에서 인칭 대명사 "나"(ἐγώ)의 강조 용법과 "진리"라는 명사의 무관사 용법이 사용된 것을 주목하라.

만약 이것이 요한삼서 혹은 요한 문헌에서 "진리"라는 말이 나오는 유일한 경우라면, 불트만이 그 말을 "진실로, 진정으로"라는 의미인 부사 "참으로"(truly, ἀληθῶς)와 동의어로 이해할 수 있다고 한 주장은 옳을 것이다.[5] 그렇게 되면 그 말은 단순히 장로의 사랑이 진실하다는 점을 가리킬 것이다. 그러나 요한의 사상에서 사랑은 하나님에 관한 계시로 정의되는 진리와 긴밀하게 연계되어 있다. 그리스도 안에서 나타난 하나님의 계시는 그리스도가 구원하시러 온 사람들에 대한 하나님의 사랑을 드러내기 때문이다(요일 1:6 부분에서 '심층 연구: 요한 서신에 나타난 진리'를 보라). 그 기초에 따라 그리스도가 구원하신 자는 하나님이 그들을 사랑하시는 것처럼 서로 사랑하라는 가르침을 받는다(참고. 요일 4:11). 요한삼서 첫 인사말에서 장로가 가이오에 대한 사랑을 이렇게 표현하는 것은, 그들이 공유하는 그리스도를 믿는 믿음을 그들의 관계의 기초로 언급하고, 그 관계가 끊어지지 않고 계속되기를 바라는 장로의 소원을 나타낸다.

가이오는 이후로 세 번이나 더 "사랑하는 자여"라는 호격(ἀγαπητέ, 2, 5, 11절)으로 불린다. 이것은 그리스도인으로서 가이오와 장로가 이룬 사귐의 연대성을 강조한다. 요한 공동체 안에 벌어진 갈등을 배경으로 놓고 보면, 1c절(또한 요한이서 1:1)의 대명사 "나"(ἐγώ)의 강조 용법은 장로가 계속 가이오를 존중한다는 점을 암시할 것이다. 이는 디오드레베와 같은 다른 유력한 그리스도인들이 보여준 태도와 대조적으로, 가이오가 장로가 보낸 자들에게 베푼 접대에 비추어 가이오를 바라본 것일 수 있다. 이렇게 "사랑하는 자여"라는 말을 반복하고 "나"의 강조 용법을 사용하는 것은 장로와 가이오의 관계를 강화한다. 장로는 가이오에게 디오드레베와 그의 일행과의 관계에 노골적인 적대감까지는 아니더라도, 확실히 긴장감을 불러일으키는 일을 요구하려 하기 때문이다.

심층 연구

어느 가이오인가?

'즐거움'을 의미하는 "가이오"라는 라틴어 이름은 그리스-로마 세계에서는 흔한 이름이었다.[6] 이 명칭은 신약성경에서 5번 등장하고, 아마 세 명의 다른 사람의 이름을 가리킬 것이다(행 19:29; 20:4; 롬 16:23;

---

4. 예를 들어, P.Oxy. 1162; P.S.I. 208. 또한 김찬희, *Form and Structure*도 보라.

5. Bultmann, *Johannine Epistles*, 95-96.
6. Smalley, *1, 2, 3 John*, 344.

고전 1:14; 요삼 1:1). 사도행전 19:29을 보면, 가이오라는 이름을 가진 자가 "마게도냐 사람"으로 바울과 함께 전도 여행을 하던 동료로 언급된다. 이 가이오는 주후 56년에 에베소에서 일어난 아데미 폭동으로 말미암아 아리스다고와 함께 당국에 체포되었다. 사도행전 20:4에도 가이오로 불리는 또 한 사람이 언급된다. 그는 주후 58년 봄에 바울이 고린도에서 예루살렘으로 돌아갈 때 일행 중 한 명이었다. 그러나 거기서 이 가이오는 더베 출신("더베 사람," Δερβαῖος)으로 언급된다. 하지만 더베가 소아시아 동쪽 지역에 위치해 있기는 해도, 이 두 가이오가 동일 인물인지는 의문이 있다.

로마서 16:23을 보면, 주후 58년경 바울을 접대하고 고린도 교회를 돌본 그리고 그 이전인 50년대 초 바울에게 세례를 받은(고전 1:14) 가이오라는 이름을 가진 인물이 언급된다. 고린도에서 이 가이오가 보여준 관대한 행위는, 소아시아 서쪽 지역 어디선가 살았던 것으로 보이는 요한삼서의 가이오가 보여준 모습과 흡사하다.

4세기의 한 전승에 따르면, 사도 요한은 바울과 함께 여행했던 더베의 가이오를 소아시아 서부 도시인 버가모의 초대 감독으로 세웠는데, 요한삼서에 언급된 가이오가 바로 이 사람이다(Apostolic Constitutions 7.46.9). 가경자 비드는 그 전승에 기반을 두고 요한삼서의 수신자가 로마서 16:23에서 바울이 체류하던 집의 주인으로 언급된 가이오와 같은 인물로 믿었다.[7]

로마 세계에서는 이동이 용이했다는 점을 감안하고 신약성경에서 가이오라는 이름이 언급된 모든 구절을 종합하면 둘이나 세 명 정도를 암시한다고 볼 때, 가이오라는 이름을 가진 한 사람이 평생 도처를 다니며 활동한 것일 수도 있다는 결론이 개연성이 없지는 않다. 그럼에도 불구하고 대다수 현대 주석가는 신약성경에 언급된 "가이오"라는 이름이 마게도냐의 가이오, 고린도의 가이오, 더베의 가이오, 아시아의 가이오(요한삼서에 언급된 인물)[8]와 같이 네 명의 각기 다른 인물을 가리키는 것으로 본다.

요삼 1:2 사랑하는 자여 네 영혼이 잘됨 같이 네가 범사에 잘되고 강건하기를 내가 간구하노라(Ἀγαπητέ, περὶ πάντων εὔχομαί σε εὐοδοῦσθαι καὶ ὑγιαίνειν, καθὼς εὐοδοῦταί σου ἡ ψυχή). 장로가 가이오에게 품은 애정은 그가 "사랑하는 자여"로 번역된 호격 형용사(Ἀγαπητέ)로 가이오를 부르는 것으로 반복된다. 건강을 비는 것은 헬레니즘 시대 편지의 전형적인 표현법이고, 전통적으로 "범사에 강건하기를 내가 간구하노라"(πρὸ πάντων εὔχομαί σε ὑγιαίνειν)는 말의 형태로 자주 나타난다. 하지만 이 말은 신약성경의 서신들 중 오직 여기서만 나타난다. 다만 전치사 πρό("…앞에", 뒤의 내용을 보라) 대신 περί("관하여")가 사용되었다.[9] 이 말의 최초의 현존 사례가 주후 25년경 기록된 한 편지의 문장 끝에 나오는데, 이 말은 2세기와 3세기에도 편지에서 계속 사용되었다.[10]

---

[7]. Bray, ACCS 11, 240.
[8]. Brown, *Epistles of John*, 703; Bultmann, *Johannine Epistles*, 95; Marshall, *Epistles of John*, 81; Smalley, *1, 2, 3 John*, 344; Stott, *Epistles of John*, 217; John Christopher Thomas, *The Pentecostal Commentary on 1 John, 2 John, 3 John* (Cleveland: Pilgrim, 2004), 21.
[9]. 다음 사례들에 대해서는 *Select Papyri*, 1권 (Loeb)을 보라. P. Oxy. 292 (p. 296), *Class. Phil.* xxii (p. 302), B.G.U. 423 (p. 304), P. Giess. 17 (p. 308), B.G.U. 846 (p. 316).
[10]. Exler, *Form of the Ancient Greek Letter*, Robert W. Funk, "The Form and Structure of II and III John," *JBL* 86 (1967): 425에 인용됨.

"내가 간구하[더]"라는 동사(εὔχομαι)는 관례적인 표현이다. 그러므로 특별히 기독교적 의미나 신학적 의미가 있는 것으로 강조해서는 안 된다. 이 말은 영어의 '굿바이'(good-bye)와 비슷하다. 그 뜻이 사실은 '하나님이 너와 함께 하기를'(God be with you)이라는 말의 축소형이라는 것을 몰라도 영어 사용자라면 누구나 '굿바이'를 즐겨 사용한다. '굿바이'라고 말하는 모든 사람이 복을 선포하는 것이라는 생각이 오해인 것처럼, "내가 간구하[더]"라는 말이 어떤 배경에서는 신에게 기도하는 것을 가리키는 데 사용되었을지라도, 여기서 그 말이 꼭 그런 의미가 있다고 보는 것은 잘못일 것이다. 그럼에도 불구하고 영어를 사용하는 그리스도인이 '굿바이'라는 말로 작별 인사를 할 때 원래의 의미를 생각하지 않고 사용한다는 이유로 친구에게 전혀 복을 빌 마음이 없이 그 말을 사용했다고 주장할 수 없다. 이와 같이 "내가 간구하[더]"라는 말을 특정한 의미가 있는 것으로 강조할 수 없다는 사실이 장로가 가이오를 위하여 기도하지 않았거나 그러지 않을 것이라는 뜻은 아니다. 하지만 가이오를 위해 기도하는 것이 여기서 장로가 일차로 염두에 둔 일은 아니다. 이 표현의 관용적 성격을 고려하면, 기도가 본문의 주된 주석적 요점이 되어서는 안 된다.[11]

마찬가지로 과거에 일부 해석자들이 그런 것처럼, 건강을 비는 소원이 편지의 관례적인 표현이라는 사실 역시 "네가…강건하기를 내가 간구하노라"(εὔχομαί σε … ὑγιαίνειν)는 말을 가이오가 병에 걸렸거나 몸이 허약하다는 뜻으로 이해해서는 안 된다는 점을 의미한다.[12] 그렇다고 캐리 저드 몽고메리(Carrie Judd Montgomery)가 20세기 초에 주장한 것처럼 이것을 특별히 영적 건강을 위해 기도하는 것으로 해석해서도 안 된다.[13] 이상의 사례는 본문들을 원래의 언어적 및 문화적 배경 안에서 이해하지 않을 때 성경 해석이 얼마나 왜곡될 수 있는지를 잘 보여준다.

요한삼서 1:2은 다른 전치사(πρό 대신 περί)를 사용한다는 점에서 관례 어구와 차이가 있다. 이 말은 '범사에 관해'(concerning all things)라는 의미이고, 또는 더 관용적인 영어로 말하면 '모든 면에서'(in every way)라는 의미를 나타낸다. 여기서 헬라어 본문의 의미는 고정적이므로, 때때로 주장된 '무엇보다'(above all, πρό)라는 의미로 추측하여 수정하는 견해를 지지할 만한 본문의 이문이 조금도 없다.[14] 비록 본문의 이문이 있었다고 해도, '…에 관하여/안에'(περί)가 더 어려운 독법이고, 거기서 필사자들은 바꾸더라도 표준 형태에 적합하게 바꾸었을 것이다. 따라서 '…에 관하여/안에'는 원문의 뜻으로 받아들여져야 한다. 더 결정적인 것은, 이집트의 아르시노에(Arsinoites)에서 나온 또 다른 1세기 편지(BGU 3 885)에 거의 정확히 같은 표현인 "모든 면에서(in all ways) 너를 위하여 내가 간구하노라"(περὶ πάντων εὔχομαί σε)는 말이 있고, 거기에 '…에 관하여/안에'(περί)라는 전치사가 포함되어 있다는 점이다.[15]

일부 영어 역본은 다른 부정사 '잘되다'를 '번성하다'(prosper, εὐοδοῦσθαι, 예를 들어, NKJV, NASB)로 번역한다. 이에 따라 일부 독자는 여기서 물질적 번영을 생각한다. 현대의 해석 역사를 보면, 요한삼서가 '건강과 부의 복음'을 전파하는 데 일익을 담당했다는 것을 알 수 있다. 어느 날 아침 오럴 로버츠(Oral Roberts)는 하나님이

---

11. 예를 들어, Andrew Whitman, "3 John: Helping or Hindering with the Spread of the Gospel?" *Evangel* (1997년 여름): 37–38. Whitman은 요한삼서 1:2에 이런 주석적 비중을 두지는 않지만, 기도에 관해 많은 타당한 요점들을 제시한다.
12. 예를 들어, John Bird Sumner, *A Practical Exposition of the General Epistles of James, Peter, John, and Jude* (London: J. Hatchard & Son, 1840), H. L. Landrus, "Hearing 3 John 2 in the Voices of History," *JPT* 11, no. 1 (2002): 78에서 인용함.
13. Carrie J. Montgomery, "The Sacredness of the Human Body," *Triumphs of Faith* 30 (1910년 7월): 167.
14. J. Rendel Harris, "A Study of Letter-Writing," *The Expositor*, 5th series, 8 (1898): 167; Funk, "The Form and Structure of II and III John," 425 n7.
15. http://papyri.info/hgv/9398/?q=transcription_ngram_ia%3A%28Θεόκτιστος+++++%29를 보라(2012년 8월 2일에 접속).

주시는 말씀을 보기 위해 성경책을 펼쳐 가장 먼저 눈에 띄는 구절을 읽었다. 그 구절은 공교롭게도 요한삼서 1:2이었다. 로버츠는 이것을 성령이 이 구절을 통해 "전인적 번성"(whole-person prosperity)에 관한 사역을 시작하라고 강권하는 것으로 간주했다.[16] 세월이 흐르자 요한일서 1:2은 로버츠가 그의 사역의 '만능열쇠'로 부르는 것이 되었다. 로버츠는 요한일서 1:2을 헬라어 원문과 상관없이 하나님이 무엇보다(above all) 여기서 지금 그리스도인들이 충만한 번성을 얻기를 바라시는 것으로 이해하기 때문이다. 이 해석에 따라 로버츠는 그가 이전에 가졌던 그리스도인의 가난의 덕에 대한 견해를 바꾸었다. 케네스 해긴(Kenneth Hagin)도 로버츠의 견해를 따라 요한삼서 1:2을 하나님이 모든 그리스도인에게 직접 주시는 약속으로 사용한다.[17]

2절에서 영혼과 관련하여 바로 다시 나오는(로마서 1:10과 고린도전서 16:2에도 나타나는) 헬라어 동사 '잘되다'라는 말을 연구해 보면, 로버츠의 해석을 반대하고, 앨버트 반즈(Albert Barnes)가 19세기 중엽 피력한 견해를 확증하는 결과를 얻는다. 곧, 이 단어는 '삶의 여정이나 과정을 가리키는 말로 보이고', 단순히 물질적 부요함을 가리키는 것이 아니라 '누리게 된 어떤 계획이나 목적'을 가리키는 데 사용될 수 있다.[18] 물론 그렇다고 해서 경제적 번영을 누리는 것이 장로가 가이오의 "범사에 [관해]"(περὶ πάντων) 잘되기를 바라는 소원에서 제외되는 것은 아니다. '잘되다'(prosper)라는 말은 고린도전서 16:2a에서 재정을 언급하는 문맥에서도 사용된다.

강건하고 범사에 잘되기를 바라는 소원은 가이오의 좋은 영적 건강 상태와 비견된다("네 영혼이 잘됨 같이", καθὼς εὐοδοῦταί σου ἡ ψυχή). 그리고 장로가 가이오의 영적 상태가 좋다고 아는 것은, 가이오가 진리에 신실하고 진리를 따라 계속 산다는 사실을 다른 사람들이 증언했기 때문이다(3절). 고대의 해석자 외큐메니우스(Oecumenius)는 가이오가 범사에 잘되는 것은 복음의 진리에 따라 살았기 때문이라고 설명한다.[19] 그러나 영적 건강이 반드시 삶의 모든 상황이 잘되는 복을 수반하는 것은 아니다. 특별히 1세기에는 그리스도인이 믿음에 충실하면, 각종 고난과 박해를 받고, 심지어는 처형당하기까지 했다(참고. 벧전 2:21). 장로가 가이오가 영적으로 건강하다고 아는 것은 이전에 가이오에게 접대를 받은 자들이 돌아와 가이오에 관해 좋은 말을 했기 때문이다. 그리고 장로가 여기서 가이오의 과거의 신실함을 언급하는 이유는 자신이 보낸 파견단을 전송함으로써 가이오가 계속 진리에 신실한 모습을 보여주기를 바라기 때문이다. 그런 다음 편지는 6절에서 장로가 간청하는 배경을 구성할 내용을 언급하는 것으로 전환된다.

사도 바울이 쓰는 편지의 서두와 달리, 장로의 이 서두는 "은혜", "긍휼" 또는 "평강"을 바라는 기도나 간구를 담지 않고, 다만 결말(15a절)에서 평강을 구하는 것으로 그친다.

요삼 1:3 형제들이 와서 네게 있는 진리를 증언하되 네가 진리 안에서 행한다 하니 내가 심히 기뻐하노라(ἐχάρην γὰρ λίαν ἐρχομένων ἀδελφῶν καὶ μαρτυρούντων σου τῇ ἀληθείᾳ, καθὼς σὺ ἐν ἀληθείᾳ περιπατεῖς). 장로는 어떤 "형제들"이 자신에게 와서 가이오가 "진리 안에서 행한다(걷는다)"(καθὼς σὺ ἐν ἀληθείᾳ περιπατεῖς)라고 말했기 때문에 가이오가 영적으로 잘되고 있다(2절)고 알게 되었다. 초급 헬라어가 가르치는 '…같이'(καθώς)에 해당되는 영어 단어(just as)는 여기서 번역으로 적합하지 않을 것이다. 이 부사는 "…한 정도"나 "…때문에"로 이해되어야

---

16. Landrus, "Hearing 3 John 2," 81.
17. 같은 책.
18. Albert Barnes, *Notes: Explanatory and Practical on the General Epistles of James, Peter, John and Jude* (New York: Harper & Brothers, 1854), 422, Landrus, "Hearing 3 John 2," 79에서 인용함.
19. Bray, ACCS 11, 240.

한다.²⁰ 요한 문헌을 보면, "진리"라는 명사(ἀλήθεια)가 무관사나 유관사 구문으로 자주 나온다. 이때 관사 유무에 따라 의미나 문맥에 차이가 생기지는 않는다. 그런데 영어로 번역할 때는 그 말이 복음의 진리를 가리킨다는 점을 표시하기 위해 관사를 붙여야 한다(참고. 요삼 1:3, 4).

여기서 대명사 '너'(σύ)의 강조 용법을 주목하라. '너 가이오가 진리 안에서 걷는다(행한다) 하니.' 분열과 다툼이 벌어진 배경을 고려할 때, 가이오의 이런 태도는 장로에게 속해 있지 않은 자로 알려진 다른 사람들의 태도와 완연히 대조된다. '걷다'라는 동사(περιπατεῖν)는 은유적인 표현으로 사람의 삶의 방식을 가리킨다. 이 동사는 요한일서에서 5번[1:6, 7; 2:6(2번), 11], 요한이서에서 3번[1:4, 6(2번)], 요한삼서에서 2번(1:3, 4) 나타난다(개역개정은 이 사례를 모두 '행하다'로 번역—역주). 가이오가 예수 그리스도의 복음에 계시된 진리에 합당하게 사는 모습을 다른 사람들에게 분명히 보여주었기 때문에, 장로는 가이오의 삶의 모든 상황이 잘되고 가이오가 강건한 상태에 있기를 바란다(2절). 절대 소유격 속에 복수형 명사와 분사가 나오는 것("형제들이 와서…증언하되," ἐρχομένων ἀδελφῶν καὶ μαρτυρούντων)은 이전에 익명의 많은 형제가 가이오에게 여러 번에 걸쳐 계속 접대를 받았다는 사실을 암시할 것이다.

"형제"(ἀδελφός)라는 말은 신약성경 전체에서 동료 그리스도인을 가리키는 데 사용되고, 복수형일 때에는 여성들도 포함된 총칭적 의미의 남성을 가리키는 데 사용된다(예를 들어, 롬 1:13; 고전 1:11; 엡 6:23; 살전 1:4; 히 13:22; 약 1:2). 3절에 언급된 "형제들" 속에 여성 신자들이 포함되는지는 분명하지 않지만, 1세기 당시에도 여성이 교회를 왕래하는 것이 가능했다. 남편 아굴라와 함께 여행을 다닌 브리스길라(행 18:18), 고린도에서 로마로 바울의 편지를 전달한 뵈뵈(롬 16:1)가 바로 그런 여성이다. 여기서 "형제들"은 거의 확실히 장로와 친분이 있고 장로의 교회에서 장로의 축복을 받고 파송된 전도 여행 설교자와 선생들을 가리킬 것이다. 여자들이 예수 및 열두 제자와 함께 다닌 사실(눅 8:1-3)로 보면, 여성도 폭넓게 지역 교회들에서 복음 전도자와 선생으로 활동할 수 있는 길이 열려 있었던 것으로 보인다. 하지만 이것을 확증할 만한 사건은 별로 없다. 만약 장로가 사도 요한이라면, 당시 나이를 추정했을 때 전도하기 위해 여행하기가 어려웠을 것이다.

장로는 신자들이 자신이 전하고 가르친 예수 그리스도의 복음에 따라 살고 있다는 소식을 들을 때 '심히 기뻐한다'(ἐχάρην…λίαν). 여기서 '내가 심히 기뻐한다'는 말은 편지나 좋은 소식에 대한 반응으로 헬레니즘 시대 일부 편지들에 나타나는 또 다른 관례적 표현이다.²¹ 그러나 여기서 그 말은, 4절이 분명히 하는 것처럼 단순한 인사말이 아니다. 적그리스도들의 가르침으로 말미암아 빚어진 갈등(요일 2:18-25)과 디오드레베가 접대를 거부한 사건(요삼 1:9-10)이 일어났을 때, 장로에게는 사도적 교훈에 계속 충성하는 신실한 자들의 모습이 무척 소중했을 것이다.

'증언하다'라는 동사(μαρτυρέω)는 로마 시대에 성행했던 추천서에서 종종 발견되지만 여기서 사용된 것과는 약간 차이가 있다.²² 김찬희는 소개 편지가 편지의 수신자에게 소개되는 개인을 맞아들이고 그를 위하여 무언가 행하도록 동기를 자극한다. 그리하여 '소개되는 개인이 수신자가 행한 일을 발신자에게 증언함으로써' 수신자가 요구받은 대로 행했음을 인정하는 역할을 한다고 지적한다. 다시 말해, 수신자가 발신자의 요청대로 행했다는 증언은 수신자와 발신자 간의 소통의 고리를 더 단단히 묶는다. 요한삼서를 보면, 과거에 장로가 파견한

---

20. BDAG, *s.v.* καθώς 2, 3.
21. Kim, *Form and Structure*, 131. 사례에 대해서는 Deismann, *Light from the Ancient East*, 184를 보라.
22. 김찬희, *Form and Structure*, 85.

사절이 돌아와서 그런 증언을 했다. 그들은 과거에 그리고 교회 앞에서 가이오에게 환대받은 것을 '좋게 말했다'(6절).

요삼 1:4 내가 내 자녀들이 진리 안에서 행한다 함을 듣는 것보다 더 기쁜 일이 없도다(μειζοτέραν τούτων οὐκ ἔχω χαράν, ἵνα ἀκούω τὰ ἐμὰ τέκνα ἐν τῇ ἀληθείᾳ περιπατοῦντα). 가이오의 신실함으로 인해 기쁨을 얻은 특수한 사례(3절)는 4절에서 모든 자가 진리에 신실하기를 바라는 것으로 일반화된다. 비교 형용사 "더"(μειζοτέραν)와 그 말이 수식하는 명사인 "기쁜 일(기쁨, χαράν)"을 분리하는 것(개역개정은 분리되어 있지 않지만, 헬라어 원문은 "더"를 맨 앞으로 뺌으로써 분리함-역주)은 "기쁜 일(기쁨)"의 의미를 부각시킨다. 이때 "기쁜 일(기쁨)"은 부정 동사 앞에 나오게 되어 더 크게 강조된다. 이런 강조 구문은 3절의 "내가 심히 기뻐하노라"는 말처럼 관례적인 편지 형식일 수 있지만, 그렇다고 명백히 평범한 상투적인 어구로 사용되는 것은 아니다.

영어 번역에서는 세련된 문체를 위하여 여기서 비교 소유격을 단수형 '이것'(this)으로 번역했지만 이 소유격이 사실은 복수형(τούτων)이라는 점을 주목하라. 이 복수형 지시 대명사는, 아마 장로가 그 다음 절에서 내 자녀들(τὰ ἐμὰ τέκνα, 복수형)에 관해 좋은 보고를 들은 경우가 여러 번이었음을 가리킬 것이다. 장로는 분명히 신실한 신자에 관해 좋은 소식을 들을 때마다 자신이 크게 기뻐한 것을 생각했다.

여기서 히나절은 동격절로, 기쁨의 원인을 정의한다. 월리스가 지적하는 것처럼, 히나절을 이런 식으로 사용하는 것은 거의 요한 문헌에만 나오는 특유한 용법이다.[23] 또한 더 흔하게 사용되는 인칭 대명사 '나의'(of me, [ἐ]μου) 대신 소유 형용사 '내것'(mine, ἐμά)를 사용하는 것도 요한 문헌의 특징이다.

요한일서나 요한이서와 차이가 있음에도 불구하고, 요한삼서에서 장로가 느끼는 기쁨의 기준은 요한일서나 요한이서의 기준과 똑같다. 그 기준은 장로가 속한 전통에서 정의하는 대로 예수 그리스도의 복음의 진리에 따라 사는 그리스도인들을 보는 것이다(참고. 요일 1:1-4). 그리스도에 관한 사도적 교훈을 신실하게 지키는 그리스도인들을 보는 것보다 장로를 더 기쁘게 하는 일은 없다. 가경자 비드가 이 구절을 주석한 것을 보면, 이것은 목사나 기독교 지도자 위치에 있는 사람들의 마음을 대변한다. "복음을 들은 자가 지금 그들의 삶의 방식을 통해 복음을 실천하는 사실을 아는 것보다 더 큰 기쁨은 없다."[24]

장로는 분명히 영적 감독자로서 자신이 맡은 역할을 아버지와 같은 것으로 본다. 장로는 그들을 자기 "자녀들"(τέκνα)로 지칭하고 그 가운데 가이오가 두드러진 한 본보기이기 때문이다. 사도 바울도 자신이 그리스도를 믿는 믿음으로 인도한 자를 자신의 "자녀"로 지칭했다(고전 4:14; 갈 4:19; 빌 2:22). 그러나 요한 서신에서 "자녀들"이라는 말은 장로의 영적 감독 아래 있는 사람들을 폭넓게 가리키는 의미로 보인다(요일 2:1; 요이 1:1, 4, 13). 물론 이 두 생각은 서로 배타적이지 않다.

여기서 장로가 자신에게 가장 큰 기쁨을 주는 일이 무엇인지 선언하는 것은, 사랑하는 친구 가이오에게 계속 진리 안에서 걸음으로써 자신에게 계속 기쁨을 주는 자가 되라고 하는 암묵적인 권고이기도 하다. 이 암묵적 권면에 따라 가이오는 6절에 나오고 11절에서 절정에 달하는 장로의 간청에 긍정으로 답할 준비를 한다. 그리고 요한삼서 본론에서 유일하게 나오는 명령 동사가 11절에 나온다[15절에 나오는 다른 명령 동사 "문안하라"(ἀσπάζου)는 편지의 결말을 표현하는 한 방식이다].

---

23. Wallace, *Greek Grammar*, 475.   **24.** Bray, ACCS 11, 240.

적용에서의 신학

1. 진리와 사랑

요한삼서 1:1-4에서 "진리"라는 명사(ἀλήθεια)가 4번에 걸쳐 나온다. 이로써 진리가 요한삼서의 주요 주제를 수사적으로 소개하는 본문의 중심 주제가 되게 한다. 또한 다른 요한 문헌에서 진리에 관해 언급되는 내용과 진리를 결부한다. 진리와 긴밀하게 연계된 "사랑"(ἀγαπάω와 동족 단어들)에 대한 주제는 이 본문에서 3번 언급된다. 요한삼서의 서두(1:1-4)는 신자들 간에 이루어지는 사랑의 연대성의 기초가 진리 자체이신(요 14:6) 예수 그리스도의 복음의 진리에 따라 사는 생활방식의 공통 가치에 있음을 분명히 한다. 비록 요한삼서가 '예수'나 '그리스도'라는 말은 언급하지 않아도, 기독교의 복음을 염두에 둔 것은 분명하다. 다른 요한 문헌이 예수 그리스도를 명백히 중심 주제로 삼고 있을 뿐만 아니라, 요한삼서에서 염두에 둔 순회 설교도 "주의 이름"(7절, 이 구절에 대한 주석을 보라)을 위하여 행해지기 때문이다. 여기서 '그 이름'은 예수 그리스도를 가리킨다. 그것은 구원이 발견되는 유일한 이름이자(행 4:12) 언젠가 모든 무릎을 꿇게 하실(빌 2:9-10) 이름이다.

예수 그리스도의 복음에 중점을 둔 요한의 교훈은 진리와 사랑의 본질, 진리와 사랑의 관계 그리고 1세기에 회복되었으나 우리 시대에 끔찍하게 남용되고 왜곡된 개념들을 정의한다. 윌슨이 이렇게 지적하는 바와 같다.

> 사랑은 오늘날 끔찍하게 변질되어 사랑이라는 말로 예수 그리스도 안에서 임하는 천국 복음을 묘사하는 것이 거의 불가능하다…우리는 사랑에 대한 이해와 실천을 회복하는데 힘써야 한다…구원은 사랑의 길에 따라 사는 것이다.[25]

상대주의와 다원주의가 지배하는 포스트모던 시대에는 진리의 개념 역시 형편없는 것으로 취급된다. 장로는 예수 그리스도의 복음을 "[그] 진리"(the truth)로 지칭함으로써 그의 시대를 향해 담대하게 외친다(참고. 요 18:38). 초대 교회는 우리보다 다원주의가 훨씬 더 크게 기승을 부리는 세상, 곧 수많은 종교와 철학이 사람들의 마음과 지성을 장악하려고 각축을 벌이는 세상에 살았다. 장로는 단순히 인식적 의미가 아니라, 그리스도를 따른다고 자처하는 자가 따라 살도록 요구되는 실존적 실재로서 예수 그리스도의 복음을 진리로 간주한다. 장로는, 자신이 영적 영향력을 행사하는 자들이 진리를 아는 모든 사람이 주목하고 확언할 정도로 그 진리에 합당하게 살 때만 비로소 사도로서 자신의 사역이 성공하는 것이라고 생각한다. 장로

---

25. Wilson, *For God So Loved the World*, 131.

는 가이오가 그의 종교를 밀실에 숨겨두고 공적으로 표현하지 않는 탁상 그리스도인이 아니라, 삶의 방식을 통해 진리에 신실했다는 것이 다른 사람들에게 알려진 것을 기뻐한다.

장로는 가이오에게 이 짧은 편지를 쓸 때, 편지의 뒷부분에서 그리스도인이 베풀어야 하는 접대에 관한 주제를 제시함으로써 기독교적 진리와 기독교적 사랑의 관계의 본질을 제시한다. 접대 문제는 예수 그리스도에 의해 계시된 영적 실재들에 비추어 보면 세속적인 문제처럼 보일 수도 있다. 그런데 장로는, 복음이 다툼과 분열의 시기에 진리와 사랑을 올바른 관계에 두는 것이라고 삶의 현실 속에서 이해하기를 기대한다.

만약 사랑과 진리라는 두 개념의 균형을 맞추고자 둘을 저울에 달아 눈으로 확인할 수 있다면, 우리의 사고 속에는 항상 어느 정도 갈등이 있을 것이다. 현대 시대의 정신으로 보기에 진리를 옹호하고 다른 사람들을 사랑하는 것은 종종 포스트모더니즘의 견해와 대립된다. 포스트모더니즘에 따르면, 진리에 대한 주장은 다른 관점의 주장들을 모욕하는, 아니 어쩌면 그런 주장들을 억압하는 권력 행사다. 사랑이 진리를 이긴다고 생각하는 그리스도인들은 분명히 성경의 진리와 대립하는 믿음이나 실천을 인정하는 것, 아니 최소한 용납하는 것을 찬성하려는 것이다. 이때 그들은 생각하는 것 이상으로 상대주의 정신에 사로잡혀 있을 것이다.

반면 하나님의 진리를 소유하고 있다고 확신하는 일부 그리스도인들은, 아주 신랄하고 비겁한 전술을 사용하여 특히 다른 그리스도인들의 견해를 반대하며 자신의 견해를 진리로 옹호하는 경향이 있다. 때때로 덕과 악의 거리는 그리 멀지 않다. 진리를 위해 기꺼이 죽는 것과 진리를 기꺼이 죽이는 것의 간격은 그리 크지 않다는 말을 들어본 적이 있다. 이것은 종교적인 동기를 품은 테러리스트들이 하나님의 진리를 안다고 확신했을 때 불쑥 드러내는 사상이다. 그러므로 진리와 사랑의 성경적 관계는 우리의 사고 속에서 하나로 묶여 이해되고 실천되어야 한다. 사랑과 진리는 긴장 관계에 있다고 주장하는 것은, 이 두 개념에 대해 부적절하고 비성경적인 견해를 갖고 있음을 증명하는 셈이다.

2. 사랑은 진리를 이기지 않는다

신약성경은 현대 사회의 가치들과 달리 하나님이 계시하신 진리에 반대되는 삶을 살게끔 사람을 자극하는 것, 특히 그리스도인을 자처하는 사람의 죄를 방조하고 선동하는 것은 결단코 그를 사랑하는 것이 아니라고 가르친다(고전 5:2). 죄가 그리스도에 관한 잘못된 믿음이든, 그리스도가 명령하시는 삶의 방식에 불순종하는 것이든 간에, 장로는 그리스도인들이 그런 죄를 범하지 않기를 바란다. 오늘날 그리스도인들은 진리와 사랑의 관계에 대하여 장로가 하는 말을 분명히 듣고, 진리를 돕는 것이 무엇인지 주의 깊게 생각해야만 한다. 이 문제는 진리와 거짓을 분별하는 문제로 이어진다.

요한 서신은 사도들에게 진리를 선포하라는 사명을 주신 예수님을 통해 하나님이 계시하신 진리에 계속 충성하라는 권면을 담고 있다. 오늘날에는 그 진리가 어디에서 발견되는가?

비록 오늘날 일부 교파가 '사도' 직분을 보존하기를 바라기는 해도, 신적으로 영감받은 신약성경 저자들과 오늘날 사도 직분을 가졌다고 주장하는 자는 명확히 구별되어야 한다. 요한삼서가 기록될 당시에는 아직 신약성경이 존재하지 않았다. 따라서 누구에게 진리를 들어야 하는지 아는 것이 중요했고 당연히 그것은 매우 혼란스러웠다. 그러나 오늘날은 그리스도에 관한 사도적 교훈을 신약성경 본문에서 발견할 수 있다. 그러므로 신적으로 감동받아 신약성경의 메시지를 가르치고 전하는 자만이 오늘날 사도 전승 안에 서 있는 자다. 성경을 하나님의 말씀으로 인정하지 않고 단순히 성경 내용이 현대의 문제들과 맞지 않는 옛날 책에 불과하다고 보는 자(특히 그리스도인이라고 자처하는 자)는 사도 전승 안에서 배제된다.

장로는 요한삼서의 글을 통해 자신의 사도적인 감독직을 계속 수행했다. 가이오가 예수 그리스도의 복음에 신실한 삶을 살라고 권면하는 장로의 말을 듣는다면, 그는 확인할 수 있는 기독교 신앙을 가진 '모든 사람'을 대표하는 자가 된다. 자신의 자원을 다른 사람들을 섬기는 데 사용함으로써 기독교 신앙에 따라 사는 자로 널리 알려진 가이오의 긍정적인 본보기는 충분히 본받을 가치가 있다. 기독교 변증학자인 조쉬 맥도웰(Josh McDowel)은 언젠가 이렇게 물었다. "만약 우리가 그리스도인인지 시험해본다면, 우리를 확신시킬만한 충분한 증거가 과연 있겠는가?"[26]

---

26. 이것이 Josh McDowell의 인기 있는 책 *Evidence That Demands a Verdict* (San Bernardino, CA: Here's Life, 1972)의 중심 주제다.

CHAPTER 21

요한삼서 1:5-8

문학적 전후 문맥

장로는 이제 자신이 가이오에게 편지를 쓰는 목적으로 신속히 시선을 돌린다. 오늘날 우리는 여행 목적지에 가기 전에 미리 접대를 요청한다. 그러나 이메일, 전화 또는 공적 우편 제도가 없었던 고대 세계에서 장로는 이런 편지로 접대를 요청해야 했다. 이 편지는 아마 수신자인 가이오의 집 현관 앞까지 찾아간 자가 직접 들고 갔을 것이다.[1]

수사 분석을 해보면, 5-6절은 이어서 나올 주요 요점(들)을 제시하기 위한 배경 정보를 제공하는 역할을 한다.[2] 편지 수사학에서 이 부분(*narratio*, 서술)은 요한삼서가 쓰인 이유를 명시한다. 만약 '나라티오'에서 사람이 언급되면, 그가 저자 편에 있는 자로 간주될 때 그에게 칭찬이 주어지고, 이것은 상황을 재구성하는 데 도움을 준다.[3] 요한삼서의 이 본문에서 '나라티오'로 전환이 이루어지는 것은, 형용사 "사랑하는 자여"(ἀγαπητέ)라는 호격과 가이오가 이전에 행한 접대 및 충성에 대한 칭찬으로 표시된다. 이것은 장로가 가이오를 자기편으로 보고, 그를 장로에게서 멀리 떼놓으려는 디오드레베나 다른 사람들에게 가이오가 설복당하지 않으리라 추정했음을 암시할 것이다. 본문에는 배경을 알려주는 서론적인 설명이 전혀 나오지 않는다. 이것은 굳이 설명이 필요 없을 정도로 장로와 가이오의 친분 관계가 비교적 원활하다는 사실을 암시한다. 과거 접대 사실에 대한 언급을 통해 가이오는 7-12절에 나오는 이 편지의 핵심 요청에 대비하게 된다. 즉, 디오드레베가 장로가 보낸 자들을 접대하기를 거절했기에 대신 그들을 접대해야 할 절박한 필요에 대처한다.

---

1. 로마에는 잘 조직된 우편 제도가 있었다. 하지만 이것은 황제의 편지를 전할 때만 가동되었다. A. M. Ramsay, "The Speed of the Roman Imperial Post," *JRS* 15 (1925): 60–74를 보라.
2. Watson, "Rhetorical Analysis," 491, 493; Barth L. Campbell, "Honor, Hospitality and Haughtiness: The Contention for Leadership in 3 John," *EvQ* 77 (2005): 331.
3. Watson, "Rhetorical Analysis," 491.

```
  I. 편지의 문안과 인사(1-4절)
→ II. 편지를 쓰는 이유(5-8절)
     A. 가이오의 접대에 대한 확언(5-6a절)
     B. 옳은 일을 행하라는 권면(6b-8절)
  III. 디오드레베의 문제점(9-11절)
  IV. 데메드리오를 소개함(12절)
  V. 결말(13-15절)
```

주요 개념

6절에서 "네가 하나님께 합당하게 그들을 전송하면 좋으리로다"라고 부탁하는 간청이 이 단락의 주된 요점이다. 이것은 의심할 것 없이 장로가 보낸 그리스도인 사역자들이 가이오의 집 근처에 도착한 것을 가리킨다. 이 일행의 인도자는 아마 디오드레베였을 것이다(12절).

번역

요한삼서 1:5-8

5a	호칭		사랑하는 자여
b	단언		**네가…행하는 것은 신실한 일이니**
c	참조		무엇이든지
d	유익		형제 곧
e	양보		나그네 된 자들에게
6a	단언		그들이 교회 앞에서 너의 사랑을 증언하였느니라
b	간청		**네가…그들을 전송하면 좋으리로다**
c	방식		하나님께 합당하게
7a	6b의 기초		이는 **그들이 주의 이름을 위하여** 나가서
			이방인에게 아무것도 받지 아니함이라
8a	권면		그러므로 **우리가 이같은 자들을 영접하는 것이 마땅하니**
b	결과		이는 우리로 진리를 위하여
			함께 일하는 자가 되게 하려 함이라

구조

여기에서 요한삼서의 본론(5-12절)이 시작되고, 가이오와 그가 과거에 신실하게 접대한 사실에 초점에 맞추어진다. 장로가 가이오에게 품고 있는 존경과 애정은 본론의 시작(5절)과 끝(11절)에서 나타나는 "사랑하는 자여"라는 호격이 반복되는 것으로 강조된다. 그다음 부분(9-10절)에는 디오드레베에게 초점을 맞추고 그의 행위를 묘사하는 다섯 개의 단언이 나온다. 장로와 디오드레베의 불화는, 이번에 가이오가 접대를 베풀기를 바라는 암묵적인 권면(6b, 8절)과 가이오에게 진리와 사랑 안에 거하기 위해 옳은 일을 행하라고 말하는 명령(11절) 사이에 샌드위치처럼 들어가 있다. 이 구조를 통해 가이오는 자신을 디오드레베와 다른 존재로 보고, 디오드레베의 본보기를 따르지 않도록 설득당한다.

석의적 개요

→ II. 편지를 쓰는 이유(5-8절)
　　A. 가이오의 접대에 대한 확언(5-6a절)
　　B. 옳은 일을 행하라는 권면(6b-8절)

본문 설명

요삼 1:5 사랑하는 자여 네가 무엇이든지 형제 곧 나그네 된 자들에게 행하는 것은 신실한 일이니(Ἀγαπητέ, πιστὸν ποιεῖς ὃ ἐὰν ἐργάσῃ εἰς τοὺς ἀδελφοὺς καὶ τοῦτο ξένους). 요한삼서에 나타나는 세 번의 사례 중 두 번째로 나오는 "사랑하는 자여"(Ἀγαπητέ)라는 호격 형용사로 새로운 단락이 시작된다. 동사는 1-4절의 1인칭 단수형에서 장로가 가이오에게 간청을 시작할 때 2인칭 단수형으로 바뀐다.

여기서 장로는 가이오를 향한 존경과 애정을 강조한다. 가이오가 "형제"들을 위해 한 일이 그의 신실함을 반사하기 때문이다. 더욱이 가이오는 개인적 친분을 기초로 접대를 베푼 것이 아니라, 개인적으로 알지 못하는 동료 신자들에게 접대를 베풀어주었다. 장로가 가이오가 과거에 그리스도인 형제들에게 베풀어준 접대로 관대한 집주인이라는 명성을 얻었음을 인정하는 것을 통해, 분명히 가이오는 개인적으로 알지 못하는 데메드리오를 접대하라는 장로의 간청에 호의적으로 반응하는 마음을 준비하게 된다. 여기서 장로가 애정과 우정에 관한 말을 반복하는 것은 그가 가이오를 자신의 좋은 친구로 믿었음을 확증한다. 또한 그러한 반복은 점차 가열되는 디오드레베와의 긴장 때문에 또는 장로의 교회에서 일어난 문제가 낳은 혼란(요일 2:19) 때문에 가이오가 장로와의 우정을 저버리지는 않을 것이라는 장로의 희망을 드러낸다.

중성 단수형 목적격 형용사 "신실한"(πιστόν)은, 강조를 위해 '네가 행하는 신실한 일'이라는 뜻으로 동사 앞에 자리 잡아 실명사 목적어로 기능한다. 이것은 가이오가 이전에 형제들을 위해 행한 일이, 아무리 의심하더라도 확실히 신실한 일이었음을 확증한다. 바우어(Bauer)는 불트만의 견해를 따라 '충성스럽게 행하다'(act loyally)라는 의미로 번역한다. 그런데 그가 이 해석의 증거로 단지 요한삼서 1:5만을 제시하는 것으로 보면, 이것은 의역(ad sensum)이다.[4] 가경자 비드는 다음과 같이 주석한다. "가이오의 충성은 그의 믿음이 낳은 결과다. 여기서 요한이 말하는 바는, 가이오가 이 모든 일을 행한 이유가 그가 신자이고 그가 행하는 일로 믿음을 증명하기를 바라기 때문이라는 것이다."[5]

"무엇이든지"라는 말(ὃ ἐάν)은 가이오가 동료 그리스도인들의 유익을 위해 행한 사례가 매우 많다는 것을 함축한다. 이것은 사랑과 진리에 대한 가이오의 신실함을 증명한다. '네가 행하다'의 부정 과거 가정법 동사(ἐργάσῃ)가 사용된 것은 "무엇이든지"의 우발적 성격 때문이다. 그러므로 동료 그리스도인들을 위해 과거, 현재 또는 미래에 '무엇이든지 네가 행하는 것은'이라는 의미다. 요한 문헌에서 동사 ἐργάζομαι('행하다')는 하나님(요 5:17)이나 하나님을 섬기는 자(요 6:27, 28, 30; 9:4; 요일 1:8)가 행한 일을 가리킨다. 하지만 이 의미는 여기서 단순한 영어 번역으로는 포착하기가 어렵다.

"형제 곧 나그네 된 자들에게"(εἰς τοὺς ἀδελφοὺς καὶ τοῦτο ξένους)라는 말에서 "…에게"로 번역된 전치사(εἰς)는 '…에 관하여'나 '…에 대하여'라는 의미가 있다.[6] 이 말은 "나그네[들]"(ξένους)과 "형제[들]"(ἀδελφούς)의 관계에 대해 다음과 같은 질문을 불러일으킨다. 가이오가 선한 일을 행한 대상이 두 부류의 사람들, 즉 형제들과 나그네들인가? 아니면 그중 일부가 가이오에게 있어 나그네인 형제들로 구성된 한 집단인가?

이 구문은 중성 단수 지시 대명사 '이것'(τοῦτο, 개역개정에는 이 말이 없음-역주)으로 문제가 더 복잡해진다. 이 단어는 얼핏 보면 명시되지 않고 함축된 동사 '네가 행하다'의 목적어로 취해질 수 있다. 하지만 이것은 거의 확실히 신약성경에서 22번에 걸쳐 나오는 이 대명사가 부사적 용법으로 쓰인 사례다. BDF[§290 (5)]는 곧 '이것'(καὶ τοῦτο)의 구성을 양보의 의미, 즉 '비록'이라는 의미로 간주한다. 그렇게 하면 가이오가 (그들이 자기에게 나그네이기는 해도) 한 부류의 사람들, 곧 동료 그리스도인들에게 접대를 베푼 것을 의미할 것이다. 월리스도 '이것'(τοῦτο)을 '특별히'라는 부사적 의미가 있는 것으로 취한다. 하지만 그는 접속사(καί)를 연결 접속사로 취하고, 그랜빌 샤프의 법칙의 연장으로 보며, 두 번째 실명사 "나그네[들]"을 첫 번째 실명사 "형제[들]"의 부분 집합으로 규정한다.[7] 월리스의 해석은 가이오가 동료 그리스도인들, 특히 자기에게 나그네인 자들(낯선 자들)에게 접대를 베풀어 주었다는 의미를 전달한다.

이 구문은 확실히 파악하기가 어렵다. 하지만 어느 쪽으로 해석하든 요점은, 장로가 가이오가 잘 아는 동료 그리스도인들이 아닌 낯선 그리스도인들에게 베푼 접대를 선하고 신실한 일로 간주한다는 것이다. 장로가 분명히 편지의 전달자로 보이는 데메드리오를 가이오에게 소개하고 추천할 필요가 있음을 고려하면(12절), '곧 이것'(καὶ τοῦτο)을 양보의 의미로 보는 것이 더 적합할 것이다. 장로는 가이오가 과거에 다른 동료 그리스도인들을 분명히 접대한 적이 있으므로 데메드리오를 [비록 그가 나그네(낯선 자)일지라도] 맞아들이기를 바란다.

장로가 나그네에게 접대를 베푼 가이오를 크게 칭찬하는 것은, 나그네를 접대하는 일이 그리스-로마 세계에서는 흔히 볼 수 있는 일이 아니었다는 점을 암시한

---

4. BDAG s.v. πιστός 1b. 또한 Bultmann, *Johannine Epistles*, 98 n8도 보라.
5. Bray, ACCS 11, 241.
6. BDAG, s.v. εἰς 5.
7. Wallace, *Greek Grammar*, 271, 335.

다.[8] 고대 사회에서 나그네를 접대하는 일은 구약과 신약에 모두 나와 있는 것처럼 아름다운 덕으로 간주되었다(예를 들어, 창 18장과 19장; 롬 12:13; 히 13:2). 그러나 요셉과 마리아가 베들레헴에서 숙소를 구하지 못한 것, 나그네를 접대하는 법을 배워야 했다는 것, 접대를 베풀었을 때 큰 칭찬을 받았다는 사실은 나그네를 접대하는 일이 누구나 쉽게 행한 관습은 아니었다는 점을 암시한다.

그리스–로마 사회에서 접대는 오늘날 우리 시대에 접대에 해당되는 영어 단어가 가리키는 것과는 형식과 기능이 조금 달랐고 다른 가치와 기대가 지배했다. 오늘날 우리에게 '접대'는 보통 가족이나 친구들과 식사하거나 하룻밤 정도로 짧게 함께 보내는 것을 가리킨다. 이런 관습은 미풍양속이다. 하지만 그것이 요한삼서에 언급된 것과 같은 접대는 아니다. 일반적으로 고대 세계에서는 접대자가 찾아온 나그네를 일시적으로 자신의 보호 아래 두었다. 그렇게 함으로써 나그네의 사회적 지위가 공동체의 손님이라는 지위로 바뀌며, 결국 나그네에게 공동체 안에서 접대자의 지위가 반영된 사회적 지위가 주어지는 것을 의미했다.[9] 이때 나그네는 공동체의 지체와 개인적 연대성을 가짐으로써 잠시나마 공동체의 일원이 될 수 있었다.

이 관습에서 접대하는 집주인에게 어느 정도 잠재적으로 위험이 따랐다. 접대를 베풀든 거절하든 간에 나그네의 행위와 성품에 따라 접대하는 주인 자신의 사회적 지위와 명성에 악영향을 미칠 수도 있었기 때문이다. 그렇기에 접대는 결코 가벼운 일이 아니었다. 그리스–로마 사회에서 접대가 미덕으로 간주되었다고 해도, 그리스–로마 사회의 접대의 동기는 기독교적 접대와 차이가 있었다. 키케로와 같은 도덕 철학자들에 따르면, "저명한 사람들의 집은 저명한 손님들에게 열려야 한다."[10] 그러나 기독교적 접대는 주인의 사회적 유익을 창출하는 것에 동기가 있는 아니라, 유익을 바라지 않고 심지어는 천한 사람들에게도 베풀어졌다(참고. 롬 12:13; 딤전 3:2; 딛 1:8; 히 13:2; 벧전 4:9).

손님을 자기 집으로 모셔 밤새 대접하는 접대 관습이 로마 사회에서 필수적이었던 이유는, 도처에 퍼져 있던 육로와 해로를 따라 여행할 기회는 충분히 많았으나 여관들이 쾌적하게 머무를 만한 숙소가 되지 못했기 때문이다.[11] 그래서 여행자가 가족이나 친구들의 친분 관계를 활용해 적절한 숙소를 찾는 일이 흔했다. 교회 역사에서 초기에 생긴 교회들은 주요 여행 노선에 위치한 경우가 대부분이었기 때문에, 그리스도인 여행자들은 지역의 가정집 교회를 통해 접대를 베풀어줄 동료 신자들을 찾았다. 접대 관습은 접대하는 주인이 어느 정도 위험을 무릅써야 했기 때문에, 주인과 친분 관계가 있는 사람이 주인의 마음을 편하게 하고 접대를 악용하는 일이 벌어지지 않도록 종종 소개 편지를 썼다.

요삼 1:6 그들이 교회 앞에서 너의 사랑을 증언하였느니라 네가 하나님께 합당하게 그들을 전송하면 좋으리로다(οἳ ἐμαρτύρησάν σου τῇ ἀγάπῃ ἐνώπιον ἐκκλησίας, οὓς καλῶς ποιήσεις προπέμψας ἀξίως τοῦ θεοῦ). 이 종속절[참고. "그들"로 번역된 관계 대명사(οἵ)]은 이 사상을 이전 절과 결합시키므로 헬라어 원문에서는 한 문장이다. 그러나 번역할 때 한 문장을 그대로 유지하면 문장이 매우 어색해진다. 이 관계 대명사의 선행사는 가이오가 이전에 접대했던 그리고 장로의 교회(들) 앞에서 가이오에게 받은

---

8. 이 관습에 대한 사회학적 분석은 Bruce J. Malina, "The Received View and What It Cannot Do: III John and Hospitality," *Semeia* 36 (1986): 171–89를 보라. 또한 Abraham J. Malherbe, "The Inhospitality of Diotrephes," in *God's Christ and His People: Studies in Honour of Nils Alstrup Dahl* (공동편집 J. Jervell, W. A. Meeks; Oslo: Universitetsforlaget, 1977), 222–32도 보라.
9. Malina, "III John and Hospitality," 181–83.
10. Christine D. Pohl, *Making Room: Recovering Hospitality as a Christian Tradition* (Grand Rapids: Eerdmans, 1999), 17–18.
11. R. C. Stone, "Inn," *ZEB*, 3:313.

사랑을 증언했던 동료 그리스도인들("형제 곧 나그네 된 자들")이다.

어떤 이는 동사 ἐμαρτύρησαν(종종 '그들이 증언하였다'로 번역됨)이 공적으로 행해진 공식적 보고를 암시하는 의미라고 주장했으나, 이 동사는 단순히 '지지하는 자세로 확언하다', 또는 '좋게 말하다'를 뜻할 수 있다.[12] 나아가 추천 편지 덕분에 호의를 받은 사람은, 종종 편지를 써준 사람에게 호의를 베풀어준 사람에 대해 좋게 말하는 것으로 종종 감사를 표현했다.[13] 그러므로 이 동사는 편지 배후의 상황에 관해 일부 해석자들이 말하고 싶어 하는 것보다 말해주는 것이 별로 없다. 예를 들어, 그들은 누가 적그리스도 이단에 빠졌는지 판단하기 위해 장로가 모든 교회에 대표단을 파견했음(참고. 요일 2:18-23)과 공식적으로 그들의 증언을 들었음을 암시하기 위해 동사에 매우 큰 비중을 둔다.[14] 이 편지를 쓰게 한 상황은 대략 짐작만 할 수 있기 때문에, 그렇게 해석하면 이 동사는 우리가 잘 알지 못하는 것에 맞추어 특별히 해석해야 할 것이다. 여기서 요점은 단순히 장로가 가이오의 접대에 관해 좋게 말하는 보고를 들었다는 것이고, 그것은 만약 가이오가 데메드리오를 접대하지 않고 거부했다면 그 거부가 장로와 그의 교회에 알려졌으리라는 점을 함축할 것이다. 말레르브(Malherbe)는, 현존하는 한 소개 편지를 보면 소개받는 이에 대한 후속적인 증언이 부분적으로 집주인이 접대를 승낙하기로 결정하는 동기로 작용한다고 지적한다.[15]

여격 간접 목적어 대신 발견되는 전치사구 "교회 앞에서"(ἐνώπιον ἐκκλησίας)는, 오늘날 많은 교회가 교인들이 교회와 함께 생각과 경험을 공유하고자 예배에서 '간증' 시간을 갖는 것과 같이, 교회 모임에서 증언하는 일이 진행되었다는 것을 암시한다. 브루크는 "이 무관사 어구(ἐνώπιον ἐκκλησίας)가 증언이 이루어지는 교회 모임을 가리킨다"라고 지적한다.[16] 요한삼서는 요한 문헌에서 '교회'를 헬라어 단어 '에클레시아'(ἐκκλησία)로 지칭하는 유일한 저작이다(1:6, 9, 10. 요한삼서의 이 말에 대한 더 깊은 설명은 1:9절에 대한 주석을 보라).

여기서 가이오의 접대 행위는 그가 보여준 사랑(τῇ ἀγάπῃ)의 한 표현으로 간주된다. 이것은 가이오가 직면한 딜레마를 암시한다. 가이오는 한편으로는 그리스도와 동료 그리스도인들을 위해 사랑을 표현하고자 하지만, 다른 한편으로는 권위와 진리에 관한 문제에 직면했음을 시사한다. 요한삼서는 사랑과 진리의 결합에 대한 지침을 제공한다. 요한삼서를 썼다는 것, 바로 그 사실은 가이오가 장로의 권위에 관한 진리와 그리스도에 관한 선포를 시험하는 일 앞에서 이 사랑을 표현하지 못할까 봐 장로가 두려워했다는 점을 암시한다(참고. 요일 2:19; 요이 1:9). 요한 전통에서 이처럼 진리와 사랑이 긴밀한 관계를 맺고 있는 것은 12-14세기에 등장한 소수의 사본에 "너의 진리와 사랑(ἀληθείᾳ καὶ ἀγάπῃ)을 증언하였느니라"는 다른 이문이 있는 것으로 증명된다.

여기서 장로는 분리되어 따로 한 문장으로 번역된 관계절 "네가 하나님께 합당하게 그들을 전송하면 좋으리로다"(οὓς καλῶς ποιήσεις προπέμψας ἀξίως τοῦ θεοῦ)라는 말로 특별히 간청한다.[17] 여기서처럼 부정과거 분사 다음에 아주 빈번하게 나오는 (문자적으로) "네가…좋으리로다"(you will do well, καλῶς ποιήσεις)라는 말은 주전 3세기부터 신약 시대에 이르기까지 영어의 '부디 부탁드립니다'(please)와 같이 정중하게 간청하는 말로 사용된 관용

---

12. BDAG, s.v. μαρτυρέω 2.
13. 김찬희, *Form and Structure*, 85.
14. 예를 들어, Tom Thatcher, "3 John," in *Expositor's Bible Commentary* (공동편집 Tremper Longman III, David E. Garland; 개정판, Grand Rapids: Zondervan, 2006), 13:532.
15. Malherbe, "Inhospitality of Diotrephes," 226에서 P.Osl. 55, P.Flor. 173, P.Oxy. 1064와 1424를 보라.
16. Brooke, *Johannine Epistles*, 184.
17. Campbell, "Honor, Hospitality and Haughtiness," 331-32.

어다.[18] 이 말은 칭찬("네가 잘하는구나")으로 해석되어서는 안 된다. 이 말은 영어 관용어 '굿바이'(good-bye)가 어원적으로 '하나님이 너와 함께 하시기를'이라는 뜻으로 이해되어서는 안 되는 것과 같다.[19]

이 관용어("네가…좋으리로다")의 미래 시제(you will do)는 담화의 초점을 가이오의 과거 행적을 언급하는 확언에서 교회 안에서 행함으로 명성을 얻은 일, 곧 관대하게 접대를 베푸는 일을 한 번 더 해주기를 바라는 가이오에 대한 간청(데메드리오 등에 대하여, 12절)으로 바꾸는 역할을 한다. 관계 대명사 οἵ("그들이")는 문법적으로 이 절을 5절의 주절인 "네가 무엇이든지 형제 곧 나그네 된 자들에게 행하는 것은 신실한 일이니"에 종속시킨다. 여기서 부정과거 분사 "그들을 전송하면"(προπέμψας)은 양태 부사로 기능하고, '신실한 일을 행하는' 것의 한 사례를 명시한다. 이 맥락에서 동사 "전송하[다]"라는 말(προπέμπω)은 음식, 돈, 이동 수단 등에 관해 도와달라는 간청을 가리킨다.[20] 이 분사의 목적어는 복수 목적격 관계 대명사 "그들을"(οὕς)이고, 이것의 선행사는 그 문장 주절에 나오는 "형제"다. 이 절은 그 신실한 일이 조만간 계속되기를 바란다고 정중하게 간청하지만, 이전에 가이오에게 접대받은 사람들이 가이오에 관해 좋게 보고한 것을 돌아보게 하는 중심 요점이다. 그다음 번 기회는 바로 이 편지를 가지고 간 데메드리오에게 베풀어질 접대이므로, 복수 관계 대명사는 이 간청이 접대할 미래의 모든 기회까지 미치는 것 또는 접대의 대상이 데메드리오만이 아니라는 것(관계 대명사 ὄν이 예상되는 것으로 보아)을 함축한다.

부사어구 "하나님께 합당하게"라는 말(ἀξίως τοῦ θεοῦ)의 정확한 의미가 무엇인지에 관해 논란이 일어날 수 있다. 하지만 이 부사어구는 도움을 베푸는 태도를 가리킨다(참고. 골 1:10; 살전 2:12). 그것은 고대 세계에서 복음을 전하는 자가 주 예수와 같이 받아들여졌던 관습을 반영할 것이다. 하지만 이 경우에 대해서는 "주께 합당하게"라는 말(ἀξίως τοῦ κυρίου)을 예상할 것이다. 「디다케」 11:4-6은 이 개념을 반영하여 다음과 같이 설명한다.

여러분에게 나아오는 모든 사도를 마치 그가 주님인 것처럼(δεχθήτω ὡς κύριος) 영접하십시오. 그러나 그는 하루 이상 머물러서는 안 됩니다. 그렇더라도 필요하다면, 하루를 더 머물게 해도 됩니다. 그러나 사흘을 머문다면 그는 거짓 선지자입니다. 그리고 사도는 떠날 때 다음 날 밤에 유숙할 때까지 필요한 떡 외에 다른 것은 받지 말아야 합니다. 그러나 그가 돈을 요구한다면 그는 거짓 선지자입니다.[21]

또는 이 말은 하나님이 인정하실 만한 방법으로 손님을 대접하는 것이나,[22] 자기들의 가정의 안전과 위로를 뒤로하고 하나님에 대한 헌신을 존중하고 나타내는 자세로 여행자를 접대하는 것을 가리킬 수 있다(7절).[23] 이상의 개념들은 서로 배타적이지 않지만, 마지막 개념이 7절에서 곧바로 이어지는 이 권면에 대한 설명을 제시하는 것으로 보인다. 어쨌든 가이오가 실천한 기독교적 접대는 그가 경배하는 하나님의 자애롭고 은혜로운 성품을 반영하는 접대다.

요삼 1:7 이는 그들이 주의 이름을 위하여 나가서 이방인에게 아무 것도 받지 아니함이라(ὑπὲρ γὰρ τοῦ ὀνόματος ἐξῆλθον μηδὲν λαμβάνοντες ἀπὸ τῶν ἐθνικῶν). 장로는 이제 자신

---

18. 예를 들어, Ps.-Eup. 2:12; Josephus, *Ant*. 11.279; *Let. Aris*. 39, 46; P.Tebt. 56; P.Oxy. 294.
19. LS, *s.v.* καλός C.5; Funk, "*Form and Structure* of II and III John," 427-28.
20. BDAG, *s.v.* προπέμπω 2.
21. Michael W. Holmes 편집/번역, *Apostolic Fathers*, 263(강조체 저자).
22. Smalley, *1, 2, 3, John*, 350.
23. Westcott, *Epistles of St. John*, 238.

이 가이오에게 구하는 간청의 근거(γάρ)를 제시한다. 그 근거는 여행자들이 "주의(그) 이름을 위하여" 그들의 집을 떠났고, 예수님의 직계 제자들이 경험한 것처럼 그 길에서 비신자들에게는 아무 도움을 받지 못할 것이라는 데 있다. 당시 그리스도인들의 수가 비교적 소수였다는 점을 고려하면, 그리스도인 사역자들이 복음을 전하며 여행할 때 신자들이 그 사역자들을 기꺼이 돌보고 보살피는 것은 특히 중요했다.

"주의(그) 이름"(τὸ ὄνομα)이라는 지칭은 사도행전(행 5:41; 9:16; 15:26; 21:13)과 바울의 로마서(롬 1:5)에도 나타난다. 이그나티우스는 「에베소 사람들에게 보낸 편지」에서 이 말을 사용한다. "내가 비록 그 이름을 위하여 쇠사슬에 매여 있을지라도"(Ign. *Eph.* 3:1). 분명히 그 "이름"은 예수 그리스도를 가리키는 환유법이다(참고. 행 15:26, 이 구절에서 "우리 주 예수 그리스도의 이름"을 위하여 생명을 아끼지 아니하는 자가 언급된다). "주의(그) 이름"에 대한 이 언급은 요한삼서에서 장로가 예수님을 가리키는 데 사용한 가장 익숙한 표현이다. 이것은 이 여행자들이 그리스도인 사역자라는 것을 분명히 한다. '그 이름'이라는 불명확한 언급은 요한삼서가 실제로 그리스도인의 편지인지 의문을 제기하는 것이 아니라, 장로와 가이오가 예수님을 이렇게 지칭하는 표현법에 익숙했다는 것을 증명한다.

이 소개 편지의 한 가지 목적은 다음과 같다. 이 나그네들이 확실히 장로가 잘 아는, 주 예수 그리스도를 믿는 동료 신자들이라는 점 그리고 이 나그네들이 여행을 한 참된 이유가 주님을 위해서라는 점을 가이오에게 확신시키기 위함이다. 이 나그네들이 사역한 내용은 정확히 알려져 있지 않지만, 그들이 설교와 가르침을 통해 복음 전도와 제자 훈련을 행하도록 장로에게 파송을 받았다고 보는 것이 가장 좋을 것이다. 이런 상황이었기 때문에 가이오와 같은 신자들이 나그네로 여행하는 이 그리스도인들을 접대하는 도움이 절실하게 필요했다. 이런 접대는 예수님이 직접 시작하신 것으로 초대교회에서 아주 중요한 관습이었고, 신약성경과 초기 기독교 문헌에 이 관습에 대한 지침이 나와 있다(예를 들어, 마 10:8; 고전 9:14; 고후 12:14; 살전 2:9; *Did.* 11:4–6).

요삼 1:8 그러므로 우리가 이같은 자들을 영접하는 것이 마땅하니 이는 우리로 진리를 위하여 함께 일하는 자가 되게 하려 함이라(ἡμεῖς οὖν ὀφείλομεν ὑπολαμβάνειν τοὺς τοιούτους, ἵνα συνεργοὶ γινώμεθα τῇ ἀληθείᾳ). 6b절에서 접대를 간청하는 것이 여기서 도덕적 의무를 천명하는 단언으로 다시 진술된다. 주의 사역을 "우리가…영접하는(지원하는) 것이 마땅하니(ἡμεῖς…ὀφείλομεν)." 여기서 1인칭 복수형으로 바뀌는 것과 인칭 대명사의 강조 용법이 사용되는 것을 주목하라.

"영접하[다]"로 번역된 동사(ὑπολαμβάνειν)는 신약성경에서 다양한 의미가 있다('가정하다, 집어 올리다, 답변하다'). 그러나 여기서는 어떤 사람을 손님으로 자신의 보호 아래 두는 것을 의미한다.[24] 형용사 "이 같은"(τοιούτους)은 7절에 언급된 사람들, 즉 앞으로 자신들이 기독교 공동체 가운데 어디서 숙식할지, 아니 사실은 언제 어떻게 될지 전혀 모른 채 복음을 위해 여행하는 사람들을 가리킨다. 이 같은 사람들은 그리스도 안에 있는 형제들의 접대를 받을 자격이 있다.

히나절("이는" 이하)은 "목적–결과"를 나타내고, 이것은 "의도와 의도의 확실한 성취"를 암시한다.[25] 그리스도인들이 여행하는 복음 사역자들을 영접하는(지원하는) 일의 적합한 취지는 접대를 베풀어줌으로써 진리를 위해 함께 일하는 자가 되고, 그로써 복음 사역에 참여하는 것이다.

---

24. BDAG, *s.v.* ὑπολαμβάνω 2.   **25.** Wallace, *Greek Grammar*, 473(강조체 원저자).

7a절에서 여행자들은 "주의(그) 이름"(즉, 예수 그리스도)을 위하여 길을 떠난 자들로 묘사된다. 그리고 8절에서 그들은 또한 "진리(τῇ ἀληθείᾳ)를 위하여 함께 일하는 자"로 불린다. 이것은 장로가 "진리"라는 말을 사용하여 하나님 아버지께 보내심을 받은 진리 자체이신(요 14:6) 예수 그리스도의 복음을 가리킨다는 점을 확증한다(요일 1:6 주석에서 '심층 연구: 요한 서신에 나타난 진리'를 보라). 장로가 복음을 가리키는 의미로 "진리"라는 말을 선택한 것은 아마 그가 편지를 쓰게 된 상황에 동기를 자극받아서일 것이다. 그때 자칭 그리스도인들이 진리와 반대되는 거짓 교훈을 따라 공동체에서 나간 자들이 많았기 때문이다(요일 2:19). 결론적으로 장로가 "진리 안에서" 가이오를 사랑한다고 말했을 때(1절), 그 말은 그리스도와 연합하고 그 결과 서로 연합한 자들이 공유하는 기독교적 사랑의 연대성을 가리켰다.

이 사랑은 하나의 감정이 아니다. 물론 감정적 요소가 포함되어 있기는 하다. 하지만 이 사랑은 예수님이 친히 가르치신 것처럼 대접을 받고자 하는 대로 남을 대접하는 일에 헌신하는 것이다(마 7:12; 눅 6:31). 가이오가 '진리 안에서 걷는 일'에 신실하다고 확언할 때(3절), 장로는 가이오가 주 예수 그리스도의 사랑과 진리를 구현한다는 점을 인정한 것이다. 자신의 영적 자녀들이 '진리 안에서 걷는 것', 즉 사랑과 진리로 복음을 따라 사는 것을 볼 때 장로는 큰 기쁨을 얻는다(4절).

'우리가…되게 하려 하다'(we might be)라는 동사(γινώμεθα)는 진리를 위해 함께 일하는 자가 된다(becoming)는 의미가 아니다. 오히려 그 말은 자신이 복음 안에서 함께 일하는 사역자라는(to be) 점을 증명하는 것을 의미한다.[26] 요한삼서의 원래 배경은 이것을 분명히 증명한다. 그때 장로는 이 편지를 데메드리오(그리고 그의 일행)의 손에 들려 가이오에게 보냈기 때문이다. 이것이 함축하는 사실은 가이오가 요구받은 접대를 거부하면, 장로가 판단하기에는 가이오가 예수 그리스도의 복음을 위해 함께 일하는 자로 계속 수고할 마음이 있는지 의심에 부쳐질 것이라는 점이다. 이런 암묵적인 시험은 9-10절로 뚜렷이 드러난다. 거기 보면 디오드레베가 최근 그런 마음을 드러낸 자로 나타나 있다. 다시 말해, 디오드레베는 장로가 보낸 여행하는 그리스도인들을 접대하기를 거절한 자로 기록되어 있다. 그러므로 우리는 여기서 가이오가 편지를 읽을 때 어떤 갈등에 놓이게 될지 거의 확실히 느낄 수 있다.

장로는 여기서 여행하는 기독교 사역자들이 영접받기 위해 필요한 한 가지 자격을 제시한다. 그것은 '진리를 위하여 일하는 자'여야 한다는 것이다. 그리고 그들의 여행에 필요한 것을 공급함으로써 그들의 사역을 돕는 자는 그들의 사역에 참여하는 자가 된다. 그렇게 여행자들을 영접하면, 그들의 사역을 가능하게 하는 것으로 그치지 않는다. 어떤 사람이 예수 그리스도의 복음을 선포하고 가르치는 자를 영접한다는 사실은 또한 비신자들의 눈에 복음 메시지를 타당한 것으로 만들어, 그 메시지를 받아들이도록 비신자들의 마음의 문을 여는 역할도 한다.

초대 교회에서는 순회 설교자와 선생들을 물질적으로 돕는 것이 꼭 필요한 일이었다. 그러나 그것은 또한 요한이서에서 어렴풋이 확인되는 것처럼 딜레마를 일으키기도 했다. 요한이서 1:9-11은 진리를 선포하거나 가르치지 않는 자를 지원하게 되면 그것은 "그(그들의) 악한 일에 참여하는" 결과라고 경고한다. 그리스도인을 자처했던 많은 이가 공동체에서 나가 그리스도에 관한 진리에 반하는 메시지를 선포하고 가르쳤다(요일 2:18-21의 "적그리스도들"). 이런 거짓 교훈은 진리에서 나오지 않은 거짓말이다(2:21). 요한 서신은 그리스도인들이 여행하

---

26. BDAG, s.v. γίνομαι 7. 또한 Brown, *Epistles of John*, 714; Bultmann, *Johannine Epistles*, 99; Schnackenburg, *Johannine Epistles*, 296도 보라.

는 전도자, 심지어는 개인적으로 잘 모르는 전도자들을 접대하고 영접해야 하지만 반대로 거짓 메시지를 전한 전도자들에게는 접대하지 않아야 하는 혼란한 시기에 기록되었다(요이 1:10-11). 그리고 접대가 중요했던 것은, 그 접대가 전도자들의 선하거나 악한 사역에 참여하는 결과를 가져왔기 때문이다. 그러므로 자기 집을 전도 여행자에게 개방하고자 할 때 소개 편지를 쓴 자의 권위와 지위가 집주인의 판단에 중요한 역할을 했다. 이런 혼란한 상황이 요한삼서 1:9-10에서 장로가 디오드레베에 관해 말하는 내용을 이해할 수 있는 배경이다.

가이오는 데메드리오와 그의 일행이 전파하는 예수 그리스도에 관한 장로의 교훈이 진리라고 믿기 때문에 이 나그네들을 영접하게 될까? 아니면 서로 충돌하는 음성들로 인해 그리스도에 관한 진리가 너무 혼란스러운 상태에 있었기 때문에, 잘못된 메시지를 전하는 자를 영접하게 될까 봐 두려워하며 접대에서 한 발 물러서게 될까? 만약 장로, 가이오, 디오드레베, 데메드리오 사이의 관계에서 영예와 수치에 주요 동기가 있었다면, 벌어진 일은 대다수 현대 서양의 독자들이 생각하는 것보다 더 심각했을 것이다.[27] 이런 상황 속에서 가이오는 큰 결단을 내려야만 한다.

적용에서의 신학

1. 기독교적 접대

이 본문에서 오늘날 우리가 들어야 할 주된 권면은 기독교적 접대에 관한 것이다. 에이미 오덴(Amy Oden)은 다음과 같이 지적한다.

> 최근에는 '접대'라는 말이 도덕적 의미를 상실했다. 은혜로운 삶을 위한 모임이나 잡지 표지에서 간단한 다과를 가리키는 것으로 의미가 축소됨으로써 접대의 도덕적 요소는 이제 거의 이면으로 사라졌다. 그렇더라도 초대 그리스도인의 음성은 우리가 접대의 도덕적 및 영적 방향을 회복하는 데 도움을 줄 수 있다.[28]

요한삼서의 장로는 접대에 관해 말하는 사도들의 본래 음성 가운데 하나를 대변한다. 장로는 8절에서 우리가 진리를 위하여 함께 일하는 자가 되려면 복음을 위하여 여행하는 자들에게 접대를 "베풀어야 한다"라고 말한다. 여기서 포괄적 의미의 "우리"는, 자신이 사도적 진리의 영향 아래 있다고 간주하는 모든 사람을 가리킨다. 모든 그리스도인이 복음 전도, 설교, 가르침에 부르심을 받거나 은사가 있는 것은 아니지만, 모든 그리스도인이 자신의 수단과 상

---

27. Campbell, "Honor, Hospitality and Haughtiness"; Malina, "III John and Hospitality," 171-93을 보라.

28. Amy G. Oden, *And You Welcomed Me: A Sourcebook on Hospitality in Early Christianity* (Nashville: Abingdon, 2001), 15.

황을 통해 형편이 허락하는 한 도움을 베풀 수 있다.

오늘날 북미 사회는 요한삼서가 기록된 1세기 그리스-로마 세계만큼 직접 만나 물질적 지원을 제공해야 할 필요가 더 절박한 사회는 아니다. 지금은 호텔과 식당이 충분하고, 누구든 특정 종교적 신념 때문에 출입을 거부당하지 않는다. 그러나 그리스도인들이 적거나 음식과 숙소를 쉽게 구할 수 없는 세계의 많은 지역에서 벌어지는 상황은, 장로가 요한삼서를 썼을 때의 상황과 더 직접적으로 부합한다. 나아가 현대 북미 기독교 교회는 복음 전도와 제자 훈련을 후원하는 다양한 조직이 발달해 있고, 본부에서 모금된 재원으로 사역자들을 경제적으로 지원한다. 오늘날 그리스도인들은 기독교적 사역을 감당하는 데 일상적 삶을 바치는 사람들을 물질적으로 지원할 도덕적 의무가 있다.

더구나 오늘날에도 대면적인 접대는 나름대로 가치가 있다. 오늘날 지역 교회는 수시로 교인들에게 방문 설교자나 선교사에게 집을 개방하라고 요청할 수 있다. 이런 식의 접대는 그리스도에 대한 신실한 일로 행해지는 현대적 의미의 접대로, 의심할 것 없이 요한삼서의 장로를 기쁘게 할 것이다.

2. 접대는 초대와 다르다

또한 요한삼서는 접대의 뜻을 다시 생각하게 한다. 오늘날 어떤 형태를 취하든 간에 접대는 주 안에 있는 주변 동료들에게만 베푸는 것이 아니라, 그리스도를 믿는 믿음이 있고 기독교 지도자들이 확증한 복음을 위해 일하는 나그네들(낯선 자들)에게도 베풀어져야 한다. 기독교 교회는 사회적 파벌 집단이 되어서는 안 된다. 교회는 인종, 민족, 사회적 지위 또는 경제적 위치와 상관없이, 예수 그리스도를 믿는 믿음을 가진 모든 사람으로 구성된다. 복음을 전하는 사람은 사역하는 동안 생계를 유지하기 위한 양식이 필요하다면 어디서든 그리고 언제든, '하나님께 합당하게' 행할 의무가 있는 동료 그리스도인들의 접대에 의지할 수 있다. 일반적으로 그리스도의 이름으로 파송된 자를 지원하는 것은 세금 공제가 일차적인 목표가 아니다. 그 일은 복음 사역에 참여할 기회를 얻는 영적 활동이다. 그리스도를 전파하는 데 삶을 바치는 자는 사치하지 않아야 하고 적당히 지원을 받아야 한다. 그렇게 해야 하나님의 선하심을 증언하고 복음의 진리를 확언할 수 있다. 우리가 말만 하지 않고 행동으로 보여주면, 세상은 우리가 예수 그리스도의 복음에 헌신하는 모습을 볼 것이다.

그러나 윌슨이 지적하는 것처럼, "우리는 물질적 번성으로 직접 만나보지 않고 다른 사람들의 필요를 채워줄 수 있게 되었기 때문에 접대 관습을 손상시킬 수도 있다."[29] 오늘날 현대인의 생활을 보면, 다른 사람을 직접 만나는 일이 그리 쉽지 않다. 요한삼서의 장로가 오늘날에 살았더라면, 당연히 현대 사회의 편리한 구조와 우리의 번성이 공동체를 훼손하는 결과에 통탄할 것이다. 많은 교회에서 사람들이 다년간 함께 예배드리면서도 다른 사람의 가정에 초대받지 못하는 것은 왜일까? 정말이지 오늘날과 같은 시대에는 온갖 위험과 불편함을 무릅쓰고 필요한 자에게 자기 집을 개방하는 이는 아주 특별한 사람임이 분명하다. 여러분은 한밤중에 한 나그네가 지인이 쓴 편지 한 장을 손에 들고 초인종을 눌러 하룻밤 묵을 수 있는지 묻는 장면을 상상할 수 있는가? 이런 장면을 상상해 보면, 가이오와 다른 그리스도인들이 1세기에 직면한 위험이 어느 정도였을지 파악하는 데 도움을 준다.

오늘날 우리가 접대로 하는 일은, 더는 그리스도인으로서 우리의 삶에 중심 요소로 간주되지 않을 정도로 새로운 정의를 갖게 되었다. 지금은 접대 관습이 교회의 삶에서 중심적인 지위를 차지하지 않지만, 요한삼서의 장로는 접대가 복음의 핵심 가까운 곳에 있다고 말하는 것으로 보인다. 윌슨이 주장하는 것처럼, 그리스도인들이 접대를 무시하는 태도는 그들이 우리 사회의 접대를 무시하는 문화적 경향에 휩쓸린 것을 반영한다. 우리 사회는 그리스도인들이 비성경적인 가치를 받아들인 곳이 되었다. 따라서 오늘날의 그리스도인은 복음의 요청을 또다시 들어야 한다. "우리가 접대를 복음의 한 실천으로 이해하면, 접대는 사랑을 배우고 가르치는 일차 수단 가운데 하나다."[30] 요한삼서를 통해 장로는, 접대가 진리와 사랑을 연계시키기 때문에 1세기에 그리스도인의 접대 문제를 다루었던 것처럼 오늘날에도 그리스도인의 접대가 중요하다고 강력히 천명한다.

3. 현대인의 단절된 삶

우리는 대부분 아주 오랫동안 이웃과 가까이 살지만, 그들과 깊이 있게 알고 지내는 것은 고사하고 이웃을 아예 만나본 적조차 없기도 하다. 우리는 차고까지 차를 몰아 리모컨으로 차고 문을 열고 들어가 주차하기 때문에 이웃에게 인사할 기회가 거의 없다. 이메일과 음성 메일은 편리하게 다른 사람들을 피하는 수단이 되고 말았다. 어떤 면에서 현대인의 생활은 심리적으로 은둔 생활이 되었다. 20여 년 전에 나는 단골 주유소에서 주유할 때마다 매주 주인과 즐거운 잡담을 나누었다. 주유소 주인과의 관계는 관계라고 말할 정도는 아니었지만, 어쨌든 직접 만나 대화를 나누는 것이 일상이 되었다. 그런데 지금은 셀프 서비스 주유기가 이런 인간적 접촉마저 대신해버린다.

현대인의 생활 속에서 우리는 모두 공모자가 되어 사람들을 나그네(낯선 자)로 만들었다. 그래서 우리는 편안하게 느껴지는 사람, 자신과 비슷한 사람만 취사선택하여 만난다. 사람들과의 이런 단절은 낯선 자에 대한 의심을 조장한다. 이것은 인간 역사 전체에 걸쳐 표출되는 타락한 인간 본성에 깊이 뿌리를 둔 고질적인 경향이다.[31] 오늘날 대부분의 사람은 자연스럽게 나그네에게 문을 열어놓는 마음을 갖기는커녕, 교회에서 낯선 사람에게 다가가 인사하는 것

---

29. Jonathan R. Wilson, *Gospel Virtues: Practicing Faith, Hope, and Love in Uncertain Times* (Downers Grove, IL: Inter-Varsity Press, 1998), 165.

30. 같은 책, 164. Pohl, *Making Room*도 참고하라.

31. 나그네에 대한 사회학적 분석은 Malina, "III John and Hospitality"를 보라.

조차 피할 정도로 나그네가 주는 위험들을 불편하게 여긴다. 우리는 종종 바쁜 스케줄이나 다른 사람의 프라이버시를 침해한다는 이유로 불편함을 합리화하는 경향이 있다.

윌슨은 "개인주의의 지배권을 강조하고 자율을 추구하는 현대인의 경향 때문에 우리는 다 낯선 자가 되었다"라고 주장한다. 윌슨은 헨리 나우웬(Henri Nouwen)을 인용하여 다음과 같이 말한다.

> 우리 사회는 점차 자기 재산에 몹시 집착하고, 주변 세계를 의심의 눈초리로 바라보며, 항상 원수가 갑자기 나타나 간섭하고 해를 가하는 것을 예상하는, 두려워하고 방어적이며 공격적인 사람들로 채워져 가는 것처럼 보인다.[32]

윌슨은 계속해서 나우웬이 개인주의와 자율성에 관해 지적하는 말을 다음과 같이 설명한다. "내 '자아'가 내가 가진 것의 전부이자 진실로 중요한 것의 전부라면, 다른 모든 것은 내 '자아'의 원수다. 그 결과 현대인은 다른 사람들을 통제하고 자신을 보호하려고 광분하는 것이 특징이다."[33] 흥미롭게도 디오드레베가 교회 안에서 다른 사람들을 통제하고 자신의 권력을 보호할 필요를 느끼게 된 것이 사실상 그의 치명적인 결함이었다. 현대인이 우리 문화의 접대 관습을 거부하는 경향을 비난하든 하지 않든 간에, 기독교 공동체를 파괴한 디오드레베의 자율적 태도와 통제 요구는 오늘날 교회들 속에서 강력히 작용한다.

4. 접대는 기독교 공동체를 높이 세운다

우리가 사는 사회가 이렇다면, 요한삼서의 장로는 우리에게 접대를 통해 기독교 공동체의 건축자가 될 것을 요구한다. 하나님이 우리 시대에 보내신 모든 자와 자기 자신 및 우리의 자원을 적절히 공유하도록 만드는 개방적이고 관대한 태도를 취하는 것으로 접대가 시작된다. 집 안에 틀어박혀 습관적으로 자신을 고립시키는 사람이 아니라, 친절한 소개와 빵 한 바구니로 이웃을 새 가족으로 맞아들이는 사람이 되는 것이 복음에 대한 더 나은 증언이 아니겠는가? 우리는 이웃에게 문을 열지 않으면 예수님이 명령하신 대로 다른 사람들을 사랑할 수 없다.

다른 사람들에게 문을 열어 자유롭게 접대하는 일은 어느 정도 취약성과 위험성을 안고 있다. 크리스틴 폴(Christine Pohl)은 "취약한 다른 사람들을 인정하고 존중하는 일은 부분적으로 자신의 취약성을 의식하는 것이다"라고 주장한다.[34] 나아가 폴은 때때로 접대를 베푸는 일

---

32. Henri J. M. Nouwen, *Reaching Out: The Three Movements of the Spiritual Life* (Garden City, NY: Doubleday, 1975), 46, Wilson, *Gospel Virtues*, 167에서 인용함.

33. Wilson, *Gospel Virtues*, 167.

34. Christine D. Pohl, "Hospitality from the Edge: The Significance of Marginality in the Practice of Welcome," *The Annual of the Society of Christian Ethics* (1995): 135 (Wilson, *Gospel Virtues*, 166에서 인용함).

이 실제로는 생색내는 태도의 한 형태가 되는 경우가 있다고 지적한다.

우정, 유대 관계, 친교 식사는 동등한 사람들 사이에서 나타난다. 이때 손님이 이 관계에 들어가면 감사가 요구된다. 궁핍함이나 소외를 경험하지 못한 사람들은 손님이 아니라 주인이 되는 것이 더 쉽다는 것을 알게 되고, 가장 심각하게 생색내는 태도는 그들이 마지못해 손님이 될 때, 곧 마지못해 관계가 상호적이라는 것을 인정할 때 드러날 수 있다.[35]

이런 식의 접대는 기독교 공동체의 확실한 기초가 될 수 없다. 따라서 현대 사회의 예의는 장로가 가이오에게 요청한 접대의 특정한 형식을 배제할 수 있지만, 그럼에도 우리는 나그네를 영접할 허다한 기회를 맞이한다.

---

35. Pohl, "Hospitality from the Edge," 135.

CHAPTER 22

요한삼서 1:9-11

문학적 전후 문맥

9-11절은 요한삼서의 본론(5-12절)에서 두 번째 부분에 해당한다. 그리스-로마 수사학의 관점에서 보면, 9-12절은 요한삼서의 '프로바티오'(*probatio*, 증명)에 해당되는 부분이다.[1] 이 부분은 앞에서 "새로운 관련 문제들을 소개하며" 다룬 주제(들)를 확대시켜 다룬다.[2] 여기서는 디오드레베가 접대하기를 거부하는 유감스러운 상황을 상세히 설명함으로써 접대의 필요성을 강조한다.

- I. 편지의 문안과 인사(1-4절)
- II. 편지를 쓰는 이유(5-8절)
- → III. 디오드레베의 문제점(9-11절)
  - A. 디오드레베가 장로의 권면을 받아들이지 않는다(9절)
  - B. 디오드레베가 공개적으로 장로를 비방하다(10a-e절)
  - C. 디오드레베가 장로가 인정한 동료 그리스도인들을 맞아들이지 않는다(10f-g절)
  - D. 디오드레베가 자신의 지역 교회 교인들로 하여금 장로가 인정한 동료 그리스도인들을 맞아들이지 못하게 하다(10h절)
  - E. 디오드레베가 장로가 인정한 동료 그리스도인들을 맞아들이고자 하는 자를 교회에서 내쫓다(10i절)
  - F. 옳은 일을 행하라는 명령(11절)
- IV. 데메드리오를 소개함(12절)
- V. 결말(13-15절)

---

1. Watson, "Rhetorical Analysis," 491, 493; Campbell, "Honor, Hospitality and Haughtiness," 332.
2. Watson, "Rhetorical Analysis," 493.

주요 개념

장로는 디오드레베로 불리는 한 그리스도인의 부정적인 사례를 제시하고 교회 안에서 일어나는 권위 문제를 소개한다. 장로는 사도적 교훈을 가르치는 자를 외면하는 디오드레베가 진리를 위하여 함께 일하는 자가 아니라는 점을 암시한다. 따라서 장로는 디오드레베가 사도적 권위와 정통성에 충성하는 자인지 의문을 제기한다. 요한삼서의 이 본문에는, 기독교의 권위적인 진리가 어디서 발견되고 진실로 믿음 안에 있는 형제를 어떻게 분별하는지에 대한 중요한 문제가 함축되어 있다.

번역

요한삼서 1:9-11

9a	사건	**내가 두어 자를 교회에 썼으나**	
b	동격		그들 중에 으뜸되기를 좋아하는
c	대조	**디오드레베가**	
d	결과		우리를 맞아들이지 아니하니
10a	기초	그러므로	
b	사건	내가 가면	
c	단언	**그 행한 일을 잊지 아니하리라**	
d	수단		그가 악한 말로
e	수단		우리를 비방하고도
f	단언	오히려 부족하여	
g	단언	**형제들을 맞아들이지도 아니하고**	
h	확대	**맞아들이고자 하는 자를 금하여**	
i	확대		교회에서 내쫓는도다
11a	호칭	사랑하는 자여	
b	권면	**악한 것을 본받지 말고**	
c	대조		선한 것을 본받으라
d	단언	**선을 행하는 자는 하나님께 속하고**	
e	단언	**악을 행하는 자는 하나님을 뵈옵지 못하였느니라**	

구조

이 단락은 요한삼서의 본론에 이어지는 것으로, 5절에서 시작된 편지를 쓰는 이유를 계속해서 제시한다. 이 단원에 나오는 동사는 모두 1인칭과 3인칭 단수형으로, 이 단락의 초점이 장로("나")와 디오드레베("그")에게 있음을 보여준다. 디오드레베의 성품을 부정적 관점에서 소개한 다음 그의 나쁜 행위에 관한 사례를 언급하는 내용이 길게 이어진다. 요한삼서를 쓴 동기가 된 장로의 주 관심사가 11절에 제시된다. 11절에는 요한삼서 본론의 유일한 명령, '본받지 말라'[μὴ μιμοῦ, 결말 부분인 15절에 나오는 명령 "문안하라"(ἀσπάζου)는 편지에서 쓰는 관용 표현이다]는 말이 나온다. 이 권면은 11d–e절에서 각각 하나님께 속한 것 그리고 하나님을 뵈옵지 못한 것과 평행을 이루는 선을 행하는 것 그리고 악을 행하는 것을 대조시켜 대립적 평행 구조로 전개된다.

석의적 개요

→ III. 디오드레베의 문제점(9–11절)
    A. 디오드레베가 장로의 권면을 받아들이지 않다(9절)
    B. 디오드레베가 공개적으로 장로를 비방하다(10a–e절)
    C. 디오드레베가 장로가 인정한 동료 그리스도인들을 맞아들이지 않다(10f–g절)
    D. 디오드레베가 자신의 지역 교회 교인들로 하여금 장로가 인정한 동료 그리스도인들을 맞아들이는 것을 금하다(10h절)
    E. 디오드레베가 장로가 인정한 동료 그리스도인들을 맞아들이고자 하는 자를 교회에서 내쫓다(10i절)
    F. 옳은 일을 행하라는 명령(11절)

본문 설명

요삼 1:9 내가 두어 자를 교회에 썼으나 그들 중에 으뜸되기를 좋아하는 디오드레베가 우리를 맞아들이지 아니하니("Ἔγραψά τι τῇ ἐκκλησίᾳ, ἀλλ' ὁ φιλοπρωτεύων αὐτῶν Διοτρέφης οὐκ ἐπιδέχεται ἡμᾶς). 여기서 편지의 초점이 권위 문제로 옮겨진다. 디오드레베라는 이름을 가진 힘 있는 그리스도인이 우리는 모르는 어떤 이유로 장로가 이전에 편지를 들려 보낸 자들의 접대를 거절함으로써, 장로를 그리고 장로 편을 드는 자들을 반대하는 입장을 취했다. 장로는 방금 가이오에게 전도를 위해 여행하는 그리스도인들을 접대로 돕는 것이 복음의 진리를 위해 함께 일하는 것과 같다고 충고했다. 그러므로 디오드레베가 접대를 거절한 것은 그가 과연 진리에 충성하는 자인지 의심할 만한 일이다.

9절에서 장로는 1인칭 단수형 '내가 썼다'(ἔγραψα)로 표현을 바꾼다. "두어 자"라는 말(something, τι)은 디오드레베에게 접대를 요청한 소개 편지를 가리키거나, 디오드레베가 그 메시지와 편지를 들고 간 자들을 맞아들일 것을 기대하고 장로가 요한일서와 함께 요한이서를 보낸 것이나, 또는 요한일서 없이 요한이서만을 보낸 것을 가리킬 것이다.[3] 물론 이것은 세 편지 간의 연쇄 관계가 가능하다는 추정 아래 내리는 결론이다. 어쩌면 디오드레베는 요한이서를 읽고 그 편지에서 장로가 자신이 제시한 사상을 기독론 이단으로 규정하고 반대하는 것에 불만을 품어서 곧 방문할 장로의 사절을 영접하지 않기로 했을지 모른다. 해석자들은 오늘날 우리가 당시의 실상을 잘 모른다는 점을 고려해야 한다.

장로는 "[그] 교회"(τῇ ἐκκλησίᾳ)에 편지를 썼다. "교회"라는 말은 요한복음과 요한 서신을 통틀어 오직 여기서만 사용되었다(하지만 요한계시록에서는 이 말이 사용된다).

페인터는 요한삼서에서 "교회"의 지시적 의미가 "고린도전서와 고린도후서에 나타난 바울의 용법과 보편 교회에 대한 언급 사이 어딘가에 있고" 특정 가정 교회가 아니라 장로의 권위 아래 있는 요한의 교회들의 네트워크를 가리킨다고 주장한다.[4] 이 견해는 아마 옳을 것이다. 비록 분열이 단순히 한 교회 안에서만 일어난 것일 수 있기는 해도(참고. 요일 2:19), 장로가 "[그] 교회"로 언급하는 지역의 다양한 교회 전체 네트워크에 분열이 파급될 잠재성이 있었다.

여기서 교회가 그렇게 이해된다면, 이전 편지는 요한이서일 수 있다. 또한 "부녀와 그의 자녀들"이라는 특이한 지칭을 고려하면 요한이서는 어떤, 아니 모든 "자매" 교회에서 읽혀지도록 되어 있던 회람 편지였던 것으로 보인다. 교회 앞에 붙어 있는 정관사를 다르게 해석하는 견해는, 그 정관사를 이전 편지가 디오드레베가 속해 있는 특정 지역 교회에 보내진 것을 가리키는 것으로 한정시킨다.

디오드레베를 "그들 중에 으뜸 되기를 좋아하는" 자로 묘사하는 것은 디오드레베와 같이 그가 속한 교회도 으뜸이 되기를 좋아한다는 점을 암시한다. "으뜸 되기를 좋아하는"이라는 형용사적인 실명사 분사(ὁ φιλοπρωτεύων)는 신약성경 중 여기서만 나타나지만, 동족 형용사(φιλόπρωτος)는 헬라어 저작들에서 지도자가 되어 다른 사람들을 통제하기를 좋아하는 태도를 가리키는 의미로 흔하게 사용된다.[5] 이것은 누구든지 으뜸이 되고자 하는 자는 너희의 종이 되어야 한다는 예수님의 교훈과 날카롭게 대조된다(마 20:27; 막 9:35; 10:44). 우리는 디오드레베가 정식으로 임명받은 교회 지도자였는지 또는 단순히 교회 안에서 힘 있는 교인이었는지

---

3. Yarbrough, *1-3 John*, 377; Painter, *1, 2, and 3 John*, 53.
4. Painter, *1, 2, and 3 John*, 53–54.
5. BDAG, s.v. φιλοπρωτεύω.

알지 못하지만, 그것은 중요한 문제가 아니다. 다른 사람들을 통제하려는 욕망에서 나온 리더십은 항상 교회 공동체를 파괴하기 때문이며, 임명이 그것을 핑계하는 구실은 되지 못하기 때문이다.

동사 '맞아들이다'(ἐπιδέχεται)는 9-10절에서 두 번 나타난다[개역개정에는 이 말이 세 번 나온다. 세 번째 경우는 단어('불로마이')가 다름-역주]. 두 곳 모두 같은 뜻일 것이다. 미첼(Mitchell)은 이 단어의 사전적 의미를 역사적으로 추적하여 이 단어가 여기서 단순히 환영하거나 영접하는 것을 의미한다고 설득력 있게 주장했다.[6] "[그가] 우리를 맞아들이지 아니하니"(οὐκ ἐπιδέχεται)를 '그가 우리의 권위를 거부하니'나 이와 비슷한 말로 번역하는 영어 역본들은 디오드레베의 마음속 동기를 해석하는 것으로, 이것이 문맥상으로는 아마 장로와 디오드레베의 관계를 파악하는 참된 통찰력일 것이다. 그럼에도 불구하고 이 동사 자체는 권위의 의미를 포함하지 않는다. 그러므로 디오드레베의 마음속 동기와 상관없이 그가 장로가 보낸 자들을 영접하기를 거절한 것 자체를 가리키는 것으로 이해되어야 한다. 여기서 현재 시제가 쓰인 것을 주목하라. 이것은 디오드레베가 접대를 거절하기로 한 결정이 지속되고 있음을 장로가 안다는 사실을 함축한다.

사람이 손님을 맞아들일 때 소개 편지를 쓴 이를 맞아들이는 것처럼 당시 사회의 포괄적인 접대 관습을 고려하면, 장로가 보낸 사람들을 맞아들이지 않고 접대를 거절한 것은 당연히 장로 자신을 거부한 것으로 이해되고 장로에게 악한 마음을 드러낸 것과 같다고 말레르브는 지적한다.[7] 또한 미첼도 이것을 폭넓은 외교 관계의 배경 안에서 벌어진 거절로 묘사한다.[8] 외교 사절은 그를 보낸 자와 완전히 동일한 영예와 특권에 따라 맞아들여져야 했다. 왕을 높이려면 왕의 사절을 왕과 같이 대우해야 한다. 반면 왕의 사절은 자신의 이익을 위해 한 개인으로서 행동하거나 말하지 않고, 오직 왕처럼 행동하거나 말할 것이다. 사절을 영접하지 않는 것은 사절을 보낸 사람을 모욕하는 일일 뿐만 아니라, 외교 관계를 단절하겠다는 신호였다.

이것이 요한복음에서 중요한 개념인 '파송'이라는 주제를 해석해야 하는 문화적 배경이다. 이 배경은 요한삼서 1:9에도 적합하다. 사절을 영접하는 그리스-로마의 의례를 배경으로 요한복음의 다음 구절들을 숙고해 보라.

- 요 3:17 하나님이 그 아들을 세상에 보내신(ἀποστέλλω) 것은 세상을 심판하려 하심이 아니요 그로 말미암아 세상이 구원을 받게 하려 하심이라.
- 요 3:34a 하나님이 보내신(ἀποστέλλω) 이는 하나님의 말씀을 하나니.
- 요 5:23b 아들을 공경하지 아니하는 자는 그를 보내신(πέμπω) 아버지도 공경하지 아니하느니라.
- 요 6:29 예수께서 대답하여 이르시되 하나님께서 보내신(ἀποστέλλω) 이를 믿는 것이 하나님의 일이니라 하시니.
- 요 12:44-45 예수께서 외쳐 이르시되 나를 믿는 자는 나를 믿는 것이 아니요 나를 보내신(πέμπω) 이를 믿는 것이며 나를 보는 자는 나를 보내신(πέμπω) 이를 보는 것이니라.
- 요 13:20 내가 진실로 진실로 너희에게 이르노니 내가 보낸 자를 영접하는 자는 나를 영접하는 것이요 나를 영접하는 자는 나를 보내신(ἀποστέλλω) 이를 영접하는 것이니라.
- 요 14:24 나를 사랑하지 아니하는 자는 내 말을 지키지 아니하나니 너희가 듣는 말은 내 말이 아니요

---

[6]. Margaret M. Mitchell, "'Diotrephes Does Not Receive Us': The Lexicographical and Social Context of 3 John 9-10," *JBL* 117(1998): 299-320.

[7]. Malherbe, "Inhospitality," 227-28.

나를 보내신(πέμπω) 아버지의 말씀이니라.

예수님은 만유의 왕이신 하나님의 특사로 이 땅에 보내심을 받았다. 요한은 예수님과 하나님 아버지의 관계를 이런 식으로 개념화한다. 그렇게 함으로써 일신론을 옹호하는 데 도움을 받는다. 요한은 예수님이 하나님 자신과 같이 말씀하시고 행하실 수 있지만 어떻게 유일하신 한 하나님이 계시는지를 설명하기 때문이다. 그것은 또한 예수님을 거부한 사건이 얼마나 큰 비극인지도 알려준다. 예수님을 받아들이고 영접하지 않는 것은 그분을 보내신 하나님을 거부하는 것과 같기 때문이다(요 1:11을 보라).

예수님은 요한복음 13:20과 20:21에서 사도들을 자신의 공식 사절단으로 임명하셨다(참고. 갈 4:14b). 1세기 언어적 배경에서 보면, "사도"(ἀπόστολος)라는 말은 특사로 파견된 사람을 가리키는 데 널리 사용되었다. 그러나 "사도"를 단순히 종교적 의미로만 이해하는 현대 독자에게는 특사 의미가 크게 상실되었다. 이런 문화적 배경은, 장로가 디오드레베가 자신의 사절을 거부한 것을 개인적 모욕으로 이해할 뿐만 아니라 그리스도의 사도들이 전하는 그리스도의 교훈을 거부하는 것으로 간주하는 이유를 설명해준다. 다시 말해, 요한삼서는 접대를 주제로 다루지만, 그런 문화적 배경 속에서 장로의 특사를 접대하지 않고 거부한 것은 장로의 권위를 거부한 것을 의미했다. 그러므로 장로가 단수형을 사용하여 '그가 나를 맞아들이지 아니하니'라고 말하지 않고 복수형을 사용하여 "[그개] 우리를 맞아들이지 아니하니"(οὐκ ἐπιδέχεται ἡμᾶς)라고 말하는 것은 적합하다. 그렇게 말함으로써 장로는 자기 자신을 사도적 교훈을 전달하는 모든 자와 연계시키기 때문이다(참고. 요일 1:1-4).

교회를 통제할 권위가 주어지는 공적 직분을 가졌는가와 상관없이 디오드레베는 분명히 장로가 보낸 자들을 맞아들이지 않고 접대를 거절할 힘이 있었다. 이것은 디오드레베가 한 가정 교회의 집주인이었다는 점을 강력히 암시하는데, 예배를 위해 한 집단을 수용할 정도로 큰 집은 대부분 밤새도록 손님을 묵게 할 공간과 자원을 충분히 구비했을 가능성이 크기 때문이다. 가정 교회의 집주인이 어느 정도의 영적 권위를 가졌는지는 흥미로운 문제다. 하지만 공식적인 교회 직분이 없어도 이런 집주인은, 우리가 요한삼서를 통해 추정하는 것처럼 분명히 교회의 행동에 큰 영향력을 행사했을 것이다.

요삼 1:10a-e 그러므로 내가 가면 그 행한 일을 잊지 아니하리라 그가 악한 말로 우리를 비방하고도(διὰ τοῦτο, ἐὰν ἔλθω, ὑπομνήσω αὐτοῦ τὰ ἔργα ἃ ποιεῖ λόγοις πονηροῖς φλυαρῶν ἡμᾶς). 원인 어구인 "그러므로"(because of this, διὰ τοῦτο)는 앞에 나온 말을 지시하는 전방 조응 어구로, 그 다음 진술 "내가 가면 그 행한 일을 잊지 아니하리라"(ὑπομνήσω αὐτοῦ τὰ ἔργα)의 원인으로 작용하는 이전 문장의 주절 "[그개] 우리를 맞아들이지 아니하니"를 지시한다. 스몰리와 마셜은 여기서 장로가 단순히 언젠가 방문하는 동안 그 문제를 다루겠다는 것이 아니라, 자신과 디오드레베 사이의 공개적인 대결이 벌어질 것을 선언하고 싶어 한다고 주장한다.[9]

여기서 '만임'(ἐάν)로 표시된 제3조건문(일반 조건문으로도 불림)이 장로의 방문이 불확실함('만일 내가 가면')을 함축하는지, 아니면 방문이 이루어질 시기에 대해서만 불확실함을 표현하는 시간적 의미('내가 갈 때마다')를 함축하는지를 두고 논란이 있다. 브라운은 그 교회가 디오드레베를 반대하고 장로의 편을 들어줄지 장로가 확

---

8. Mitchell, "Diotrephes," 318. 또한, Margaret Mitchell, "New Testament Envoys in the Context of Greco-Roman Diplomatic and Epistolary Conventions," *JBL* 111 (1992): 655-58도 보라.

9. Smalley, *1, 2, 3 John*, 357; Marshall, *Epistles of John*, 90-91.

실히 모르기 때문에 여행 여부를 확신하지 못했다고 생각한다.[10] 브라운의 견해를 따라 쿨리도 14절에서 장로는 가이오를 속히 보기를 '바란다'(ἐλπίζω)고 지적한다(해당 구절의 주석을 보라).[11] 반면에 스몰리는 이렇게 말한다. "그 의미는…시간적 의미('내가 갈 때')이고, 반드시 자신의 도착에 관해 어떤 의심이 있음을 함축하지는 않는다."[12] 스몰리는 이것을 디오드레베가 속한 교회를 직접 방문하겠다는 약속으로 본다. 방문의 급박성을 고려하면, 장로는 디오드레베의 교회가 그의 방문을 환영하지 않을 것이므로 가이오가 그의 방문에 접대의 문을 열어 둘지 알아보기 위해 가이오가 데메드리오를 어떻게 맞아들일지 지켜보아야 할 것이다. 만약 그렇다면, 이것은 가이오가 디오드레베의 교회와 하루 만에 오갈 수 있는 가까운 지역에 살았음을 암시할 것이다.

말리나(Malina)는 장로가 개인적 방문에 대하여 이런 압력을 주는 것은 자신의 영예를 되찾는 데 필수적이었고, 디오드레베의 모욕을 단순히 묵인하고 넘어가는 것은 모든 상호 관계가 영예와 수치에 따라 구축된 사회에서는 결코 용납될 수 없는 일이었다고 주장한다.[13] 하지만 이런 사회학적 해석의 가장 큰 결함은 그리스도의 사도들과 그들을 따르는 자들의 성품과 동기를 변화시키는 성령의 역사를 고려하지 않는다는 점이다. 그리스-로마 시대의 모든 사회적 상호 관계가 영예와 수치의 제로섬 역학 관계에 따라 규정된 것이 사실일지 모르지만, 우리는 여기서 신약성경 저자들이 성령으로 말미암아 변화된 사람들이라는 것을 가정해야 한다. 그리고 우리는 여기서 그들이 과연 어느 정도까지 이교 사회의 사회적 관습과 예절을 따랐을지 의심하게 된다.

예를 들면, 우리는 한 사도가 그리스도가 보여주신 겸손함에 자극받아 이방인은 결코 그냥 넘어가지 못할 인격적 모욕을 꾹 참고 넘어가는 것을 상상할 수 있다. 우리는 여기서 장로가 자신의 영예를 되찾기 위해 디오드레베가 어떻게 행했는지 폭로하려 했다고 설명하기보다는, 장로가 아직 유약한 기독교 교회의 연합에, 아니 사실은 교회의 생존에 디오드레베의 행위가 미치는 심각한 악영향을 밝히기 위해 취하는 조치로 설명하는 것이 더 나을 것이다. 장로는 교회들 안에서 예수 그리스도의 진리의 생존을 위협하는 행동을 결코 묵인할 수 없었다.

종속절 "그가 악한 말로 우리를 비방하고도"라는 말은 장로의 동기가 복음의 진리를 안전하게 보존하는 것임을 확증하는 데 도움을 준다. 주절에서 1인칭 단수형 동사("내가 가면")가 1인칭 복수형 직접 목적어(ἡμᾶς, "우리를")로 바뀌는 것을 주목하라. 디오드레베에게 모욕을 당하는 자는 장로만이 아니다. 장로와 결부되어 있는 자들, 곧 장로가 진리의 특사로 파송한 사람들도 똑같이 모욕을 당한다. 그것은 로마 제국 전역에서 그리스도에 관한 사도적 교훈을 전파한 모든 사람을 함축할 것이다(참고. 요일 1:1-4).

동사 '비방하다'(φλυαρέω)는 신약성경에서 오직 여기서만 나타나지만, 현존하는 헬라어 저작에서 이 말은 어떤 사람에 관해 터무니없는 말을 하거나 악의적인 험담을 하는 의미로 쓰인다. 디오드레베가 악의적인 험담을 늘어놓는 치명적인 행위는 "악한 말"(λόγοις πονηροῖς)로 표현된다. 디오드레베는 장로에 관해 약간 부정확한 말을 퍼뜨리는 것이 아니라 심각한 비난을 퍼부었고, 장로는 디오드레베의 그런 비난을 "악한" 것으로 규정한다. 11절에서 장로는 가이오에게 "악"(τὸ κακόν)을 본받지 말라고 강력히 권면하는데, 아마 이 진술("그가 악

---

[10] Brown, *Epistles of John*, 718.
[11] Culy, *I, II, III John*, 164.
[12] Smalley, *1, 2, 3 John*, 357(강조체 원저자). 참고. Westcott, *Epistles of St. John*, 240.
[13] Malina, "III John and Hospitality," 187. Campbell, "Honor, Hospitality and Haughtiness," 334도 그렇다.

한 말로 우리를 비방하고도")을 가리킬 것이다. 장로는 가이오가 디오드레베 편에 서지 않음으로써 장로에 관해 디오드레베가 퍼붓는 "악한 말"을 인정하지 않기를 바란다. 동사의 현재 시제(ποιεῖ)와 분사(φλυαρῶν)가 이 문제의 지속성을 암시하는 점을 주목하라.

디오드레베가 왜 장로를 거부했는지 또는 디오드레베가 장로에 관해 정확히 뭐라고 말했는지는 아무도 모른다. 또 디오드레베가 장로와 그의 동료들의 교훈을 비난한 것인지 또는 그들의 성품과 행동을 비난한 것인지를 파악하기 위해서도 많은 연구가 이루어졌다. 물론 이것을 아는 것이 유익하기는 하다. 하지만 장로의 관심사의 주된 요점을 이해하는 데 본질적 요소는 아니다.

장로는 먼저 9절에서 디오드레베를 아무 설명 없이 언급한다. 이것으로 보아 가이오는 디오드레베가 어떤 사람인지 이미 알았던 것이 틀림없다. 가이오가 디오드레베와 같은 교회에 속해 있었다면, 장로는 가이오에게 디오드레베를 무시하고 장로가 보낸 데메드리오와 그의 일행을 접대함으로써 교회에서 내쫓길 위험을 감수하라고 요구하는 것이다. 그러나 만약 이것이 사실이라면, 장로는 디오드레베가 해온 일을 가이오에게 굳이 상세히 묘사할 필요가 없었을 것이다. 비록 디오드레베가 장로의 이전 편지를 비밀에 부쳤다고 해도, 가이오는 장로가 보낸 자들을 접대하기 원했다는 이유로 교회에서 쫓겨난 자들을 확실히 알고 있었을 것이다. 따라서 가이오는 같은 지역에 있던 다른 가정 교회의 집주인으로 보인다. 그리고 그는 장로가 보낸 자들에 대해 그리고 장차 있을 장로의 방문에 대해 어떤 태도를 보일지 명확히 할 것을 요구받는 상황에 있는 듯하다.

우리는 당시 이 상황에 관해 알고 싶은 것이 많다. 장로와 디오드레베가 빚은 갈등의 구체적인 성격이나 가이오와 디오드레베의 관계에 대해 아는 바가 없으니 말이다. 리우는 이에 관해 통찰력 있게 다음과 같이 지적한다. "우리의 해석 문제뿐만 아니라 당시에 벌어진 원래 문제 자체의 핵심에는 장로와 디오드레베 사이의 애매한 관계가 놓여 있다."[14] 당시는 초대 교회의 혼란한 시기였다. 그래도 사도적 메시지가 널리 보급된 것은 명백한 사실이었다. 요한삼서가 요한일서 및 요한이서와 함께 존속했다는 사실은, 장로가 자신을 자신의 주관 아래 있는 교회들을 다스릴 권위가 있는 참된 복음의 수호자로 보았다는 점을 암시한다. 더불어 장로의 관점이 이탈자(요한일서)와 디오드레베(요한삼서)의 관점을 이겼다는 것도 암시한다.

요한삼서의 메시지와 가치를 이해하기 위해 우리가 역사적 사실들에 관한 질문에 반드시 확실한 답변을 갖고 있어야 하는 것은 아니다. 다만 디오드레베가 사도적 교훈의 권위를 인정하지 않고 기독교적 사랑을 실천하지 못한 것은 사람을 통제하려는 그의 욕망 때문이라고 지적하는 것은 필수적이다. 가이오가 장로가 보낸 자들에게 접대를 베풀어줌으로써 진리에 대한 그의 신실함을 보인 것과 달리, 디오드레베가 보여준 행동은 그가 진리를 제대로 붙잡고 있는지를 의심하게 한다.

디오드레베가 장로가 보낸 사절을 거부하기로 결정한 이유가 무엇인지와 상관없이, 장로는 디오드레베를 복음의 진리를 위협하는 자로 그리고 교회를 혼란하게 하는 장본인으로 인식한다. 그래서 장로는 그런 디오드레베와 맞서야만 한다. 예수님은 자기 이익을 위해 경건을 과시하기 좋아하는 종교 지도자들에게 형벌이 있을 것이라고 말씀하셨다(막 12:38-40). 장로는 디오드레베가 행한 일이 심각하고 치명적인 영향력을 가졌다는 점을 인정하고, 예수님의 권위로 디오드레베에게 해명과 회개를 촉구하며, 그가 다른 사람들을 잘못된 길로 인도하지 못하도록 조치를 취한다.

---

14. Lieu, *Second and Third Epistles of John*, 157.

> **심층 연구**   **디오드레베의 문제는 무엇이었는가?**
>
> 디오드레베가 장로와 그의 동료들을 비난하고 접대를 거부한 이유에 대해서는 일반적으로 세 가지 이론이 있다.
>
> 1. 디오드레베가 교회의 권위와 정책에 관해 장로와 다른 견해를 갖고 있다.
> 2. 디오드레베가 참된 교리와 교훈을 구성하는 것에 관해 장로와 다른 견해를 갖고 있다.
> 3. 장로와 디오드레베 간에 엄밀히 개인적인 문제가 있다.
> 4. 이상의 원인이 서로 결합해 있다.
>
> 여기서 세 번째 견해는 개연성이 없는 것은 아니지만, 사변에 의존해야만 재구성할 수 있다. 우리는 디오드레베가 장로와 개인적으로 충돌했는지는 알 수 없다. 그렇더라도 요한삼서가 교회의 정경에 포함되어 보존되었다는 사실은 우리가 여기서 추정하는 것보다 더 많은 것을 함축한다. 처음 두 이론은 요한 공동체의 상황을 학문적으로 재구성하는 것과 긴밀하게 얽혀 있고, 요한 서신의 기록 연대에 의존한다.[15]
>
> 19세기 말에 활동한 독일의 하르낙은 첫 번째 이론을 대표하는 학자로 유명하다.[16] 하르낙은 요한 문헌에서 장로-감독 직분에 기반을 둔 교회 제도가 소아시아에서 등장했던 당시 초기 교회 역사의 한 단면을 보았다. 그에 따라 장로와 디오드레베의 갈등을 본질상 정치 권력 다툼으로 간주하는 견해를 제시한다. 최초의 기독교 교회가 확장될 때 상황을 보면, 예수님이 명하신 대로(마 28:18-20) 그리고 사도행전이 증명하는 것처럼, 사도들 및 그들과 관련된 순회 설교자들이 지중해 연안 지역을 돌아다니며 도처에서 복음을 전하고 진리를 가르쳤다. 사람들이 예수 그리스도의 복음을 믿고 회심한 다음 공동체를 세우게 되자 교회 창립자들이 유대교의 회당 제도를 따라 장로들을 지도자로 임명한 가정 교회들이 등장했다.
>
> 어느 시기, 어느 한 지역에서 여러 가정 교회가 생기자 '군주적 감독'(monarchical bishop)이 가정 교회의 장로(들)를 주관했고, 우리는 이 제도가 2세기 초 이후 기독교 문헌에 등장하는 것을 볼 수 있다. 하르낙은 디오드레베를 우리에게 알려진 최초의 군주적 감독으로 추정하고, 디오드레베가 순회 설교자들을 영접하기를 거부한 사건은 이 결정적 전환기에 일어났다고 보았다. 장로들과 장로들을 주관한 감독의 인도를 받아 굳건하게 세워진 지역 교회들은 자기들이 배우고 전해들은 것을 스스로 통제하고 싶어 했다. 이에 따라 가정 교회들은 이전과 달리 '강단'을 지키는 데 더 이상 순회 설교자를 필요로 하지 않았다. 하르낙의 이론에 따르면, 당시에 요한삼서의 장로가 보낸 전도 여행 대표단은 교리적 일치나 불일치와 상관없이 단순히 지난 시대의 유물에 불과했다. 디오드레베는 자신의 보호에 맡겨진 교회들을 정당

---

15. 이 이론들의 변형에 관한 철저한 개관은 Brown, *Epistles of John*, 732-39를 보라.

16. Adolf von Harnack, *Über den dritten Johannesbrief* (Leipzig: Hinrichs, 1897).

하게 이끌 권위가 자신에게 위임되었다고 천명했다.

하르낙의 이 이론에서 파생된 다른 견해를 보면, 장로의 권위가 디오드레베가 차지한 지위보다 높은지, 낮은지 아니면 동등한지를 다룬다. 이런 식의 모든 설명은 공통적으로 디오드레베의 지위와 역할을 교회 안의 한 직분으로 보는 가정과 교회 교리가 어느 정도 발전을 이루었다고 전제한다. 물론 요한삼서 본문은 이에 관해 아무런 단서를 제공하지 않는다. 그러므로 사변에 의존하여 방대하게 이론을 재구성하는 것은 신중을 기하지 않으면 안 될 것이다.

또 다른 견해는 교회 정치 형태의 충돌 주제를 다루면서 이렇게 주장한다. 성령이 교회에 진리를 전달하는 유일한 계시자여야 한다는 것을 근거로 디오드레베는 정당하게 임명된 장로 또는 감독이 아니라 장로와 같은 형식적 직분을 거부한 은사주의 교회 지도자였다는 것이다. 이 주장은 나중에 등장한 몬타누스주의와 접촉점이 있을 수 있지만, 이런 식의 견해는 요한 본문 자체가 제공하는 증거에서 완전히 벗어난다.

장로와 디오드레베 사이의 충돌을 전제로 하는 두 번째 이론은 교리 논쟁을 중심에 둔다. 이 견해는 아마 요한일서 및 요한이서와 연관시키는 것이 허용된다면 본문의 지지를 더 크게 받을 것이다. 이 두 편지는 이단적인 기독론을 가지고 장로의 교회(들)에서 나간 "적그리스도들"의 거짓 교훈과 깊이 관련되어 있기 때문이다(요일 2:18, 22; 4:3; 요이 1:7). 요한 문헌 중 요한삼서도 예외 없이 "진리"를 반복해서 강조한다. 그것은 장로가 자신의 사상을 강조하는 배경이 진리와 반대되는 거짓이라는 점을 함축한다.

그러나 우리는 요한 서신이 기록될 당시 이단 문제가 주된 관심사였다고 확신할 수는 있지만, 요한삼서에 장로가 디오드레베를 이단에 속한 자로 간주한다는 증거는 거의 나타나지 않는다. 디오드레베가 진리에 신실하고 장로에게 충성하는 자인지는 의심이 가지만 장로가 디오드레베를 이단으로 비난하는 것은 아니다. 그럼에도 불구하고 월터 바우어(Walter Bauer)는 디오드레베가 요한일서와 요한이서에서 정죄된 이단의 핵심 대표자라고 주장한다.[17] 사실 9절의 부정대명사 "두어 자"(something, τι)를 요한이서를 가리키는 것으로 해석하는 사람들은 종종 장로가 디오드레베의 견해를 정죄함으로써 그를 개인적으로 공격했기 때문에 디오드레베가 요한이서를 가지고 온 자들의 접대를 거부했다고 추정한다. 요한이서에서 징로는 교회들에게 거짓 교훈을 들고 여행하는 설교자들을 접대하지 말라고 권면했기 때문에, 디오드레베가 장로가 보낸 사람들을 영접하지 않은 것은 단순히 그 원칙에 따른 일이었다. 바우어는 디오드레베를 이단으로 이해하는 고대의 관점을 따랐다. 예를 들어, 가경자 비드의 주석에 반영된 견해는 다음과 같다.

디오드레베는 당시에 대표적인 이단자였던 것 같다. 디오드레베는 교만하고 거만해서 요한이 이미 제공한 옛 계명을 겸손히 따르지 않고 새롭고 다른 것을 전함으로써 교회를 통제하기를 더 좋

---

17. Walter Bauer, Robert A. Kraft, Gerhard Krodel 공저, *Orthodoxy and Heresy in Earliest Christianity* (Philadelphia: Fortress, 1971), 93.

아했다.[18]

이 견해가 오래되었을지는 모르지만, 가장 큰 약점은 장로가 디오드레베에 관해 말하는 모든 내용 중 디오드레베를 '적그리스도', 거짓 선지자 혹은 거짓 선생으로 부르거나 그의 교리가 잘못되었다고 말하는 내용이 나오지 않는다는 것이다. 장로는 디오드레베를 그리스도에 관해 이단적인 견해를 가진 자가 아니라, 힘을 가졌지만 인격적 결함이 있는 자로 제시한다. 따라서 디오드레베가 이단자이거나 이단의 길을 갔던 것으로 볼 수 있기는 해도, 본문은 명시적으로 그렇게 말하거나 반드시 그런 사실을 함축하고 있지는 않다.

1951년에 케제만(Käsemann)이 제시한 희한한 이론은 하르낙의 이론을 뒤집고 장로를 디오드레베가 출교시킨 이단자로 만든다.[19] 이 이론에 따르면, 디오드레베는 장로의 거짓 교훈으로부터 자기 양 떼를 보호하는 진실한 교회 지도자다. 바우어의 견해에 대한 동일한 비판이 여기에 적용되고, 신약성경의 본질에 관한 심각한 함축적 의미도 마찬가지다. 만약 디오드레베가 이 충돌에서 정통파에 속했었다면, 우리는 여기서 역사적, 신학적 근거에 따라 디오드레베의 견해가 장로의 견해보다 더 성경적이었다고 예상하게 될 것이다. 캐제만의 견해를 따르면, 요한삼서에서 장로가 쓴 글이 신약성경의 다른 세 책(요한복음, 요한일서, 요한이서)과 내용이 일치한다는 사실은 최소한 성경이 무오하다는 사상을 고수하는 자들 사이에 요한 문헌의 통일성에 대해 심각한 난점을 일으키고, 케제만의 이론에 대해 극복할 수 없는 문제점을 낳는다.

장로와 디오드레베의 충돌이 교회의 권위와 정치에 관한 것도 아니고 교리 논쟁에 관한 것도 아니라면, 이단이 기승을 부려 진리와 거짓 교훈이 쉽게 혼동되던 시대에 자기 양 떼의 선한 목자가 되기를 원했던 디오드레베는 단순히 자신의 교회가 모든 순회 설교자를 접대하기를 거절함으로써 이단의 동역자가 되지 않은 것이라고 볼 수도 있다(참고, 요이 1:11). 그러나 우리는 이 이론에 반대하여 장로가 디오드레베를 중립적 용어가 아니라 장로와 그의 동료들에 관해 적극적으로 악한 말을 퍼뜨린다고 묘사한 것을 지적할 수 있다. 반면 디오드레베가 단순히 혼동하여 방어적이었던 것이라면, 디오드레베에 관한 이런 묘사는 부당할 것이다. 나아가 디오드레베가 진리를 혼동했다고 할지라도, 사도적 사신들을 거부한 것은 예수 그리스도의 복음에 관한 그의 이해에 심각한 결함이 있다는 점을 암시한다. 그리스도에 관한 진리는 그리스도가 택하신 사도들 및 그들과 직접 관련된 사람들이 전한 교훈과 설교에서 발견되었기 때문이다.

장로가 사도 요한이든 (바울과 누가 또는 베드로와 마가의 관계와 비슷하게) 그와 가까운 동료든 상관없이, 디오드레베가 장로가 제시한 사도 전승 속에서만 그리스도가 발견된다는 사실을 몰랐다면 그는 진리를 올바르게 알지 못한 것이다(참고, 요일 1:1-4). 충돌하는 교훈들 앞에서 진리를 분별하는 데 혼동을 일으키는 것은 이해할 수 있지만, 우리는 교훈 자체의 장단점을 평가하거나 결정할 수 없을지라도 사도적 권

---

[18]. Bray, ACCS 11, 242.

[19]. Ernst Käsemann, "Ketzer und Zeuge," *ZTK* 48 (1951): 292-311.

위에 따라 보냄을 받은 자 편에 서야 한다.[20] 따라서 이처럼 비교적 칭찬하는 관점에 따라 조명될 때도 디오드레베가 사도적 교훈을 거부하는 것은 여전히 복음의 진리를 거부하는 일이므로 그리스도와 그의 교회에 대한 터무니없는 반역을 저지르는 일이라는 점을 알아야 한다.

요삼 1:10f–i 오히려 부족하여 형제들을 맞아들이지도 아니하고 맞아들이고자 하는 자를 금하여 교회에서 내쫓는도다 (καὶ μὴ ἀρκούμενος ἐπὶ τούτοις οὔτε αὐτὸς ἐπιδέχεται τοὺς ἀδελφοὺς καὶ τοὺς βουλομένους κωλύει καὶ ἐκ τῆς ἐκκλησίας ἐκβάλλει). "오히려 부족하여"(not satisfied with that)라는 종속절은 장로를 악한 말로 터무니없이 비방한다고 말하는 10d–e절을 가리킨다. 분사 '족하여'(satisfied)라는 말(ἀρκούμενος)은 (여격으로 표현된) 어떤 것에 대한 만족을 표현하고(여기서는 부정으로 표현되었다) 신약성경과 칠십인역에서 빈번하게 등장한다.

그러나 우리는 오직 여기서만 이 동사 다음에 '…과 함께'(with, ἐπί)라는 전치사가 오는 사례를 발견한다. 쿨리가 제시하는 것처럼[21] 그것이 단순히 문체상의 변형이라면, 우리는 다른 곳에서 몇 번 더 사례를 발견하리라 예상할 수 있을 것이다. 이 전치사 '…과 함께'는 후속 상태 또는 사건에 대한 원인이나 이유를 나타낼 수 있지만, 동사 '족하다'(ἀρκέομαι)는 여격과 함께 이미 그런 의미를 전달한다. 그러므로 만약 그 의미라면, 굳이 전치사(ἐπί)를 사용할 필요가 없다. 이 전치사는 '악한 말을 하는 상황에 만족하지 못하여(부족하여)'를 가리키는 뜻이 되도록 미묘한 의미를 덧붙임으로써 구문에 기여하는 것으로 보인다.[22] 이 전치사는 번역을 바꾸지는 못하더라도, 도발 의식을 높이는 역할을 한다. 말하자면,

디오드레베는 장로를 반대할 때 그것을 말하는 데서 그치는 것으로 만족하지 않고, 심지어 다른 사람들이 연루되어 행동하는 데까지 이르도록 강하게 도발했다.

'그가…하지도'(αὐτὸς…καί)의 구성은 두 개의 사상, 곧 첫째로는 부정적 사상(οὔτε), 둘째로는 긍정적 사상을 결합시키기 위하여 사용된 것으로 보인다.[23] 디오드레베는 형제들을 맞아들이지 않은 것은 물론이고 맞아들이고자 하는 자도 가로막았다. 이 구성은 장로가 디오드레베를 비난하고 반대할 때(그리고 가이오의 접대를 희망적으로 볼 때) 지속적 진행을 강조한다.

디오드레베가 장로에게 품은 반감이 매우 커서 그 반감의 결과는 장로가 지지하는 다른 교회의 그리스도인들 그리고 복음 전도 여행을 가능하게 하는 기독교적 접대가 필요한 그리스도인들에게까지 미친다. 접대가 허락되지 않으면 복음 사역은 그만큼 저지를 당할 것이다. 디오드레베는 그것이 무엇인지는 몰라도 자신이 장로와 문제가 있음을 인정하고, 장로 편을 드는 자들을 영접하지 않고 거절하는 일을 정당화한다. 심지어 기독교적 접대를 거부할 뿐만 아니라 자신의 교회에 속한 다른 사람들이 섭내하는 것도 금지한다. 그리하여 자신의 영향력 아래 있는 그 지역에서 장로의 사절의 손발을 완전히 묶어버린다.

'내쫓다'라는 동사의 현재 시제(ἐκβάλλει)는 이것이 한

---

[20]. 이 견해는 다양한 사도들의 교훈 속에 서로 다른 관점들이 존재할 수 있지만, 내적 대립은 결코 없었다는 나의 견해와 일치한다. 이단은 여전히 사도적 정통 사상과 구별되었다. 일부 성경 학자들은 신약성경의 교훈 사이에 통일성이 거의 없고, 4세기에 정통 사상으로 존속한 것은 단지 정치 권력의 주장에서 나왔다고 주장한다.

[21]. Culy, *I, II, III John*, 165.
[22]. LS, s.v. ἐπί B.I.1.i.
[23]. LS, s.v. οὔτε II.4.

번의 판단 착오가 아니라 디오드레베의 정책 또는 습관이 되었다는 것을 암시한다. 이 동사의 직접 목적어는 추론을 통해 찾아내야 한다. 구문적으로 보아 이전 절의 "맞아들이고자 하는 자"(τοὺς βουλομένους)를 직접 목적어로 보아야 한다. 만약 그렇다면, 벌어진 상황은 단순히 접대하고자 했다는 이유만으로 디오드레베가 사람들을 교회 밖으로 내쫓는 아주 힘든 상황이다. 그렇다고 이것이 반드시 디오드레베가 교회 직분이나 출교의 권세를 가졌다는 점을 함축하지는 않는다. 만약 교회가 디오드레베의 집에서 모였다면, 그는 자기 집을 드나드는 자들에게 얼마든지 이런 권세를 행사할 수 있었을 것이기 때문이다.

디오드레베는 교회 안에서 자기와 의견이 다른 사람들을 내쫓고 편을 갈랐다. 따라서 그것은 단순히 디오드레베와 장로 사이의 문제가 아니다. 그 가정 교회에 속한 모든 사람은 그 문제에 관해 디오드레베를 따르거나 그 가정 교회와의 사귐을 거부하거는 것 중에서 양자택일을 해야 하기 때문이다. 기독교 교회가 모든 곳에 세워져 있지 않았던 시대에 소속되어 있던 지역 교회에서 쫓겨나는 일은 매우 치명적이었다. 그로 인해 신자는 적대적인 이교 사회 속에서 그리스도인의 삶을 유지하는 데 필수적인 사귐과 가르침을 받지 못하고, 얻은 구원을 이루어가지 못하는 위험에 처하게 되기 때문이다.

요약하면 디오드레베는 비방함으로써 장로에게, 접대하기를 거절함으로써 여행하는 선생과 설교자들에게 그리고 다른 교회들에까지 파급될 수 있었던 불화를 일으킴으로써 지역 교회에 일방적으로 손해를 끼쳤다. 이 짧은 편지에 이처럼 심각한 상황이 기록되어 있다.

요한삼서의 어조와 내용은 장로가 복음 사역의 지원 문제를 결정하는 일에서 자신이 디오드레베보다 더 큰 권위가 있다고 인식하고 있음을 암시한다. 비록 자기 자신을 "장로"로 지칭하고, 설사 디오드레베가 그 지역 교회의 목사라고 해도 요한삼서를 요한일서의 배경에 비추어 읽어보면, 요한삼서의 저자와 디오드레베는 분명히 등급이 달랐다. 장로는 다음과 같이 사도적 증언을 했다.

"태초부터 있는 생명의 말씀에 관하여는 우리가 들은 바요 눈으로 본 바요 자세히 보고 우리의 손으로 만진 바라 이 생명이 나타내신 바 된지라 이 영원한 생명을 우리가 보았고 증언하여 너희에게 전하노니 이는 아버지와 함께 계시다가 우리에게 나타내신 바 된 이시니라 우리가 보고 들은 바를 너희에게도 전함은 너희로 우리와 사귐이 있게 하려 함이니 우리의 사귐은 아버지와 그의 아들 예수 그리스도와 더불어 누림이라 우리가 이것을 씀은 우리의 기쁨이 충만하게 하려 함이라"(요일 1:1-4).

요한삼서에서 장로의 역할은 예수 그리스도의 복음과 일치하는 진리를 판단하고, 떨어져 있는 다른 지역의 교회 지도자를 견책하는 것으로 추정된다. 이것은 요한삼서의 저자가 사도 요한이든, (누가와 바울이나 마가와 베드로의 관계와 같이) 사도 요한의 친근한 동료이든 상관없이 요한일서 저자의 사도적 신분을 확실히 보여준다. 이런 관점에 비추어 상황을 이해하면, 본문에 나타나 있는 충돌은 단순히 동등한 권위가 있는 두 그리스도인의 충돌이 아니라 사도인 지도자와 그보다 인격적 결함이 더 큰 교회 지도자 사이에 일어난 충돌이다.

요삼 1:11a-c 사랑하는 자여 악한 것을 본받지 말고 선한 것을 본받으라(Ἀγαπητέ, μὴ μιμοῦ τὸ κακὸν ἀλλὰ τὸ ἀγαθόν). 장로는 이제 요한삼서에서 세 번째로 "사랑하는 자여"(Ἀγαπητέ)라는 호격을 사용함으로써 다시 한번 가이오에게 시선을 돌린다. 이 구절은 의미론적으로 주목할 만하다. 이 구절에 요한삼서에서 유일하게 명령 동사를 취하고(마지막 문장을 제외하고) 장로의 주관심사인 "악을 본받지 말라"는 말이 나오기 때문이다. 여기서 동사 '본받다'의 목적어는 남성이 아니라 중성(τὸ κακόν, "악한 것")이다. 따라서 이것은 디오드레베를 직접 가리키는 것이 아니라 디오드레베가 행한 일을 가리킨다(참고. 10d-i절). 이와 강력히 대조되는 긍정적 명령은 "선한 것"(τὸ ἀγαθόν)을 본받으라는 것이고, 여기서는 명령 동사(μιμοῦ, '본받다')가 생략되었고 이전 절에 따라 중성 단수형 목적어가 다시 채워진다.

6b-c절의 간청에 비추어 보면, 선을 행하라는 명령은 디오드레베가 권세나 영향력을 얼마나 강력히 행사하든 개의치 말고 계속 장로의 동지가 되고, 장로가 보낸 사절을 영접하라고 가이오에게 촉구하는 것이다. 그러나 장로가 보낸 사절을 접대하지 않는 일의 심각성과 디오드레베가 복음 사역에 끼친 손해를 고려하면, 이 구절 나머지 부분에서 계속해서 말하는 것처럼 이 명령은 훨씬 큰 의미가 있다.

요삼 1:11d 선을 행하는 자는 하나님께 속하고(ὁ ἀγαθοποιῶν ἐκ τοῦ θεοῦ ἐστιν). "선을 행하는 자"라는 말(ὁ ἀγαθοποιῶν)은 요한 문헌에서 오직 여기에만 등장하지만, 신약성경 다른 곳에서는 하나님을 위해 사는 자를 가리킬 때 종종 나타난다(눅 6:35; 벧전 2:15, 20; 3:6, 17). 전치사 '에크'(ἐκ)는 "선"을 행하는 사람의 기원과 동기를 암시한다. 이 진술은 "선"을 위한 동기를 품고 행동하는 사람이 하나님께 속한 자라는 기능적 정의가 있다. 여기서 "선"은 디오드레베가 장로에 관해, 따라서 복음의 진리에 관해 말한 "악"과 대조되는 것으로 이해해야 한다.

요한 서신에서 전치사 '에크'(ἐκ)는 복음에 내포된 하나님과 세상의 이원성을 가리키는 데 사용된다(예를 들어, 요일 2:16, 19, 29). 기독교 신자들은 예수님과 같이 '하나님께 속해 있고'(ἐκ θεοῦ, 예를 들어, 요 1:13, 그리고 요일 2:15 주석에서 '심층 연구: 요한 서신에 나타난 하나님께 속함(ἐκ)'을 보라), '세상에 속하거나'(ἐκ τοῦ κόσμου, 예를 들어, 요 8:23; 15:19; 17:6, 14, 16) '마귀에게 속하지'(요 8:44) 않는다. 예를 들어, 요한삼서 1:11d은 요한일서 3:8-10에 표현된 요한의 이원성 관념을 반영한다.

"죄를 짓는 자는 마귀에게 속하나니(ἐκ) 마귀는 처음부터 범죄함이라 하나님의 아들이 나타나신 것은 마귀의 일을 멸하려 하심이라 하나님께로부터(ἐκ) 난 자마다 죄를 짓지 아니하나니 이는 하나님의 씨가 그의 속에 거함이요 그도 범죄하지 못하는 것은 하나님께로부터(ἐκ) 났음이라 이러므로 하나님의 자녀들과 마귀의 자녀들이 드러나나니 무릇 의를 행하지 아니하는 자나 또는 그 형제를 사랑하지 아니하는 자는 하나님께 속하지(ἐκ) 아니하니라."

가이오는, 이런 식으로 장로 편에 섬으로써 진리와 하나님 편에 남아 있으라는 권면을 받는다.

요삼 1:11e 악을 행하는 자는 하나님을 뵈옵지 못하였느니라(ὁ κακοποιῶν οὐχ ἑώρακεν τὸν θεόν). 이 문장은 반대 개념인 '선을 행하는 것'(ἀγαθοποιῶν)과 '악을 행하는 것'(κακοποιῶν), '하나님께 속하는 것'(ἐκ τοῦ θεοῦ ἐστιν)과 '하나님을 뵈옵지 못하는 것'(οὐχ ἑώρακεν τὸν θεόν)을 대비함으로써 11d절과 반대 평행 관계를 이룬다. '하나님을 보는 것'은 요한복음의 주요 주제로, 요한복음 14:7-9에서 보는 것처럼 하나님을 아는 것과 긴밀하게 연계되어 있다.

"너희가 나를 알았더라면 내 아버지도 알았으리로다 이제부터는 너희가 그를 알았고 또 보았느니라 빌립이 이르되 주여 아버지를 우리에게 보여 주옵소서 그리하면 족하겠나이다 예수께서 이르시되 빌립아 내가 이렇게 오래 너희와 함께 있으되 네가 나를 알지 못하느냐 나를 본 자는 아버지를 보았거늘 어찌하여 아버지를 보이라 하느냐"(강조체 저자).

그러므로 요한복음을 배경으로 놓고 보면, 어떤 사

람이 하나님을 보지 못하는 것은 그가 진실로 하나님을 알지 못하는 것이므로 그가 진실로 그리스도인이 아니라는 것을 의미한다. 그리스도인을 자처하면서 악을 행하는 자는 여기서 디오드레베가 예증하는 것처럼 스스로 속는 자다. 그러므로 11절에서 장로는 가이오에게 양자택일을 촉구한다. 곧, 옳은 일을 행하고 사도 전승 편에 서서 그 전승을 전하는 자가 될지, 아니면 디오드레베와 같이 행동하고 스스로 속아 자신의 권력에 대한 욕구 때문에 악을 행하는 자가 될지 선택해야 한다. 얼핏 보면 단순한 접대 문제로 보이는 것의 뿌리에는 진리 편에 서는 것과 그러지 않는 것 사이의 중대한 선택의 문제가 있다.

11절은 요한삼서의 주된 사상을 담았고, 요한복음이나 요한일서 및 요한이서에서 두루 발견되는 요한의 이원성 구조 중 올바른 편에 서라고 촉구하는 것과 크게 연계되어 있다. 디오드레베가 유발한 불행한 상황은 극명하게 두 가지 행동 과정을 앞에 내놓는다. 장로는 가이오와 다른 사람들이 올바르게 판단하기를 바랐고, 그러하기에 장로는 문제의 실상을 폭로해야만 했다. 사도적 증언 편에 서는 사람은 하나님에 의해 동기를 부여받는 것이고, 사도적 증언 편에 서지 않는 사람은 하나님을 향해 한 발자국도 떼지 않은 것이다. 예수 그리스도에 관한 진리는 오직 생명의 말씀을 듣고 보고 만진 자의 증언을 통해서만 알려질 수 있기 때문이다.

적용에서의 신학

1. 영적 혼란

장로가 선을 본받고 악을 본받지 말라고 간청하는 것은 단순히 가이오에게만 주어지는 권면이 아니다. 이것은 오늘날의 독자에게도 주어지는 요한삼서의 주된 권면이다. 신약성경 저자들의 영적 권세를 인정하는 자라면, 이 간청은 오늘날 그리스도인들에게도 직접 주어지는 명령이다. 요한삼서의 모든 그리스도인 독자는 오랜 세월 전에 가이오가 서 있던 곳에 서 있고, 거기서 서로 충돌하는 목소리를 들을 때마다 자신이 복종해야 할 영적 권위가 무엇인지 결정해야 한다.

요한삼서의 원래의 배경에 비추어 보면, 장로가 가이오에게 악을 거부하고 선을 행하라고 특별히 간청하는 것은 장로와 그가 보낸 자들을 계속 접대하라는 의미였다. 오늘날의 그리스도인들은 복음의 핵심과 직결되는 접대에 대한 장로의 간청에 그 어느 때보다 주의를 기울여야 한다(5-8절에 대한 신학의 적용을 보라). 그러나 장로의 간청은 근본적인 영적 권위 문제와 관련된 11절에서 더 깊은 뜻을 지닌다. 장로는 가이오가 디오드레베의 영향력을 거부하고, 예수 그리스도의 진리에 관해 장로의 영적 권위를 계속 인정하기를 바란다. 만약 장로가 보낸 자들을 거절한다면, 가이오 역시 디오드레베를 본받고 선 대신 악을 행하는 자가 될 것이다. 그러므로 디오드레베는 최소한 요한삼서에 기록된 이 한 행위만 놓고 보면, 사도적 권위를 거부하는 악의 대표자다. 가이오는 모든 그리스도인과 마찬가지로 계속해서 자신이 어떤 영적 권위 아래 살 것인지 결정해야 한다. 그러므로 요한삼서에서 포괄적으로 다루어지는 문제는 진정하고 참된 영적 권위의 문제다.

역사적으로 보면, 교회는 주 예수 그리스도가 성육신하심으로 말미암아 구현된 계시적 진리를 증언하는 증인으로서 예수님이 직접 지명하고 보내신 사도들의 터 위에 성장했다. 그리스도의 사도들은 로마 전역에 복음을 전하고 교회를 세웠을 때, 사도들의 증언을 받은 장로들을 임명해 지역 교회가 복음의 진리를 중심으로 돌아가도록 조치했다. 지역 교회의 지도자들은 자기들에게까지 전해진 진리를 대대로 굳게 고수할 것이 기대되었다(참고. 고전 15:3; 딤후 1:13; 2:2).

사도적 증언은 복음서와 서신서에 기록되어 결국은 신약성경으로 함께 묶였다. 그러나 장로가 가이오에게 편지를 쓸 때와 그 이후로 얼마 동안은, 저작들이 개별적으로 회람되어 읽혀지기는 했어도 아직 신약성경이 없었다.

나아가 1세기도 우리 시대 못지않게 영적 진리에 관한 혼란이 컸다. 오늘날과 똑같이 1세기 그리스-로마 사회에서도 아주 다양한 목소리가 사람들의 마음과 정신을 사로잡으려고 각축전을 벌였다. 다양한 철학과 종교가 서로 인정받고자 치열하게 경쟁을 벌인 다원주의적이고 다신론적인 사회였다. 그리스도인들은 자신이 들은 교훈이 참과 거짓 중 어느 쪽인지 평가할 때 기준이 될 사도들의 저작을 쉽게 얻을 수 없었다. 그러므로 당시에는 어느 영적 지도자의 편에 서느냐가 아주 중요하고도 결정적인 문제였다. 오늘날에도 그리스도인이 영적 지도자를 택하는 문제는 매우 중요하다. 그런데 더 근본적인 것은 신약성경에서 발견되는 사도적 권위를 받아들이고, 그런 다음에는 같은 마음을 가진 그리스도인들과 하나로 연합하는 삶을 살겠다고 결단하는 것이다. 본질상 장로가 가이오에게 요구한 것이 바로 이 결단이었다.

오늘날 그리스도인들은, 특히 교회나 기독교 조직을 이끄는 지도자들은 예수 그리스도로부터 시작되어 오랜 역사를 거치고 그렇게 대대로 미래의 마지막 세대까지 강력한 연쇄 사슬로 이어질 사도적 진리의 종이 되어야 한다. 이 사슬은 그리스도 안에 닻을 내리고 있어야 한다. 많은 칠학과 종교가 성경의 권위 있는 가르침을 평가하라고 그리스도인들을 유혹한다. 장로나 목사로서 교회 지도자가 맡은 역할은 종교 기관의 선문 경영자가 되는 것이 아니라, 사도적 진리를 보존하고 그 진리를 현대의 상황에 적용하는 것이다.

그러나 우리가 아는 것처럼 오늘날 많은 교회지도자와 평신도가 '그리스도인'이라고 자처하지만, 성경의 사도적 권위에는 복종하지 않는다. 그들은 의도적이든 아니든 장로의 교훈을 거부하고 진리를 들고 온 동료 사역자를 접대하기를 거절한 디오드레베의 길을 간다. 오늘날 '그리스도인들'이 성경의 권위를 거부하는 이유(많은 이유를 들 수 있다)가 무엇이든 간에 그들은 예수 그리스도의 진리와 분리되고 있다.

2. 장로는 사랑이 없었는가?

오늘날 어떤 이는 요한삼서의 장로가 디오드레베에게 너무 무정하다고 비난할 수 있다. 또한 요한 문헌이 거듭해서 서로 사랑하라고 촉구하는 것을 고려하면, 장로를 위선자로 간주할지도 모르겠다. 사실 이것은 일반적으로는 그리스도인들이 그리고 특수하게는 교회 지도자들이 흔하게 받는 비난이다. 성경을 존중한다고 주장하면서도 성경이 분명히 금하는 주장과 실천에 깊이 가담한 사람은 이러한 주장으로 자신의 태도를 정당화한다. 즉, 우리 사회가 아량이 없고 무례하다고 여기는 이런 실천에 복종하는 것보다 성경의 사랑의 계명이 더 우선된다는 것이다. 어떤 이는 "어쨌든 하나님은 사랑이시라"고 말한다(요일 4:8, 16, 그 구절에 대한 주석을 보라).

그러나 하나님이 정의하시는 사랑은 죄를 용납하는 사랑이 아니다. 한 사람을 언젠가 만유의 심판자 앞에서 해명해야 할 영적 현실에 관해 거짓된 관점을 가지고 살도록 이끄는 것은 결코 사랑이 아니기 때문이다. 마치 사랑이 진리를 이기는 것처럼 사는 그리스도인은 진리와 사랑이 동전의 양면이라는 요한의 메시지를 귀담아 들어야 한다. 진리는 사랑을 위해 희생될 수 없고, 진리와 사랑은 서로 싸울 수도 없다.

따라서 우리가 신적으로 영감받은 저자로서 장로의 영적 권위를 받아들인다면, 장로가 기독교적 사랑의 조건을 정의하는 것을 그대로 받아들여야 한다. 버지(Burge)가 지적하는 것처럼, 요한삼서는 사랑과 진리를 함께 지키려면 때때로 대립이 필요하다고 가르친다.[24] 버지는 요한삼서의 존재가 장로가 디오드레베나 그의 교회가 대립 없이 그들의 길을 가도록 놔두지 않고 완강하게 그들과 맞선 것을 증명한다고 지적한다. 관용으로 용납하는 것이 사랑이 아닌 경우가 있다. 디오드레베가 바로 그런 경우였다. 대립은 힘든 일이겠지만, 대립하지 않고 누군가가 진리에서 떠나도록 방치하는 것은 사랑의 태도가 아니다. 그리고 영적 권위를 가지고 교회 전체를 잘못된 길로 이끌 수 있는 이와 맞서는 것은 특히 중요하다. 비록 불쾌함을 일으킬 수 있고 심지어는 아무 효과도 없는 만남이 될 수 있지만, 장로는 개인적으로 디오드레베를 만날 의향이 있었다(고후 2:1에서 바울이 고린도에 가지 않기로 한 것을 참고하라).

3. 진리와 사랑을 위하여 가져야 할 경각심

교회 안에서 교리와 도덕에 관해 무성의하게 '서로 참견하지 말고 살자'라는 식의 태도를 취하는 것은 진리를 희석하는 일이다. 모욕을 참는 것(예를 들어, 잠 12:16)과 우리가 서로의 삶 속에서 성령의 열매를 맺음으로써(갈 5:22-25) 서로 인내하고 견디는 것은 확실히 성경적이다. 나

---

[24]. Burge, *Letters of John*, 251-54.

아가 교인의 삶에서 일어나는 모든 일이 대립을 초래하는 것도 아니다. 그러나 복음의 진리가 위기에 처했을 때 기독교적 경건으로 가장하여 갈등을 피하는 것은 영적 능력이 아니다.

요한의 사상에서 사랑이 진리를 이기는 것도, 진리가 사랑을 이기는 것도 아니다. 우리는 다른 사람들을 자신의 관점에 따라 굴복시키기 위해 진리를 곤봉처럼 휘두르는 그리스도인들을 잘 안다. 그러나 비록 그들의 관점이 옳다고 해도, 그들의 태도는 디오드레베의 고압적인 리더십을 모방하는 것에 불과하다. 우리가 주장하는 진리는 '우리의 것'이 아니라 그리스도의 것이다. 이 점을 명심할 때 다른 사람들과 사투를 벌이며 우리의 자아를 방어할 필요가 없다. 장로는 오늘날 그리스도인들에게 "악한 것을 본받지 말라"고 말한다(11절).

진리와 사랑이 하나님의 경륜 속에서 긴밀하게 결합되어 있다는 사실은 요한 문헌에만 나오는 주장이 아니다. 사도 바울도 다음과 같이 말한다.

"이는 우리가 이제부터 어린아이가 되지 아니하여 사람의 속임수와 간사한 유혹에 빠져 온갖 교훈의 풍조에 밀려 요동하지 않게 하려 함이라 오직 사랑 안에서 **참된** 것을 하여 범사에 그에게까지 자랄지라 그는 머리니 곧 그리스도라"(엡 4:14-15, 강조체 저자).

상대주의가 지배하는 오늘날의 포스트모더니즘 사회에서 하나님이나 도덕에 관해 진리를 소유했다고 주장하는 사람은 비난받을 위험에 처해 있다. 즉, 그 진리가 다양한 종교적, 철학적 자료들에서 나온 영적, 도덕적 진리가 아닌 경우 오만하고 속임수를 쓴다고 비난받는 것이다. 종교에 대한 잡다한 접근법은 큰 인기를 얻는 반면, 복음의 배타적 주장은 무례하다는 소리를 듣는다. 그러나 그리스도인들이 주장하는 진리의 배타성은 우리에게서 나오는 것이 아니라 예수 그리스도에게서 나온다. 예수님은 이렇게 말씀하셨다. "내가 곧 길이요 진리요 생명이니 **나로 말미암지 않고는** 아버지께로 올 자가 없느니라"(요 14:6, 강조체 저자). 그리스도인들은 오직 진리를 주장할 때 오만하거나 속이는 태도를 보여주지 않도록 조심하면 된다. 단순히 교회 지도자들만이 아니라 모든 그리스도인이 기꺼이 진지하고 용기 있는 사랑으로 진리를 굳게 지켜야 한다. 그래야 그리스도의 교회는 타협하지 않을 것이다.

4. 교회의 리더십

또한 요한삼서 1:9-11은 우리가 교회와 어떻게 관련되고 그 결과가 어떻게 될지 숙고하면서 가이오와 디오드레베를 대조해볼 것을 촉구한다. 가이오는 조용히 배후에서 자기 역할을 감당함으로써 장로와 복음의 파트너가 되었다. 가이오는 분명히 재산이 많은 사람이었지만, 그 재산을 교회 안에서 다른 사람들을 통제하는 일이 아닌 섬기는 일에 사용하고 헌신했다. 가이오의 접대를 통해 섬김을 받은 사람은 가이오의 삶에서 그리스도가 빛나시는 것을 보았고, 가이오는 사랑으로 기독교 신앙의 진리를 실천한 사람으로 크게 유명해졌다.

반면 장로는 디오드레베를 예수님이 경고하신 유형의 지도자, 곧 다른 사람들 위에 군림하기를 좋아하는 지도자로 규정한다(마 20:25; 막 10:42; 눅 22:25). 디오드레베가 자신의 교회에서 정식으로 임명된 직분이 있었는지에 대한 문제는 굳이 논할 가치가 없다. 정식으로 임명된 교회 직원이 행사하든, 개인적으로 영향력 있는 평신도가 행사하든 이런 리더십은 치명적인 결함이 있기 때문이다. 임명이 권위를 거부하거나 양 떼를 학대할 허가증을 주는 것은 아니다. 마셜이 경고하는 것처럼, 개인적 야심이 복음을 위한 열정과 혼합되어서는 안 된다.[25] 교회 생활을 오래 한 사람은 인격과 성품의 문제가 정통 사상이나 정통 실천에 대한 주장처럼 내세워지는 상황을 떠올릴 수 있을 것이다. 교회에 참여하는 우리는 각자 공식적 직분을 가졌든, 그러지 않든 간에 우리의 섬김과 리더십에 동기를 부여하는 것이 무엇인지 알려면 자기 자신을 검토해보아야 한다.

디오드레베는 교회를 사도 전승과 연계시킨 장로의 관점을 거부함으로써 자신의 리더십을 자율적 권세로 만들었다. 이런 자율적 리더십은 그리스도의 교회 안에 있는 자에게는 언제나 위험하다. 나아가 예수 그리스도의 사도들의 권위와 교훈을 거부하는 것은 결국 이단과 비정통적인 실천으로 이어질 수밖에 없다.

디오드레베는 요한삼서에 제시된 것처럼(그리고 우리는 디오드레베가 나중에 자기를 앞세운 것을 회개해서 장로와 사귐을 회복했을 수 있다는 점을 인정해야 한다), 오늘날 그리스도인들에게 부정적 본보기로 남아 있다. 잭맨(Jackman)은 다음과 같이 말한다.

디오드레베는 잘못된 마음을 품고 진리나 기독교적 사랑에 대해 오류를 범했다…요한이 이런 오만한 사람에 관해 그리는 그림은 우리에게 두려움을 준다. 디오드레베는 교회의 연합을 파괴하고, 자신의 권세를 과시하며, 지위를 보전하기 위해 자기만의 규칙을 만들어내고, 그가 원수로 규정한 사람들에 관해 거짓말을 퍼뜨리고, 공범 혐의를 씌워 다른 그리스도인들을 잘라냈다. 이것이 우두머리가 되고 싶어하는 사람이 높은 자리를 차지하고, 자신을 개인적으로 확대하려는 내적 욕망을 만족시키기 위해 교회를 이용할 때 일어나는 일이다.[26]

분명히 요한삼서에 나오는 주된 도덕적 교훈은, 그리스도의 교회 안에 있는 자는 누구나 정식으로 받은 리더십이든 평신도 사역이든 이런 동기들에 따라 사역해서는 안 된다는 것이다. 우리는 수시로 다음과 같은 질문을 자신에게 물어보아야 한다.

---

25. Marshall, *Epistles of John*, 90.
26. David Jackman, *The Message of John's Letters: Living in the Love of God* (The Bible Speaks Today; Downers Grove, IL: InterVarsity Press, 1988), 197–98.

- 교회 안에서 나의 존재 방식은 공동체를 성장시키는가, 아니면 파괴하는가?
- 나는 리더십을 통제력과 동일시하는가?
- 나는 모든 사람에게 친절한가, 아니면 내가 영향력을 행사할 수 있는 사람에게만 친절한가?
- 내 자아는 온갖 활동, 만남, 문제로 둘러싸여 있는가?
- 나는 언제나 옳은가?
- 나는 나와 맞지 않는 사람을 피하는가, 혹은 더 나아가 그들을 다른 사람들에게서도 멀어지게 하는가?

오늘날 그리스도인들도 가이오와 똑같이 선을 본받고, 진리와 사랑의 편에 서며, 예수 그리스도의 복음을 주장하기 위해 함께 일하는 사람이 되라는 부르심을 받는다. 주여, 우리가 당신이 부르신 것에 합당한 자가 되도록 용기 있는 믿음의 사람이 되게 하소서!

요한삼서 1:12

문학적 전후 문맥

장로는 가이오가 과거에 보여준 신실함과 접대를 칭찬한 후 그리고 악한 디오드레베가 자신이 파송한 자들을 접대하기를 거절한 사실을 언급한 후, 이제 가이오에게 편지를 전달한 사람으로 짐작되는 데메드리오를 소개한다. 그러므로 요한삼서는 소개 편지다.

> I. 편지의 문안과 인사(1–4절)
> II. 편지를 쓰는 이유(5–8절)
> ➡ III. 디오드레베의 문제점(9–11절)
> IV. 데메드리오를 소개함(12절)
>   A. 데메드리오가 그를 아는 모든 자에게 인정받다(12a–b절)
>   B. 데메드리오가 진리 자체로 인정받다(12c절)
>   C. 장로가 개인적으로 데메드리오를 추천하다(12d절)
>   D. 장로가 진리에 대한 자신의 지식의 신빙성을 재천명하다(12e–f절)
> V. 결말(13–15절)

주요 개념

가이오는 분명히 데메드리오와 개인적으로 알고 지내는 사이는 아니었다. 그래서 장로는 가이오에게 편지를 전달한 사람으로 보이는 데메드리오를 간절하게 추천한다. 비록 데메드리오에게 접대가 필요하기는 하지만, 이 편지는 데메드리오에 관한 편지가 아니다. 주요 요점은 가이오에 관한 사실이고, 가이오 앞에 놓인 결단이다.

번역

요한삼서 1:12

12a	단언	데메드리오는…증거를 받았으매
b	수단	뭇 사람에게도,
c	수단	진리에게서도
d	단언	우리도 증언하노니
e	단언	너는…아느니라
f	내용	우리의 증언이 참된 줄을

구조

데메드리오는 장로의 교회에서 평판이 매우 좋은 존경받는 그리스도인으로 확증되었다. '휘포'(by, ὑπό)라는 단어가 포함된 두 전치사구가 이 확증을 주는 수단이 된다. 요한삼서의 저자로서 장로는 추천서에서 요구되는 자신의 개인적 증언을 덧붙였다. 이 구절(1:12)에는 세 명의 증인으로 "뭇 사람", "진리 자체", "우리도"가 언급된다.

석의적 개요

→ IV. 데메드리오를 소개함(12절)
    A. 데메드리오가 그를 아는 모든 자에게 인정받다(12a-b절)
    B. 데메드리오가 진리 자체에게서도 인정받다(12c절)
    C. 장로가 개인적으로 데메드리오를 추천하다(12d절)
    D. 장로가 진리에 대한 자신의 지식의 신빙성을 재천명하다(12e-f절)

본문 설명

요삼 1:12a-c 데메드리오는 뭇 사람에게도, 진리에게서도 증거를 받았으매(Δημητρίῳ μεμαρτύρηται ὑπὸ πάντων καὶ ὑπὸ αὐτῆς τῆς ἀληθείας). "데메드리오"라는 이름이 여격으로 표시되었다. 이것은 아마 존경 또는 참고의 여격으로, '데메드리오에 관한'을 의미할 것이다. 이것은 현존하는 소개 편지들의 관례를 따르지 않는다. 현존하는 소개 편지들을 보면, 소개되는 사람의 이름이 주격으로 나오고 그 뒤에 그 사람을 추가로 확증하는 관사 없는 분사(보통 ἀποδίδωμι, ἀναδίδωμι, κομίζω, παρακομίζω, φέρω, προσφέρω, 혹은 καταφέρω와 같은 현재형이나 완료형 분사)가 나온다. 이 공식은 저자와 소개되는 사람의 관계를 확증하는 술부와 함께 동사 "나는…이다"(εἰμί)의 형태로 완결된다.[1] 그러나 현존하는 편지들을 보면 이에 대해 상당한 변형이 존재한다. 이 구절에는 분명히 데메드리오를 가이오에게 소개하고 추천하는 의미가 담겨 있다. 만약 데메드리오가 가이오에게 장로가 쓴 편지를 전한 사람으로 제시된다면, 이것은 충분히 이해가 된다.

"데메드리오"라는 이름이 사도행전 19:23-41에서 "가이오"라는 이름과 함께 등장하는 것이 흥미롭다. 거기 보면 에베소에 사는 데메드리오라는 이름을 가진 은장색이 바울, 가이오, 아리스다고의 설교에 분노를 느껴 소동을 일으켰다. 당시에는 "데메드리오"란 이름이 흔했기 때문에 이 두 사람은 아마 동일 인물은 아닐 것이다. 하지만 고대의 주석자 안드레아스는 이렇게 말했다. "내가 보기에 이 데메드리오는 아데미 신전의 은 신상을 만들고, 한때 사도 바울을 반대하여 폭동을 일으킨 자와 동일 인물이다."[2] 에베소의 인구가 20만 명에 달했으므로, 데메드리오와 가이오라는 이름을 가진 사람이 많았을 것이다. 그러나 데메드리오가 사도행전 19장에 나오는 자와 동일 인물이라면, 우리는 왜 가이오가 데메드리오가 그리스도인으로서 믿음을 가졌다는 것을 확언하는 편지를 필요로 하는지 확실히 이해할 수 있을 것이다. 그리고 그것은 바울의 에베소 선교와 요한의 후기 사역에 접촉점이 있었다는 점도 증명할 것이다.[3] 그렇더라도 데메드리오와 가이오가 사도행전 19장과 요한삼서에서 함께 언급되고, 두 본문이 에베소라는 도시에 연관된 것은 흥미롭다.

"증거를 받았[다]"라는 동사(μεμαρτύρηται)는 이 경우 "뭇 사람에게"(ὑπὸ πάντων) 평판이 좋거나 좋은 말을 듣는 것을 의미한다.[4] 이 말은 "진리에게서"라는 말과 함께 원래 법정에서 사용한 용어로 나중에 그리스도인들이 채택해 썼다. 리우는 초기 그리스의 웅변가 아이스키네스(Aeschines, 주전 4세기, *Against Timarchus* 90)의 말을 인용하여, 이 말은 "의심 할 것 없이 어떤 사람을 변론하거나 반론하는 소송 사건에서 사용되는 법정 언어"라고 설명한다.[5] 이 말은 초기 기독교 문헌에서 책망할 것이 없고 본받을 만하거나 교회 직분을 받기에 적합한 사람을 가리키는 데 사용되었다. 여기서 완료 수동태는 데메드리오가 과거에 좋은 평판을 얻었는데, 현재도 그것을 의심할 여지가 없다는 점을 암시한다. 데메드리오는 한평생 그리스도께 충성을 다한 자로 명성을 얻었다.

'그를 아는'이라는 한정사가 "뭇 사람" 앞에 놓여 있는 것으로 추정된다. 말하자면 (에베소의?) 요한 공동체에 속한 모든 사람이 데베드리오를 좋게 생각했다는 말

---

1. 김찬희, *Form and Structure*, 38-53.
2. Bray, ACCS 11, 243.
3. 에베소와 그 주변 지역의 다양한 기독교 공동체들의 상호 활동에 대한 설명은 Trebilco, *The Early Christians in Ephesus*를 보라.
4. BDAG, *s.v.* μαρτυρέω 2.b.
5. Lieu, *I, II, & III John*, 279.

이다. 리우는 동사 "증거를 받았[다]"라는 말이 반드시 교리에 충실했다는 의미는 아니라고 주장한다. "왜냐하면 이 증거는 순전히 세속적이거나 시민적인 배경에서 직위나 영예에 합당한 자와 평행 요소가 있다는 점을 가리키기 때문이다."[6] 리우가 이 공식 자체는 널리 사용되었고 교리에 대한 충실함을 의미하는 것이 아니라고 본 것은 올바르지만, 어떤 주어진 일에서 이 공식의 의미는 그 배경에 따라 결정되어야 한다. 그리고 추천이라는 배경을 고려하면, 이 공식은 데메드리오가 그의 삶의 행위와 그의 건전한 믿음으로 표현함으로써 진리에 신실한 것 외에 다른 것을 의미할 수 없다.[7]

"진리에게서도"라는 두 번째 형식의 증인은 사람들의 의견과는 분리된 확언을 가리키고, 복음의 요청 자체에 초점이 있다. 그리고 이 "진리"는 예수님이나 성령을 직접 가리키는 것은 아닌 것으로 보인다. 왜냐하면 승천하신 예수님이나 성령이 이 증거를 어떻게 알려주시는지에 대한 언급이 전혀 나오지 않기 때문이다(참고. 행 13:1-3). 이에 관해 더 개연성 있는 결론은, 데메드리오가 분명히 그리고 공개적으로 하나님의 진리의 말씀에 따라 살았기 때문에 하나님의 말씀이라는 표준으로 재볼 때 그의 믿음이 그의 인격과 그리스도에 대한 헌신의 수준에 맞게 확증되었다는 것이다. 데메드리오가 다른 사람들을 사랑하는 것으로 예수 그리스도의 복음에 대한 반응을 보여주었기 때문에, 사람들은 데메드리오에 관해 좋게 말했다.

요삼 1:12d-f 우리도 증언하노니 너는 우리의 증언이 참된 줄을 아느니라(καὶ ἡμεῖς δὲ μαρτυροῦμεν καὶ οἶδας ὅτι ἡ μαρτυρία ἡμῶν ἀληθής ἐστιν). 장로 자신이 데메드리오를 증언하는 세 번째 증인이다. 모든 추천 편지는 저자의 개인적 추천 사실을 담아야 했다. 이때 저자는 대체로 소개되는 인물의 친척이거나 절친한 친구였다.[8] 현존하는 추천 편지들을 보면, 소개되는 사람의 사회적 지위나 인격적 신임에 대한 사실이 아니라 소개되는 사람과 저자의 관계에 대한 사항만 언급된다. 따라서 소개되는 사람이 손님으로 대접받는 것이 그를 보낸 사람을 신뢰하는 수신자의 믿음에 기반이 있었다는 점은 흥미롭다. 그러나 여기서 데메드리오에 대한 신임은 먼저 기독교 공동체와 복음에 따라 제시되고 보증된다. 그런 다음에 장로가 개인적으로 보증하는 증언으로 이어진다. 데메드리오를 가이오에게 추천하는 첫 번째 근거는 예수 그리스도의 진리에 기반을 둔 다른 그리스도인들과의 사귐이다.

장로는 "우리도 증언하노니"(ἡμεῖς δὲ μαρτυροῦμεν)라는 말을 덧붙임으로써 자신이 데메드리오에 관해 아는 개인적 지식을 확언한다. 물론 여기서 사용된 1인칭 복수 대명사("우리")의 의미는 요한 문헌에 나오는 이 대표적인 호칭과 관련되어 있다(요한 서신 전체 서론에서 저자 문제에 관한 설명과 요한일서 1:1-4에 대한 주석을 보라). 만약 "우리"(ἡμεῖς)가 진정한 의미의 복수형이라면, 그것은 아마 예수님이 지상에서 사시는 동안 그분을 보고 듣고 만진 것에 대해 사도적 교훈을 전하는 자들을 가리킬 것이다. 하지만 더 개연성 있는 결론은, 그 표현이 데메드리오가 진리에 일치하는지 판단할 권위가 있음을 천명하는 장로 자신을 가리킨다는 것이다.

이처럼 소개되고 추천되는 사람을 삼중으로 증언하는 것이 추천 편지의 통상적인 관례는 아니다. 그것은 신명기 19:15에서 "두 증인의 입으로나 또는 세 증인의 입으로 그 사건을 확정할 것이며"라고 언급된 유대인의 관습을 반영한 것으로 볼 수 있을 것이다(참고. 요일 5:8).

"너는 우리의 증언이 참된 줄을 아느니라"는 진술은, 이 편지가 쓰일 당시 진리에 관한 상황이 참으로 혼란스

---

6. Lieu, *Theology of The Johannine Epistles*, 10. 하지만 Lieu는 어떤 인용도 제시하지 않는다.
7. Brown, *Epistles of John*, 722-24.
8. 김찬희, *Form and Structure*, 49-51.

러웠다는 점을 한 번 더 암시한다. 장로가 여기서 가이오에게 자신이 가르친 진리를 고수하라고 완곡하게 권면하는 것은, 장로가 사도적 역할에 따라 무엇이 진리이고 진리가 아닌지 판결할 권리가 있으므로 누가 진리와 결부되고 누가 그렇지 않은지 판단할 수 있기 때문이다(참고. 요일 2:18-27). 1인칭 복수형 "우리의"(ἡμῶν)라는 말이 사용된 것은, 장로가 사도적 역할에 따른 자신의 증언이 사도적 증거라는 점을 가이오에게 상기시키기 위함일 것이다. 그러므로 장로는 가이오가 장로의 증언이 참되다는 것을 이미 안다고 확언한다.

장로가 요한삼서에서 자신을 가리키는 의미로 1인칭 단수형을 11번에 걸쳐 사용하지만, 진리에 대한 자신의 증언을 언급할 때는 1인칭 복수형을 사용하여 자신을 그리스도의 사도들이 전한 전통과 연계시키는 점을 주목하라. 2인칭 단수형 동사 "너는…아느니라"(οἶδας)로 바뀌는 것은 장로가 사실로 가정하는 것, 즉 가이오가 디오드레베와 달리 사도적 진리에서 떠나지 않았다는 것으로 부드럽게 권고하는 역할을 한다.

적용에서의 신학

다른 사람들이 나를 좋게 생각한다는 말을 듣는 것보다 누군가의 영혼을 진정시키는 더 좋은 약은 없을 것이다. 데메드리오는 요한의 기독교 공동체 안에서 그를 알던 모든 사람에게 인정받는 복을 받았다. 장로가 데메드리오가 예수 그리스도의 복음을 잘 전할 것이라고 굳게 확신하면서 이처럼 혼란한 시기에 복음 전도자로 파송할 수 있었던 것 자체가 데메드리오에게 주는 최고의 칭찬이었다. 당신은 소개 편지를 손에 들고 외지에 있는 기독교 공동체를 찾아갔을 때, 자신에 관해 어떤 말을 듣고 싶은가? 당신을 아는 모든 사람이 당신에 대해 증언하기를 그리스도게 헌신하고 다른 사람들을 사랑한다고 할 정도로 당신은 복음에 합당한 삶을 살고 있는가? 대부분의 사람이 자신의 힘으로 그리스도를 위해 단숨에 전력 질주하는 단거리 선수가 될 수도 있다. 하지만 우리가 부르심 받은 삶은 단거리 경주가 아니라 장거리 경주다. 그것은 곧 "한 방향으로 오랫동안 순종하는 삶이다."[9]

데메드리오는 장로에게 파송받은 특사로서 과연 환영받을지 확신할 수 없는 지역으로 담대히 나아갔다. 그곳의 누군가가 디오드레베의 경우처럼 접대를 거절하면, 여행자는 불안감에 사로잡히고 때로 아주 위험한 상황에 노출되기도 할 것이다. 그러나 데메드리오는 이처럼 불확실한 시기에 어디에서 먹고 자야 할지 확실히 모르는 상황에서도 그리스도의 진리를 위해 기꺼이 여행을 떠났다. 데메드리오는 디오드레베의 거절과 비판에도 불구하고 장로와 그

---

9. 참고. Eugene H. Peterson, *A Long Obedience in the Same Direction: Discipleship in an Instant Society* (Downers Grove, IL: InterVarsity Press, 1980).

를 지지하는 사람들 편에 섰다. 우리는 이것 말고 데메드리오에 관해 아는 것이 사실상 아무 것도 없다. 그렇다고 굳이 더 알아야 할 것도 없다.

우리는 복음 사역을 위해 얼마나 기꺼이 위험을 무릅쓰는가? 요한삼서 같은 본문에서 발견되는 사도적 진리 편에 섬으로써 우리의 평판을 기꺼이 위험에 맡기는가? 다른 그리스도인들의 관대함을 기꺼이 신뢰하고 그 관대함에 만족하는가? 아니면 교만해서 다른 사람들의 영접을 받을 수 없는가? 그리고 만약 어느 늦은 밤 현관 앞에 낯선 나그네가 찾아와 먼 곳에 사는 그리스도인 친구가 쓴 편지를 한 장 들고 서서 손님으로 맞아들여달라고 간청한다면 어떻게 하겠는가?

요한삼서는 길이는 짧으나 어떤 면에서는 수수께끼 같은 편지다. 하지만 우리에게 초대 교회의 실제 상황과 그 상황에 연루된 실제 사람들에 관해 알려준다. 우리는 혼란스럽고 위험한 시대에 신실하게 복음을 들고 나아가는 세계 전역의 무수한 익명의 신자의 이름과 그 수를 알 수 없지만 그들에게 빚을 지고 있다. 그리고 우리는 오늘날 그들 가운데 하나가 될 수도 있다.

CHAPTER 24
요한삼서 1:13–15

문학적 전후 문맥

이 짧은 편지는 이 본문으로 결말을 맺는다. 헬레니즘 당시 모든 편지는 일반적으로 결말이 이와 비슷했다. 곧, 편지 끝에서 저자는 수신자가 잘 되기를 바라는 소원을 피력하고 다른 사람들의 문안을 언급했다.

> I. 편지의 문안과 인사(1–4절)
> II. 편지를 쓰는 이유(5–8절)
> III. 디오드레베의 문제점(9–11절)
> IV. 데메드리오를 소개함(12절)
> ➡ V. 결말(13–15절)
>   A. 장로가 혹시라도 방문하게 되면 말할 것이 많다(13–14절)
>   B. 장로가 힘든 상황 속에서 평강의 복을 기원하다(15a절)
>   C. 문안 인사를 교환하다(15b–c절)

주요 개념

장로는 편지로 전하는 것이 아니라 만나서 직접 말하는 것이 가장 좋은 일들을 마음속에 많이 품고 있다. 가이오가 이 편지에 어떻게 반응하느냐에 따라 좌우되는 것으로 보이는 결과, 곧 조만간 가이오를 만나보는 일을 바라는 마음을 표현한 다음, 장로는 개인적 문안 인사를 한다.

번역

요한삼서 1:13-15

13a	단언	내가 네게 쓸 것이 많으나	
b	수단		먹과 붓으로
c	대조	쓰기를 원하지 아니하고	
14a	소원	속히 보기를 바라노니	
b	단언	또한 우리가 대면하여 말하리라	
15a	기원	평강이 네게 있을지어다	
b	단언	여러 친구가 네게 문안하느니라	
c	권면	너는 친구들의 이름을 들어 문안하라	

구조

요한삼서는 두 개의 진술(13절과 14절) 다음에 마지막 인사를 하는 것으로 끝난다.

석의적 개요

V. 결말(13-15절)
  A. 장로가 혹시라도 방문하게 되면 말할 것이 많다(13-14절)
  B. 장로가 힘든 상황 속에서 평강의 복을 기원하다(15a절)
  C. 문안 인사를 교환하다(15b-c절)

본문 설명

요삼 1:13-14 내가 네게 쓸 것이 많으나 먹과 붓으로 쓰기를 원하지 아니하고 속히 보기를 바라노니 또한 우리가 대면하여 말하리라(Πολλὰ εἶχον γράψαι σοι ἀλλ' οὐ θέλω διὰ μέλανος καὶ καλάμου σοι γράφειν· ἐλπίζω δὲ εὐθέως σε ἰδεῖν, καὶ στόμα πρὸς στόμα λαλήσομεν). 장로는 12절에서 진리에 대한 자신의 사도적 증언을 재천명한 다음, 1인칭 단수형 '내가 갖다'(I have)라는 말(εἶχον, 미완료 시제)로 전환한다. 여기서 쓸(말할) 것이 많다는 말은 요한복음 16:12에서 예수님이 제자들에게 "내가 아직도 너희에게 이를 것이 많으나 지금은 너희가 감당하지 못하리라"고 하신 말씀을 반영한다. 이것은 장로가 가이오를 우연히 만나 대화하기를 바란다는 뜻이 아니라, 일부러 만나 그에게 설명할 것이 더 많이 있다는 뜻을 암시한다.[1] 여기서 미완료 시제를 사용하는 것은 장로가 한동안 자신의 마음속에 이처럼 많은 것을 품었고, 앞으로도 계속 품으리라는 관념을 표시할 것이다.

장로는 가이오를 속히 만나보기를 바란다. 이것은 장로가 가이오를 직접 만나보아야 할 상황이라고 인식하는 것을 암시한다. 그러나 가이오가 장로가 보낸 사람들을 접대하지 않고 거절함으로써 장로와의 관계를 끊기로 결정한다면 장로의 방문도 무산될 것이다. 여기서 행간의 의미를 파악해보면, 장로는 가이오가 자신의 동역자로 남아 있을 것인지 그리고 자신이 디오드레베에게 책임을 추궁하려고 방문할 때 머물 장소를 제공할 수 있는지 알아보려고 상황을 살피고 있음을 알 수 있다. 10절에 방문의 조건적 특성이 부여되는 것은 가이오의 반응에 어느 정도 불확실함이 있다는 뜻일 것이다(그 구절에 대한 주석을 보라).

물론 '입과 입을 맞대고'(mouth-to-mouth, στόμα πρὸς στόμα)라는 관용 어구는 '문자적으로' 번역할 수 없다. 그래서 영어에서는 그 말을 "대면하여", 곧 '얼굴과 얼굴을 맞대고'(face-to-face)로 표현한다. "먹과 붓으로"라는 수식어는 글을 쓰는 다른 수단이 있었다는 것을 암시하는 것이 아니라 "대면하여"와 대조되는 수사적 용법을 구성한다. 이것은 장로의 의도를 글로 쓰는 것이 부적당하다는 점을 보여준다.

요한이서의 결말이 이와 거의 동일한 진술로 이루어져 있음을 주목하라(요이 1:12). 이것은 혼란, 다툼, 이단의 가르침이 초래한 상황 때문에 이 짧은 편지로는 다 말할 수 없을 정도로 할 말이 많다는 점을 암시한다.

요삼 1:15a 평강이 네게 있을지어다(εἰρήνη σοι). 만약 가이오가 자신이 맞이한 상황에 혼란을 겪고, 심지어 디오드레베에게 압력까지 받았다면 장로의 편지에 곤란함을 느끼고 그에게 완강한 태도를 취했을지도 모른다. 장로는 가이오가 데메드리오와 자신을 영접하는 문제를 놓고 판단할 때 가이오에게 주의 평강이 임하기를 바란다. 셈족 인사법(šālôm)에서 파생된 기독교의 "평강"을 기원하는 인사법은 "평강이 네게 있을지어다"라고 복을 구하는 기도다. 여기서 장로가 평강의 복을 기원하는 것은 한편으로 그의 간청이 초래할 긴장된 상황을 인정하면서 가이오와 맺은 기독교적 사귐이 계속되기를 바라는 마음을 표현한다.

요삼 15b-c 여러 친구가 네게 문안하느니라 너는 친구들의 이름을 들어 문안하라(ἀσπάζονταί σε οἱ φίλοι. ἀσπάζου τοὺς φίλους κατ' ὄνομα). "형제들"(ἀδελφοί)이라는 말이 사용되리라 예상되는 곳에 "친구들"(φίλοι)이라는 표현이 나온

---

1. BDAG, *s.v.* ἔχω 7.a.d.

다. 이런 예상은 의심할 것 없이 여기서 본문의 이문이 나타나는 것을 설명한다. 그것은 여기서 필사자가 '친구들'에서 '형제들'로 바꾸고 싶은 자극을 받을 것이기 때문이다. 장로는 여기서 "친구"로서 문안을 보내는 자들의 이름을 일일이 열거할 수도 있는데, 그들이 가이오를 개인적으로 알기 때문이다. 반면 '형제들'이라는 말은 낯선 기독교 신자들도 포함할 것이다.

저자가 아니라 다른 사람들에게 개인적으로 문안하라고 권면하는 것은 신약성경 다른 서신들(예를 들어, 롬 16:3-23; 고전 16:19-20; 고후 13:12; 빌 4:21-22; 골 4:12, 14-15; 딛 3:15; 몬 1:23; 히 13:24; 벧전 5:13, 14)과 현존하는 세속적 편지들에서도 자주 발견된다.[2] 여기서 "너는"이 단수형(σε)인 것으로 보아 장로가 "친구들"의 문안을 교인들이 아닌 가이오에게 보낸다는 점을 주목하라. "이름을 들어"(κατ' ὄνομα)라는 관용 어구는 "개별적으로"라는 뜻이고 세속 편지에서 발견된다.[3] 이것은 장로와 가이오가 서로 아는 친구들이 많다는 점을 강하게 함축한다.

적용에서의 신학

1. 우리가 아는 것과 모르는 것

장로는 가이오가 기꺼이 자기편이 된다면 조만간에 그를 방문하겠다는 희망을 피력하는 것으로 편지를 끝낸다. 15절이 "평강이 네게 있을지어다"라는 말에서 끝났더라면, 장로와 가이오가 다양한 인간관계로 묶인 각각의 공동체의 지체였다는 단서도 없었을 것이다. 장로는 가이오에게 문안을 부탁하는 그리스도인들의 공동체를 대표하는 것이 분명하다. 장로는 자신이 아는 다른 그리스도인들에게 가이오가 이름을 들어(곧, 개별적으로) 문안하기를 원한다. 이 편지가 한 개인이 다른 개인에게 쓴 것이기는 하지만, 그들의 관계는 분리되었으나 공통적인 부르심으로 결합된 기독교 공동체 안에 하나로 묶여 있었다.

요한이 이끄는 교회들의 상황을 제대로 파악할 수 없기 때문에 성경 학자들은 사변에 기반을 두고 상황을 재구성하는 시나리오를 썼다. 어쨌든 이것은 성경 학자들이 감당해야 할 몫의 한 부분이다. 디오드레베가 적법한 절차에 따라 임명된 장로인지 그리고 가이오가 디오드레베와 같은 가정 교회에 속했는지에 관해 끝없는 논쟁이 벌어졌다. 요한이서에 나오는 "택하심을 받은 부녀와 그의 자녀들"은 누구이고, 그녀와 요한삼서에 나온 사람들은 무슨 관계인가? 이 세 편의 요한 서신이 기록된 순서에 관해 다양한 이론이 있다. 그것은 정경의 수록 순

---

2. Klauck, Bailey 공저, *Ancient Letters*; Exler, *The Form of the Ancient Greek Letter*; John L. White, *Light from Ancient Letters* (Philadelphia: Fortress, 1986)를 보라.

3. 예를 들어, P. Iand. 9 (42); P. Oxy. I.123 (190). 참고. Loeb, *Select Papyri*, 334, 376.

서가 이 편지들의 연대적 순서를 대변하고, 이 세 편지는 요한 공동체와 요한 '학파'에 관해 기록되었다고 가정해야 할 하등의 이유가 없기 때문이다('요한 서신 전체 서론'을 보라).

지금까지 요한 학문의 역사를 확인해보면, 당시의 역사적 배경은 빈약한 증거, 다수의 추론, 다양한 사변에 의존하여 재구성하는 탓에 불안정하다. 따라서 요한 공동체에 대한 특수한 재구성에 의존하는 주석은 중시되어서는 안 된다. 사실 배경에 대해 더 많은 지식이 있다면, 본문을 더 분명히 이해할 수 있을 것이다. 그러나 모든 질문에 답변이 주어지지 않아도 본문의 메시지를 깊이 파악하는 데 지장은 없다.

요한삼서는 원래의 수신 지역에서 벗어나 다른 지역으로 회람되기 시작했을 때 으레 제기되었던 문제들이 있었는데도 정경에 포함되었다. 그렇기 때문에 우리는 여기서 성경의 본래 목적을 달성하기 위해 각 성경의 기원을 철저히 또는 심지어 우리 자신이 만족할 때까지 파악할 필요는 없다는 점을 상기하게 된다. 사도적 권위를 받아들이거나 거부하는 것, 그리스도인의 삶에서 이루어지는 진리와 사랑의 관계, 그리스도인의 특징인 접대의 중요성과 같은 요점들은 요한삼서가 담은 중요한 메시지로, 가설적으로 재구성된 원래의 역사적 배경에 따라 넘어지거나 서는 것이 아니다. 그러나 이 요점들을 통해 우리는 장로를 그리스도 안에서 주어진 하나님의 계시의 진리를 위한 진정한 사도적 음성을 가진 자로 간주할 수 있다('요한 서신 전체 서론'에서 저자 문제에 관한 설명을 보라).

2. 좋았던 옛 시절?

영적으로 혼란한 오늘날 우리는 초대 교회 당시 기독교 교회가 연합과 기쁨과 평강으로 가득 찬 평온한 공동체였는데 세월이 흐르면서 점차 분열되고 다툼이 벌어졌다는 것을 이유로 옛날을 그리워할 수 있다. 교회 역사는 확실히 오늘날 우리가 보는 것처럼 개신교, 로마가톨릭, 동방 정교회라는 기독교의 주요 세 교파로 갈라져서 그 안에 각각 수백 개의 교단과 집단이 있는 불화와 분열의 역사다. 요한 서신은 분명히 우리에게 초대 교회 당시 벌어진 분열의 일면을 보여준다. 그런데 우리는 소아시아 그리고 더 넓게는 지중해 연안 세계의 기독교 교회의 발전이 어떤 결과를 가져왔는지 확실하게는 모른다.

요한삼서는 수수께끼 같은 편지다. 요한삼서에는 여전히 답변되지 않은 질문들이 매우 많고, 이 편지가 기록된 이후 어떤 일이 일어났는지 우리가 명확히 알지 못하기 때문이다. 우리는 가이오가 데메드리오를 영접했는지 혹은 장로가 디오드레베를 직접 찾아가 그와 맞섰는지 알 수 없다. 또한 디오드레베가 회개했는지 혹은 자신의 주장을 완강하게 고집하다 자신의 교회가 사도적 교훈을 버리고 떠난 자의 유일한 종착지인 이단과 배교의 길로 빠지게 했는지도 잘 모른다. 장로의 노력이 원하는 성과를 거두었음을 입증하는 증거는 없다(바울이 고린도교회에서 사역할 때 많은 좌절을 맛본 것을 참고하라). 그러나 요한삼서가 정경에 포함되고 요한 문헌의 하나로 자격을 얻었다는 사실은, 가이오가 디오드레베의 압박이 있었을 때 장로의 편에 섰다는 점을 암시한다. 또한 교회가 장로의 신실함을 기억하는 기념물로 그리고 비슷한 도전에 직면한 이후 세대들을 가르치는 한 본보기로 요한삼서를 보존했다는 점도 암시한다.

3. 교회는 결코 완전하지 않았다

요한삼서는 초대 교회 당시에도 기독교 교회가 불완전한 사람들로 구성되었고, 그들의 태도와 행동이 참된 것에 관해 그리고 영적 형제들 사이의 완고한 감정에 관해 혼란을 일으켰으며, 그 결과 그들의 그런 모습이 복음 전파와 교회의 건강에 해를 끼쳤다는 점을 우리에게 증명한다. 교회는 항상 가이오 같은 사람과 디오드레베 같은 사람이 공존할 것이다. 따라서 요한삼서는 길고 긴 교회 역사의 관점에서 보면, 우리에게 확신과 용기를 준다. 지금 우리는 장로가 편지를 쓴 지 거의 2천 년이 지난 후에 살지만, 예수 그리스도의 복음은 지금도 여전히 살아 있고, 활력적이며, 사람들을 하나님과 화목하게 하고, 사람들이 신약성경을 읽을 때 그들의 삶을 여전히 변화시킨다. 이는 얼마나 경이로운 일인가! 그 사역이 주의 사역이고 그 능력이 성령의 능력이라는 증언은 또한 얼마나 놀라운가!

요한 서신의 신학

요한 서신에서 두드러지는 신학적 요점은 신약성경 전체의 포괄적 메시지와 일치한다. 곧, 하나님의 아들이신 예수 그리스도는 죄를 위한 화목 제물로 죽으시기 위하여 하나님 아버지로부터 오셨고, 예수 그리스도의 자기희생을 기초로 하나님을 위하여 그분을 알고 그분과 함께 영생을 누릴 새로운 언약 백성이 창조된다는 것이다. 이 신학적 요점은 예수님의 탄생, 사역, 십자가 죽음, 부활과 같은 역사적 사건들에 대한 해석이다. '예수 그리스도는 너희의 죄를 위하여 예루살렘에서 십자가에 달려 죽으셨다'는 진술이 '나사렛 예수는 예루살렘에서 십자가에 달려 죽으셨다'는 진술에 대한 해석인 것처럼, 요한 서신은 예수님의 생애와 죽음에 관한 역사적 사건들의 중요성을 해석한다. 예수님의 생애, 죽음, 부활의 중요성은 해석에 해당하므로, 해석자의 권위와 자격은 진리를 알고자 하는 사람들에게 굉장히 중요한 요소다.

영적 권위

요한일서는 1:1-4에서 영적 권위에 관해 다음과 같이 진술하며 시작된다. 즉, "태초부터" 있었고 인간 역사 속에 나타나신 분을 듣고 보고 만지고 이해한 "우리"에게 그의 나타나심의 중요성을 올바르게 해석할 권위가 있다는 것이다. 이런 서두가 꼭 필요한 이유는, 1:1-4에서 언급된 "우리"에 포함되지 않고 "우리"에게서 "나간"(2:19) 익명의 사람들이 예수님의 중요성에 관해 다른 견해를 제공함으로써 예수님의 죽음을 자신들이 선포한 영적 "진리"와 아무 상관이 없는 사건으로 만들어버렸기 때문이다.

예수님은 생전에 가장 친밀했던 동료들에게 그분에 대해 증언할 권위를 주셨고, 장차 그들에게 보혜사[진리의 영(요 14:16-17), 곧 성령(14:26)]가 오셔서 오직 십자가 죽음과 부활 이후 얻을 수 있는 필요한 지식과 지각을 주실 것이라고 약속하셨다. 이 약속이 주어진 대상이 처음부터 예수님과 함께 있었던 자 가운데 그분이 직접 택하신 자들로 제한되는 것이 아니라면(요 15:26-27), 이 약속은 성령을 소유하는 사람은 누구나 하나님에 관한 진리를 그리스도 안에서 계시된 것으로 정의할 동등한 권위를 지닌다는 의미로 해석될 수 있었다.

요한 서신의 저자에게 사도 집단의 권위가 있다는 강력한 진술(요일 1:1-4)은, 거짓 교훈이 장로의 역할과 교훈에 도전한, 공인되지도 보증되지도 않은 영적 권위의 주장에 뿌리를 두었다는 점을 암시한다. 장로는 요한이서와 요한삼서의 수신자인 교회와 개인들에게 책임과 영향력을 갖고 있었다. 이것은 장로가 여러 다른 이유로 이탈자들과 디오드레베가 의심했던 권위의 자리에서 활동했다는 것을 암시한다.

예수님에 관한 진리를 선언할 권위가 누구에게 있는지에 관한 문제는 오늘날 신학적 대화를 나눌 때 좋은 출발점이 된다. 우리가 다양한 종교로 가득 차 있고, 예수님이 누구신지 그리고 예수님과 우리가 사는 시대의 관련성에 관해 다양한 의견을 내는 '기독교적' 목소리가 불협화음을 이루는 세상에서 살기 때문이다. 하나님의 말씀을 위해 사역하는 사람은 신임장이나 공로로 말미암아 영적 권위를 부여받은 것이 아니라, 그들이 선포하는 말씀 자체이신 분의 진리에 그 권위가 있다는 사실을 깨닫는 것이 중요하다.

영생

요한일서의 저자는 예수 그리스도의 중요성에 대해 듣고자 할 때 누구에게 들어야 할지 결정하는 문제에 큰 모험이 따른다고 생각한다. 그리스도가 역사 속에 등장하신 것은 아버지와 함께 있었던 영생이 땅에 매여 죽을 수밖에 없는 존재인 "우리"에게 나타나신 것을 의미하기 때문이다(요일 1:2, 참고. 요 1:1-18). "아버지와 함께 계셨던 영생"(요일 1:2)은 인간으로 나타나신 아들의 영원한 선재성을 주로 가리킬 수 있지만, 이 아들의 나타나심의 요점은 그분을 믿는 모든 자가 육체적 죽음을 맞이한 후 영생을 믿는다는 것에 있다[요일 2:25; 3:14, 15; 5:11-13, 20(참고. 요 3:15-16, 36; 4:14; 5:24, 28-29, 40; 6:40, 47, 54; 10:28; 11:25; 12:25; 17:2-3; 20:31)]. 요한 문헌에서 뽑은 이 긴 인용 본문 목록은 요한의 생각에서 영생이 가장 앞서 있다는 것을 암시한다.

영생을 얻는 일에서 예수님이 맡으신 역할에 관한 진리가 요한일서 5:13에 편지를 쓴 핵심 목적으로 진술되어 있다. "내가 하나님의 아들의 이름을 믿는 너희에게 이것을 쓰는 것은 너희로 하여금 너희에게 영생이 있음을 알게 하려 함이라." 영생과 영생을 얻는 법이 요한 서신과 요한복음의 핵심이다(참고. 요 20:31). 예수님은 영생을 하나님을 아는 것에 따라 정의한다. "영생은 곧 유일하신 참 하나님과 그가 보내신 자 예수 그리스도를 아는 것이니이다"(요 17:3, 강조체 저자). 만약 영생이 하나님을 아는 것과 그분이 보내신 예수 그리스도를 아는 것에 달려 있다면, 그리스도 안에서 하나님을 아는 참되고 진정한 지식 없이는 영생에 대한 확신도 없다. 이것 때문에 요한복음과 요한 서신에서 '진리'나 '아는 것'에 관한 헬라어 단어가 거의 200번에 걸쳐 언급되면서 진리라는 개념이 중심을 차지한다. 여기서 우리는 요한이 당시 교회에 스며들기 시작한 서로 대립하고 충돌하는 진리에 대한 다른 주장들을 반대하고, 자신이 예수 그리스도께 받고 그분에 관해 받은 진리를 옹호하고 보호하는 데 심혈을 기울이고 있다고 추론할 수 있다.

신학적으로 말하면 어떤 주제가 더 중요할까? 우리는 신학을 통해 하나님의 존재, 성품 그리고 세상에서 하시는 사역에 관해 한평생 복된 통찰력을 많이 얻지만, 만약 죽어서 하나님에 관한 지식으로부터 얻는 모든 혜택이 끝난다면, 그것이 무슨 초월적 중요성을 갖게 되겠는가? 그리스도가 제공하시는 가장 큰 선물은 죽음 후 얻는 생명이므로, 그리스도에 관한 진리를 아는 것이 가장 중요하다. 그러므로 그 진리의 원천이 하나님을 아는 지식을 탐구할 때 핵심 관심사가 된다. 요한일서의 저자는, 진리를 제공하는 것 같아 보이지만 그리스도 안에 있는 영생으로 이끌지 못하는 교훈을 전하는 음성을 듣지 말고 떠나라고 단호하게 경고한다(요일 2:19-25). 이런 자들은 하나님에 관해 말하지만 예수님이 그리스도라는 사실은 부인하므로, 하나님 아버지에 관한 참된 지식이 없는 것이다. 요한일서는 이런 자들을 "거짓말하는 자"로 부름으로써 가차 없이 단죄한다(2:22). 이처럼 참된 영적 지식의 원천이 요한 서신의 주된 신학적 요점이다.

한 사람의 생각이 다른 사람의 생각만큼 중요하다고 보는 오늘날에, 사람들은 하나님에 관한 영적 진리와 영원한 생명이 단순히 개인적 의견의 문제가 아니라는 점을 이해해야 한다. 영적 진리가 있고 영적 오류 및 거짓이 있다. 이 둘은 생명과 죽음이라는 차이를 가져온다.

죄와 속죄

요한의 사고에서 영생을 얻는 문제가 이처럼 중대한 위치를 차지하는 것은 전체 인류, 즉 각각의 모든 사람이 이미 죄로 말미암아 죽었기 때문이다. 이 우주적 비극은 에덴동산에서 인류 전체(당시에는 한 남자와 한 여자)가 하나님을 거역하고 하나님과의 사귐을 깨뜨렸을 때 일어났다(창세기 3장, 특히 3절). 하나님이 모든 생명의 원천이시자 양식이시므로, 사람이 자신에게 법이 됨으로써 하나님에게서 떠나 사는 것은 정의상 죽는 것이다. 따라서 사람이 생명의 원천에서 떠날 때, 죽음 외에 달리 갈 곳이 없다.

하나님에 대한 이 최초의 거역이 이후로 인간 생명을 괴롭힌 온갖 죄의 원천이다. 죄가 하나님과의 사귐을 깨뜨리는 원흉이다(참고. 요일 1:3). 그리고 죄는 다양하게 표출되어 사람과 사람 사이의 사귐도 깨뜨린다. 죄는 모든 사람에게 죽음을 일으킨다. 우리는 죄의 결과를 제거하는 데 철저히 무력하므로, 하나님이 친히 죄의 문제를 처리하시거나 인간을 하나님과의 사귐에서 영원히 분리되는 사망 속에 놔두셔야 했다.

그러나 하나님은 인류를 사랑하셔서 우리를 자신과 영원히 분리되는 사망에 내버려두시지 않고, 성경이 다양한 이야기로 전하는 구속 계획을 마련하셨다. 아담과 하와는 에덴동산에서 쫓겨났을 때 지옥으로 떨어진 것이 아니다. 그들은 하나님이 자신의 구속 계획을 수행하시는 역사 속으로 떨어졌다. 요한은 하나님이 십자가에 죽으시기 위해 사람이 되신 자기 아들의 처형에서 타락한 피조물에게 베푸신 사랑이 정점에 달하는 것을 분명히 확인한다. 이것이 타락한 세상의 죄를 대속하는 일에서 하나님의 구속 계획의 궁극적 성취였다. 영생은 예수님의 생애, 죽음, 부활(요일 1:1-2)에서 역사 속에 등장했다. 그리고 영생은 자신이 사망에서 구원받아야 하는 죄인이라는 사실에 동의하고 하나님을 믿는 모든 사람에게 주어진다. 세상의 훌륭한 종교들은 현세에서 어떻게 살 것인지에 대해 도덕적이고도 지혜로운 지침을 줄 수 있지만, 죽음 이후의 영생은 오직 예수 그리스도만이 부활하심을 통해 제공하신다.

그러므로 죄의 주제와 예수 그리스도의 중요성에 관한 주제는, 요한일서에서 불가분리적으로 결합되어 있고 요한일서를 이끄는 두 가지 주된 신학적 주제다. 영적 진리는 오직 이 두 주제에 관한 올바른 사고를 통해서만 발견될 수 있다. 죄와 그리스도의 대속의 죽음을 잘못 이해하는 것과 관련하여 몇 가지 문제가 요한복음에 대한(만약 요한복음이 먼저 기록되었다면) 혹은 구두전승으로 이어진 요한 전통에 대한 잘못된 해석 배경 속에서 일어날 수 있다.

요한이 쓴 편지의 원독자는 요한의 교회에서 나간 사람들이 가르친 거짓 교훈에 노출되어 있었다. 비록 요한일서 1:5-10이 이 거짓 교훈을 직접 반영하는 것은 아니라고 해도, 죄에 관한 올바른 사고는 분명히 그들이 나간 이후 요한이 짚고 넘어가야 할 문제였다. 하나님의 성품이 죄에 대한 모든 정의의 기초다. "하나님은 빛이시[고]"(1:5), 그분 안에는 어둠이 없다. 그러므로 하나님이 인간이 지키고 살아야 할 도덕적 표준을 정하신다. 우리에게는 하나님을 판단할 수 있는 독자적인 기준이 없다. 그렇기 때문에 예수 그리스도를 믿는 믿음을 고백하는 사람은 다음과 같은 사실에 대해 하나님께 동의해야 한다. 즉, 죄와 같은 것이 있다는 것과 하나님의 본성과 대립하는 길을 걷는 이는 어둠 속에 있고 하나님과 사귀지 못한다는 것 그리고 우리가 각자 죄인이라는 것을 받아들여야 한다(요일 1:5-10). 다르게 말하는 것은 하나님을 거짓말하는 분으로 만드는 것이다.

그러나 자기들의 죄에 관해 하나님께 동의하고 죄 사함을 받기 위해 예수님의 속죄를 인정함으로써 그리스도 안에서 주어지는 하나님의 가장 큰 선물인 영생을 얻은 사람도 성령으로 변화되는 과정을 거치기는 하지만 여전히 부패한 본성을 가지고 타락한 세상 속에서 산다. 진실로 참된 그리스도인들도 계속 말과 행위로 그리고 작위와 부작위로 죄를 범한다. 그러므로 죄에 대한 적절한 반응은 죄를 부인하거나 합리화하는 것이 아니라, 죄를 고백하고 그리스도 안에서 주어지는 하나님의 용서를 간청하는 것이다.

그리스도 안에 거함

요한은 이미 예수 그리스도를 믿는 믿음을 고백한 신자들에게 편지를 썼다. 그러므로 요한의 주된 권면은 예수님의 생애, 죽음, 부활의 참된 중요성을 계속 붙잡고 있음으로써 진리 안에 거하라는 것이다(참고. 요 8:31; 15:4-7; 요일 2:24, 27-28; 4:13; 요이 1:9). 죄 사함과 영생에 대한 확신은 오직 그리스도 안에 거할 때만 주어진다. 즉, 예수가 인간을 하나님으로부터 분리한 장애물인 죄를 예수님이 대속하신 것을 계속 이해하고 믿을 때만 얻는다. 그러므로 예수 그리스도가 누구신지 그리고 예수 그리스도가 무엇을 행하셨는지에 관한 사도적 메시지가 요한일서가 주장하는 신학의 중대한 요소다.

요한 서신이 강조하는 기독론의 두 가지 요소는 (1) 예수 그리스도가 '육체로 오셨다'는 것(요일 4:2; 요이 1:7)과 (2) 예수 그리스도가 물로만이 아니라 물과 피로 임하셨다는 것(요일 5:6)이다. 그리스도인이라고 고백하지만 사실은 신자가 아닌 자("그들이 우리에게서 나갔으나 우리에게 속하지 아니하였나니", 요일 2:19)는 "적그리스도"이자 "거짓말하는 자"다. 그들은 장로가 제시한 그리스도에 관한 진리 안에 거하지 않기 때문이다(요일 2:22). 앞에서 설명한 것처럼, 이 문제는 예수님의 지상 생애, 더 구체적으로 말하면 예수님의 십자가 죽음을 속죄, 구원, 영생과 관련시키는 중요성에 관한 논쟁과 연루된 것처럼 보인다. 십자가의 중요성에 관한 논쟁은 아마 요한이 죄를 강조하는 것과 관련되어 있을 것이다. 죄와 속죄의 개념은 기독교 사상에서 서로 면밀하게 관련되어 있어 불가분리적이기 때문이다. 요한은 죄와 죄를 부인하는 것을 상세히 설명하는 직접 문맥(요일 1:5-2:8)에서 "그는 우리 죄를 위한 화목 제물이니"(2:2)라는 말로 이 둘을 연결한다.

"적그리스도들"이 "예수 그리스도께서 육체로 오신"(요일 4:2; 요이 1:7) 것을 부인한다는 설명은 그들이 육신이 되신 말씀의 성육신의 중요성에 대해 부적절한 관점을 가졌다는 사실을 의미한다. 아마 그들은 그리스도의 육체성을 부인한 가현설 관점을 취했을 것이다. 또는 그들은 예수님이 성령이 오시면 자신의 중요성이 감소될 것이라고 직접 예언하셨다는 뜻을 견지하기 위해 요한복음에서 예수님이 약속하신 "다른 보혜사(파라클레테)"를 강력히 내세웠을지도 모른다(요 14:16, 26; 15:26; 16:7). 요한복음이 파라클레테에 관해 폭넓게 다루는 것과 비교할 때, 요한 서신이 성령의 역할을 별로 언급하지 않는 것은 당시에 일어난 분열이 성령의 이름으로 주어진 거짓 주장과 연루되었다는 추론을 확증할 것이다.

요한은 성령을 직접 언급하기보다 누가 성령을 소유했고 누가 소유하지 않았는지 가르치기 위해 다른 접근법을 사용한다. 이 접근법은 성령이 그리스도의 십자가에 상응하는 말씀을 하시는 분임을 증명한다. 사도 요한은 그리스도의 생애와 죽음의 중요성을 무시하는 것은 무엇이든 비기독교적인 견해로 간주한다. 성육신은 인간이 저지른 죄의 대속에 꼭 필요한 인간을 제공했고, 성령은 우리에게 속죄의 필요성을 각성시키시고, 예수님의 피를 우리 각자에게 적용시키시며, 복음의 중심 진리, 곧 예수님의 죽음과 부활이 영생의 입구를 제공한다는 것을 신자에게 확신시키시기 때문이다.

요한이 예수 그리스도는 "물로만이 아니[라] 물과 피로" 임하셨다고(요일 5:6, 강조체 저자) 천명하기 때문에, 앞에서 언급한 두 번째 거짓 주장은 피가 예수님의 인간적 몸과 십자가 죽음을 함께 의미하는 것과 관련되어 있다. 이것은 거짓 교훈에 "물로만"의 복음, 곧 예수님의 십자가의 중요성을 제거하거나 축소하는 복음이 담겨 있다는 점을 암시한다. 예수님의 십자가는 인류에 대한 하나님의 사랑이 가장 명확히 표현된 곳이다. 그러므로 십자가를 무시하는 것을 출발점으로 삼는 믿음은 무엇이든 신학적 오류로 빠질 수밖에 없다. 예수님의 십자가의 근저에 우리를 향하신 하나님의 사랑이 자리 잡고 있기 때문에, 사랑이라는 주제가 요한 서신의 주요 주제 중 하나가 된 것은 자연스러운 귀결이다.

하나님 사랑과 이웃 사랑

하나님의 사랑은 예수님의 십자가에서 가장 명확히 표현된다. 그렇기 때문에, 십자가의 진리 안에 거하는 것은 하나님을 향한 사랑으로 반응하는 것을 수반한다. 죄는 인간과 하나님의 관계를 끊어놓지만, 그리스도가 대속의 죽음을 통해 이루신 속죄는 하나님과의 사귐을 회복시킨다(요일 1:3). 이 회복된 관계의 맥락 안에서 우리를 향한 하나님의 사랑에 적절히 반응하는 길은 우리가 하나님을 사랑하는 것이다. 이 점에 관해 요한은 공관복음서의 저자들과 견해가 비슷하다. 공관복음서 저자들은 가장 큰 도덕적 요청이자 가장 큰 계명이 자신의 전 존재를 다하여, 곧 마음을 다하고 목숨을 다하고 뜻을 다하고 힘을 다하여 하나님을 사랑하는 것이라는 예수님의 말씀(마 22:37; 막 12:30; 눅 10:27)을 기록했다. 그런데 예수님은 곧바로 두 번째 계명으로 네 이웃을 네 자신과 같이 사랑하라고 덧붙이신다(마 22:39; 막 12:31; 눅 10:27). 요한은 두 번째 계명이 첫 번째 계명에 포함되어 있고, 하나님을 사랑하지만 다른 사람들을 사랑하지 않는 것이 영적으로 불가능하다고 이해한다(요일 2:9-10; 3:10, 14, 16, 23; 4:7, 8, 11, 20-21).

우리 중 대다수가 사랑을 (행함으로 이어지든 아니든) 사람의 마음속에서 일어날 수 있는 하나의 감정으로 정의하는 사회에서 살고 있다. 우리 사회가 내리는 사랑의 정의에 따르면, 우리는 하나님을 사랑한다고 주장하면서 외적으로 그 사랑을 보여주지 않을 수 있다. 그렇다면 누군가 사랑하고 있다고 주장하면 그 주장을 논박할 수 있겠는가? 그러나 일반적으로 신약성경은 그리고 특히 요한은 사랑을 감정이 아니라 우리가 대접받기를 바라는 대로 남을 대접하는 것으로 정의한다[참고. 선한 사마리아인의 비유(눅 10:25-37)]. 하나님을 향한 사랑은 우리 자신과 우리의 자원을 다른 사람들의 필요를 채워주는 데 바치는 것을 의미한다(요일 3:16-18). 이것은 하나님이 보이신 사랑에 기초를 둔다. 하나님은 단순히 자신의 마음으로만 타락한 인간을 사랑하신 것이 아니기 때문이다. 하나님은 우리를 죄에서 구원하시기 위해 아들을 통해 자신을 우리의 필요에 바치심으로써 그 사랑에 대해 가장 큰 대가를 치르셨다(요일 4:9).

요한일서를 쓰게 한 특수한 상황에서 다른 사람들을 사랑하라는 이 원리는 특별히 다른 그리스도인들, 곧 "형제"를 사랑하는 것에 적용된다. 요한이 이 원리를 그리스도인들에게 적용하는 것은, 믿지 않는 이웃을 사랑의 계명에서 배제함으로써 그 범주를 좁히고자 했기 때문이 아니다. 단순히 당시 요한의 관심사가 신자들이 교회 안에서 서로를 어떻게 대해야 하는지에 있었기 때문이다. "빛 가운데 있다 하면서 그 형제를 미워하는 자는 지금까지 어둠(즉, 죄)에 있는 자요 그의 형제를 사랑하는 자는 빛 가운데 거하여"(요일 2:9-10). 요한이 제공하는 유일한 윤리적 계명은 그리스도인들은, 비록 "세상"은 우리를 미워하지만(요일 3:13) "서로 사랑해야" 한다는 것이다(3:11. 또한 4:7, 11-12, 요이 1:5도 보라).

그리스도인들은 서로 미워해서는 안 된다. 미움은 "세상"이 복음에 대해 보여주는 적대적인 반응이기 때문이다. 우리가 사랑하는 하나님을 다른 사람들이 얼마나 불쾌하게 하는지에 대한 자기 의에 입각하여 다른 사람을 미워한다고 해도, 다른 사람들을 미워하는 것은 하나님을 향한 사랑을 결코 표현할 수 없다. 일부 해석자들이 이 사랑의 명령을 윤리적 지침으로 삼아 실천하기에는 합당하지 않을 정도로 너무 포괄적이고 일반적인 명령으로 보지만,[1] 이것은 예수님이 구약의 율법과 선지자를 하나님 사랑과 이웃 사랑으로 요약하신 것을 가리킬 것이다(마 22:36-40; 막 12:28-31; 눅 10:27. 더 자세한 설명은 요일 4:17-5:3의 '적용에서의 신학'을 보라).

오늘날 우리 시대의 상대주의에 대해 요한의 신학이 보여주는 중요한 요점은 요한이 정의하는 사랑은 진리를 이기는 것이 아니라는 점이다. 다른 사람들이 죄에 계속 머물러 있게 하고 하나님에 관해 무지하게 하는 것은 그들을 사랑하는 것이 아니다. 하나님이 정의하시는 사랑과 그리스도가 제시하시는 진리의 필수적인 관계를 제시할 때, 요한이서 및 요한삼서의 메시지와 요한일서의 교훈이 하나로 묶인다. 요한 서신에서 장로는 독자에게 자신의 동료에게 접대를 베풀어달라고 권면하지만(요삼 1:8-11), 공동체에 진리가 아닌 것을 들이려는 사람을 접대하지 않는 것이 사랑 없는 행위가 아닌 이유를 설명한다(요이 1:10-11). 어떤 상황이 어떤 반응을 요구하는지를 판단하는 분별력은 그리스도 안에서 하나님에 관한 진리를 아는 것에 뿌리를 두고 있다. 여기서 요한 서신의 독자는 확실하게 진리를 아는 문제로 되돌아간다.

정리하면, 요한 서신은 영생을 가져오는 진리의 확실성과 다른 사람들을 향한 사랑의 적절한 정의가 다음과 같은 세 가지 기둥에 의존한다고 가르친다. 그것은 (1) 예수 그리스도의 생애, 죽음, 부활의 중요성, (2) 예수 그리스도의 중요성을 해석하는 사도적 증언의 신뢰성, (3) 예수님을 따르는 사람들에게 진리를 확증하는 성령의 기름 부으심(요일 2:20)이다.

---

1. 예를 들어, Meeks, "The Ethics of the Fourth Evangelist," 특히 317-18.

성구 찾아보기

창세기
1:1 50, 69
2:17 176
3 383
3:4–5 176
3:5 164
3:8 189
5:24 74
18 338
19 338

출애굽기
2:12 265
17:7 98
20:1–17 238
20:12–17 219
20:13–16 193
32:14 217
34:6–7 78
34:28 105

레위기
4:2 265
5:1 265
19:4 274
19:18 106, 173
25:9 88

민수기
5:8 88
11:25 98
15:30–31 265

18:22 265
24:2 98

신명기
4:28 274
5:6–21 238
5:16–21 219
5:33 74
6:5 106, 233
7:8–10 78
10:4 105
15:7–8 178
15:10 178
17:6 251
19:15 251, 371
21:8 217
31:16–17 98
32:4 71, 78
32:21 274

사사기
3:10 98
6:34 98
11:29 98
14:6 98
14:19 98
15:14 98
21:25 129

사무엘상
10:10 98
11:6 98

16:13 98
18:10 98
19:23 98

사무엘하
7:14 59
11:1–21 265

열왕기하
5:18 217
24:4 217

역대상
16:26 274

역대하
6:18 98
6:30 217
15:1 98
20:14 98

시편
1:1 74
2:6–7 59
25:11 217
65:3 217
78:38 217
79:9 217
92:15 71
115 52, 53
115:3–7 52
115:3–8 274

115:8 53
129:4 88
135:15-18 274

잠언
10:12 290
12:16 364
18:11 127
30:8 127

이사야
59:9-10 52

예레미야
10:5 274
14:10-11 263
31:31-34 119
31:33 98, 148, 271
31:34 90, 119, 148
33:8 78

예레미야애가
3:42 217

에스겔
36:25-27 246
36:26 98
36:27 98
44:27 88

다니엘
8:19 137
11:40 137
11:41 137
12:1 137

아모스
8:14 88

하박국
1:12 53
2:18 274

스가랴
9:9 275

12:10 275
13:2 275
13:7 275

마태복음
1:1 60
3:13-17 251
3:17 253
5 215
5:3-11 240
5:12 299
5:17-6:4 240
5:21-22 265
5:23-24 189
5:27-28 265
5:44 107
7:12 342
7:23 266
8:16 199
10:8 341
10:11-14 305
10:41 299
11:7 199
12:45 199
13:41 108, 161, 266
14:30 199
14:32 199
16:23 108
18:7 108
18:16 251
20:25 366
20:27 351
21:22 189
21:23 287
21:25-26 74
22:36-40 387
22:37 177, 271, 386
22:37-40 106, 190, 209, 296
22:39 107, 177, 386
22:42 144
23:4 238
23:23 238
23:28 161, 266
24:12 161
25:31-46 315

25:46 232
26:39 262
28:18-20 356

마가복음
1:9-13 251
1:11 253
3 266
3:22 266
3:28-30 265
6:23 187
8:29 60
8:31 287
9:35 351
9:41 299
10:42 366
10:44 351
11:24 189, 262
11:31-32 74
12:28-31 387
12:30 271, 386
12:30-31 177, 190, 209
12:31 386
12:35 144
12:38-40 355
14:36 262

누가복음
1:18 287
3:21-23 251
3:22 253
6:23 299
6:27 107
6:31 342
6:35 107, 299, 361
8:1-3 329
10:25-37 96, 177, 218, 240, 386
10:27 177, 190, 209, 271, 386, 387
12:48 182
18:13 217
20:5-6 74
22:25 366
22:32 265
22:42 262
22:52 287

23:39 144

요한복음

1:1 50, 216, 261
1:1–3 73
1:1–4 248
1:1–18 382
1:3 50, 157
1:4 70
1:4–5 72
1:5 70, 110, 128
1:7 58, 70
1:8 70
1:8–10 174
1:9 70, 72, 76, 107
1:10 73, 206
1:11 145, 158, 207, 353
1:12 70, 288
1:12–13 315
1:13 98, 157, 361
1:14 52, 73, 125, 200, 203, 216
1:18 57, 76, 98, 162, 200, 216, 219, 231, 234, 269, 298
1:19–36 251
1:29–34 251
1:32 52, 222
1:32–33 192
1:32–34 249
1:33 192, 222, 253
1:36 88
1:38 52
1:41 60
2:4 137
2:11 49
2:16 89
2:19 248
2:21 98
3:3 98, 102
3:3–8 157, 164
3:5 158
3:5–6 125
3:5–8 192
3:6 125, 126, 158
3:8 192, 199
3:15 263

3:15–16 382
3:16 96, 128, 178, 215, 216, 230, 232, 240, 263, 267, 290
3:17 352
3:18 216
3:19 70, 71, 73, 307
3:19–20 174
3:20 70, 72
3:21 70, 72
3:29 62, 313
3:31–33 253
3:32–34 249
3:34 191, 192
3:36 125, 263, 382
4 248
4:2 203
4:13–14 192
4:14 382
4:16 215
4:21 137
4:23 137
4:35 52
4:36 299
5:11 98
5:17 337
5:19 92, 98, 191
5:24 73, 174, 225, 263, 264, 278, 382
5:25 137
5:28 137
5:28–29 382
5:35 70
5:36 58
5:37 58, 219
5:39 263
5:40 263, 382
5:43 201, 298
6 247
6:5 52
6:27 337
6:28 337
6:29 190, 238, 241, 352
6:30 337
6:32 76
6:37 245
6:39 137, 245

6:40 137, 263, 382
6:44 137
6:46 219
6:47 382
6:53 263
6:54 247, 263, 382
6:56 146
6:63 125, 126
6:70 163, 288
7:7 174, 307
7:28 201, 298
7:30 137
7:37–39 192, 248
7:41 144
7:42 166
8:12 70, 71, 107
8:15 125
8:18 58
8:20 137
8:23 89, 288, 361
8:31 304, 385
8:32 289
8:33 166
8:37 166
8:39 288
8:41 157
8:42 201, 298
8:44 50, 163, 164, 175, 361
9 126
9:4 337
9:5 70, 71, 107
9:25 109
9:39 128
10:11 177
10:28 382
10:28–29 269
10:30 92, 94, 191
11:4 263
11:9 70, 72
11:10 70, 71
11:25 56, 382
11:45 52
11:52 288
11:55 160
12:15 275

12:23 137
12:25 382
12:27 137
12:31 128, 163, 206
12:35 70, 71
12:36 70, 71
12:44-45 352
12:46 70, 71, 72, 128, 201, 222, 298
12:48 137
12:49 58
13-17 247
13:1 89, 137
13:2 163
13:18 288
13:20 352, 353
13:27 163
13:30 175
13:33 83, 116, 288
13:34 95, 96, 173, 234, 241, 295
13:34-35 93
14:2 222
14:6 56, 75, 151, 254, 256, 263, 289, 331, 342, 365
14:7-9 361
14:9 202
14:10 146, 191, 222
14:10-11 191
14:13-14 190
14:14 189
14:15 95, 234
14:16 87, 204, 385
14:16-17 98, 191, 381
14:16-18 248
14:17 146, 192, 222
14:19 159, 256, 272
14:19-20 191
14:20 191
14:21 95
14:23 95, 222
14:24 352
14:26 204, 205, 208, 248, 304, 381, 385
14:30 127, 163, 206
15 98
15:1 76
15:1-6 146

15:4-7 146, 222, 385
15:9 146
15:10 146, 222
15:11 62, 313
15:12 95, 173
15:12-17 176
15:16 189
15:17 95, 173, 235
15:18-19 174
15:19 89, 127, 288, 361
15:26 65, 204, 205, 208, 385
15:26-27 51, 381
15:27 50, 58
16:2 137
16:4 137
16:7 64, 192, 249, 385
16:7-14 192
16:11 163, 206
16:12 159, 376
16:12-14 151
16:13 147, 192, 310
16:13-15 248
16:14 304
16:15 304
16:20-22 62
16:23 189
16:23-26 261
16:24 62, 313
16:28 201, 298
16:32 275
16:33 206, 245, 246
17:1 137
17:2 245
17:2-3 382
17:3 23, 90, 93, 200, 214, 216, 258, 263, 269, 272, 275, 382
17:6 89, 288, 361
17:9 128, 267
17:11 128
17:13 62, 128, 313
17:14 89, 174, 288, 361
17:15 89, 128, 163, 269, 288
17:16 89, 127, 288, 361
17:18 58, 220
17:18-26 220

17:21 220
17:24 245
17:26 220
18:36 89, 288
18:37 201, 203, 298, 310
18:38 331
19:30 249, 251
19:34 251
19:34-35 246
19:35 58
19:37 275
20:21 241, 353
20:22 142, 192, 249, 251
20:25 52
20:29 52
20:30-31 81, 275
20:31 60, 190, 254, 263, 269, 382
21:24 54, 55, 58, 253

사도행전

4:12 331
5:41 341
8:1 265
8:3 265
9:16 341
13:1-3 371
14:15 309
14:23 287
15:23 306
15:26 341
16:15 307
17:25 199
18:18 329
19 370
19:23-41 370
19:29 325, 326
20:4 325, 326
20:29 238
21:13 341
21:24 160
21:26 160
23:26 306
24:18 160
25:7 238

로마서

1:4 59
1:5 341
1:8 294
1:10 328
1:13 329
1:18 88
3:28 152
4:7 266
5:8 290
6:1 268
6:5 272
6:19 162, 266
8:1 97
8:16 192
8:39 269
9:33 108
10:21–11:27 145
11:9 108
12:13 307, 338
12:19 324
13:8–10 296
13:10 296
14:20 110
16:1 329
16:3–23 377
16:23 325, 326

고린도전서

1:4 294
1:11 329
1:14 326
1:23 108
1:30 97
2:9 159
2:12–3:1 208
3:8 299
3:14 299
4:3–5 188
4:14 330
5:2 332
6:17 272
9:14 341
9:17–18 299
10:14 324
10:19–20 273
10:24 110
10:32 110
12 212
12–14 150
12:3 200
12:10 208
13 212
13:4–8 296
14:12 199
15:3 363
15:18 97
15:22 97
15:58 324
16:2 187, 328
16:19–20 377

고린도후서

1:21 97
2:1 364
3:1 318
5:17 97
6:14 162, 266
7:1 199, 324
10:10 238
11:2 288
11:4 199, 200
12:14 341
12:19 97, 324
13:1 251
13:12 377

갈라디아서

2:16 152
3:26 97
4:19 330
5:6 97
5:22–25 364

에베소서

1:13 97
4:14–15 365
5:25 288
6:23 329

빌립보서

1:1 97
1:3 294
2:1 272
2:9–10 331
2:12 324
2:22 330
4:1 324
4:21 97
4:21–22 377

골로새서

1:3 294
1:10 340
1:22 60
2:5 199
3:17 187
4:12 377
4:14–15 377

데살로니가전서

1:2 294
1:4 329
2:9 341
2:12 340
4:16 97

데살로니가후서

1:3 294
2:3 162, 266
2:7 162, 266
2:8 199

디모데전서

3:2 307, 338
4:1 200
5:1 117
5:10 307
6:15–16 77

디모데후서

1:3 294
1:13 363
2:2 363

디도서
1:8 307, 338
2:2 287
2:14 266
3:15 377

빌레몬서
1:9 287
1:23 377

히브리서
1:1–2 91
1:7 199
1:9 266
1:14 199
2:17 217
6:4–6 265
6:9 324
10:17 266
11:7 174
11:17 216
12:18 52
13:2 307, 338
13:22 329
13:24 377

야고보서
1:1 306
1:2 329
1:6 262
1:16 324
1:19 324
2:5 324
2:14–26 155
2:17 152, 186
4:8 160
5:20 264

베드로전서
1:3 157
1:22 160
2:4–5 219
2:9 263
2:11 324
2:15 361
2:20 361
2:21 328
3:6 361
3:17 361
3:22 88
4:8 324
4:9 307, 338
4:12 324
5:1 287
5:5 117
5:13 288, 313, 377
5:14 377

베드로후서
3:1 324
3:8 324
3:14 324
3:17 324

요한일서
1 170
1:1 50, 51, 53, 57, 126, 146, 206, 245, 263, 274, 287, 295
1:1–2 51, 265, 384
1:1–3 141, 142, 307
1:1–4 47, 48, 51, 54, 55, 56, 62, 65, 66, 69, 75, 87, 132, 139, 142, 143, 147, 202, 205, 207, 221, 257, 270, 274, 304, 330, 353, 354, 358, 360, 371, 381, 382
1:1–2:11 115
1:2 51, 56, 93, 98, 254, 256, 263, 269, 272, 328, 382
1:2–3 56
1:3 71, 73, 75, 141, 222, 230, 235, 245, 246, 305, 383, 386
1:3–4 86
1:4 39, 61, 254, 313
1:5 66, 68, 71, 77, 80, 104, 107, 109, 110, 157, 215, 384
1:5–7 79
1:5–10 70, 71, 83, 100, 268, 384
1:5–2:8 385
1:5–2:11 112, 115, 119, 120
1:5–2:17 139
1:6 68, 74, 75, 76, 80, 93, 94, 120, 178, 219, 257, 265, 288, 294, 325, 329, 342
1:6–9 79
1:6–10 71, 139, 141, 147, 157, 174
1:6–2:2 72, 132
1:7 68, 73, 78, 88, 97, 129, 165, 246, 250, 254, 269, 329
1:7–10 263
1:7–2:2 169
1:8 68, 76, 79, 80, 93, 120, 165
1:9 53, 68, 75, 86, 88, 100, 118, 166, 250
1:10 68, 80, 93, 119, 165, 253, 266
2 170, 233
2:1 39, 53, 54, 61, 76, 83, 85, 88, 116, 117, 165, 254, 264, 269, 330
2:1–2 85, 88, 91, 166, 222
2:1–6 85, 100
2:1–11 157
2:1–12 263
2:1–17 104
2:2 87, 88, 99, 101, 127, 217, 218, 254, 269, 385
2:3 85, 93, 97, 102, 119, 129
2:3–6 85, 101, 103, 106
2:3–11 139
2:3–17 132
2:4 76, 83, 90, 92, 93, 94, 112, 119, 120
2:5 92, 93, 94, 95, 96, 119, 220, 230, 232
2:6 66, 85, 92, 97, 98, 112, 231, 329
2:7 50, 51, 85, 93, 96, 104, 254, 295, 296, 324
2:7–8 103, 295
2:7–11 96, 106
2:8 254
2:9 72, 108, 109, 112, 175, 254
2:9–10 386, 387
2:9–11 104, 233, 236
2:10 98, 105, 124, 142, 156, 167, 191, 234
2:11 120, 175, 261
2:12 115, 117, 119, 254
2:12–14 103, 112, 116, 117, 119, 120, 254
2:13 50, 90, 112, 116, 128, 163, 254, 295
2:13–14 245
2:14 50, 98, 112, 115, 116, 118, 119, 128, 129, 143, 148, 163, 254, 295
2:14–15 245

2:15 103, 112, 115, 119, 157, 240, 241, 361
2:16 89, 124, 125, 126, 128, 157, 177, 288, 361
2:17 73, 85, 98, 126, 191
2:18 135, 137, 138, 139, 148, 357
2:18-19 74, 134, 137
2:18-21 342
2:18-23 250, 297, 339
2:18-25 329
2:18-26 147
2:18-27 139, 141, 372
2:19 39, 59, 98, 118, 120, 141, 153, 157, 164, 173, 175, 200, 205, 212, 221, 234, 241, 245, 246, 254, 261, 267, 281, 298, 305, 315, 336, 339, 342, 351, 361, 381, 385
2:19-23 202
2:19-25 383
2:20 135, 147, 192, 387
2:20-21 254
2:21 119, 135, 139, 150, 157, 254, 342
2:21-24 145
2:22 57, 60, 61, 135, 138, 145, 202, 266, 357, 383, 385
2:22-24 246
2:23 139, 254
2:24 50, 98, 124, 139, 147, 191, 199, 295, 385
2:25 263, 265, 382
2:26 109, 135, 207, 254
2:27 98, 124, 135, 143, 147, 166, 191, 192, 199
2:27-28 385
2:28 98, 116, 117, 124, 135, 157, 159, 199, 231, 275
2:29 98, 102, 157, 158, 164, 361
3 66, 233, 266
3:1 90, 124, 125, 155, 172, 178, 199, 288
3:1-10 73, 77, 170
3:1-18 183
3:2 125, 288, 324
3:4 162, 164, 165, 267
3:4-9 263
3:4-10 241

3:5 231, 264
3:5-6 76
3:6 90, 98, 165, 237, 241, 261, 264
3:6-9 163, 265
3:7 116, 117, 124, 153, 155, 172, 199, 241, 297
3:7-10 172
3:8 50, 124, 157, 166, 245, 246, 264, 269, 295
3:8-10 361
3:9 73, 98, 102, 124, 157, 163, 164, 165, 166, 167, 169, 263, 264, 268
3:9-10 236
3:10 76, 124, 125, 158, 165, 167, 170, 172, 214, 233, 241, 288, 386
3:11 50, 93, 95, 172, 295, 387
3:11-12 108, 167
3:12 124, 163, 173, 307
3:13 124, 174, 180, 199, 387
3:14 76, 214, 263, 382, 386
3:14-15 265
3:14-17 233, 234, 236
3:14-18 237
3:15 178, 263, 382
3:16 176, 223, 231, 236, 269, 273, 386
3:16-18 218, 386
3:17 108, 126, 177, 193
3:17-18 76, 108, 241
3:18 116, 117, 172, 193, 290
3:19 124, 185, 187, 193, 236
3:19-20 186, 189
3:19-22 183
3:20 187
3:21 324
3:21-22 261
3:22 153
3:23 76, 93, 95, 191, 196, 201, 202, 209, 246, 294, 295, 386
3:23-24 92, 102
3:24 92, 98, 183, 185, 191, 192, 194, 199, 202, 209, 221, 241, 250
4 170, 183
4:1 124, 157, 192, 199, 202, 207, 211, 221, 242, 254, 275, 324
4:1-2 211

4:1-3 241, 242
4:1-6 139, 141, 196, 209
4:1-21 209
4:2 26, 61, 124, 192, 196, 204, 211, 248, 281, 298, 308, 385
4:2-3 33, 57, 144, 204
4:3 124, 138, 198, 202, 297, 357
4:4 116, 117, 119, 124, 198, 206, 245
4:4-6 242
4:5 89, 124, 128, 288
4:6 90, 124, 192, 198, 207, 236, 250
4:7 90, 95, 98, 102, 124, 157, 164, 197, 209, 211, 218, 223, 225, 227, 229, 324, 386, 387
4:7-9 217
4:7-10 211
4:7-14 201
4:7-16 242
4:7-21 196
4:7-5:3 244, 245
4:8 90, 109, 214, 217, 223, 364, 386
4:9 94, 212, 216, 217, 218, 386
4:9-10 227, 246
4:10 88, 96, 211, 212, 215, 216, 217, 218, 290
4:10-11 96
4:11 95, 211, 218, 261, 324, 325, 386
4:11-12 221, 387
4:11-14 211
4:12 52, 94, 96, 98, 219, 230, 232
4:13 98, 124, 191, 192, 209, 211, 221, 250, 385
4:14 52, 58, 87, 220, 222, 246
4:15 98, 146, 246
4:15-17 201
4:16 94, 109, 217, 222, 223, 229, 230, 364
4:16-17 232
4:17 229, 231
4:17-18 227, 229, 239, 242
4:17-5:3 387
4:18-21 201
4:19 220, 236, 290
4:19-21 227, 229
4:20 214, 234, 236, 237
4:20-21 215, 236, 386

4:21 76, 211, 234, 296
5 170
5:1 98, 102, 118, 124, 157, 164, 229, 237, 245, 268
5:1–2 227
5:1–3 229
5:1–4 244
5:1–6 202
5:2 76, 125, 215, 237, 262, 288, 290
5:3 94, 229, 237, 241, 244, 295
5:4 98, 102, 118, 124, 157, 164, 245
5:4–5 119, 122
5:5 245, 246
5:6 76, 192, 201, 202, 204, 247, 248, 249, 254, 266, 273, 308, 385
5:6–7 204
5:7 247, 251
5:7–8 147
5:7–9 266
5:8 192, 247, 248, 249, 251, 371
5:9 128, 253
5:9–13 246
5:10 256, 266
5:11 263
5:11–12 254, 266
5:11–13 265, 382
5:12 263, 266
5:13 39, 56, 61, 70, 78, 81, 86, 90, 91, 119, 141, 167, 254, 257, 261, 263, 270, 275, 382
5:13–21 257
5:14–15 189
5:14–19 257
5:15 259
5:16 162, 165, 257, 260, 262, 263, 266
5:16–17 166, 257, 261, 263, 266, 269
5:17 264, 267
5:18 98, 102, 124, 157, 163, 164, 166, 235, 241, 259, 268, 269, 273
5:19 124, 127, 163, 259, 260, 273
5:20 90, 246, 257, 259, 260, 271, 273, 274, 275, 276, 382
5:21 45, 53, 116, 117, 124, 199, 257, 260, 266, 274, 275

요한이서

1:1 282, 285, 286, 311, 312, 313, 324, 325, 330
1:1–2 286, 289
1:2 285
1:2–3 285
1:2–4 289
1:3 285, 286
1:3–6 289
1:4 76, 285, 290, 295, 297, 312, 313, 329, 330
1:5 50, 96, 285, 295, 387
1:5–6 91, 299
1:6 50, 76, 215, 285, 290, 296, 297, 329
1:7 26, 33, 57, 138, 281, 297, 308, 357, 385
1:7–11 241
1:8 299, 305, 337
1:9 59, 98, 147, 148, 205, 208, 248, 249, 289, 305, 339, 385
1:9–11 302, 303, 304, 342
1:10 281, 299
1:10–11 282, 343, 387
1:11 279, 358
1:12 62, 280, 312, 317, 324, 376
1:13 280, 285, 287, 312, 330

요한삼서

1:1 288, 326, 342
1:1–4 321, 322, 331, 336
1:2 324, 325, 327, 328, 329
1:2–3 294
1:3 324, 329, 330, 342
1:3–4 294, 324
1:4 62, 76, 329, 342

1:5 324, 325, 336, 337, 340, 350
1:5–6 334
1:5–8 324
1:5–12 348
1:6 330, 335, 339
1:7 341
1:7–12 334
1:8 336, 342
1:8–11 387
1:9 339, 351, 352, 355, 357
1:9–10 306, 329, 336, 342, 343, 352
1:9–11 348, 365
1:9–12 348
1:10 339, 376
1:11 124, 241, 319, 324, 325, 330, 336, 350, 354, 362, 365
1:12 318, 335, 340, 369, 376
1:13 324, 375
1:13–14 280, 324
1:14 354, 375
1:15 280, 330, 350, 377

유다서

1:3 324
1:3–4 306
1:11 173
1:12 306
1:17 324
1:19 306
1:20 324

요한계시록

2:1–3:22 288
9:20 274
11:18 299
16:13–14 200
21:1 288
22:12 299